사진 | 한국불교대학 대구큰절 하늘법당

경전조사어록시리즈 5

妙法蓮華經

법화경

無一 우학 監修

한국불교대학 교재편찬회

도서출판 좋은인연

경전조사어록 시리즈를 내면서

귀의 삼보하옵고

불교대학을 개설, 직접 강의하면서 느꼈던 본인의 가장 큰 애로사항은 일반인들을 위한 마땅한 교재의 부재였습니다.

대부분이 한글세대인 신도님들에게 한문으로 된 경전이나 조사어록을 어떻게 하면 좀 더 효과적으로 가르칠 수 있을까 하는 고민을 해 왔습니다.

내용 전달이란 측면에서 한글은 한글대로 중요하고, 원전의 의미보존이란 측면에서 한문은 한문대로 중요하다고 봅니다.

이런 두 가지 부분을 모두 수용하려는 의도에서 한문과 한글을 지면의 반반씩 배분하였습니다.

따라서 한글과 한문을 바로 대조하면서 공부할 수 있도록 신경을 썼습니다. 그리고 한문의 가로쓰기를 과감하게 시도했습니다.

아무쪼록 이 교재가 심도있게 공부하려는 학인(學人)들에게 도움 되기를 바랍니다.

그리고 이 책이 나오기까지 애써주신 모든 분들께 깊이 감사드립니다.

관세음보살(觀世音菩薩)

無一 우학 합장

차례

대장경에서 오자로 보여 교정한 글자

페이지	대 장 경		본 책		해 석
61	汝已慇懃一請	하나 '일'	汝已慇懃三請	석 '삼'	네가 간곡하게 세번이나 청하였으니
78	諸佛滅度已	이미 '이'	諸佛滅度後	뒤 '후'	부처님들께서 열반하신 후에
113	或至三千	일천 '천'	或至三十	열 '십'	혹 서른이나
164	覆以寶悵	슬퍼할 '창'	覆以寶帳	휘장 '장'	보배 휘장으로 덮고,
220 317 318 321	塗香末香燒香	끝 '말'	塗香抹香燒香	가루 '말'	바르는 향과 가루 향과 사르는 향
270	但門一佛乘者	문 '문'	但聞一佛乘者	들을 '문'	일불승만 듣는다면
383	佛今嘿然	고요할 '묵'	佛今默然	묵묵할 '묵'	부처님께서 지금 묵묵히 계시면서
427	嘿然而坐 亦皆嘿然	고요할 '묵'	默然而坐 亦皆默然	묵묵할 '묵'	묵묵히 앉아 계셨다. 말없이 앉아 있었는데
442	殖諸善根	번성할 '식'	植諸善根	심을 '식'	선근들을 심고
473	萬億旋摠持	무두 '총'	萬億旋總持	거느릴 '총'	만억의 선다라니를 얻었습니다.
480	多聞能摠持	무두 '총'	多聞能總持	거느릴 '총'	많이 듣고 일체를 지니면

※ 본 책에 자주 나오는 자거(硨磲)마노(瑪瑙)는 대장경에서 자거(車渠)마노(馬腦)로 표기되어 있다.

妙法蓮華經 卷第一
묘법연화경 권제일

第一 序品
제 일 서 품

如是我聞하오니
여 시 아 문

一時에 佛이 住王舍城耆闍崛山中하사 與大比丘衆
일 시 불 주 왕 사 성 기 사 굴 산 중 여 대 비 구 중

萬二千人으로 俱러시니 皆是阿羅漢이라
만 이 천 인 구 개 시 아 라 한

諸漏已盡하야 無復煩惱하며 逮得己利하야 盡諸有結하고
제 루 이 진 무 부 번 뇌 체 득 기 리 진 제 유 결

心得自在러시니 其名曰 阿若憍陳如와 摩訶迦葉과 優樓
심 득 자 재 기 명 왈 아 야 교 진 여 마 하 가 섭 우 루

頻螺迦葉과 伽耶迦葉과 那提迦葉과 舍利弗과 大目犍
빈 나 가 섭 가 야 가 섭 나 제 가 섭 사 리 불 대 목 긴

제 일. 서품

이와 같이 나는 들었다.

어느 때 부처님께서는 왕사성의 기사굴산 가운데서 큰 비구 대중 1만 2천 인과 함께 계셨다.

이들은 모두 아라한으로서 모든 망상이 이미 다하여 다시는 번뇌롭지 않으며 자기 공부에 익어 모든 존재의 속박으로부터 벗어나 마음의 자재함(자유자재)을 얻은 이들이었다.

그들의 이름은

아야교진여(阿若憍陳如), 마하가섭(摩訶迦葉), 우루빈나가섭(優樓頻螺迦葉), 가야가섭(伽耶迦葉), 나제가섭(那提迦葉), 사리불(舍利弗), 대목건련(大目犍連),

連과 摩訶迦旃延과 阿㝹樓駄와 劫賓那와 憍梵波提와
련 마하가전연 아누루타 겁빈나 교범파제

離婆多와 畢陵伽婆蹉와 薄拘羅와 摩訶拘絺羅와 難陀와
이바다 필릉가바차 박구라 마하구치라 난타

孫陀羅難陀와 富樓那彌多羅尼子와 須菩提와 阿難과
손타라난타 부루나미다라니자 수보리 아난

羅睺羅 如是衆所知識인 大阿羅漢等이며 復有學無學
라후라 여시중소지식 대아라한등 부유학무학

二千人하며 摩訶波闍波提比丘尼는 與眷屬六千人으로
이천인 마하파사파제비구니 여권속육천인

俱하며 羅睺羅母 耶輸陀羅比丘尼는 亦與眷屬으로 俱하며
구 라후라모 야수다라비구니 역여권속 구

菩薩摩訶薩 八萬人이 皆於阿耨多羅三藐三菩提에
보살마하살 팔만인 개어아뇩다라삼먁삼보리

마하가전연(摩訶迦旃延), 아누루타(阿㝹樓駄), 겁빈나(劫賓那), 교범파제(憍梵波提), 이바다(離婆多), 필릉가바차(畢陵伽婆蹉), 박구라(薄拘羅), 마하구치라(摩訶拘絺羅), 난타(難陀), 손타라난타(孫陀羅難陀), 부루나미다라니자(富樓那彌多羅尼子), 수보리(須菩提), 아난(阿難), 라후라(羅睺羅) 등으로 대중들이 잘 아는 대아라한들이었다.

또 아직 배우는 이와 다 배운 이가 2천 인이 있었으며, 마하파사파제 비구니는 그의 권속 6천 인과 함께 있었고, 라후라의 어머니인 야수다라 비구니도 또한 그의 권속들과 함께 있었다.

또 8만 인의 보살마하살은 모두다 아뇩다라삼먁삼보리에서

不退轉하야 皆得陀羅尼와 樂說辯才하사 轉不退轉法
불퇴전 개득다라니 요설변재 전불퇴전법

輪하시며 供養無量百千諸佛하사와 於諸佛所에 植衆德
륜 공양무량백천제불 어제불소 식중덕

本하야 常爲諸佛之所稱歎하며 以慈修身하야 善入佛慧하며
본 상위제불지소칭탄 이자수신 선입불혜

通達大智하야 到於彼岸하며 名稱이 普聞無量世界하사 能
통달대지 도어피안 명칭 보문무량세계 능

度無數百千衆生하시니
도무수백천중생

其名曰 文殊師利菩薩과 觀世音菩薩과 得大勢菩薩과
기명왈 문수사리보살 관세음보살 득대세보살

常精進菩薩과 不休息菩薩과 寶掌菩薩과 藥王菩薩과
상정진보살 불휴식보살 보장보살 약왕보살

물러나지 아니하여 다라니와 요설변재를 얻어 물러나지 않는 법륜을 굴리며 한량없는 백천의 부처님께 공양하였고, 모든 부처님 계신 데서 여러 가지 덕의 근본을 심었으므로 항상 부처님들의 칭찬을 받았으며, 자비로써 몸을 닦아 부처님의 지혜에 잘 들었으며, 큰 지혜를 통달하여 열반의 언덕에 이르렀으며, 그 이름이 한량없는 세계에 널리 퍼져 수없는 백천의 중생들을 제도하는 이들이었다.

그들의 이름은

문수사리보살(文殊師利菩薩), 관세음보살(觀世音菩薩), 득대세보살(得大勢菩薩), 상정진보살(常精進菩薩), 불휴식보살(不休息菩薩), 보장보살(寶掌菩薩), 약왕보살(藥王

勇施菩薩과 寶月菩薩과 月光菩薩과 滿月菩薩과 大力菩
용시보살 보월보살 월광보살 만월보살 대력보

薩과 無量力菩薩과 越三界菩薩과 跋陀婆羅菩薩과 彌
살 무량력보살 월삼계보살 발타바라보살 미

勒菩薩과 寶積菩薩과 導師菩薩 如是等 菩薩摩訶薩
륵보살 보적보살 도사보살 여시등 보살마하살

八萬人으로 俱하며
팔만인 구

爾時에 釋提桓因이 與其眷屬二萬天子로 俱하며 復有
이시 석제환인 여기권속이만천자 구 부유

名月天子와 普香天子와 寶光天子와 四大天王이 與其
명월천자 보향천자 보광천자 사대천왕 여기

眷屬 萬天子로 俱하며 自在天子와 大自在天子 與其眷
권속 만천자 구 자재천자 대자재천자 여기권

菩薩),

용시보살(勇施菩薩), 보월보살(寶月菩薩), 월광보살(月光菩薩), 만월보살(滿月菩薩), 대력보살(大力菩薩), 무량력보살(無量力菩薩), 월삼계보살(越三界菩薩), 발타바라보살(跋陀婆羅菩薩), 미륵보살(彌勒菩薩), 보적보살(寶積菩薩), 도사보살(導師菩薩) 등 이와 같은 보살마하살 8만인이 함께 있었다.

또 석제환인(釋提桓因)은 그의 권속 2만 천자와 함께 있었으며 월천자(月天子, 명월천자)와 보향천자(普香天子)와 보광천자(寶光天子)와 사대천왕(四大天王)이 그들의 권속 1만 천자와 함께 있었으며, 자재천자(自在天子)와 대자재천자(大自在天子)가 그들의 권속 3만 천자와

屬 三萬天子로 俱하며 娑婆世界主 梵天王 尸棄大梵과
속 삼만천자 구 사바세계주 범천왕 시기대범

光明大梵等이 與其眷屬 萬二千天子로 俱하며 有 八龍
광명대범등 여기권속 만이천천자 구 유 팔용

王하니 難陀龍王과 跋難陀龍王과 娑伽羅龍王과 和修
왕 난타용왕 발난타용왕 사가라용왕 화수

吉龍王과 德叉迦龍王과 阿那婆達多龍王과 摩那斯
길용왕 덕차가용왕 아나바달다용왕 마나사

龍王과 優鉢羅龍王等이 各與若干 百千眷屬으로 俱하며
용왕 우발라용왕등 각여약간 백천권속 구

有 四緊那羅王하니 法緊那羅王과 妙法緊那羅王과
유 사긴나라왕 법긴나라왕 묘법긴나라왕

大法緊那羅王과 持法緊那羅王이 各與若干百千眷
대법긴나라왕 지법긴나라왕 각여약간백천권

함께 있었으며, 사바세계의 주인이며 범천왕인 시기대범(尸棄大梵)과 광명대범(光明大梵) 등이 그들의 권속 1만 2천 천자와 함께 있었다.

또 여덟 용왕이 있었으니 난타용왕(難陀龍王), 발난타용왕(跋難陀龍王), 사가라용왕(娑伽羅龍王), 화수길용왕(和修吉龍王), 덕차가용왕(德叉迦龍王), 아나바달다용왕(阿那婆達多龍王), 마나사용왕(摩那斯龍王), 우발라용왕(優鉢羅龍王)이 각각 백천의 권속들과 함께 있었다.

네 긴나라왕이 있었으니 법긴나라왕(法緊那羅王), 묘법긴나라왕(妙法緊那羅王), 대법긴나라왕(大法緊那羅王), 지법긴나라왕(持法緊那羅王)도 각각 백천 정도의 권속들과 함께 있었다.

屬으로 俱하며 有 四乾闥婆王하니 樂乾闥婆王과 樂音乾
속 구 유 사건달바왕 악건달바왕 악음건

闥婆王과 美乾闥婆王과 美音乾闥婆王이 各與若干百
달바왕 미건달바왕 미음건달바왕 각여약간백

千眷屬으로 俱하며
천권속 구

有 四阿修羅王하니 婆稚阿修羅王과 佉羅騫駄阿修羅
유 사아수라왕 바치아수라왕 거라건타아수라

王과 毘摩質多羅阿修羅王과 羅睺阿修羅王이 各與若
왕 비마질다라아수라왕 라후아수라왕 각여약

干百千眷屬으로 俱하며 有 四迦樓羅王하니 大威德迦樓
간백천권속 구 유 사가루라왕 대위덕가루

羅王과 大身迦樓羅王과 大滿迦樓羅王과 如意迦樓羅
라왕 대신가루라왕 대만가루라왕 여의가루라

네 건달바왕이 있었으니
악건달바왕(樂乾闥婆王), 악음건달바왕(樂音乾闥婆王), 미건달바왕(美乾闥婆王), 미음건달바왕(美音乾闥婆王)이 각각 백천의 권속들과 함께 있었다.

네 아수라왕이 있었으니
바치아수라왕(婆稚阿修羅王), 거라건타아수라왕(佉羅騫駄阿修羅王), 비마질다라아수라왕(毘摩質多羅阿修羅王), 라후아수라왕(羅睺阿修羅王)이 각각 백천의 권속들과 함께 있었다.

네 가루라왕이 또 있었으니
대위덕가루라왕(大威德迦樓羅王), 대신가루라왕(大身迦樓羅王), 대만가루라왕(大滿迦樓羅王), 여의가루라왕(如

王이 各與若干百千眷屬으로 俱하며 韋提希子 阿闍世
왕 각여약간백천권속 구 위제희자 아사세

王이 與若干百千眷屬으로 俱하사 各禮佛足하고 退坐一
왕 여약간백천권속 구 각예불족 퇴좌일

面이러시니 爾時에 世尊을 四衆이 圍繞하와 供養恭敬 尊重
면 이시 세존 사중 위요 공양공경 존중

讚歎이러니 爲諸菩薩하사 說 大乘經하시니 名 無量義라 教
찬탄 위제보살 설 대승경 명 무량의 교

菩薩法이며 佛所護念이러라 佛說此經已에 結跏趺坐하시고
보살법 불소호념 불설차경이 결가부좌

入於無量義處三昧하사 身心不動이러시니
입어무량의처삼매 신심부동

是時에 天雨曼陀羅華와 摩訶曼陀羅華와 曼殊沙華와
시시 천우만다라화 마하만다라회 민수사화

意迦樓羅王)이 각각 백천의 권속들과 함께 있었으며, 위제희(韋提希)의 아들 아사세왕(阿門世王)도 백천의 권속들과 함께 있었는데, 모두들 부처님의 발아래 예배 드리고 한쪽으로 물러나 앉아 있었다.

그때 세존께서는 둘러앉은 사부대중으로부터 공양과 공경과 존중과 찬탄을 받으시며 여러 보살들을 위하여 대승경을 설하시니, 그 이름이 『무량의경』이었다. 이는 보살을 가르치는 법이며, 부처님께서 항상 보호하시고 마음에 두어 잊지 않으시는 경이었다. 부처님께서 이 경을 설하시고, 결가부좌로 무량의처삼매에 드시니 몸과 마음이 전혀 흔들리지 않으셨다.

이때 하늘에서는 만다라꽃과 마하만다라꽃과 만수사

摩訶曼殊沙華하야 而散佛上과 及諸大衆하며 普佛世界
마하만수사화 이산불상 급제대중 보불세계
六種震動이러라
육종진동

爾時會中에 比丘 比丘尼와 優婆塞 優婆夷와 天龍夜
이시회중 비구 비구니 우바새 우바이 천용야
叉와 乾闥婆 阿修羅와 迦樓羅 緊那羅와 摩睺羅伽人
차 건달바 아수라 가루라 긴나라 마후라가인
非人과 及諸小王과 轉輪聖王인 是諸大衆이 得未曾
비인 급제소왕 전륜성왕 시제대중 득미증
有하사 歡喜合掌하고 一心觀佛하더니 爾時에 佛이 放眉間
유 환희합장 일심관불 이시 불 방미간
白毫相光하사 照東方萬八千世界하야 靡不周遍하시며
백호상광 조동방만팔천세계 미부주변

꽃과 마하만수사꽃이 비 오듯이 부처님 위와 여러 대중들에게 내렸으며, 넓은 부처님의 세계는 여섯 가지로 진동하였다.

그러자 그때 모인 대중 가운데 있던 비구, 비구니, 우바새, 우바이와 천, 용, 야차, 건달바, 아수라, 가루라, 긴나라, 마후라가 등 사람과 사람 아닌 이들과 여러 작은 왕들과 전륜성왕 등의 대중들이 일찍이 없었던 일을 보고 기뻐하며 합장하고 일심으로 부처님을 우러러보았다.

그때 부처님께서 미간의 백호상에서 광명을 놓아 동방으로 1만 8천 세계를 비추시니 그 빛이 두루 미치지 않은 데가 없었으니,

下至阿鼻地獄하고 上至阿迦膩吒天하며 於此世界에 盡
하지아비지옥 상지아가니타천 어차세계 진

見彼土 六趣衆生하며 又見彼土에 現在諸佛하고 及聞
견피토 육취중생 우견피토 현재제불 급문

諸佛 所說經法하며 幷見 彼諸比丘比丘尼와 優婆塞
제불 소설경법 병견 피제비구비구니 우바새

優婆夷인 諸修行 得道者하며 復見諸菩薩摩訶薩의 種
우바이 제수행 득도자 부견제보살마하살 종

種因緣과 種種信解와 種種相貌로 行 菩薩道하며 復見
종인연 종종신해 종종상모 행 보살도 부견

諸佛의 般涅槃者하며 復見諸佛의 般涅槃後에 以 佛舍
제불 반열반자 부견제불 반열반후 이 불사

利로 起七寶塔이러라
리 기칠보탑

아래로는 아비지옥에서 위로는 아가니타천에까지 이르니, 이 세계에서 저 국토의 여섯 갈래 중생들을 다 볼 수 있었고, 또 저 국토에 계신 부처님들을 볼 수 있었을 뿐만 아니라 그 부처님들이 설하시는 경의 가르침을 들을 수 있었다.

아울러 비구, 비구니, 우바새, 우바이들이 온갖 행을 닦아 득도하는 것을 볼 수 있었으며, 또 보살마하살들이 가지가지 인연과 가지가지 신해와 가지가지 모습으로 보살도를 행하는 것을 볼 수 있었다.

또 부처님들의 완전한 열반을 볼 수 있었고, 모든 부처님들께서 열반하신 후에 부처님의 사리를 모시기 위해 칠보탑을 세우는 것을 볼 수 있었다.

爾時에 彌勒菩薩이 作是念호되 今者世尊이 現神變
이시 미륵보살 작시념 금자세존 현신변

相하시니 以何因緣으로 而有此瑞하시며 今佛世尊이 入于三
상 이하인연 이유차서 금불세존 입우삼

昧하시니 是不可思議인 現希有事라 當以問誰며 誰能
매 시불가사의 현희유사 당이문수 수능

答者오 復作此念호대 是文殊師利法王之子는 已曾親
답자 부작차념 시문수사리법왕지자 이증친

近供養 過去無量諸佛일새 必應見此希有之相하리니 我
근공양 과거무량제불 필응견차희유지상 아

今當問호리라
금당문

爾時에 比丘比丘尼와 優婆塞 優婆夷와 及諸天龍 鬼
이시 비구비구니 우바새 우바이 급제천용 귀

그때 미륵보살은 이렇게 생각하였다.

'세존께서 신비로운 변화를 나타내시는데 무슨 인연으로 이런 상서가 있는 것일까?

지금 부처님께서 삼매에 드셨으니, 이 불가사의하고 드문 일에 대해 마땅히 누구에게 물어야 하며, 누가 대답할 수 있을까?'

그리고 다시 이렇게 생각하였다.

'이 문수사리 법왕자가 과거의 한량없는 부처님들을 공양하고 가까이 모셨으므로 반드시 이렇게 희유한 모습을 보았을 것이니 물어보아야겠다.'

이때 또 비구, 비구니, 우바새, 우바이와 천인, 용, 귀신들도 이렇게 생각하였다.

神等이 咸作此念호대 是佛光明神通之相을 今當問
신 등 함 작 차 념 시 불 광 명 신 통 지 상 금 당 문

誰오하더니 爾時에 彌勒菩薩이 欲自決疑하며 又觀四衆의
수 이 시 미 륵 보 살 욕 자 결 의 우 관 사 중

比丘比丘尼와 優婆塞 優婆夷와 及諸天龍鬼神等 衆
비 구 비 구 니 우 바 새 우 바 이 급 제 천 용 귀 신 등 중

會之心하사 而問文殊師利言하사대 以何因緣으로 而有此
회 지 심 이 문 문 수 사 리 언 이 하 인 연 이 유 차

瑞 神通之相하시며 放大光明하사 照于東方 萬八千土
서 신 통 지 상 방 대 광 명 조 우 동 방 만 팔 천 토

하시며 悉見彼佛 國界莊嚴이닛고
실 견 피 불 국 계 장 엄

於是에 彌勒菩薩이 欲重宣此義하사 以偈問曰
어 시 미 륵 보 살 욕 중 선 차 의 이 게 문 왈

'부처님의 광명과 신통한 모습을 누구에게 물어보아야 할까?'

그때 미륵보살이 자신의 궁금증도 풀고 또 사부대중인 비구, 비구니, 우바새, 우바이와 천인, 용, 귀신 등 그곳에 모인 대중들의 마음을 살펴 알고서 문수사리보살에게 이렇게 물었다.

"부처님께서는 어떤 인연으로 이런 상서와 신통한 모습이 있으며, 큰 광명을 놓으시어 동방으로 1만 8천 국토를 비추시어 저 부처님 세계의 아름다움을 다 볼 수 있게 합니까?"

그리고는 미륵보살은 이 뜻을 거듭 밝히려고 게송으로 물었다.

文殊師利여 문수사리	導師何故로 도사하고	眉間白毫에 미간백호
大光普照하시며 대광보조	雨曼陀羅와 우만다라	曼殊沙華하시며 만수사화
栴檀香風이 전단향풍	悅可衆心하니 열가중심	以是因緣으로 이시인연
地皆嚴淨하며 지개엄정	而此世界 이차세계	六種震動하니 육종진동
時四部衆이 시사부중	咸皆歡喜하사 함개환희	身意快然하야 신의쾌연
得未曾有닛고 득미증유	眉間光明이 미간광명	照于東方 조우동방
萬八千土하사 만팔천토	皆如金色하시며 개여금색	從阿鼻獄하야 종아비옥
上至有頂히 상지유정	諸世界中에 제세계중	六道衆生의 육도중생

문수사리여! 부처님께서는 무슨 까닭으로 미간의 백호상에서 큰 광명을 내어 널리 비추시며, 만다라꽃과 만수사꽃이 비 오듯 내려오고, 전단향의 향기가 바람에 실려 모든 이의 마음을 기쁘게 하십니까?

이런 인연으로 땅은 모두 아름답고 깨끗하며 이 세계가 육종진동(세상에 상서로운 조짐이 있을 때 대지가 여섯 가지 모양으로 진동하는 것)을 하니 사부 대중이 모두다 기뻐하며 한 번도 보지 못한 일이라 몸과 마음이 매우 즐겁습니다.

미간의 밝은 빛이 동방으로 1만 8천 국토를 비추니 모두다 금빛 같으며, 아비지옥으로부터 유정(아가니타천)에까지 모든 세계의 육도 중생이 나고 죽어 가

生死所趣와 생 사 소 취	善惡業緣과 선 악 업 연	受報好醜를 수 보 호 추
於此悉見하며 어 차 실 견	又覩諸佛 우 도 제 불	聖主師子의 성 주 사 자
演說經典이 연 설 경 전	微妙第一하며 미 묘 제 일	其聲淸淨하야 기 성 청 정
出柔軟音하야 출 유 연 음	教諸菩薩 교 제 보 살	無數億萬하며 무 수 억 만
梵音深妙하야 범 음 심 묘	令人樂聞하며 영 인 낙 문	各於世界에 각 어 세 계
講說正法하며 강 설 정 법	種種因緣과 종 종 인 연	以無量喩로 이 무 량 유
照明佛法하야 조 명 불 법	開悟衆生하며 개 오 중 생	若人遭苦하야 약 인 조 고
厭老病死어든 염 노 병 사	爲說涅槃하야 위 설 열 반	盡諸苦際하며 진 제 고 세

는 곳과 착하고 악한 업의 인연으로 좋거나 나쁘게 받는 과보를 여기에서 다 볼 수 있습니다.

또 보니, 성인 중의 성인이시며 스승이신 부처님들께서 경전을 설하심에 미묘하기가 제일입니다. 그 음성은 맑고 깨끗하며 부드러운 소리로 한량없는 억 만의 보살들을 가르치시는데, 교법을 설하시는 소리는 깊고도 묘하여 사람들로 하여금 즐겨 듣게 하십니다.

각각의 세계에서 정법을 설하시는데, 가지가지 인연과 한량없는 비유로써 부처님의 법을 밝게 밝히시어 중생을 깨우치십니다.

어떤 사람이 괴로움을 만나 늙고 병들고 죽는 것을 싫어하면 열반을 설하시어 모든 괴로움을 없애 주시

若人有福하야 약 인 유 복	曾供養佛하고 증 공 양 불	志求勝法커든 지 구 승 법
爲說緣覺하며 위 설 연 각	若有佛子 약 유 불 자	修種種行하야 수 종 종 행
求無上慧어든 구 무 상 혜	爲說淨道하며 위 설 정 도	文殊師利여 문 수 사 리
我住於此하야 아 주 어 차	見聞若斯와 견 문 약 사	及千億事로니 급 천 억 사
如是衆多를 여 시 중 다	今當略說호리다 금 당 약 설	我見彼土에 아 견 피 토
恒沙菩薩이 항 사 보 살	種種因緣으로 종 종 인 연	而求佛道호대 이 구 불 도
或有行施 혹 유 행 시	金銀珊瑚와 금 은 산 호	眞珠摩尼와 진 주 마 니
硨磲瑪瑙와 자 거 마 노	金剛諸珍과 금 강 제 진	奴婢車乘과 노 비 거 승

고 복 있는 이가 부처님께 공양하며 거룩한 법을 구하면 연각을 설하시고 어떤 불자가 가지가지 행을 닦아 위없는 지혜를 구하면 청정한 도를 설하여 주십니다.

문수사리여!

제가 이곳에 머물면서 보고 들은 것이 천억 가지에 이르지만 이와 같은 많은 것들을 이제 대강 말하겠습니다.

제가 보니

저 국토의 항하의 모래 수같이 많은 보살들이 갖가지 인연으로 부처님의 도를 구하는데, 어떤 이는 금과 은과 산호와 진주와 마니와 자거와 마노와 금강의 여러 보배와 노비와 수레며,

寶飾輦輿하야 歡喜布施로 迴向佛道하고
보식연여 환희보시 회향불도

願得是乘의 三界第一인 諸佛所歎이며
원득시승 삼계제일 제불소탄

或有菩薩은 駟馬寶車와 欄楯華蓋와
혹유보살 사마보거 난순화개

軒飾布施하며 復見菩薩은 身肉手足과
헌식보시 부견보살 신육수족

及妻子施하야 求無上道하며 又見菩薩은
급처자시 구무상도 우견보살

頭目身體로 欣樂施與하야 求佛智慧니다
두목신체 흔락시여 구불지혜

文殊師利여 我見諸王이 往詣佛所하야
문수사리 아견제왕 왕예불소

問無上道하고는 便捨樂土와 宮殿臣妾하고
문무상도 변사락토 궁전신첩

보배로 꾸민 연여(임금이 타는 수레)를 기쁘고 즐겁게 보시한 후 불도에 회향하고 삼계에서 제일이며 모든 부처님께서 칭찬하시는 이러한 승 얻기를 원하였다.

혹 어떤 보살은 네 마리 말이 끄는 보배 수레를 난간과 꽃 덮개로 대부의 수레같이 꾸며서 보시하고, 어떤 보살은 몸뚱이와 살과 손발 뿐만 아니라 처와 자식까지 보시하며 위없는 도를 구하며, 어떤 보살은 머리와 눈과 몸뚱이를 기쁜 마음으로 보시하고 부처님의 지혜를 구합니다.

문수사리여! 내가 보니 여러 왕들도 부처님께 나아가서 위없는 도를 묻고서는 곧바로 즐기던 국토와 궁

剃除鬚髮하야 체 제 수 발	而被法服하며 이 피 법 복	或見菩薩은 혹 견 보 살
而作比丘하야 이 작 비 구	獨處閑靜하야 독 처 한 정	樂誦經典하며 낙 송 경 전
又見菩薩은 우 견 보 살	勇猛精進하야 용 맹 정 진	入於深山하야 입 어 심 산
思惟佛道하며 사 유 불 도	又見離欲한이는 우 견 이 욕	常處空閑하야 상 처 공 한
深修禪定하야 심 수 선 정	得五神通하며 득 오 신 통	又見菩薩은 우 견 보 살
安禪合掌하야 안 선 합 장	以千萬偈로 이 천 만 게	讚諸法王하며 찬 제 법 왕
復見菩薩은 부 견 보 살	智深志固하야 지 심 지 고	能問諸佛코는 능 문 제 불
聞悉受持하며 문 실 수 지	又見佛子는 우 견 불 자	定慧具足하야 정 혜 구 족

전과 신하와 첩을 다 버리고 머리와 수염을 깎고 법복(가사)을 입으며,

또 어떤 보살은 비구가 되어 홀로 고요한 곳에서 경전 읽기를 즐기며, 또 어떤 보살은 용맹 정진하며 깊은 산 속으로 들어가 불도를 생각하며, 또 어떤 보살은 욕심을 떠나 항상 고요한 곳에 머물면서 선정을 깊이 닦아 오신통(천안통 · 천이통 · 타심통 · 숙명통 · 신족통)을 얻으며,

또 어떤 보살은 편안히 선정에 들어 합장하고 천만 게송으로 모든 부처님을 찬탄하며, 또 어떤 보살은 지혜가 깊고 뜻이 견고하여 여러 부처님께 법을 물어 듣는 대로 모두다 받아 지니며, 또 어떤 불자는 선정

以無量喩로 이 무 량 유	爲衆講法하고 위 중 강 법	欣樂說法하야 흔 락 설 법
化諸菩薩하며 화 제 보 살	破魔兵衆하고 파 마 병 중	而擊法鼓하며 이 격 법 고
又見菩薩은 우 견 보 살	寂然宴默하야 적 연 연 묵	天龍恭敬을 천 용 공 경
不以爲喜하며 불 이 위 희	又見菩薩은 우 견 보 살	處林放光으로 처 림 방 광
濟地獄苦하야 제 지 옥 고	令入佛道하며 영 입 불 도	又見佛子는 우 견 불 자
未嘗睡眠하고 미 상 수 면	經行林中하야 경 행 임 중	勤求佛道하며 근 구 불 도
又見具戒한이는 우 견 구 계	威儀無缺호대 위 의 무 결	淨如寶珠하야 정 여 보 주
以求佛道하며 이 구 불 도	又見佛子는 우 견 분 자	住忍辱力하야 주 인 욕 력

과 지혜를 다 갖추어 한량없는 비유로써 중생을 위하여 경전의 뜻을 풀어서 밝히고, 기쁜 마음으로 법을 설하여 보살들은 교화하며 마구니들을 파하려고 법고를 두드립니다.

또 어떤 보살은 고요하고 조용한 것을 즐기며 고요히 선정에 들어 천인과 용이 공경해도 기뻐하지 않으며, 또 어떤 보살은 숲 속에서 광명을 놓아 중생들을 지옥의 고통에서 건져내어 불도에 들게 하며, 또 어떤 불자는 잠도 자지 않고 숲 속을 거닐면서 부지런히 불도를 구하며, 또 어떤 보살은 계행을 다 갖추고 위의가 흠이 없어 마치 보배 구슬처럼 맑게 불도를 구하며, 또 어떤 불자는 인욕의 힘에 머물러 뛰어난

增上慢人이 증상만인	惡罵捶打라도 악매추타	皆悉能忍하야 개실능인
以求佛道하며 이구불도	又見菩薩은 우견보살	離諸戲笑와 이제희소
及癡眷屬하고 급치권속	親近智者하야 친근지자	一心除亂하고 일심제란
攝念山林을 섭념산림	億千萬歲하야 억천만세	以求佛道하며 이구불도
或見菩薩은 혹견보살	餚饍飮食과 효선음식	百種湯藥으로 백종탕약
施佛及僧하며 시불급승	名衣上服이 명의상복	價値千萬과 가치천만
或無價衣로 혹무가의	施佛及僧하며 시불급승	千萬億種인 천만억종
栴檀寶舍와 전단보사	衆妙臥具로 중묘와구	施佛及僧하며 시불급승

체하는 이가 심하게 욕하고 치고 때려도 모두다 참으며 불도를 구하고,

어떤 보살은 온갖 희롱과 웃음과 어리석은 것들을 다 여의고 지혜로운 이를 가까이하며 따르고, 일심으로 산란함을 없애고 마음을 거두어 산림 속에 둔 채 억천만 년 불도를 구하며,

어떤 보살은 좋은 반찬과 음식들과 백 가지 탕약을 부처님과 스님들에게 보시하며, 천만 냥 값어치의 옷과 값을 매길 수도 없는 훌륭한 옷을 부처님과 스님들에게 보시하며, 천만억 가지 전단과 보배로 지은 집과 온갖 기묘한 와구(눕거나 쉴 때 쓰는 물건)를 부처님과 스님들에게 보시하며,

清淨園林에 청정원림	華菓茂盛커든 화과무성	流泉浴池로 유천욕지
施佛及僧호대 시불급승	如是等施 여시등시	種種微妙를 종종미묘
歡喜無厭하야 환희무염	求無上道하며 구무상도	或有菩薩은 혹유보살
說寂滅法하야 설적멸법	種種敎詔 종종교조	無數衆生하며 무수중생
或見菩薩은 혹견보살	觀諸法性이 관제법성	無有二相함이 무유이상
猶如虛空하며 유여허공	又見佛子는 우견불자	心無所著하야 심무소착
以此妙慧로 이차묘혜	求無上道하며 구무상도	文殊師利여 문수사리
又有菩薩은 우유보살	佛滅度後에 불멸도후	供養舍利하며 공양사리

맑고 깨끗하며 꽃과 열매가 무성한 숲과 흐르는 샘과 맑은 연못을 부처님과 스님들에게 보시하는 등 이와 같은 갖가지 미묘한 보시를 싫어함이 없이 매우 기쁘게 하면서 위없는 도를 구합니다.

혹 어떤 보살은 적멸의 법을 설하여 갖가지 가르침으로 수없는 중생을 교화하며, 또 어떤 보살은 모든 법의 성품은 두 모양이 없어서 마치 허공과 같음을 관(觀) 하며, 또 어떤 불자는 마음에 집착이 없어 미묘한 지혜로 위없는 도 구하는 것을 보았습니다.

문수사리여!

또 어떤 보살은 부처님 열반하신 후에 사리에 공양을 하며,

又見佛子는 우 견 불 자	造諸塔廟 조 제 탑 묘	無數恒沙하야 무 수 항 사
嚴飾國界호대 엄 식 국 계	寶塔高妙 보 탑 고 묘	五千由旬이며 오 천 유 순
縱廣正等하야 종 광 정 등	二千由旬이라 이 천 유 순	一一塔廟에 일 일 탑 묘
各千幢幡이며 각 천 당 번	珠交露幔에 주 교 로 만	寶鈴和鳴커든 보 령 화 명
諸天龍神과 제 천 용 신	人及非人이 인 급 비 인	香華伎樂으로 향 화 기 악
常以供養하며 상 이 공 양	文殊師利여 문 수 사 리	諸佛子等이 제 불 자 등
爲供舍利하야 위 공 사 리	嚴飾塔廟커든 엄 식 탑 묘	國界自然히 국 계 자 연
殊特妙好호대 수 특 묘 호	如天樹王이 여 천 수 왕	其華開敷하며 기 화 개 부

또 어떤 불자들은 항하의 모래 수같이 무수한 탑묘를 만들어 국토를 아름답게 꾸미니, 높고 묘한 보배탑의 높이가 5천 유순이며, 가로 세로는 똑같이 2천 유순인데 하나 하나의 탑마다 천 개의 깃발이 꽂혀 휘날리고, 진주로 된 교로만(보배구슬로 만든 휘장)이 쳐졌으며, 보배 방울이 부드럽게 울리니 모든 천(天)과 용신 등 사람인듯 아닌 듯한 이들이 향과 꽃과 음악으로 항상 공양하는 것을 보았습니다.

문수사리여!

모든 불자들이 사리에 공양을 하기 위하여 탑을 아름답게 꾸미니, 국토가 저절로 매우 아름답고 미묘하여 마치 천상의 나무에 그 꽃을 활짝 피운 듯합니다.

佛放一光하시니 불 방 일 광	我及衆會 아 급 중 회	見此國界의 견 차 국 계
種種殊妙호니 종 종 수 묘	諸佛神力과 제 불 신 력	智慧希有라 지 혜 희 유
放一淨光하사 방 일 정 광	照無量國하시니 조 무 량 국	我等見此코 아 등 견 차
得未曾有니다 득 미 증 유	佛子文殊여 불 자 문 수	願決衆疑하소서 원 결 중 의
四衆欣仰하사 사 중 흔 앙	瞻仁及我니다 첨 인 급 아	世尊何故로 세 존 하 고
放斯光明이닛고 방 사 광 명	佛子時答하사 불 자 시 답	決疑令喜하소서 결 의 영 희
何所饒益으로 하 소 요 익	演斯光明이닛고 연 사 광 명	佛坐道場하사 불 좌 도 량
所得妙法을 소 득 묘 법	爲欲說此닛가 위 욕 설 차	爲當授記닛가 위 당 수 기

부처님이 한 줄기 광명을 놓으시니 저희 모두가 이 나라의 가지가지 훌륭한 모습을 보게 되므로 부처님들의 신통력과 지혜는 희유하여 한 줄기 맑은 빛을 놓으시어 한량없는 세계를 비추시니 저희들이 이를 보고 참으로 일찍이 느끼지 못한 기쁨과 놀라움을 얻게 되었습니다. 불자이신 문수보살이여! 원하옵건대 저희들의 의심을 풀어주십시오. 사부 대중이 기쁜 마음으로 인자와 저를 우러러보고 있습니다. 세존께서 어인 연고로 이 광명을 놓으셨습니까? 불자께서 바로 대답하시어 의문을 풀어주시고 기쁘게 하여 주십시오. 장차 무슨 이익을 주시려고 이 광명을 놓으셨습니까? 도량에서 얻으신 미묘한 법을 설하시려는 것입니까? 수기

示諸佛土에 衆寶嚴淨하며 及見諸佛호니
시 제 불 토 중 보 엄 정 급 견 제 불

此非小緣이니다 文殊當知하소서 四衆龍神이
차 비 소 연 문 수 당 지 사 중 용 신

瞻察仁者하나니 爲說何等하소서
첨 찰 인 자 위 설 하 등

爾時에 文殊師利 語 彌勒菩薩摩訶薩과 及諸大士하사대
이 시 문 수 사 리 어 미 륵 보 살 마 하 살 급 제 대 사

善男子等아 如我惟忖컨대 今佛世尊이 欲說大法하사 雨大
선 남 자 등 여 아 유 촌 금 불 세 존 욕 설 대 법 우 대

法雨하시며 吹大法螺하시며 擊大法鼓하시며 演大法義하시니라
법 우 취 대 법 라 격 대 법 고 연 대 법 의

諸善男子야 我於過去諸佛에 曾見此瑞호니 放斯光已에
제 선 남 자 아 어 과 거 제 불 증 견 차 서 방 사 광 이

를 주시려는 것입니까? 불국토들이 온갖 보배로 깨끗이 꾸며진 것을 보이시는 것과 부처님들을 뵈옵는 것, 이것은 작은 인연이 아닙니다. 문수는 마땅히 아십시오. 사부 대중과 용과 신이 당신을 우러러보고 있습니다. 무엇을 설하시려는 것입니까?

그러자 문수사리보살은 미륵보살마하살과 여러 대중들에게 말하였다.

"선남자들이여, 나의 생각으로는 아마 불세존께서 큰 법을 설하시며, 큰 법의 비를 내리시며, 큰 법의 소라를 부시며, 큰 법의 북을 치시며, 큰 법의 뜻을 설하시려는 것 같습니다. 선남자들이여, 내가 과거 여러 부처님 계신 곳에서 이런 상서를 보았는데 이런 광명을 놓으시고는

卽說大法일새 是故로 當知하라 今佛現光도 亦復如是하야
즉설대법 시고 당지 금불현광 역부여시

欲令衆生으로 咸得聞知 一切世間難信之法일새 故現斯
욕령중생 함득문지 일체세간난신지법 고현사

瑞니라 諸善男子야 如 過去無量無邊不可思議 阿僧祇
서 제선남자 여 과거무량무변불가사의 아승지

劫에 爾時에 有佛하시니 號는 日月燈明如來 應供 正遍
겁 이시 유불 호 일월등명여래 응공 정변

知 明行足 善逝 世間解 無上士 調御丈夫 天人師 佛
지 명행족 선서 세간해 무상사 조어장부 천인사 불

世尊이러시니 演說正法하사대 初善中善後善이라 其義深
세존 연설정법 초선중선후선 기의심

遠하며 其語巧妙하야 純一無雜하며 具足淸白梵行之相이라
원 기어교묘 순일무잡 구족청백범행지상

바로 큰 법을 설하셨습니다. 그러므로 마땅히 아십시오. 지금 불세존께서 광명을 놓으시는 것도 역시 그러하여 중생들로 하여금 모두다 일체 세간들이 믿기 어려운 법을 듣고 알게 하기 위하여 이런 상서를 나타내신 것일 것입니다.

선남자들이여! 과거 한량없고 가없으며 불가사의한 아승지겁인 그때에 부처님께서 계셨는데, 명호가 일월등명여래 · 응공 · 정변지 · 명행족 · 선서 · 세간해 · 무상사 · 조어장부 · 천인사 · 불세존이었습니다. 그 세존께서 정법을 설하셨는데 처음과 중간과 마지막이 모두 훌륭하였습니다. 그 뜻은 매우 깊고 멀었으며, 그 말씀은 훌륭하고 묘하였으며, 순수하고 잡됨이 섞이지 않았으며 맑고 깨끗

爲求聲聞者하야 說應四諦法하야 度生老病死하고 究竟
위 구 성 문 자 설 응 사 제 법 도 생 노 병 사 구 경

涅槃하며 爲求辟支佛者하야 說應十二因緣法하며 爲諸
열 반 위 구 벽 지 불 자 설 응 십 이 인 연 법 위 제

菩薩하야 說應六波羅蜜하야 令得阿耨多羅三藐三菩
보 살 설 응 육 바 라 밀 영 득 아 녹 다 라 삼 먁 삼 보

提하야 成一切種智시니라 次復有佛하시니 亦名日月燈
리 성 일 체 종 지 차 부 유 불 역 명 일 월 등

明이며 次復有佛하시니 亦名日月燈明이라 如是二萬佛이
명 차 부 유 불 역 명 일 월 등 명 여 시 이 만 불

皆同一字시니 號는 日月燈明이며 又同一姓이시니 姓은 頗
개 동 일 자 호 일 월 등 명 우 동 일 성 성 파

羅墮니라 彌勒아 當知하라
라 타 미 륵 당 지

한 범행의 모습을 다 갖추었습니다.

성문을 구하는 이에게는 사제법을 설하시어 나고 늙고 병들고 죽는 것을 벗어나 마침내는 열반에 이르게 하셨으며, 벽지불을 구하는 이에게는 십이인연법을 설하시었으며, 보살들에게는 육바라밀을 설하시어 아뇩다라삼먁삼보리를 얻어 일체종지(부처님의 지혜)를 이루게 하셨습니다.

다음에 또 부처님께서 계셨는데 역시 명호가 일월등명이었으며, 그 다음의 부처님도 역시 명호가 일월등명이었습니다. 이와 같이 2만의 부처님이 계셨는데 다같이 이름이 일월등명이었으며, 성도 다 같이 파라타였습니다. 미륵보살은 마땅히 아십시오.

初佛後佛이 皆同一字시니 名 日月燈明이며 十號具
초불후불 개동일자 명 일월등명 십호구

足하시고 所可說法은 初中後善이라
족 소가설법 초중후선

其最後佛未出家時에 有八王子하니 一名은 有意요 二
기최후불미출가시 유팔왕자 일명 유의 이

名은 善意요 三名은 無量意요 四名은 寶意요 五名은 增
명 선의 삼명 무량의 사명 보의 오명 증

意요 六名은 除疑意요 七名은 響意요 八名은 法意라 是
의 육명 제의의 칠명 향의 팔명 법의 시

八王子 威德이 自在하야 各領四天下러니 是諸王子聞
팔왕자 위덕 자재 각령사천하 시제왕자문

父出家하야 得阿耨多羅三藐三菩提하ᄀᆞᆫ 悉捨王位하고
부출가 득아뇩다라삼먁삼보리 실사왕위

처음 부처님이나 나중 부처님 모두다 같이 명호가 일월등명이고 십호를 다 갖추셨으며 설하신 법도 처음과 중간과 마지막이 모두 훌륭하였습니다.

그 최후의 부처님께서 출가하시기 전에 여덟 왕자가 있었는데 첫째의 이름이 유의(有意)이고, 둘째는 선의(善意)이며, 셋째는 무량의(無量意)이고, 넷째는 보의(寶意)이며, 다섯째는 증의(增意)이고, 여섯째는 제의의(際疑意)이며, 일곱째는 향의(響意)이고, 여덟째는 법의(法意)이었습니다.

이 여덟 왕자는 위엄과 덕망을 스스로 갖추어 각각 사천하를 다스렸는데 아버지께서 출가하시어 아뇩다라삼먁삼보리를 얻으셨다는 말을 듣고 모두다 왕위를 버리

亦隨出家하야 發大乘意하며 常修梵行하야 皆爲法師호대
역수출가 발대승의 상수범행 개위법사

已於千萬佛所에 植諸善本하니라 是時에 日月燈明佛이
이어천만불소 식제선본 시시 일월등명불

說大乘經하시니 名無量義라 教菩薩法이며 佛所護念이시니라
설대승경 명무량의 교보살법 불소호념

說是經已하시고 卽於大衆中에 結跏趺坐하사 入於無量
설시경이 즉어대중중 결가부좌 입어무량

義處三昧하사 身心不動이러시니 是時에 天雨曼陀羅華와
의처삼매 신심부동 시시 천우만다라화

摩訶曼陀羅華와 曼殊沙華와 摩訶曼殊沙華하야 而散
마하만다라화 만수사화 마하만수사화 이산

佛上과 及諸大衆하고 普佛世界 六種震動이러라
불상 급제대중 보불세계 육종진동

고 따라서 출가하여 대승의 뜻을 일으키고, 항상 범행을 닦아 모두 법사가 되었으며, 천만 부처님의 처소에서 온갖 선행의 근본을 심었습니다.

이때에 일월등명불께서 대승경을 설하시니, 그 이름이 『무량의경』이며 보살을 가르치는 법이고, 부처님께서 호념하시는 바이었습니다. 이 경을 설하시고서 곧 대중 가운데서 결가부좌하시고 무량의처삼매에 드시니 몸과 마음이 흔들리지 않으셨습니다.

이때 하늘에서 만다라꽃과 마하만다라꽃, 만수사꽃, 마하만수사꽃이 비 오듯이 부처님 위와 대중들에게 내렸으며 넓은 부처님의 세계가 여섯 가지로 진동을 하였습니다.

爾時會中에 比丘比丘尼와 優婆塞 優婆夷와 天龍夜
이시회중 비구비구니 우바새 우바이 천용야

叉와 乾闥婆 阿修羅 迦樓羅 緊那羅 摩睺羅伽人
차 건달바 아수라 가루라 긴나라 마후라가인

非人과 及諸小王과 轉輪聖王等 是諸大衆이 得未曾
비인 급제소왕 전륜성왕등 시제대중 득미증

有하야 歡喜合掌하고 一心觀佛터니 爾時에 如來放眉間
유 환희합장 일심관불 이시 여래방미간

白毫相光하사 照東方萬八千佛土하야 靡不周遍호대 如
백호상광 조동방만팔천불토 미부주변 여

今所見是諸佛土러라 彌勒아 當知하라 爾時會中에 有
금소견시제불토 미륵 당지 이시회중 유

二十億菩薩이 樂欲聽法이러니 是諸菩薩이 見此光明이
이십억보살 낙욕청법 시제보살 견차광명

그러자 법회에 모여 있던 비구, 비구니, 우바새, 우바이와 천, 용, 야차, 건달바, 아수라, 가루라, 긴나라, 마후라가 등 사람과 사람 아닌 이들과 여러 작은 왕과 전륜성왕 등 여러 대중들이 미증유를 얻어 기뻐하며 합장하고 일심으로 부처님을 우러러보았습니다.

그때 여래께서 미간의 백호상으로 광명을 놓아 동방의 1만 8천 불국토를 비추시니 두루 미치지 않은 데가 없었는데 지금 보는 이 불국토들과 같았습니다.

미륵보살은 아십시오.

그때 모인 이들 중에 법 듣기를 좋아하는 20억 보살들이 있었습니다.

이 보살들도 지금과 같은 광명이

普照佛土하고 得未曾有하야 欲知此光의 所爲因緣이러니
보조불토 득미증유 욕지차광 소위인연

時有菩薩하니 名曰妙光이라
시유보살 명왈묘광

有八百弟子러니 是時에 日月燈明佛이 從三昧起하사
유팔백제자 시시 일월등명불 종삼매기

因妙光菩薩하야 說大乘經하시니 名妙法蓮華라 敎菩
인묘광보살 설대승경 명묘법연화 교보

薩法이며 佛所護念이시니라 六十小劫을 不起于座하며 時
살법 불소호념 육십소겁 불기우좌 시

會聽者도 亦坐一處하야 六十小劫을 身心不動하고 聽佛
회청자 역좌일처 육십소겁 신심부동 청불

所說을 謂如食頃호대 是時衆中에 無有一人도 若身若
소설 위여식경 시시중중 무유일인 약신약

불국토에 두루 비추는 것을 보고 매우 뜻밖이라 생각하며 그 광명의 인연을 알고 싶어하였습니다.

그때 묘광이라는 보살이 8백 제자를 데리고 있었는데, 일월등명불께서 삼매에서 일어나시자 묘광보살을 인연하여 대승경을 설하셨으니 이름이 『묘법연화경』이었습니다. 이 경은 보살을 가르치는 법이며 부처님께서 호념하시는 것이었습니다.

60소겁 동안 자리에서 일어나지 않고 앉아 계셨는데, 그때 모인 청중들도 역시 한곳에 앉아 60소겁 동안 몸과 마음을 움직이지 않고 부처님께서 설하시는 것을 들었는데, 그 시간을 이를테면 밥 한 끼 먹는 동안과 같이 생각하였으며, 한 사람도 몸과 마음에 지루함과 싫증을 내

心에 而生懈倦일러라 日月燈明佛이 於 六十小劫에 說
심 이생해권 일월등명불 어 육십소겁 설

是經已하시고 卽於梵과 魔와 沙門婆羅門과 及天人阿修
시경이 즉어범 마 사문바라문 급천인아수

羅衆中에 而宣此言하사대 如來於今日中夜에 當入無餘
라중중 이선차언 여래어금일중야 당입무여

涅槃하리라하시니라 時有菩薩하니 名曰德藏이라 日月燈明佛이
열반 시유보살 명왈덕장 일월등명불

卽授其記하사 告諸比丘하사대 是 德藏菩薩이 次當作佛하리니
즉수기기 고제비구 시 덕장보살 차당작불

號曰 淨身 多陀阿伽度 阿羅訶 三藐三佛陀리라
호왈 정신 다타아가도 아라하 삼먁삼불타

佛이 授記已하시고 便於中夜에 入無餘涅槃하시니라
불 수기이 변어중야 입무여열반

는 이가 없었습니다.

일월등명불께서 60소겁 동안 이 경을 설하신 후 바로 범천과 귀신과 사문과 바라문과 하늘과 사람과 아수라들 가운데서

'나는 오늘 밤중에 무여열반에 들리라.'

하였습니다.

그때 덕장이라는 보살이 있었는데 일월등명불께서 그에게 수기를 주시면서 비구들에게 말씀하셨습니다.

'이 덕장보살이 다음에 마땅히 부처를 이루리니 호는 정신 다타아가도 아라하 삼먁삼불타라 하리라.'

부처님께서 수기를 주어 마치시고 그날 밤중에 무여열반에 드셨습니다.

佛滅度後에 妙光菩薩이 持妙法蓮華經호대 滿八十小
불멸도후 묘광보살 지묘법연화경 만팔십소

劫을 爲人演說이러니 日月燈明佛八子 皆師妙光커든 妙
겁 위인연설 일월등명불팔자 개사묘광 묘

光이 敎化하야 令其堅固阿耨多羅三藐三菩提하시니 是諸
광 교화 영기견고아뇩다라삼먁삼보리 시제

王子 供養無量百千萬億佛已에 皆成佛道하고 其最後成
왕자 공양무량백천만억불이 개성불도 기최후성

佛者는 名曰燃燈이라 八百弟子中에 有一人하니 號曰求
불자 명왈연등 팔백제자중 유일인 호왈구

名이라 貪著利養하야 雖復 讀誦衆經이나 而不通利하고
명 탐착이양 수부 독송중경 이불통리

多所忘失일새 故號求名이라
다소망실 고호구명

부처님께서 열반에 드신 후 묘광보살이 『묘법연화경』을 지니고 80소겁이 다하도록 사람들을 위해 연설하였는데, 일월등명불의 여덟 왕자도 모두 묘광보살을 스승으로 삼았고 묘광보살도 이들을 교화하여 이들의 아뇩다라삼먁삼보리를 굳세고 단단하게 하였습니다.

그리하여 그 왕자들이 한량없는 백천만억 부처님을 공양하고 모두 불도를 이루었는데, 그들 중 마지막으로 성불한 이의 이름이 연등(燃燈)입니다.

묘광보살의 8백 제자 중에 구명(求名)이라는 이가 있었는데, 욕심과 이익 불리기에 집착하였기에 비록 여러 경전을 읽고 외었지만 도리를 깨닫지 못하고 잊어버리는 것이 많았으므로 그 이름을 구명이라 하였으나,

是人이 亦以種諸善根因緣故로 得值無量 百千萬億
시인 역이종제선근인연고 득치무량 백천만억
諸佛하야 供養恭敬하고 尊重讚歎일러니라
제불 공양공경 존중찬탄
彌勒아 當知하라 爾時妙光菩薩이 豈異人乎아 我身이 是
미륵 당지 이시묘광보살 기이인호 아신 시
也며 求名菩薩은 汝身이 是也라 今見此瑞호니 與本無
야 구명보살 여신 시야 금견차서 여본무
異라 是故로 惟忖컨댄 今日如來 當說大乘經하시리니 名妙
이 시고 유촌 금일여래 당설대승경 명묘
法蓮華라 教菩薩法이며 佛所護念이시니라 爾時에 文殊師
법연화 교보살법 불소호념 이시 문수사
利於大衆中에 欲重宣此義하사 而說偈言하사대
리어대중중 욕중선차의 이설게언

이 사람도 역시 온갖 선근을 심은 인연으로 한량없는 백천만억 부처님들을 만나 뵙고 공양하고 공경하며 존중하고 찬탄하였습니다.

미륵보살은 아십시오. 그때의 묘광보살이 어찌 다른 사람이겠습니까? 내가 바로 그였으며 구명보살이 바로 당신이었습니다. 지금 이 상서를 보니 그때와 다르지 않으므로 가만히 생각해보니 오늘 여래께서는 대승경을 설하실 것입니다. 이름은 『묘법연화』이며, 보살을 가르치는 법이며 부처님께서 호념하시는 바입니다."

그때에 문수사리보살이 대중 가운데서 이 뜻을 거듭 펴려고 게송으로 말하였다.

我念過去世　無量無數劫에　有佛人中尊이
아념과거세　무량무수겁　유불인중존

號日月燈明이시라　世尊演說法하사　度無量衆生과
호일월등명　세존연설법　도무량중생

無數億菩薩하사　令入佛智慧하며　佛未出家時에
무수억보살　영입불지혜　불미출가시

所生八王子　見大聖出家하고　亦隨修梵行하며
소생팔왕자　견대성출가　역수수범행

時佛說大乘하시니　經名無量義라　於諸大衆中에
시불설대승　경명무량의　어제대중중

而爲廣分別하시니라　佛說此經已하시고　卽於法座上에
이위광분별　불설차경이　즉어법좌상

跏趺坐三昧하시니　名無量義處라　天雨曼陀華하고
가부좌삼매　명무량의처　천우만다화

天鼓自然鳴하며　諸天龍鬼神이　供養人中尊하며
천고자연명　제천용귀신　공양인중존

생각하니 한량없고 셀 수 없는 과거 세상에 사람 가운데 존귀하신 부처님 계셨으니 호는 일월등명불이었습니다. 세존께서는 법을 설하시어 한량없는 중생들과 수없는 보살들을 제도하여 부처님 지혜에 들게 하셨습니다. 그 부처님께서 출가하시기 전에 여덟 왕자를 두었는데 부처님의 출가를 보고 따라서 출가하여 범행을 닦았습니다. 그때 부처님께서 경의 이름이 『무량의』인 대승경을 설하셨는데 대중들 가운데서 자세히 설하셨습니다. 부처님께서 이 경을 설하시고 바로 법좌에서 가부좌를 하신 채 삼매에 드시니 이름하여 무량의처삼매 입니다. 하늘에서는 만다라 꽃이 비 오듯이 내리고 하늘 북이 저절로 울리며 천인과 용과 귀신들이 부처님을 공양하였습니다.

一切諸佛土 일체제불토	卽時大震動이라 즉시대진동	佛放眉間光하사 불방미간광
現諸希有事하시며 현제희유사	此光照東方 차광조동방	萬八千佛土하사 만팔천불토
示一切衆生의 시일체중생	生死業報處하사대 생사업보처	有見諸佛土는 유견제불토
以衆寶莊嚴호대 이중보장엄	瑠璃頗梨色이라 유리파리색	斯由佛光照시며 사유불광조
及見諸天人과 급견제천인	龍神夜叉衆과 용신야차중	乾闥緊那羅 건달긴나라
各供養其佛하며 각공양기불	又見諸如來는 우견제여래	自然成佛道하사 자연성불도
身色如金山하사 신색여금산	端嚴甚微妙호대 단엄심미묘	如淨瑠璃中에 여정유리중
內現眞金像하니 내현진금상	世尊在大衆하사 세존재대중	敷演深法義하시니 부연심법의

그때 일체의 모든 불국토가 크게 진동을 하니, 부처님께서 미간에서 광명을 놓아 희유한 일들을 나타내 보이셨습니다. 이 광명이 동방으로 1만 8천 불국토를 비추어 일체의 중생이 지은 업으로 나고 죽는 곳을 보이셨으며, 또 부처님들의 세계가 온갖 보배로 아름답게 꾸며져 유리와 수정빛깔로 보였는데 부처님의 광명이 비친 까닭이었습니다. 또 천인, 사람, 용, 귀신, 야차들과 건달바, 긴나라들이 각각 부처님께 공양하는 것을 볼 수 있었습니다. 또 여래들이 자연스레 불도를 이루시니 몸은 황금으로 된 산 같았으며, 단정하고 매우 미묘하여 깨끗한 유리 속에서 진금의 상을 내보이시는 듯하였습니다. 세존께서 대중 가운데서 깊은 법의 뜻을 설하시니, 하나하나의 부처

一一諸佛土에 (일일제불토) 聲聞衆無數어든 (성문중무수) 因佛光所照하야 (인불광소조)
悉見彼大衆하며 (실견피대중) 或有諸比丘는 (혹유제비구) 在於山林中하야 (재어산림중)
精進持淨戒호대 (정진지정계) 猶如護明珠하며 (유여호명주) 又見諸菩薩은 (우견제보살)
行施忍辱等호대 (행시인욕등) 其數如恒沙는 (기수여항사) 斯由佛光照며 (사유불광조)
又見諸菩薩은 (우견제보살) 深入諸禪定호대 (심입제선정) 身心寂不動하야 (신심적부동)
以求無上道하며 (이구무상도) 又見諸菩薩은 (우견제보살) 知法寂滅相하야 (지법적멸상)
各於其國土에 (각어기국토) 說法求佛道하며 (설법구불도)
爾時四部衆은 (이시사부중) 見日月燈佛의 (견일월등불) 現大神通力하고 (현대신통력)

님 나라마다 성문대중이 한량없었으며, 부처님께서 비추시는 광명으로 그 대중들을 모두다 볼 수 있었습니다. 혹 어떤 비구들은 산과 숲 속에서 정진하며 청정한 계율을 마치 밝은 구슬을 지키는 것같이 하였으며, 또 보시와 인욕 등을 행하는 보살들의 수가 항하의 모래 수만큼 많았는데 이것도 부처님의 광명으로 볼 수 있었습니다. 보살들이 모든 선정에 깊이 들어 몸과 마음을 고요히 하고 움직이지 않으며 위없는 도를 구하는 것을 볼 수 있었으며, 또 보살들이 법의 적멸상을 알고 각자의 나라에서 법을 설하며 불도 구하는 것을 볼 수 있었습니다.

그때 사부대중은 일월등명불께서 큰 신통력을 나타내 보이시는 것을 보고 모두다 기뻐하였을 뿐만 아니

其心皆歡喜하야 기 심 개 환 희	各各自相問호대 각 각 자 상 문	是事何因緣인가하나니 시 사 하 인 연
天人所奉尊이 천 인 소 봉 존	適從三昧起하야 적 종 삼 매 기	讚妙光菩薩하사대 찬 묘 광 보 살
汝爲世間眼하야 여 위 세 간 안	一切所歸信이라 일 체 소 귀 신	能奉持法藏호대 능 봉 지 법 장
如我所說法은 여 아 소 설 법	唯汝能證知니라 유 여 능 증 지	世尊旣讚歎하사 세 존 기 찬 탄
令妙光歡喜케하시고 영 묘 광 환 희	說是法華經을 설 시 법 화 경	滿六十小劫토록 만 육 십 소 겁
不起於此座하시고 불 기 어 차 좌	所說上妙法을 소 설 상 묘 법	是妙光法師 시 묘 광 법 사
悉皆能受持하니라 실 개 능 수 지	佛說是法華하사 불 설 시 법 화	令衆歡喜已하시고 영 중 환 희 이
尋卽於是日에 심 즉 어 시 일	告於天人衆하시대 고 어 천 인 중	諸法實相義를 제 법 실 상 의

라 서로 쳐다보며 '무슨 인연으로 이런 일이 있는가?' 하였는데 부처님께서 마침 삼매에서 일어나시어 묘광보살을 칭찬하시기를 "너는 세간의 눈이 되리니 일체가 귀의하고 믿을 것이니라. 능히 법장(법의 창고, 경전)을 받들어 지니고 내가 설법한 바와 같이 하여라. 오직 너만이 분명히 알 수 있느니라." 하셨습니다.

세존께서 칭찬하시어 묘광을 기쁘게 하신 후, 이 『법화경』을 60소겁이 다하도록 자리에서 일어나지 않고 설하셨는데, 설하신 바 높고 미묘한 법을 이 묘광법사가 모두다 받아 지녔습니다. 부처님께서 이 『법화경』을 설하시어 대중들을 크게 기쁘게 하시고 바로 그날 천인과 사람과 대중들에게

"모든 법의 최고의 진리를 너희들에게 이미 설하였

已爲汝等說일세 이 위 여 등 설	我今於中夜에 아 금 어 중 야	當入於涅槃하리라 당 입 어 열 반
汝一心精進하야 여 일 심 정 진	當離於放逸이니 당 리 어 방 일	諸佛甚難値라 제 불 심 난 치
億劫時一遇니라 억 겁 시 일 우	世尊諸子等이 세 존 제 자 등	聞佛入涅槃하고 문 불 입 열 반
各各懷悲惱호대 각 각 회 비 뇌	佛滅一何速이어뇨하더니 불 멸 일 하 속	
聖主法之王이 성 주 법 지 왕	安慰無量衆하사대 안 위 무 량 중	我若滅度時에 아 약 멸 도 시
汝等勿憂怖니라 여 등 물 우 포	是德藏菩薩이 시 덕 장 보 살	於無漏實相에 어 무 루 실 상
心已得通達하야 심 이 득 통 달	其次當作佛하리니 기 차 당 작 불	號曰爲淨身이라 호 왈 위 정 신
亦度無量衆하리라 역 도 무 량 중	佛此夜滅度하사대 불 차 야 멸 도	如薪盡火滅이어늘 여 신 진 화 멸

다. 나는 오늘 밤중에 열반에 들리라. 너희들은 일심으로 정진하여 절대 게으르지 말라. 부처님들은 만나기가 매우 어려워 억 겁에나 한 번 만날 수 있느니라." 하셨습니다.

제자들은 부처님께서 열반에 드신다는 말씀을 듣고 제각기 슬퍼하며, '부처님의 열반이 어찌도 이리 빠른가!' 하였습니다. 그러자 부처님께서 한량없는 대중을 위로하기를 "내가 열반에 들더라도 너희들은 걱정하거나 두려워하지 말아라. 이 덕장보살은 번뇌가 없는 참된 모습에 마음이 이미 통달하여 후에 부처님이 되는데, 이름은 정신이고 그 역시 한량없는 중생을 제도할 것이니라." 하셨습니다. 부처님께서 그날 밤 열반하시니 마치 땔나무가 다하여 불이 꺼지

分布諸舍利하사 분 포 제 사 리	而起無量塔하며 이 기 무 량 탑	比丘比丘尼 비 구 비 구 니
其數如恒沙라 기 수 여 항 사	倍復加精進하야 배 부 가 정 진	以求無上道니라 이 구 무 상 도
是妙光法師 시 묘 광 법 사	奉持佛法藏하사 봉 지 불 법 장	八十小劫中에 팔 십 소 겁 중
廣宣法華經이어늘 광 선 법 화 경	是諸八王子는 시 제 팔 왕 자	妙光所開化로 묘 광 소 개 화
堅固無上道하야 견 고 무 상 도	當見無數佛하고 당 견 무 수 불	供養諸佛已 공 양 제 불 이
隨順行大道하여 수 순 행 대 도	相繼得成佛하사 상 계 득 성 불	轉次而授記하시며 전 차 이 수 기
最後天中天은 최 후 천 중 천	號曰燃燈佛이라 호 왈 연 등 불	諸仙之導師로 제 선 지 도 사
度脫無量衆하시니라 도 탈 무 량 중	是妙光法師 시 묘 광 법 사	時有一弟子하니 시 유 일 제 자

듯 하였습니다.

사리들을 널리 나누어 헤아릴 수 없는 탑을 세웠고, 항하의 모래 수만큼 많은 비구와 비구니들이 더욱더 정진하여 위없는 도를 구하였으며, 이 묘광법사가 부처님의 법장을 받들어 지니고 80소겁 동안 널리 『법화경』을 펴니 이 여덟 왕자가 모두 묘광의 가르침과 교화로 위없는 도를 굳게 지녔으며, 수없는 부처님을 뵈옵고 부처님들을 공양하며 가르침을 따라 대도를 행하였습니다.

서로 이어 성불하고 차례로 수기하였는데, 맨 나중의 부처님 명호가 연등불이며, 신선들의 도사가 되어 한량없는 중생을 제도하셨습니다.

이 묘광법사에게 한 제자가 있었는데 마음이 항상

心常懷懈怠하야 심상회해태	貪著於名利하며 탐착어명리	求名利無厭하야 구명리무염
多遊族姓家하며 다유족성가	棄捨所習誦하야 기사소습송	廢忘不通利일새 폐망불통리
以是因緣故로 이시인연고	號之爲求名이라 호지위구명	亦行衆善業하야 역행중선업
得見無數佛하고 득견무수불	供養於諸佛하야 공양어제불	隨順行大道하며 수순행대도
具六波羅蜜일새 구육바라밀	今見釋師子하고 금견석사자	其後當作佛하리니 기후당작불
號名曰彌勒이라 호명왈미륵	廣度諸衆生호대 광도제중생	其數無有量하리라 기수무유량
彼佛滅度後에 피불멸도후	懈怠者汝是요 해태자여시	妙光法師者는 묘광법사자
今則我身是라 금즉아신시	我見燈明佛의 아견등명불	本光瑞如此일새 본광서여차

게으르고 명예와 이익에 욕심내고 집착하였으며, 명리 구하기를 싫어하지 않고 권세 있는 집을 들락날락하느라 익히고 외우던 것을 잊어버려 깨닫지 못하였습니다. 이러한 인연으로 구명이라 하였으나, 그 사람도 가지가지 선업을 닦아 헤아릴 수 없는 부처님들을 만나 뵙고 부처님들께 공양하며 가르침을 따라 대도를 행하고 육바라밀을 갖추어 지금 석사자(석가모니 부처님)를 뵈옵고 있습니다. 그도 후에 부처님이 될 것인데, 명호는 미륵이며 널리 중생들을 제도하는데 그 수가 한량없을 것입니다. 그 부처님 열반하신 뒤 게으름을 피운 사람이 바로 그대이고, 묘광법사는 지금 바로 나입니다. 내가 본 등명불의 상서로움이 이와 같았습니다.

以是知今佛이 이 시 지 금 불	欲說法華經이니라 욕 설 법 화 경	今相如本瑞는 금 상 여 본 서
是諸佛方便이시라 시 제 불 방 편	今佛放光明하사 금 불 방 광 명	助發實相義하시니 조 발 실 상 의
諸人今當知하고 제 인 금 당 지	合掌一心待어다 합 장 일 심 대	佛當雨法雨하사 불 당 우 법 우
充足求道者하시리니 충 족 구 도 자	諸求三乘人이 제 구 삼 승 인	若有疑悔者면 약 유 의 회 자
佛當爲除斷하야 불 당 위 제 단	令盡無有餘하리라 영 진 무 유 여	

第一 序品 終
제 일 서 품 종

이것으로 지금 부처님께서 『법화경』을 설하시려는 것으로 압니다. 지금의 모습이 옛날의 상서로운 모습과 같으니 이는 부처님들의 방편입니다. 지금 부처님께서 광명을 놓으시어 최고의 진리를 펴려고 하시니, 여러분들은 이제 그렇게 아시고 합장하고 일심으로 기다리십시오. 부처님께서 법의 비를 내리시어 도 구하는 이들을 만족하게 하실 것입니다. 삼승을 구하는 이들이 만약 의심나는 것이 있으면 부처님께서 마땅히 없애주시고 끊어주셔서 의심이 하나도 없게 하여 주실 것입니다.

제 일 서품 끝

第二 方便品
제 이 방편품

爾時世尊이 從三昧安詳而起하사 告舍利弗하사대 諸佛
이시세존 종삼매안상이기 고사리불 제불
智慧는 甚深無量이시고 其智慧門은 難解難入이라 一切
지혜 심심무량 기지혜문 난해난입 일체
聲聞辟支佛의 所不能知니라 所以者何오 佛曾親近百
성문벽지불 소불능지 소이자하 불증친근백
千萬億 無數諸佛하사 盡行諸佛無量道法하야 勇猛精
천만억 무수제불 진행제불무량도법 용맹정
進하야 名稱이 普聞하며 成就甚深 未曾有法이신 隨宜所
진 명칭 보문 성취심심 미증유법 수의소
說을 意趣難解니라
설 의취난해

제 이 방편품

그때 세존께서 삼매에서 조용히 일어나시어 사리불에게 말씀하셨다.

"여러 부처님들의 지혜는 매우 깊어 헤아릴 수 없느니라. 그 지혜의 문은 이해하기도 어렵거니와 또 들어가기도 어려워 일체 성문과 벽지불들은 알 수가 없느니라.

왜냐하면 부처는 일찍이 백천만억 헤아릴 수 없는 부처님들을 가까이 하고 존경하였으며, 부처님들의 헤아릴 수 없는 숱한 깨달음의 길을 모두 수행하고 용맹 정진하여 이름이 널리 알려졌으며, 매우 깊고 대단히 진귀한 법을 이루어 그때그때에 따라 적절히 설하시므로 그 뜻을 이해하기 어려우니라.

舍利弗아 吾從成佛已來로 種種因緣과 種種譬喩로 廣
사리불 오종성불이래 종종인연 종종비유 광

演言敎無數方便하야 引導衆生하야 令離諸著하노니 所以
연언교무수방편 인도중생 영리제착 소이

者何오 如來는 方便知見波羅蜜을 皆已具足이니라
자하 여래 방편지견바라밀 개이구족

舍利弗아 如來知見은 廣大深遠하사 無量無礙와 力無
사리불 여래지견 광대심원 무량무애 역무

所畏와 禪定解脫三昧에 深入無際하사 成就一切 未曾
소외 선정해탈삼매 심입무제 성취일체 미증

有法하시나니라 舍利弗아 如來 能種種分別하사 巧說諸
유법 사리불 여래 능종종분별 교설제

法하시니 言辭柔軟하야 悅可衆心이니라
법 언사유연 열가중심

사리불아! 내가 성불한 이래 가지가지 인연과 가지가지 비유로써 널리 가르침을 폈으며, 수없는 방편으로 중생들을 인도하여 모든 집착을 여의도록 하였는데, 어찌하여 그렇게 할 수 있었는가 하면 여래가 방편과 지견의 바라밀을 모두 갖추었기 때문이니라.

사리불아! 여래의 지견은 넓고 크고 깊고 멀어서 무량(사무량심)과 무애(사무애변)와 힘(십력)과 무소외(사무소외)와 선정과 해탈과 삼매에 한없이 깊이 들어가 온갖 미증유한 법을 성취하였느니라.

사리불아! 여래는 가지가지로 자세히 구별하여 모든 법을 훌륭하게 설하며 말씀이 부드러워 대중의 마음을 기쁘게 하느니라.

舍利弗아 取要言之컨댄 無量無邊 未曾有法을 佛悉成
사리불 취요언지 무량무변 미증유법 불실성
就니라 止하라 舍利弗아 不須復說이니 所以者何오
취 지 사리불 불수부설 소이자하
佛所成就 第一希有 難解之法은 唯佛與佛이라사 乃能
불소성취 제일희유 난해지법 유불여불 내능
究盡諸法實相하나니라 所謂諸法에 如是相이며 如是性이며
구진제법실상 소위제법 여시상 여시성
如是體며 如是力이며 如是作이며 如是因이며 如是緣이며
여시체 여시력 여시작 여시인 여시연
如是果며 如是報며 如是本末究竟等이니라
여시과 여시보 여시본말구경등
爾時世尊이 欲重宣此義하사 而說偈言하사대
이시세존 욕중선차의 이설게언

사리불아! 중요한 것을 말하자면 한량없고 가없으며 미증유한 법을 부처는 모두다 이루셨느니라.

그러나 그만두어라, 사리불아! 다시 말할 필요가 없느니라.

왜냐하면 부처가 성취한 제일 희유하고 이해하기 어려운 법은 오직 부처님들만이 모든 법의 있는 그대로의 참모습을 철저히 알 수가 있기 때문이니라.

이른바 모든 법은 이와 같은 모습, 이와 같은 성질, 이와 같은 바탕, 이와 같은 힘, 이와 같은 작용, 이와 같은 원인, 이와 같은 관계, 이와 같은 결과, 이와 같은 영향, 이와 같은 근본과 끝이 결국에는 같음이니라."

세존께서 이 뜻을 거듭 펴시려고 게송으로 말씀하셨다.

世雄不可量이라 세웅불가량	諸天及世人과 제천급세인	一切衆生類는 일체중생류
無能知佛者니라 무능지불자	佛力無所畏와 불력무소외	解脫諸三昧와 해탈제삼매
及佛諸餘法을 급불제여법	無能測量者니라 무능측량자	本從無數佛로 본종무수불
具足行諸道이신 구족행제도	甚深微妙法은 심심미묘법	難見難可了니라 난견난가료
於無量億劫에 어무량억겁	行此諸道已하시고 행차제도이	道場得成果를 도량득성과
我已悉知見호라 아이실지견	如是大果報인 여시대과보	種種性相義는 종종성상의
我及十方佛이 아급시방불	乃能知是事니라 내능지시사	是法不可示라 시법불가시
言辭相寂滅이니 언사상적멸	諸餘衆生類는 제여중생류	無有能得解요 무유능득해

세상의 영웅이신 부처님(세웅)을 헤아릴 길 없어 천인들과 세상 사람들과 일체의 중생들은 아무도 부처님을 알 수 없느니라. 부처님의 힘과 두려움 없음과 해탈과 여러 가지 삼매와 부처님의 나머지 법들도 헤아릴 수 있는 자가 없느니라. 일찍이 수없는 부처님을 따라 모든 도를 갖추어서 행한 매우 깊고 미묘한 법은 보기도 어렵고 깨닫기도 어려우니라. 한량없는 세월동안 이 모든 도를 다 수행하고 도량에서 얻은 성과를 나는 다 보고 아느니라. 이와 같이 큰 과보인 가지가지 성품과 실상의 뜻을 나와 시방의 부처님만이 이 일을 알 수 있느니라. 이 법은 보일 수도 없고 말로도 할 수가 없어서, 믿는 힘이 견고한 보살들은 제외하지만 그 나머지 모든 중생들은 이해할 수 없느니라.

除諸菩薩衆의　信力堅固者하고　諸佛弟子衆이
제 제 보 살 중　신 력 견 고 자　제 불 제 자 중

曾供養諸佛하고　一切漏已盡하야　住是最後身인
증 공 양 제 불　일 체 루 이 진　주 시 최 후 신

如是諸人等은　其力所不堪이니라　假使滿世間이
여 시 제 인 등　기 력 소 불 감　가 사 만 세 간

皆如舍利弗하야　盡思共度量이라도　不能測佛智하며
개 여 사 리 불　진 사 공 탁 량　불 능 측 불 지

正使滿十方이　皆如舍利弗하며　及餘諸弟子
정 사 만 시 방　개 여 사 리 불　급 여 제 제 자

亦滿十方刹하야　盡思共度量이라도　亦復不能知하며
역 만 시 방 찰　진 사 공 탁 량　역 부 불 능 지

辟支佛利智인　無漏最後身이　亦滿十方界하야
벽 지 불 이 지　무 루 최 후 신　역 만 시 방 계

其數如竹林커든　斯等共一心으로　於億無量劫에
기 수 여 죽 림　사 등 공 일 심　어 억 무 량 겁

부처님들의 제자들로서 부처님들께 공양하고 일체의 번뇌가 다하여 최후의 몸에 머물러 있는 사람들도 그들의 힘으로는 감당할 수가 없느니라.

가령 세상이 사리불과 같은 이들로 가득하여 함께 생각을 다하여 헤아려도 부처님의 지혜는 헤아릴 수 없으며,

실제로 시방에 모두 사리불 같은 이들이 가득하고,

그 밖의 제자들도 역시 시방에 가득해서 이들이 함께 생각을 다하여 헤아려도 역시 알 수 없으며,

벽지불의 뛰어난 지혜와 번뇌가 다한 최후의 몸을 가진 이들이 역시 시방세계에 가득하여

그 수가 대나무 숲과 같은 그들이 모두 한마음으로 한량없는 억 겁 동안 부처님의 참된 지혜를 생각하여도

欲思佛實智라도 욕 사 불 실 지	莫能知少分하며 막 능 지 소 분	新發意菩薩이 신 발 의 보 살
供養無數佛하야 공 양 무 수 불	了達諸義趣하며 요 달 제 의 취	又能善說法호대 우 능 선 설 법
如稻麻竹葦히 여 도 마 죽 위	充滿十方刹하야 충 만 시 방 찰	一心以妙智로 일 심 이 묘 지
於恒河沙劫에 어 항 하 사 겁	咸皆共思量하야도 함 개 공 사 량	不能知佛智하며 불 능 지 불 지
不退諸菩薩이 불 퇴 제 보 살	其數如恒沙하야 기 수 여 항 사	一心共思求라도 일 심 공 사 구
亦復不能知니라 역 부 불 능 지	又告舍利弗하노니 우 고 사 리 불	無漏不思議인 무 루 부 사 의
甚深微妙法을 심 심 미 묘 법	我今已具得호니 아 금 이 구 득	唯我知是相하고 유 아 지 시 상
十方佛亦然이니라 시 방 불 역 연	舍利弗當知하라 사 리 불 당 지	諸佛語無異니 제 불 어 무 이

알지 못하며, 새로 발심(發心)한 보살들이 수없는 부처님을 공양하고 모든 도리를 깨달아 알고, 설법도 잘하는 이들이 벼와 삼과 대나무와 갈대와 같이 시방세계에 가득한데, 한마음으로 훌륭한 지혜를 가지고 항하의 모래 수같은 겁 동안 다 함께 생각하고 헤아려도 부처님의 지혜는 알 수가 없느니라. 또 항하의 모래 수만큼이나 많은 물러나지 않는 보살들이 한마음으로 함께 생각하여도 역시 알 수가 없느니라. 사리불에게 말하노니 번뇌가 없고 생각으로는 알 수 없는 매우 깊고 미묘한 법을 나는 이제 다 갖추어 얻었으며, 오직 시방의 부처님들과 나만이 이 실상을 아느니라.

사리불아! 마땅히 알지니라. 부처님들의 말씀은 다르지 아니하느니라.

於佛所說法에　當生大信力이라　世尊法久後에
어불소설법　당생대신력　세존법구후

要當說眞實이니라　告諸聲聞衆과　及求緣覺乘에
요당설진실　고제성문중　급구연각승

我令脫苦縛하야　逮得涅槃者하노니　佛以方便力으로
아령탈고박　체득열반자　불이방편력

示以三乘敎어늘　衆生處處著일새　引之令得出하노라
시이삼승교　중생처처착　인지령득출

爾時大衆中에 有諸聲聞 漏盡阿羅漢인 阿若憍陳如等
이시대중중 유제성문 누진아라한 아야교진여등

千二百人과 及發聲聞辟支佛心인 比丘比丘尼와 優
천이백인 급발성문벽지불심 비구비구니 우

婆塞 優婆夷 各作是念호대 今者世尊이 何故로 慇懃稱
바새 우바이 각작시념 금자세존 하고 은근칭

부처님께서 말씀하신 법에 마땅히 크게 믿는 힘을 낼지니라. 세존은 오랫동안 설법한 후에야 중요한 진실을 설하느니라. 성문의 무리와 연각승을 구하는 이들에게 말하노니 나는 괴로움의 속박을 벗어나게 하여 열반에 이르도록 하느니라. 부처님은 방편력으로 삼승을 보이시는데 중생이 곳곳에 집착하므로 이끌어서 나오게 한 것이니라.

그때 대중 가운데 성문들과 번뇌가 다한 아라한인 아야교진여 등 1천 2백 인과 성문, 벽지불의 마음을 낸 비구, 비구니, 우바새, 우바이들이 제각기 이런 생각을 하였다.

'지금 세존께서는 무슨 까닭으로 은근히 방편을 찬탄

歎方便하시고 而作是言하사대 佛所得法은 甚深難解하야
탄방편 이작시언 불소득법 심심난해

有所言說을 意趣難知라 一切聲聞 辟支佛의 所不能
유소언설 의취난지 일체성문 벽지불 소불능

及이라하시닛고 佛說一解脫義하시면 我等도 亦得此法하야 到
급 불설일해탈의 아등 역득차법 도

於涅槃이어늘 而今不知 是義所趣로다하니 爾時에 舍利弗이
어열반 이금부지 시의소취 이시 사리불

知四衆心疑하며 自亦未了하야 而白佛言하오되 世尊이시여
지사중심의 자역미료 이백불언 세존

何因何緣으로 慇懃稱歎 諸佛第一方便이 甚深微妙하야
하인하연 은근칭탄 제불제일방편 심심미묘

難解之法이라하시닛고 我自昔來로 未曾從佛聞如是說호이다
난해지법 아자석래 미증종불문여시설

하시면서 이와 같은 말씀 하시기를 부처님께서 얻으신 법은 매우 깊고 이해하기 어려워 말씀하신 뜻을 알기 어려우며 일체의 성문과 벽지불은 미칠 수 없다고 하시는가? 그리고 부처님께서 하나뿐인 해탈의 뜻을 설하셨으며, 우리들도 역시 이 법을 얻어 열반에 이르렀는데, 이렇게 말씀하시니 그 뜻을 모르겠구나.'

그때 사리불이 사부대중의 의심하는 마음을 알아 차리고, 자기도 또한 궁금하므로 부처님께 여쭈었다.

"세존이시여, 무슨 인연으로 여러 부처님들의 으뜸가는 방편과 매우 깊고 미묘하며 이해하기 어려운 법을 은근히 찬탄하십니까? 이전에는 이렇게 말씀하신 것을 들은 적이 없습니다.

今者四衆이 咸皆有疑하사오니 唯願世尊은 敷演斯事하소서
금자사중 함개유의 유원세존 부연사사

世尊이 何故로 慇懃稱歎 甚深微妙 難解之法이라하시닛고
세존 하고 은근칭탄 심심미묘 난해지법

爾時에 舍利弗이 欲重宣此義하야 而說偈言하오대
이시 사리불 욕중선차의 이설게언

慧日大聖尊이 久乃說是法이샷다 自說得如是
혜일대성존 구내설시법 자설득여시

力無畏三昧와 禪定解脫等 不可思議法이라하시며
역무외삼매 선정해탈등 불가사의법

道場所得法을 無能發問者하며 我意難可測하야
도량소득법 무능발문자 아의난가측

亦無能問者라하시며 無問而自說 稱歎所行道하사대
역무능문자 무문이자설 칭탄소행도

지금 사부대중이 모두 궁금해 하고 있사오니 바라옵건대 세존께서 이 일이 무슨 뜻인지 말씀해 주십시오. 세존께서는 무슨 연고로 매우 깊고 미묘하며 이해하기 어려운 법이라고 은근히 찬탄하셨습니까?"

사리불이 이 뜻을 거듭 펴려고 게송으로 아뢰었다.

지혜의 태양이신 부처님께서
오랜만에 법을 설하시며 스스로 이와 같은 힘, 두려움 없음, 삼매, 선정, 해탈 등 불가사의한 법을 얻었다 하시며,
도량에서 얻으신 법을 물으려는 사람이 없고, 뜻을 헤아리기 어려워 역시 묻는 자가 없다 하시며, 묻지 않았는데도 닦으신 도를 스스로 찬탄하시며,

智慧甚微妙하야 지 혜 심 미 묘	諸佛之所得이라하시니 제 불 지 소 득	無漏諸羅漢과 무 루 제 나 한
及求涅槃者는 급 구 열 반 자	今皆墮疑網이어늘 금 개 타 의 망	佛何故說是닛고 불 하 고 설 시
其求緣覺者인 기 구 연 각 자	比丘比丘尼와 비 구 비 구 니	諸天龍鬼神과 제 천 용 귀 신
及乾闥婆等이 급 건 달 바 등	相視懷猶豫하야 상 시 회 유 예	瞻仰兩足尊호이다 첨 앙 양 족 존
是事爲云何닛고 시 사 위 운 하	願佛爲解說하소서 원 불 위 해 설	於諸聲聞衆에 어 제 성 문 중
佛說我第一이나 불 설 아 제 일	我今自於智에 아 금 자 어 지	疑惑不能了니다 의 혹 불 능 요
爲是究竟法이닛가 위 시 구 경 법	爲是所行道닛가 위 시 소 행 도	佛口所生子로 불 구 소 생 자
合掌瞻仰待호니 합 장 첨 앙 대	願出微妙音하사 원 출 미 묘 음	時爲如實說하소서 시 위 여 실 설

지혜가 매우 미묘하여 부처님들만이 얻은 것이라 하십니다. 번뇌가 다한 아라한과 열반을 구하는 자들이 모두다 의심의 그물에 떨어졌는데 부처님께서 무슨 까닭으로 이런 말씀을 하십니까? 연각을 구하는 비구, 비구니와 하늘, 용, 귀신과 건달바들이 의심을 품어 서로 바라보고 머뭇거리며 부처님을 우러러보고 있으니, 이 일이 무엇을 위한 것인지, 원하옵건대 부처님께서 말씀하여 주십시오. 성문들 가운데서 부처님께서 저를 제일이라 말씀하셨는데, 저도 지금 스스로의 지혜로는 분별하기 어려워 알지 못하겠습니다. 이것이 열반에 이르는 법입니까? 수행해야 할 도입니까? 부처님의 입으로 인해서 생긴 불자들이 합장하고 우러러보며 기다리고 있습니다. 원하옵건대 미묘한 음성으로 사실대로

諸天龍神等이　其數如恒沙하며　求佛諸菩薩은
제천용신등　기수여항사　구불제보살

大數有八萬이며　又諸萬億國에　轉輪聖王至하야
대수유팔만　우제만억국　전륜성왕지

合掌以敬心으로　欲聞具足道호이다
합장이경심　욕문구족도

爾時에 佛告舍利弗하사대 止止하라 不須復說이니 若說是
이시 불고사리불 지지 불수부설 약설시

事하면 一切世間에 諸天及人이 皆當驚疑하리라 舍利弗이
사 일체세간 제천급인 개당경의 사리불

重白佛言하오대 世尊이시여 唯願說之하시며 唯願說之하소서
중백불언 세존 유원설지 유원설지

所以者何오 是會無數 百千萬億 阿僧祇衆生이 曾見
소이자하 시회무수 백천만억 아승지중생 증견

말씀하여 주십시오. 하늘과 용과 귀신들의 수가 항하의 모래 수갈고 성불을 원하는 보살들이 어림잡아 8만이며, 수만 억 나라의 전륜성왕들이 여기 와서 합장하고 공경하는 마음으로 모든 것을 다 갖춘 도를 듣고자 합니다.

그때 부처님께서 사리불에게 말씀하셨다.

"그만두어라, 그만두어라. 다시 말할 필요가 없느니라. 만약 이 일을 말한다면, 온 세상의 모든 하늘 중생과 사람들이 모두다 놀라고 의심할 것이니라."

사리불은 다시 부처님께 여쭈었다.

"세존이시여, 원하옵건대 말씀하여 주소서. 원하옵건대 말씀하여 주소서. 왜냐하면 여기에 모인 수없는 백천

諸佛하야 諸根이 猛利하며 智慧明了하야 聞佛所說하면 則
제불 제근 맹리 지혜명료 문불소설 즉
能敬信하리다
능경신

爾時에 舍利弗이 欲重宣此義하사 而說偈言하오대
이시 사리불 욕중선차의 이설게언

法王無上尊이시여 唯說願勿慮하소서 是會無量衆이
법왕무상존 유설원물려 시회무량중
有能敬信者리다
유능경신자

佛이 復止하사대 舍利弗아 若說是事면 一切世間 天人
불 부지 사리불 약설시사 일체세간 천인
阿修羅 皆當驚疑하며 增上慢比丘는 將墜於大坑하리라
아수라 개당경의 증상만비구 장추어대갱

만억 아승지 중생들은 부처님들을 뵈었기에 모든 근기가 뛰어나고 영리하며 지혜가 밝고 분명하여 부처님의 말씀을 들으면 공경하며 믿을 것입니다."

사리불이 이 뜻을 거듭 펴려고 게송으로 말하였다.

법의 왕이시며 위없는 세존이시여!
꼭 말씀하여 주십시오.
염려하지 마시고 부디 말씀하여 주십시오.
여기 모인 대중들은 공경하며 믿을 자들이옵니다.

부처님께서는 다시 그런 말 말라고 하셨다.

"그만두어라. 사리불아! 만약 이 일을 말한다면 모든 세간의 하늘 중생, 사람, 아수라들이 놀라고 의심할 것이며 증상만의 비구들은 장차 큰 구덩이에 떨어질 것이니라."

爾時에 世尊이 重說偈言하사대
이 시 세존 중설게언

止止不須說이니 我法妙難思라 諸增上慢者는
지 지 불 수 설 아 법 묘 난 사 제 증 상 만 자

聞必不敬信하리라
문 필 불 경 신

爾時에 舍利弗이 重白佛言하오대 世尊이시여 唯願說之하시며
이 시 사 리 불 중 백 불 언 세 존 유 원 설 지

唯願說之하소서 今此會中에 如我等比百千萬億은 世
유 원 설 지 금 차 회 중 여 아 등 비 백 천 만 억 세

世에 已曾 從佛受化호니 如此人等은 必能敬信하고 長
세 이 증 종 불 수 화 여 차 인 등 필 능 경 신 장

夜安隱하야 多所饒益하리라
야 안 은 다 소 요 익

그때 세존께서는 게송으로 거듭 말씀하셨다.

그만두어라, 그만두어라.

모름지기 말할 것이 아니니라.

나의 법은 미묘하고 불가사의하여, 교만한 자들이 들으면 반드시 공경하거나 믿지 않을 것이니라.

그때 사리불이 다시 부처님께 여쭈었다.

"세존이시여, 오직 원하옵건대 말씀하여 주십시오. 오직 원하옵건대 말씀하여 주십시오. 지금 여기 모여 있는 저와 똑같은 백천만억 이들은 세세생생에 이미 부처님의 교화를 받았으니, 이들은 반드시 공경하고 믿어서 긴긴 밤에 편안하며 이익되는 바가 많을 것입니다."

爾時에 舍利弗이 欲重宣此義하사 而說偈言하오대
이시 사리불 욕중선차의 이설게언

無上兩足尊이시여 (무상양족존) 願說第一法하소서 (원설제일법) 我爲佛長子호니 (아위불장자)
唯垂分別說하소서 (유수분별설) 是會無量衆이 (시회무량중) 能敬信此法하리다 (능경신차법)
佛已曾世世에 (불이증세세) 敎化如是等일새 (교화여시등) 皆一心合掌하야 (개일심합장)
欲聽受佛語호이다 (욕청수불어) 我等千二百과 (아등천이백) 及餘求佛者를 (급여구불자)
願爲此衆故로 (원위차중고) 唯垂分別說하소서 (유수분별설) 是等聞此法하면 (시등문차법)
則生大歡喜하리다 (즉생대환희)

爾時에 世尊이 告舍利弗하사대 汝已慇懃三請하니 豈得
이시 세존 고사리불 여이은근삼청 기득

이때에 사리불은 이 뜻을 거듭 게송으로 말하였다.

위없는 양족존이시여! 원하옵건대 가장 으뜸가는 법을 설하여 주십시오. 저는 부처님의 장자이오니 부디 설하여 주십시오. 여기 모인 많은 중생들은 능히 이 법을 공경하며 믿을 것입니다.

부처님께서 지나간 세상에서 이 같은 무리들을 교화하시었으므로 모두 한마음으로 합장하고 부처님의 말씀을 듣고 받아들일 것입니다. 저희들 1천 2백 인과 그 밖에 불도를 구하는 이들을 위하여 부디 설하여 주십시오. 이들은 법을 들으면 크게 기뻐할 것입니다.

그러자 세존께서는 사리불에게 이렇게 말씀하셨다.
“네가 간곡하게 세 번이나 청하였으니 어찌 말하지 않

不說이리요 汝今諦聽하야 善思念之하라 吾當爲汝하야 分
불설 여금제청 선사념지 오당위여 분

別解說하리라 說此語時에 會中에 有 比丘比丘尼와 優
별해설 설차어시 회중 유 비구비구니 우

婆塞優婆夷 五千人等이 卽從座起하야 禮佛而退하니
바새우바이 오천인등 즉종좌기 예불이퇴

所以者何오 此輩는 罪根이 深重하고 及增上慢일새 未
소이자하 차배 죄근 심중 급증상만 미

得을 謂得하고 未證을 謂證하야 有 如此失이라 是以不住어늘
득 위득 미증 위증 유 여차실 시이부주

世尊이 默然하사 而不制止하시고 爾時에 佛告舍利弗하사대
세존 묵연 이부제지 이시 불고사리불

我今此衆은 無復枝葉이고 純有貞實하니 舍利弗아 如是
아금차중 무부지엽 순유정실 사리불 여시

을 수 있겠느냐. 이제 자세히 듣고 잘 생각하고 생각하여라. 내가 마땅히 너를 위하여 자세히 설하리라."

이 말씀을 하실 때 그 자리에 있던 비구, 비구니, 우바새, 우바이 5천 명이 자리에서 일어나 부처님께 예배하고 물러갔다. 왜냐하면 이들은 죄의 뿌리가 깊고 무거울 뿐 아니라 증상만이 있는 자들로서 얻지 못하였으면서도 얻었다 하고, 깨닫지 못하였으면서도 깨달았다고 하는 허물이 있으므로 머물지 아니하였는데 세존께서는 잠자코 계시며 말리지 아니하셨다.

그때 부처님께서 사리불에게 말씀하셨다.

"나의 지금 여기 있는 대중은 지엽은 없고 순전히 좋은 알맹이만 있구나. 사리불아! 증상만의 사람들이 물러

增上慢人은 退亦佳矣라 汝今善聽하라 當爲汝說호리라
증상만인 퇴역가의 여금선청 당위여설

舍利弗이 言하오대 唯然世尊하 願樂欲聞호이다 佛告舍利
사리불 언 유연세존 원요욕문 불고사리

弗하사대 如是妙法을 諸佛如來 時乃說之하시니 如優曇
불 여시묘법 제불여래 시내설지 여우담

鉢華 時一現耳이니라 舍利弗아 汝等은 當信佛之所說이니
발화 시일현이 사리불 여등 당신불지소설

言不虛妄이시니라 舍利弗아 諸佛의 隨宜說法은 意趣難
언불허망 사리불 제불 수의설법 의취난

解니라 所以者何오 我以無數方便과 種種因緣과 譬喩
해 소이자하 아이무수방편 종종인연 비유

言辭로 演說諸法호니 是法은 非思量分別之所能解요
언사 연설제법 시법 비사량분별지소능해

간 것은 오히려 잘되었느니라. 너희들은 이제 잘 들어라. 너희를 위하여 설하리라.”

사리불이, “그러하겠습니다. 세존이시여! 원하옵건대 기꺼이 듣고자 하옵니다.”하니 부처님께서 말씀하셨다.

“이렇게 미묘한 법은 모든 부처님 여래께서 때가 되어야 말씀하시는 것이니 마치 우담발화가 때가 되어야 한 번 피는 것과 같느니라. 사리불아! 너희들은 마땅히 부처님께서 설하시는 것을 믿을 지니 그 말씀은 허망하지 않느니라. 사리불아! 부처님들께서는 그때그때에 따라 적절히 설법을 하시는데 그 뜻은 이해하기 어려우니라.

왜냐하면 수없는 방편과 가지가지 인연과 비유와 이야기로 모든 법을 설하시므로 생각이나 분별로는 이해

唯有諸佛이라사 乃能知之니라 所以者何오 諸佛世尊이
유유제불 내능지지 소이자하 제불세존

唯以一大事因緣故로 出現於世하시니라
유이일대사인연고 출현어세

舍利弗아 云何名 諸佛世尊이 唯以一大事因緣故로
사리불 운하명 제불세존 유이일대사인연고

出現於世오 諸佛世尊이 欲令衆生으로 開佛知見하사 使
출현어세 제불세존 욕령중생 개불지견 사

得淸淨故로 出現於世하시며 欲示衆生의 佛之知見故로
득청정고 출현어세 욕시중생 불지지견고

出現於世하시며 欲令衆生으로 悟佛知見故로 出現於世하시며
출현어세 욕령중생 오불지견고 출현어세

欲令衆生으로 入佛知見道故로 出現於世하시니라
욕령중생 입불지견도고 출현어세

할 수 없기 때문이니라. 부처님들만이 아실 수 있는데 왜냐하면 세존들께서는 오직 일대사인연으로 이 세상에 출현하시기 때문이니라.

사리불아! 어찌하여 부처님 세존들께서 오직 일대사인연으로 이 세상에 출현하신다고 하는가 하면, 부처님 세존들께서는 중생들로 하여금 부처님의 지견을 열어 청정하게 하려고 이 세상에 출현하시며, 중생들에게 부처님의 지견을 보이려고 이 세상에 출현하시며, 중생으로 하여금 부처님의 지견을 깨닫게 하려고 출현하시며, 중생으로 하여금 부처님의 지견의 도에 들게 하려고 이 세상에 출현하시느니라.

사리불아! 이것을 부처님들께서는 오직 일대사인연

舍利弗아 是爲諸佛이 唯以一大事因緣故로 出現於世
사리불 시위제불 유이일대사인연고 출현어세

하시니라 佛告舍利弗하사대 諸佛如來 但敎化菩薩하사 諸有
불고사리불 제불여래 단교화보살 제유

所作이 常爲一事시니 唯以佛之知見으로 示悟衆生이니라
소작 상위일사 유이불지지견 시오중생

舍利弗아 如來 但以一佛乘故로 爲衆生說法이요 無有
사리불 여래 단이일불승고 위중생설법 무유

餘乘이 若二若三이니라 舍利弗아 一切十方諸佛의 法도
여승 약이약삼 사리불 일체시방제불 법

亦如是니라 舍利弗아 過去諸佛이 以無量無數方便과
역여시 사리불 과거제불 이무량무수방편

種種因緣과 譬喩言辭로 而爲衆生하야 演說諸法하시니 是
종종인연 비유언사 이위중생 연설제법 시

때문에 세상에 출현하시는 것이라 하느니라."

부처님께서 사리불에게 말씀하셨다.

"모든 부처님 여래께서는 다만 보살만을 교화하시기 때문에 하시는 일들도 항상 한 가지 일을 위하는 것으로 오직 부처님의 지견을 중생들에게 보여서 깨닫게 하는 것이니라.

사리불아! 여래께서는 오직 일불승으로 중생을 위하여 법을 설하시지 이승이나 삼승이나 다른 승은 없느니라. 사리불아! 일체 시방의 모든 부처님의 법도 역시 이와 같느니라. 사리불아! 과거의 여러 부처님들께서 한량없고 수도 없는 방편과 가지가지 인연과 비유와 이야기로써 중생을 위하여 여러 가지 법을 설하셨는데, 법이

法은 皆爲一佛乘故라 是諸衆生이 從諸佛聞法하고 究
법 개위일불승고 시제중생 종제불문법 구

竟에 皆得一切種智하니라 舍利弗아 未來諸佛이 當出於
경 개득일체종지 사리불 미래제불 당출어

世하야 亦以無量無數方便과 種種因緣과 譬喩言辭로
세 역이무량무수방편 종종인연 비유언사

而爲衆生하야 演說諸法하시니라 是法은 皆爲一佛乘故라
이위중생 연설제법 시법 개위일불승고

是諸衆生이 從佛聞法하고 究竟에 皆得一切種智하리라 舍
시제중생 종불문법 구경 개득일체종지 사

利弗아 現在十方無量百千萬億佛土中에 諸佛世尊이
리불 현재시방무량백천만억불토중 제불세존

多所饒益하야 安樂衆生하나니 是諸佛도 亦以無量無數
다소요익 안락중생 시제불 역이무량무수

모두 일불승을 위한 것이었으므로, 중생들이 부처님을 따라 법을 듣고 마지막에는 모두 일체종지(부처님 지혜)를 얻었느니라.

사리불아! 미래의 부처님들께서도 세상에 출현하시면 역시 한량없고 수없는 방편과 가지가지 인연과 비유와 이야기로 중생을 위하여 설법을 하시는데 이 법도 모두 일불승을 위한 것이므로, 중생들이 부처님으로부터 법을 듣고 마침내는 모두 일체종지를 얻을 것이니라.

사리불아! 현재 시방의 한량없는 백천만억 불국토에 계시는 모든 부처님 세존께서도 이익되게 하시는 것이 많아 중생들을 편안하고 즐겁게 하시는데, 이 부처님들께서도 역시 한량없고 수없는 방편과 가지가지 인연과

方便과 種種因緣과 譬喩言辭로 而爲衆生하야 演說諸
방편 종종인연 비유언사 이위중생 연설제
法하시나니 是法은 皆爲一佛乘故라 是諸衆生이 從佛聞
법 시법 개위일불승고 시제중생 종불문
法하고 究竟에 皆得一切種智하니라 舍利弗아 是諸佛이
법 구경 개득일체종지 사리불 시제불
但敎化菩薩하사 欲以佛之知見으로 示衆生故며 欲以佛
단교화보살 욕이불지지견 시중생고 욕이불
之知見으로 悟衆生故며 欲令衆生으로 入佛之知見故니라
지지견 오중생고 욕령중생 입불지지견고
舍利弗아 我今에 亦復如是하야 知諸衆生의 有種種
사리불 아금 역부여시 지제중생 유종종
欲과 深心所著인새 隨其本性하야 以種種因緣과 譬喩
욕 심심소착 수기본성 이종종인연 비유

비유와 이야기로써 중생을 위하여 모든 법을 설하시느니라. 이 법도 모두 일불승을 위한 것이므로, 중생들이 부처님으로부터 법을 듣고 마침내는 모두 일체종지를 얻느니라.

사리불아! 부처님들께서는 오직 보살만을 교화하시느니라. 이것은 부처님의 지견을 중생에게 보이시려는 것이며, 부처님의 지견으로 중생들을 깨닫게 하시려는 것이며, 중생들로 하여금 부처님의 지견에 들게끔 하시려는 것이니라.

사리불아! 나도 지금 역시 그와 같아서 중생들이 가지가지 욕망에 깊이 집착해 있음을 알므로, 그 본래의 성품을 따라서 가지가지 인연과 비유와 이야기와 방편의

言辭方便力으로 而爲說法하노니 舍利弗아 如此皆爲得
언사방편력 이위설법 사리불 여차개위득

一佛乘과 一切種智故니라 舍利弗아 十方世界中에 尙無
일불승 일체종지고 사리불 시방세계중 상무

二乘이어늘 何況有三가 舍利弗아 諸佛이 出於五濁惡
이승 하황유삼 사리불 제불 출어오탁악

世하나니 所謂劫濁 煩惱濁 衆生濁 見濁 命濁이라 如是하야
세 소위겁탁 번뇌탁 중생탁 견탁 명탁 여시

舍利弗아 劫濁亂時에 衆生이 垢重하야 慳貪嫉妬하며 成
사리불 겁탁난시 중생 구중 간탐질투 성

就諸不善根故로 諸佛이 以方便力으로 於一佛乘에 分
취제불선근고 제불 이방편력 어일불승 분

別說三이니라
별설삼

힘으로 법을 설하느니라.

사리불아! 이렇게 하는 것은 모두 일불승과 일체종지를 얻게 하기 위한 것이니라.

사리불아! 시방세계에는 이승도 없거늘 하물며 삼승이 있겠느냐?

사리불아! 부처님들께서는 오탁악세에 출현하시니, 오탁악세란 이른바 겁탁, 번뇌탁, 중생탁, 견탁, 명탁이니라.

사리불아! 겁이 흐리고 어지러운 시대에는 중생들의 번뇌와 업장이 무거워 매우 인색할 뿐만 아니라 시기하고 미워하느라 온갖 나쁜 일들을 저지르므로, 부처님들께서 방편력으로 일불승에서 분별하여 삼승을 설하는 것이니라.

舍利弗아 若我弟子 自謂阿羅漢 辟支佛者 不聞不知
사리불 약아제자 자위아라한 벽지불자 불문부지

諸佛如來 但 教化菩薩事면 此非佛弟子며 非 阿羅漢
제불여래 단 교화보살사 차비불제자 비 아라한

이며 非辟支佛이니라 又 舍利弗아 是諸比丘 比丘尼 自謂
비벽지불 우 사리불 시제비구 비구니 자위

已得 阿羅漢이라 是 最後身 究竟涅槃이라하야 便不復志
이득 아라한 시 최후신 구경열반 변불부지

求 阿耨多羅三藐三菩提라하면 當知此輩는 皆是增上慢
구 아뇩다라삼먁삼보리 당지차배 개시증상만

人이니 所以者何오 若有比丘 實得阿羅漢하고 若 不信
인 소이자하 약유비구 실득아라한 약 불신

此法이 無有是處니라 除佛滅度後 現前無佛이니 所以者
차법 무유시처 제불멸도후 현전무불 소이자

사리불아! 만약 나의 제자로서 스스로 아라한이나 벽지불이라 말하면서도 모든 부처님 여래께서는 오직 보살만을 교화하신다는 것을 듣지도 못하고 알지도 못하는 자는 부처님의 제자가 아니며 아라한도 아니며 벽지불도 아니니라. 또 사리불아! 비구와 비구니들이 스스로 말하기를, '아라한을 얻어 최후의 몸이 되었으니 마침내 열반에 이르리라'고 생각하여 다시는 아뇩다라삼먁삼보리를 구할 뜻이 없다면 마땅히 알지니 이런 무리는 모두 교만한 자들이니라. 왜냐하면 만약 비구가 실제로 아라한을 얻었다면 이 법을 믿지 않고서는 이런 지위에 있을 수 없기 때문이니라. 그러나 부처님께서 열반하신 후 부처님께서 계시지 않을 때는 제외하느니라.

何오 佛滅度後에 如是等經을 受持讀誦解義者는 是
하 불멸도후 여시등경 수지독송해의자 시

人難得이니 若遇餘佛이면 於此法中에 便得決了니라 舍
인난득 약우여불 어차법중 변득결료 사

利弗아 汝等은 當一心信解하야 受持佛語니 諸佛如來
리불 여등 당일심신해 수지불어 제불여래

言無虛妄이라 無有餘乘이요 唯一佛乘이니라
언무허망 무유여승 유일불승

爾時에 世尊이 欲重宣此義하사 而說偈言하사대
이시 세존 욕중선차의 이설게언

比丘比丘尼 有懷增上慢하며 優婆塞我慢과
비구비구니 유회증상만 우바새아만

優婆夷不信으로 如是四衆等이 其數有五千이라
우바이불신 여시사중등 기수유오천

왜냐하면 부처님께서 열반하신 후에는 이와 같은 경전을 받아 지니고 읽고 외우고 그 뜻을 이해할 수 있는 사람을 만나기가 어렵기 때문이니라. 그러나 만약 부처님을 만난다면 이 법 가운데서 틀림없이 깨달을 수 있을 것이니라. 사리불아! 너희들은 마땅히 일심으로 믿고 이해하여 부처님의 말씀을 받아 지닐지니라. 모든 부처님 여래의 말씀은 허망하지 않느니라. 나머지 승은 없고 오직 일불승만 있느니라."

세존께서 이 뜻을 거듭 펴시려고 게송으로 말씀하셨다.

교만한 마음을 가진 비구, 비구니, 남을 업신여기는 마음이 있는 우바새, 믿음이 없는 우바이, 이 같은 사부대중들, 그 수가 5천인데, 자신들의 허물을 스스로

不自見其過하고 부자견기과	於戒有缺漏이든 어계유결루	護惜其瑕疵하나니 호석기하자
是小智已出이라 시소지이출	衆中之糟糠이니 중중지조강	佛威德故去니라 불위덕고거
斯人尠福德하야 사인선복덕	不堪受是法이니라 불감수시법	此衆無枝葉하고 차중무지엽
唯有諸貞實이니 유유제정실	舍利弗善聽하라 사리불선청	諸佛所得法은 제불소득법
無量方便力으로 무량방편력	而爲衆生說호대 이위중생설	衆生心所念과 중생심소념
種種所行道와 종종소행도	若干諸欲性은 약간제욕성	先世善惡業이어늘 선세선악업
佛悉知是已하시고 불실지시이	以諸緣譬喩와 이제연비유	言辭方便力으로 언사방편력
令一切歡喜케하며 영일체환희	或說修多羅와 혹설수다라	伽陀及本事와 가타급본사

보지 못하고 계행에도 결함이 있어 그 잘못된 것을 애써 감추려하는, 작은 지혜를 가진 이들이 물러갔구나.

대중 가운데 찌꺼기들이라 부처님의 위덕 때문에 물러갔는데, 이들은 복과 덕이 적어 이 법을 들을 수가 없느니라. 지금 이 대중은 지엽은 없고 오직 열매들만 있구나. 사리불아! 잘 들어라. 부처님들께서는 얻으신 법을 한량없는 방편력으로 중생을 위하여 설하시느니라. 중생들이 마음으로 생각하는 것과 가지가지로 행하는 도와 약간의 욕심과 성품과 지난 세상에서 지은 선과 악의 업을 부처님께서는 다 아시고, 여러 가지 인연과 비유와 말씀과 방편력으로 모두를 기쁘게 하시느니라. 때로는 수다라(가르침을 설한 산문)와 가타(시, 운문)와 본사(불제자의 과거 인연을 설한 부분)와 본생

本生未曾有하시며 본 생 미 증 유	亦說於因緣과 역 설 어 인 연	譬喩幷祇夜와 비 유 병 기 야
優婆提舍經하노라 우 바 제 사 경	鈍根樂小法하며 둔 근 낙 소 법	貪著於生死하야 탐 착 어 생 사
於諸無量佛에 어 제 무 량 불	不行深妙道하고 불 행 심 묘 도	衆苦所惱亂일새 중 고 소 뇌 란
爲是說涅槃은 위 시 설 열 반	我說是方便하야 아 설 시 방 편	令得入佛慧하고 영 득 입 불 혜
未曾說汝等이 미 증 설 여 등	當得成佛道호니 당 득 성 불 도	所以未曾說은 소 이 미 증 설
說時未至故니라 설 시 미 지 고	今正是其時일새 금 정 시 기 시	決定說大乘하노라 결 정 설 대 승
我此九部法은 아 차 구 부 법	隨順衆生說하야 수 순 중 생 설	入大乘爲本일새 입 대 승 위 본
以故說是經하노라 이 고 설 시 경	有佛子心淨하야 유 불 자 심 정	柔軟亦利根하며 유 연 역 이 근

(부처님의 전생 이야기)과 미증유(불가사의한 일을 기록한 부분)를 설하며, 또 인연과 비유와 기야(산문으로 서술한 것을 다시 시로 나타낸 것)와 우바제사경을 설하시느니라. 근기가 둔하여 작은 법을 좋아하며, 생사에 대하여 집착을 하느라 한량없는 부처님의 깊고 묘한 법을 행하지 않아 온갖 고통에 시달리고 있으므로, 이들을 위하여 열반을 설하시느니라. 내가 이런 방편을 세운 것은 부처님의 지혜에 들게 하려는 것이니라. 너희들이 성불할 것이라고 말하지 않았는데 그 까닭은 말할 때가 되지 않았기 때문이니라. 지금이 바로 말할 때라 생각하고 대승을 설하노라. 나는 이 구부법(수다라~우바제사경)을 중생에 따라 설하는데, 대승에 들어가는 근본으로 삼으려고 이 경을 설하느니라. 불자

無量諸佛所에 무 량 제 불 소	而行深妙道라 이 행 심 묘 도	爲此諸佛子하야 위 차 제 불 자
說是大乘經호니 설 시 대 승 경	我記如是人은 아 기 여 시 인	來世成佛道하리라 내 세 성 불 도
以深心念佛하고 이 심 심 념 불	修持淨戒故로 수 지 정 계 고	此等聞得佛하고 차 등 문 득 불
大喜充遍身하리니 대 희 충 변 신	佛知彼心行일새 불 지 피 심 행	故爲說大乘이시니라 고 위 설 대 승
聲聞若菩薩이 성 문 약 보 살	聞我所說法호대 문 아 소 설 법	乃至於一偈하면 내 지 어 일 게
皆成佛無疑리라 개 성 불 무 의	十方佛土中에 시 방 불 토 중	唯有一乘法이요 유 유 일 승 법
無二亦無三이니 무 이 역 무 삼	除佛方便說이니라 제 불 방 편 설	但以假名字로 단 이 가 명 자
引導於衆生하나니 인 도 어 중 생	說佛智慧故니라 설 불 지 혜 고	諸佛出於世에 제 불 출 어 세

가 마음이 깨끗하고 부드럽고 총명하여, 한량없는 부처님의 처소에서 깊고 묘한 도를 행하면, 이런 불자들을 위하여 이 대승경을 설하며 내가 이런 사람에게 다음 세상에 성불하리라고 수기하는 것은 깊은 마음으로 염불하고 깨끗한 계행을 닦아 지닌 까닭이니라. 이런 사람들이 부처님 된다는 말을 들으면 큰 기쁨이 온몸에 가득하리라. 부처님께서는 그들의 마음과 행하는 바를 알기 때문에 대승을 설하느니라. 성문이나 보살이 내가 설한 법을 한 게송만이라도 들으면 모두 성불하리라는 것을 의심하지 말지니라. 시방의 불국토에는 오직 일승법만 있지 이승도 없고 삼승도 없느니라. 부처님께서 단지 거짓 이름으로 중생을 인도하기 위하여 방편으로 설하신 것은 제외하느니라. 부처님께서는 부

唯此一事實이요 餘二則非眞이니 終不以小乘으로
유 차 일 사 실 여 이 즉 비 진 종 불 이 소 승

濟度於衆生이니라 佛自住大乘하시고 如其所得法하야
제 도 어 중 생 불 자 주 대 승 여 기 소 득 법

定慧力莊嚴으로 以此度衆生이니 自證無上道
정 혜 력 장 엄 이 차 도 중 생 자 증 무 상 도

大乘平等法하고 若以小乘化하야 乃至於一人이면
대 승 평 등 법 약 이 소 승 화 내 지 어 일 인

我則墮慳貪이라 此事爲不可니라 若人信歸佛하면
아 즉 타 간 탐 차 사 위 불 가 약 인 신 귀 불

如來不欺誑하며 亦無貪嫉意라 斷諸法中惡일새
여 래 불 기 광 역 무 탐 질 의 단 제 법 중 악

故佛於十方에 而獨無所畏니라 我以相嚴身하며
고 불 어 시 방 이 독 무 소 외 아 이 상 엄 신

光明照世間하야 無量衆所尊일새 爲說實相印이니라
광 명 조 세 간 무 량 중 소 존 위 설 실 상 인

처님의 지혜를 설하시려고 이 세상에 출현하시는 것이니라. 오직 이 한 가지만이 진실이고, 나머지 둘은 거짓이며, 끝까지 소승으로는 중생을 제도하지 않으시느니라. 부처님께서는 스스로 대승에 머물러 그 얻은 법과 같이 하며 선정과 지혜의 힘으로 장엄하고 이것으로 중생을 제도하시느니라. 스스로 위없는 도인 대승의 평등한 법을 깨닫고 만약 소승으로 한 사람만이라도 교화한다면 나는 곧 간탐함에 떨어지는 것이리니, 이런 일은 옳다고 할 수 없지 않느냐? 만약 부처님을 믿고 귀의하면 여래는 거짓말을 하거나 속이지 않고 또 인색해하거나 미워하지 않느니라. 모든 법 가운데 나쁜 것을 끊었으므로 부처님께서는 시방세계에서 홀로 두려움이 없느니라. 나는 32상으로써 몸을 장엄하

舍利弗當知하라 我本立誓願은 欲令一切衆으로
사리불당지 아본립서원 욕령일체중

如我等無異라 如我昔所願을 今者已滿足하니
여아등무이 여아석소원 금자이만족

化一切衆生하야 皆令入佛道니라 若我遇衆生하야
화일체중생 개령입불도 약아우중생

盡敎以佛道언마는 無智者錯亂하야 迷惑不受敎니라
진교이불도 무지자착란 미혹불수교

我知此衆生이 未曾修善本일새 堅著於五欲하야
아지차중생 미증수선본 견착어오욕

癡愛故生惱하며 以諸欲因緣으로 墜墮三惡道하며
치애고생뇌 이제욕인연 추타삼악도

輪廻六趣中하야 備受諸苦毒하며 受胎之微形으로
윤회육취중 비수제고독 수태지미형

世世常增長하야 薄德少福人이라 衆苦所逼迫하며
세세상증장 박덕소복인 중고소핍박

고 광명을 세상에 비추어 무량중생의 존경을 받으며 실상의 법을 설하느니라. 사리불아! 마땅히 알아라. 내가 본래 세운 서원은 일체중생이 나와 같아 다르지 않다는 것이니라. 내가 옛날에 세운 서원이 이제 이루어졌으니, 일체 중생을 교화하여 모두 불도에 들게 하노라. 내가 중생을 만나면 불도로써 가르침을 다 하지만, 지혜가 없는 이는 마음이 어지럽고 흐려서 가르침을 받지 않는데, 나는 이런 중생들이 선의 근본을 닦지 않고 인간의 다섯 가지 근본 욕망에 굳게 집착하며 어리석게 애착하는 탓으로 번뇌를 일으키고, 여러 가지 욕망과 인연으로 삼악도에 떨어지며, 육도를 윤회하며 온갖 괴로움과 고통을 다 갖추어 받는 것을 알고 있느니라. 태로 받는 작은 형상으로 세세생생 늘 자라며,

入邪見稠林	若有若無等일새	依止此諸見하야
입 사 견 주 림	약 유 약 무 등	의 지 차 제 견
具足六十二하며	深著虛妄法하야	堅受不可捨하며
구 족 육 십 이	심 착 허 망 법	견 수 불 가 사
我慢自矜高하야	諂曲心不實하며	於千萬億劫에
아 만 자 긍 고	첨 곡 심 불 실	어 천 만 억 겁
不聞佛名字하고	亦不聞正法하나니	如是人難度니라
불 문 불 명 자	역 불 문 정 법	여 시 인 난 도
是故舍利弗아	我爲說方便하야	說諸盡苦道하야
시 고 사 리 불	아 위 설 방 편	설 제 진 고 도
示之以涅槃호니	我雖說涅槃이나	是亦非眞滅이니와
시 지 이 열 반	아 수 설 열 반	시 역 비 진 멸
諸法從本來로	常自寂滅相이니	佛子行道已하면
제 법 종 본 래	상 자 적 멸 상	불 자 행 도 이
來世得作佛이니라	我有方便力하야	開示三乘法호니
내 세 득 작 불	아 유 방 편 력	개 시 삼 승 법

덕이 엷고 복이 적은 사람이라 온갖 괴로움에 시달리며, '있다와 없다' 라는 잘못된 견해의 숲에 빠져서 이런 견해에 의지하여 62소견을 모두 가지며, 허망한 법에 깊이 집착하여 굳게 받아들여 버리지 않으며, 잘난 체하며 스스로를 자랑하여 높이느라 마음이 비뚤고 바르지 못하며, 진실하지 못하여 천만억 겁 동안 부처님의 이름을 듣지 못하고 또한 정법도 듣지 못하니 이와 같은 사람은 제도하기 어려우니라. 그러므로 사리불아! 내가 방편으로 설하며 모든 괴로움을 없애는 도를 설하여 열반을 보이는 것이니라. 내가 비록 열반을 설하였으나 이 또한 진정한 열반이 아니니라. 모든 법은 본래부터 항상 스스로 적멸의 모습이니, 불자가 도를 행하여 마치면 오는 세상에 반드시 부처님을 이루리

一切諸世尊이 일 체 제 세 존	皆說一乘道니라 개 설 일 승 도	今此諸大衆은 금 차 제 대 중
皆應除疑惑이니 개 응 제 의 혹	諸佛語無異라 제 불 어 무 이	唯一無二乘이니라 유 일 무 이 승
過去無數劫에 과 거 무 수 겁	無量滅度佛이 무 량 멸 도 불	百千萬億種이라 백 천 만 억 종
其數不可量커든 기 수 불 가 량	如是諸世尊이 여 시 제 세 존	種種緣譬喩와 종 종 연 비 유
無數方便力으로 무 수 방 편 력	演說諸法相하시나 연 설 제 법 상	是諸世尊等이 시 제 세 존 등
皆說一乘法하사 개 설 일 승 법	化無量衆生하야 화 무 량 중 생	令入於佛道니라 영 입 어 불 도
又諸大聖主 우 제 대 성 주	知一切世間 지 일 체 세 간	天人群生類의 천 인 군 생 류
深心之所欲하사 심 심 지 소 욕	更以異方便으로 갱 이 이 방 편	助顯第一義니라 조 현 제 일 의

라. 나는 방편의 힘이 있어서 삼승법을 열어 보였으나 부처님들께서는 모두 일승의 가르침을 설하시느니라.

이제 대중들은 모두다 마땅히 의혹을 버려라. 부처님들의 말씀은 다르지 않아서 오직 일승뿐, 이승은 없느니라. 과거 셀 수 없는 겁에 열반하신 부처님들께서 백천만억이라 그 수를 헤아릴 수 없는 이와 같은 부처님들도 가지가지 인연과 비유와 셀 수 없는 방편력으로 모든 법의 모습을 설하셨는데, 모두 일승법을 설하시어 헤아릴 수 없는 중생을 교화하여 불도에 들게 하셨느니라.

또 부처님들께서는 일체 세간의 하늘과 사람과 중생들의 마음 속 깊은 욕망을 아시고 다시 다른 방편으로 가장 높은 뜻을 나타내셨느니라.

若有衆生類 약 유 중 생 류	値諸過去佛하야 치 제 과 거 불	若聞法布施하며 약 문 법 보 시
或持戒忍辱과 혹 지 계 인 욕	精進禪智等하야 정 진 선 지 등	種種修福慧하면 종 종 수 복 혜
如是諸人等은 여 시 제 인 등	皆已成佛道니라 개 이 성 불 도	諸佛滅度後에 제 불 멸 도 후
若人善軟心한이는 약 인 선 연 심	如是諸衆生은 여 시 제 중 생	皆已成佛道니라 개 이 성 불 도
諸佛滅度後에 제 불 멸 도 후	供養舍利者 공 양 사 리 자	起萬億種塔호대 기 만 억 종 탑
金銀及頗梨와 금 은 급 파 리	硨磲與瑪瑙와 자 거 여 마 노	玫瑰瑠璃珠로 매 괴 유 리 주
淸淨廣嚴飾하야 청 정 광 엄 식	莊校於諸塔하며 장 교 어 제 탑	或有起石廟호대 혹 유 기 석 묘
栴檀及沈水와 전 단 급 침 수	木密幷餘材와 목 밀 병 여 재	甎瓦泥土等하며 전 와 니 토 등

만약 어떤 중생들이 과거의 부처님들을 만나 법을 듣고 보시를 하며 계행을 지키고 인욕과 정진, 선정, 지혜 등을 행하여 가지가지 복과 지혜를 닦았으면 이들은 모두다 성불하였느니라.

부처님들께서 열반하신 후에 만약 어떤 중생들이 마음을 착하고 부드럽게 가졌다면 그대로 모두 성불하였으며,

부처님들께서 열반하신 후에 사리에 공양을 하려고 만억 가지 탑을 세우고 금, 은, 수정, 자거, 마노, 매괴, 유리, 진주 등으로 맑고 깨끗하며 넓고 아름답게 탑들을 잘 꾸몄거나, 석묘를 세우되 전단과 침수와 목밀나무와 다른 재목들과 벽돌과 기와와 진흙 등으로 세웠거나,

若於曠野中에 약어광야중	積土成佛廟호대 적토성불묘	乃至童子戲로 내지동자희
聚沙爲佛塔한이는 취사위불탑	如是諸人等이 여시제인등	皆已成佛道니라 개이성불도
若人爲佛故로 약인위불고	建立諸形像하며 건립제형상	刻雕成衆相한이는 각조성중상
皆已成佛道니라 개이성불도	或以七寶成하며 혹이칠보성	鍮鉐赤白銅과 유석적백동
白鑞及鉛錫과 백납급연석	鐵木及與泥하며 철목급여니	或以膠漆布로 혹이교칠포
嚴飾作佛像하면 엄식작불상	如是諸人等은 여시제인등	皆已成佛道니라 개이성불도
彩畫作佛像하야 채화작불상	百福莊嚴相호대 백복장엄상	自作若使人하면 자작약사인
皆已成佛道니라 개이성불도	乃至童子戲로 내지동자희	若草木及筆이며 약초목급필

또는 넓은 들판에 흙을 쌓아 부처님의 사당을 만들었거나, 아이들이 장난으로라도 모래를 쌓아 부처님의 탑을 세웠으면 이런 사람들도 모두다 성불하였느니라.

만약에 어떤 사람이 부처님을 위하여 여러 형상을 세웠거나 깎고 다듬어서 여러 가지 형상을 만들었으면 모두다 성불하였으며, 또 칠보나 놋쇠나 붉은 구리나 흰 구리나 함석이나 납이나 주석이나 쇠나 나무나 진흙으로 만들었거나, 아교와 옻칠을 한 베로써 부처님의 상을 아름답게 꾸며 만들었으면 이런 사람들은 모두다 성불하였으며,

백 가지의 복으로 꾸며진 부처님의 상을 아름답게 그리기를 스스로 하였거나 남을 시켜 하였더라도 모두다 성불하였으며, 아이들이 장난으로 풀이나 나무나 붓이

或以指爪甲으로 而畫作佛像하면 如是諸人等이
혹이지조갑 이화작불상 여시제인등

漸漸積功德하야 具足大悲心일새 皆已成佛道니
점점적공덕 구족대비심 개이성불도

但化諸菩薩하야 度脫無量衆이니라 若人於塔廟와
단화제보살 도탈무량중 약인어탑묘

寶像及畫像에 以華香幡蓋로 敬心而供養커나
보상급화상 이화향번개 경심이공양

若使人作樂호대 擊鼓吹角貝하며 簫笛琴箜篌와
약사인작악 격고취각패 소적금공후

琵琶鐃銅鈸과 如是衆妙音으로 盡持以供養하며
비파요동발 여시중묘음 진지이공양

或以歡喜心으로 歌唄頌佛德호대 乃至一小音이라도
혹이환희심 가패송불덕 내지일소음

皆已成佛道니라 若人散亂心으로 乃至以一華를
개이성불도 약인산란심 내지이일화

나 또는 손가락이나 손톱으로라도 불상을 그렸으면 이런 이들도 점점 공덕을 쌓아 대자비심을 갖추고 모두다 성불하여 보살들만을 교화하며 헤아릴 수 없는 중생을 제도하여 벗어나게 하느니라.

만약 어떤 사람이 탑묘와 보배로 된 형상과 그림으로 된 형상에 꽃과 향과 깃발과 덮개를 공경하는 마음으로 공양하였거나, 사람을 시켜 음악을 올리되 북을 치고 소라고등을 불며 퉁소와 피리와 거문고와 공후(현악기의 일종)와 비파와 꽹과리와 징 등과 같은 여러 가지 묘한 소리로 공양을 하였거나, 또는 기쁘고 즐거운 마음으로 부처님의 공덕을 칭송하는 노래를 한 마디 작은 소리로라도 불렀으면 모두다 성불하였느니라.

만약 어떤 사람이 흐트러진 마음으로 꽃 한 송이라

供養於畫像하면
공 양 어 화 상

漸見無數佛하며
점 견 무 수 불

或有人禮拜커나
혹 유 인 예 배

或復但合掌커나
혹 부 단 합 장

乃至擧一手하며
내 지 거 일 수

或復小低頭하야
혹 부 소 저 두

以此供養像하면
이 차 공 양 상

漸見無量佛하야
점 견 무 량 불

自成無上道하고
자 성 무 상 도

廣度無數衆하야
광 도 무 수 중

入無餘涅槃호대
입 무 여 열 반

如薪盡火滅이니라
여 신 진 화 멸

若人散亂心으로
약 인 산 란 심

入於塔廟中하야
입 어 탑 묘 중

一稱南無佛하면
일 칭 나 무 불

皆已成佛道니라
개 이 성 불 도

於諸過去佛의
어 제 과 거 불

在世或滅度에
재 세 혹 멸 도

若有聞是法하면
약 유 문 시 법

皆已成佛道니라
개 이 성 불 도

未來諸世尊이
미 래 제 세 존

其數無有量이라
기 수 무 유 량

是諸如來等이
시 제 여 래 등

亦方便說法하리니
역 방 편 설 법

도 그림으로 그린 형상에 공양을 하면, 점차 셀 수 없는 부처님을 뵙게 되며, 혹은 어떤 사람이 예배하되 다만 합장만 하거나 손을 한 번 들거나 머리를 조금 숙이기만 하여도 이와 같이 불상에 공양하면, 차츰 많은 부처님을 뵙게 될 것이며, 스스로 위없는 도를 성취하여 많은 중생 널리 제도하며 무여열반에 들게 하는데 마치 땔나무가 다하여 불이 꺼지듯 하느니라.

만약 사람이 산란한 마음으로 탑묘 안에 들어가서 한 번이라도 '나무불'이라 말하면 모두 성불하고, 지난 세상의 부처님들께서 세상에 계실 때에나 열반하신 후에도 이 법을 들은 이들은 모두다 성불하였느니라.

미래의 부처님들도 그 수를 헤아릴 수 없는데, 이 여래들께서도 역시 방편으로 설법하시느니라.

一切諸如來 일 체 제 여 래	以無量方便으로 이 무 량 방 편	度脫諸衆生하야 도 탈 제 중 생
入佛無漏智케하나니 입 불 무 루 지	若有聞法者는 약 유 문 법 자	無一不成佛하리라 무 일 불 성 불
諸佛本誓願은 제 불 본 서 원	我所行佛道를 아 소 행 불 도	普欲令衆生으로 보 욕 령 중 생
亦同得此道니라 역 동 득 차 도	未來世諸佛이 미 래 세 제 불	雖說百千億 수 설 백 천 억
無數諸法門이나 무 수 제 법 문	其實爲一乘이니라 기 실 위 일 승	諸佛兩足尊이 제 불 양 족 존
知法常無性이언만은 지 법 상 무 성	佛種從緣起일새 불 종 종 연 기	是故說一乘하시나니 시 고 설 일 승
是法住法位하며 시 법 주 법 위	世間相常住하니 세 간 상 상 주	於道場知已하고 어 도 량 지 이
導師方便說이니라 도 사 방 편 설	天人所供養인 천 인 소 공 양	現在十方佛이 현 재 시 방 불

일체의 모든 여래는 수없는 방편으로 중생들을 제도하여 부처님의 무루지에 들게 하시므로 법을 들으면 성불하지 못하는 자가 하나도 없느니라.

부처님들의 본래 서원은 자신이 행한 불도를 널리 중생들도 이 도를 같이 얻게 하려는 것이니라. 오는 세상의 모든 부처님께서 백천억 헤아릴 수 없는 법을 설하시더라도 사실은 일승을 위한 것이니라.

부처님 양족존께서는 법이 항상 성품이 없음을 아시지만, 부처님의 종자는 인연 따라 생기므로 일승을 설하시느니라. 이 법은 법의 자리에 머물러 세간의 모습으로 항상 머무는 것을 도량에서 이미 아셨지만 부처님께서는 방편으로 설하시느니라.

하늘과 사람이 공양하는 시방의 현재 부처님 그 수

其數如恒沙라 기 수 여 항 사	出現於世間하사 출 현 어 세 간	安隱衆生故로 안 은 중 생 고
亦說如是法이시니라 역 설 여 시 법	知第一寂滅이언만은 지 제 일 적 멸	以方便力故로 이 방 편 력 고
雖示種種道하시나 수 시 종 종 도	其實爲佛乘이니라 기 실 위 불 승	知衆生諸行의 지 중 생 제 행
深心之所念과 심 심 지 소 념	過去所習業의 과 거 소 습 업	欲性精進力이며 욕 성 정 진 력
及諸根利鈍하시고 급 제 근 이 둔	以種種因緣과 이 종 종 인 연	譬喩亦言辭로 비 유 역 언 사
隨應方便說이시니라 수 응 방 편 설	今我亦如是하야 금 아 역 여 시	安隱衆生故로 안 은 중 생 고
以種種法門으로 이 종 종 법 문	宣示於佛道니라 선 시 어 불 도	我以智慧力으로 아 이 지 혜 력
知衆生性欲하사 지 중 생 성 욕	方便說諸法하야 방 편 설 제 법	皆令得歡喜니라 개 령 득 환 희

가 항하의 모래 수 같은데, 이 세상에 출현하시어 중생들을 편안하게 하시려고 역시 이와 같은 법을 설하시느니라. 제일적멸(절대의 깨달음인 가장 훌륭한 열반)을 아시지만 방편력을 쓰시므로 가지가지 도를 보이시는데 사실은 일불승을 위함이니라.

중생들의 여러 가지 행동과 마음 깊이 생각하는 것과 과거에 익힌 업과 욕망과 성품과 정진력과 모든 근기의 예리하고 둔함을 아시고 가지가지 인연과 비유와 이야기로써 적절하게 방편으로 설하시느니라. 지금 나 또한 이와 같이 중생을 편안하게 하려고 가지가지 법문으로 불도를 펴보이느니라.

나는 지혜의 힘으로 중생의 성품과 욕망을 알고 방편으로 모든 법을 설하여 모두를 크게 기쁘게 하느니라.

舍利弗當知하라	我以佛眼觀호니	見六道衆生이
사 리 불 당 지	아 이 불 안 관	견 육 도 중 생
貧窮無福慧하야	入生死嶮道하야	相續苦不斷하며
빈 궁 무 복 혜	입 생 사 험 도	상 속 고 부 단
深著於五欲호대	如犛牛愛尾하야	以貪愛自蔽로
심 착 어 오 욕	여 리 우 애 미	이 탐 애 자 폐
盲瞑無所見하며	不求大勢佛과	及與斷苦法하고
맹 명 무 소 견	불 구 대 세 불	급 여 단 고 법
深入諸邪見하야	以苦欲捨苦할새	爲是衆生故로
심 입 제 사 견	이 고 욕 사 고	위 시 중 생 고
而起大悲心호라	我始坐道場하야	觀樹亦經行하며
이 기 대 비 심	아 시 좌 도 량	관 수 역 경 행
於三七日中에	思惟如是事호대	我所得智慧는
어 삼 칠 일 중	사 유 여 시 사	아 소 득 지 혜
微妙最第一이언만은	衆生諸根鈍하야	著樂癡所盲이라
미 묘 최 제 일	중 생 제 근 둔	착 락 치 소 맹

사리불아! 마땅히 알아라. 내가 부처님의 눈으로 육도의 중생을 보니 가난하고 복과 지혜가 없으며, 나고 죽는 험한 길에 들어 이어 받는 고통을 끊지 못하고, 오욕에 깊이 집착하길 리우(들소)가 꼬리를 사랑하듯이 하며, 탐욕과 애욕으로 스스로를 가리고 눈 멀고 어두워 보지 못하며, 큰 힘을 가진 부처님과 괴로움 끊는 법 구하지 않고, 깊고 그릇된 견해들에 빠져 괴로움으로 괴로움을 버리려 하므로, 이런 중생들을 위하여 크게 불쌍히 여기는 마음을 일으켰느니라. 나는 처음 도량에 앉아 나무를 보거나 가벼이 거닐면서 삼칠일 동안 이와 같은 일을 깊이 생각하였느니라.

'내가 얻은 지혜는 미묘하고 가장 으뜸이지만, 중생들은 여러 가지 근기가 둔하여 오욕락에 집착하고 어

如斯之等類를 云何而可度어뇨 爾時諸梵王과
여사지등류 운하이가도 이시제범왕

及諸天帝釋과 護世四天王과 及大自在天과
급제천제석 호세사천왕 급대자재천

幷餘諸天衆의 眷屬百千萬이 恭敬合掌禮하고
병여제천중 권속백천만 공경합장례

請我轉法輪커늘 我卽自思惟호대 若但讚佛乘이면
청아전법륜 아즉자사유 약단찬불승

衆生沒在苦하야 不能信是法일새 破法不信故로
중생몰재고 불능신시법 파법불신고

墜於三惡道리니 我寧不說法하고 疾入於涅槃이라하다가
추어삼악도 아녕불설법 질입어열반

尋念過去佛의 所行方便力하고 我今所得道도
심념과거불 소행방편력 아금소득도

亦應說三乘이로다 作是思惟時에 十方佛皆現하사
역응설삼승 작시사유시 시방불개현

리석으며 지혜의 눈이 어두우니, 이와 같은 무리들을 어떻게 제도할 수 있을까?'

그때 여러 범천왕과 모든 하늘의 제석천왕과 이 세상을 지키는 사천왕과 대자재천과 다른 하늘 대중들과 그들의 권속 백천만이 공경하고 합장하여 예배하며 나에게 법륜 굴리길 청하므로 나는 곧 스스로 생각하기를, '오직 일불승만을 찬탄하면 괴로움에 빠져 있는 중생들은 이 법을 믿지 않을 것이며 법을 깨뜨리고 믿지 아니한 까닭으로 삼악도에 떨어지리니, 차라리 법을 설하지 말고 빨리 열반에 들어야겠다' 하다가 과거의 부처님들께서 행하신 방편력을 생각해내고 '지금 얻은 도를 삼승으로 설하여야겠다' 고 생각할 때, 시방의 부처님께서 모두 나타나시어 범음으로 나를 위로하며,

梵音慰喻我하사대 범 음 위 유 아	善哉釋迦文 선 재 석 가 문	第一之導師여 제 일 지 도 사
得是無上法하고 득 시 무 상 법	隨諸一切佛하야 수 제 일 체 불	而用方便力이로다 이 용 방 편 력
我等亦皆得 아 등 역 개 득	最妙第一法이언만은 최 묘 제 일 법	爲諸衆生類하야 위 제 중 생 류
分別說三乘호라 분 별 설 삼 승	小智樂小法하야 소 지 낙 소 법	不自信作佛일새 부 자 신 작 불
是故以方便으로 시 고 이 방 편	分別說諸果호니 분 별 설 제 과	雖復說三乘이나 수 부 설 삼 승
但爲教菩薩이니라 단 위 교 보 살	舍利弗當知하라 사 리 불 당 지	我聞聖師子의 아 문 성 사 자
深淨微妙音하사옵고 심 정 미 묘 음	喜稱南無佛하며 희 칭 나 무 불	復作如是念호대 부 작 여 시 념
我出濁惡世호니 아 출 탁 악 세	如諸佛所說하야 여 제 불 소 설	我亦隨順行하리라 아 역 수 순 행

'훌륭하십니다. 석가모니 부처님, 으뜸가는 도사이시여! 위없는 도를 얻었지만 모든 부처님들처럼 방편력을 쓰시려 하는구려. 우리들도 역시 가장 묘하고 으뜸가는 법을 얻었지만 중생들을 위하여 분별하여 삼승을 설하였습니다. 지혜가 작고, 작은 법을 좋아하며 스스로 성불을 믿지 않으므로, 방편으로 분별하여 여러 가지 과(果)를 설하였으며, 비록 삼승을 설하였으나 오직 보살을 교화하기 위한 것이었습니다' 라고 깨우쳐 주셨느니라. 사리불아! 마땅히 알아라. 나는 성스러운 부처님들의 깊고 맑으며 미묘한 음성을 듣고, '기쁜 마음으로 부처님들께 귀의합니다' 하며 다시 이런 생각을 하였다.

'나는 흐리고 나쁜 세상에 나왔으니 부처님들의 말씀

思惟是事已하고 사 유 시 사 이	卽趣波羅奈호니 즉 취 바 라 나	諸法寂滅相을 제 법 적 멸 상
不可以言宣이언만은 불 가 이 언 선	以方便力故로 이 방 편 력 고	爲五比丘說호니 위 오 비 구 설
是名轉法輪이라 시 명 전 법 륜	便有涅槃音과 변 유 열 반 음	及以阿羅漢과 급 이 아 라 한
法僧差別名호라 법 승 차 별 명	從久遠劫來로 종 구 원 겁 래	讚示涅槃法호대 찬 시 열 반 법
生死苦永盡이라하야 생 사 고 영 진	我常如是說호라 아 상 여 시 설	舍利弗當知하라 사 리 불 당 지
我見佛子等의 아 견 불 자 등	志求佛道者 지 구 불 도 자	無量千萬億이 무 량 천 만 억
咸以恭敬心으로 함 이 공 경 심	皆來至佛所호니 개 래 지 불 소	曾從諸佛聞 증 종 제 불 문
方便所說法이라 방 편 소 설 법	我卽作是念호내 아 즉 작 시 념	如來所以出은 여 래 소 이 출

대로 나도 따라 행하리라' 이런 생각을 하고 곧 바라나로 갔는데, 모든 법의 적멸한 모습을 말로써는 펼 수가 없어서 방편력으로 다섯 비구를 위해 설하였느니라.

이것을 전법륜이라 하며, 이로부터 열반이라는 법과 아라한이라는 이름과 법보와 승보를 차별하여 이름하였으며, 오랜 세월 내려오며 열반의 진리를 찬탄하여 보이고 생사의 괴로움이 영원히 없어진다고 항상 말하였느니라.

사리불아! 마땅히 알아라. 내가 불자들을 보니 불도를 구하려는 무량 천만억 인들이 모두 공경하는 마음으로 부처님 계신 곳으로 와서 부처님들로부터 방편으로 설하시는 법을 들으므로 나는 곧 이런 생각을 하였느니라. '여래께서 나오시는 것은 부처님의 지혜를 설

爲說佛慧故니	今正是其時로다	舍利弗當知하라
위 설 불 혜 고	금 정 시 기 시	사 리 불 당 지
鈍根小智人과	著相驕慢者는	不能信是法일새
둔 근 소 지 인	착 상 교 만 자	불 능 신 시 법
今我喜無畏하야	於諸菩薩中에	正直捨方便하고
금 아 희 무 외	어 제 보 살 중	정 직 사 방 편
但說無上道호라	菩薩聞是法하고	疑網皆已除하며
단 설 무 상 도	보 살 문 시 법	의 망 개 이 제
千二百羅漢도	悉亦當作佛이니라	如三世諸佛의
천 이 백 나 한	실 역 당 작 불	여 삼 세 제 불
說法之儀式하야	我今亦如是	說無分別法호라
설 법 지 의 식	아 금 역 여 시	설 무 분 별 법
諸佛興出世는	懸遠値遇難이며	正使出于世라도
제 불 흥 출 세	현 원 치 우 난	정 사 출 우 세
說是法復難이며	無量無數劫에	聞是法亦難이며
설 시 법 부 난	무 량 무 수 겁	문 시 법 역 난

하려는 것이니 지금이 바로 그때이구나.'

사리불아! 마땅히 알아라. 근기가 둔하고 지혜가 작은 사람과 상에 집착하여 교만한 자는 이 법을 믿을 수가 없느니라. 지금 나는 기쁘고 두려울 것이 없어서 모든 보살 가운데서 방편을 버리고 바르고 곧게 오직 위없는 도를 설하느니라. 보살은 이 법을 듣고 의심들이 다 없어질 것이고, 1천 2백 아라한도 모두다 성불할 것이니라. 삼세의 부처님들께서 설법하시던 의식과 같이 나도 이제 이와 같은 분별없는 법을 설하노라.

부처님들께서 세상에 나오시는 것은 매우 드물어 만나 뵙기 어려우며, 정작 세상에 나오셔도 이런 법 설하시기는 더욱 어려우며, 한량없고 수없는 세상에 이런 법 듣기도 역시 어려우며, 이 법 능히 들을 수 있는 사

能聽是法者도 능 청 시 법 자	斯人亦復難이니 사 인 역 부 난	譬如優曇花를 비 여 우 담 화
一切皆愛樂은 일 체 개 애 락	天人所希有라 천 인 소 희 유	時時乃一出일새니라 시 시 내 일 출
聞法歡喜讚호대 문 법 환 희 찬	乃至發一言이면 내 지 발 일 언	則爲已供養 즉 위 이 공 양
一切三世佛이라 일 체 삼 세 불	是人甚希有는 시 인 심 희 유	過於優曇花니라 과 어 우 담 화
汝等勿有疑어다 여 등 물 유 의	我爲諸法王하야 아 위 제 법 왕	普告諸大衆하노니 보 고 제 대 중
但以一乘道로 단 이 일 승 도	教化諸菩薩이요 교 화 제 보 살	無聲聞弟子니라 무 성 문 제 자
汝等舍利弗과 여 등 사 리 불	聲聞及菩薩이 성 문 급 보 살	當知是妙法은 당 지 시 묘 법
諸佛之秘要니라 제 불 지 비 요	以五濁惡世에 이 오 탁 악 세	但樂著諸欲일새 단 락 착 제 욕

람, 이런 사람도 또한 어려우니라.

비유하자면, 우담발화를 일체가 모두 사랑하고 즐겨하며, 하늘과 인간에서 드물게 여기지만 때가 되어야 한 번 피는 것과 같으니, 법을 듣고 크게 기뻐하며 찬탄하는 말을 한 마디라도 하면 곧 일체의 삼세불에게 이미 공양한 것이 되느니라. 이런 사람은 매우 드물어 우담발화보다 더욱 드물게 있느니라. 너희들은 의심하지 말아라. 내가 모든 법의 왕으로서 널리 대중들에게 말하는데, 오직 일승의 도로 보살들을 교화할 뿐 성문제자는 없느니라. 너희 사리불과 성문들과 보살들은 마땅히 알아라. 이 묘한 법은 부처님들의 비밀스런 요지이니라. 오탁악세에서 온갖 욕망에 집착하여 즐기기만 하는 이러한 중생들은 끝까지 불도를 구하지 않을

如是等衆生은
여 시 등 중 생
聞佛說一乘하고
문 불 설 일 승
有慚愧淸淨하야
유 참 괴 청 정
廣讚一乘道호라
광 찬 일 승 도
以萬億方便으로
이 만 억 방 편
不能曉了此니라
불 능 효 요 차
隨宜方便事하고
수 의 방 편 사
自知當作佛이니라
자 지 당 작 불

終不求佛道하며
종 불 구 불 도
迷惑不信受하야
미 혹 불 신 수
志求佛道者어든
지 구 불 도 자
舍利弗當知하라
사 리 불 당 지
隨宜而說法하나니
수 의 이 설 법
汝等旣已知
여 등 기 이 지
無復諸疑惑하며
무 부 제 의 혹

當來世惡人이
당 내 세 악 인
破法墮惡道하리니
파 법 타 악 도
當爲如是等하야
당 위 여 시 등
諸佛法如是하야
제 불 법 여 시
其不習學者는
기 불 습 학 자
諸佛世之師의
제 불 세 지 사
心生大歡喜하야
심 생 대 환 희

것이며, 오는 세상의 악한 사람은 부처님께서 설하시는 일승을 듣고도 마음이 어둡고 흐려서 믿고 받아들이지 않아 법을 깨뜨리니 악도에 떨어질 것이니라. 부끄러운 것을 아는 청정한 사람이 마음으로 불도를 구하면, 이와 같은 사람들을 위하여 일승의 도를 널리 찬탄하느니라. 사리불아! 마땅히 알아라. 부처님들의 법은 이와 같아서 만억의 방편으로 그때그때마다 적절히 설법하시는 것이니, 그것을 배워 익히지 않는 자는 이 법을 밝게 깨달을 수 없느니라. 너희들은 이미 모든 부처님께서 세상의 스승이 되어 마땅히 방편으로 하시는 일을 다 알았으니, 다시는 여러 가지를 의심하지 말고 크게 기뻐하는 마음을 내어 자신들도 장차 성불할 것이라는 것을 알아라.

第二 方便品 終
제 이 방편품 종

妙法蓮華經 卷第一 終
묘법연화경 권제일 종

제 이 방편품 끝

묘법연화경 제 일 권 끝

妙法蓮華經 卷第二
묘법연화경 권 제이

第三 譬喩品
제삼 비유품

第四 信解品
제사 신해품

第三 譬喩品
제 삼 비 유 품

爾時에 舍利弗이 踊躍歡喜하야 卽起合掌하고 瞻仰尊
이 시 사 리 불 용 약 환 희 즉 기 합 장 첨 앙 존

顔하와 而白佛言하오대 今從世尊하와 聞此法音하고 心懷
안 이 백 불 언 금 종 세 존 문 차 법 음 심 회

踊躍하야 得未曾有호이다 所以者何오 我昔從佛하야 聞
용 약 득 미 증 유 소 이 자 하 아 석 종 불 문

如是法호니 見諸菩薩은 授記作佛이어니와 而我等은 不豫
여 시 법 견 제 보 살 수 기 작 불 이 아 등 불 예

斯事라하야 甚自感傷하야 失於如來 無量知見이라호이다 世
사 사 심 자 감 상 실 어 여 래 무 량 지 견 세

尊이시여 我常獨處 山林樹下하야 若坐若行에 每作是念호대
존 아 상 독 처 산 림 수 하 약 좌 약 행 매 자 시 념

제 삼 비유품

그때 사리불이 뛸 듯이 기뻐하며 자리에서 일어나 합장하고 부처님의 존안을 우러러보며 말씀드렸다.

"지금 세존으로부터 이 법문을 듣고 마음이 뛸 듯이 기쁘며 미증유를 얻었습니다.

왜냐하면 제가 옛적에 부처님으로부터 '보살들은 수기를 받아 성불할 것이다' 라는 법문을 들었으나, 저희들은 이 일에 참여하지 못하였으므로 여래의 한량없는 지견을 잃었다고 매우 슬퍼하였습니다.

세존이시여!

저는 항상 숲 속이나 나무 아래에 홀로 지내면서 앉거나 거닐면서 '저희들도 똑같이 법의 성품에 들었는데 어

我等도 同入法性이어늘 云何如來 以小乘法으로 而見濟
아 등 동 입 법 성 운 하 여 래 이 소 승 법 이 견 제

度어뇨 是 我等咎라 非 世尊也이로소이다 所以者何오 若我
도 시 아 등 구 비 세 존 야 소 이 자 하 약 아

等이 待說所因하야 成就阿耨多羅三藐三菩提者인댄 必
등 대 설 소 인 성 취 아 녹 다 라 삼 먁 삼 보 리 자 필

以大乘으로 而得度脫이어늘 然이나 我等은 不解方便과 隨
이 대 승 이 득 도 탈 연 아 등 불 해 방 편 수

宜所說하고 初聞佛法코는 遇便信受하야 思惟取證호이다
의 소 설 초 문 불 법 우 변 신 수 사 유 취 증

世尊이시여 我從昔來로 終日竟夜토록 每自剋責이더니 而
세 존 아 종 석 래 종 일 경 야 매 자 극 책 이

今에 從佛하사와 聞所未聞 未曾有法하사옵고 斷諸疑悔코는
금 종 불 문 소 미 문 미 증 유 법 단 제 의 회

찌하여 여래께서는 소승법으로 제도하시는가?' 하였습니다.

이것은 저희들의 허물이지 세존의 허물이 아니옵니다.

왜냐하면 만약 저희도 아뇩다라삼먁삼보리를 성취하는 인연이 되는 말씀을 기다렸다면 반드시 대승으로써 제도하여 해탈하게 하였을 것이기 때문입니다.

그러나 저희들은 방편으로 수의설법하시는 것을 이해하지 못하고 처음 불법을 듣자 곧 믿고 받아들여 깨달음을 얻었다고 생각하였습니다.

세존이시여! 제가 예로부터 지금까지 밤낮으로 늘 스스로를 심하게 꾸짖었는데 지금, 부처님으로부터 듣지 못하였던 미증유한 법을 듣고 모든 의심과 후회를 끊고

身意泰然하야 快得安隱호니 今日에사 乃知眞是佛子라
신 의 태 연　　쾌 득 안 은　　금 일　　내 지 진 시 불 자

從佛口生하며 從法化生하야 得佛法分호이다
종 불 구 생　　종 법 화 생　　득 불 법 분

爾時에 舍利弗이 欲重宣此義하사 而說偈言하오되
이 시　사 리 불　욕 중 선 차 의　　이 설 게 언

我聞是法音하사옵고 得所未曾有하와 心懷大歡喜하야
아 문 시 법 음　　득 소 미 증 유　　심 회 대 환 희

疑網皆已除호이다 昔來蒙佛教하사 不失於大乘이라
의 망 개 이 제　　석 래 몽 불 교　　불 실 어 대 승

佛音甚希有하사 能除衆生惱하시니 我已得漏盡이라
불 음 심 희 유　　능 제 중 생 뇌　　아 이 득 누 진

聞亦除憂惱니다 我處於山谷커나 或在林樹下하야
문 역 제 우 뇌　　아 처 어 산 곡　　혹 재 림 수 하

몸과 마음이 태연하고 좋으며 편안함을 얻게 되니, 오늘에서야 비로소 참되고 바른 불자임을 알았습니다.

부처님의 입으로부터 생겨났으며 법으로부터 화생(化生)하여 부처님의 가르침을 얻게 되었습니다."

사리불이 이 뜻을 거듭 펴려고 게송으로 말씀드렸다.

이 법문을 듣고 미증유를 얻었으며 마음이 크게 기쁘며 의심 덩어리들이 모두 없어졌습니다. 옛적부터 부처님의 가르침을 입어 대승을 잃지는 않았습니다. 부처님의 말씀은 매우 희유하여 능히 중생의 번뇌를 없애십니다. 저는 이미 번뇌의 근본이 다함을 얻었으며 근심과 걱정도 없어졌습니다. 산이나 계곡이나 숲이나 나무 아래 있으면서 앉거나 가벼이 거닐면서 언

若坐若經行에 약 좌 약 경 행	常思惟是事하고 상 사 유 시 사	嗚呼深自責호대 오 호 심 자 책
云何而自欺어뇨 운 하 이 자 기	我等亦佛子라 아 등 역 불 자	同入無漏法이언만은 동 입 무 루 법
不能於未來에 불 능 어 미 래	演說無上道하며 연 설 무 상 도	金色三十二와 금 색 삼 십 이
十力諸解脫이 십 력 제 해 탈	同共一法中이어늘 동 공 일 법 중	而不得此事하며 이 부 득 차 사
八十種妙好와 팔 십 종 묘 호	十八不共法인 십 팔 불 공 법	如是等功德을 여 시 등 공 덕
而我皆已失이라 이 아 개 이 실	我獨經行時에 아 독 경 행 시	見佛在大衆호니 견 불 재 대 중
名聞滿十方하사 명 문 만 시 방	廣饒益衆生이어시늘 광 요 익 중 생	自惟失此利호니 자 유 실 차 리
我爲自欺誑이니다 아 위 자 기 광	我常於日夜에 아 상 어 일 야	每思惟是事하고 매 사 유 시 사

제나 이 일을 생각하고 한탄하며 깊이 뉘우치길, '어찌하여 스스로 속았던가! 우리도 역시 불자이며 똑같이 무루법에 들었는데 장차 위없는 도를 설하지 못하며 금빛과 32상과 십력과 모든 해탈이 똑같이 한 법 가운데 있는데 이 일을 얻지 못하며 훌륭한 80종호와 18불공법(부처님 특유의 18가지 특징) 등과 같은 공덕들을 모두 잃어버렸구나' 하였습니다.

제가 홀로 가벼이 거닐 때에 부처님께서 대중 가운데 계시며 명성이 시방에 가득 차 널리 중생을 이익 되게 하시는 것을 보고 스스로 이런 이익을 잃었다고 생각하였으니 저는 스스로를 속인 것이 되었습니다. 저는 밤낮으로 항상 이 일을 생각하며 세존께 잃은 것인지, 잃지 않은 것인지를 여쭈어보고 싶었습니다. 저는

欲以問世尊은 욕 이 문 세 존	爲失爲不失인가호이다 위 실 위 불 실	我常見世尊이 아 상 견 세 존
稱讚諸菩薩하사옵고 칭 찬 제 보 살	以是於日夜에 이 시 어 일 야	籌量如此事호이다 주 량 여 차 사
今聞佛音聲의 금 문 불 음 성	隨宜而說法호니 수 의 이 설 법	無漏難思議라 무 루 난 사 의
令衆至道場이니다 영 중 지 도 량	我本著邪見하야 아 본 착 사 견	爲諸梵志師로니 위 제 범 지 사
世尊知我心하시고 세 존 지 아 심	拔邪說涅槃이어시늘 발 사 설 열 반	我悉除邪見하야 아 실 제 사 견
於空法得證코는 어 공 법 득 증	爾時心自謂 이 시 심 자 위	得至於滅度러니 득 지 어 멸 도
而今乃自覺 이 금 내 자 각	非是實滅度니다 비 시 실 멸 도	若得作佛時에 약 득 작 불 시
具三十二相하며 구 삼 십 이 상	天人夜叉衆과 천 인 야 차 중	龍神等恭敬하야사 용 신 등 공 경

항상 부처님께서 보살들을 칭찬하시는 것을 보고 밤낮으로 이와 같은 일을 헤아려 보았는데 지금 부처님의 수의설법을 들으니, 무루의 경지는 생각이나 말로써는 하기 어려우나 중생들로 하여금 도량에 이르게 합니다. 저는 본래 그릇된 소견에 집착하여 범지들의 스승이 되었는데, 세존께서 저의 마음을 아시고 그릇됨을 뽑아내 버리려고 열반을 설하셨습니다. 저는 삿된 소견을 모두 없애 버리고 공의 법을 깨달았을 때 마음 속으로 '열반에 이르렀다'고 생각하였는데, 지금에서야 이것이 진실한 열반이 아니었음을 깨달았습니다. 만약 성불하여 32상을 모두 갖추고 하늘과 사람과 야차와 용과 신들이 공경하면 그때서야 비로소 영원히 번뇌를 없애고 세상의 괴로움까지 없애어서 더 나아갈 것이

是時乃可謂 시 시 내 가 위	永盡滅無餘니다 영 진 멸 무 여	佛於大衆中에 불 어 대 중 중
說我當作佛하시니 설 아 당 작 불	聞如是法音하옵고 문 여 시 법 음	疑悔悉已除호이다 의 회 실 이 제
初聞佛所說하고 초 문 불 소 설	心中大驚疑호대 심 중 대 경 의	將非魔作佛하야 장 비 마 작 불
惱亂我心耶하더니 뇌 란 아 심 야	佛以種種緣과 불 이 종 종 연	譬喩巧言說하시니 비 유 교 언 설
其心安如海라 기 심 안 여 해	我聞疑網斷호이다 아 문 의 망 단	佛說過去世에 불 설 과 거 세
無量滅度佛이 무 량 멸 도 불	安住方便中하사 안 주 방 편 중	亦皆說是法하시며 역 개 설 시 법
現在未來佛이 현 재 미 래 불	其數無有量호대 기 수 무 유 량	亦以諸方便으로 역 이 제 방 편
演說如是法하시며 연 설 여 시 법	如今者世尊이 여 금 자 세 존	從生及出家하사 종 생 급 출 가

없는 경지에 이르렀다고 말하겠습니다. 대중 가운데서 저도 당연히 부처님 된다는 말씀을 하시니 그 법문을 듣고 의심과 후회가 다 없어졌습니다. 처음에는 부처님의 말씀을 듣고 마음속으로 크게 놀라고 의심하기를 '아마도 마구니가 부처님이 되어 나의 마음을 혼란스럽게 하려는 것이 아닌가?' 하였습니다. 부처님께서 온갖 인연과 비유와 훌륭한 말씀으로 설하시는 것을 들으니 마음이 바다와 같이 편안하여지며 의심들이 다 없어집니다. 부처님께서 말씀하시길 '지난 세상에 열반하신 한량없는 부처님들께서도 방편 가운데 편안히 머무시며 모두 이 법을 설하시었고, 현재와 미래의 수많은 부처님들께서도 역시 여러 방편으로 이와 같은 법을 설하시며 지금의 세존께서도 탄생하시고 출가하시

得道轉法輪하사대 亦以方便說하시니 世尊說實道요
득 도 전 법 륜 역 이 방 편 설 세 존 설 실 도

波旬無此事니다 以是我定知 非是魔作佛이어늘
파 순 무 차 사 이 시 아 정 지 비 시 마 작 불

我墮疑網故로 謂是魔所爲니다 聞佛柔軟音이
아 타 의 망 고 위 시 마 소 위 문 불 유 연 음

深遠甚微妙하사 演暢淸淨法하사옵고 我心大歡喜하며
심 원 심 미 묘 연 창 청 정 법 아 심 대 환 희

疑悔永已盡하야 安住實智中호이다 我定當作佛하야
의 회 영 이 진 안 주 실 지 중 아 정 당 작 불

爲天人所敬하며 轉無上法輪하야 敎化諸菩薩이니다
위 천 인 소 경 전 무 상 법 륜 교 화 제 보 살

爾時에 佛告舍利弗하사대 吾今於天人沙門婆羅門等
이 시 불 고 사 리 불 오 금 어 천 인 사 문 바 라 문 등

어 도를 얻으시고 법륜을 굴리시되 역시 방편으로 설하신다' 하시므로 세존께서는 진실한 도를 설하시니 파순은 이런 일을 할 수 없으므로 이로써 저는 마구니가 부처님 되어 하는 짓이 아니라는 것을 분명히 알게 되었습니다. 제가 의심덩어리에 떨어졌으므로 이를 마구니의 소행이라 하였는데, 부처님의 부드러운 말씀을 들으니 깊고 매우 미묘하며 청정한 법을 설하시므로 저의 마음이 크게 기쁘며, 의심과 후회가 모두 없어져 참된 지혜에 편안하게 머물게 되었습니다. 저는 반드시 부처님이 되어 하늘과 사람의 공경을 받으며 위없는 법륜을 굴리겠으며 보살들을 교화하겠습니다.

그때 부처님께서 사리불에게 말씀하셨다.

大衆中에 說하노라 我昔曾於二萬億佛所에 爲無上道故로
대 중 중 설 아 석 증 어 이 만 억 불 소 위 무 상 도 고

常敎化汝어늘 汝亦長夜에 隨我受學일새 我以方便으로
상 교 화 여 여 역 장 야 수 아 수 학 아 이 방 편

引導汝故로 生我法中이니라
인 도 여 고 생 아 법 중

舍利弗아 我昔敎汝 志願佛道어늘 汝今悉忘하고 而便
사 리 불 아 석 교 여 지 원 불 도 여 금 실 망 이 변

自謂 已得滅度라할세 我今還欲令汝로 憶念本願所行
자 위 이 득 멸 도 아 금 환 욕 령 여 억 념 본 원 소 행

道故로 爲諸聲聞하사 說是大乘經하시니 名 妙法蓮華라
도 고 위 제 성 문 설 시 대 승 경 명 묘 법 연 화

敎 菩薩法이며 佛所護念이시니라
교 보 살 법 불 소 호 념

"나는 지금 하늘과 사람과 사문과 바라문 등의 대중 가운데서 설하노라. 나는 옛적에 2만억 부처님의 처소에서 위없는 도를 성취하도록 항상 너희를 교화하였고, 너희 또한 오랜 세월 나를 따르며 배움을 받았느니라. 내가 방편으로 너희를 인도하였으므로 나의 법 가운데에서 태어났느니라. 사리불아! 나는 옛날에 너에게 부처님 되는 길에 뜻을 두도록 가르쳤는데, 너는 지금 모두 잊어버리고 스스로 이미 열반을 얻었다고 여기기에 내가 지금 너로 하여금 본래로 돌이켜 발원하며 행하던 도를 기억나게 해 주려고, 또 성문들을 위해서 대승경을 설하는 것이니라. 경의 이름은 『묘법연화경』이며 보살을 가르치는 법이며 부처님께서 호념하시는 바이니라.

舍利弗아 汝於未來世에 過無量無邊不可思議劫하야
사리불 여어미래세 과무량무변불가사의겁

供養若干千萬億佛하고 奉持正法하며 具足菩薩所行
공양약간천만억불 봉지정법 구족보살소행

之道하야 當得作佛하리니 號曰華光如來 應供 正遍知
지도 당득작불 호왈화광여래 응공 정변지

明行足 善逝 世間解 無上士 調御丈夫 天人師 佛世
명행족 선서 세간해 무상사 조어장부 천인사 불세

尊이리라 國名은 離垢요 其土平正하야 淸淨嚴飾하며 安
존 국명 이구 기토평정 청정엄식 안

隱豊樂하고 天人이 熾盛하며 瑠璃爲地에 有八交道어든
은풍락 천인 치성 유리위지 유팔교도

黃金爲繩하야 以界其側하며 其傍에 各有七寶行樹하야
황금위승 이계기측 기방 각유칠보행수

사리불아!

너는 미래 세상에 한량없고 가없으며 불가사의한 겁을 지나 천만억 부처님을 공양하고 정법을 받들어 지니고 보살이 행하여 할 도를 다 갖추고 부처님이 되는데 명호는 화광여래 · 응공 · 정변지 · 명행족 · 선서 · 세간해 · 무상사 · 조어장부 · 천인사 · 불세존이며

나라의 이름은 이구인데 그 땅은 평평하고 바르며, 청정하게 꾸며져 편안하고 즐거움이 가득하여 천인이 불같이 일어나며,

유리로 땅이 되고 여덟 갈래의 길이 있으며 황금으로 줄을 만들어 길가의 경계를 하고, 그 곁에는 각각 칠보로 된 나무가 줄지어 서 있으며

常有華菓하며 華光如來 亦以三乘으로 教化衆生하리라
상 유 화 과 　 화 광 여 래 　 역 이 삼 승 　 교 화 중 생

舍利弗아 彼佛出時에 雖非惡世나 以本願故로 說三
사 리 불 　 피 불 출 시 　 수 비 악 세 　 이 본 원 고 　 설 삼

乘法하나니 其劫名은 大寶莊嚴이라 何故로 名曰大寶莊
승 법 　 기 겁 명 　 대 보 장 엄 　 하 고 　 명 왈 대 보 장

嚴고 其國中에는 以菩薩로 爲大寶故니라
엄 　 기 국 중 　 이 보 살 　 위 대 보 고

彼諸菩薩이 無量無邊 不可思議라 算數譬喩로 所不
피 제 보 살 　 무 량 무 변 　 불 가 사 의 　 산 수 비 유 　 소 불

能及이요 非佛智力이면 無能知者니라 若欲行時어든 寶華
능 급 　 비 불 지 력 　 무 능 지 자 　 약 욕 행 시 　 보 화

承足하며 此諸菩薩은 非初發意라 皆久植德本하야 於
승 족 　 차 제 보 살 　 비 초 발 의 　 개 구 식 덕 본 　 어

항상 꽃과 열매가 있을 것이니라. 화광여래께서도 역시 삼승으로 중생을 교화하시느니라.

사리불아! 그 부처님 나오실 때가 비록 나쁜 세상은 아니지만 본래의 서원 때문에 삼승법을 설하시느니라.

그 겁의 이름은 대보장엄이라 하는데 어찌하여 대보장엄이라 하는가 하면, 그 나라는 보살을 큰 보배로 삼기 때문이니라.

그 보살들은 한량없고 가없으며 불가사의하고, 셈이나 비유를 할 수가 없어서 부처님의 지혜의 힘이 아니고선 알 수 있는 자가 없느니라.

만약 다니고자 할 때면 보배꽃이 발을 받들 것이니라. 이 보살들은 처음으로 마음을 낸 것이 아니고 모두 오랫

無量百千萬億佛所에 淨修梵行하야 恒爲諸佛之所稱
무량백천만억불소 정수범행 항위제불지소칭

歎하며 常修佛慧하야 具大神通하고 善知一切諸法之門하며
탄 상수불혜 구대신통 선지일체제법지문

質直無僞하야 志念이 堅固한 如是菩薩이 充滿其國하리니
질직무위 지념 견고 여시보살 충만기국

舍利弗아 華光佛壽는 十二小劫이니 除爲王子하야 未作
사리불 화광불수 십이소겁 제위왕자 미작

佛時며 其國人民의 壽는 八小劫이니라 華光如來 過十
불시 기국인민 수 팔소겁 화광여래 과십

二小劫하야 授堅滿菩薩阿耨多羅三藐三菩提記하시고
이소겁 수견만보살아뇩다라삼먁삼보리기

告諸比丘호대 是堅滿菩薩이 次當作佛하면 號曰華足
고제비구 시견만보살 차당작불 호왈화족

동안 한량없는 백천만억 부처님 처소에서 덕의 근본을 심었으며, 범행을 깨끗하게 닦아 항상 부처님들의 찬탄을 받았으며, 항상 부처님의 지혜를 닦아 크나큰 신통을 갖추어 일체 모든 법의 문을 잘 알며, 바르고 곧아서 거짓이 없으며 뜻과 생각이 굳고 단단하느니라. 이러한 보살들이 그 나라에 가득하느니라.

사리불아! 화광여래의 수명은 성불하기 전 왕자일 때를 제외하고 12소겁이며 그 나라 백성들의 수명은 8소겁이니라. 화광여래가 12소겁을 지나 견만보살에게 아뇩다라삼먁삼보리의 수기를 주시며 모든 비구에게 이렇게 말씀하셨느니라.

'이 견만보살이 다음에 부처님이 되리니 명호는 화족

安行 多陀阿伽度 阿羅訶 三藐三佛陀라하리니
안 행 다 타 아 가 도 아 라 하 삼 먁 삼 불 타

其佛國土도 亦復如是니라 舍利弗아 是 華光佛 滅度之
기 불 국 토 역 부 여 시 사 리 불 시 화 광 불 멸 도 지

後에 正法住世는 三十二小劫이요 像法住世도 亦三十二
후 정 법 주 세 삼 십 이 소 겁 상 법 주 세 역 삼 십 이

小劫이니라 爾時世尊이 欲重宣此義하사 而說偈言하사대
소 겁 이 시 세 존 욕 중 선 차 의 이 설 게 언

舍利弗來世에 成佛普智尊하면 號名曰華光이라
사 리 불 내 세 성 불 보 지 존 호 명 왈 화 광

當度無量衆하야 供養無數佛하며 具足菩薩行과
당 도 무 량 중 공 양 무 수 불 구 족 보 살 행

十力等功德하야 證於無上道하리니 過無量劫已하야
십 력 등 공 덕 증 어 무 상 도 과 무 량 겁 이

안행 · 다타아가도 · 아라하 · 삼먁삼불타라 하며 그 부처님의 나라도 역시 이와 같으니라' 하실 것이니라.

사리불아!

이 화광부처님께서 열반하신 후 정법이 세상에 머물기는 32소겁이고, 상법이 세상에 머무는 것도 역시 32소겁이니라."

세존께서 이 뜻을 거듭 펴시려고 게송으로 말씀하셨다.

사리불이 오는 세상에는 지혜가 넓고 높은 부처님이 되느니라.

명호는 화광으로 한량없는 중생을 제도하며 한량없는 부처님을 공양하고 보살행과 십력 등의 공덕을 다 갖추어 위없는 도를 깨달으리라.

劫名大寶嚴이요 겁 명 대 보 엄	世界名離垢니 세 계 명 이 구	淸淨無瑕穢하야 청 정 무 하 예
以瑠璃爲地하고 이 유 리 위 지	金繩界其道하며 금 승 계 기 도	七寶雜色樹에 칠 보 잡 색 수
常有華果實하며 상 유 화 과 실	彼國諸菩薩은 피 국 제 보 살	志念常堅固하고 지 념 상 견 고
神通波羅蜜이 신 통 바 라 밀	皆已悉具足하며 개 이 실 구 족	於無數佛所에 어 무 수 불 소
善學菩薩道하나니 선 학 보 살 도	如是等大士는 여 시 등 대 사	華光佛所化라 화 광 불 소 화
佛爲王子時에 불 위 왕 자 시	棄國捨世榮하고 기 국 사 세 영	於最末後身에 어 최 말 후 신
出家成佛道니라 출 가 성 불 도	華光佛住世는 화 광 불 주 세	壽十二小劫이요 수 십 이 소 겁
其國人民衆은 기 국 인 민 중	壽命八小劫이라 수 명 팔 소 겁	佛滅度之後에 불 멸 도 지 후

한량없는 겁을 지나면 겁의 이름은 대보장엄이요, 세계의 이름은 이구이며, 맑고 깨끗하여 흠이나 더러움이 없으며 유리로 땅이 되어 있고 금줄로 그 길의 경계를 삼으며, 여러 가지 빛깔의 칠보 나무에는 항상 꽃과 열매가 열리느니라. 그 나라의 보살들은 뜻과 생각이 항상 굳고 단단하며 신통바라밀을 모두 갖추었고 수없는 부처님 처소에서 보살도를 잘 배우리니 이러한 대사(불법에 귀의하여 믿음이 두터운 사람)들이 모두 화광불의 교화를 받으리라. 그 부처님이 왕자일 때 나라를 버리고 세상의 영화도 버리고 가장 마지막의 몸으로 출가하여 불도를 이루느니라. 화광부처님께서 세상에 머무는 수명은 12소겁이요 그 나라 백성들의 수명은 8소겁이니라.

正法住於世는 정법주어세	三十二小劫이니 삼십이소겁	廣度諸衆生하리라 광도제중생
正法滅盡已에 정법멸진이	像法三十二라 상법삼십이	舍利廣流布하야 사리광유포
天人普供養이니 천인보공양	華光佛所爲 화광불소위	其事皆如是라 기사개여시
其兩足聖尊이 기양족성존	最勝無倫匹이니 최승무륜필	彼卽是汝身이라 피즉시여신
宜應自欣慶이니라 의응자흔경		

爾時에 四部衆인 比丘 比丘尼와 優婆塞 優婆夷와 天
이시 사부중 비구 비구니 우바새 우바이 천

龍夜叉와 乾闥婆와 阿修羅와 迦樓羅와 緊那羅와 摩睺
용야차 건달바 아수라 가루라 긴나라 마후

羅伽等 大衆이 見舍利弗이 於佛前에 受阿耨多羅三
라가등 대중 견사리불 어불전 수아뇩다라삼

부처님 열반하신 후 정법이 세상에 머무는 32소겁 동안 널리 중생들을 제도하느니라.

정법이 다하면 상법이 32소겁이며 사리를 널리 유포하여 하늘과 사람의 공양을 두루 받으리라.

화광부처님께서 하시는 바 그 일은 모두 이와 같으니라.

그 부처님께서는 가장 뛰어나시어 비교하여 견줄 분이 없나니, 그분이 바로 그대이니 당연히 기뻐하고 경사스럽게 여길지니라.

그때 사부대중인 비구, 비구니, 우바새, 우바이와 천, 용, 야차, 건달바, 아수라, 가루라, 긴나라, 마후라가 등의 모든 대중은 사리불이 부처님 앞에서 아뇩다라삼먁

藐三菩提記하고 心大歡喜하야 踊躍無量하며 各各脫身
먁삼보리기 심대환희 용약무량 각각탈신
所著上衣하야 以供養佛하며 釋提桓因과 梵天王等은 與
소착상의 이공양불 석제환인 범천왕등 여
無數天子로 亦以天妙衣와 天曼陀羅華와 摩訶曼陀羅
무수천자 역이천묘의 천만다라화 마하만다라
華等으로 供養於佛하니 所散天衣 住虛空中하야 而自迴
화등 공양어불 소산천의 주허공중 이자회
轉하며 諸天伎樂 百千萬種이 於虛空中에 一時俱作하며
전 제천기악 백천만종 어허공중 일시구작
雨衆天華러라 而作是言하오대 佛이 昔於波羅奈에 初轉
우중천화 이작시언 불 석어바라나 초전
法輪하시고 今乃復轉無上最大法輪이로소이다
법륜 금내부전무상최대법륜

삼보리의 수기를 받는 것을 보고 마음이 크게 기뻐 한량없이 즐거워하며 제각기 입고 있던 웃옷을 벗어 부처님께 공양하였다.

석제환인과 범천왕 등도 무수한 천자와 같이 역시 하늘나라의 묘한 옷과 하늘의 만다라꽃, 마하 만다라꽃 등으로 부처님께 공양하니 흩어진 하늘 옷이 허공 중에 머물며 저절로 돌고, 하늘의 백천 만 가지 음악들이 허공 중에서 일시에 다 함께 울리며 하늘 꽃들이 비 오듯이 내리는데,

이렇게 말을 하였다.

"부처님께서 옛적 바라나에서 처음으로 법륜을 굴리시더니 이제 다시 위없는 가장 큰 법륜을 굴리시네."

爾時諸天子 欲 重宣此義하야 而說偈言하오되
이 시 제 천 자 욕 중 선 차 의 이 설 게 언

昔於波羅奈에 轉四諦法輪하사 分別說諸法의
석 어 바 라 나 전 사 제 법 륜 분 별 설 제 법

五衆之生滅이러니 今復轉最妙인 無上大法輪하시니
오 중 지 생 멸 금 부 전 최 묘 무 상 대 법 륜

是法甚深奧하야 少有能信者니다 我等從昔來로
시 법 심 심 오 소 유 능 신 자 아 등 종 석 래

數聞世尊說이나 未曾聞如是 深妙之上法이니다
수 문 세 존 설 미 증 문 여 시 심 묘 지 상 법

世尊說是法하시니 我等皆隨喜니다 大智舍利弗이
세 존 설 시 법 아 등 개 수 희 대 지 사 리 불

今得受尊記하시니 我等亦如是하야 必當得作佛하와
금 득 수 존 기 아 등 역 여 시 필 당 득 작 불

천자들이 이 뜻을 거듭 펴려고 게송으로 말하였다.

옛적 바라나에서 사성제의 법륜을 굴리시며 오온이 생멸하는 모든 법을 자세히 설하시더니, 이제 다시 가장 묘하고 위없는 큰 법륜을 굴리시니, 이 법은 매우 깊고 오묘하여 믿을 수 있는 사람이 많지 않습니다.

저희들도 옛적부터 세존께서 설하시는 것을 여러 번 들었으나 이와 같이 깊고 묘하며 높은 법은 듣지 못하였습니다.

세존께서 이 법을 설하시니 저희들도 모두 따라서 기쁩니다.

큰 지혜의 사리불이 지금 세존의 수기를 받으니, 저희들도 역시 이와 같이 반드시 부처님이 되어

於一切世間에 最尊無有上이니다
어 일 체 세 간 최 존 무 유 상

佛道叵思議라 方便隨宜說이시니 我所有福業과
불 도 파 사 의 방 편 수 의 설 아 소 유 복 업

今世若過世에 及見佛功德을 盡迴向佛道호이다
금 세 약 과 세 급 견 불 공 덕 진 회 향 불 도

爾時에 舍利弗이 白佛言하오대 世尊이시여 我今에 無復疑
이 시 사 리 불 백 불 언 세 존 아 금 무 부 의

悔호니 親於佛前에 得受阿耨多羅三藐三菩提記니다 是
회 친 어 불 전 득 수 아 뇩 다 라 삼 먁 삼 보 리 기 시

諸千二百心自在者는 昔住學地에 佛常敎化하사 言我
제 천 이 백 심 자 재 자 석 주 학 지 불 상 교 화 언 아

法은 能離生老病死하고 究竟涅槃이라하야시늘 是學無學
법 능 리 생 로 병 사 구 경 열 반 시 학 무 학

일체 세간에서 위가 없는 가장 높은 이가 되겠습니다.

부처님의 도는 생각이나 말로는 할 수가 없어 방편으로 적절하게 설하시니, 저희들이 지니고 있는 지금 세상과 지난 세상의 복업과 부처님을 본 공덕을 모두 다 불도에 회향합니다.

그때 사리불이 부처님께 말씀드렸다.

"세존이시여! 저는 이제 다시는 의심과 후회가 없으며, 직접 부처님 앞에서 아뇩다라삼먁삼보리의 수기를 받았습니다. 마음이 자재해진 이 1천 2백 인들이 옛적 배우는 위치에 있을 때 부처님께서 항상 교화하시기를 '나의 법은 생·로·병·사를 능히 떠나며 마침내는 열반에 이르느니라.' 하셨습니다. 여기 배우는 사람이거나

人도 亦各自 以離我見과 及有無見等으로 謂得涅槃이러니
인 역각자 이리아견 급유무견등 위득열반

而今於世尊前에 聞所未聞하고 皆墮疑惑이니다 善哉라
이금어세존전 문소미문 개타의혹 선재

世尊이시여 願爲四衆하사 說其因緣하사와 令離疑悔케하소서
세존 원위사중 설기인연 영리의회

爾時에 佛告舍利弗하사대 我先不言 諸佛世尊이 以種
이시 불고사리불 아선불언 제불세존 이종

種因緣과 譬喩言辭로 方便說法은 皆爲阿耨多羅三藐
종인연 비유언사 방편설법 개위아뇩다라삼먁

三菩提耶아 是諸所說이 皆爲化菩薩故니라
삼보리야 시제소설 개위화보살고

然이나 舍利弗아 今當復以譬喩로 更明此義호리니 諸有
연 사리불 금당부이비유 갱명차의 제유

다 배운 사람들도 각각 스스로는 아견과 유견, 무견 등을 떠나 열반을 얻었다고 생각하였는데, 지금 세존 앞에서 듣지 못하였던 말씀을 듣고 모두들 의혹에 떨어졌습니다. 거룩하신 세존이시여! 원하옵건대 사부대중을 위하여 그 인연을 말씀하셔서 의심과 후회에서 벗어나게 하여 주십시오."

그때 부처님께서 사리불에게 말씀하셨다.

"내가 먼저 말하지 않았더냐? 여러 부처님 세존들께서 가지가지 인연과 비유와 이야기를 하며 방편으로 설법하시는 것은 모두 아뇩다라삼먁삼보리를 위하는 것이며, 이렇게 하신 말씀들은 모두 보살을 교화하기 위한 것이니라. 사리불아! 이제 다시 비유로써 이 뜻을 한 번

智者는 以譬喩得解니라 舍利弗아 若國邑聚落에 有大
지자 이비유득해 사리불 약국읍취락 유대

長者하니 其年은 衰邁호대 財富無量하고 多有田宅과 及
장자 기년 쇠매 재부무량 다유전택 급

諸僮僕하며 其家廣大호대 唯有一門하고 多諸人衆호대 一
제동복 기가광대 유유일문 다제인중 일

百二百으로 乃至五百人이 止住其中이러니
백이백 내지오백인 지주기중

堂閣이 朽故하고 墻壁이 隤落하며 柱根이 腐敗하고 梁棟이
당각 후고 장벽 퇴락 주근 부패 양동

傾危라 周匝俱時에 欻然火起하야 焚燒舍宅커늘 長者의
경위 주잡구시 훌연화기 분소사택 장자

諸子도 若十二十으로 或至三十히 在此宅中하더니 長者
제자 약십이십 혹지삼십 재차택중 장자

더 밝히리니, 지혜 있는 자들은 이 비유로써 이해할 수 있으리라.

사리불아! 어떤 나라의 한 고을에 큰 장자가 있었는데, 매우 늙었으나 재물은 한량없이 많았으며 밭과 집과 하인들도 많았느니라.

그런데 그의 집은 크고 넓었으나 문은 하나뿐이었고 식구가 많아 1, 2백 내지 5백의 사람들이 그 집에서 살고 있었느니라. 집과 누각은 낡았고 담장과 벽은 무너지고 떨어졌으며 기둥 뿌리는 썩었고 대들보는 기울어져 위험하였는데, 갑자기 사방에서 동시에 불이 일어나 그 집을 태우는데 장자의 열, 스물, 혹 서른이나 되는 자식들이 이 집 속에 있었느니라.

見是大火 從四面起하고 卽大驚怖하야 而作是念호대
견시대화 종사면기 즉대경포 이작시념

我雖能於此所燒之門에 安隱得出이나 而諸子等이 於
아수능어차소소지문 안은득출 이제자등 어

火宅內에 樂著嬉戲하야 不覺不知하고 不驚不怖하며 火
화택내 낙착희희 불각부지 불경불포 화

來逼身하야 苦痛切已라도 心不厭患하고 無求出意로다
래핍신 고통절이 심불염환 무구출의

舍利弗아 是長者 作是思惟호대 我는 身手有力이라 當
사리불 시장자 작시사유 아 신수유력 당

以衣裓이어나 若以机案으로 從舍出之호리라 復更思惟호대
이의극 약이궤안 종사출지 부갱사유

是舍에 唯有一門하고 而復狹小어늘 諸子幼稚하야 未有
시사 유유일문 이부협소 제자유치 미유

장자는 큰불이 사방에서 타오르는 것을 보고 크게 놀라고 두려워하며 이런 생각을 하였느니라.

'나는 이 불타는 집에서 무사히 나올 수 있었지만 자식들은 불타는 집 속에서 즐겁게 노느라 집이 불타고 있는 것도 알지 못하고, 놀라거나 두려워하지 않는구나. 불이 곧 몸에 닿아서 고통이 심할텐데 놀라거나 근심하지 않으며 나올 생각도 않는구나.'

사리불아!

장자는 또 생각하기를, '나는 몸과 손에 힘이 있으니 꽃을 담는 큰 대바구니나 상자 같은 것으로 아이들을 끄집어 내야겠다' 하다가 다시 생각하기를 '이 집에는 문이 하나뿐이고 또 비좁은데 자식들이 어리고 아는 것이

所識하고 戀著戱處타가 或當墮落하야 爲火所燒리니 我當爲說怖畏之事호대 此舍已燒하니 宜時疾出하야 無令爲火之所燒害리라하야 作是念已코는 如所思惟하야 具告諸子호대 汝等은 速出하라 父雖憐愍하야 善言誘喩하나 而諸子等은 樂著嬉戱하야 不肯信受하며 不驚不畏하야 了無出心하며 亦復不知何者是火며 何者爲舍며 云何爲失고하고 但東西走戱하야 視父而已려라

소식 연착희처 혹당타락 위화소소 아당위설포외지사 차사이소 의시질출 무령위화지소소해 작시념이 여소사유 구고제자 여등 속출 부수연민 선언유유 이제자등 낙착희희 불긍신수 불경불외 요무출심 역부부지하자시화 하자위사 운하위실 단동서주희 시부이이

없을 뿐 아니라 놀던 곳에 생각이 빠져 혹시 떨어져 불에 타지는 않을까? 그러니 내가 두렵고 무서운 일을 말하여서 이 집이 불에 타고 있으므로 늦기 전에 빨리 나와 불에 타는 화를 입지 않도록 하여야겠다.'

이런 생각을 하고서 자식들에게 자세히 말하기를, '얘들아, 빨리 나오너라' 하였느니라.

아버지가 불쌍히 여겨 좋은 말로 깨우쳐 주었으나, 자식들은 노는 즐거움에 빠져서 바르게 믿거나 받아들이지 않고 놀라지도 않고 무서워하지도 않으며, 끝내 나오려는 마음이 없었으며, 또 불이란 것이 어떤 것인지, 어떤 것이 집인지, 무엇을 잃게 되는지를 알지 못하고 동으로 서로 뛰어 놀며 아버지를 쳐다보기만 하였느니라.

爾時長者 卽作是念호대 此舍已爲 大火所燒하니 我及
이시장자 즉작시념 차사이위 대화소소 아급

諸子 若不時出이면 必爲所焚하리니 我今에 當設方便하야
제자 약불시출 필위소분 아금 당설방편

令諸子等으로 得免斯害호리라
영제자등 득면사해

父知諸子 先心에 各有所好인 種種珍玩奇異之物하고
부지제자 선심 각유소호 종종진완기이지물

情必樂著이라하야 而告之言호대 汝等의 所可玩好는 希有
정필낙착 이고지언 여등 소가완호 희유

難得이라 汝若不取하면 後必憂悔하리라 如此種種 羊車
난득 여약불취 후필우회 여차종종 양거

鹿車牛車 今在門外하니 可以遊戲라
녹거우거 금재문외 가이유희

그때 장자는 이런 생각을 하였느니라.

'이 집은 이미 큰불에 타고 있으니 나와 아이들이 만약 이때 나가지 못하면 반드시 불에 타게 되리니, 이제 마땅히 방편을 써서 자식들로 하여금 이 피해를 면하게 하리라.'

그리하여 아버지는 오래 전부터 자식들의 마음속에 각자 좋아하는 여러 가지 진귀하고 기이한 놀이감으로 유혹하면 반드시 나오리라 생각하여, '너희들이 가지고 놀고 싶어하던 매우 희유한 것을 어렵게 구했는데, 만약 가지지 않는다면 후에 반드시 후회할 것이다. 양이 끄는 수레, 사슴이 끄는 수레, 소가 끄는 수레들이 지금 문밖에 있으니 즐겁게 놀 수가 있으리라.

汝等이 於此火宅에 宜速出來니 隨汝所欲하야 皆當與
여등 어차화택 의속출래 수여소욕 개당여

汝호리라 爾時에 諸子 聞父所說 珍玩之物이 適其願故로
여 이시 제자 문부소설 진완지물 적기원고

心各勇銳하야 互相推排하며 競共馳走하야 爭出火宅하니라
심각용예 호상퇴배 경공치주 쟁출화택

是時長者 見諸子等이 安隱得出하야 皆於四衢道中에
시시장자 견제자등 안은득출 개어사구도중

露地而坐하야 無復障礙하고 其心이 泰然하야 歡喜踊躍이러라
노지이좌 무부장애 기심 태연 환희용약

時에 諸子等이 各白父言호대 父先所許 玩好之具인 羊
시 제자등 각백부언 부선소허 완호지구 양

車鹿車牛車를 願時賜與하소서
거녹거우거 원시사여

그러니 이 불타는 집에서 빨리 나오너라. 너희들이 가지고 싶은 대로 모두다 주겠노라'고 말하였느니라.

그때 자식들은 아버지의 말씀을 듣고 진기한 놀이감을 마침 원하고 있던 터라 마음들이 급해져서 서로 밀치고 경쟁하며 앞을 다투어 불타는 집에서 뛰쳐나왔느니라.

장자는 자식들이 무사히 나와 모두 사거리 가운데의 맨땅에 앉아 있어 다시는 장애가 없음을 보고 마음을 놓으며 매우 기뻐하였느니라.

그때 자식들이 아버지에게 말하였느니라.

'아버지께서 조금 전에 주시겠다고 하신 양이 끄는 수레, 사슴이 끄는 수레, 소가 끄는 수레를 지금 주십시오.'

舍利弗아 爾時에 長者 各賜諸子에 等一大車하시니 其車
사리불 이시 장자 각사제자 등일대거 기거

高廣하야 衆寶莊挍하며 周匝欄楯에 四面懸鈴하고 又於
고광 중보장교 주잡난순 사면현령 우어

其上에 張設幰蓋호대 亦以珍奇雜寶로 而嚴飾之하며 寶
기상 장설헌개 역이진기잡보 이엄식지 보

繩으로 絞絡하고 垂諸華瓔하며 重敷婉筵하고 安置丹枕하며
승 교락 수제화영 중부완연 안치단침

駕以白牛하니 膚色이 充潔하며 形體姝好하고 有大筋力하며
가이백우 부색 충결 형체주호 유대근력

行步平正하고 其疾이 如風하며 又多僕從하야 而侍衛之러라
행보평정 기질 여풍 우다복종 이시위지

所以者何오 是大長者 財富無量하야 種種諸藏이 悉皆
소이자하 시대장자 재부무량 종종제장 실개

사리불아! 그때 장자는 아이들에게 똑같이 큰 수레를 하나씩 주었는데 그 수레는 높고 넓으며 보배들로 잘 꾸며졌고 두루 난간을 둘렀으며 사면에는 방울을 매달았고, 위에는 덮개를 펴서 쳤으며 또 여러 가지 진기한 보배로 잘 꾸몄으며, 보배 줄을 엮어 매고 꽃과 영락들을 드리웠으며, 고운 대자리를 겹겹이 깔고 붉은 베개를 잘 놓았으며, 흰 소를 매었는데 가죽 빛이 깨끗하고 몸이 매우 좋으며 힘이 세어서 걸음걸이가 고르면서도 바람같이 빨랐으며, 많은 종들이 모시고 호위하였느니라.

왜냐하면 이 장자는 재물이 한량없이 많아 가지가지 창고마다 가득 차 넘쳤으므로 이런 생각을 하였던 것이니라.

充溢이라 而作是念호대 我 財物無極하니 不應以下劣小
충 일 이 작 시 념 아 재 물 무 극 불 응 이 하 열 소

車로 與諸子等이로다 今此幼童이 皆是吾子라 愛無偏黨이니
거 여 제 자 등 금 차 유 동 개 시 오 자 애 무 편 당

我有如是 七寶大車하야 其數無量이라 應當等心으로 各
아 유 여 시 칠 보 대 거 기 수 무 량 응 당 등 심 각

各與之요 不宜差別이로다 所以者何오 以我此物로 周給
각 여 지 불 의 차 별 소 이 자 하 이 아 차 물 주 급

一國이라도 猶尙不匱어든 何況諸子아따녀 是時諸子 各乘
일 국 유 상 불 궤 하 황 제 자 시 시 제 자 각 승

大車하고 得未曾有하야 非本所望이러라
대 거 득 미 증 유 비 본 소 망

舍利弗아 於 汝意云何오 是長者 等與諸子의 珍寶大
사 리 불 어 여 의 운 하 시 장 자 등 여 제 자 진 보 대

'나의 재물은 끝이 없으니 변변치 못한 조그마한 수레를 자식들에게 주는 것은 옳지가 않다. 지금 이 아이들은 모두 나의 자식이므로 치우치거나 편듦 없이 사랑한다. 나에게는 이와 같이 칠보로 된 큰 수레가 한량없이 많으므로 평등한 마음으로 골고루 주어 차별하지 않으리라. 왜냐하면 내가 이 물건들을 온 나라에 두루 나누어 주어도 오히려 모자라지 않을텐데, 하물며 자식들에게야 아낄 것이 무엇이 있겠는가!'

이때 자식들은 각각 큰 수레에 올라 본래 바라던 바보다 더 좋은 것을 뜻밖에 얻었느니라.

사리불아! 너의 생각은 어떠하냐? 이 장자가 자식들에게 진기하고 큰 보물 수레를 똑같이 준 것이 설마 허망

車 寧有虛妄不아 舍利弗이 言호대
거 영유허망부 사리불 언

不也니다 世尊하 是長者 但令諸子로 得免火難하야 全
불야 세존 시장자 단령제자 득면화난 전

其軀命이라도 非爲虛妄이니 何以故오 若全身命이라도 便
기구명 비위허망 하이고 약전신명 변

爲已得玩好之具어든 況復方便으로 於彼火宅에 而拔濟
위이득완호지구 황부방편 어피화택 이발제

之오녀 世尊하 若是長者 乃至不與 最小一車라도 猶不
지 세존 약시장자 내지불여 최소일거 유불

虛妄이니 何以故요 是長者 先作是意호대 我以方便으로
허망 하이고 시장자 선작시의 아이방편

令子得出호리라함일새 以是因緣으로 無虛妄也은 何況長
영자득출 이시인연 무허망야 하황장

하다고 할 수 있겠느냐?"

사리불이 말씀드렸다.

"아니옵니다. 세존이시여! 이 장자가 자식들에게 불의 재난을 면하게 하여 목숨을 보전하게 한 것만으로도 허망하지 않습니다. 왜냐하면 목숨만 보전하여도 곧 가지고 놀기에 좋은 물건을 얻은 것인데, 하물며 방편으로 그 불타는 집에서 빼내어 구해준 것이야 말할 것이 있겠습니까? 세존이시여! 이 장자가 가장 작은 수레 하나라도 주지 않았어도 허망하지는 않습니다. 왜냐하면 이 장자의 처음 생각은 방편으로 자식들을 나오게 해야겠다는 것이었습니다.

이런 인연으로 허망하다 할 수 없는데 더욱이 자신의

者 自知財富無量하고 欲 饒益諸子하야 等與大車이릿가
자 자지재부무량 욕 요익제자 등여대거

佛告舍利弗하사대 善哉善哉라 如汝所言하니라
불고사리불 선재선재 여여소언

舍利弗아 如來도 亦復如是하야 則爲一切世間之父어든
사리불 여래 역부여시 즉위일체세간지부

於諸怖畏와 衰惱憂患과 無明闇蔽에 永盡無餘하고 而
어제포외 쇠뇌우환 무명암폐 영진무여 이

悉成就 無量知見 力無所畏하며 有 大神力 及智慧
실성취 무량지견 역무소외 유 대신력 급지혜

力하며 具足方便智慧婆羅蜜하야 大慈大悲로 常無懈
력 구족방편지혜바라밀 대자대비 상무해

惓하고 恒求善事하야 利益一切호려하사
권 항구선사 이익일체

재산이 한량없이 많음을 스스로 알고 자식들을 이롭게 하려고 큰 수레를 똑같이 준 것이야 말할 것이 있겠습니까."

부처님께서 사리불에게 말씀하셨다.

"착하고도 착하구나. 네가 말한 바와 같으니라.

사리불아! 여래도 역시 이와 같이 곧 일체 세간의 아버지로서 모든 두려움과 겁냄과 쇠약함과 고달픔과 근심과 질병과 어두움에 가린 무명이 영원히 다하여 남음이 없게 하느니라. 한량없는 지견과 힘과 두려움 없음을 다 성취하였으며, 큰 신통력과 지혜의 힘이 있으며, 방편과 지혜바라밀을 모두 갖추어 대자대비로 항상 부지런히 좋은 일만 찾아주며 일체를 이익되게 하느니라.

而生三界 朽故火宅하야 爲度衆生의 生老病死와 憂悲
이생삼계 후고화택 위도중생 생로병사 우비

苦惱와 愚癡闇蔽인 三毒之火하야 教化令得 阿耨多羅
고뇌 우치암폐 삼독지화 교화영득 아뇩다라

三藐三菩提케하시며 見諸衆生이 爲生老病死 憂悲苦惱
삼먁삼보리 견제중생 위생로병사 우비고뇌

之所燒煮하며 亦以五欲財利故로 受種種苦하며 又以
지소소자 역이오욕재리고 수종종고 우이

貪著追求故로 現受衆苦하고 後受地獄畜生餓鬼之苦하며
탐착추구고 현수중고 후수지옥축생아귀지고

若生天上커나 及在人間에 貧窮困苦와 愛別離苦와 怨
약생천상 급재인간 빈궁곤고 애별리고 원

憎會苦인 如是等 種種諸苦衆生이 沒在其中하야
증회고 여시등 종종제고중생 몰재기중

삼계라는 썩고 낡았으며 불타는 집에 태어나서, 중생들을 생·로·병·사와 우·비·고·뇌와 어리석고 어둠에 가린 탐·진·치의 불길에서 제도하기 위하여 가르치고 교화하여 아뇩다라삼먁삼보리를 얻게 하느니라.

모든 중생들을 보니, 나고 늙고 병들고 죽고 슬프고 걱정스럽고 괴롭고 고달픈 불에 타며, 오욕과 재물의 이익 때문에 가지가지 고통을 받으며, 또 욕심내고 집착하여 구하느라 현세에서는 온갖 고통을 받고 후세에서는 지옥, 축생, 아귀의 고통을 받으며, 어쩌다가 천상에 나거나 인간 세상에 나더라도 가난하고 몹시 괴로우며, 사랑하는 이와 이별하는 괴로움과 원수와 미운 이를 만나는 괴로움 등 이와 같은 가지가지의 고통 속에 빠져 있으면서도

歡喜遊戲하며 不覺不知하고 不驚不怖하며 亦不生厭하고
환희유희 불각부지 불경불포 역불생염

不求解脫하며 於此三界火宅에 東西馳走하야 雖遭大
불구해탈 어차삼계화택 동서치주 수조대

苦나 不以爲患이라 舍利弗아 佛見此已하시고 便作是
고 불이위환 사리불 불견차이 변작시

念호대 我爲衆生之父라 應拔其苦難하고 與無量無邊
념 아위중생지부 응발기고난 여무량무변

佛智慧樂하야 令其遊戲호리라
불지혜락 영기유희

舍利弗아 如來 復作是念호대 若我但以神力及 智慧
사리불 여래 부작시념 약아단이신력급 지혜

力으로 捨於方便하고 爲諸衆生하야 讚如來知見力無所
력 사어방편 위제중생 찬여래지견력무소

즐겁게 노느라 깨닫지도 못하고 알지도 못하므로 놀라거나 두려워하지 않으며, 또 싫어하지도 않고 해탈을 구하지도 않으며 삼계의 불타는 집에서 동서로 뛰어다니느라 큰 고통을 만났음에도 근심하지 않는구나.

사리불아! 부처님께서 이것을 보시고는 이렇게 생각을 하셨느니라.

'나는 중생의 아버지이므로 당연히 그 고난을 없애고, 한량없고 가없는 부처님의 지혜의 즐거움을 주어 그들을 즐겁게 하여야겠다.'

사리불아! 여래는 또 이렇게 생각하셨느니라.

'만약 내가 방편을 버리고 신통력과 지혜력만으로 중생들을 위하여 여래의 지견과 힘과 두려움 없음을 찬탄

畏者면 衆生이 不能以是得度리라 所以者何오
외자 중생 불능이시득도 소이자하

是諸衆生이 未免生老病死와 憂悲苦惱하고 而爲三
시제중생 미면생로병사 우비고뇌 이위삼

界火宅所燒어니 何由能解 佛之智慧리요
계화택소소 하유능해 불지지혜

舍利弗아 如彼長者 雖復身手有力이나 而不用之하고
사리불 여피장자 수부신수유력 이불용지

但以慇懃方便으로 勉濟諸子火宅之難然後에 各與珍
단이은근방편 면제제자화택지난연후 각여진

寶大車인닷하야 如來도 亦復如是하야 雖有力無所畏나 而
보대거 여래 역부여시 수유력무소외 이

不用之하고 但以智慧方便으로 於三界火宅에 拔濟衆
불용지 단이지혜방편 어삼계화택 발제중

하면 중생들은 이것으로써는 제도를 받지 못할 것이니라.

왜냐하면 이 중생들은 생·로·병·사와 우·비·고·뇌를 벗어나지 못하고 삼계의 불타는 집에서 타고 있으니 어떻게 부처님의 지혜를 이해할 수 있겠는가.'

사리불아!

그 장자가 비록 몸과 손에 힘이 있었지만 쓰지 않고 은근하게 방편만으로 아이들을 불타는 집의 난리에서 건지어 낸 후 각자에게 진기하고 큰 보배 수레를 주었듯이,

여래도 역시 이와 같아서 마찬가지로 힘과 두려움 없음이 있지만, 쓰지 않고 단지 지혜와 방편으로써 삼계의

生하야 爲說三乘인 聲聞辟支佛佛乘호리라하고
생 위설삼승 성문벽지불불승

而作是言호대 汝等은 莫得樂住三界火宅하고 勿貪麤弊인
이작시언 여등 막득낙주삼계화택 물탐추폐

色聲香味觸也하라 若貪著生愛면 則爲所燒리라
색성향미촉야 약탐착생애 즉위소소

汝는 速出三界하야 當得三乘 聲聞辟支佛 佛乘이어다
여 속출삼계 당득삼승 성문벽지불 불승

我今爲汝하야 保任此事하노니 終不虛也니라
아금위여 보임차사 종불허야

汝等은 但當勤修精進이니 如來以是方便으로 誘進衆
여등 단당근수정진 여래이시방편 유진중

生호라 復作是言호대
생 부작시언

불타는 집에서 중생들을 건져내 구제하려고 삼승인 성문과 벽지불과 불승을 설하며 이런 말씀을 하시느니라.

'너희들은 삼계의 불타는 집에서 머무르는 것을 좋아하지 말고, 추하고 변변치 못한 빛과 소리와 향기와 맛과 닿음을 욕심 내지 말아라. 만약 욕심 내고 집착하여 아끼는 마음을 내면 곧 불에 타게 되느니라.

너희가 삼계에서 빨리 나오면 삼승인 성문, 벽지불, 불승을 얻을 것이니라. 내가 지금 너희를 위하여 이 일을 보증하고 맡으리니 끝내 헛되지 아니하리라. 너희들은 마땅히 부지런히 닦고 정진하여라.'

여래는 이러한 방편으로 중생들을 나아가게 하며 다시 이런 말씀을 하시느니라.

汝等은 當知하라 此三乘法은 皆是聖所稱歎이며 自在無
여등 당지 차삼승법 개시성소칭탄 자재무
繫라 無所依求니 乘是三乘하야 以無漏根力覺道禪定
계 무소의구 승시삼승 이무루근력각도선정
解脫三昧等으로 而自娛樂하면 便得無量安隱快樂하리라
해탈삼매등 이자오락 변득무량안은쾌락
舍利弗아 若有衆生이 內有智性하야 從佛世尊하야 聞法
사리불 약유중생 내유지성 종불세존 문법
信受하고 慇懃精進하며 欲速出三界하야 自求涅槃하니는
신수 은근정진 욕속출삼계 자구열반
是名聲聞乘이라 如彼諸子 爲求羊車하야 出於火宅하며
시명성문승 여피제자 위구양거 출어화택
若有衆生이 從佛世尊하야 聞法信受하고 慇懃精進하야
약유중생 종불세존 문법신수 은근정진

'너희는 마땅히 알라. 이 삼승법은 모든 성인들이 칭찬하시는 바이며 자유자재하여 얽매임이 없으며 의지하거나 구할 것이 없으니, 이 삼승에 오르면 번뇌가 없는 근기와 힘과 깨달음과 도와 선정과 해탈과 삼매 등을 스스로 즐기며 헤아릴 수 없는 편안함과 즐거움을 얻을 수 있으리라.'

사리불아!

만약 어떤 중생이 안으로 지혜의 성품이 있어 불세존을 따르며 법을 듣고 받아 믿으며, 부지런히 정진하며 삼계에서 빨리 벗어나려고 스스로 열반을 구하면 이런 이를 성문승이라 이름하는데, 양이 끄는 수레를 가지려고 불타는 집에서 뛰어나온 자식들과 같으니라.

만약 중생이 불세존을 따르며 법을 듣고 받아 믿으며,

求自然慧하며 樂獨善寂하야 深知諸法因緣하니는 是名辟
구자연혜 낙독선적 심지제법인연 시명벽

支佛乘이니 如彼諸子 爲求鹿車하야 出於火宅하며 若有
지불승 여피제자 위구녹거 출어화택 약유

衆生이 從佛世尊하야 聞法信受하고 勤修精進하야 求一
중생 종불세존 문법신수 근수정진 구일

切智 佛智 自然智 無師智와 如來知見과 力無所畏하야
체지 불지 자연지 무사지 여래지견 역무소외

愍念安樂 無量衆生하며 利益天人하야 度脫一切하니는
민념안락 무량중생 이익천인 도탈일체

是名大乘菩薩이니 求此乘故로 名爲摩訶薩이라 如彼諸
시명대승보살 구차승고 명위마하살 여피제

子 爲求牛車하야 出於火宅하니라
자 위구우거 출어화택

부지런히 정진하고 자연혜를 구하며 홀로 고요함을 즐기며 모든 법의 인연을 깊이 알면 이런 이를 벽지불승이라 하는데, 사슴이 끄는 수레를 가지려고 불타는 집에서 뛰어나온 자식들과 같으니라. 또 어떤 중생이 불세존을 따르며 법을 듣고 받아 믿으며 부지런히 닦고 정진하여 일체지(一切智)와 불지(佛智)와 자연지(自然智)와 무사지(無師智)와 여래의 지견과 힘과 두려움 없음을 구하며, 한량없는 중생을 불쌍히 여겨 편안하고 즐겁게 하며 하늘과 사람을 이익 되게 하고, 일체를 제도하여 벗어나게 하면 이런 이를 대승보살이라 하는데, 이런 승(乘)을 구하는 까닭에 마하살이라 하고 소가 끄는 수레를 가지려고 불타는 집에서 뛰어나온 자식들과 같으니라.

舍利弗아 如彼長者 見諸子等이 安隱得出火宅하야 到
사리불 여피장자 견제자등 안은득출화택 도

無畏處하고 自惟財富無量일새 等以大車로 而賜諸子하나니
무외처 자유재부무량 등이대거 이사제자

如來도 亦復如是하야 爲一切衆生之父라 若見無量億
여래 역부여시 위일체중생지부 약견무량억

千衆生이 以佛敎門으로 出三界苦怖畏險道하야 得涅
천중생 이불교문 출삼계고포외험도 득열

槃樂코는 如來爾時에 便作是念호대 我有無量無邊智
반락 여래이시 변작시념 아유무량무변지

慧力無畏等 諸佛法藏하고 是諸衆生은 皆是我子라 等
혜력무외등 제불법장 시제중생 개시아자 등

與大乘이요 不令有人으로 獨得滅度니 皆以如來滅度로
여대승 불령유인 독득멸도 개이여래멸도

사리불아! 그 장자가 자식들이 불타는 집에서 무사히 나와 두려울 것이 없는 곳에 이르렀음을 보고, 자신의 재산이 한량없음을 생각하여 큰 수레를 자식들에게 똑같이 준 것과 같이 여래도 역시 그와 같으니라.

일체 중생의 아버지이므로 한량없는 억천의 중생이 부처님의 가르침의 문을 통하여 삼계의 고통과 두렵고 무서우며 험한 길에서 나와, 열반의 즐거움 얻는 것을 보면 그때서야 이런 생각을 하느니라.

'나에게는 한량없고 가없는 지혜와 힘과 두려움 없음 등의 부처님 법의 창고가 있으며, 이 중생들은 모두 나의 자식이므로 똑같이 대승을 주어 홀로 열반을 얻게 할 것이 아니라 모두다 여래의 열반으로써 열반에 이르게

而滅度之호리라 是諸衆生의 脫三界者에 悉與諸佛 禪
이멸도지 시제중생 탈삼계자 실여제불 선

定解脫等娛樂之具하나니 皆是一相一種이라
정해탈등오락지구 개시일상일종

聖所稱歎이며 能生淨妙第一之樂이니라 舍利弗아 如彼
성소칭탄 능생정묘제일지락 사리불 여피

長者 初以三車로 誘引諸子然後에 但與大車의 寶物
장자 초이삼거 유인제자연후 단여대거 보물

莊嚴이 安隱第一하나 然이나 彼長者는 無虛妄之咎인닷하야
장엄 안은제일 연 피장자 무허망지구

如來도 亦復如是하야 無有虛妄이니 初說三乘하야 引導
여래 역부여시 무유허망 초설삼승 인도

衆生然後에 但以大乘으로 而度脫之시니 何以故요 如來
중생연후 단이대승 이도탈지 하이고 여래

하리라.'

삼계를 벗어난 중생들에게 모두 부처님들의 선정과 해탈 등의 오락 기구를 주시니, 이것은 모두 한 모습이고 한 종류이며 성인들이 찬탄하는 것이며, 깨끗하고 묘하여 가장 으뜸가는 즐거움이 생기느니라.

사리불아! 그 장자가 처음에는 세 가지 수레로 자식들을 이끌어 내었다가 보물로 잘 꾸며지고 편안하기가 제일 가는 큰 수레만을 주었느니라. 그렇지만 그 장자에게 거짓말을 한 허물이 없는 것과 같이 여래도 역시 그와 같이 허망함이 없느니라. 처음에는 삼승을 설하여 중생을 인도한 후 대승으로만 제도하여 해탈하게 하느니라.

왜냐하면 여래는 한량없는 지혜와 힘과 두려울 바 없

有 無量智慧와 力無所畏諸法之藏하야 能與一切衆生
유 무량지혜 역무소외제법지장 능여일체중생

大乘之法이언만은 但不盡能受니라 舍利弗아 以是因緣으로
대승지법 단부진능수 사리불 이시인연

當知諸佛의 方便力故로 於一佛乘에 分別說三이니라
당지제불 방편력고 어일불승 분별설삼

佛이 欲重宣此義하사 而說偈言하사대
불 욕중선차의 이설게언

譬如長者 有一大宅커던 其宅久故하고
비여장자 유일대택 기택구고

而復頓弊하며 堂舍高危하고 柱根摧朽하며
이부돈폐 당사고위 주근최후

梁棟傾斜하고 基陛隤毀하며 墻壁圮坼하고
양동경사 기폐퇴훼 장벽비탁

는 법의 창고를 지녔기에 일체의 중생에게 대승의 법을 줄 수 있는데 다 받아들이지를 못하기 때문이니라.

사리불아!

이러한 인연으로 마땅히 알아라.

부처님들은 방편의 힘으로 일불승에서 분별하여 삼승을 설하시는 것이니라."

세존께서 이 뜻을 거듭 펴시려고 게송으로 말씀하셨다.

비유하자면 장자에게 큰집이 하나 있는데 오래된 까닭으로 매우 낡았느니라.

높고 위태로우며 기둥 뿌리가 꺾어지고 썩었으며,

대들보는 기울고 주춧돌도 무너졌으며,

담과 벽이 무너지고 터졌으며,

泥塗褫落하며 이 도 치 락	覆苫亂墜하고 부 점 난 추	椽梠差脫하며 연 려 차 탈
周障屈曲하고 주 장 굴 곡	雜穢充遍하며 잡 예 충 변	有五百人이 유 오 백 인
止住其中커던 지 주 기 중	鵄梟鵰鷲와 치 효 조 취	烏鵲鳩鴿과 오 작 구 합
蚖蛇蝮蠍과 완 사 복 갈	蜈蚣蚰蜒과 오 공 유 연	守宮百足과 수 궁 백 족
鼬貍鼷鼠와 유 리 혜 서	諸惡蟲輩 제 악 충 배	交橫馳走하며 교 횡 치 주
屎尿臭處에 시 뇨 취 처	不淨流溢하고 부 정 유 일	蜣蜋諸蟲이 강 낭 제 충
而集其上하며 이 집 기 상	狐狼野干이 호 랑 야 간	咀嚼踐蹋하고 저 작 천 답
嚌齧死屍하야 제 설 사 시	骨肉狼藉커던 골 육 낭 자	由是群狗 유 시 군 구

발랐던 흙이 떨어지고 덮은 이엉도 어지러이 떨어졌으며, 서까래와 문고리는 차이가 나게 떨어졌으며, 두루 막히고 꾸불꾸불하며 온갖 더러운 것들이 가득한 그 속에 5백 명이나 살고 있었느니라.

솔개, 올빼미, 보라매, 독수리, 까마귀, 까치, 비둘기, 뻐꾸기와 까치독사, 구렁이, 살모사, 전갈, 지네, 그리마(다족류에 속하는 절족동물)와 노래기, 족제비, 너구리, 생쥐, 쥐와 온갖 나쁜 벌레들이 서로 뒤섞여 달릴 뿐만 아니라, 똥오줌 냄새 나는 곳에 더러운 것이 흘러 넘쳤는데 말똥구리, 버마재비 등 온갖 벌레들이 그 위에 우글거리고 여우, 이리, 승냥이가 송장들을 씹어 뜯고 밟고 다니며 깨물고 맛보니 뼈와 살이 어지럽게 흩어져 있었느니라.

競來搏撮하고 경 래 박 촬	飢羸慞惶하야 기 리 장 황	處處求食하며 처 처 구 식
鬪諍摣掣하고 투 쟁 자 철	啀喍嗥吠어든 애 재 호 폐	其舍恐怖하야 기 사 공 포
變狀如是라 변 상 여 시	處處皆有 처 처 개 유	魑魅魍魎하며 이 매 망 량
夜叉惡鬼 야 차 악 귀	食噉人肉하며 식 담 인 육	毒蟲之屬과 독 충 지 속
諸惡禽獸는 제 악 금 수	孚乳産生하야 부 유 산 생	各自藏護어든 각 자 장 호
夜叉競來하야 야 차 경 래	爭取食之하며 쟁 취 식 지	食之旣飽하야는 식 지 기 포
惡心轉熾하야 악 심 전 치	鬪諍之聲이 투 쟁 지 성	甚可怖畏하며 심 가 포 외
鳩槃荼鬼 구 반 다 귀	蹲踞土埵호대 준 거 토 타	或時離地를 혹 시 이 지

이 때문에 개떼들도 몰려와서 서로 밀고 당기며 굶주려 파리한 것들이 머뭇머뭇 겁을 내며 이리저리 먹을 것을 찾아다니고,

서로 싸우며 물어 당기고 으르렁대며 시끄럽게 짖어대니 그 집의 모습이 이와 같이 무섭게 변하였느니라.

곳곳마다 도깨비와 야차와 나쁜 귀신들이 있었는데 사람의 살을 씹어먹었으며,

독충의 무리들과 사나운 짐승들이 알을 까 기르거나 낳아서 제각기 숨겨 보호하지만, 야차가 다투어 와서 빼앗아 먹었으며 먹은 뒤 배가 부르면 악한 마음이 불길같이 돌아 싸우고 다투는 소리가 매우 두렵고 무서웠으며,

구반다 귀신은 흙더미에 웅크리고 앉아 있다가

一尺二尺하며 일 척 이 척	往返遊行하야 왕 반 유 행	縱逸嬉戲호대 종 일 희 희
捉狗兩足하야 착 구 양 족	撲令失聲하고 박 령 실 성	以脚加頸하야 이 각 가 경
怖狗自樂하며 포 구 자 락	復有諸鬼는 부 유 제 귀	其身長大하야 기 신 장 대
裸形黑瘦들이 나 형 흑 수	常住其中호대 상 주 기 중	發大惡聲하야 발 대 악 성
叫呼求食하며 규 호 구 식	復有諸鬼는 부 유 제 귀	其咽如針하며 기 인 여 침
復有諸鬼는 부 유 제 귀	首如牛頭호대 수 여 우 두	或食人肉하고 혹 식 인 육
或復噉狗하며 혹 부 담 구	頭髮蓬亂하야 두 발 봉 란	殘害兇險하며 잔 해 흉 험
飢渴所逼으로 기 갈 소 핍	叫喚馳走하며 규 환 치 주	夜叉餓鬼와 야 차 아 귀

때때로 한두 자씩 뛰어오르고, 왔다갔다 돌아다니며 제멋대로 장난치며, 개의 양다리를 잡아 팽개쳐서 소리도 지르지 못하게 하고, 발로 목을 짓눌러 개를 두렵게 하며 혼자서 즐거워하였느니라.

또 어떤 귀신은 그 몸이 크고 긴데, 벌거벗은 형상에 검고 야윈 것들이 항상 그 속에 살면서 크고 나쁜 소리로 울부짖으며 먹을 것을 찾았고, 또 어떤 귀신은 목구멍이 바늘 같았으며,

또 어떤 귀신은 머리가 소의 머리 같은데 사람을 뜯어먹거나 개도 씹어 먹는데, 머리털이 어지럽게 흐트러졌으며 잔인하고 사납기 그지없는 것이 굶주리고 목이 말라 울부짖으며 내달렸으며,

야차와 아귀와

諸惡鳥獸들이 제 악 조 수	飢急四向하야 기 급 사 향	窺看窓牖커던 규 간 창 유
如是諸難이 여 시 제 난	恐畏無量이라 공 외 무 량	是朽故宅이 시 후 고 택
屬于一人터니 속 우 일 인	其人近出하야 기 인 근 출	未久之間 미 구 지 간
於後舍宅에 어 후 사 택	欻然火起하야 훌 연 화 기	四面一時에 사 면 일 시
其炎俱熾호대 기 염 구 치	棟梁椽柱에 동 양 연 주	爆聲震裂하야 폭 성 진 열
摧折墮落하고 최 절 타 락	牆壁崩倒하며 장 벽 붕 도	諸鬼神等은 제 귀 신 등
揚聲大叫하고 양 성 대 규	鵰鷲諸鳥와 조 취 제 조	鳩槃茶等은 구 반 다 등
周章惶怖하야 주 장 황 포	不能自出하며 불 능 자 출	惡獸毒蟲이 악 수 독 충

사나운 새들과 짐승들도 몹시 배가 고파 사방으로 달리며 창문과 창살 사이로 엿보거나 살펴보고 있었으니, 이와 같은 많은 재난들이 한량없이 두렵고 무서웠느니라.

이 썩고 낡은 집이 한 사람의 것인데 집에서 나온 지 얼마 되지 않아 그 집 뒤에서 갑자기 불이 나 사면에서 사납게 타오르니, 대들보와 서까래와 기둥이 불에 타 폭발하는 소리가 찢어질 듯 진동하며, 꺾이고 부러지고 떨어져 내리고 담장과 벽이 무너지고 넘어지고, 모든 귀신들이 크게 부르짖으며 소리지르니, 독수리 같은 새들과 구반다 귀신들도 모든 것이 무섭고 두려워서 스스로 나오지 못하며,

사나운 짐승들과 독한 벌레들도

藏竄孔穴하며 장 찬 공 혈	毘舍闍鬼 비 사 사 귀	亦住其中커든 역 주 기 중
薄福德故로 박 복 덕 고	爲火所逼하야 위 화 소 핍	共相殘害하고 공 상 잔 해
飮血噉肉하며 음 혈 담 육	野干之屬이 야 간 지 속	幷已前死어든 병 이 전 사
諸大惡獸 제 대 악 수	競來食噉하며 경 래 식 담	臭煙熢㶿이 취 연 봉 발
四面充塞하며 사 면 충 색	蜈蚣蚰蜒과 오 공 유 연	毒蛇之類는 독 사 지 류
爲火所燒하야 위 화 소 소	爭走出穴커던 쟁 주 출 혈	鳩槃茶鬼 구 반 다 귀
隨取而食하며 수 취 이 식	又諸餓鬼는 우 제 아 귀	頭上火燃커던 두 상 화 연
飢渴熱惱로 기 갈 열 뇌	周章悶走하며 주 장 민 주	其宅如是히 기 택 여 시

구멍 속으로 도망쳐 숨으며 비사사 귀신도 역시 그 집 속에 있었는데 복과 덕이 엷기 때문에 불길에 핍박을 받으며, 서로 잔인하게 해치고 피를 마시고 고기를 씹었으며,

승냥이의 무리들이 벌써 죽었는데 크고 악한 짐승들이 다투어 몰려와 뜯어먹었으며, 냄새와 연기가 자욱하게 사면을 가득히 메우니, 지네와 노래기와 독사의 종류가 불에 타 다투어 구멍에서 뛰쳐나오는데 구반다 귀신이 쫓아와 잡아먹었으며

아귀들도 머리에 불이 붙었으며 굶주리고 목이 마를 뿐만 아니라 뜨거워 괴로워하며 몹시 두려워하고 답답해하며 달아나니

그 집은 이와 같이

甚可怖畏라 심 가 포 외	毒害火災로 독 해 화 재	衆難非一이러라 중 난 비 일
是時宅主 시 시 택 주	在門外立이러니 재 문 외 립	聞有人言호대 문 유 인 언
汝諸子等이 여 제 자 등	先因遊戲하야 선 인 유 희	來入此宅이나 내 입 차 택
稚小無知하야 치 소 무 지	歡娛樂著이라하야늘 환 오 락 착	長者聞已에 장 자 문 이
驚入火宅하야 경 입 화 택	方宜救濟하야 방 의 구 제	令無燒害호리라하고 영 무 소 해
告喩諸子하야 고 유 제 자	說衆患難호대 설 중 환 난	惡鬼毒蟲과 악 귀 독 충
災火蔓莚하며 재 화 만 연	衆苦次第로 중 고 차 제	相續不絶하며 상 속 부 절
毒蛇蚖蝮과 독 사 완 복	及諸夜叉와 급 제 야 차	鳩槃茶鬼와 구 반 다 귀

매우 겁나고 두려울 뿐만 아니라 독하고 해로운 화재와 여러 가지 난리가 있었느니라.

그때 집주인이 문밖에 서 있다가 어떤 사람의 말을 들었느니라.

'당신의 자식들이 노는 것을 좋아해서 이 집에 들어갔고 어리고 철이 없어 노는 재미에만 빠져 있네그려.'

장자가 이 말을 듣고 놀라서 불타는 집에 들어가 구제하여 불에 타지 않도록 자식들을 깨우치려고 환난을 이렇게 말하였느니라.

'나쁜 귀신과 독한 벌레와 재앙과 불이 넝쿨같이 널리 퍼져 여러 가지 괴로움이 차례로 잇달아 끊어지지 않고,

독사와 까치독사와 살모사와 야차들과 구반다 귀신

野干狐狗와　鵰鷲鵄梟와　百足之屬이
야 간 호 구　조 취 치 효　백 족 지 속

飢渴惱急으로　甚可怖畏어든　此苦難處에
기 갈 뇌 급　심 가 포 외　차 고 난 처

況復大火야따녀　諸子無知하야　雖聞父誨나
황 부 대 화　제 자 무 지　수 문 부 회

猶故樂著하야　嬉戲不已어늘　是時長者
유 고 낙 착　희 희 불 이　시 시 장 자

而作是念호대　諸子如此하니　益我愁惱로다
이 작 시 념　제 자 여 차　익 아 수 뇌

今此舍宅이　無一可樂이어늘　而諸子等이
금 차 사 택　무 일 가 락　이 제 자 등

耽湎嬉戲하고　不受我敎하니　將爲火害로다
탐 면 희 희　불 수 아 교　장 위 화 해

卽便思惟호대　設諸方便호리라하고　告諸子等호대
즉 변 사 유　설 제 방 편　고 제 자 등

과 승냥이와 여우와 개들과 독수리와 수리와 솔개와 올빼미와 백족충의 무리가 굶주리고 목이 말라 허덕이므로 매우 두렵고 겁이 난다.'

이런 괴로움과 어려움이 있는 곳에 더욱이 큰 불까지 났는데 자식들은 철이 없어서 아버지의 타이름이 들리지만 여전히 즐거움에만 빠져 놀이를 그치지 아니하였기에 장자가 이런 생각을 하였느니라.

'자식들이 이러하니 더욱 근심스럽고 괴롭구나. 이제 이 집에는 즐길 것이 하나도 없는데 놀이에만 흠뻑 빠져 나의 가르침을 듣지 아니하니 장차 불에 타는 피해를 입겠구나.'

이렇게 생각하고는 방편으로 자식들에게 이렇게 말하였느니라.

我有種種 아유종종	珍玩之具에 진완지구	妙寶好車인 묘보호거
羊車鹿車와 양거녹거	大牛之車가 대우지거	今在門外하니 금재문외
汝等出來하라 여등출래	吾爲汝等하야 오위여등	造作此車호니 조작차거
隨意所樂하야 수의소락	可以遊戲니라 가이유희	諸子聞說 제자문설
如此諸車하고 여차제거	卽時奔競하야 즉시분경	馳走而出할새 치주이출
到於空地하야 도어공지	離諸苦難커늘 이제고난	長者見子 장자견자
得出火宅하야 득출화택	住於四衢하고 주어사구	坐師子座하야 좌사자좌
而自慶言호대 이자경언	我今快樂이로다 아금쾌락	此諸子等이 차제자등

'내게 진기한 놀이감으로 좋은 보배 수레인 양이 끄는 수레와 사슴이 끄는 수레와 큰 소가 끄는 수레가 있는데 지금 문밖에 있으니 나오너라.

내가 너희들에게 주려고 이 수레를 만들었으니 마음대로 가지고 재미있게 놀아라.'

자식들이 수레를 주겠다는 말을 듣고 곧바로 분주하게 다투며 뛰어나와 텅 빈 곳에 이르러 모든 고난을 벗어났느니라.

장자는

자식들이 불타는 집에서 나와 사거리에 있는 것을 보고 사자좌에 앉아 스스로 축하하며 말하기를,

'이제 기분이 좋구나.

이 자식들을 힘들게 키웠는데,

<table>
<tr><td>生育甚難이어늘
생 육 심 난</td><td>愚小無知하야
우 소 무 지</td><td>而入險宅하니
이 입 험 택</td></tr>
<tr><td>多諸毒蟲하고
다 제 독 충</td><td>魑魅可畏며
이 매 가 외</td><td>大火猛炎이
대 화 맹 염</td></tr>
<tr><td>四面俱起어늘
사 면 구 기</td><td>而此諸子는
이 차 제 자</td><td>貪著嬉戲일새
탐 착 희 희</td></tr>
<tr><td>我已救之하야
아 이 구 지</td><td>令得脫難케호니
영 득 탈 난</td><td>是故諸人아
시 고 제 인</td></tr>
<tr><td>我今快樂이로다
아 금 쾌 락</td><td>爾時諸子
이 시 제 자</td><td>知父安坐하고
지 부 안 좌</td></tr>
<tr><td>皆詣父所하야
개 예 부 소</td><td>而白父言호대
이 백 부 언</td><td>願賜我等의
원 사 아 등</td></tr>
<tr><td>三種寶車를
삼 종 보 거</td><td>如前所許하소서
여 전 소 허</td><td>諸子出來하면
제 자 출 래</td></tr>
<tr><td>當以三車로
당 이 삼 거</td><td>隨汝所欲이라하시더니
수 여 소 욕</td><td>今正是時라
금 정 시 시</td></tr>
</table>

어리석고 어리고 철이 없어서 위험한 집에 들어갔었다. 독충들이 우글거리고 도깨비들도 무서운데 큰 불마저 일어나 사방에서 타오를 때, 자식들은 그 속에서 놀이에만 빠져 있는 것을 내가 구해내어 재난에서 벗어나게 하였으니 사람들아, 나는 이제 기분이 좋고 즐겁다.'

그때 자식들은 아버지가 편안하게 앉아 계시는 것을 보고 모두들 아버지 계신 곳으로 가서 아버지에게 말하였다.

'원하옵건대 저희들에게 조금 전에 말씀하신 대로 세 가지 보배 수레를 주십시오. 저희들이 나오면 세 가지 수레를 갖고 싶은 대로 주시겠다 하셨는데, 지금이 바로 그때이니 꼭 나누어 주십시오.'

唯垂給與하소서 유 수 급 여	長者大富하야 장 자 대 부	庫藏衆多 고 장 중 다
金銀瑠璃와 금 은 유 리	硨磲瑪瑙어든 자 거 마 노	以衆寶物로 이 중 보 물
造諸大車하니 조 제 대 거	莊校嚴飾하고 장 교 엄 식	周匝欄楯에 주 잡 난 순
四面懸鈴하고 사 면 현 령	金繩交絡하며 금 승 교 락	眞珠羅網으로 진 주 라 망
張施其上하며 장 시 기 상	金華諸瓔이 금 화 제 영	處處垂下하며 처 처 수 하
衆綵雜飾이 중 채 잡 식	周匝圍繞하고 주 잡 위 요	柔軟繒纊으로 유 연 증 광
以爲茵褥하며 이 위 인 욕	上妙細氈이 상 묘 세 전	價直千億이라 가 치 천 억
鮮白淨潔로 선 백 정 결	以覆其上하며 이 부 기 상	有大白牛호대 유 대 백 우

장자는
큰 부자라 창고마다 금과 은과 유리와 자거와 마노 등이 많이 있었으므로 가지가지 보물로 큰 수레를 만들어 훌륭하게 꾸미기를,
둘레에는 난간을 세우고
사면에는 방울을 달고 황금 줄을 서로 이어서 매고 진주로 된 그물을 그 위에 씌우고,
금으로 된 꽃과 영락들을 곳곳마다 늘어뜨리고 많은 비단을 섞어 꾸민 것으로 빙 둘러싸고,
부드러운 비단과 솜으로 짠 자리를 만들어 놓아 천억의 값어치가 나가며,
무척 희고 깨끗하며 세밀하게 짠 털방석을
그 위에 덮고,

肥壯多力하며 비장다력	形體姝好에 형체주호	以駕寶車하며 이가보거
多諸儐從하야 다제빈종	而侍衛之어든 이시위지	以是妙車로 이시묘거
等賜諸子하신대 등사제자	諸子是時에 제자시시	歡喜踊躍하야 환희용약
乘是寶車하고 승시보거	遊於四方하며 유어사방	嬉戲快樂하야 희희쾌락
自在無礙하더라 자재무애	告舍利弗하노니 고사리불	我亦如是하야 아역여시
衆聖中尊이며 중성중존	世間之父라 세간지부	一切衆生이 일체중생
皆是吾子어늘 개시오자	深著世樂하야 심착세락	無有慧心하며 무유혜심
三界無安이 삼계무안	猶如火宅하며 유여화택	衆苦充滿하니 중고충만

살이 찌고 힘이 세며 몸이 매우 좋은 크고 흰 소를 보배 수레의 멍에를 매었으며 많은 사람이 시중하며 따르고 호위를 하였느니라.

이와 같이 좋은 수레를 자식들에게 골고루 주니 자식들이 뛸 듯이 기뻐하며 이 보배 수레에 올라 사방으로 다니며 아무 걸림도 없이 매우 즐겁게 놀았느니라.

사리불에게 말하노라.

나도 또한 이와 같아서 성인들 중에서 가장 높으며, 세간의 아버지이니라.

일체 중생이 모두 나의 자식들인데 세상의 즐거움에 깊이 빠져 지혜로운 마음이 없구나.

삼계는 편안하지 않으며 더구나 불타는 집과 같이 여러 가지 괴로움이 가득하고

甚可怖畏라 심 가 포 외	常有生老 상 유 생 로	病死憂患하야 병 사 우 환
如是等火 여 시 등 화	熾然不息커늘 치 연 불 식	如來已離 여 래 이 리
三界火宅하고 삼 계 화 택	寂然閑居하야 적 연 한 거	安處林野호니 안 처 임 야
今此三界 금 차 삼 계	皆是我有요 개 시 아 유	其中衆生은 기 중 중 생
悉是吾子어늘 실 시 오 자	而今此處에 이 금 차 처	多諸患難이라 다 제 환 난
唯我一人이 유 아 일 인	能爲救護니라 능 위 구 호	雖復敎詔나 수 부 교 조
而不信受는 이 불 신 수	於諸欲染에 어 제 욕 염	貪著深故일새니라 탐 착 심 고
以是方便으로 이 시 방 편	爲說三乘하야 위 설 삼 승	令諸衆生으로 영 제 중 생

매우 무섭고 두려우며,

항상 생·로·병·사와 근심 걱정 등 이와 같은 불길들이 쉬지 않고 타오르느니라.

여래는 이미 삼계의 불타는 집을 떠나 고요하고 한가하게 지내며 편안하게 숲이나 들에서 지내느니라.

지금 이 삼계는 모두 나의 것이며 그 속의 중생들도 모두다 나의 자식이니라.

지금 이곳은 많은 근심과 어려움들이 있는데 오직 나 한 사람만이 구원하고 보호할 수 있느니라.

거듭 가르치고 타일러도 믿고 받아들이지 않는 것은 모든 욕망에 물들어 욕심 내고 깊이 집착하는 까닭이니라.

이에 방편으로 삼승을 설하여 중생들로 하여금

知三界苦케하고 지 삼 계 고	開示演說 개 시 연 설	出世間道어든 출 세 간 도
是諸子等이 시 제 자 등	若心決定하면 약 심 결 정	具足三明과 구 족 삼 명
及六神通하야 급 육 신 통	有得緣覺과 유 득 연 각	不退菩薩하리라 불 퇴 보 살
汝舍利弗아 여 사 리 불	我爲衆生하야 아 위 중 생	以此譬喩로 이 차 비 유
說一佛乘하노니 설 일 불 승	汝等若能 여 등 약 능	信受是語하면 신 수 시 어
一切皆當 일 체 개 당	得成佛道하리라 득 성 불 도	是乘微妙하고 시 승 미 묘
淸淨第一이라 청 정 제 일	於諸世間에 어 제 세 간	爲無有上일새 위 무 유 상
佛所悅可며 불 소 열 가	一切衆生의 일 체 중 생	所應稱讚하야 소 응 칭 찬

삼계의 고통을 알게 하고 세간을 벗어나는 길을 열어 보이며 설하는 것이니라.

이 모든 자식들이 만약 마음으로 결정을 하면 삼명과 육신통을 다 갖추어 연각과 물러나지 않는 보살이 되느니라.

사리불아!

나는 중생을 위하여 이런 비유로써 일불승을 설하느니라.

너희들이 만약 이 말을 믿고 받아들이면 일체가 모두 당연히 불도를 이룰 수 있느니라.

이 승은 미묘하고 맑고 깨끗하며 제일이니라.

모든 세간에서 위가 있을 수 없으므로 부처님께서 가히 즐기시는 바이며 일체 중생들이 당연히 찬탄하고

供養禮拜이며 공 양 예 배	無量億千의 무 량 억 천	諸力解脫과 제 력 해 탈
禪定智慧와 선 정 지 혜	及佛餘法이니 급 불 여 법	得如是乘이라사 득 여 시 승
令諸子等으로 영 제 자 등	日夜劫數에 일 야 겁 수	常得遊戲하며 상 득 유 희
與諸菩薩과 여 제 보 살	及聲聞衆이 급 성 문 중	乘此寶乘하면 승 차 보 승
直至道場하나니라 직 지 도 량	以是因緣으로 이 시 인 연	十方諦求하야도 시 방 체 구
更無餘乘이니 갱 무 여 승	除佛方便이니라 제 불 방 편	告舍利弗하사대 고 사 리 불
汝諸人等이 여 제 인 등	皆是吾子요 개 시 오 자	我則是父라 아 즉 시 부
汝等累劫에 여 등 누 겁	衆苦所燒어늘 중 고 소 소	我皆濟拔하야 아 개 제 발

공양하며 예배하여야 하는 바이니라.

한량없는 억천의 모든 힘과 해탈과 선정과 지혜와 부처님의 나머지 법이니,

이와 같은 승을 얻으면 자식들을 밤낮으로 항상 즐겁게 놀게 하며,

보살들과 성문들이 이 보배 승을 타면 바로 도량에 이르느니라.

이런 인연으로 시방으로 살펴서 구할지라도 부처님의 방편을 제외하고는 다시 다른 승은 없느니라.

사리불에게 이르노니 너희들은 모두 나의 자식이고 나는 곧 아버지이니라.

너희들이 여러 겁 동안 가지가지 괴로움의 불에 타고 있으므로 내가 모두 건져내어

令出三界호라 영 출 삼 계	我雖先說 아 수 선 설	汝等滅度나 여 등 멸 도
但盡生死요 단 진 생 사	而實不滅이니 이 실 불 멸	今所應作은 금 소 응 작
唯佛智慧니라 유 불 지 혜	若有菩薩이 약 유 보 살	於是衆中에 어 시 중 중
能一心聽 능 일 심 청	諸佛實法이니 제 불 실 법	諸佛世尊은 제 불 세 존
雖以方便이나 수 이 방 편	所化衆生은 소 화 중 생	皆是菩薩이니라 개 시 보 살
若人小智하야 약 인 소 지	深著愛欲일새 심 착 애 욕	爲此等故로 위 차 등 고
說於苦諦호니 설 어 고 제	衆生心喜하야 중 생 심 희	得未曾有호되 득 미 증 유
佛說苦諦는 불 설 고 제	眞實無異라하며 진 실 무 이	若有衆生이 약 유 중 생

삼계를 벗어나게 하느니라.

내가 너희들도 열반을 얻었다고 말하였지만 단지 생사를 다함이었지 실제로는 열반이 아니니라.

이제 마땅히 해야 할 것은 오직 부처님의 지혜를 구하는 일이니라. 만약 보살이 이 대중 가운데 있으면서 부처님들의 진실한 법을 일심으로 듣는다면 모든 불세존께서는 비록 방편을 쓰시지만 교화되는 중생은 모두 다 보살이니라.

사람들은 지혜가 작아 애욕에 깊이 집착하는데, 이들을 위하여 고제(인생의 현실은 모두가 괴로움이라는 진리)를 설해주면 중생들은 기뻐하며 미증유를 얻나니 부처님께서 설하시는 고제는 진실하며 틀림이 없느니라. 만약 어떤 중생이

不知苦本하고 부 지 고 본	深著苦因하야 심 착 고 인	不能暫捨어던 불 능 잠 사
爲是等故로 위 시 등 고	方便說道호니 방 편 설 도	諸苦所因은 제 고 소 인
貪欲爲本이라 탐 욕 위 본	若滅貪欲하면 약 멸 탐 욕	無所依止니 무 소 의 지
滅盡諸苦라사 멸 진 제 고	名第三諦라 명 제 삼 제	爲滅諦故로 위 멸 제 고
修行於道니 수 행 어 도	離諸苦縛하면 이 제 고 박	名得解脫이니라 명 득 해 탈
是人於何에 시 인 어 하	而得解脫이어뇨 이 득 해 탈	但離虛妄이 단 이 허 망
名爲解脫이나 명 위 해 탈	其實未得 기 실 미 득	一切解脫이니 일 체 해 탈
佛說是人은 불 설 시 인	未實滅度라호니 미 실 멸 도	斯人未得 사 인 미 득

괴로움의 근본을 알지 못하고 깊이 괴로움의 원인에 집착하여 잠시도 버리지 못하면 이들을 위하여 방편으로 도를 설하여 모든 괴로움의 근본 원인은 탐욕이라고 말해주느니라. 만약 탐욕이 없어지면 의지하거나 머무를 바가 없어서 모든 괴로움이 다하여 없어지니 멸제(집착을 끊는 것이 깨달음의 경지라는 진리)라 하며, 멸제를 위하여 도를 수행하여 모든 괴로움의 속박을 벗어나면 해탈을 얻었다고 하느니라.

이러한 사람은 어디에서 해탈을 얻겠느냐?

단지 허망함을 떠난 것을 해탈이라 하는데, 그것은 사실 일체의 해탈을 얻지는 못한 것이니라. 부처님께서는 이런 사람들이 진실한 열반을 얻은 것이 아니라고 말하느니라.

無上道故로 무 상 도 고	我意不欲 아 의 불 욕	令至滅度호라 영 지 멸 도
我爲法王하야 아 위 법 왕	於法自在일새 어 법 자 재	安穩衆生호려 안 은 중 생
故現於世니라 고 현 어 세	汝舍利弗아 여 사 리 불	我此法印은 아 차 법 인
爲欲利益 위 욕 이 익	世間故說이니라 세 간 고 설	在所遊方에 재 소 유 방
勿妄宣傳이니 물 망 선 전	若有聞者 약 유 문 자	隨喜頂受하면 수 희 정 수
當知是人은 당 지 시 인	阿鞞跋致니라 아 비 발 치	若有信受 약 유 신 수
此經法者는 차 경 법 자	是人已曾 시 인 이 증	見過去佛하야 견 과 거 불
恭敬供養하고 공 경 공 양	亦聞是法이니 역 문 시 법	若人有能 약 인 유 능

이런 사람들은 아직 위없는 도를 얻지 못하였으므로 나로서도 열반에 이르렀다고 생각하지 않느니라.

나는 법왕이며 법에 대하여 자재하므로 중생을 편안하게 하기 위하여 이 세상에 온 것이니라.

사리불아!

내가 설한 이 법인은 세간을 이롭게 하려고 설하는 것이니 가는 곳마다 망령되이 선전하지 말아라.

만약에 어떤 사람이 이 법을 듣고 따라 기뻐하며 받들어 받아지니면 마땅히 알아라. 이 사람은 아비발치(불퇴전의 보살)이니라. 만일 이 경의 가르침을 믿고 받아들이는 자가 있으면 이 사람은 이미 과거의 부처님을 뵈옵고 공경, 공양하였으며 이 법도 들었느니라.

만약 어떤 사람이

信汝所說하면 신 여 소 설	則爲見我며 즉 위 견 아	亦見於汝와 역 견 어 여
及比丘僧과 급 비 구 승	幷諸菩薩이니 병 제 보 살	斯法華經은 사 법 화 경
爲深智說이라 위 심 지 설	淺識聞之하면 천 식 문 지	迷惑不解하나니 미 혹 불 해
一切聲聞과 일 체 성 문	及辟支佛은 급 벽 지 불	於此經中에 어 차 경 중
力所不及이니라 역 소 불 급	汝舍利弗도 여 사 리 불	尙於此經에 상 어 차 경
以信得入이온 이 신 득 입	況餘聲聞이야따녀 황 여 성 문	其餘聲聞도 기 여 성 문
信佛語故로 신 불 어 고	隨順此經이나 수 순 차 경	非己智分이니라 비 기 지 분
又舍利弗아 우 사 리 불	驕慢懈怠커나 교 만 해 태	計我見者에는 계 아 견 자

네가 설하는 바를 믿으면 곧 나를 보는 것이 되며 또 너와 비구승과 보살들을 보는 것이 되느니라.

이 『법화경』은 지혜가 깊은 이를 위해 설하는 것이므로 식견이 얕은 사람이 들으면 마음이 흐리고 어두워 이해하지 못하느니라.

일체 성문과 벽지불도 이 경까지에는 힘이 미치지 못하느니라.

사리불 너마저도 이 경에 대하여는 믿음으로써 들어갔는데, 하물며 나머지 성문들이야 말할 것이 있겠느냐! 그 나머지 성문들도 부처님의 말씀을 믿는 까닭으로 이 경을 따르는 것이지 자기의 지혜로 아는 것은 아니니라.

또 사리불아! 교만하고 게으르며 아견이 있는 자에

莫說此經하며 막 설 차 경	凡夫淺識하야 범 부 천 식	深著五欲일새 심 착 오 욕
聞不能解하나니 문 불 능 해	亦勿爲說이니라 역 물 위 설	若人不信하야 약 인 불 신
毁謗此經하면 훼 방 차 경	則斷一切 즉 단 일 체	世間佛種이며 세 간 불 종
或復顰蹙하며 혹 부 빈 축	而懷疑惑하면 이 회 의 혹	汝當聽說 여 당 청 설
此人罪報하라 차 인 죄 보	若佛在世어나 약 불 재 세	若滅度後에 약 멸 도 후
其有誹謗 기 유 비 방	如斯經典커나 여 사 경 전	見有讀誦 견 유 독 송
書持經者하고 서 지 경 자	輕賤憎嫉하야 경 천 증 질	而懷結恨하면 이 회 결 한
此人罪報를 차 인 죄 보	汝今復聽하라 여 금 부 청	其人命終에 기 인 명 종

게는 이 경을 설하지 말라.

번뇌에 얽매여 생사를 초월하지 못하는 사람은 식견이 얕고 오욕에 깊이 집착하여 들어도 이해하지 못하니 역시 설하지 말라. 만약에 어떤 사람이 믿지 아니하고 이 경을 헐뜯고 비방하면 곧 일체 세간의 부처님의 종자를 끊는 것이 되느니라. 또 얼굴을 찡그리며 비난하거나 의심을 품으면 이 사람이 지은 죄로 받는 보를 설할 테니 잘 들어보아라. 부처님께서 세상에 계시거나 열반하신 뒤에라도 만약 이 경전을 비방하거나, 경을 읽고 외우고 쓰며 받아 지니는 사람을 보고 업신여기거나 천하게 여기며, 미워하거나 질투하며 원한을 품으면 이런 사람의 죄보를 이제 들어보아라.

그 사람은 목숨이 다하면,

入阿鼻獄하야 입 아 비 옥	具足一劫하고 구 족 일 겁	劫盡更生하야 겁 진 갱 생
如是展轉을 여 시 전 전	至無數劫하며 지 무 수 겁	從地獄出하야 종 지 옥 출
當墮畜生 당 타 축 생	若狗野干호대 약 구 야 간	其形頜瘦하고 기 형 굴 수
黧黮疥癩하야 이 심 개 라	人所觸嬈며 인 소 촉 요	又復爲人 우 부 위 인
之所惡賤하고 지 소 오 천	常困飢渴하야 상 곤 기 갈	骨肉枯竭하며 골 육 고 갈
生受楚毒하고 생 수 초 독	死被瓦石하나니 사 피 와 석	斷佛種故로 단 불 종 고
受斯罪報니라 수 사 죄 보	若作馲駝커나 약 작 탁 타	或生驢中이면 혹 생 려 중
身常負重하고 신 상 부 중	加諸杖捶하며 가 제 장 추	但念水草요 단 념 수 초

아비지옥에 떨어져서 일겁을 다 채우고 겁이 다하면 다시 태어나는 이런 되풀이를 수도 없는 겁 동안 한 후에야 지옥으로부터 벗어나지만 축생으로 떨어지게 되는데 만약 개나 승냥이가 되면 그 모양이 비쩍 마르고 검고 옴이 올라 가는 곳마다 사람들이 때리고 희롱하며 또다시 사람의 미움과 천대를 받아 항상 피곤하고 굶주리며, 목이 마르고 뼈와 살이 야위고 앙상하여 살아서는 쓰라린 고통을 받고 죽어서는 깨진 기왓장이나 돌에 덮여지나니, 부처님의 종자를 끊은 탓으로 이런 죄의 보를 받느니라.

만약 낙타가 되거나 나귀가 되더라도 몸은 항상 무거운 짐을 지고 뭇매를 맞으며 오직 물과 여물만을 생각하느라

餘無所知니 여 무 소 지	謗斯經故로 방 사 경 고	獲罪如是니라 획 죄 여 시
有作野干하야 유 작 야 간	來入聚落에 내 입 취 락	身體疥癩하고 신 체 개 라
又無一目하며 우 무 일 목	爲諸童子 위 제 동 자	之所打擲하야 지 소 타 척
受諸苦痛에 수 제 고 통	或時致死하며 혹 시 치 사	於是死已에 어 시 사 이
更受蟒身호대 갱 수 망 신	其形長大 기 형 장 대	五百由旬이며 오 백 유 순
聾騃無足하야 농 애 무 족	宛轉腹行타가 원 전 복 행	爲諸小蟲 위 제 소 충
之所唼食하야 지 소 삽 식	晝夜受苦에 주 야 수 고	無有休息하나니 무 유 휴 식
謗斯經故로 방 사 경 고	獲罪如是니라 획 죄 여 시	若得爲人이라도 약 득 위 인

달리 아는 것이 없느니라.

이 경을 비방하였기 때문에 받는 벌이 이와 같느니라.

또 승냥이가 되어 마을에 들어오면 몸뚱이에 옴이 있고 눈도 하나 없어서, 아이들의 때림이나 돌팔매를 맞고 온갖 고통을 받아 끝내는 죽게 되느니라.

이렇게 죽은 뒤에는 다시 구렁이의 몸을 받아 그 모양이 길고 커서 5백 유순이나 되며 귀가 먹고 미련하고 발이 없어서 꿈틀꿈틀 배로 기어다니며 작은 벌레들에게 빨아 먹히며 밤낮으로 쉴 새 없이 고통을 받는데 이 경을 비방하였기 때문에 이와 같은 벌을 받느니라.

만일 사람이 되더라도

諸根暗鈍하며 제 근 암 둔	矬陋攣躄하고 좌 루 연 벽	盲聾背傴하며 맹 롱 배 구
有所言說을 유 소 언 설	人不信受하며 인 불 신 수	口氣常臭하고 구 기 상 취
鬼魅所著이며 귀 매 소 착	貧窮下賤하야 빈 궁 하 천	爲人所使하며 위 인 소 사
多病痟瘦하야 다 병 소 수	無所依怙하야 무 소 의 호	雖親附人이라도 수 친 부 인
人不在意하며 인 부 재 의	若有所得이라도 약 유 소 득	尋復忘失하며 심 부 망 실
若修醫道하야 약 수 의 도	順方治病하야도 순 방 치 병	更增他疾하고 갱 증 타 질
或復致死하며 혹 부 치 사	若自有病하면 약 자 유 병	無人救療하고 무 인 구 료
設服良藥이라도 설 복 양 약	而復增劇하며 이 부 증 극	若他反逆과 약 타 반 역

모든 근이 둔하고 어두우며 난쟁이, 못생긴 병신, 절름발이, 소경, 귀머거리, 곱추가 되어 무슨 말을 하여도 사람들이 믿거나 받아들이지 않으며 입에서는 항상 나쁜 냄새가 나고 귀신과 도깨비가 들러붙으며,

가난하고 신분이 낮고 천하여 다른 사람의 부림을 받으며, 병이 많고 몸이 야위어도 의지할 곳이 없으며, 비록 다른 사람과 친하고 가까이 하려 해도 그 사람들이 모른 체하며, 얻는 것이 있더라도 곧 다시 잃어버리며, 의술을 닦아 순리대로 병을 치료하여도 다시 다른 병만 더하고 혹은 도리어 죽게 하며,

자기에게 병이 나도 치료하고 간호해 줄 사람이 없으며, 설사 좋은 약을 먹을지라도 다시 더 심해지며,

또 남의 반역이나 노략질이나

抄劫竊盜하난 초겁절도	如是等罪에 여시등죄	橫罹其殃하나니 횡리기앙
如斯罪人은 여사죄인	永不見佛하며 영불견불	衆聖之王이 중성지왕
說法敎化라도 설법교화	如斯罪人은 여사죄인	常生難處하야 상생난처
狂聾心亂하야 광롱심란	永不聞法하며 영불문법	於無數劫 어무수겁
如恒河沙에 여항하사	生輒聾瘂하야 생첩롱아	諸根不具하며 제근불구
常處地獄을 상처지옥	如遊園觀하며 여유원관	在餘惡道를 재여악도
如己舍宅하며 여기사택	駝驢猪狗 타로저구	是其行處라 시기행처
謗斯經故로 방사경고	獲罪如是니라 획죄여시	若得爲人이라도 약득위인

겁탈이나 도둑질하는 이와 같은 죄에 이유 없이 걸려들어 그 벌을 받게 되느니라.

이와 같은 죄인은 영원히 부처님을 뵙지 못하며, 부처님께서 법을 설하시며 교화하여도 항상 어려운 곳에 태어나, 미치거나 귀가 먹거나 마음이 어지러워 영원히 법을 듣지 못하느니라.

항하의 모래 수같은 수없는 겁 동안에 번번이 귀머거리와 벙어리로 나며 모든 근을 제대로 갖추지 못하며, 지옥에 있으면서도 마치 동산에 노는 것 같이 생각하고, 다른 악도에 있어도 자기 집에 있는 것 같이 생각하며 낙타나 당나귀나 돼지나 개, 이런 것들이 그가 가는 곳이니 이 경을 비방한 까닭으로 받는 벌이 이와 같느니라.

聾盲瘖瘂하고 농 맹 음 아	貧窮諸衰로 빈 궁 제 쇠	以自莊嚴하며 이 자 장 엄
水腫乾痟와 수 종 건 소	疥癩癰疽인 개 라 옹 저	如是等病으로 여 시 등 병
以爲衣服하며 이 위 의 복	身常臭處하야 신 상 취 처	垢穢不淨하며 구 예 부 정
深著我見하야 심 착 아 견	增益瞋恚하며 증 익 진 에	淫欲熾盛하야 음 욕 치 성
不擇禽獸하나니 불 택 금 수	謗斯經故로 방 사 경 고	獲罪如是니라 획 죄 여 시
告舍利弗하사대 고 사 리 불	謗斯經者는 방 사 경 자	若說其罪인댄 약 설 기 죄
窮劫不盡이라 궁 겁 부 진	以是因緣으로 이 시 인 연	我故語汝하노니 아 고 어 여
無智人中에 무 지 인 중	莫說此經이니라 막 설 차 경	若有利根이요 약 유 이 근

만약 사람으로 태어나도 귀머거리, 장님, 벙어리가 되며 가난하고 여러 가지 못난 꼴로 스스로를 꾸미고 치장하며, 물 종기와 조갈증과 옴과 문둥병과 등창과 종기 등 이와 같은 병으로 의복을 삼으며, 몸에서는 항상 냄새가 나고 더럽고 깨끗하지 못하며 아견에 깊이 빠져 성내고 원망하는 일이 더욱 많아지며, 음탕한 마음이 불길같이 왕성하여 금수도 가리지 않느니라. 이 경을 비방한 까닭으로 받는 벌이 이와 같느니라.

사리불에게 말하노니, 이 경을 비방한 자의 그 벌을 말한다면 겁이 다하도록 하여도 다하지 못하느니라. 이러한 인연으로 내가 짐짓 너에게 말하노니, 지혜가 없는 사람들 가운데서는 이 경을 설하지 말지니라.

만약 근기가 예리하고

智慧明了하야 지 혜 명 료	多聞强識으로 다 문 강 식	求佛道者라사 구 불 도 자
如是之人에 여 시 지 인	乃可爲說이며 내 가 위 설	若人曾見 약 인 증 견
億百千佛하고 억 백 천 불	植諸善本하야 식 제 선 본	深心堅固어든 심 심 견 고
如是之人에 여 시 지 인	乃可爲說이며 내 가 위 설	若人精進하야 약 인 정 진
常修慈心호대 상 수 자 심	不惜身命커든 불 석 신 명	乃可爲說이며 내 가 위 설
若人恭敬호대 약 인 공 경	無有異心하며 무 유 이 심	離諸凡愚하고 이 제 범 우
獨處山澤커든 독 처 산 택	如是之人에 여 시 지 인	乃可爲說이니라 내 가 위 설
又舍利弗아 우 사 리 불	若見有人이 약 견 유 인	捨惡知識하고 사 악 지 식

지혜가 밝고 많이 들어서 잘 알며 불도를 구하는 사람 있으면, 이러한 사람에게는 설하여 줄 것이니라.

만약 일찍이 억백천 부처님을 뵈옵고 여러 가지 선의 근본을 심었으며, 마음이 깊고 굳고 단단한 이런 사람에게는 설하여 줄 것이며,

정진하여 항상 자비심을 닦으며 몸과 목숨을 아끼지 아니하면 설하여 줄 것이며,

이 경을 공경하며 다른 마음이 없고 범부들의 어리석음을 떠나 홀로 산이나 못 같은 곳에 지내면 이와 같은 사람에게는 설하여 주어라.

또 사리불아!

만약 어떤 사람이 나쁜 지식을 버리고

親近善友어든 친 근 선 우	如是之人에 여 시 지 인	乃可爲說이며 내 가 위 설
若見佛子 약 견 불 자	持戒淸潔호대 지 계 청 결	如淨明珠하고 여 정 명 주
求大乘經커든 구 대 승 경	如是之人에 여 시 지 인	乃可爲說이며 내 가 위 설
若人無瞋하야 약 인 무 진	質直柔軟하며 질 직 유 연	常愍一切하고 상 민 일 체
恭敬諸佛커든 공 경 제 불	如是之人에 여 시 지 인	乃可爲說이며 내 가 위 설
復有佛子 부 유 불 자	於大衆中에 어 대 중 중	以淸淨心으로 이 청 정 심
種種因緣과 종 종 인 연	譬喩言辭로 비 유 언 사	說法無礙커든 설 법 무 애
如是之人에 여 시 지 인	乃可爲說이며 내 가 위 설	若有比丘 약 유 비 구

착한 벗을 가까이 하는 것을 보면 이와 같은 사람에게는 가히 설하여 줄 것이며,

불자가 계를 맑고 깨끗하게 지니기를 마치 맑고 밝은 구슬과 같이 하며 대승경전을 구하면 이러한 사람에게는 설하여 줄 것이며,

어떤 사람이 성냄이 없고 바탕이 곧고 부드러우며, 항상 일체를 불쌍히 여기며 부처님들을 공경하면 이러한 사람에게는 설하여 줄 것이며,

또 불자가 대중 가운데서
청정한 마음으로 가지가지 인연과 비유와 이야기로 설법을 하며 걸림이 없으면 이와 같은 사람에게는 설하여 줄 것이며,

만약 비구가

爲一切智하야 위 일 체 지	四方求法하야 사 방 구 법	合掌頂受하며 합 장 정 수
但樂受持 단 락 수 지	大乘經典하고 대 승 경 전	乃至不受 내 지 불 수
餘經一偈어든 여 경 일 게	如是之人에 여 시 지 인	乃可爲說이며 내 가 위 설
如人至心으로 여 인 지 심	求佛舍利하며 구 불 사 리	如是求經하야 여 시 구 경
得已頂受하며 득 이 정 수	其人不復 기 인 불 부	志求餘經하고 지 구 여 경
亦未曾念 역 미 증 념	外道典籍커든 외 도 전 적	如是之人에 여 시 지 인
乃可爲說이니라 내 가 위 설	告舍利弗하노니 고 사 리 불	我說是相인 아 설 시 상
求佛道者도 구 불 도 자	窮劫不盡이라 궁 겁 부 진	如是等人은 여 시 등 인

부처님의 지혜를 위해 사방으로 법을 구하며 합장하고 받들어 가지되, 단지 대승경전만을 즐겁게 받아 지니며 다른 경은 한 게송이라도 받아들이지 아니하면 이런 사람에게는 설하여 줄 것이며,

어떤 사람이 지극한 마음으로 부처님의 사리를 구하듯이 이와 같은 경을 구하고 얻어서 받들어 잘 가지며, 다시는 다른 경전 구할 뜻이 없으며 또 외도의 서적을 생각지도 아니하면 이와 같은 사람에게는 설하여 주어라.

사리불에게 이르노니,
내가 이와 같은 모양으로 불도를 구하는 사람들을 말하려면 겁이 다 하여도 다하지 못하리니,
이와 같은 사람들은

則能信解하리니　汝當爲說　妙法華經이니라
즉 능 신 해　여 당 위 설　묘 법 화 경

第 三 譬喩品 終
제 삼 비유품 종

곧 믿고 이해할 수 있으니 너는 마땅히 그들을 위하여 이『법화경』을 설하여 주어라.

제 삼 비유품 끝

第四 信解品
제 사 신 해 품

爾時에 慧命須菩提와 摩訶迦旃延과 摩訶迦葉과 摩訶
이시 혜명수보리 마하가전연 마하가섭 마하

目犍連이 從佛所聞 未曾有法과 世尊이 授 舍利弗의
목건련 종불소문 미증유법 세존 수 사리불

阿耨多羅三藐三菩提記하사옵고 發 希有心하야 歡喜踊
아녹다라삼먁삼보리기 발 희유심 환희용

躍하며 卽從座起하야 整衣服하며 偏袒右肩하고 右膝著
약 즉종좌기 정의복 편단우견 우슬착

地하며 一心合掌하고 曲躬恭敬하며 瞻仰尊顔하와 而白佛
지 일심합장 곡궁공경 첨앙존안 이백불

言하오대 我等이 居僧之首하야 年幷朽邁하며 自謂已得
언 아등 거승지수 연병후매 자위이득

제 사 신해품

이때 혜명수보리와 마하가전연과 마하가섭과 마하목건련이 부처님으로부터 미증유한 법문과 사리불에게 아녹다라삼먁삼보리의 수기 주시는 것을 듣고 비길 데 없는 마음으로 뛸 듯이 기뻐하며,

자리에서 일어나 의복을 단정히 하고 오른쪽 어깨를 드러내고 오른쪽 무릎을 땅에 대고 일심으로 합장한 채 허리를 굽혀 공경하며 부처님의 존안을 우러러보며 여쭈었다.

"저희들은 승단의 지도자로 있으면서,

늙고 쇠약해져 '이미 열반을 얻었으니 더 이상 할 일이 없다' 고

涅槃이라하야 無所堪任하고 不復進求 阿耨多羅三藐三
열반 무소감임 불부진구 아뇩다라삼먁삼

菩提러이다 世尊이 往昔에 說法旣久일새 我時在座호대 身
보리 세존 왕석 설법기구 아시재좌 신

體疲懈하야 但念空 無相 無作하고 於菩薩法인 遊戲神
체피해 단념공 무상 무작 어보살법 유희신

通과 淨佛國土와 成就衆生에는 心不喜樂호이다 所以者何오
통 정불국토 성취중생 심불희락 소이자하

世尊이 令我等으로 出於三界하사 得涅槃證이라하며 又今
세존 영아등 출어삼계 득열반증 우금

我等이 年已朽邁일새 於佛敎化菩薩이신 阿耨多羅三藐
아등 연이후매 어불교화보살 아뇩다라삼먁

三菩提에는 不生一念好樂之心호이다
삼보리 불생일념호락지심

생각하고 다시 나아가 아뇩다라삼먁삼보리를 구하려고 노력하지 않았습니다.

세존께서 옛적에 법을 설하실 때 저희도 그 자리에 있었는데 몸이 피곤하고 게을러서 단지 공하고 모양이 없고 지을 것이 없다는 것만 생각하였지 보살의 법인 신통에 즐거워하는 것과 부처님 국토를 깨끗이 하는 것과 중생을 성취시키는 것에는 기뻐하거나 즐거운 마음이 없었습니다. 왜냐하면 세존께서 저희들로 하여금 삼계에서 벗어나 열반의 깨달음을 얻게 하였기 때문입니다. 또 저희들이 늙고 쇠약해져서 부처님께서 보살을 교화하시는 아뇩다라삼먁삼보리에 대하여는 한 생각도 좋아하거나 기뻐하는 마음을 내지 않았기 때문입니다.

我等이 今於佛前에 聞授聲聞 阿耨多羅三藐三菩提記
아등 금어불전 문수성문 아뇩다라삼먁삼보리기

하사옵고 心甚歡喜하야 得未曾有호이다 不謂於今에 忽然得
심심환희 득미증유 불위어금 홀연득

聞希有之法하옵고 深自慶幸하야 獲大善利하며 無量珍
문희유지법 심자경행 획대선리 무량진

寶를 不求自得호이다
보 불구자득

世尊이시여 我等이 今者에 樂說譬喩하야 以明斯義호리다
세존 아등 금자 요설비유 이명사의

譬若有人이 年旣幼稚에 捨父逃逝하야 久住他國호대 或
비약유인 연기유치 사부도서 구주타국 혹

十二十으로 至五十歲러니 年旣長大하야는 加復窮困하야
십이십 지오십세 연기장대 가부궁곤

저희들은 지금 부처님 앞에서 성문들에게 아뇩다라삼먁삼보리의 수기 주시는 것을 듣고 마음이 매우 기쁜데 이제까지 없었던 일입니다. 생각지도 못하였는데 지금 뜻밖에 희유(불가사의한, 드문, 진귀한, 비길 데 없는)한 법을 듣고 크고 좋은 이익을 얻으니, 매우 기쁘고 다행스러우며 헤아릴 수 없는 보배를 구하지 않았는데 저절로 얻은 것과 같습니다.

세존이시여! 저희들이 지금 비유를 들어 이 뜻을 분명하게 말씀드리겠습니다. 비유하자면 어떤 사람이 나이가 어릴 때 아버지를 두고 도망을 쳐 다른 나라에 가서 10년, 20년 내지 50년이나 살았습니다. 나이가 들어서는 더욱 가난하고 곤란하여 사방으로 먹을 것과 입을 것을

馳騁四方하야 以求衣食할새 漸漸遊行하야 遇向本國이러이다
치빙사방 이구의식 점점유행 우향본국

其父先來에 求子不得하고 中止一城이러니 其家大富라
기부선래 구자부득 중지일성 기가대부

財寶無量하며 金銀瑠璃 珊瑚琥珀 頗梨珠等이 其諸倉
재보무량 금은유리 산호호박 파리주등 기제창

庫에 悉皆盈溢하며 多有僮僕과 臣佐吏民하며 象馬車乘과
고 실개영일 다유동복 신좌리민 상마거승

牛羊이 無數하며 出入息利 乃遍他國하고 商估賈客도
우양 무수 출입식리 내변타국 상고고객

亦甚衆多러니 時에 貧窮子 遊諸聚落하며 經歷國邑하야
역심중다 시 빈궁자 유제취락 경력국읍

遂到其父 所止之城이러이다 父每念子호대 與子離別이
수도기부 소지지성 부매념자 여자이별

찾아 이리저리 다니다가 우연히 본국을 향하게 되었습니다. 그의 아버지는 그곳에 먼저 와서 아들을 찾다가 찾지 못하자 머물러 살았습니다. 그의 집은 큰 부자라 재물과 보배가 한량없어 금, 은, 유리, 산호, 호박, 수정, 진주 등이 창고마다 모두 가득하여 넘쳤으며, 남 · 여 종들과 신하와 보좌하는 사람과 아전과 백성들이 많았으며, 코끼리와 말, 수레와 소, 양 들이 무수히 많았으며, 들이고 냄에 따라 생기는 이익이 다른 나라에게까지 미치어 장사하는 사람들과 손님들이 무척 많았습니다. 그때 빈궁한 아들은 여러 마을과 나라를 다니다가 마침내 자기의 아버지가 살고 있는 성에 이르게 되었습니다. 아버지는 아들과 헤어진 50여 년 동안 항상 아들을 생각하

五十餘年이로다 而未曾向人하야 說如此事하고 但自思
오십여년 이미증향인 설여차사 단자사

惟에 心懷悔恨하며 自念老朽하고 多有財物하야 金銀珍寶
유 심회회한 자념노후 다유재물 금은진보

倉庫盈溢이나 無有子息하니 一旦終沒이면 財物散失이라
창고영일 무유자식 일단종몰 재물산실

無所委付라하야 是以慇懃히 每憶其子하며 復作是念호대
무소위부 시이은근 매억기자 부작시념

我若得子하야 委付財物하면 坦然快樂하야 無復憂慮라하더이다
아약득자 위부재물 탄연쾌락 무부우려

世尊이시여 爾時窮子 傭賃展轉하며 遇到父舍하야 住立
세존 이시궁자 용임전전 우도부사 주립

門側이다가 遙見其父호니 踞師子床에 寶机承足하고 諸婆
문측 요견기부 거사자상 보궤승족 제바

고 있었지만, 다른 사람에게는 한 번도 이런 말을 하지 않고 혼자서만 깊이 생각하며 한탄하길, '늙고 쇠약한데 재물은 많아 금과 은과 진귀한 보배가 창고에 차고 넘치는구나. 자식이 없으니 어느 날 갑자기 죽게 되면 재물이 흩어져 버릴 것인데 맡길 곳이 없구나' 하였습니다.

이리하여 항상 아들을 간절히 생각하며, '만약 아들을 만나 재물을 맡긴다면 마음이 편안해지고 즐거워져 다시는 근심과 걱정이 없으리라' 하였습니다.

세존이시여!

그때 궁한 아들은 품팔이를 하며 이리저리 다니다가 우연히 아버지의 집에 이르렀습니다. 문가에 서서 자기 아버지를 보니 사자좌에 걸터앉아 보배로 된 궤에 발을 올리고

羅門과 刹利居士 皆 恭敬圍繞하며 以眞珠瓔珞의 價値
라문 찰리거사 개 공경위요 이진주영락 가치

千萬으로 莊嚴其身하며 吏民僮僕이 手執白拂하고 侍立
천만 장엄기신 이민동복 수집백불 시립

左右하며 覆以寶帳하고 垂諸華幡하며 香水灑地하고 散衆
좌우 부이보장 수제화번 향수쇄지 산중

名華하며 羅列寶物하야 出內取與하며 有如是等種種嚴
명화 나열보물 출납취여 유여시등종종엄

飾하야 威德이 特尊이라 窮子見父 有大力勢하고 卽懷恐
식 위덕 특존 궁자견부 유대력세 즉회공

怖하야 悔來至此로다 竊作是念호대 此或是王이며 或是王
포 회래지차 절작시념 차혹시왕 혹시왕

等이니 非我傭力 得物之處라 不如往至貧里하야 肆力
등 비아용력 득물지처 불여왕지빈리 사력

있고 바라문과 찰제리와 거사들이 둘러서서 공경하고 있었습니다. 천만 냥이나 가치가 있는 진주와 영락으로 몸을 장엄하였고 아전과 하인들이 흰 불자를 들고 좌우에서 모시고 섰으며, 보배 휘장으로 덮고 여러 가지 꽃으로 된 깃발을 드리웠으며, 땅에 향수를 뿌려 두고 이름난 꽃들을 흩어 놓았습니다. 보물을 늘어놓고 내오고 들이며 주고받는 이와 같은 것들로 가지가지로 치장되어 있어서 위엄과 덕망이 뛰어나게 높아 보였습니다. 빈궁한 아들은 아버지가 큰 세력이 있음을 보고 바로 두려운 생각을 품고 이곳에 온 것을 후회하며 가만히 이런 생각을 하였습니다.

'이 사람은 왕이거나 왕과 같은 사람이리니 내가 품을 팔아 물건을 얻을 곳이 아니겠구나. 가난한 마을에 가서

有地하고 衣食易得이라 若久住此타가 或見逼迫하야 强使
유지 의식이득 약구주차 혹견핍박 강사
我作이로다 作是念已하고는 疾走而去러이다 時富長者 於
아작 작시념이 질주이거 시부장자 어
師子座에서 見子便識하고 心大歡喜하야 卽作是念호대 我
사자좌 견자변식 심대환희 즉작시념 아
財物庫藏을 今有所付로다 我常思念此子호대 無由見
재물고장 금유소부 아상사념차자 무유견
之러니 而忽自來하니 甚適我願이로다 我雖年朽나 猶故貪
지 이홀자래 심적아원 아수년후 유고탐
惜이라하고 卽遣傍人하야 急追將還호리라
석 즉견방인 급추장환

爾時使者 疾走往捉한대 窮子驚愕하야 稱怨大喚호대 我
이시사자 질주왕착 궁자경악 칭원대환 아

땅이 있으면 힘닿는 대로 일하고 옷과 밥을 쉽게 얻는 것이 낫겠다. 이곳에 머뭇거리다가는 혹시 강제로 일을 시킬지도 모르겠구나'하며 그는 거기서 재빨리 달아났는데, 이때 장자는 사자좌에 앉아서 아들을 알아보고 매우 기뻐하며 이런 생각을 하였습니다.

'창고에 둔 재물을 이제는 맡길 곳이 있구나. 내가 늘 생각하고 그리워하였는데 만나볼 길이 없더니, 스스로 왔으니 바라던 바대로 되었구나. 내 비록 늙었으나 욕심내고 아꼈던 것은 이러한 까닭이다.'

그래서 곧 곁의 사람을 보내 급히 좇아가 데려오게 하였습니다. 이때 명을 받은 사람이 달려가서 붙잡으니, 빈궁한 아들이 깜짝 놀라며,

不相犯이어늘 何爲見捉이어뇨 使者 執之愈急하야 强牽將
불상범 하위견착 사자 집지유급 강견장

還이어늘 于時窮子 自念無罪호대 而被囚執하니 此必定死
환 우시궁자 자념무죄 이피수집 차필정사

라하고 轉更惶怖하야 悶絶躄地러라 父遙見之하고 而語使
전갱황포 민절벽지 부요견지 이어사

言호대 不須此人이니 勿强將來요 以冷水灑面하야 令得
언 불수차인 물강장래 이냉수쇄면 영득

醒悟하고 莫復與語하라 所以者何오 父知其子의 志意下
성오 막부여어 소이자하 부지기자 지의하

劣하고 自知豪貴는 爲子所難이라하야 審知是子코는 而以
열 자지호귀 위자소난 심지시자 이이

方便으로 不語他人 云是我子라하고 使者 語之호대
방편 불어타인 운시아자 사자 어지

'나는 아무 잘못이 없는데 어찌하여 붙잡느냐?'고 부르짖으니 사자는 더욱 단단히 잡고 억지로 끌고 가려 하므로, 빈궁한 아들은 '아무 죄도 없이 붙잡혔으니 이제 죽게 되는구나'하며 한층 더 놀라고 무서워서 벌벌 떨다가 기절하여 땅에 쓰러졌습니다. 아버지가 멀리서 그것을 보고 '그 사람은 필요 없으니 억지로 데려오지 말고, 얼굴에 찬물을 뿌려 잘 깨어나게 하고 다시는 더 말하지 말아라' 하였습니다. 왜냐하면 아버지는 그 아들의 뜻과 생각이 낮고 졸렬함을 알았으며, 자기가 호화롭고 귀하여서 아들이 어려워하는 줄을 알았기 때문입니다. 분명히 아들인 줄 알았으나 방편으로 다른 사람에게는 '이 사람이 나의 아들입니다' 라고 말하지 않고 사람을

我今放汝하노니 隨意所趣하라 窮子歡喜하야 得未曾有하며
아금방여 수의소취 궁자환희 득미증유

從地而起하야 往至貧里하야 以求衣食이러라
종지이기 왕지빈리 이구의식

爾時長者 將欲誘引其子하야 而設方便할새 密遣二人이
이시장자 장욕유인기자 이설방편 밀견이인

形色이 憔悴한 無威德者호대 汝可詣彼하야 徐語窮子호대
형색 초췌 무위덕자 여가예피 서어궁자

此有作處하니 倍與汝直이라하야 窮子若許어든 將來使
차유작처 배여여치 궁자약허 장래사

作하고 若言欲何所作이어든 便可語之호대 雇汝除糞이요
작 약언욕하소작 변가어지 고여제분

我等二人도 亦共汝作이라하라 時에 二使人이 卽求窮子하야
아등이인 역공여작 시 이사인 즉구궁자

시켜 '너를 놓아줄 테니 네 마음대로 가거라' 하였더니 아들은 기뻐하며 뜻밖이라 여기고 자리에서 일어나 가난한 마을로 가서 옷과 음식을 구하였습니다.

그때 장자는 장차 그 아들을 달래어서 데려오게 하려고 방편을 쓰기를, 비밀리에 형색이 초라하고 위엄과 덕망이 보잘것없는 두 사람을 보내며, 이렇게 일렀습니다.

'너희들이 그곳에 가서 빈궁한 사람에게 여기에 일할 곳이 있는데 삯을 배나 주겠다고 넌지시 말하여 빈궁한 자가 만약 허락을 하면 데리고 와서 일을 시키되, 어떤 일을 시키려 하느냐고 물으면 너를 데리고 가서 거름을 치우게 하고 우리 두 사람도 같이 일한다고 말하여라.'

두 사람이 즉시 빈궁한 사람을 찾아가 만나고서 앞의 일들

既已得之코는 具陳上事한대 爾時窮子 先取其價하고 尋
기 이 득 지 구 진 상 사 이 시 궁 자 선 취 기 가 심

與除糞이러니 其父見子하고 愍而怪之러라 又以他日로 於
여 제 분 기 부 견 자 민 이 괴 지 우 이 타 일 어

窓牖中에 遙見子身이 羸瘦憔悴하고 糞土塵坌이 汚穢
창 유 중 요 견 자 신 이 수 초 췌 분 토 진 분 오 예

不淨코는 卽脫瓔珞細軟上服 嚴飾之具하고 更著麤弊
부 정 즉 탈 영 락 세 연 상 복 엄 식 지 구 갱 착 추 폐

垢膩之衣호대 塵土로 坌身하며 右手에 執持除糞之器하고
구 이 지 의 진 토 분 신 우 수 집 지 제 분 지 기

狀有所畏하야 語諸作人호대 汝等은 勤作하야 勿得懈
장 유 소 외 어 제 작 인 여 등 근 작 물 득 해

息하라하고 以方便故로 得近其子코는 後復告言호대 咄男
식 이 방 편 고 득 근 기 자 후 부 고 언 돌 남

을 말하니, 빈궁한 아들은 먼저 품삯을 받고 와서 그들과 함께 거름을 치웠는데, 그 아버지가 아들을 보니 불쌍하기 짝이 없었습니다. 어느 날 창틈 사이로 보니 파리하고 해쓱하며, 거름과 흙과 먼지가 가득하여 더러우므로, 장자는 영락과 얇고 좋은 옷과 치장한 것들을 벗어버리고 떨어지고 더럽고 때가 낀 옷으로 갈아입고, 흙과 먼지를 몸에 바르고, 오른손에 거름 치우는 도구를 쥐고서 조심스런 모습으로 일꾼들에게 '너희들은 게으름을 피우거나 쉬지 말고 부지런히 일하여라' 하였습니다.

방편을 쓴 까닭으로 아들과 가까이 할 수 있게 되자 빈궁한 아들에게 말하였습니다.

'이 가엾은 사람아, 다시는 다른 곳으로 가지 말고 언제나

子야 汝常此作하고 勿復餘去면 當加汝價요 諸有所
자 여 상 차 작 물 부 여 거 당 가 여 가 제 유 소
須에 盆器米麵鹽醋之屬을 莫自疑難하라 亦有老弊使
수 분 기 미 면 염 초 지 속 막 자 의 난 역 유 노 폐 사
人하야 須者면 相給하리니 好自安意하라 我如汝父하니 勿復
인 수 자 상 급 호 자 안 의 아 여 여 부 물 부
憂慮니라 所以者何오 我年은 老大하고 而汝少壯하니 汝
우 려 소 이 자 하 아 년 노 대 이 여 소 장 여
常作時에 無有欺怠瞋恨怨言이니 都不見汝의 有此諸
상 작 시 무 유 기 태 진 한 원 언 도 불 견 여 유 차 제
惡을 如餘作人하며 自今已後로 如所生子라하고 卽時長
악 여 여 작 인 자 금 이 후 여 소 생 자 즉 시 장
者 更與作字하야 名之爲兒러이다
자 갱 여 작 자 명 지 위 아

이곳에서 일하여라. 품삯도 올려줄 것이고, 필요한 물건이 있으면 동이 그릇이나 쌀이나 밀가루나 소금이나 식초 따위를 조금도 어려워하지 말고 말하여라. 나이 많은 일꾼이 있어서 필요한 대로 줄 것이니 편안하게 생각하여라.

나는 너의 아버지와 같으니 다시는 근심이나 걱정을 하지 말아라. 왜냐하면 나는 나이가 많고 늙었는데 너는 젊고 굳세며, 너는 언제나 일을 하면서 속이거나 게으르거나 성내거나 원망하는 말이 없었으며, 도무지 네게서는 다른 일꾼들처럼 나쁜 것들을 보지 못하였으니 이제부터는 내가 낳은 자식같이 대하리라.'

그러면서 장자는 이름도 다시 지어 주며 아들이라고 불렀습니다.

爾時窮子 雖欣此遇나 猶故自謂 客作賤人이라하야 由是
이시궁자 수흔차우 유고자위 객작천인 유시

之故로 於二十年中에 常令除糞터니 過是已後에 心相
지고 어이십년중 상령제분 과시이후 심상

體信하야 入出無難이나 然其所止는 猶在本處러이다
체신 입출무난 연기소지 유재본처

世尊이시여 爾時長者有疾하야 自知將死不久하고 語窮
세존 이시장자유질 자지장사불구 어궁

子言호대 我今에 多有金銀珍寶하야 倉庫盈溢하니 其中多
자언 아금 다유금은진보 창고영일 기중다

少와 所應取與를 汝悉知之하라 我心如是하니 當體此意니라
소 소응취여 여실지지 아심여시 당체차의

所以者何오 今我與汝로 便爲不異니 宜加用心하야 無
소이자하 금아여여 변위불이 의가용심 무

그때 빈궁한 아들은 비록 이런 대우를 받게 된 것이 기쁘긴 하였지만 여전히 품팔이를 하는 천한 사람이라고 여겼기에 20년 동안 항상 거름 치우는 일만 하였습니다. 이렇게 지낸 후에야 마음이 통하고 서로를 믿게 되어 어려움 없이 출입을 하였지만 머무는 곳은 여전히 본래 거처하던 곳이었습니다.

세존이시여! 그때 장자가 병이 나서 오래지 않아 죽게 될 것을 알고 빈궁한 아들에게 '내게는 지금 많은 금과 은과 진귀한 보배가 창고마다 넘치는데, 그 속에 많고 적음과 응당 주고 받아야 할 것을 네가 모두 알아 두어라. 나의 마음이 이러하니 이 뜻을 따라라. 왜냐하면 이제는 너와 내가 다를 바가 없으니 부디 마음을 더 써서

令漏失하라 爾時에 窮子 卽受敎勅하사 領知衆物인 金
령루실 이시 궁자 즉수교칙 영지중물 금

銀珍寶와 及諸庫藏이나 而無希取 一餐之意하고 然其
은진보 급제고장 이무희취 일찬지의 연기

所止는 故在本處하며 下劣之心은 亦未能捨러니 復經少
소지 고재본처 하열지심 역미능사 부경소

時코는 父知子意 漸已通泰하야 成就大志에 自鄙先心하고
시 부지자의 점이통태 성취대지 자비선심

臨欲終時하야 而命其子하야 幷會親族하며 國王大臣과
임욕종시 이명기자 병회친족 국왕대신

刹利居士를 皆悉已集케하고 卽自宣言호대 諸君은 當知하라
찰리거사 개실이집 즉자선언 제군 당지

此是我子니 我之所生이라 於某城中에 捨吾逃走하야 伶
차시아자 아지소생 어모성중 사오도주 영

새거나 잃어버리는 것이 없도록 하여라' 하였습니다. 아들은 분부를 받아들여 재물과 금, 은과 진귀한 보배와 창고에 들어 있는 모든 것을 알고 관리하게 되었으나, 밥 한 끼에 해당하는 물건도 바라거나 가지려는 마음이 없었으며, 머무는 곳도 여전히 본래 거처하던 곳이었는데 용렬한 마음을 버리지 못한 까닭이었습니다. 다시 얼마가 지난 후에 아버지는 아들의 마음이 점점 트이고 커져서 스스로 예전의 낮고 천하게 여겼던 마음을 깨닫는 것을 알았습니다. 그리고 죽을 때가 되자, 아들을 시켜 친족과 국왕과 대신과 찰제리와 거사들을 모이게 하고 모두다 모이자, '여러분들은 마땅히 아십시오. 이 사람은 나의 아들이며 나의 소생입니다. 어느 성에서 나를 두고 도망하

俜辛苦五十餘年이라 其本字는 某요 我名은 某甲이로니
빙 신 고 오 십 여 년 기 본 자 모 아 명 모 갑

昔在本城하야 懷憂推覓하다가 忽於此間에 遇會得之호니
석 재 본 성 회 우 추 멱 홀 어 차 간 우 회 득 지

此實我子요 我實其父라 今我所有인 一切財物은 皆是
차 실 아 자 아 실 기 부 금 아 소 유 일 체 재 물 개 시

子有며 先所出內이 是子所知라호이다 世尊이시여 是時窮子
자 유 선 소 출 납 시 자 소 지 세 존 시 시 궁 자

聞父此言하고 卽大歡喜하야 得未曾有하야 而作是念호대
문 부 차 언 즉 대 환 희 득 미 증 유 이 작 시 념

我本無心有所希求나 今此寶藏이 自然而至라호이다
아 본 무 심 유 소 희 구 금 차 보 장 자 연 이 지

世尊이시여 大富長者는 則是如來시고 我等은 皆似佛子로니
세 존 대 부 장 자 즉 시 여 래 아 등 개 사 불 자

여 50여 년 동안 힘들게 다니며 갖은 고생을 하였습니다. 그의 본래 이름은 아무개이며 나의 이름은 아무개인데, 옛날 본래 살던 성에 있을 적에 걱정을 하며 열심히 찾았는데 뜻밖에도 이곳에서 만나게 되었습니다. 이 사람은 나의 진짜 아들이요, 나는 그의 진짜 아버지입니다. 내가 가진 재산은 모두 이 아들의 것이며 주고 받던 것도 이 아들이 알아서 할 것입니다'라고 하였습니다.

세존이시여! 그때 빈궁한 아들은 아버지의 이런 말씀을 듣고 크게 기뻐하며 이런 생각을 하였습니다.

'나는 본래부터 바라거나 구하는 마음이 없었는데 지금 이 보배 창고가 저절로 다가왔구나.'

세존이시여! 큰 부자인 장자는 바로 여래이시고, 저희

如來常說 我等爲子니다 世尊이시여 我等이 以三苦故로
여래상설 아등위자 세존 아등 이 삼고고

於生死中에 受諸熱惱하야 迷惑無知하야 樂著小法이니다
어생사중 수제열뇌 미혹무지 낙착소법

今日世尊이 令我等으로 思惟蠲除 諸法戲論之糞케하시니
금일세존 영아등 사유견제 제법희론지분

我等이 於中에 勤加精進하야 得至涅槃 一日之價호이다 旣
아등 어중 근가정진 득지열반 일일지가 기

得此已에 心大歡喜하야 自以爲足하고 便自謂言호대 於
득차이 심대환희 자이위족 변자위언 어

佛法中에 勤精進故로 所得이 弘多로이다 然이나 世尊이 先
불법중 근정진고 소득 홍다 연 세존 선

知我等의 心著弊欲하야 樂於小法하시고 便見縱捨하사 不
지아등 심착폐욕 낙어소법 변견종사 불

들은 모두 부처님의 아들과 같으므로 부처님께서 항상 저희들을 아들이라 하시었습니다. 세존이시여! 저희들이 세 가지 괴로움(고고 · 행고 · 괴고)으로 인하여 나고 죽는 가운데서 여러 가지 뜨거운 고통을 받으며 마음이 흐리고 아는 것이 없어서 소승법만을 좋아하였습니다. 오늘 세존께서 저희로 하여금 깊이 생각하여 모든 법의 희롱거리인 거름을 버리도록 하시었으며, 저희들은 그 가운데서 부지런히 정진하여 열반에 이르게 하는 하루 품삯을 얻었는데, 이것을 얻고서 크게 기뻐 스스로 만족하며 '불법 가운데서 부지런히 정진하여 얻은 것이 크고 많다'고 하였습니다. 그러나 세존께서는 저희들의 마음이 변변치 못한 욕망에 빠져 소승법을 좋아하는 것을 아시

爲分別汝等이 當有如來知見 寶藏之分이라하시고 世尊이
위분별여등 당유여래지견 보장지분 세존

以方便力으로 說如來智慧어늘 我等이 從佛하야 得涅槃
이방편력 설여래지혜 아등 종불 득열반

一日之價하고 以爲大得이라하야 於此大乘에 無有志求
일일지가 이위대득 어차대승 무유지구

호이다 我等이 又因如來智慧로 爲諸菩薩하야 開示演說호대
아등 우인여래지혜 위제보살 개시연설

而自於此에 無有志願호니 所以者何오 佛知我等의 心樂
이자어차 무유지원 소이자하 불지아등 심락

小法하시고 以方便力으로 隨我等說이언만은 而我等은 不知
소법 이방편력 수아등설 이아등 부지

眞是佛子로이다
진시불자

고 계셨음에도 그대로 내버려두시고 '너희들도 당연히 여래의 지견인 보배 창고의 몫이 있다'고 말씀하시지 않으셨습니다.

세존께서는 방편의 힘으로 여래의 지혜를 설하시었으나, 저희들은 열반의 하루 품삯을 받고 크게 얻었다고 생각하여 대승을 구하려는 뜻이 없었습니다. 저희들은 또 여래의 지혜를 보살들에게 말하여 주면서도 스스로는 이것에 대하여 원하는 마음이 없었습니다.

왜냐하면 부처님께서 저희들이 소승법을 좋아하는 것을 아시고 방편의 힘으로 저희들에게 알맞게 설하셨는데 저희들은 부처님의 진정한 아들임을 알지 못하였기 때문입니다.

今我等은 方知世尊이 於佛智慧에 無所吝惜호이다 所以
금아등 방지세존 어불지혜 무소린석 소이

者何오 我等이 昔來로 眞是佛子어늘 而但樂小法이로니
자하 아등 석래 진시불자 이단락소법

若我等이 有樂大之心이런들 佛則爲我하사 說大乘法일러이다
약아등 유락대지심 불즉위아 설대승법

於此經中에 唯說一乘이어늘 而昔於菩薩前에 毁呰聲
어차경중 유설일승 이석어보살전 훼자성

聞의 樂小法者나 然이나 佛은 實以大乘으로 敎化니다
문 낙소법자 연 불 실이대승 교화

是故로 我等이 說本無心 有所希求이나 今 法王大寶
시고 아등 설본무심 유소희구 금 법왕대보

自然而至로소니 如佛子의 所應得者를 皆已得之니다
자연이지 여불자 소응득자 개이득지

이제서야 세존께서 불지혜에 대하여 인색하지 않으심을 알게 되었습니다. 왜냐하면 저희들이 예전부터 진정한 부처님의 아들이었지만 소승법만을 좋아하였는데, 만약 저희들에게 대승을 좋아하는 마음이 있었다면 부처님께서 바로 저희들을 위하여 대승법을 설하셨을 것이기 때문입니다. 이 경 가운데서 오직 일승을 설하시고 옛적 보살들 앞에서 성문들이 소승법을 좋아한다고 꾸짖고 나무라셨습니다. 이와 같이 부처님께서는 사실 대승으로서 교화하시었습니다. 이러한 까닭으로 저희들이 본래에는 바라는 마음이 없었는데 지금 법왕의 큰 보배가 저절로 이르렀으니 부처님의 아들로서 당연히 얻어야 할 것을 모두 얻은 것입니다."

爾時에 摩訶迦葉이 欲重宣此義하야 而說偈言하오대
이시 마하가섭 욕중선차의 이설게언

我等今日에 아등금일	聞佛音教하옵고 문불음교	歡喜踊躍하야 환희용약
得未曾有호이다 득미증유	佛說聲聞이 불설성문	當得作佛이라하시니 당득작불
無上寶聚를 무상보취	不求自得이니다 불구자득	譬如童子 비여동자
幼稚無識일새 유치무식	捨父逃逝하야 사부도서	遠到他土하야 원도타토
周流諸國을 주류제국	五十餘年커늘 오십여년	其父憂念하야 기부우념
四方推求러니 사방추구	求之既疲에 구지기피	頓止一城하야 돈지일성
造立舍宅하고 조립사택	五欲自娛할새 오욕자오	其家巨富라 기가거부

그때 마하가섭이 이 뜻을 거듭 게송으로 말씀드렸다.

저희들은 오늘에서야 부처님께서 가르치시는 말씀을 듣고 뛸 듯이 기쁘며 미증유(대단히 진귀한 것)를 얻었습니다.

부처님께서 성문들도 당연히 성불한다 말씀하시니 위없는 보배 더미를 구하지 않았는데 저절로 얻은 것이 되었습니다. 비유하자면 사내아이가 어리고 철이 없어 아버지를 두고 도망하여 멀리 다른 나라로 가서 여러 나라를 떠돌아다닌 지 50여 년, 그 아버지가 걱정하며 사방으로 찾아 나섰다가 찾기에 지쳐서 그만 두고 어떤 성에 머물러서 집을 짓고 오욕을 마음껏 즐기었습니다.

多諸金銀과 다 제 금 은	硨磲瑪瑙와 자 거 마 노	眞珠瑠璃와 진 주 유 리
象馬牛羊과 상 마 우 양	輦輿車乘과 연 여 거 승	田業僮僕하며 전 업 동 복
人民衆多하고 인 민 중 다	出入息利 출 입 식 리	乃遍他國하며 내 변 타 국
商估賈人이 상 고 고 인	無處不有하고 무 처 불 유	千萬億衆이 천 만 억 중
圍繞恭敬하며 위 요 공 경	常爲王者 상 위 왕 자	之所愛念하고 지 소 애 념
群臣豪族이 군 신 호 족	皆共宗重하며 개 공 종 중	以諸緣故로 이 제 연 고
往來者衆이라 왕 래 자 중	豪富如是하야 호 부 여 시	有大力勢나 유 대 력 세
而年朽邁하야 이 년 후 매	益憂念子라 익 우 념 자	夙夜惟念호대 숙 야 유 념

그 집은 큰 부자라 여러 가지 금, 은, 자거, 마노, 진주, 유리와 코끼리, 말, 소, 양과 가마와 수레가 많았으며, 밭일을 하는 하인들과 백성의 무리가 많았으며 들어오고 나감에 따라 생기는 이익이 다른 나라에까지 두루 미치어 상인들이 없는 곳이 없었습니다. 천만억의 사람들이 그를 둘러싸고 공경하였으며 항상 임금의 사랑을 받으며 신하와 호족들이 모두다 같이 받들어 존중하는 이런 인연으로 왕래하는 사람들이 많았습니다.

호화스럽고 부유함이 이와 같아서 큰 세력을 가졌으나 늙고 쇠약해지니 자식을 걱정하는 마음이 더욱 더하여 밤낮으로 생각하기를,

死時將至어늘 癡子捨我 五十餘年하니
사시장지 치자사아 오십여년

庫藏諸物을 當如之何리요 爾時窮子
고장제물 당여지하 이시궁자

求索衣食하야 從邑至邑하며 從國至國호대
구색의식 종읍지읍 종국지국

或有所得하며 或無所得이라 飢餓羸瘦하야
혹유소득 혹무소득 기아이수

體生瘡癬하며 漸次經歷하야 到父住城하야는
체생창선 점차경력 도부주성

傭賃展轉하야 遂至父舍러라 爾時長者
용임전전 수지부사 이시장자

於其門內에 施大寶帳하고 處師子座하야
어기문내 시대보장 처사자좌

眷屬圍遶하고 諸人侍衛하며 或有計算
권속위요 제인시위 혹유계산

'죽을 때가 다 되었는데 어리석은 아들이 나를 떠난 지 50여 년, 창고마다 가득한 재물들을 마땅히 어찌할 것인가?' 하였습니다.

그때 빈궁한 아들은 입을 옷과 먹을 것을 찾아서 이 마을에서 저 마을로, 이 나라에서 저 나라로 다녔습니다. 때론 얻는 것이 있기도 하고, 때로는 얻는 것이 없기도 하여 굶주리고 야위었으며, 몸에는 부스럼과 버짐이 생겼는데 차츰차츰 돌아다니다 아버지가 살고 있는 성에 다다라서도 품팔이로 전전하다가 마침내 아버지의 집에 이르게 되었습니다. 그때 장자는 그 집의 문안에서 큰 보배 휘장을 치고 사자좌에 앉아 있었는데, 권속들이 둘러서 있었고 여러 사람이 모시고 호위하였으며,

金銀寶物하고 出內財産을 注記券疏러라
금은보물 출납재산 주기권소

窮子見父의 豪貴尊嚴하고 謂是國王이거나
궁자견부 호귀존엄 위시국왕

若是王等이라하야 驚怖自怪호대 何故至此어뇨
약시왕등 경포자괴 하고지차

覆自念言호대 我若久住면 或見逼迫커나
부자념언 아약구주 혹견핍박

强驅使作이리라 思惟是已코는 馳走而去하야
강구사작 사유시이 치주이거

借問貧里하야 欲往傭作터니 長者是時에
차문빈리 욕왕용작 장자시시

在師子座타가 遙見其子코는 默而識之하고
재사자좌 요견기자 묵이식지

卽勅使者하야 追捉將來러니 窮子驚喚하야
즉칙사자 추착장래 궁자경환

어떤 이는 금과 은과 보물을 계산하고 재산의 출납을 문서에 자세히 기록하고 있었습니다.

빈궁한 아들이 아버지를 보니 호화스럽고 귀해 보이며 높고 엄숙해 보여, 이 사람은 국왕이거나 왕족일 것이라 생각하고 놀랍고 두려워 혼자서 괴이하게 여기며 '어찌하여 이곳에 이르렀는가?' 하며, 혼자 생각으로 '내가 만약 오래 머물다가는 혹시 보고 못살게 굴며 강제로 일을 시킬 것이다'라는 이런 생각을 하고서 재빨리 달아나며 가난한 마을을 물어 품팔이를 하려고 하였습니다. 장자는 그때 사자좌에 앉아 있으면서 그 아들을 말없이 알아보고 바로 사람을 시켜 쫓아가서 붙들어 오게 하니, 빈궁한 아들이 놀라서 부르짖으며 마음이 흐리고 근심하다가,

迷悶躄地하며 미 민 벽 지	是人執我는 시 인 집 아	必當見殺이라 필 당 견 살
何用衣食하야 하 용 의 식	使我至此어뇨 사 아 지 차	長者知子의 장 자 지 자
愚癡狹劣하야 우 치 협 열	不信我言하며 불 신 아 언	不信是父하고 불 신 시 부
卽以方便으로 즉 이 방 편	更遣餘人을 갱 견 여 인	眇目矬陋인 묘 목 좌 누
無威德者호대 무 위 덕 자	汝可語之 여 가 어 지	云當相雇니 운 당 상 고
除諸糞穢하면 제 제 분 예	倍與汝價호리라 배 여 여 가	窮子聞之하고 궁 자 문 지
歡喜隨來하야 환 희 수 래	爲除糞穢하며 위 제 분 예	淨諸房舍러라 정 제 방 사
長者於牖에 장 자 어 유	常見其子하고 상 견 기 자	念子愚劣로 염 자 우 열

땅에 쓰러지며 '이 사람이 나를 붙잡으니 이제는 죽게 되었구나. 어찌하여 옷과 밥이 나를 이곳으로 오게 하였는가?' 하였습니다.

장자는 아들이 어리석고 생각이 좁고 못나서 나의 말을 믿지 아니하고 아버지라는 것도 믿지 않으리라 생각하고, 방편으로 애꾸눈이며 난쟁이이고 추하여 위엄과 덕망이 없는 사람을 보내며 가서 말하길 '같이 품팔이를 하는데 거름과 더러운 것을 치우면 품삯을 배로 주겠다' 고 말하라 하였습니다.

빈궁한 아들이 이 말을 듣고 기뻐하며 따라와서 거름과 더러운 것을 치우며 모든 방과 집을 깨끗이 하였는데, 장자가 창문으로 아들을 보니 아들의 생각이 어리석고 못나서

樂爲鄙事코는 낙 위 비 사	於是長者 어 시 장 자	著弊垢衣하며 착 폐 구 의
執除糞器하고 집 제 분 기	往到子所할새 왕 도 자 소	方便附近하야 방 편 부 근
語令勤作케하고 어 령 근 작	旣益汝價와 기 익 여 가	幷塗足油하며 병 도 족 유
飮食充足하고 음 식 충 족	薦席厚煖하며 천 석 후 난	如是苦言호대 여 시 고 언
汝當勤作하라 여 당 근 작	又以軟語호대 우 이 연 어	若如我子호라 약 여 아 자
長者有智하야 장 자 유 지	漸令入出을 점 령 입 출	經二十年토록 경 이 십 년
執作家事하며 집 작 가 사	示其金銀과 시 기 금 은	眞珠頗梨인 진 주 파 리
諸物出入하야 제 물 출 입	皆使令知호대 개 사 령 지	猶處門外하야 유 처 문 외

천한 일하기를 좋아하는 지라, 이에 장자는 떨어지고 때가 묻은 옷을 입고 거름 치우는 도구를 잡고 아들이 있는 곳으로 가서 방편으로 가까이 하여 부지런히 일하라는 말을 하며 품삯을 더 주겠으며, 아울러 발에 바르는 기름과 음식도 흡족하게 주겠으며, 까는 자리도 두텁고 따뜻하게 해 주겠노라고 하였습니다. 이와 같이 간절하게 말하며 부지런히 일을 하라 하며 또 부드러운 말로 나의 아들과 같다 하였습니다. 장자는 지혜가 있어서 차츰차츰 출입을 하게 하며 20여 년이 지나도록 집안 일을 맡아서 보게 하고, 금과 은과 진주와 수정 등 모든 재물이 들어오고 나가는 것을 보여주며, 모두 알게 하였습니다마는 여전히 문밖에 있는,

止宿草庵하고 지 숙 초 암	自念貧事하야 자 념 빈 사	我無此物이러니 아 무 차 물
父知子心이 부 지 자 심	漸已廣大하고 점 이 광 대	欲與財物하야 욕 여 재 물
卽聚親族과 즉 취 친 족	國王大臣과 국 왕 대 신	刹利居士하고 찰 리 거 사
於此大衆에 어 차 대 중	說是我子로서 설 시 아 자	捨我他行을 사 아 타 행
經五十歲러니 경 오 십 세	自見子來로 자 견 자 래	已二十年이라 이 이 십 년
昔於某城에 석 어 모 성	而失是子하고 이 실 시 자	周行求索타가 주 행 구 색
遂來至此호니 수 래 지 차	凡我所有인 범 아 소 유	舍宅人民을 사 택 인 민
悉以付之하야 실 이 부 지	恣其所用케호리라 자 기 소 용	子念昔貧하야 자 념 석 빈

풀로 엮은 집에서 잠을 자며, 스스로 가난하였던 일을 생각하며 나에게는 이런 물건이 없다고 하였습니다. 아버지는 아들의 마음이 차츰 넓어지고 커졌음을 알고 재물을 주고 싶어서 바로 친족과 국왕과 대신과 찰제리와 거사들을 모아 놓고 이 대중들에게, '이 사람이 바로 나의 아들이고 나를 버리고 다른 곳으로 다니다 50년이 지났고, 아들이 스스로 찾아와 만난 지가 20년이 되었습니다. 옛날 어떤 성에서 이 아들을 잃어버리고 두루 찾아다니다가 결국에는 여기까지 온 것입니다. 이제 내가 가지고 있는 집과 사람들을 모두다 맡기고 쓰는 것을 마음대로 하게 할 것입니다' 고 하였습니다.

아들은 옛적부터 가난하다고 생각하고 뜻과 생각

志意下劣터니 지 의 하 열	今於父所에 금 어 부 소	大獲珍寶와 대 획 진 보
幷及舍宅과 병 급 사 택	一切財物하고 일 체 재 물	甚大歡喜하야 심 대 환 희
得未曾有러라 득 미 증 유	佛亦如是하야 불 역 여 시	知我樂小하사 지 아 낙 소
未曾說言 미 증 설 언	汝等作佛하시고 여 등 작 불	而說我等이 이 설 아 등
得諸無漏라하사 득 제 무 루	成就小乘인 성 취 소 승	聲聞弟子호이다 성 문 제 자
佛勅我等하사 불 칙 아 등	說最上道하사대 설 최 상 도	修習此者는 수 습 차 자
當得成佛이라하야시늘 당 득 성 불	我承佛教하고 아 승 불 교	爲大菩薩하야 위 대 보 살
以諸因緣과 이 제 인 연	種種譬喩와 종 종 비 유	若干言辭로 약 간 언 사

이 낮고 못났었는데, 아버지가 계신 곳에서 뜻밖에 진귀한 보배와 사는 집과 재물들을 크게 얻고 매우 기뻐하였습니다.

부처님께서도 역시 이와 같으셔서 저희들이 작은 것을 좋아하는 것을 아시고서 너희들도 성불하리라는 말씀을 하시지 않으시고, 저희들에게 번뇌가 하나도 없음을 얻었으며 소승을 성취한 성문 제자라 말씀하시었습니다.

부처님께서 저희들에게 가장 높은 가르침을 설하라 분부하시고, 이것을 닦고 익히면 당연히 성불한다 하셨습니다.

저희들은 부처님의 가르침을 받들어 대 보살을 위하여 모든 인연과 가지가지 비유와 약간의 이야기로

說無上道호니 설 무 상 도	諸佛子等이 제 불 자 등	從我聞法하고 종 아 문 법
日夜思惟하야 일 야 사 유	精勤修習이어늘 정 근 수 습	是時諸佛이 시 시 제 불
卽授其記하사대 즉 수 기 기	汝於來世에 여 어 래 세	當得作佛이라하시니 당 득 작 불
一切諸佛의 일 체 제 불	秘藏之法을 비 장 지 법	但爲菩薩하사 단 위 보 살
演其實事하시고 연 기 실 사	而不爲我하야 이 불 위 아	說斯眞要호니 설 사 진 요
如彼窮子 여 피 궁 자	得近其父하야 득 근 기 부	雖知諸物이나 수 지 제 물
心不希取일새 심 불 희 취	我等雖說 아 등 수 설	佛法寶藏하나 불 법 보 장
自無志願도 자 무 지 원	亦復如是니다 역 부 여 시	我等內滅코는 아 등 내 멸

위없는 도를 설하였으며, 모든 불자들이 저희들로부터 법을 듣고 밤낮으로 깊이 생각하며 정성을 다하여 부지런히 닦고 익히니, 그때 부처님들께서 바로 그들에게 수기를 주시며 '너희는 오는 세상에 반드시 성불하리라' 하셨습니다.

일체의 모든 부처님들께서 비밀스레 간직한 법을 보살들만을 위하여 참된 이치를 설하시며, 저희를 위하여서는 그 진실하고 꼭 필요한 것을 설하시지 않으셨습니다. 마치 저 빈궁한 아들이 그 아버지를 가까이 하게 되어 모든 재물을 알게 되었으나, 바라거나 가지려는 마음이 없는 것과 같이 저희들도 부처님 법의 보배 창고를 설하였지만 원하는 뜻이 없었음이 이와 같습니다. 저희들이 안으로 모든 번뇌를 끊고

自謂爲足하야 자 위 위 족	唯了此事하고 유 요 차 사	更無餘事호이다 갱 무 여 사
我等若聞 아 등 약 문	淨佛國土와 정 불 국 토	敎化衆生에는 교 화 중 생
都無欣樂호니 도 무 흔 락	所以者何오 소 이 자 하	一切諸法이 일 체 제 법
皆悉空寂하야 개 실 공 적	無生無滅하며 무 생 무 멸	無大無小하며 무 대 무 소
無漏無爲라하야 무 루 무 위	如是思惟코는 여 시 사 유	不生喜樂이니다 불 생 희 락
我等長夜를 아 등 장 야	於佛智慧에 어 불 지 혜	無貪無著하며 무 탐 무 착
無復志願하고 무 부 지 원	而自於法에 이 자 어 법	謂是究竟이라호이다 위 시 구 경
我等長夜에 아 등 장 야	修習空法하야 수 습 공 법	得脫三界 득 탈 삼 계

스스로 만족하게 여기며 오직 이 일만 깨달아서 다시 다른 일을 생각하지 않았습니다. 저희들은 부처님 국토를 청정하게 하는 것과 중생을 가르쳐 교화하는 것을 들었어도 도무지 기뻐하거나 즐거워한 적이 없었습니다. 왜냐하면 일체 모든 법은 다 비어 있고 고요하며 생도 없고 멸하는 것도 없으며, 크지도 않고 작지도 않으며, 번뇌의 근원도 없고 변천이 없다 하며 이와 같이 생각하고 기쁨과 즐거움을 내지 않았습니다. 저희들이 긴긴 밤에 부처님의 지혜를 탐하거나 집착하지 않고 또 원하는 뜻도 없었으며, 스스로 법에 대하여서 이것이 마침내 도달한 경지라 생각하였습니다. 저희들이 긴 세월 동안 공의 가르침을 닦고 익혀서 삼계의 고통과 근심의 재앙에서 벗어나 최후

苦惱之患하고 고 뇌 지 환	住最後身인 주 최 후 신	有餘涅槃하야 유 여 열 반
佛所教化에 불 소 교 화	得道不虛라 득 도 불 허	則爲已得 즉 위 이 득
報佛之恩이라호니 보 불 지 은	我等雖爲 아 등 수 위	諸佛子等하야 제 불 자 등
說菩薩法하야 설 보 살 법	以求佛道나 이 구 불 도	而於是法에 이 어 시 법
永無願樂호이다 영 무 원 락	導師見捨하사 도 사 견 사	觀我心故로 관 아 심 고
初不勸進 초 불 권 진	說有實利하시니 설 유 실 리	如富長者 여 부 장 자
知子志劣하야 지 자 지 열	以方便力으로 이 방 편 력	柔伏其心하고 유 복 기 심
然後乃付 연 후 내 부	一切財物이라 일 체 재 물	佛亦如是하야 불 역 여 시

의 몸인 유여열반에 머물면서, 부처님의 교화를 받아 헛되지 않은 도를 얻었으니 곧 부처님의 은혜를 갚은 것이라 하였습니다.

저희들이 비록 모든 불자들을 위하여서 보살의 법을 설하여 불도를 구하도록 하였으나 이 법에 대하여는 오래도록 즐기려는 마음이 없었습니다.

부처님께서는 보시고도 버려 두시고 저희들 마음을 살피시어 처음에는 참된 이익이 있다고 설하시며 나아가게 권하지 않으셨습니다.

마치 부자인 장자가 아들의 뜻이 못났음을 알고 방편의 힘으로 그 마음을 부드럽게 만든 후에야 일체의 재물을 부탁하는 것과 같이,

부처님께서도 역시 이와 같으셔서

現希有事하사 현 희 유 사	知樂小者하시고 지 낙 소 자	以方便力으로 이 방 편 력
調伏其心코는 조 복 기 심	乃教大智니다 내 교 대 지	我等今日에사 아 등 금 일
得未曾有호니 득 미 증 유	非先所望을 비 선 소 망	而今自得이라 이 금 자 득
如彼窮子 여 피 궁 자	得無量寶니다 득 무 량 보	世尊我今에 세 존 아 금
得道得果하며 득 도 득 과	於無漏法에 어 무 루 법	得淸淨眼호이다 득 청 정 안
我等長夜에 아 등 장 야	持佛淨戒나 지 불 정 계	始於今日에 시 어 금 일
得其果報호이다 득 기 과 보	法王法中에 법 왕 법 중	久修梵行이다가 구 수 범 행
今得無漏인 금 득 무 루	無上大果호이다 무 상 대 과	我等今者에 아 등 금 자

희유한 일을 나타내시어 소승법을 좋아하는 것을 알고 방편력으로 그 마음을 조복(몸과 마음을 고르게 하여 온갖 악행을 제어함) 시키고서야 큰 지혜를 가르쳐 주셨습니다. 저희들은 오늘 천만뜻밖에 본래 바라지 않았던 것을 지금 저절로 얻었사오니 마치 저 빈궁한 아들이 한량없는 보배를 얻은 것과 같습니다. 세존이시여! 저희는 이제 도를 얻고 과(果)를 얻어 무루법(번뇌가 없이 온전하게 진리를 깨닫는 지혜)에서 청정한 눈을 얻었습니다.

저희들이 오랜 세월 부처님의 깨끗한 계를 지니고서 오늘에야 비로소 그 과보를 얻었으며, 법왕의 법 가운데서 오랫동안 깨끗하게 수행하여 이제 번뇌가 없고 위가 없는 큰 과를 얻었으니 저희들은 이제서야

眞是聲聞이라 以佛道聲으로 令一切聞호이다
진 시 성 문 이 불 도 성 영 일 체 문

我等今者에 眞阿羅漢이라 於諸世間과
아 등 금 자 진 아 라 한 어 제 세 간

天人魔梵인 普於其中에 應受供養이니다
천 인 마 범 보 어 기 중 응 수 공 양

世尊大恩이시여 以希有事로 憐愍教化하야
세 존 대 은 이 희 유 사 연 민 교 화

利益我等하시니 無量億劫에 誰能報者리요
이 익 아 등 무 량 억 겁 수 능 보 자

手足供給하고 頭頂禮敬하며 一切供養이라도
수 족 공 급 두 정 예 경 일 체 공 양

皆不能報하며 若以頂戴하고 兩肩荷負하야
개 불 능 보 약 이 정 대 양 견 하 부

於恒沙劫에 盡心恭敬하며 又以美饍과
어 항 사 겁 진 심 공 경 우 이 미 선

참되고 바른 성문입니다. 불도의 소리를 일체가 듣도록 하겠습니다.

저희들이 이제서야 참다운 아라한이니, 모든 세간의 하늘과 사람과 야차와 마와 범천이 널리 그 가운데에서 하는 공양을 마땅히 받겠습니다.

세존의 큰 은혜는,
참으로 희유한 일로서 저희를 불쌍히 여기시어 교화하시고 이익 되게 하시니 무량억 겁에라도 어찌 갚을 수 있겠습니까?
손과 발을 다 바치고 머리 숙여 예배하고 공경하며 온갖 것을 공양하여도 모두 갚을 수 없습니다.

만약 머리에 이고 양 어깨에 업고서 항하의 모래 수 같은 세월 동안 마음을 다하여 공양하며, 좋은 음

無量寶衣와 무량보의	及諸臥具와 급제와구	種種湯藥이며 종종탕약
牛頭栴檀과 우두전단	及諸珍寶로 급제진보	以起塔廟하고 이기탑묘
寶衣布地하야 보의포지	如斯等事로 여사등사	以用供養을 이용공양
於恒沙劫이라도 어항사겁	亦不能報니다 역불능보	諸佛希有하사 제불희유
無量無邊 무량무변	不可思議이신 불가사의	大神通力과 대신통력
無漏無爲이신 무루무위	諸法之王으로 제법지왕	能爲下劣하사 능위하열
忍于斯事하시고 인우사사	取相凡夫에 취상범부	隨宜爲說이오녀 수의위설
諸佛於法에 제불어법	得最自在하사 득최자재	知諸衆生의 지제중생

식과 한량없는 보배 옷과 또 여러 가지 와구(눕거나 쉴 때 쓰는 물건)와 가지가지 탕약을 공양하며 우두전단(향나무 이름)과 여러 가지 진귀한 보배로 탑묘를 세우고 보배옷을 땅에다 펴는 이와 같은 일들로 공양하기를 항하의 모래 수 같은 세월 동안 하여도 역시 갚을 수가 없나이다.

부처님들께서는 희유하시며 한량없고 가없으며 불가사의한 큰 신통의 힘이며 번뇌가 없고 변천이 없는 모든 법의 왕으로서 생각이 낮고 못난이들을 위하여 이런 일을 참으시고 상을 가지려는 범부들에게 마땅함을 따라 설하셨습니다.

모든 부처님께서는

법에 대하여 가장 자재함을 얻으시어 중생들의 가지

種種欲樂과 及其志力의 隨所堪任하사
종종욕락 급기지력 수소감임

以無量喩로 而爲說法하시며 隨諸衆生의
이무량유 이위설법 수제중생

宿世善根하며 又知成熟 未成熟者하야
숙세선근 우지성숙 미성숙자

種種籌量 分別知已하시고 於一乘道에
종종주량 분별지이 어일승도

隨宜說三이로소이다
수의설삼

第四 信解品 終
제사 신해품 종

妙法蓮華經 卷第二 終
묘법연화경 권제이 종

가지 욕심과 즐거움과 그 뜻과 힘을 아시고 감당하는 정도에 따라서 한량없는 비유로써 설법을 하시며, 중생들이 전생에 지은 선근에 따라 성숙되었거나 성숙되지 못한 자들을 아시며 가지가지로 헤아려 분별하여 아시고서 일승도에 대하여 삼승으로 설하신 것이었습니다.

제 사 신해품 끝

묘법연화경 제 이 권 끝

妙法蓮華經 卷第三
묘법연화경 권 제삼

第五 藥草喩品
제오 약초유품

第六 授記品
제육 수기품

第七 化城喩品
제칠 화성유품

第五 藥草喩品
제 오 약초유품

爾時世尊이 告 摩訶迦葉과 及 諸大弟子하사대 善哉善
이 시 세 존 고 마 하 가 섭 급 제 대 제 자 선 재 선

哉라 迦葉아 善說如來 眞實功德하나니 誠如所言이니라
재 가 섭 선 설 여 래 진 실 공 덕 성 여 소 언

如來復有 無量無邊 阿僧祇功德하나니 汝等은 若於無
여 래 부 유 무 량 무 변 아 승 지 공 덕 여 등 약 어 무

量億劫에 說不能盡이니라 迦葉아 當知하라
량 억 겁 설 불 능 진 가 섭 당 지

如來는 是諸法之王이니 若有所說은 皆不虛也라 於一
여 래 시 제 법 지 왕 약 유 소 설 개 불 허 야 어 일

切法에 以智方便으로 而演說之어든 其所說法이 皆悉到
체 법 이 지 방 편 이 연 설 지 기 소 설 법 개 실 도

제 오 약초유품

그때 세존께서 마하가섭과 여러 큰 제자들에게 말씀하셨다.

"착하고도 착하구나. 가섭아! 여래의 진실한 공덕을 잘 말하였다. 실제로 네가 말한 바와 같으니라.

여래는 한량없고 가없는 아승지 공덕이 있나니 너희들이 한량없는 억 겁 동안 말한다 하더라도 다 하지는 못할 것이니라.

가섭아! 마땅히 알아라. 여래는 모든 법의 왕이니 설하는 것은 모두다 허망하지 않느니라.

일체의 법에 대하여 지혜와 방편으로 설하였으며 그 설한 법은 모두다 일체지지(모든 것을 빠짐없이 다 아는

於一切智地니라 如來觀知 一切諸法之所歸趣하며 亦
어일체지지 여래관지 일체제법지소귀취 역

知一切衆生의 深心所行하야 通達無礙하며 又於諸法에
지일체중생 심심소행 통달무애 우어제법

究盡明了하야 示諸衆生의 一切智慧니라
구진명료 시제중생 일체지혜

迦葉아 譬如三千大千世界의 山川谿谷에 土地所生인
가섭 비여삼천대천세계 산천계곡 토지소생

卉木叢林과 及諸藥草의 種類若干이며 名色이 各異어든
훼목총림 급제약초 종류약간 명색 각이

密雲이 彌布하야 遍覆三千大千世界하야 一時等澍에 其
밀운 미포 변부삼천대천세계 일시등주 기

澤이 普洽커든 卉木叢林과 及諸藥草의 小根小莖에 小
택 보흡 훼목총림 급제약초 소근소경 소

지위)에 이르느니라.

여래는 모든 법이 나아가 귀착되는 곳을 관(觀) 하여 알며, 일체 중생이 마음 깊이 행하는 바를 알고 통달하여 걸림이 없으며, 모든 법에 대하여 남김없이 밝게 알아서 모든 중생에게 온갖 지혜를 보이느니라.

가섭아!

비유하자면 삼천대천세계의 산과 내와 골짜기와 땅에서 나는 풀과 나무와 울창한 숲과 약초들은 그 종류가 여러 가지이고 이름과 모양이 제각기 다르니라.

짙은 구름이 가득히 퍼져 삼천대천세계를 두루 덮고 일시에 골고루 비를 내려 그 비로 두루 적시면, 풀과 나무와 숲과 여러 약초들의 작은 뿌리와 작은 줄기, 작은

枝小葉과 中根中莖에 中枝中葉과 大根大莖에 大枝大
지소엽 중근중경 중지중엽 대근대경 대지대
葉이며 諸樹大小 隨 上中下하야 各有所受어든 一雲所
엽 제수대소 수 상중하 각유소수 일운소
雨에 稱其種性하야 而得生長하며 華菓敷實하나니 雖 一
우 칭기종성 이득생장 화과부실 수 일
地所生이며 一雨所潤이나 而諸草木이 各有差別하나니 迦
지소생 일우소윤 이제초목 각유차별 가
葉아 當知하라
섭 당지

如來도 亦復如是하야 出現於世는 如大雲起요 以大音
여래 역부여시 출현어세 여대운기 이대음
聲으로 普遍世界의 天人阿修羅는 如彼大雲이 遍覆三
성 보변세계 천인아수라 여피대운 변부삼

가지와 작은 잎, 중간 뿌리와 중간 줄기, 중간 가지와 중간 잎, 큰 뿌리와 큰 줄기, 큰 가지와 큰 잎은 나무들의 크고 작음과 상·중·하를 따라서 제각기 받아들이고, 한 구름에서 내리는 비로 그 종류와 성질에 따라서 나고 자라며 꽃이 피고 열매가 열리는데, 비록 한 땅에서 나고 한 비에 젖지만 모든 초목이 제각기 차이가 있는 것과 같으니라.

가섭아! 마땅히 알지니라. 여래도 역시 이와 같아서 세상에 출현하시는 것은 큰 구름이 일어나는 것과 같은 것이며, 큰 음성으로 세계의 하늘과 인간과 아수라들에게 두루 들리게 하는 것은 저 큰 구름이 삼천대천국토를 두루 덮는 것과 같은 것이니라.

千大千國土하나니라 於大衆中에 而唱是言호대 我是如來
천대천국토 어대중중 이창시언 아시여래

應供 正遍知 明行足 善逝 世間解 無上士 調御丈夫 天
응공 정변지 명행족 선서 세간해 무상사 조어장부 천

人師 佛世尊이시라 未度者로 令度하고 未解者로 令解하며
인사 불세존 미도자 영도 미해자 영해

未安者로 令安하고 未涅槃者로 令得涅槃하며 今世後世를
미안자 영안 미열반자 영득열반 금세후세

如實知之로니 我是一切知者며 一切見者며 知道者며 開
여실지지 아시일체지자 일체견자 지도자 개

道者며 說道者라
도자 설도자

汝等天人阿修羅衆은 皆應到此니 爲聽法故니라
여등천인아수라중 개응도차 위청법고

대중 가운데서 이와 같이 말씀하셨느니라.

'나는 바로 여래 · 응공 · 정변지 · 명행족 · 선서 · 세간해 · 무상사 · 조어장부 · 천인사 · 불세존이니라. 제도 받지 못한 이를 제도 받게 하며, 이해하지 못하는 이를 이해하게 하며, 편안하지 못한 이를 편안하게 하며, 열반에 이르지 못한 이를 열반에 이르게 하며, 지금 세상과 오는 세상을 사실대로 아느니라.

나는 곧 일체를 아는 자이며, 일체를 보는 자이며, 도를 아는 자이며, 도를 여는 자이며, 도를 설하는 자이니라. 너희 하늘과 사람과 아수라들은 모두 이곳으로 와야 할 것이니라.

왜냐하면 법을 들어야 하기 때문이니라.'

爾時에 無數千萬億種衆生이 來至佛所하야 而聽法이러니
이 시 무 수 천 만 억 종 중 생 내 지 불 소 이 청 법

如來于時에 觀是衆生의 諸根利鈍과 精進懈怠하사 隨
여 래 우 시 관 시 중 생 제 근 이 둔 정 진 해 태 수

其所堪하야 而爲說法 種種無量하사 皆令歡喜하야 快得
기 소 감 이 위 설 법 종 종 무 량 개 령 환 희 쾌 득

善利어든 是諸衆生이 聞是法已에 現世安隱하고 後生善
선 리 시 제 중 생 문 시 법 이 현 세 안 은 후 생 선

處하며 以道受樂하고 亦得聞法하며 旣聞法已에 離諸障
처 이 도 수 락 역 득 문 법 기 문 법 이 이 제 장

礙하고 於諸法中에 任力所能하야 漸得入道는 如彼大
애 어 제 법 중 임 력 소 능 점 득 입 도 여 피 대

雲이 雨於一切 卉木叢林과 及諸藥草어든 如其種性하야
운 우 어 일 체 훼 목 총 림 급 제 약 초 여 기 종 성

그러자 셀 수 없는 천만억 종류의 중생이 부처님 계신 곳으로 와서 법을 들었는데, 여래는 이때 이 중생들의 근기가 영리한지, 우둔한지, 정진을 잘하는지, 게으른지를 잘 살피셔서 그들이 감당할 수 있는 정도로 법을 설하시되, 가지가지로 한량없이 하여 모두를 기쁘게 하였으며 좋은 이익을 잘 얻게 하였느니라.

이 중생들이 법을 듣고 현세에서는 편안하고, 후세에서는 좋은 곳에 나서 도(道)로써 즐거움을 받고, 역시 법을 듣게 되며 법을 듣고는 모든 장애를 떠나고, 모든 법 가운데서 힘의 능력에 따라 점점 도에 들어가게 되므로, 저 큰 구름이 모든 것에 비를 내리면 풀과 나무와 숲과 모든 약초들이 그 종류와 성질을 따라 흡족하게 머금고

具足蒙潤하야 各得生長하나니라 如來說法은 一相一味니
구족몽윤 각득생장 여래설법 일상일미
所謂解脫相이며 離相滅相이라 究竟至於一切種智하나니
소위해탈상 이상멸상 구경지어일체종지
其有衆生이 聞如來法하고 若持讀誦커나 如說修行하면
기유중생 문여래법 약지독송 여설수행
所得功德은 不自覺知니라 所以者何오 唯有如來 知此
소득공덕 부자각지 소이자하 유유여래 지차
衆生의 種相體性호대 念何事와 思何事와 修何事며 云
중생 종상체성 염하사 사하사 수하사 운
何念과 云何思와 云何修며 以何法念과 以何法思와 以
하념 운하사 운하수 이하법념 이하법사 이
何法修며 以何法得何法이니라 衆生이 住於種種之地를
하법수 이하법득하법 중생 주어종종지지

제각기 나고 자라는 것과 같느니라.

여래의 설법은 한 모습이고 한 맛이니, 이른바 해탈의 모습이며, 여의는 모습이고, 멸하는 모습이므로 결국에는 일체종지에 이르게 하느니라.

중생이 여래의 법을 듣고 받아 지니고 읽고 외우며 설한 대로 수행하면, 그 얻는 공덕을 스스로는 알지 못하고 깨닫지도 못하느니라. 왜냐하면 오직 여래만이 이 중생의 종류와 형상과 본성과 성품과 어떤 일을 염원하고 어떤 일을 생각하는지, 어떤 일을 닦으며 어떻게 염원하는지, 어떻게 생각하며 어떻게 닦는지, 어떤 법으로 염원하고 어떤 법으로 생각하며 어떤 법으로 닦으며, 어떤 법으로 어떤 법 얻는지를 알기 때문이니라. 중생이 머무

唯有如來 如實見之하야 明了無礙호대 如彼卉木叢林과
유유여래 여실견지 명료무애 여피훼목총림

諸藥草等이 而不自知 上中下性이니라
제약초등 이부자지 상중하성

如來知是 一相一味之法하나니 所謂解脫相이며 離相滅
여래지시 일상일미지법 소위해탈상 이상멸

相이며 究竟涅槃인 常寂滅相이라 終歸於空하나니 佛知是
상 구경열반 상적멸상 종귀어공 불지시

已하시고 觀衆生心欲하사 而將護之일새 是故로 不卽爲說
이 관중생심욕 이장호지 시고 부즉위설

一切種智어늘 汝等迦葉이 甚爲希有하사 能知如來 隨宜
일체종지 여등가섭 심위희유 능지여래 수의

說法하야 能信能受하나니 所以者何오 諸佛世尊의 隨宜
설법 능신능수 소이자하 제불세존 수의

는 온갖 처지를 오직 여래만이 실제대로 보고 분명히 알아서 걸림이 없으므로, 마치 저 풀과 나무와 수풀과 모든 약초들이 스스로는 상 · 중 · 하의 성품을 알지 못하는 것과 같느니라. 여래는 이 한 모습과 한 맛의 법을 아느니라. 이른바 해탈의 모습이며, 여의는 모습이며, 멸하는 모습이며, 결국은 열반인 항상 적멸한 모습이며, 마침내는 공(空)으로 돌아가는 것이니라. 부처님께서는 이것을 아시고서 중생의 마음과 욕망을 마음으로 보시고 보호해 주려 하셨느니라. 그러므로 일체종지를 곧바로 설하시지 않으신 것이니라. 가섭아! 너희들은 매우 희유하여 여래의 수의설법을 알고 믿고 받아들이는구나. 왜냐하면 부처님들의 수의설법은 이해하기 어렵고 알기도

說法은 難解難知니라
설법 난해난지

爾時世尊이 欲重宣此義하사 而說偈言하사대
이시세존 욕중선차의 이설게언

破有法王이 파유법왕	出現世間하야 출현세간	隨衆生欲하야 수중생욕
種種說法하나니라 종종설법	如來尊重하며 여래존중	智慧深遠하야 지혜심원
久默斯要하고 구묵사요	不務速說하나니 불무속설	有智若聞하면 유지약문
則能信解하고 즉능신해	無智疑悔하야 무지의회	則爲永失이라 즉위영실
是故迦葉아 시고가섭	隨力爲說하야 수력위설	以種種緣으로 이종종연
令得正見케하나니 영득정견	迦葉當知하라 가섭당지	譬如大雲이 비여대운

어렵기 때문이니라."

세존께서 이 뜻을 거듭 펴시려고 게송으로 말씀하셨다.

유(有)를 파한 법왕께서 세상에 나오시어 중생들의 욕망에 따라 가지가지로 법을 설하시느니라.

여래께서는 높고 귀하시며 지혜가 깊고 멀어 그 요긴한 것에 대하여 오래도록 침묵하며 빨리 설하려고 힘쓰지 않으시니라. 왜냐하면 지혜 있는 자가 들으면 곧 믿고 이해할 수 있으나, 지혜 없는 자는 의심하여 영원히 잃는 것이 되기 때문이니라. 그러므로 힘에 따라 설하며 가지가지 인연으로 바른 견해를 얻게 하느니라. 가섭아! 마땅히 알아라.

비유하자면 큰 구름이

起於世間하야	遍覆一切어든	慧雲含潤하고
기 어 세 간	변 부 일 체	혜 운 함 윤
電光晃曜하며	雷聲遠震하야	令衆悅豫하며
전 광 황 요	뇌 성 원 진	영 중 열 예
日光掩蔽하고	地上清涼하며	靉靆垂布호대
일 광 엄 폐	지 상 청 량	애 체 수 포
如可承攬하며	其雨普等하야	四方俱下하며
여 가 승 람	기 우 보 등	사 방 구 하
流澍無量하야	率土充洽할새	山川險谷에
유 주 무 량	솔 토 충 흡	산 천 험 곡
幽邃所生인	卉木藥草와	大小諸樹와
유 수 소 생	훼 목 약 초	대 소 제 수
百穀苗稼와	甘蔗蒲萄	雨之所潤에
백 곡 묘 가	감 자 포 도	우 지 소 윤
無不豊足하며	乾地普洽하야	藥木幷茂하며
무 불 풍 족	건 지 보 흡	약 목 병 무

세상에 일어나 일체를 덮는 것과 같으니라.

지혜의 구름이 물기를 머금으면 번개 빛이 환하게 빛나고 천둥 소리가 멀리까지 진동하여 중생으로 하여금 기쁘게 하느니라.

햇빛을 막아 가리니 땅 위가 시원해지고 뭉게구름이 자욱히 퍼져 손에 잡힐 듯하다가 비가 두루두루 사방에 골고루 내리는데 한량없이 흘러내려 온 땅을 충분히 적시면, 산과 내와 험한 골짜기와 깊숙하고 그윽한 곳에서 나는 풀과 나무와 약초와 크고 작은 나무들과 심어 놓은 백 가지 곡식의 싹과 사탕수수와 포도가 비에 젖어 풍족하지 않음이 없으며 마른 땅도 두루 젖어 약초와 나무들이 다 같이 무성하여 지느니라.

其雲所出 기운소출	一味之水에 일미지수	草木叢林이 초목총림
隨分受潤하며 수분수윤	一切諸樹에 일체제수	上中下等이 상중하등
稱其大小하야 칭기대소	各得生長하며 각득생장	根莖枝葉과 근경지엽
花菓光色하야 화과광색	一雨所及에 일우소급	皆得鮮澤호대 개득선택
如其體相하야 여기체상	性分大小나 성분대소	所潤是一이라 소윤시일
而各滋茂하나니 이각자무	佛亦如是하야 불역여시	出現於世는 출현어세
譬如大雲이 비여대운	普覆一切요 보부일체	旣出于世에 기출우세
爲諸衆生하야 위제중생	分別演說 분별연설	諸法之實하나니 제법지실

그 구름에서 나온 한가지 맛의 물에 초목이나 수풀이 분수에 따라 적셔지면, 일체의 풀과 나무들은 상·중·하와 그 크고 작은 것에 맞추어 제각기 생겨나고 자라나느니라. 뿌리와 줄기와 가지와 잎과 꽃과 열매의 빛과 모양이 한 비의 영향으로 모두다 싱싱하여지고 윤택함을 얻지만, 그 형체와 모습과 성분은 크고 작은 것으로 나뉘는 것과 같이 적셔지기는 하나로 같지만 무성하게 자라기는 각각 다르니라.

부처님께서도 역시 이와 같아서 세상에 출현하시는 것을 비유하자면 큰 구름이 일체를 두루 덮는 것과 같으니라.

이 세상에 나오셔서 중생들을 위하여 모든 법의 실상을 자세히 설하시느니라.

大聖世尊이 대 성 세 존	於諸天人과 어 제 천 인	一切衆中에 일 체 중 중
而宣是言호되 이 선 시 언	我爲如來 아 위 여 래	兩足之尊이라 양 족 지 존
出于世間은 출 우 세 간	猶如大雲이 유 여 대 운	充潤一切어든 충 윤 일 체
枯槁衆生이 고 고 중 생	皆令離苦하고 개 령 이 고	得安隱樂인 득 안 은 락
世間之樂과 세 간 지 락	及涅槃樂이니 급 열 반 락	諸天人衆은 제 천 인 중
一心善聽하며 일 심 선 청	皆應到此하야 개 응 도 차	覲無上尊이니라 근 무 상 존
我爲世尊하야 아 위 세 존	無能及者니 무 능 급 자	安隱衆生호려 안 은 중 생
故現於世하야 고 현 어 세	爲大衆說 위 대 중 설	甘露淨法호니 감 로 정 법

거룩하신 세존께서는 모든 하늘과 사람과 일체 중생에게 이렇게 말씀하시느니라.

'나는 여래요, 양족존이니라.

이 세상에 출현함은 큰 구름이 일체를 충분히 적시는 것과 같아 메마른 중생들로 하여금 모두 괴로움을 떠나 편안함과 세간의 즐거움과 열반의 즐거움을 얻게 하리니,

모든 하늘과 사람들은 일심으로 잘 듣고 모두다 이곳에 와서 무상존인 나를 보아라.

나는 세존이라,

미칠 수 있는 자가 없으며 중생들을 편안하게 하려고 세상에 나왔으며 대중을 위하여 감로의 맑은 법을 설하느니라.'

其法一味 기법일미	解脫涅槃이라 해탈열반	以一妙音으로 이일묘음
演暢斯義하며 연창사의	常爲大乘하야 상위대승	而作因緣호라 이작인연
我觀一切호대 아관일체	普皆平等하야 보개평등	無有彼此 무유피차
愛憎之心하며 애증지심	我無貪著하고 아무탐착	亦無限礙라 역무한애
恒爲一切하야 항위일체	平等說法호대 평등설법	如爲一人하야 여위일인
衆多亦然하며 중다역연	常演說法하고 상연설법	曾無他事하며 증무타사
去來坐立에 거래좌립	終不疲厭하며 종불피염	充足世間호대 충족세간
如雨普潤하야 여우보윤	貴賤上下와 귀천상하	持戒毁戒와 지계훼계

그 법은 한 가지의 맛으로 해탈과 열반이니라.

한 가지의 묘한 소리로 이 뜻을 널리 펴며 항상 대승을 위하여 인연을 짓느니라. 나는 일체를 두루 평등하게 보며 이것과 저것이 없으며 사랑하거나 미워하는 마음이 없느니라. 나는 욕심내어 집착함이 없고 또 막히거나 걸릴 것이 없느니라. 항상 일체를 위하여 평등하게 설법하며 한 사람을 위하는 것과 같이 많은 대중에게도 역시 그렇게 하느니라. 항상 법을 설하였지 다른 일은 하지 않았고, 가고 오고 앉고 일어서는 것을 한 번도 피곤해하거나 싫어한 적이 없었느니라. 세간을 만족하게 하는 것을 비를 내려 두루 젖게 하는 것과 같이 하여서 귀하거나 천하거나, 높거나 낮거나, 계를 지녔거나 계를 무너뜨렸거나,

威儀具足 위의구족	及不具足과 급불구족	正見邪見과 정견사견
利根鈍根에 이근둔근	等雨法雨하야 등우법우	而無懈倦호니 이무해권
一切衆生이 일체중생	聞我法者는 문아법자	隨力所受하야 수력소수
住於諸地호대 주어제지	或處人天의 혹처인천	轉輪聖王과 전륜성왕
釋梵諸王하나니 석범제왕	是小藥草요 시소약초	知無漏法하야 지무루법
能得涅槃하며 능득열반	起六神通하야 기육신통	及得三明하며 급득삼명
獨處山林하야 독처산림	常行禪定하야 상행선정	得緣覺證하나니 득연각증
是中藥草요 시중약초	求世尊處호대 구세존처	我當作佛이라하야 아당작불

위의를 갖추었거나 갖추지 못하였거나, 바른 견해를 가졌거나 바르지 못한 견해를 가졌거나 근기가 뛰어나거나 근기가 둔하거나 골고루 법의 비를 내렸고 싫어하거나 게을리하지 않았느니라.

일체 중생으로서 나의 법을 들은 자는 힘에 따라 받아들이며 여러 지위에 머무르게 되는데, 만약 사람이나 천인이나 전륜성왕이나 제석천이나 범천왕들이 되면 이것은 곧 작은 약초요,

무루법을 알고 열반을 얻어 육신통을 일으키고 삼명까지 얻어서 홀로 산이나 숲 속에서 항상 선정을 닦아 연각의 깨달음을 얻으면 바로 중간 약초며, 부처님의 경지를 구하며,

'나는 마땅히 성불하리라' 하며

行精進定하나니	是上藥草니라	又諸佛子는
행 정 진 정	시 상 약 초	우 제 불 자
專心佛道하야	常行慈悲하며	自知作佛하야
전 심 불 도	상 행 자 비	자 지 작 불
決定無疑하나니	是名小樹요	安住神通하야
결 정 무 의	시 명 소 수	안 주 신 통
轉不退輪하며	度無量億	百千衆生하나니
전 불 퇴 륜	도 무 량 억	백 천 중 생
如是菩薩은	名爲大樹니라	佛平等說은
여 시 보 살	명 위 대 수	불 평 등 설
如一味雨라	隨衆生性하야	所受不同이니
여 일 미 우	수 중 생 성	소 수 부 동
如彼草木의	所稟各異니라	佛以此喩로
여 피 초 목	소 품 각 이	불 이 차 유
方便開示하시며	種種言辭로	演說一法하시니
방 편 개 시	종 종 언 사	연 설 일 법

부지런히 정진하여 선정을 닦으면 이것은 상품의 약초이니라. 또 불자로서 오로지 불도에만 마음을 두어 항상 자비를 행하며 스스로 부처님 되는 것을 알며 마음을 결정하고 의심이 없으면 이런 이를 작은 나무라 하고, 신통에 편안히 머무르며 물러남이 없는 법륜을 굴리며 한량없는 억백천의 중생을 제도하는 이와 같은 보살은 큰 나무라 이름하느니라.

부처님의 평등한 말씀은 한 가지 맛의 비와 같으니라. 중생이 성품에 따라 받아들이는 것이 같지가 않은 것은 저 초목이 받아들이는 것이 각각 다른 것과 같으니라.

부처님께서는 이런 비유와 방편으로 일러주시며 온갖 말씀으로 한 가지 법을 설하시지만,

於佛智慧에는 어 불 지 혜	如海一渧이니라 여 해 일 제	我雨法雨하야 아 우 법 우
充滿世間호니 충 만 세 간	一味之法에 일 미 지 법	隨力修行이 수 력 수 행
如彼叢林과 여 피 총 림	藥草諸樹 약 초 제 수	隨其大小하야 수 기 대 소
漸增茂好니라 점 증 무 호	諸佛之法은 제 불 지 법	常以一味라 상 이 일 미
令諸世間으로 영 제 세 간	普得具足하며 보 득 구 족	漸次修行하야 점 차 수 행
皆得道果호라 개 득 도 과	聲聞緣覺이 성 문 연 각	處於山林호대 처 어 산 림
住最後身하야 주 최 후 신	聞法得果는 문 법 득 과	是名藥草 시 명 약 초
各得增長이요 각 득 증 장	若諸菩薩이 약 제 보 살	智慧堅固하며 지 혜 견 고

부처님의 지혜에서는 마치 바다의 물 한 방울과 같느니라.

내가 법의 비를 내려 세간을 가득 차게 하니, 한 가지의 맛인 법을, 힘에 따라 닦고 행하는 것이 마치 저 숲의 약초와 나무들이 그 크고 작음에 따라 점점 자라나서 아주 무성하여지는 것과 같느니라.

모든 부처님의 법은 항상 한 맛이며, 모든 세간으로 하여금 두루 갖추어 얻게 하며 점차 수행하여 모두다 깨달음을 얻게 하느니라.

성문이나 연각이 산이나 숲 속에 지내면서 가장 마지막의 몸에 머물러서 법을 듣고 과(果)를 얻으면, 이것은 약초가 제각기 자라나는 것을 말하며,

보살들이 지혜가 굳고 단단하며,

了達三界하야　求最上乘은　是名小樹
요 달 삼 계　구 최 상 승　시 명 소 수

而得增長이요　復有住禪하야　得神通力하며
이 득 증 장　부 유 주 선　득 신 통 력

聞諸法空하고　心大歡喜하며　放無數光하야
문 제 법 공　심 대 환 희　방 무 수 광

度諸衆生하니는　是名大樹　而得增長이니라
도 제 중 생　시 명 대 수　이 득 증 장

如是迦葉아　佛所說法은　譬如大雲이
여 시 가 섭　불 소 설 법　비 여 대 운

以一味雨로　潤於人華하야　各得成實하나니라
이 일 미 우　윤 어 인 화　각 득 성 실

迦葉當知하라　以諸因緣과　種種譬喩로
가 섭 당 지　이 제 인 연　종 종 비 유

開示佛道호니　是我方便이라　諸佛亦然이니라
개 시 불 도　시 아 방 편　제 불 역 연

삼계를 분명히 깨달아서 가장 뛰어난 가르침을 구하면, 이것을 작은 나무가 점점 더 자라나는 것이라 하며, 또 선정에 머무르며 신통력을 얻고 모든 법이 공한 것임을 듣고 마음이 크게 기뻐서 수없는 빛을 놓아 중생들을 제도하면, 이것을 큰 나무가 더욱 자라나는 것이라 하느니라.

이와 같이 가섭아! 부처님께서 설하시는 법을 비유하면, 큰 구름이 한 가지 맛의 비로 사람 꽃을 적시어 각각 열매를 맺게 하는 것과 같느니라.

가섭아! 마땅히 알아라. 여러 가지 인연과 가지가지 비유로써 부처님의 도를 열어 보이지만 이것은 나의 방편이니라.

모든 부처님께서도 역시 그러하시느니라.

今爲汝等하야 說最實事호니 諸聲聞衆은
금위여등 설최실사 제성문중

皆非滅度니라 汝等所行이 是菩薩道니
개비멸도 여등소행 시보살도

漸漸修學하면 悉當成佛하리라
점점수학 실당성불

第五 藥草喩品 終
제오 약초유품 종

지금 너희들을 위하여 가장 참된 사실을 말하는데, 성문 대중들은 모두다 열반이 아니니라.

너희들이 행하여야 할 바는 곧 보살의 도이니라. 점점 닦고 배우면 모두다 마땅히 성불할 것이니라.

제 오 약초유품 끝

第六 授記品
제 육 수기품

爾時世尊이 說是偈已하시고 告諸大衆하사 唱 如是言하사대
이 시 세 존 설 시 게 이 고 제 대 중 창 여 시 언

我此弟子의 摩訶迦葉은 於未來世에 當得奉覲 三百
아 차 제 자 마 하 가 섭 어 미 래 세 당 득 봉 근 삼 백

萬億 諸佛世尊하사 供養恭敬하고 尊重讚歎하며 廣宣諸
만 억 제 불 세 존 공 양 공 경 존 중 찬 탄 광 선 제

佛의 無量大法하고 於最後身에 得成爲佛하리니 名曰 光
불 무 량 대 법 어 최 후 신 득 성 위 불 명 왈 광

明如來 應供 正遍知 明行足 善逝 世間解 無上士 調
명 여 래 응 공 정 변 지 명 행 족 선 서 세 간 해 무 상 사 조

御丈夫 天人師 佛世尊이라 國名은 光德이요
어 장 부 천 인 사 불 세 존 국 명 광 덕

제 육 수기품

그때 세존께서 게송을 다하신 후 대중들에게 이런 말씀을 하셨다.

"나의 제자 마하가섭은
오는 세상에 3백만억 부처님들을 받들어 뵈옵고
공양하고 공경하며 존중하고 찬탄하고
여러 부처님들의 헤아릴 수 없는
큰 법을 널리 펴다가
최후의 몸으로 부처님이 되리라.

명호는 광명여래 · 응공 · 정변지 · 명행족 · 선서 · 세간해 · 무상사 · 조어장부 · 천인사 · 불세존이며

나라의 이름은 광덕이고,

劫名은 大莊嚴이며 佛壽는 十二小劫이요 正法住世는 二
겁 명 대 장 엄 불 수 십 이 소 겁 정 법 주 세 이

十小劫이며 像法도 亦住 二十小劫이라 國界嚴飾하야 無
십 소 겁 상 법 역 주 이 십 소 겁 국 계 엄 식 무

諸穢惡인 瓦礫荊棘과 便利不淨하며 其土平正하야 無有
제 예 오 와 력 형 극 변 리 부 정 기 토 평 정 무 유

高下인 坑坎堆阜하며 瑠璃로 爲地하고 寶樹行列하며 黃
고 하 갱 감 퇴 부 유 리 위 지 보 수 항 렬 황

金으로 爲繩하야 以界道側하고 散諸寶華하야 周遍清淨하며
금 위 승 이 계 도 측 산 제 보 화 주 변 청 정

其國菩薩은 無量千億이며 諸 聲聞衆도 亦復無數하고 無
기 국 보 살 무 량 천 억 제 성 문 중 역 부 무 수 무

有魔事하며 雖有魔及魔民이라도 皆護佛法이니라
유 마 사 수 유 마 급 마 민 개 호 불 법

겁의 이름은 대장엄이다.

부처님의 수명은 12소겁이고 정법이 세상에 머무르기는 20소겁이며 상법 또한 20소겁을 머무느니라. 나라가 아름답게 꾸며져서 더럽고 나쁜 것들과 기와나 자갈과 가시덤불과 똥오줌 등 깨끗하지 못한 것들이 없으며, 그 땅은 평평하고 반듯하여 높고 낮음과 빠지는 구덩이와 흙무더기와 언덕이 없으며, 유리로 땅이 되고 보배나무가 줄지어 섰으며 황금으로 줄을 만들어 길가의 경계를 삼고 보배 꽃들이 활짝 피어 두루 청정하리라. 그 나라에는 보살이 한량없는 천억이고, 성문 대중들도 헤아릴 수 없으며, 마(魔)가 하는 일이 없으며, 비록 마와 마의 무리가 있더라도 모두다 불법을 보호할 것이니라."

爾時世尊이 欲重宣此義하사 而說偈言하사대
이 시 세 존　욕 중 선 차 의　이 설 게 언

告諸比丘하노니　我以佛眼으로　見是迦葉컨대
고 제 비 구　아 이 불 안　견 시 가 섭

於未來世에　過無數劫하야　當得作佛이라
어 미 래 세　과 무 수 겁　당 득 작 불

而於來世에　供養奉覲　三百萬億이신
이 어 래 세　공 양 봉 근　삼 백 만 억

諸佛世尊하사　爲佛智慧하야　淨修梵行하며
제 불 세 존　위 불 지 혜　정 수 범 행

供養最上　二足尊已하고　修習一切
공 양 최 상　이 족 존 이　수 습 일 체

無上之慧하야　於最後身에　得成爲佛호대
무 상 지 혜　어 최 후 신　득 성 위 불

其土清淨하야　瑠璃爲地하고　多諸寶樹하야
기 토 청 정　유 리 위 지　다 제 보 수

그때 세존께서 이 뜻을 거듭 펴시려고 게송으로 말씀하셨다.

모든 비구들에게 말하노라.

내가 부처의 눈으로 이 가섭을 보니 셀 수 없는 겁을 지나 미래 세상에서 마땅히 성불하느니라.

오는 세상에서 3백만억 부처님들을 공양하고 받들어 뵈며,

부처님의 지혜를 이루기 위해 범행을 깨끗이 닦아서 가장 높으신 양족존께 공양을 한 후에 위없는 지혜를 모두 닦고 익혀 최후의 몸에서 부처님이 되느니라.

그 나라는 맑고 깨끗하며 땅이 유리로 되어 있고

行列道側하고 항렬도측	金繩界道어든 금승계도	見者歡喜하며 견자환희
常出好香하고 상출호향	散衆名華하며 산중명화	種種奇妙로 종종기묘
以爲莊嚴하며 이위장엄	其地平正하야 기지평정	無有丘坑하며 무유구갱
諸菩薩衆은 제보살중	不可稱計라 불가칭계	其心調柔하야 기심조유
逮大神通하며 체대신통	奉持諸佛의 봉지제불	大乘經典하며 대승경전
諸聲聞衆의 제성문중	無漏後身인 무루후신	法王之子도 법왕지자
亦不可計라 역불가계	乃以天眼으로 내이천안	不能數知하며 불능수지
其佛當壽는 기불당수	十二小劫이요 십이소겁	正法住世는 정법주세

보배 나무들이 길가에 줄지어 섰으며, 황금 줄로 길의 경계를 하니 보는 자가 기뻐하며, 이름난 꽃들이 활짝 피어 항상 좋은 향기가 나며, 가지가지 기이하고 묘한 것들로 아름답게 꾸며지리라.

그 땅은 평평하고 바르며 언덕이나 구덩이가 없으며, 보살들은 헤아릴 수가 없는데, 그들의 마음이 고르고 부드러워서 큰 신통을 얻어 부처님들의 대승 경전을 받들어 지닐 것이니라.

번뇌가 없는 최후의 몸이며 법왕의 아들인 성문 대중들도 헤아릴 수 없어서 천안으로라도 그 수를 알 수 없느니라.

그 부처님의 수명은 12소겁이고,

정법이 세상에 머물기는

二十小劫이며 像法亦住 二十小劫이라
이십소겁 상법역주 이십소겁
光明世尊이 其事如是니라
광명세존 기사여시

爾時에 大目犍連과 須菩提와 摩訶迦旃延等이 皆悉悚慄하야 一心合掌하고 瞻仰尊顔하와 目不暫捨하며 卽共同聲으로 而說偈言하오대
이시 대목건련 수보리 마하가전연등 개실송율 일심합장 첨앙존안 목부잠사 즉공동성 이설게언

大雄猛世尊은 諸釋之法王이시라 哀愍我等故로
대웅맹세존 제석지법왕 애민아등고
而賜佛音聲이샷다 若知我深心하야 見爲授記者면
이사불음성 약지아심심 견위수기자

20소겁이며 상법도 역시 20소겁을 머무를 것이니라.
광명 세존의 일은 이와 같으니라.

그때 대목건련과 수보리와 마하가전연 등이 모두다 송구스러워하며 일심으로 합장하고 부처님의 존안을 우러러보며 눈을 잠시도 떼지 않고 다 함께 소리 내어 게송으로 말하였다.

큰 영웅이시며,
용맹하신 세존께서는 모든 석씨의 법왕이십니다.
저희들을 불쌍히 여기시어 부처님의 음성을 내려 주십시오.
만일 저희들의 깊은 마음을 아시고
수기를 주신다면 감로수를 뿌려 뜨거움을 없애고 시

如以甘露灑하야 除熱得淸涼이니다 如從飢國來하야
여 이 감 로 쇄 　 제 열 득 청 량 　 여 종 기 국 래

忽遇大王膳하야도 心猶懷疑懼하야 未敢卽便食인닷호니
홀 우 대 왕 선 　 심 유 회 의 구 　 미 감 즉 변 식

若復得王敎라사 然後乃敢食이니다 我等亦如是하야
약 부 득 왕 교 　 연 후 내 감 식 　 아 등 역 여 시

每惟小乘過하고 不知當云何라사 得佛無上慧어뇨호이다
매 유 소 승 과 　 부 지 당 운 하 　 득 불 무 상 혜

雖聞佛音聲으로 言我等作佛하사오나 心尙懷憂懼하와
수 문 불 음 성 　 언 아 등 작 불 　 심 상 회 우 구

如未敢便食이라 若蒙佛授記면 爾乃快安樂이니다
여 미 감 변 식 　 약 몽 불 수 기 　 이 내 쾌 안 락

大雄猛世尊이 常欲安世間하시니 願賜我等記하시면
대 웅 맹 세 존 　 상 욕 안 세 간 　 원 사 아 등 기

如飢須敎食이니다
여 기 수 교 식

원함을 얻는 것과 같습니다. 굶주리는 나라에서 와서 뜻밖에 대왕의 음식을 받으니 오히려 의심과 두려움이 생겨 감히 선뜻 먹지를 못하다가, 다시 왕의 분부를 받고서야 먹는 것과 같이 저희들도 그와 같이 늘 소승의 허물만 생각하느라 어찌하여야 부처님의 위없는 지혜를 얻는지 알지 못하였습니다. 부처님의 음성으로 저희들도 부처님이 된다는 말씀을 들었지마는 마음은 오히려 근심과 두려움이 생겨 선뜻 먹지를 못하는 것과 같습니다. 만약 부처님의 수기를 받게 되면 그때서야 마음이 좋고 편안하며 즐겁겠습니다. 큰 영웅이시며, 용맹하신 세존께서는 항상 세간을 편안하게 하시므로, 원하옵건대 굶주린 이에게 먹으라고 분부하시는 것과 같이 저희에게도 수기를 내려 주십시오.

爾時世尊이 知諸大弟子의 心之所念하시고 告諸比丘하사대
이시세존 지제대제자 심지소념 고제비구

是須菩提는 於當來世에 奉覲三百萬億 那由他佛하사
시수보리 어당래세 봉근삼백만억 나유타불

供養恭敬하며 尊重讚歎하고 常修梵行하야 具菩薩道타가
공양공경 존중찬탄 상수범행 구보살도

於最後身에 得成爲佛하면 號曰 名相如來 應供 正遍
어최후신 득성위불 호왈 명상여래 응공 정변

知 明行足 善逝 世間解 無上士 調御丈夫 天人師 佛
지 명행족 선서 세간해 무상사 조어장부 천인사 불

世尊이라 劫名은 有寶요 國名은 寶生이며 其土平正하야
세존 겁명 유보 국명 보생 기토평정

頗梨爲地하고 寶樹莊嚴하며 無諸丘坑과 沙礫荊棘과 便
파리위지 보수장엄 무제구갱 사력형극 변

그때 세존께서 여러 큰 제자들이 염원하는 바를 아시고 비구들에게 말씀하셨다.

"이 수보리는 오는 세상에서 3백만억 나유타의 부처님을 받들어 뵈옵고 공양하고 공경하며 존중하고 찬탄하고 항상 범행을 닦아 보살의 도를 갖추고 최후의 몸으로 성불하리라.

명호는 명상여래 · 응공 · 정변지 · 명행족 · 선서 · 세간해 · 무상사 · 조어장부 · 천인사 · 불세존이며 겁의 이름은 유보이며 나라의 이름은 보생이니라.

그 나라는 평평하고 반듯하며 수정으로 땅이 되고, 보배 나무로 꾸며져 있으며 언덕과 구덩이와 모래와 자갈과 가시덤불과 똥과 오줌 등 더러운 것이 없으며,

利之穢하고 寶華覆地하야 周遍淸淨하며 其土人民은 皆
리 지 예 보 화 부 지 주 변 청 정 기 토 인 민 개

處寶臺와 珍妙樓閣하고 聲聞弟子는 無量無邊하야 算數
처 보 대 진 묘 루 각 성 문 제 자 무 량 무 변 산 수

譬喩의 所不能知며 諸菩薩衆도 無數千萬億那由他라
비 유 소 불 능 지 제 보 살 중 무 수 천 만 억 나 유 타

佛壽는 十二小劫이요 正法住世는 二十小劫이며 像法도
불 수 십 이 소 겁 정 법 주 세 이 십 소 겁 상 법

亦住二十小劫이라 其佛이 常處虛空하야 爲衆說法하야 度
역 주 이 십 소 겁 기 불 상 처 허 공 위 중 설 법 도

脫無量菩薩과 及聲聞衆하나니라
탈 무 량 보 살 급 성 문 중

爾時世尊이 欲重宣此義하사 而說偈言하사대
이 시 세 존 욕 중 선 차 의 이 설 게 언

보배 꽃이 땅을 덮으며 두루두루 맑고 깨끗하리라.

그 나라의 백성들은 모두다 보배로 된 집과 진귀하고 좋은 누각에 살며, 성문 제자는 한량없고 가없어서 산수나 비유로도 알 수가 없고, 보살 대중들도 헤아릴 수 없는 천만억 나유타이니라.

부처님의 수명은 12소겁이고 정법이 세상에 머물기는 20소겁이며 상법도 역시 20소겁을 머무느니라.

그 부처님께서는 항상 허공에 계시며 대중을 위해 설법하시며 헤아릴 수 없는 보살과 성문들을 제도하여 해탈케 하시느니라."

그때 세존께서 이 뜻을 거듭 펴시려고 게송으로 말씀하셨다.

諸比丘衆아 제 비 구 중	今告汝等하노니 금 고 여 등	皆當一心으로 개 당 일 심
聽我所說하라 청 아 소 설	我大弟子에 아 대 제 자	須菩提者는 수 보 리 자
當得作佛호대 당 득 작 불	號曰名相이라 호 왈 명 상	當供無數 당 공 무 수
萬億諸佛하고 만 억 제 불	隨佛所行하야 수 불 소 행	漸具大道타가 점 구 대 도
最後身得 최 후 신 득	三十二相하면 삼 십 이 상	端正殊妙는 단 정 수 묘
猶如寶山하며 유 여 보 산	其佛國土 기 불 국 토	嚴淨第一이라 엄 정 제 일
衆生見者는 중 생 견 자	無不愛樂커든 무 불 애 락	佛於其中에 불 어 기 중
度無量衆하리라 도 무 량 중	其佛法中에 기 불 법 중	多諸菩薩호대 다 제 보 살

비구들아! 지금 너희들에게 말하노니 모두다 한마음으로 내가 말하는 것을 들어라.

나의 큰 제자 수보리는 마땅히 부처님이 되는데 명호는 명상이다.

헤아릴 수 없는 만억의 부처님들을 공양하고 부처님들이 행하시는 바를 따르고, 점점 큰 도를 갖추어 최후의 몸에서 32상을 얻는데 단정하고 뛰어나서 훌륭하기가 마치 보배로 된 산과 같으니라.

그 부처님의 국토는 맑고 깨끗하기가 으뜸이라서 이를 보는 중생들이 사랑하고 즐거워하지 않을 수가 없는데 부처님은 그 가운데서 헤아릴 수 없는 중생을 제도하시느니라.

그 부처님의 법 가운데는 보살들이 많은데

皆悉利根으로 개 실 이 근	轉不退輪하며 전 불 퇴 륜	彼國常以 피 국 상 이
菩薩莊嚴하고 보 살 장 엄	諸聲聞衆도 제 성 문 중	不可稱數라 불 가 칭 수
皆得三明하고 개 득 삼 명	具六神通하며 구 육 신 통	住八解脫하야 주 팔 해 탈
有大威德하나니라 유 대 위 덕	其佛說法하사 기 불 설 법	現於無量 현 어 무 량
神通變化를 신 통 변 화	不可思議어든 불 가 사 의	諸天人民의 제 천 인 민
數如恒沙 수 여 항 사	皆共合掌하야 개 공 합 장	聽受佛語하리라 청 수 불 어
其佛當壽는 기 불 당 수	十二小劫이요 십 이 소 겁	正法住世는 정 법 주 세
二十小劫이며 이 십 소 겁	像法亦住 상 법 역 주	二十小劫하나니라 이 십 소 겁

모두다 근기가 뛰어나고 물러나지 않는 법륜을 굴리느니라.

그 나라는 항상 보살로써 아름답게 꾸며지며 성문들도 그 수를 말할 수 없는데, 모두 삼명을 얻고 육신통을 갖추고 팔해탈에 머무르며 큰 위엄과 덕망이 있느니라.

그 부처님의 설법은 한량없는 신통과 변화를 나타내며 불가사의하여, 그 수가 항하의 모래 수 같은 하늘의 백성들이 모두다 같이 합장한 채 부처님의 말씀을 들을 것이니라.

그 부처님의 수명은 12소겁이고, 정법이 세상에 머물기는 20소겁이며 상법도 역시 20소겁 머무를 것이니라.

爾時世尊이 復告諸比丘衆하사대 我今語汝하노니 是大
이 시 세 존 부 고 제 비 구 중 아 금 어 여 시 대

迦旃延은 於當來世에 以諸供具로 供養奉事 八千億
가 전 연 어 당 래 세 이 제 공 구 공 양 봉 사 팔 천 억

佛하야 恭敬尊重하며 諸佛滅後에 各起塔廟호대 高千由
불 공 경 존 중 제 불 멸 후 각 기 탑 묘 고 천 유

旬이며 縱廣正等 五百由旬이라 皆以金銀 瑠璃 硨磲 瑪
순 종 광 정 등 오 백 유 순 개 이 금 은 유 리 자 거 마

瑙 眞珠 玫瑰 七寶로 合成하며 衆華瓔珞과 塗香抹香
노 진 주 매 괴 칠 보 합 성 중 화 영 락 도 향 말 향

燒香과 繒蓋幢幡으로 供養塔廟하고 過是已後에 當復供
소 향 증 개 당 번 공 양 탑 묘 과 시 이 후 당 부 공

養 二萬億佛호대 亦復如是하며 供養是諸佛已하야는 具
양 이 만 억 불 역 부 여 시 공 양 시 제 불 이 구

그때 세존께서 또 다시 여러 비구 대중들에게 말씀하셨다.

"내가 지금 너희들에게 말하노라.

이 대가전연은 오는 세상에서 여러 가지 공양물로 8천억 부처님을 공양하며 받들고 공경하고 존중하다가 부처님들께서 열반하신 후에는 각각 탑을 세우는데, 높이는 1천 유순이고 가로 세로는 똑같이 5백 유순이다.

금, 은, 유리, 자거, 마노, 진주, 매괴인 칠보로 만들고 여러 가지 꽃과 영락과 바르는 향과 가루 향과 사르는 향과 비단으로 된 가리개와 깃발들을 탑에 공양하고, 이런 일을 다 한 후 다시 2만억 부처님께 역시 이와 같이 하고,

菩薩道하야 當得作佛하리니 號曰 閻浮那提金光如來 應
보 살 도 당 득 작 불 호 왈 염 부 나 제 금 광 여 래 응

供 正遍知 明行足 善逝 世間解 無上士 調御丈夫 天
공 정 변 지 명 행 족 선 서 세 간 해 무 상 사 조 어 장 부 천

人師 佛世尊이라 其土平正하야로 頗梨로 爲地하며 寶樹莊
인 사 불 세 존 기 토 평 정 파 리 위 지 보 수 장

嚴하고 黃金으로 爲繩하야 以界道側하며 妙華覆地하야 周
엄 황 금 위 승 이 계 도 측 묘 화 부 지 주

遍淸淨커든 見者歡喜하며 無四惡道인 地獄 餓鬼 畜生
변 청 정 견 자 환 희 무 사 악 도 지 옥 아 귀 축 생

阿修羅道하고 多有天人과 諸聲聞衆과 及諸菩薩의 無
아 수 라 도 다 유 천 인 제 성 문 중 급 제 보 살 무

量萬億하야 莊嚴其國하며 佛壽는 十二小劫이요 正法住
량 만 억 장 엄 기 국 불 수 십 이 소 겁 정 법 주

이 부처님들께 공양을 다한 후 보살도를 갖추어 부처님이 되는데, 명호는 염부나제금광여래 · 응공 · 정변지 · 명행족 · 선서 · 세간해 · 무상사 · 조어장부 · 천인사 · 불세존이니라.

그 나라는 평평하고 반듯하며 수정으로 땅이 되고 보배 나무로 아름답게 꾸며지며, 황금으로 줄을 만들어 길가의 경계를 삼고 아름다운 꽃으로 땅을 덮어 두루 맑고 깨끗하여 보는 사람이 기뻐하며, 네 가지 나쁜 길인 지옥, 아귀, 축생, 아수라의 길이 없어 하늘과 사람이 많으며 헤아릴 수 없는 만억의 성문과 보살들이 그 나라를 장엄하리라.

부처님의 수명은 12소겁이고 정법이 세상에 머물기는

世는 二十小劫이며 像法도 亦住二十小劫하나니라
세 이십소겁 상법 역주이십소겁

爾時에 世尊이 欲重宣此義하사 而說偈言하사대
이시 세존 욕중선차의 이설게언

諸比丘衆은 皆一心聽하라 如我所說은
제비구중 개일심청 여아소설

眞實無異하나니라 是迦旃延은 當以種種
진실무이 시가전연 당이종종

妙好供具로 供養諸佛하고 諸佛滅後에
묘호공구 공양제불 제불멸후

起七寶塔호대 亦以華香으로 供養舍利하며
기칠보탑 역이화향 공양사리

其最後身에 得佛智慧하야 成等正覺이어든
기최후신 득불지혜 성등정각

20소겁이며 상법 또한 20소겁 머무느니라."

그때 세존께서 이 뜻을 거듭 펴시려고 게송으로 말씀하셨다.

비구들아!

모두 한마음으로 들어라.

내가 말하는 것은 진실하며 틀리는 것이 없느니라.

이 가전연은 가지가지 훌륭하고 좋은 공양물로 여러 부처님을 공양하고,

부처님들께서 열반하신 후에는 칠보로 된 탑을 세우고,

꽃과 향으로 사리에 공양하고, 최후의 몸에서 부처님의 지혜를 얻어

國土淸淨하며 度脫無量 萬億衆生하야
국토청정 도탈무량 만억중생

皆爲十方 之所供養하며 佛之光明은
개위시방 지소공양 불지광명

無能勝者리라 其佛號曰 閻浮金光이라
무능승자 기불호왈 염부금광

菩薩聲聞이 斷一切有한 無量無數로
보살성문 단일체유 무량무수

莊嚴其國하나니라
장엄기국

爾時世尊이 復告大衆하사대 我今語汝하노니 是大目犍
이시세존 부고대중 아금어여 시대목건

連은 當以種種供具로 供養八千諸佛하야 恭敬尊重하고
련 당이종종공구 공양팔천제불 공경존중

평등하고 바른 깨달음을 이루리라.

국토는 청정하며 헤아릴 수 없는 만억의 중생들을 제도하여 해탈케 하며,

시방으로부터 모두 공양을 받는데 부처님의 광명을 이길 자가 없으리라.

부처님의 명호는 염부금광이며, 모든 존재에 대하여 집착을 끊은 보살과 성문들이 한량없고 수없는데 그 나라를 장엄하리라.

그때에 세존께서 다시 대중들에게 말씀하셨다.

"내가 이제 너희들에게 말하노라.

이 대목건련도 가지가지 공양물로 8천의 여러 부처님들을 공양하고 공경하고 존중하고

諸佛滅後에 各起塔廟호대 高千由旬이며 縱廣正等은
제불멸후 각기탑묘 고천유순 종광정등

五百由旬이라 皆以 金銀 瑠璃 硨磲 瑪瑙 眞珠 玫瑰
오백유순 개이 금은 유리 자거 마노 진주 매괴

七寶로 合成하며 衆華瓔珞과 塗香 抹香 燒香과 繒蓋幢
칠보 합성 중화영락 도향 말향 소향 증개당

幡으로 以用供養하고 過是已後에 當復供養 二百萬億
번 이용공양 과시이후 당부공양 이백만억

諸佛호대 亦復如是하고 當得成佛하면 號曰 多摩羅跋栴
제불 역부여시 당득성불 호왈 다마라발전

檀香如來 應供 正遍知 明行足 善逝 世間解 無上士
단향여래 응공 정변지 명행족 선서 세간해 무상사

調御丈夫 天人師 佛世尊이라 劫名은 喜滿이요 國名은
조어장부 천인사 불세존 겁명 희만 국명

부처님들께서 열반하신 후에는 각각 탑을 세우는데 높이는 1천 유순이고 가로 세로 다 같이 5백 유순이니라.

칠보인 금, 은, 유리, 자거, 마노, 진주, 매괴를 합하여 만들고 여러 가지 꽃과 영락과 바르는 향, 가루 향, 사르는 향과 비단가리개와 깃발들을 공양하고 이렇게 공양을 다 하고는,

다시 2백만억 부처님께 역시 이와 같이 공양한 후 성불하리라.

명호는 다마라발전단향여래 · 응공 · 정변지 · 명행족 · 선서 · 세간해 · 무상사 · 조어장부 · 천인사 · 불세존이며 겁의 이름은 희만이고 나라의 이름은 의락이며

意樂이며 其土平正하야 頗梨로 爲地하고 寶樹莊嚴하며 散
의락 기토평정 파리 위지 보수장엄 산

眞珠華하야 周遍淸淨커든 見者歡喜하며 多諸天人과 菩
진주화 주변청정 견자환희 다제천인 보

薩聲聞호대 其數無量이라 佛壽는 二十四小劫이요 正法
살성문 기수무량 불수 이십사소겁 정법

住世는 四十小劫이며 像法도 亦住四十小劫하리라
주세 사십소겁 상법 역주사십소겁

爾時에 世尊이 欲重宣此義하사 而說偈言하사대
이시 세존 욕중선차의 이설게언

我此弟子에 大目犍連은 捨是身已하고
아차제자 대목건련 사시신이

得見八千 二百萬億 諸佛世尊하야
득견팔천 이백만억 제불세존

그 국토는 평평하고 반듯하며, 수정으로 땅이 되고 보배나무들로 꾸며졌으며, 진주 꽃이 활짝 피고 두루 청정하여 보는 이를 기쁘게 하며 천인과 사람들이 많고 보살과 성문의 수가 한량없느니라.

부처님의 수명은 24소겁이고
정법이 세상에 머무르기는 40소겁이고
상법 역시 40소겁을 머무느니라."

세존께서 이 뜻을 거듭 펴시려고
게송으로 말씀하셨다.

나의 이 제자 대목건련은
이 몸을 버린 후 8천 2백만억 부처님들을 뵈옵고

爲佛道故로 위불도고	供養恭敬하며 공양공경	於諸佛所에 어제불소
常修梵行하고 상수범행	於無量劫에 어무량겁	奉持佛法하며 봉지불법
諸佛滅後에 제불멸후	起七寶塔호대 기칠보탑	長表金刹하며 장표금찰
華香伎樂으로 화향기악	而以供養 이이공양	諸佛塔廟하고 제불탑묘
漸漸具足 점점구족	菩薩道已에는 보살도이	於意樂國에 어의락국
而得作佛하면 이득작불	號多摩羅 호다마라	栴檀之香이라 전단지향
其佛壽命은 기불수명	二十四劫이며 이십사겁	常爲天人하야 상위천인
演說佛道하며 연설불도	聲聞無量이 성문무량	如恒河沙호대 여항하사

불도를 위하여 공양하고 공경하며 여러 부처님 계신 곳에서 항상 범행을 닦고 헤아릴 수 없는 겁 동안 불법을 받들어 지니며,

부처님들께서 열반하신 후에는 칠보로 탑을 세우고 황금으로 된 찰간(큰 절 앞에 세우는 깃대와 비슷한 물건)을 높이 세우고, 꽃과 향과 음악으로 부처님들의 탑묘에 공양하고,

차츰 보살의 도를 갖추어서 의락국에서 부처님이 되는데 명호는 다마라발전단향이다.

그 부처님의 수명은 24소겁이고 항상 천인과 사람을 위하여 불도를 설하시느니라.

성문들이 한량없어 항하의 모래 수 같은데

三明六通으로 삼 명 육 통	有大威德하며 유 대 위 덕	菩薩無數호대 보 살 무 수
志固精進하야 지 고 정 진	於佛智慧에 어 불 지 혜	皆不退轉이며 개 불 퇴 전
佛滅度後에 불 멸 도 후	正法當住 정 법 당 주	四十小劫이요 사 십 소 겁
像法亦爾하며 상 법 역 이	我諸弟子의 아 제 제 자	威德具足이 위 덕 구 족
其數五百이라 기 수 오 백	皆當授記호대 개 당 수 기	於未來世에 어 미 래 세
咸得成佛하리라 함 득 성 불	我及汝等의 아 급 여 등	宿世因緣을 숙 세 인 연
吾今當說하노니 오 금 당 설	汝等善聽하라 여 등 선 청	

第六 授記品 終
제 육 수기품 종

삼명과 육신통을 갖추어 위엄과 덕망이 크게 있으며, 보살들도 수없는데 뜻이 굳고 정진을 잘하여 부처님 지혜에서 모두다 물러섬이 없느니라.

부처님께서 열반하신 후 정법이 40소겁 머물며 상법 또한 그러하리라.

내가 위엄과 덕망을 잘 갖춘 5백 제자들 모두에게 수기를 주노라. 그러니 미래 세상에서는 모두다 부처님이 될 것이니라.

나와 너희들의 지난 세상 인연을 내가 지금 말할 테니 너희들은 잘 들어보아라.

제 육 수기품 끝

第七 化城喩品
제칠 화성유품

佛告諸比丘하사대 乃往過去 無量無邊 不可思議 阿僧
불고제비구 내왕과거 무량무변 불가사의 아승

祇劫에 爾時有佛하시니 名은 大通智勝如來 應供 正遍
지겁 이시유불 명 대통지승여래 응공 정변

知 明行足 善逝 世間解 無上士 調御丈夫 天人師 佛
지 명행족 선서 세간해 무상사 조어장부 천인사 불

世尊이라 其國名는 好成이요 劫名은 大相이라
세존 기국명 호성 겁명 대상

諸比丘야 彼佛滅度已來 甚大久遠이니 譬如三千大天
제비구 피불멸도이래 심대구원 비여삼천대천

世界의 所有地種을 假使有人이 磨以爲墨하야 過於東方
세계 소유지종 가사유인 마이위묵 과어동방

제칠 화성유품

부처님께서 비구들에게 말씀하셨다.

"지나간 옛적 한량없고 가없으며 불가사의한 아승지겁 전에 부처님께서 계셨는데, 명호는 대통지승여래 · 응공 · 정변지 · 명행족 · 선서 · 세간해 · 무상사 · 조어장부 · 천인사 · 불세존이었고 나라의 이름은 호성이며 겁의 이름은 대상이었느니라.

비구들아!

그 부처님 열반하신 지가 아주 오래인데 비유하자면, 삼천대천세계의 땅덩어리를 가령 어떤 사람이 다 갈아 먹으로 만들어서 동방으로 천 국토를 지나면서 아주 작은 한 점을 떨어뜨리고, 또 천 국토를 지나면서 다시 한

千國土하야 乃下一點을 大如微塵하며 又過千國土하야
천국토 내하일점 대여미진 우과천국토

復下一點호대 如是展轉히 盡地種墨이면 於汝等意에
부하일점 여시전전 진지종묵 어여등의

云何오 是諸國土를 若算師어나 若算師弟子 能得邊際하야
운하 시제국토 약산사 약산사제자 능득변제

知其數不아 不也니다 世尊이시여 諸比丘야 是人所經國
지기수부 불야 세존 제비구 시인소경국

土의 若點不點을 盡末爲塵하야 一塵一劫이어든 彼佛滅度
토 약점부점 진말위진 일진일겁 피불멸도

已來는 復過是數호대 無量無邊 百千萬億 阿僧祇劫
이래 부과시수 무량무변 백천만억 아승지겁

이니 我以如來知見力故로 觀彼久遠호대 猶若今日호라
아이여래지견력고 관피구원 유약금일

점을 떨어뜨리며, 이와 같이 되풀이하여 땅덩어리를 간 먹이 다하도록 갔다면, 너희들의 생각은 어떠하냐? 이 국토들을 셈을 잘하는 사람이나 그의 제자들이라도 그 가와 끝을 알며 그 수를 알 수 있겠느냐?"

"알 수가 없습니다. 세존이시여!"

"비구들아! 이 사람이 지나간 나라들로서 점을 떨어뜨렸거나 떨어뜨리지 않았거나, 모두를 다시 티끌로 만들어서 한 티끌을 일 겁으로 치더라도 그 부처님께서 열반하신 지는 이 수보다 더 오래인 한량없고 그지없는 백천만억 아승지 겁이니라. 나는 여래의 지견력을 가졌기에 그 멀고도 오래된 일을 마치 오늘 일어난 일처럼 보느니라."

爾時世尊이 欲重宣此義하사 而說偈言하사대
이 시 세 존 욕 중 선 차 의 이 설 게 언

我念過去世 아 념 과 거 세	無量無邊劫에 무 량 무 변 겁	有佛兩足尊하시니 유 불 양 족 존
名大通智勝이라 명 대 통 지 승	如人以力磨 여 인 이 력 마	三千大千土호대 삼 천 대 천 토
盡此諸地種히 진 차 제 지 종	皆悉以爲墨호대 개 실 이 위 묵	過於千國土하야 과 어 천 국 토
乃下一塵點커든 내 하 일 진 점	如是展轉點하야 여 시 전 전 점	盡此諸塵墨호대 진 차 제 진 묵
如是諸國土에 여 시 제 국 토	點與不點等을 점 여 부 점 등	復盡末爲塵하야 부 진 말 위 진
一塵爲一劫이어든 일 진 위 일 겁	此諸微塵數에 차 제 미 진 수	其劫復過是라 기 겁 부 과 시

세존께서 이 뜻을 거듭 펴시려고 게송으로 말씀하셨다.

내가 지난 세상을 생각해 보니 한량없고 가없는 겁 전에 양족존이신 부처님께서 계셨는데 명호는 대통지승이었느니라.

어떤 사람이 힘으로 삼천대천세계의 땅덩어리를 갈아 모두 먹으로 만들어서 천 국토를 지나서야 겨우 티끌만 한 점을 하나 떨어뜨리고, 이와 같은 방법으로 한 점씩 떨어뜨려 이 티끌로 만든 먹이 다하면 점을 떨어뜨렸거나 떨어뜨리지 않았거나, 국토들을 다시 다 티끌로 만들어서 한 티끌을 일 겁으로 치더라도 그 작은 티끌들의 수보다 그 겁의 수가 더욱 많으니라.

彼佛滅度來는 如是無量劫이어든 如來無礙智로
피불멸도래 여시무량겁 여래무애지

知彼佛滅度와 及聲聞菩薩호대 如見今滅度호라
지피불멸도 급성문보살 여견금멸도

諸比丘當知하라 佛智淨微妙하야 無漏無所礙일새
제비구당지 불지정미묘 무루무소애

通達無量劫이니라
통달무량겁

佛告諸比丘하사대 大通智勝佛壽는 五百四十萬億那由他劫이라 其佛이 本坐道場하사 破魔軍已에 垂得阿耨多羅三藐三菩提호대 而諸佛法이 不現在前이라 如是一小
불고제비구 대통지승불수 오백사십만억나유타겁 기불 본좌도량 파마군이 수득아뇩다라삼먁삼보리 이제불법 불현재전 여시일소

그 부처님 열반하신 지가 이와 같이 한량없는 겁이지만, 여래의 걸림 없는 지혜로 그 부처님 열반하신 것과 성문과 보살들 아는 것이 지금 열반을 보는 것처럼 아느니라.

비구들아! 마땅히 알아라.

부처님의 지혜는 맑고 미묘하며 번뇌가 없고 걸림이 없어 한량없는 겁을 통달하느니라.

부처님께서 비구들에게 말씀하셨다.

"대통지승 부처님의 수명은 540만억 나유타 겁이었느니라. 그 부처님께서는 옛적 도량에 앉으셔서 마군을 물리치시고 아뇩다라삼먁삼보리를 거의 다 얻었는데 불법이 앞에 나타나지 않으므로 1소겁에서 10소겁에 이르도

劫으로 乃至十小劫을 結跏趺坐하고 身心不動호대
겁 내지십소겁 결가부좌 신심부동

而諸佛法이 猶不在前이라 爾時에 忉利諸天이 先爲彼
이제불법 유부재전 이시 도리제천 선위피

佛하사 於菩提樹下에 敷師子座호대 高一由旬이라 佛於
불 어보리수하 부사자좌 고일유순 불어

此坐하사 當得阿耨多羅三藐三菩提하시니라 適坐此座러니
차좌 당득아뇩다라삼먁삼보리 적좌차좌

時諸梵天王이 雨衆天華하야 面百由旬에 香風이 時來하야
시제범천왕 우중천화 면백유순 향풍 시래

吹去萎華하고 更雨新者하야 如是不絕을 滿十小劫토록 供
취거위화 갱우신자 여시부절 만십소겁 공

養於佛호대 乃至滅度히 常雨此華하며 四王諸天은 爲供
양어불 내지멸도 상우차화 사왕제천 위공

록 결가부좌를 하시고 몸과 마음을 움직이지 않았는데 불법이 여전히 앞에 나타나지를 않았느니라.

그때 도리천인들이 먼저 그 부처님을 위하여 보리수 아래에 높이가 1유순인 사자좌를 마련하였는데, 부처님께서 여기에 앉으셔서 아뇩다라삼먁삼보리를 얻으실 수 있도록 하기 위해서였느니라.

마침 이 자리에 앉으시니 때맞춰 범천왕들이 하늘 꽃들을 사방 백 유순에 비처럼 내렸고 향기로운 바람이 때때로 불어와 시들어진 꽃을 불어내니 다시 새 꽃들이 내렸느니라. 이와 같이 10소겁이 다하도록 끊임없이 부처님을 공양하며 열반에 이르실 때까지 이 꽃들을 항상 내렸으며 사천왕들은 부처님을 공양하기 위하여 항상 하

養佛하야 常擊天鼓하고 其餘諸天은 作天伎樂하야 滿十
양불 상격천고 기여제천 작천기악 만십

小劫하며 至于滅度히 亦復如是하니라 諸比丘야 大通智
소겁 지우멸도 역부여시 제비구 대통지

勝佛이 過十小劫하야사 諸佛之法이 乃現在前하야 成阿
승불 과십소겁 제불지법 내현재전 성아

耨多羅三藐三菩提하시니라 其佛이 未出家時에 有十
뇩다라삼먁삼보리 기불 미출가시 유십

六子호대 其第一者는 名曰智積이라 諸子各有種種珍異
육자 기제일자 명왈지적 제자각유종종진이

玩好之具러니 聞父得成阿耨多羅三藐三菩提하야는
완호지구 문부득성아뇩다라삼먁삼보리

皆捨所珍하고 往詣佛所어늘 諸母涕泣하고 而隨送之러라
개사소진 왕예불소 제모체읍 이수송지

늘 북을 치고, 나머지 하늘 사람들은 하늘 음악을 연주하기를 십 소겁이 다하도록 하였으며 열반에 이르실 때까지 역시 이렇게 하였느니라.

비구들아! 대통지승 부처님은 10소겁이 지나서야 부처님의 법이 앞에 나타나서 아뇩다라삼먁삼보리를 이루셨느니라.

그 부처님께서 출가하시기 전에 16왕자가 있었는데 첫째의 이름은 지적이었느니라.

왕자들은 각자 여러 가지 훌륭한 장난감을 가지고 있었는데, 아버지께서 아뇩다라삼먁삼보리를 이루셨다는 말을 듣고 모두들 보배를 버리고 부처님 계시는 곳으로 찾아가니, 어머니들이 눈물을 흘리며 전송하였고 그들

其祖轉輪聖王이 與一百大臣과 及餘百千萬億人民으로
기조전륜성왕 여일백대신 급여백천만억인민

皆共圍繞하고 隨至道場하야 咸欲親近 大通智勝如來하야
개공위요 수지도량 함욕친근 대통지승여래

供養恭敬하고 尊重讚歎하야 到已코 頭面禮足하고 繞佛
공양공경 존중찬탄 도이 두면예족 요불

畢已에 一心合掌하고 瞻仰世尊하와 以偈頌曰
필이 일심합장 첨앙세존 이게송왈

大威德世尊이 爲度衆生故로 於無量億劫에
대위덕세존 위도중생고 어무량억겁

爾乃得成佛하시니 諸願已具足이라 善哉吉無上이샷다
이내득성불 제원이구족 선재길무상

世尊甚希有하사 一坐十小劫토록 身體及手足을
세존심희유 일좌십소겁 신체급수족

의 할아버지인 전륜성왕은 1백 대신과 백천만억 백성들과 다 함께 대통지승 여래를 가까이서 공양하고 공경하고 존중하며 찬탄하려고 도량으로 따라갔고, 다다라서는 머리를 조아려 발에 예배하고 부처님 주위를 돌고서 일심으로 합장하고 부처님을 우러러보며 게송으로 말하였느니라."

큰 위덕을 갖추신 세존께서 중생을 제도하시려고 한량없는 세월을 지내시고 이제서야 성불하시어 모든 서원을 다 갖추시게 되었으니 위없이 거룩하고 경사스럽습니다. 세존께서는 매우 희유하시어 한 자리에 앉아 10소겁 동안 몸과 손발을 고요히 하여 움직이지 않으시고 마음도 항상 신중하게 움직여서 조금

靜然安不動하며 其心常憺怕하야 未曾有散亂하고
정연안부동 기심상담파 미증유산란

究竟永寂滅하야 安住無漏法하며 今者見世尊이
구경영적멸 안주무루법 금자견세존

安隱成佛道호니 我等得善利하야 稱慶大歡喜외다
안은성불도 아등득선리 칭경대환희

衆生常苦惱하야 盲冥無導師라 不識苦盡道하며
중생상고뇌 맹명무도사 불식고진도

不知求解脫하고 長夜增惡趣하야 減損諸天衆하며
부지구해탈 장야증악취 감손제천중

從冥入於冥하야 永不聞佛名이더니 今佛得最上
종명입어명 영불문불명 금불득최상

安隱無漏道하시니 我等及天人이 爲得最大利라
안은무루도 아등급천인 위득최대리

是故咸稽首하야 歸命無上尊호이다
시고함계수 귀명무상존

도 흩어지거나 어지럽지 않게 하시어, 마침내 영원한 열반을 얻어 무루법에 편안히 머무시게 되었습니다. 지금 세존께서 불도를 이루시어 편안하신 것을 보니 저희들도 좋은 이익을 얻어 경사스러우며 크게 기쁩니다. 중생들은 항상 괴롭고 눈 멀고 어두우며, 이끌어 줄 스승이 없어서 괴로움이 다 하는 길을 알지 못하고 해탈을 구할 줄도 몰라서 긴 세월에 악업의 길만 더 늘렸습니다. 하늘의 대중은 점점 줄어들고 어두움에서 어두움으로 들어가 오래도록 부처님의 이름을 듣지 못하였습니다. 지금 부처님께서 가장 높으며 편안한 무루법을 얻으시니 저희들과 천인과 사람들이 가장 큰 이익을 얻게 되었습니다. 그러므로 다 함께 머리 숙여 위없는 부처님께 귀의합니다.

爾時에 十六王子 偈讚佛已하고 勸請世尊하야 轉於法
이시 십육왕자 게찬불이 권청세존 진어법
輪할새 咸作是言호대 世尊說法이 多所安隱하사 憐愍饒
륜 함작시언 세존설법 다소안은 연민요
益諸天人民이라하고 重說偈言하사대
익제천인민 중설게언

世雄無等倫하사 百福自莊嚴하시고 得無上智慧삿다
세웅무등륜 백복자장엄 득무상지혜
願爲世間說하사 度脫於我等과 及諸衆生類하시며
원위세간설 도탈어아등 급제중생류
爲分別顯示하사 令得是智慧케하소서 若我等得佛이면
위분별현시 영득시지혜 약아등득불
衆生亦復然이라 世尊知衆生의 深心之所念하시며
중생역부연 세존지중생 심심지소념
亦知所行道하고 又知智慧力과 欲樂及修福과
역지소행도 우지지혜력 욕락급수복

그때 16왕자는 부처님을 찬탄하는 게송이 끝나자 세존께 법륜 굴려 주시기를 간곡히 청하며 다 함께 '세존께서 설법하시면 편안함이 많아집니다. 천인과 사람들을 가엾고 불쌍히 여기시어 이익 되게 하여주십시오' 하며 거듭 게송으로 말하였느니라.

비교하여 견줄 자가 없는 세상의 영웅이시여! 백 가지의 복으로 스스로 장엄하시고 위없는 지혜를 얻으셨으니 원하옵건대 세상을 위하여 설하여 주십시오. 저희들과 여러 중생들이 제도 받고 해탈할 수 있도록 자세히 가르쳐 주시고 이 지혜를 얻게 하여 주십시오. 만약 저희들이 부처님이 되면 중생들도 역시 그렇게 될 것입니다. 세존께서는 중생들이 마음으로 깊이 염원하는 바를 아시고 행하는 도를 아시며 또 지혜의 힘도 아십

宿命所行業이라 世尊悉知已시니 當轉無上輪하소서
숙명소행업 세존실지이 당전무상륜

佛告諸比丘하사대 大通智勝佛이 得 阿耨多羅三藐三菩
불고제비구 대통지승불 득 아뇩다라삼먁삼보

提하시니 時十方으로 各 五百萬億 諸佛世界 六種震動하고
리 시시방 각 오백만억 제불세계 육종진동

其國中間 幽冥之處에 日月威光의 所不能照도 而皆大
기국중간 유명지처 일월위광 소불능조 이개대

明하야 其中衆生이 各得相見하고 咸作是言호대 此中에 云
명 기중중생 각득상견 함작시언 차중 운

何忽生衆生이어뇨하며 又其國界에 諸天宮殿과 乃至梵宮히
하홀생중생 우기국계 제천궁전 내지범궁

六種震動하고 大光普照하야 遍滿世界호대 勝諸天光이러라
육종진동 대광보조 변만세계 승제천광

니다. 즐거이 하고자 하는 것과 닦은 복과 전생에 지은 업까지 세존께서는 모두다 아시니 마땅히 위없는 법륜을 굴려 주십시오.

부처님께서 비구들에게 말씀하셨다.

"대통지승 부처님께서 아뇩다라삼먁삼보리를 얻으셨을 때 시방의 각 5백만억 부처님 세계가 여섯 가지로 진동을 하고, 그 세계들 중간에 있는 해와 달이 비치지 않는 그윽하고 어두운 곳까지 모두다 크게 밝아지므로, 그 가운데 있는 중생들이 각각 서로를 보며 모두 말하기를, '이곳에 어찌하여 갑자기 중생들이 생겼는가?' 하였느니라. 또 그 세계의 모든 하늘 궁전과 범천의 궁전까지 여섯 가지로 진동을 하며 큰 광명이 두루 비치어 세계에

爾時東方으로 五百萬億인 諸國土中 梵天宮殿에 光明
이시동방 오백만억 제국토중 범천궁전 광명

照曜호대 倍於常明이라 諸梵天王이 各作是念호대 今者宮
조요 배어상명 제범천왕 각작시념 금제궁

殿光明은 昔所未有라 以何因緣으로 而現此相이어뇨 是時
전광명 석소미유 이하인연 이현차상 시시

諸梵天王이 卽各相詣하야 共議此事러니 時彼衆中에 有
제범천왕 즉각상예 공의차사 시피중중 유

一大梵天王하니 名은 救一切라 爲諸梵衆하야 而說偈言호대
일대범천왕 명 구일체 위제범중 이설게언

我等諸宮殿에 光明昔未有라 此是何因緣가
아등제궁전 광명석미유 차시하인연

宜各共求之로다 爲大德天生인가 爲佛出世間인가
의각공구지 위대덕천생 위불출세간

가득하니 모든 하늘의 광명들보다 더욱 밝았느니라.

그때 동방의 5백만억 국토 중에 있는 범천왕의 궁전에 광명이 비치어 평상시보다 배나 밝아지므로 범천왕들은 각자 생각하기를, '지금 궁전에 비치는 광명은 예전에는 없던 것이다. 어떤 인연으로 이런 모습이 나타나는가?' 하며 곧바로 모여서 이 일을 함께 논의하였느니라. 이때 그 대중 가운데 구일체라는 대범천왕이 범천의 무리를 위하여 게송으로 말하였느니라.

우리들의 궁전에 비친 광명이 예전에는 없던 것입니다.

이것이 무슨 인연인지 모두 함께 찾아봅시다. 대덕천이 나신 것인지 부처님께서 세상에 오신 것인지 이

而此大光明이 遍照於十方이어뇨하며
이 차 대 광 명 변 조 어 시 방

爾時五百萬億國土에 諸梵天王이 與宮殿俱하사 各以
이 시 오 백 만 억 국 토 제 범 천 왕 여 궁 전 구 각 이

衣裓으로 盛諸天華하야 共詣西方하야 推尋是相타가 見
의 극 성 제 천 화 공 예 서 방 추 심 시 상 견

大通智勝如來 處于道場菩提樹下하사 坐師子座하시니
대 통 지 승 여 래 처 우 도 량 보 리 수 하 좌 사 자 좌

諸天龍王과 乾闥婆緊那羅와 摩睺羅伽人非人等이
제 천 용 왕 건 달 바 긴 나 라 마 후 라 가 인 비 인 등

恭敬圍繞하며 及見十六王子請佛轉法輪하고 卽時諸
공 경 위 요 급 견 십 육 왕 자 청 불 전 법 륜 즉 시 제

梵天王이 頭面禮佛하야 繞百千匝하고 卽以天華로 而
범 천 왕 두 면 예 불 요 백 천 잡 즉 이 천 화 이

런 큰 광명이 시방에 두루 비치고 있습니다.

그러자 5백만억 국토의 범천왕들은 궁전과 함께 각자 바구니에 하늘 꽃들을 가늑히 담아 함께 서방으로 나아가서 이 모습을 자세히 찾다가,

대통지승 여래가 도량의 보리수 아래 사자좌에 앉아 계시는데, 여러 천(天)과 용왕과 건달바와 긴나라와 마후라가 등 사람인듯 아닌 듯한 이들이 공경하며 둘러서서 모시고 있는 것과 16왕자가 부처님께 법륜 굴려 주시기를 청하고 있는 것을 보게 되자 즉시 머리를 조아려 부처님께 예배하고,

부처님 주위를 백천 번 돌면서 하늘 꽃을 부처님 위에

散佛上하오니 其所散華 如 須彌山이라 幷以供養 佛菩
산불상 기소산화 여 수미산 병이공양 불보
提樹하니 其菩提樹의 高는 十由旬이라 華供養已에 各以
리수 기보리수 고 십유순 화공양이 각이
宮殿으로 奉上彼佛하고 而作是言호대 唯見哀愍하사 饒益
궁전 봉상피불 이작시언 유견애민 요익
我等하시며 所獻宮殿을 願垂納受하소서 時諸梵天王이 卽
아등 소헌궁전 원수납수 시제범천왕 즉
於佛前에 一心同聲으로 以偈頌曰
어불전 일심동성 이게송왈

世尊甚希有하사 難可得值遇라 具無量功德하사
세존심희유 난가득치우 구무량공덕
能救護一切하시며 天人之大師로 哀愍於世間하시니
능구호일체 천인지대사 애민어세간

뿌렸는데 그 뿌려진 꽃이 수미산 같았느니라.

그리고 부처님의 보리수에도 공양을 하니 보리수의 높이가 10유순이나 되었느니라.

꽃으로 공양을 하고 각자 궁전을 부처님께 받들어 올리며 '오직 불쌍히 여기시어 저희들을 이익 되게 하여 주시고 바치는 궁전을 원하옵건대 부디 받아 주십시오.'

하고서는 범천왕들이 부처님 앞에서 한마음으로 다 함께 소리내어 게송을 말하였느니라.

세존은 매우 희유하시어 만나 뵈옵기 어렵습니다.

한량없는 공덕을 갖추셨으니 능히 일체를 구하시고 보호하시며,

하늘과 사람의 큰 스승이시고, 세상을 불쌍히 여기

十方諸衆生이 普皆蒙饒益이라 我等所從來는
시방제중생 보개몽요익 아등소종래

五百萬億國이니 捨深禪定樂은 爲供養佛故니다
오백만억국 사심선정락 위공양불고

我等先世福으로 宮殿甚嚴飾이라 今以奉世尊하노니
아등선세복 궁전심엄식 금이봉세존

唯願哀納受하소서
유원애납수

爾時에 諸梵天王이 偈讚佛已하고 各作是言호대 唯願
이시 제범천왕 게찬불이 각작시언 유원

世尊은 轉於法輪하사 度脫衆生하야 開涅槃道케하소서
세존 전어법륜 도탈중생 개열반도

時에 諸梵天王이 一心同聲으로 而說偈言하오대
시 제범천왕 일심동성 이설게언

世雄兩足尊은 唯願演說法하사 以大慈悲力으로
세웅양족존 유원연설법 이대자비력

시므로 시방의 중생들이 모두다 넉넉한 이익을 받습니다. 저희들이 온 곳은 5백만억의 나라이며, 깊은 선정의 즐거움을 버린 것은 부처님을 공양하기 위해서입니다. 저희들은 전생의 복으로 매우 아름다운 궁전이 있습니다. 지금 세존께 받들어 올리니 원하옵건대 불쌍히 여기시어 받아 주십시오.

범천왕들이 게송으로 부처님을 찬탄하고는 각자 이런 말씀을 드렸느니라. '오직 원하옵건대 세존이시여! 법륜을 굴리시어 중생들을 제도하시고 열반의 길을 열어주십시오.' 그리고는 다시 한마음으로 함께 소리내어 게송으로 말하였느니라.

세상의 영웅이신 양족존이시여! 오직 원하옵건대

度苦惱衆生하소서
도고뇌중생

爾時에 大通智勝如來 默然許之하시니라 又諸比丘야 東南
이시 대통지승여래 묵연허지 우제비구 동남

方 五百萬億國土에 諸大梵王이 各 自見宮殿에 光明
방 오백만억국토 제대범왕 각 자견궁전 광명

照曜호대 昔所未有하고 歡喜踊躍하며 生 希有心하야 卽
조요 석소미유 환희용약 생 희유심 즉

各相詣하야 共議此事러니 時彼衆中에 有 一大梵天王하니
각상예 공의차사 시피중중 유 일대범천왕

名曰大悲라 爲諸梵衆하사 而說偈言하오대
명왈대비 위제범중 이설게언

是事何因緣으로 而現如此相인가 我等諸宮殿에
시사하인연 이현여차상 아등제궁전

법을 설하시고 대 자비의 힘으로써 고뇌하는 중생들을 제도하여주십시오.

그때 대통지승 여래께서는 묵묵히 허락하시었느니라.

또 비구들아!

동남방의 5백만억 국토의 대범천왕들도 각자 자기의 궁전에 광명이 비치는 것을 보고 전에 없던 일이라 뛸 듯이 기뻤으나 이상히 생각하여 이 일을 다 같이 논의하였는데, 그 대중 가운데에 대비라는 대범천왕이 있다가 범천의 무리들을 위하여 게송으로 말하였느니라.

이 일이 어떤 인연이며 왜 이와 같은 모습이 나타나는가? 우리들의 모든 궁전에 예전에 없던 광명이

光明昔未有라 爲大德天生인가 爲佛出世間인가
광명석미유 위대덕천생 위불출세간
未曾見此相일새 當共一心求호리라 過千萬億土하야
미증견차상 당공일심구 과천만억토
尋光共推之호리 多是佛出世하야 度脫苦衆生이샷다
심광공추지 다시불출세 도탈고중생

爾時에 五百萬億 諸梵天王이 與宮殿俱하사 各以衣裓으로
이시 오백만억 제범천왕 여궁전구 각이의극
盛諸天華하고 共詣西北方하야 推尋是相타가 見大通智
성제천화 공예서북방 추심시상 견대통지
勝如來 處于道場 菩提樹下하사 坐師子座하시니 諸天龍
승여래 처우도량 보리수하 좌사자좌 제천용
王과 乾闥婆 緊那羅와 摩睺羅伽人非人等이 恭敬圍
왕 건달바 긴나라 마후라가인비인등 공경위

비치니 대덕천이 나신 것인가? 부처님께서 세상에 오신 것인가? 이런 모습을 본 적이 없으니 다 함께 일심으로 찾아봅시다. 천만억 국토를 지나서라도 다 함께 이 광명을 자세히 찾아봅시다. 아마도 이것은 부처님께서 괴로움에 허덕이는 중생들을 제도하시려고 세상에 오신 것일 것입니다.

그러자 5백만억 범천왕들은 궁전과 함께 바구니에 하늘 꽃들을 가득히 담아 가지고 함께 서북방으로 나아가 이 모습을 자세히 찾다가, 대통지승 여래가 도량의 보리수 아래 사자좌에 앉아 계시는데, 여러 천(天)과 용왕과 건달바와 긴나라와 마후라가 등 사람인듯 아닌 듯한 이들이 공경하며 둘러서서 모시고 있는 것과,

繞하며 及見十六王子 請佛轉法輪하고 時諸梵天王이
요 급견십육왕자 청불전법륜 시제범천왕

頭面禮佛하사 繞百千匝하며 卽以天華로 而散佛上하니
두면예불 요백천잡 즉이천화 이산불상

所散之華 如須彌山이라 幷以供養 佛菩提樹하며 華供
소산지화 여수미산 병이공양 불보리수 화공

養已에 各以宮殿으로 奉上彼佛하고 而作是言하오대 唯見
양이 각이궁전 봉상피불 이작시언 유견

哀愍하사 饒益我等하시며 所獻宮殿을 願垂納受하소서 爾
애민 요익아등 소헌궁전 원수납수 이

時諸梵天王이 卽於佛前에 一心同聲으로 以偈頌曰
시제범천왕 즉어불전 일심동성 이게송왈

聖主天中王이 迦陵頻伽聲으로 哀愍衆生者시라
성주천중왕 가릉빈가성 애민중생자

16왕자가 부처님께 법륜 굴려 주실 것을 청하고 있는 것을 보게 되자 머리를 조아려 부처님께 예배하고 주위를 백천 번 돌며 하늘 꽃을 부처님 위에 뿌리니 뿌려진 꽃이 수미산 같았느니라. 부처님의 보리수에도 꽃 공양을 한 후 각자의 궁전을 부처님께 받들어 올리며 이렇게 말씀드렸느니라.

'저희를 오직 불쌍히 여기시어 이익 되게 하시고 바치는 궁전을 원하옵건대 부디 받아 주십시오.'

그리고 나서 범천왕들이 곧바로 부처님 앞에서 한마음으로 다 함께 소리내어 게송을 하였느니라.

거룩하신 하늘의 왕께서는 가릉빈가 같은 음성으로
중생들을 불쌍히 여기시므로 저희들이 지금 공경하고

我等今敬禮호이다 世尊甚希有하사 久遠乃一現이샷다
아등금경례 세존심희유 구원내일현

一百八十劫을 空過無有佛호니 三惡道充滿하고
일백팔십겁 공과무유불 삼악도충만

諸天衆減少리니 今佛出於世하사 爲衆生作眼하시니
제천중감소 금불출어세 위중생작안

世間所歸趣라 救護於一切샷다 爲衆生之父하사
세간소귀취 구호어일체 위중생지부

哀愍饒益者시니 我等宿福慶으로 今得値世尊호이다
애민요익자 아등숙복경 금득치세존

爾時에 諸梵天王이 偈讚佛已하고 各作是言호대 唯願
이시 제범천왕 게찬불이 각작시언 유원
世尊은 哀愍一切하사 轉於法輪하야 度脫衆生하소서 時에
세존 애민일체 전어법륜 도탈중생 시
諸梵天王이 一心同聲으로 而說偈言하오대
제범천왕 일심동성 이설게언

예배하나이다. 세존께서는 매우 희유하시어 오래고 먼 세월에야 한 번 오셨습니다. 1백 8십 겁 동안 부처님께서 계시지 않아 헛되이 지났으므로 삼악도가 가득하고 하늘의 중생들이 줄었습니다. 이제 부처님께서 세상에 오시어 중생들을 위하여 눈이 되시고, 세상 사람들의 귀의할 곳이 되어 일체를 구호하시며, 중생들의 아버지가 되어 가엾게 여기시며 이익을 주십니다. 저희들은 전생의 복으로 경사스럽게도 지금 세존을 만났습니다.

게송으로 부처님을 찬탄하고 나서 '오직 원하옵건대 세존이시여, 일체를 불쌍히 여기시어 법륜을 굴리시고 중생을 제도하여 해탈하게 하여 주십시오' 하니 이때 범천왕들이 한마음으로 다 함께 소리 내어 게송을 말하였느니라.

大聖轉法輪하사 顯示諸法相하시며 度苦惱衆生하야
대성전법륜 현시제법상 도고뇌중생

令得大歡喜하시니 衆生聞此法하고 得道若生天하며
영득대환희 중생문차법 득도약생천

諸惡道減少하고 忍善者增益호이다
제악도감소 인선자증익

爾時에 大通智勝如來 默然許之하시니라 又諸比丘야 南方으로 五百萬億國土에 諸大梵王이 各自見宮殿에 光明照曜호대 昔所未有하고 歡喜踊躍하야 生希有心하며 卽各相詣하야 共議此事호대 以何因緣으로 我等宮殿에 有此光曜어뇨하더니 而彼衆中에 有一大梵天王하니 名曰
이시 대통지승여래 묵연허지 우제비구 남방 오백만억국토 제대범왕 각자견궁전 광명조요 석소미유 환희용약 생희유심 즉각상예 공의차사 이하인연 아등궁전 유차광요 이피중중 유일대범천왕 명왈

큰 성인이시여, 법륜을 굴리시어 모든 법의 모습을 나타내 보이시고 고뇌하는 중생을 제도하시어 큰 기쁨을 얻게 하소서. 중생들이 이 법을 듣고 도를 얻어 하늘에 태어나면 나쁜 갈래들이 줄어들고 잘 참는 착한 사람이 많아지는 이익이 있습니다.

그때 대통지승 여래께서는 묵묵히 허락하셨느니라.

또 비구들아! 남방으로 5백만억 국토의 대범천왕들이 제각기 자기의 궁전에 광명이 비치는 것을 보고 예전에 없던 일이라 뛸 듯이 기뻐하며 희유한 마음을 내어 서로 모여 논의하기를 '어떠한 인연으로 우리들의 궁전에 이런 광명이 비치는가?' 하였느니라.

그 대중 가운데 묘법이라는 대범천왕이 있다가 범천

妙法이라 爲諸梵衆하야 而說偈言하오대
묘법 위제범중 이설게언

我等諸宮殿에 光明甚圍繞하니 此非無因緣이라
아등제궁전 광명심위요 차비무인연

是相宜求之로다 過於百千劫토록 未曾見是相호니
시상의구지 과어백천겁 미증견시상

爲大德天生인가 爲佛出世間인가
위대덕천생 위불출세간

爾時에 五百萬億 諸 梵天王이 與 宮殿俱하야 各以衣
이시 오백만억 제 범천왕 여 궁전구 각이의

裓으로 盛諸天華하고 共詣北方하야 推尋是相타가 見大通
극 성제천화 공예북방 추심시상 견대통

智勝如來 處于道場 菩提樹下하사 坐 師子座하시니 諸
지승여래 처우도량 보리수하 좌 사자좌 제

의 무리를 위해 게송으로 말하였느니라.

우리들의 모든 궁전에 광명이 매우 밝게 빛나니 이 것은 인연이 있을 것입니다.

이 모습을 마땅히 찾아봅시다.

백천 겁이 지나도록 이런 모습을 보지 못하였는데 대덕천이 태어나신 것입니까? 부처님께서 세상에 오신 것입니까?

그리하여 5백만억 범천왕들은 다 함께 궁전과 함께 바구니에 하늘 꽃들을 가득 담아 가지고 북방으로 나아가서 이 모습을 자세히 찾다가, 대통지승 여래가 도량의 보리수 아래 사자좌에 앉아 계시는데,

天龍王과 乾闥婆緊那羅와 摩睺羅伽 人非人等이 恭
천용왕 건달바긴나라 마후라가 인비인등 공

敬圍繞하며 及見十六王子請佛轉法輪하고 時諸梵天
경위요 급견십육왕자청불전법륜 시제범천

王이 頭面禮佛하고 繞百千匝하며 卽以天華로 而散佛
왕 두면예불 요백천잡 즉이천화 이산불

上하니 所散之華 如須彌山이라 幷以供養佛菩提樹하고
상 소산지화 여수미산 병이공양불보리수

華供養已에 各以宮殿으로 奉上彼佛하고 而作是言호대
화공양이 각이궁전 봉상피불 이작시언

唯見哀愍하사 饒益我等하시며 所獻宮殿을 願垂納受하소서
유견애민 요익아등 소헌궁전 원수납수

爾時諸梵天王이 卽於佛前에 一心同聲으로 以偈頌曰
이시제범천왕 즉어불전 일심동성 이게송왈

여러 천(天)과 용왕과 건달바와 긴나라와 마후라가 등 사람인듯 아닌 듯한 이들이 공경하며 빙 둘러 서 있는 것과 16왕자가 부처님께 법륜 굴려 주실 것을 청하는 것을 보았느니라. 이때 범천왕들이 머리를 조아려 부처님께 예배하고 주위를 백천 번 돌며 바로 하늘꽃을 부처님 위에 뿌리니 뿌려진 꽃이 수미산 같았느니라. 아울러 부처님의 보리수에도 공양하였는데, 꽃공양을 마친 후에 각자 궁전을 그 부처님께 받들어 올리며 이렇게 말씀드렸느니라. '오직 저희를 불쌍히 여기시어 이롭게 하시고 바치는 궁전을 원하옵건대 부디 받아 주십시오.'

그러자 범천왕들이 부처님 앞에서 한마음으로 다 같이 소리내어 게송을 하였느니라.

世尊甚難見이라 破諸煩惱者삿다 過百三十劫하야
세존심난견 파제번뇌자 과백삼십겁

今乃得一見이라 諸飢渴衆生에 以法雨充滿이샷다
금내득일견 제기갈중생 이법우충만

昔所未曾見 無量智慧者라 如優曇鉢華를
석소미증견 무량지혜자 여우담발화

今日乃値遇로소니 我等諸宮殿이 蒙光故嚴飾이라
금일내치우 아등제궁전 몽광고엄식

世尊大慈悲하사 唯願垂納受하소서
세존대자비 유원수납수

爾時에 諸梵天王이 偈讚佛已하고 各作是言호대 唯願世
이시 제범천왕 게찬불이 각작시언 유원세

尊은 轉於法輪하사 令一切世間과 諸天魔梵과 沙門婆
존 전어법륜 영일체세간 제천마범 사문바

羅門으로 皆獲安隱하사 而得度脫케하소서 時諸梵天王이 一
라문 개획안은 이득도탈 시제범천왕 일

세존을 뵙기가 무척 어렵습니다. 온갖 번뇌를 없애신 분이시여 1백 3십 겁을 지나 이제서야 한 번 뵙게 되었습니다. 굶주리고 목마른 중생들에게 법비를 가득히 내려 주십시오. 일찍이 뵈옵지 못하였으며 지혜가 한량없는 분이시여, 우담발화와 같아서 오늘에서야 만나 뵙게 되었습니다. 저희들의 궁전이 빛을 받아서 아름답게 꾸며졌으니 세존이시여! 크게 사랑하고 불쌍히 여기시어 오직 원하옵건대 부디 받아주십시오.

범천왕들이 게송으로 부처님을 찬탄한 후 제각기 '오직 원하옵건대 세존이시여! 법륜을 굴리시어 일체 세간의 모든 천인과 마와 범천과 사문과 바라문들로 하여금 모두 편안함을 얻어 해탈하게 하여 주십시오'하며 한마

心同聲으로 以偈頌曰
심동성 이게송왈

唯願天人尊은 轉無上法輪하사 擊于大法鼓하시고
유원천인존 전무상법륜 격우대법고

而吹大法螺하시며 普雨大法雨하사 度無量衆生하실새
이취대법라 보우대법우 도무량중생

我等咸歸請하노니 當演深遠音하소서
아등함귀청 당연심원음

爾時에 大通智勝如來 默然許之하시니라 西南方과 乃至
이시 대통지승여래 묵연허지 서남방 내지

下方도 亦復如是하니라 爾時에 上方으로 五百萬億國土에
하방 역부여시 이시 상방 오백만억국토

諸大梵王이 皆悉自覩 所止宮殿에 光明圍繞호대 昔所
제대범왕 개실자도 소지궁전 광명위요 석소

未有하고 歡喜踊躍하야 生希有心하며 卽各相詣하야 共
미유 환희용약 생희유심 즉각상예 공

음으로 다 같이 소리내어 게송을 말하였느니라.

오직 원하옵건대 부처님이시여, 위없는 법륜을 굴리시고 큰 법 북을 치시며 큰 법 소라를 부시고 큰 법의 비를 두루 내리시어 한량없는 중생을 제도하여 주십시오. 저희들이 다 함께 귀의하고 청하오니 마땅히 멀고도 깊은 소리로 설하여 주십시오.

그때 대통지승 여래께서는 묵묵히 허락하셨는데 서남방과 하방까지도 역시 이와 같았느니라. 또 상방으로 5백만억 국토의 대범천왕들도 모두다 궁전에 찬란한 광명이 머물러 있음을 보고 예전에 없던 일이라 뛸 듯이 기뻐하였으나, 이상하게 여기어 곧바로 모여서 이 일을 논의하였느니라.

議此事호대 以何因緣으로 我等宮殿에 有斯光明이어뇨 時
의차사 이하인연 아등궁전 유사광명 시
彼衆中에 有一大梵天王하니 名曰尸棄라 爲諸梵衆하야
피중중 유일대범천왕 명왈시기 위제범중
而說偈言하오대
이설게언

今以何因緣으로 我等諸宮殿에 威德光明曜호대
금이하인연 아등제궁전 위덕광명요
嚴飾未曾有어뇨 如是之妙相은 昔所未聞見이로니
엄식미증유 여시지묘상 석소미문견
爲大德天生인가 爲佛出世間인가
위대덕천생 위불출세간

爾時에 五百萬億 諸 梵天王이 與 宮殿俱하며 各以衣
이시 오백만억 제 범천왕 여 궁전구 각이의
祴으로 盛諸天華하고 共詣下方이라 推尋是相타가 見 大
극 성제천화 공예하방 추심시상 견 대

'어떤 인연으로 우리들의 궁전에 이런 광명이 있는가?' 그때 대중 가운데 시기라는 대범천왕이 있다가 범천의 무리들을 위하여 게송으로 말하였느니라.

지금 어떤 인연으로 우리들의 궁전에 전에 없던 찬란한 광명이 비치어 아름답게 꾸며지는가? 이와 같이 좋은 모습을 예전에는 듣지도 못하고, 보지도 못하였는데 대덕천이 나신 것인가? 부처님께서 세상에 오신 것인가?

5백만억 범천왕들이 궁전과 함께 바구니에 하늘 꽃을 가득히 담아 다 같이 하방으로 나아가 이 모습을 자세히 찾다가,

通智勝如來 處于道場 菩提樹下하사 坐師子座하시니 諸
통 지 승 여 래 처 우 도 량 보 리 수 하 좌 사 자 좌 제

天龍王과 乾闥婆 緊那羅와 摩睺羅伽 人非人等이 恭
천 용 왕 건 달 바 긴 나 라 마 후 라 가 인 비 인 등 공

敬圍繞하며 及見十六王子請佛轉法輪하고 時諸梵天
경 위 요 급 견 십 육 왕 자 청 불 전 법 륜 시 제 범 천

王이 頭面禮佛하야 繞百千匝하며 卽以天華로 而散佛
왕 두 면 예 불 요 백 천 잡 즉 이 천 화 이 산 불

上하니 所散之花 如須彌山이라 幷以供養 佛菩提樹하고
상 소 산 지 화 여 수 미 산 병 이 공 양 불 보 리 수

華供養已에 各以宮殿으로 奉上彼佛하고 而作是言호대
화 공 양 이 각 이 궁 전 봉 상 피 불 이 작 시 언

惟見哀愍하사 饒益我等하시며 所獻宮殿을 願垂納受하소서
유 견 애 민 요 익 아 등 소 헌 궁 전 원 수 납 수

時諸梵天王이 卽於佛前에 一心同聲으로 以偈頌曰
시 제 범 천 왕 즉 어 불 전 일 심 동 성 이 게 송 왈

대통지승 여래가 도량의 보리수 아래 사자좌에 앉아 계시는데, 여러 천(天)과 용왕과 건달바와 긴나라와 마후라가 등 사람인듯 아닌 듯한 이들이 공경하며 둘러서 있는 것과 16왕자가 부처님께 법륜 굴려 주실 것을 청하는 것을 보고서 머리를 조아려 부처님께 예배하고, 주위를 백천 번 돌며 하늘 꽃을 부처님 위에 뿌리니, 뿌려진 꽃이 수미산 같았느니라. 아울러 부처님의 보리수에도 공양을 하였는데 꽃공양을 다하고 각자 궁전을 그 부처님께 받들어 올리며, '저희들을 오직 불쌍히 여기시어 이익되게 하시고, 바치는 궁전을 원하옵건대 부디 받아주십시오' 하며 부처님 앞에서 일심으로 다 같이 소리내어 게송으로 말하였느니라.

善哉見諸佛 선재견제불	救世之聖尊호니 구세지성존	能於三界獄에 능어삼계옥
勉出諸衆生이샷다 면출제중생	普智天人尊이 보지천인존	哀愍群萌類하사 애민군맹류
能開甘露門하야 능개감로문	廣度於一切샷다 광도어일체	於昔無量劫에 어석무량겁
空過無有佛하며 공과무유불	世尊未出時에 세존미출시	十方常暗冥하야 시방상암명
三惡道增長하고 삼악도증장	阿修羅亦盛하며 아수라역성	諸天衆轉減하야 제천중전감
死多墮惡道하며 사다타악도	不從佛聞法하고 부종불문법	常行不善事하며 상행불선사
色力及智慧 색력급지혜	斯等皆減少라 사등개감소	罪業因緣故로 죄업인연고
失樂及樂想하고 실락급낙상	住於邪見法하며 주어사견법	不識善儀則하고 불식선의칙

거룩하십니다. 부처님들을 뵈오니 세상을 구하시는 성스럽고 높으신 분이라서 삼계의 지옥에서 중생들을 부지런히 건져 내십니다. 넓은 지혜를 갖추신 부처님께서 어린 싹과 같은 무리들을 불쌍히 여기시어 감로의 문을 여시고 일체를 널리 구제하십니다. 과거의 한량없는 겁이 부처님께서 계시지 않아 헛되이 지나갔습니다. 세존께서 오시기 전에는 시방이 항상 어둡고 캄캄하여 삼악도는 더욱 늘어났고, 아수라도 더욱 왕성해졌으며, 하늘 중생들은 점점 줄어들고, 죽어서는 악도에 떨어지는 것이 많아졌습니다. 부처님으로부터 법을 듣지 못하여 항상 선하지 못한 일을 저지르고 육신과 힘과 지혜 등 이런 것들이 모두 줄어들고, 죄업의 인연으로 즐거움과 즐거운 생각까지 잃어버리고 그릇되게 보는 법에 머물러, 바른 예의와 법칙을 알지

不蒙佛所化하며　常墮於惡道러니　佛爲世間眼하사
불몽불소화　상타어악도　불위세간안

久遠時乃出하야　哀愍諸衆生일새　故現於世間하야
구원시내출　애민제중생　고현어세간

超出成正覺하시니　我等甚欣慶하고　及餘一切衆도
초출성정각　아등심흔경　급여일체중

喜歎未曾有호이다　我等諸宮殿이　蒙光故嚴飾이라
희탄미증유　아등제궁전　몽광고엄식

今以奉世尊하노니　唯垂哀納受하소서　願以此功德으로
금이봉세존　유수애납수　원이차공덕

普及於一切하야　我等與衆生이　皆共成佛道하야지이다
보급어일체　아등여중생　개공성불도

爾時에 五百萬億 諸梵天王이 偈讚佛已하시고 各白佛言하사대 唯願世尊은 轉於法輪하사 多所安隱하시며 多所度
이시 오백만억 제범천왕 게찬불이 각백불언 유원세존 전어법륜 다소안은 다소도

못하고 부처님께서 교화하시는 바를 입지 못하여 항상 악도에 떨어졌습니다. 세상의 눈이신 부처님께서 오랜 세월이 지난 후에야 오셨습니다. 중생들을 불쌍히 여기시어 세상에 오시며, 세상을 초월하여 바른 깨달음을 이루셨습니다. 저희들은 매우 기쁘고 경사스러우며, 다른 일체의 중생들도 기뻐하며 미증유라 찬탄합니다. 저희들의 궁전이 광명을 받아 아름답게 꾸며졌는데 세존께 받들어 올리니, 오직 불쌍히 여기시어 받아들여 주십시오. 원하옵건대 이 공덕이 두루 일체에게 미치게 하여서 저희와 더불어 중생들도 다 함께 불도를 이루게 하여 주십시오.

5백만억 범천왕들이 게송으로 찬탄한 후 제각기 '오직 원하옵건대 세존이시여! 법륜을 굴려 주십시오. 편안함이 많고 제도 받아 해탈함이 많을 것입니다.' 하며

脫케하소서 時諸梵天王이 而說偈言하오대
탈 시제범천왕 이설게언

世尊轉法輪하실새 擊甘露法鼓하사 度苦惱衆生하야
세존전법륜 격감로법고 도고뇌중생

開示涅槃道하시니 唯願受我請하사와 以大微妙音으로
개시열반도 유원수아청 이대미묘음

哀愍而敷演 無量劫習法하소서
애민이부연 무량겁습법

爾時에 大通智勝如來 受十方諸梵天王과 及十六王
이시 대통지승여래 수시방제범천왕 급십육왕

子請하시고 卽時에 三轉十二行法輪하시니 若沙門婆羅
자청 즉시 삼전십이항법륜 약사문바라

門과 若天魔梵과 及餘世間의 所不能轉이니 謂是苦며
문 약천마범 급여세간 소불능전 위시고

범천왕들이 다시 게송으로 말하였느니라.

세존이시여! 법륜을 굴리시고 감로의 법 북을 치시어 고뇌하는 중생들을 건지시고 열반의 길은 열어 보여 주십시오. 오직 원하옵건대 저희들의 청을 받아들여 불쌍히 여기시어 크고 미묘한 음성으로 한량없는 겁 동안 익히신 법을 널리 설하여 주십시오.

그때 대통지승 여래께서 시방의 모든 범천왕들과 16왕자의 청을 받아들여 3전 12항(부처님께서 사제에 대하여 시 · 권 · 증의 삼 단계로 나누어 고찰하신 것)의 법륜을 굴리셨는데, 사문이나 바라문과 하늘과 마와 범천과 아울러 세상의 어느 누구라도 굴릴 수가 없는 것이었다. 이른바 이것이 괴로움이며, 이것이 괴로움의 원인

是苦集이며 是苦滅이며 是苦滅道며 及廣說十二因緣
시고집 시고멸 시고멸도 급광설십이인연

法하시니 無明緣行하고 行緣識하며 識緣名色하고 名色緣
법 무명연행 행연식 식연명색 명색연

六入하며 六入緣觸하고 觸緣受하며 受緣愛하고 愛緣取하며
육입 육입연촉 촉연수 수연애 애연취

取緣有하고 有緣生하며 生緣老死憂悲苦惱하나니라 無明
취연유 유연생 생연노사우비고뇌 무명

滅則行滅하고 行滅則識滅하고 識滅則名色滅하고 名色
멸즉행멸 행멸즉식멸 식멸즉명색멸 명색

滅則六入滅하고 六入滅則觸滅하고 觸滅則受滅하고 受滅
멸즉육입멸 육입멸즉촉멸 촉멸즉수멸 수멸

則愛滅하고 愛滅則取滅하고 取滅則有滅하고 有滅則生
즉애멸 애멸즉취멸 취멸즉유멸 유멸즉생

이며, 이것이 괴로움의 없어짐이며, 이것이 괴로움을 없애는 길이라 하시고 또 십이인연법을 자세히 설하셨으니, 무명은 행을 인연하고, 행은 식을 인연하며, 식은 명색을 인연하고, 명색은 육입을 인연하며, 육입은 촉을 인연하고, 촉은 수를 인연하며, 수는 애를 인연하고, 애는 취를 인연하며, 취는 유를 인연하고, 유는 생을 인연하며, 생은 노·사·우·비·고·뇌를 인연하느니라.

무명이 멸하면 행이 멸하고, 행이 멸하면 식이 멸하고, 식이 멸하면 명색이 멸하고, 명색이 멸하면 육입이 멸하고, 육입이 멸하면 촉이 멸하고, 촉이 멸하면 수가 멸하고, 수가 멸하면 애가 멸하고, 애가 멸하면 취가 멸하고, 취가 멸하면 유가 멸하고, 유가 멸하면 생이 멸하고, 생

滅하고 生滅則 老死憂悲苦惱滅하나니라
멸 생멸즉 노사우비고뇌멸

佛於天人大衆之中 說是法時에 六百萬億那由他人이
불어천인대중지중 설시법시 육백만억나유타인

以不受一切法故로 而於諸漏에 心得解脫하야 皆得深
이불수일체법고 이어제루 심득해탈 개득심

妙禪定과 三明六通하고 具八解脫하며 第二第三과 第
묘선정 삼명육통 구팔해탈 제이제삼 제

四說法時에 千萬億 恒河沙 那由他等衆生이 亦以不
사설법시 천만억 항하사 나유타등중생 역이불

受一切法故로 而於諸漏에 心得解脫하며 從是已後로
수일체법고 이어제루 심득해탈 종시이후

諸聲聞衆도 無量無邊 不可稱數러라
제성문중 무량무변 불가칭수

이 멸하면 노·사·우·비·고·뇌가 멸하느니라.

부처님께서

하늘과 사람의 대중 가운데서 이 법을 설하실 때 6백만억 나유타의 사람들이 모든 존재에 대하여 집착하지 않은 까닭에 모든 번뇌에서 마음의 해탈을 얻고 모두다 깊고 묘한 선정과 삼명과 육신통을 얻어 팔 해탈을 갖추게 되었느니라.

두 번째, 세 번째, 네 번째 설법하실 때에도 천만억 항하사 나유타의 중생들이 역시 모든 존재에 대하여 집착하지 않은 까닭에 모든 번뇌에서 마음의 해탈을 얻었으며, 이후로부터 성문 대중들도 한량없고 가없어서 그 수를 헤아릴 수가 없었느니라.

爾時에 十六王子 皆以童子로 出家하야 而爲沙彌호대
이시 십육왕자 개이동자 출가 이위사미

諸根이 通利하고 智慧明了하며 已曾供養 百千萬億諸
제근 통리 지혜명료 이증공양 백천만억제

佛하사 淨修梵行하며 求阿耨多羅三藐三菩提호려하야 俱
불 정수범행 구아뇩다라삼먁삼보리 구

白佛言하오대 世尊이시여 是諸無量 千萬億 大德聲聞이
백불언 세존 시제무량 천만억 대덕성문

皆已成就호니 世尊이 亦當爲我等하사 說阿耨多羅三
개이성취 세존 역당위아등 설아뇩다라삼

藐三菩提法하소서 我等이 聞已에 皆共修學호리다 世尊이시여
먁삼보리법 아등 문이 개공수학 세존

我等志願인 如來知見과 深心所念을 佛自證知시리다
아등지원 여래지견 심심소념 불자증지

그때 16왕자는 모두 동자로써 출가하여 사미가 되었는데 근기가 뛰어나고 지혜가 총명하여, 백천만억 부처님들을 공양하고 범행을 깨끗이 닦아 아뇩다라삼먁삼보리를 구하며 다 함께 부처님께 말씀드렸느니라.

'세존이시여! 큰 덕행이 있는 이 한량없는 천만억의 성문들은 모두다 성취하였습니다.

세존께서 저희들을 위하여서도 아뇩다라삼먁삼보리의 법을 설하여 주십시오. 저희들이 듣고 다 함께 닦고 배우겠습니다.

세존이시여! 저희들은 여래의 지견을 바라고 원합니다. 마음 깊이 염원하고 있는 것을 부처님께서는 잘 아시지 않습니까?'

爾時에 轉輪聖王의 所將衆中에 八萬億人이 見十六
이시 전륜성왕 소장중중 팔만억인 견십육

王子出家하고 亦求出家어늘 王卽聽許하시다
왕자출가 역구출가 왕즉청허

爾時에 彼佛이 受沙彌請하사 過二萬劫已코는 乃於四
이시 피불 수사미청 과이만겁이 내어사

衆之中에 說是大乘經하시니 名은 妙法蓮華라 敎菩薩
중지중 설시대승경 명 묘법연화 교보살

法이며 佛所護念이러라 說是經已어시늘 十六沙彌爲阿耨
법 불소호념 설시경이 십육사미위아뇩

多羅三藐三菩提故로 皆共受持하야 諷誦通利러리라 說
다라삼먁삼보리고 개공수지 풍송통리 설

是經時에 十六菩薩沙彌는 皆悉信受하고 聲聞衆中에도
시경시 십육보살사미 개실신수 성문중중

그때 전륜성왕이 데리고 온 대중 가운데 8만억의 사람이 16왕자께서 출가하는 것을 보고 역시 출가하기를 원하므로 왕이 듣고 바로 허락하였느니라.

그때 그 부처님께서는 사미들의 청을 받고 2만 겁이 지나서야 사부 대중 가운데에서 대승경을 설하시었는데, 이름은 『묘법연화경』이고, 보살을 가르치는 법이며, 부처님께서 호념하시는 바이었다.

이 경을 설하시자, 16사미는 아뇩다라삼먁삼보리를 위하여 다 함께 받아 지니고 읽고 외워서 통달하였느니라.

이 경을 설하실 때 16보살 사미들은 모두다 믿고 받아들였으며, 성문 대중 가운데서도 역시 믿고 이해하는 자

亦有信解하나 其餘衆生의 千萬億種은 皆生疑惑하니라
역 유 신 해 기 여 중 생 천 만 억 종 개 생 의 혹

佛說是經을 於 八千劫에 未曾休廢하시고 說此經已에
불 설 시 경 어 팔 천 겁 미 증 휴 폐 설 차 경 이

卽入靜室하야 住於禪定을 八萬四千劫일러니라 是時에 十
즉 입 정 실 주 어 선 정 팔 만 사 천 겁 시 시 십

六菩薩沙彌 知佛入室하야 寂然禪定하고 各陞法座하야
육 보 살 사 미 지 불 입 실 적 연 선 정 각 승 법 좌

亦於八萬四千劫에 爲 四部衆하야 廣說分別 妙法華
역 어 팔 만 사 천 겁 위 사 부 중 광 설 분 별 묘 법 화

經하사 一一皆度 六百萬億 那由他 恒河沙等衆生하야
경 일 일 개 도 육 백 만 억 나 유 타 항 하 사 등 중 생

示教利喜하야 令發阿耨多羅三藐三菩提心하니라
시 교 리 희 영 발 아 뇩 다 라 삼 먁 삼 보 리 심

가 있었으나 그 밖의 천만억 중생들은 모두다 의심하였느니라.

부처님께서

8천 겁 동안 쉬거나 그만두지 않고 이 경을 설하시고 이 경을 다 설하신 후 바로 고요한 방에 들어가시어 8만 4천 겁 동안 선정에 머무르셨는데 이때 16보살 사미는 부처님께서 방에 들어가셔서 고요히 선정에 드셨음을 알고, 각자 법좌에 올라가 8만 4천 겁 동안 사부 대중을 위하여 『묘법연화경』을 널리 분별하여 설하였으며 모두다 6백만억 나유타 항하사 같은 중생들을 제도하였는데, 보여주고 가르쳐서 이롭고 기쁘게 하였으며, 아뇩다라삼먁삼보리의 마음을 내게 하였느니라.

大通智勝佛이 過八萬四千劫已코는 從三昧起하사 往
대통지승불 과팔만사천겁이 종삼매기 왕
詣法座하야 安詳而坐하시고 普告大衆하사대 是十六菩薩
예법좌 안상이좌 보고대중 시십육보살
沙彌는 甚爲希有라 諸根이 通利하야 智慧明了하며 已曾
사미 심위희유 제근 통리 지혜명료 이증
供養 無量千萬億數諸佛하사 於諸佛所에 常修梵行하야
공양 무량천만억수제불 어제불소 상수범행
受持佛智하며 開示衆生하야 令入其中하니 汝等은 皆當
수지불지 개시중생 영입기중 여등 개당
數數親近하야 而供養之니라 所以者何오 若聲聞辟支
삭삭친근 이공양지 소이자하 약성문벽지
佛과 及諸菩薩이 能信是十六菩薩所說經法하고 受持
불 급제보살 능신시십육보살소설경법 수지

대통지승 부처님께서 8만 4천 겁이 지나자 삼매에서 일어나 법좌에 나아가 편안하게 앉으셔서 널리 대중에게 말씀하셨느니라.

'이 16보살 사미들은
매우 희유하고 근기가 뛰어나며, 지혜가 총명하여 한량없는 천만억 부처님을 공양하고 부처님 처소에서 항상 범행을 닦고, 부처님의 지혜를 받아 지니고 중생들을 가르쳐 그 가운데로 들어가게 하니,
너희들은 모두다 수시로 가까이 하여 모시고 공양하여라.'

왜냐하면 만약에 성문이나 벽지불이나 보살들로서 이 16보살이 설하는 경전의 가르침을 믿고 받아들여 지니

不毁者는 是人이 皆 當得阿耨多羅三藐三菩提와 如
불 훼 자 　 시 인 　 개 당 득 아 뇩 다 라 삼 먁 삼 보 리 　 여

來之慧하리라 佛告諸比丘하사대 是 十六菩薩이 常樂說
래 지 혜 　 불 고 제 비 구 　 시 십 육 보 살 　 상 요 설

是妙法蓮華經하야 一一菩薩의 所化는 六百萬億那由
시 묘 법 연 화 경 　 일 일 보 살 　 소 화 　 육 백 만 억 나 유

他 恒河沙等衆生이라 世世所生에 與菩薩俱하야 從其
타 항 하 사 등 중 생 　 세 세 소 생 　 여 보 살 구 　 종 기

聞法하고 悉皆信解할새 以此因緣으로 得値四百萬億 諸
문 법 　 실 개 신 해 　 이 차 인 연 　 득 치 사 백 만 억 제

佛世尊하야 于今不盡하니라
불 세 존 　 우 금 부 진

諸比丘야 我今語汝호리라 彼佛弟子 十六沙彌는 今皆
제 비 구 　 아 금 어 여 　 피 불 제 자 십 육 사 미 　 금 개

며 헐뜯지 않는 자들은 모두다 아뇩다라삼먁삼보리인 여래의 지혜를 얻을 것이기 때문이니라."

부처님께서 비구들에게 말씀하셨다.

"이 16보살은 항상 이 『묘법연화경』을 즐겁게 설하여 보살들마다 교화한 6백만억 나유타 항하사 같은 중생들은 세세생생 보살과 함께 나며 그들로부터 법을 들으며 모두 믿고 이해하느니라.

이런 인연으로 4만억 부처님들을 만나게 되는데 지금도 다하지 않았느니라.

비구들아!

내가 지금 너희에게 말하는데 그 부처님의 제자인 16사미들은 지금 모두다 아뇩다라삼먁삼보리를 얻고 시

得 阿耨多羅三藐三菩提하사 於 十方國土에 現在說法하사대 有 無量百千萬億 菩薩聲聞이 以爲眷屬이라
득 아뇩다라삼먁삼보리 어 시방국토 현재설법 유 무량백천만억 보살성문 이위권속

其 二沙彌는 東方에 作佛하시니 一名은 阿閦이라 在歡喜國하고 二名은 須彌頂이니라 東南方二佛은 一名은 師子音이요 二名은 師子相이며 南方二佛은 一名은 虛空住요 二名은 常滅이며 西南方二佛은 一名은 帝相이요 二名은 梵相이며 西方二佛은 一名은 阿彌陀요 二名은 度一切
기 이사미 동방 작불 일명 아촉 재환희국 이명 수미정 동남방이불 일명 사자음 이명 사자상 남방이불 일명 허공주 이명 상멸 서남방이불 일명 제상 이명 범상 서방이불 일명 아미타 이명 도일체

방의 국토에서 법을 설하고 있는데, 한량없는 백천만억 보살과 성문들이 권속으로 있느니라.

그들 중 두 사미는 동방의 부처님이 되셨는데 첫째의 이름은 아촉이고 환희국에 계시며, 둘째의 이름은 수미정이니라.

동남방의 두 부처님 즉, 첫째는 사자음이고 둘째는 사자상이며

남방의 두 부처님, 첫째는 허공주이고 둘째는 상멸이며

서남방의 두 부처님 즉,

첫째는 제상이고 둘째는 범상이며

서방의 두 부처님 즉,

첫째는 아미타이고 둘째는 도일체 세간고뇌이며

世間苦惱며 西北方二佛은 一名은 多摩羅跋栴檀香神
세간고뇌 서북방이불 일명 다마라발전단향신

通이요 二名은 須彌相이며 北方二佛은 一名은 雲自在요
통 이명 수미상 북방이불 일명 운자재

二名은 雲自在王이며 東北方佛名은 壞一切世間怖畏
이명 운자재왕 동북방불명 괴일체세간포외

며 第十六은 我釋迦牟尼佛이 於娑婆國土에 成阿耨
제십육 아석가모니불 어사바국토 성아뇩

多羅三藐三菩提니라 諸比丘야 我等이 爲沙彌時에 各各
다라삼먁삼보리 제비구 아등 위사미시 각각

教化無量百千萬億恒河沙等衆生하야 從我聞法하고 爲
교화무량백천만억항하사등중생 종아문법 위

阿耨多羅三藐三菩提어든 此諸衆生이 于今有住聲聞
아뇩다라삼먁삼보리 차제중생 우금유주성문

서북방의 두 부처님 즉,

첫째는 다마라발전단향신통이고, 둘째는 수미상이며

북방의 두 부처님 즉,

첫째는 운자재이고 둘째는 운자재왕이며

동북방 부처님의 이름은 괴 일체세간포외이고,

열여섯 번째는 나 석가모니불인데 사바세계에서 아뇩다라삼먁삼보리를 이루었노라.

비구들아!

우리들이 사미로 있을 때에 각각 한량없는 백천만억 항하사의 중생들을 교화하였는데, 우리들로부터 법을 들은 것은 아뇩다라삼먁삼보리를 위한 것이었노라. 이들은 지금 성문의 지위에 머무르고 있는 자들인데 내가

地者를 我常教化 阿耨多羅三藐三菩提하노니 是諸人
지자 아상교화 아뇩다라삼먁삼보리 시제인

等이 應以是法으로 漸入佛道니라 所以者何오 如來智慧는
등 응이시법 점입불도 소이자하 여래지혜

難信難解니라 爾時所化 無量恒河沙等衆生者는 汝等
난신난해 이시소화 무량항하사등중생자 여등

諸比丘와 及我滅度後 未來世中에 聲聞弟子 是也니라
제비구 급아멸도후 미래세중 성문제자 시야

我滅度後에 復有弟子 不聞是經하고 不知不覺菩薩所
아멸도후 부유제자 불문시경 부지불각보살소

行하며 自於所得功德에 生滅度想하야 當入涅槃커든 我
행 자어소득공덕 생멸도상 당입열반 아

於餘國에 作佛하야 更有異名하리니 是人이 雖生滅度之
어여국 작불 갱유이명 시인 수생멸도지

항상 아뇩다라삼먁삼보리로 교화하였으므로 이 사람들도 당연히 이 법으로써 차츰 불도에 들어가게 되느니라. 왜냐하면 여래의 지혜는 믿기 어려우며 이해하기 어렵기 때문이니라.

그때 교화를 한 한량없는 항하의 모래 수 같은 중생들은 너희들 모든 비구와 내가 열반한 후의 미래 세상에 있을 성문 제자들이니라.

내가 열반한 후에 어떤 제자가 이 경을 듣지 못하여 보살이 행하여야 할 바를 알지 못하고 깨닫지 못하여, 자기가 얻은 공덕에 대하여 열반을 얻었다는 생각을 내어 마땅히 열반에 들게 되었다고 하겠지만, 내가 다른 나라에서 부처님이 되어 다시 다른 이름으로 있다가 이

想하야 入於涅槃이니 而於彼土에 求佛智慧하야 得聞是
상 입어열반 이어피토 구불지혜 득문시
經하리니 唯以佛乘으로 而得滅度요 更無餘乘이니 除諸如
경 유이불승 이득멸도 갱무여승 제제여
來方便說法이니라
래방편설법

諸比丘야 若如來 自知涅槃時到하고 衆又淸淨하야 信
제비구 약여래 자지열반시도 중우청정 신
解堅固하며 了達空法하야 深入禪定커든 便集諸菩薩과
해견고 요달공법 심입선정 변집제보살
及聲聞衆하야 爲說是經하리니 世間에 無有二乘이 而得
급성문중 위설시경 세간 무유이승 이득
滅度요 唯一佛乘이라사 得滅度耳니라
멸도 유일불승 득멸도이

사람이 비록 열반하였다는 생각을 내어 열반에 들더라도 그 나라에서 부처님의 지혜를 구하고 이 경을 듣게 될 것이니라.

오직 불승만으로 열반을 얻을 수 있지, 다른 승은 없느니라.

그러나 여래가 방편으로 설한 법은 제외하느니라.

비구들아! 만약 여래가 열반할 때가 되어 대중들이 청정하고 믿음과 이해가 굳고 단단하며, 공(空)의 법을 깨달아서 깊이 선정에 든 것을 알게 되면, 곧 보살과 성문들을 모아서 이 경을 설하느니라.

세상에 이승으로 열반을 얻을 수 있는 것은 없으며, 오직 일불승으로 열반을 얻느니라.

比丘야 當知하라 如來方便으로 深入衆生之性하사 知其
비구 당지 여래방편 심입중생지성 지기

志樂小法하야 深著五欲일새 爲是等故로 說於涅槃하나니
지락소법 심착오욕 위시등고 설어열반

是人이 若聞이면 則便信受니라 譬如五百由旬 險難惡
시인 약문 즉편신수 비여오백유순 험난악

道의 曠絕無人 怖畏之處에 若有多衆이 欲過此道하야
도 광절무인 포외지처 약유다중 욕과차도

至珍寶處할새 有一導師호대 聰慧明達하야 善知險道通
지진보처 유일도사 총혜명달 선지험도통

塞之相하고 將導衆人하야 欲過此難커든 所將人衆이 中
색지상 장도중인 욕과차난 소장인중 중

路懈退할새 白導師言호대 我等이 疲極하고 而復怖畏하야
로해퇴 백도사언 아등 피극 이부포외

비구들아! 마땅히 알아라.

여래는 방편으로 중생들의 성품에 깊이 들어가서 그들의 생각이 소승법을 좋아하여 오욕에 깊이 빠져 있는 것을 알고 이들을 위하므로 열반을 설하는데, 이들이 들으면 곧 바로 믿고 받아들이느니라.

비유하면 5백 유순이나 되는 험하고 어렵고 나쁜 길이 인적도 없고 두려우며 무서운데, 여러 사람이 이 길을 지나서 진귀한 보배가 있는 곳으로 가려할 때 도사(지도자, 길잡이)가 한 사람 있었느니라. 총명하고 지혜로우며 밝게 깨달아서 험한 길의 통하고 막힌 모습을 잘 알아 사람들을 데리고 이 험한 길을 지나가려고 하였는데, 따라가던 사람들이 중도에서 게을러져 물러서며 도사에게

不能復進하고 前路猶遠하야 今欲退還하노라 導師는 多諸
불능부진 전로유원 금욕퇴환 도사 다제

方便이라 而作是念호대 此等이 可愍이로다
방편 이작시념 차등 가민

云何捨大珍寶하고 而欲退還가 作是念已에 以方便
운하사대진보 이욕퇴환 작시념이 이방편

力으로 於險道中에 過三百由旬하야 化作一城하고 告衆
력 어험도중 과삼백유순 화작일성 고중

人言호대 汝等은 勿怖하고 莫得退還하라 今此大城에 可
인언 여등 물포 막득퇴환 금차대성 가

於中止하야 隨意所作이니 若入是城이면 快得安隱이요 若
어중지 수의소작 약입시성 쾌득안은 약

能前至寶所라도 亦可得去리라
능전지보소 역가득거

말하기를, '저희들은 매우 피곤하고 두렵고 무서워서 더 갈 수가 없습니다. 갈 길이 아직도 많이 남았으니 지금 되돌아가고 싶습니다' 하기에 도사는 방편이 많은지라 이런 생각을 하였느니라.

'이들이 불쌍하구나. 어찌하여 크고 진귀한 보물을 두고 되돌아가려 하는가?'

이런 생각을 하고는 방편력으로 3백 유순이 지난 험한 길의 중간에 성 하나를 변화로 만들어 두고 사람들에게, '당신들은 두려워하지 말고 되돌아가지 말아라. 지금 이 성에서 머무르면 무엇이든 마음대로 할 수 있느니라. 이 성에 들어가면 마음이 편안해질 것이고, 만약 보물이 있는 곳으로 가고자 하면 갈 수도 있느니라' 하였느니라.

是時에 疲極之衆이 心大歡喜하야 歎未曾有호대 我等이
시시 피극지중 심대환희 탄미증유 아등

今者에 免斯惡道하고 快得安隱이로다 於是衆人이 前入
금자 면사악도 쾌득안은 어시중인 전입

化城하야 生已度想하며 生安隱想커늘 爾時導師 知此
화성 생이도상 생안은상 이시도사 지차

人衆이 旣得止息하야 無復疲惓코는 卽滅化城하고 語衆
인중 기득지식 무부피권 즉멸화성 어중

人言호대 汝等은 去來어다 寶處在近호라 向者大城은 我
인언 여등 거래 보처재근 향자대성 아

所化作이니 爲止息耳이라하니라
소화작 위지식이

諸比丘야 如來도 亦復如是하야 今爲汝等하야 作大導
제비구 여래 역부여시 금위여등 작대도

이때 몹시 피곤한 사람들이 대단히 기뻐하며 뜻밖이라 찬탄하고 '우리들은 이제 이 나쁜 길을 벗어나게 되었으며 아주 편안하게 되었다' 하였느니라.

이 사람들이 앞에 있는 변화로 된 성에 들어가서 이미 벗어났다는 생각을 하며 편안하다는 생각을 내었는데, 이때 도사는 이 사람들이 잘 쉬어서 다시는 피곤함이 없음을 알고 변화로 만든 성을 없애 버리며 사람들에게, '너희들은 나아가라. 보배가 있는 곳이 가까이 있다. 먼저 있던 큰 성은 내가 머물러 쉬게 하려고 변화로 만들었던 것이다' 하였느니라.

비구들아! 여래도 역시 이와 같느니라.

지금 너희들을 위하여 대도사가 되어 모든 생사와 번

師할새 知諸生死의 煩惱惡道 險難長遠하고 應去應度호대
사 지제생사 번뇌악도 험난장원 응거응도

若衆生이 但聞一佛乘者면 則不欲見佛하고 不欲親
약중생 단문일불승자 즉불욕견불 불욕친

近하며 便作是念호대 佛道長遠이라 久受勤苦라사 乃可得
근 변작시념 불도장원 구수근고 내가득

成이라하나니 佛知是心의 怯弱下劣하사 以方便力으로 而於
성 불지시심 겁약하열 이방편력 이어

中道에 爲止息故로 說二涅槃호니 若衆生이 住於二
중도 위지식고 설이열반 약중생 주어이

地커든 如來爾時에 卽便爲說호대 汝等은 所作未辦이요
지 여래이시 즉변위설 여등 소작미판

汝所住地는 近於佛慧니 當觀察籌量호대 所得涅槃이
여소주지 근어불혜 당관찰주량 소득열반

뇌의 나쁜 길이 험하고 어려우며 길고 멀지만, 마땅히 가야 할 곳과 마땅히 제도하여야 할 바를 알고 있느니라. 만약 중생이 일불승만 듣는다면 부처님을 뵈려 하지 않고 가까이 하려고도 않으며 '부처님의 길은 길고 멀어서 오랜 세월 부지런히 고행을 하여야만 겨우 이룰 수 있는 것이구나' 라고 생각하느니라.

그리하여 부처님께서 이들의 마음이 겁이 많고 약하며 낮고 못났음을 알고 방편력으로 중도에 머물러 쉬게 하려고 이승의 열반을 설하는데, 만약 중생이 이승의 열반에 머무르면 그때에 '너희들은 해야 할 바를 다 하지 못하였느니라. 너희가 머무르고 있는 지위는 부처님의 지혜에 가까우니 자세히 살펴보고 헤아려 보아라. 너희

非眞實也니라 但是如來方便之力으로 於一佛乘에 分別
비진실야 단시여래방편지력 어일불승 분별

說三이로니 如彼導師 爲止息故로 化作大城이다가 旣知
설삼 여피도사 위지식고 화작대성 기지

息已에 而告之言호대 寶處在近이라 此城은 非實이니 我
식이 이고지언 보처재근 차성 비실 아

化作耳이니라 爾時世尊이 欲重宣此義하사 而說偈言하사대
화작이 이시세존 욕중선차의 이설게언

大通智勝佛이 十劫坐道場호대 佛法不現前일새
대통지승불 십겁좌도량 불법불현전

不得成佛道어늘 諸天神龍王과 阿修羅衆等이
부득성불도 제천신용왕 아수라중등

常雨於天華하야 以供養彼佛하며 諸天擊天鼓하고
상우어천화 이공양피불 제천격천고

들이 얻은 열반은 진실한 것이 아니니라.

이것은 단지 여래가 방편력으로 일불승에서 분별하여 삼승을 설한 것뿐이니라'고 하느니라.

마치 저 도사가 쉬어 가게 하려고 변화로 큰 성을 만들었다가 다 쉬었음을 알고 '보배가 가까운 곳에 있다. 이 성은 진짜가 아니고 내가 변화로 만든 것이다'하는 것과 같느니라."

세존께서 이 뜻을 거듭 펴시려고 게송으로 말씀하셨다.

대통지승 부처님께서 10소겁 동안 도량에 앉아 계셨으나 불법이 나타나지 않아 불도를 이루지 못하셨는데, 하늘과 신과 용왕과 아수라들이 항상 하늘 꽃을 내려 부처님께 공양하였고, 모든 하늘에서는 하늘

幷作衆伎樂하며 병 작 중 기 악	香風吹萎華하야 향 풍 취 위 화	更雨新好者러니 갱 우 신 호 자
過十小劫已에 과 십 소 겁 이	乃得成佛道라 내 득 성 불 도	諸天及世人이 제 천 급 세 인
心皆懷踊躍하니라 심 개 회 용 약	彼佛十六子 피 불 십 육 자	皆與其眷屬 개 여 기 권 속
千萬億圍繞하사 천 만 억 위 요	俱行至佛所하야 구 행 지 불 소	頭面禮佛足하고 두 면 예 불 족
而請轉法輪호대 이 청 전 법 륜	聖師子法雨로 성 사 자 법 우	充我及一切하시니 충 아 급 일 체
世尊甚難値라 세 존 심 난 치	久遠時一現이샷다 구 원 시 일 현	爲覺悟群生하야 위 각 오 군 생
震動於一切로다 진 동 어 일 체	東方諸世界 동 방 제 세 계	五百萬億國에 오 백 만 억 국
梵宮殿光曜호대 범 궁 전 광 요	昔所未曾有라 석 소 미 증 유	

북이 울리고 온갖 음악들이 울리며 향기로운 바람이 시들어진 꽃을 불어내니 새롭고 싱싱한 꽃이 다시 내렸느니라. 10소겁이 지나서야 불도를 이루시니, 하늘과 세상 사람들이 모두 뛸 듯이 기뻐하였느니라. 그 부처님의 16왕자가 그들의 천만억 권속들에 둘러싸여 다 함께 부처님 처소로 가서 머리를 조아려 부처님의 발에 예배하고 법륜 굴려주실 것을 청하였느니라. '성사자이시여! 법의 비로 저희와 일체를 흡족하게 하소서. 세존을 만나 뵈옵기 참으로 어려워 오랜 세월에야 한 번 뵈오니 중생들을 깨우치시려고 일체를 진동하게 하십니다.'

동방 세계의 5백만억 국토에 있는 범천왕의 궁전이 밝게 빛나니 예전에는 있지 아니한 것이라서 범천왕

諸梵見此相하고 제 범 견 차 상	尋來至佛所하야 심 래 지 불 소	散花以供養호대 산 화 이 공 양
幷奉上宮殿하고 병 봉 상 궁 전	請佛轉法輪하며 청 불 전 법 륜	以偈而讚歎커늘 이 게 이 찬 탄
佛知時未至하시고 불 지 시 미 지	受請默然坐러니 수 청 묵 연 좌	三方及四維와 삼 방 급 사 유
上下亦復爾하야 상 하 역 부 이	散花奉宮殿하고 산 화 봉 궁 전	請佛轉法輪하사대 청 불 전 법 륜
世尊甚難値라 세 존 심 난 치	願以本慈悲로 원 이 본 자 비	廣開甘露門하사 광 개 감 로 문
轉無上法輪하소서하거늘 전 무 상 법 륜	無量慧世尊이 무 량 혜 세 존	受彼衆人請하사 수 피 중 인 청
爲宣種種法인 위 선 종 종 법	四諦十二緣호대 사 제 십 이 연	無明至老死히 무 명 지 노 사
皆從生緣有라 개 종 생 연 유	如是衆過患을 여 시 중 과 환	汝等應當知니라 여 등 응 당 지

들이 이 모습을 보고 부처님 계신 곳으로 찾아가서 꽃을 뿌리며 공양하고, 궁전을 받들어 올리며 부처님께 법륜 굴리실 것을 청하며 게송으로 찬탄하였으나, 부처님께서는 때가 되지 않았음을 아시고 청을 받고도 묵묵히 앉아 계시었느니라. 세 방향과 네 모퉁이와 위와 아래도 역시 이와 같이 꽃을 뿌리고 궁전을 바치며 부처님께 법륜 굴리시기를 청하며 '세존을 만나 뵙기가 매우 어렵습니다. 원하옵건대 본래의 자비로 감로의 문을 활짝 여시고 위없는 법륜을 굴려 주십시오' 하였느니라. 한량없는 지혜가 있는 세존께서 중생들의 청을 받으시어 가지가지 법과 사제와 십이인연을 펴시며 '무명에서 늙고 죽음까지가 모두다 생으로부터 인연하여 있으니 이와 같이 지나야 할 어려움들을 너

宣暢是法時에 선 창 시 법 시	六百萬億姟 육 백 만 억 해	得盡諸苦際하고 득 진 제 고 제
皆成阿羅漢하며 개 성 아 라 한	第二說法時에 제 이 설 법 시	千萬恒沙衆이 천 만 항 사 중
於諸法不受하고 어 제 법 불 수	亦得阿羅漢하며 역 득 아 라 한	從是後得道도 종 시 후 득 도
其數無有量이라 기 수 무 유 량	萬億劫算數로 만 억 겁 산 수	不能得其邊이니라 불 능 득 기 변
時十六王子 시 십 육 왕 자	出家作沙彌하야 출 가 작 사 미	皆共請彼佛호대 개 공 청 피 불
演說大乘法하소서 연 설 대 승 법	我等及營從이 아 등 급 영 종	皆當成佛道호리니 개 당 성 불 도
願得如世尊의 원 득 여 세 존	慧眼第一淨하노이다 혜 안 제 일 정	佛知童子心의 불 지 동 자 심
宿世之所行하고 숙 세 지 소 행	以無量因緣과 이 무 량 인 연	種種諸譬喩로 종 종 제 비 유

희들은 마땅히 알아라' 하셨느니라.

이 법을 널리 펴실 때 6백만억해의 중생들이 고제(모든 괴로움의 끝이 다함)를 얻고 해탈하여 모두 아라한을 이루었으며, 두 번째 법을 설하실 때에도 천만 항하사의 중생들이 모든 것에 집착하지 않아 역시 아라한이 되니, 이후로부터 도를 얻은 사람들이 그 수가 한량없어 만억 겁 동안 헤아려도 그 끝을 알 수가 없느니라. 16왕자는 출가하여 사미가 되었을 때 다 같이 그 부처님께 대승법 설하여 주실 것을 청하였느니라.

'저희와 저희를 따라온 이들이 모두 불도를 이루어 세존과 같이 제일 맑은 지혜의 눈 얻기를 원합니다.'

부처님께서는 왕자들의 마음과 지난 세상의 수행을 아시고 한량없는 인연과 가지가지 비유로 육바라밀과

說六波羅蜜과 설 육 바 라 밀	及諸神通事하시며 급 제 신 통 사	分別眞實法의 분 별 진 실 법
菩薩所行道하야 보 살 소 행 도	說是法華經의 설 시 법 화 경	如恒河沙偈하시니 여 항 하 사 게
彼佛說經已에 피 불 설 경 이	靜室入禪定하사 정 실 입 선 정	一心一處坐 일 심 일 처 좌
八萬四千劫이어늘 팔 만 사 천 겁	是諸沙彌等이 시 제 사 미 등	知佛禪未出하사 지 불 선 미 출
爲無量億衆하야 위 무 량 억 중	說佛無上慧할새 설 불 무 상 혜	各各坐法座하야 각 각 좌 법 좌
說是大乘經하며 설 시 대 승 경	於佛宴寂後에 어 불 연 적 후	宣揚助法化호대 선 양 조 법 화
一一沙彌等의 일 일 사 미 등	所度諸衆生이 소 도 제 중 생	有六百萬億 유 육 백 만 억
恒河沙等衆이러라 항 하 사 등 중	彼佛滅度後에 피 불 멸 도 후	是諸聞法者 시 제 문 법 자

신통한 일들을 설하시며 진실한 법인 보살이 행하여야 할 도를 자세히 말씀하시며 이 『법화경』의 항하사 같은 게송을 설하셨느니라.

그 부처님께서 이 경을 설하시고 고요한 방에서 선정에 들어가 일심으로 한 곳에서 8만 4천 겁 동안 앉아 계셨느니라.

이 사미들은 부처님께서 선정에 드신 것을 알고 한량없는 억의 중생을 위하여 부처님의 위없는 지혜를 설하려고 각각 법좌에 앉아 이 대승경을 설하였으며, 부처님께서 고요함을 즐기신 후에는 법으로 교화하시는 것을 도우며 널리 떨치니 사미들마다 제도한 중생들이 6백만억 항하사 같은 중생들이었느니라.

그 부처님께서 열반하신 후 법을 들은 이런 사람들

在在諸佛土에 재재제불토	常與師俱生이라 상여사구생	是十六沙彌 시십육사미
具足行佛道하며 구족행불도	今現在十方하야 금현재시방	各得成正覺하고 각득성정각
爾時聞法者도 이시문법자	各在諸佛所하며 각재제불소	其有住聲聞은 기유주성문
漸教以佛道라 점교이불도	我在十六數하야 아재십육수	曾亦爲汝說호니 증역위여설
是故以方便으로 시고이방편	引汝趣佛慧니라 인여취불혜	以是本因緣으로 이시본인연
今說法華經하야 금설법화경	令汝入佛道호니 영여입불도	愼勿懷驚懼니라 신물회경구
譬如險惡道에 비여험악도	逈絶多毒獸하고 형절다독수	又復無水草하야 우부무수초
人所怖畏處에 인소포외처	無數千萬衆이 무수천만중	欲過此險道호대 욕과차험도

은 곳곳의 부처님 나라에 항상 스승과 함께 태어나느니라. 이 16사미는 불도를 두루 갖추어 행하고 지금은 시방에서 각각 정각을 이루었고, 그때 법을 들은 자들도 각각 그 부처님 처소에서 성문에 머무르고 있는데 점차 부처님의 도(道)로 가르쳐 인도하느니라. 16사미로 있던 나도 너희들을 위해 설하였느니라. 그러므로 방편으로 너희를 인도하여 부처님 지혜에 나아가게 하느니라. 이와 같은 본래의 인연으로 지금 『법화경』을 설하여 너희들로 하여금 불도에 들도록 하니 부디 놀라거나 두려워하지 말아라. 비유하자면 험하고 나쁜 길에 인적이 끊어지고 사나운 짐승이 많은데 물도 없고 풀도 없어서 사람들이 무서워하였느니라. 수없는 천만 중생이 이 험한 길을 지나가려 하지만 그 길

其路甚曠遠하야 기로심광원	經五百由旬이라 경오백유순	時有一導師호대 시유일도사
強識有智慧하며 강식유지혜	明了心決定하야 명료심결정	在險濟衆難터니 재험제중난
衆人皆疲惓하야 중인개피권	而白導師言호대 이백도사언	我等今頓乏이라 아등금돈핍
於此欲退還호이다 어차욕퇴환	導師作是念호대 도사작시념	此輩甚可愍이라 차배심가민
如何欲退還하야 여하욕퇴환	而失大珍寶어뇨 이실대진보	尋時思方便호대 심시사방편
當設神通力하야 당설신통력	化作大城郭호대 화작대성곽	莊嚴諸舍宅에 장엄제사택
周匝有園林하며 주잡유원림	渠流及浴池와 거류급욕지	重門高樓閣에 중문고루각
男女皆充滿케하고 남녀개충만	卽作是化已에 즉작시화이	慰衆言勿懼어다 위중언물구

은 매우 멀어서 5백 유순이나 되었느니라.

그때 도사(길잡이)가 한 사람 있었는데 식견이 많고 지혜로우며 밝게 깨달아 마음이 견고하였으므로 험한 곳에서 온갖 어려움을 건지었느니라. 사람들이 모두 피곤하고 게을러져 도사에게 '우리들은 이제 그만두고 이곳에서 되돌아가려 합니다' 하자, '이 사람들이 매우 불쌍하구나. 어찌하여 되돌아가 매우 진귀한 보물을 잃으려 하는가?'하고 방편으로 신통력을 펴리라 하며 변화로 큰 성곽을 만드니 집들은 아름답게 꾸며졌고, 주위에는 동산과 수풀과 흐르는 개천과 목욕하는 못이 있고 겹문과 높은 누각마다 남녀들이 가득하였느니라. 이같이 변화로 만들어 놓고 바로 중생들을 위로하며 '두려워하지 말아라. 이 성에 들어가면 각자

汝等入此城하면 여 등 입 차 성	各可隨所樂하리라 각 가 수 소 락	諸人旣入城에 제 인 기 입 성
心皆大歡喜하야 심 개 대 환 희	皆生安隱想하며 개 생 안 은 상	自謂已得度어늘 자 위 이 득 도
導師知息已하고 도 사 지 식 이	集衆而告言하사대 집 중 이 고 언	汝等當前進이니 여 등 당 전 진
此是化城耳라 차 시 화 성 이	我見汝疲極하야 아 견 여 피 극	中路欲退還일새 중 로 욕 퇴 환
故以方便力으로 고 이 방 편 력	權化作此城호니 권 화 작 차 성	汝等勤精進하야 여 등 근 정 진
當共至寶所니라 당 공 지 보 소	我亦復如是하야 아 역 부 여 시	爲一切導師하야 위 일 체 도 사
見諸求道者의 견 제 구 도 자	中路而懈廢하야 중 로 이 해 폐	不能度生死 불 능 도 생 사
煩惱諸險道하고 번 뇌 제 험 도	故以方便力으로 고 이 방 편 력	爲息說涅槃호대 위 식 설 열 반

즐기고 싶은 대로 즐길 수 있느니라'하니 사람들이 곧 성에 들어가 모두 크게 기뻐하고 편안히 지내며 다 지나온 것같이 여기었느니라.

그러나 도사는 사람들이 잘 쉬었음을 알고 그들을 모아놓고 '너희들은 마땅히 앞으로 나아가라. 이것은 변화로 된 성이다. 내가 너희들이 몹시 피곤하여 중도에서 되돌아가려는 것을 보고 방편력으로 이 성을 변화로써 만들었으니, 너희들은 이제 부지런히 정진하여 다 같이 보배가 있는 곳에 이르러야 하느니라' 하였느니라. 나도 역시 이와 같아서 일체 중생의 도사인데, 도를 구하는 사람들을 보니 중도에서 게을러져 그만두고 나고 죽으며 번뇌하는 험한 길들을 건너지 못하므로 방편력으로 쉬게 하려고 열반을 설한 것이니

言汝等苦滅하고
언 여 등 고 멸

皆得阿羅漢코는
개 득 아 라 한

諸佛方便力으로
제 불 방 편 력

息處故說二라
식 처 고 설 이

爲佛一切智하야
위 불 일 체 지

十力等佛法하야
십 력 등 불 법

諸佛之導師
제 불 지 도 사

引入於佛慧니라
인 입 어 불 혜

所作皆已辦하니
소 작 개 이 판

爾乃集大衆하야
이 내 집 대 중

分別說三乘이라
분 별 설 삼 승

今爲汝說實하노니
금 위 여 설 실

當發大精進하라
당 발 대 정 진

具三十二相이라사
구 삼 십 이 상

爲息說涅槃하고
위 식 설 열 반

旣知到涅槃하야
기 지 도 열 반

爲說眞實法이니라
위 설 진 실 법

唯有一佛乘이어늘
유 유 일 불 승

汝所得非滅이니라
여 소 득 비 멸

汝證一切智와
여 증 일 체 지

乃是眞實滅이니라
내 시 진 실 멸

旣知是息已코는
기 지 시 식 이

라. 너희들은 괴로움이 없어졌으며 해야 할 바를 모두 다 했다고 말하며 이미 열반에 이르러 모두 아라한이 된 것으로 알므로 이에 대중을 모아 놓고 진실한 법을 설하는 것이니라. 부처님들께서는 방편력으로 삼승으로 구분하여 설하셨는데 쉬게 하려고 이승을 설하신 것이지, 오직 일불승만 있을 뿐이니라. 이제 너희들을 위해 진실을 말하노니 너희들이 얻은 것은 열반이 아니니, 부처님의 일체지를 위하여 당연히 큰 정진을 일으켜라. 너희들이 일체지와 십력 등 부처님의 법을 깨달아 32상을 갖추어야 진실한 열반이니라.

부처님들께서는 중생을 인도하시는 분이시라 쉬게 하려고 열반을 설하시고, 다 쉬었음을 아시고서는 부처님의 지혜에 들게 인도하시느니라.

第 七 化城喩品 終
제 칠 화성유품 종

妙法蓮華經 卷第三 終
묘법연화경 권제삼 종

제 칠 화성유품 끝

묘법연화경 제 삼 권 끝

妙法蓮華經 卷 第四
묘법연화경 권 제사

第八 五百弟子授記品
제 팔 오백제자수기품

爾時에 富樓那彌多羅尼子가 從佛聞是 智慧方便 隨
이시 부루나미다라니자 종불문시 지혜방편 수

宜說法하며 又聞授諸大弟子의 阿耨多羅三藐三菩
의설법 우문수제대제자 아뇩다라삼먁삼보

提記하며 復聞宿世因緣之事하며 復聞諸佛이 有大自在
리기 부문숙세인연지사 부문제불 유대자재

神通之力하고 得未曾有하며 心淨踊躍하야 卽從座起하야 到
신통지력 득미증유 심정용약 즉종좌기 도

於佛前하야 頭面禮足하고 却住一面하야 瞻仰尊顔하와 目
어불전 두면예족 각주일면 첨앙존안 목

不暫捨러니 而作是念호대
부잠사 이작시념

제 팔 오백제자수기품

그때 부루나미다라니자가 부처님으로부터 지혜와 방편으로 중생들의 근기에 따라 적절하게 설하시는 수의설법을 듣자오며, 또 큰 제자들에게 아뇩다라삼먁삼보리의 수기 주시는 것과 지난 세상 인연의 일과 부처님들께서는 크게 자재하신 신통력이 있으시다는 것을 들었다.

그래서 미증유를 얻고 마음이 맑아지고 뛸 듯이 기뻐지므로, 자리에서 일어나 부처님 앞으로 나아가 머리를 숙여 부처님의 발에 예배하고 한쪽으로 물러서서 부처님의 존안을 우러러보며 눈을 잠시도 떼지 않고 이런 생각을 하였다.

世尊이 甚奇特하사 所爲希有라 隨順世間若干種性하사
세 존 심 기 특 소 위 희 유 수 순 세 간 약 간 종 성

以方便知見으로 而爲說法하야 拔出衆生의 處處貪著하시니
이 방 편 지 견 이 위 설 법 발 출 중 생 처 처 탐 착

我等이 於佛功德에 言不能宣이라 唯佛世尊이 能知我
아 등 어 불 공 덕 언 불 능 선 유 불 세 존 능 지 아

等의 深心本願이시리라하더니
등 심 심 본 원

爾時에 佛告諸比丘하사대 汝等이 見是富樓那彌多羅
이 시 불 고 제 비 구 여 등 견 시 부 루 나 미 다 라

尼子不아 我常稱其於說法人中에 最爲第一이며 亦常
니 자 부 아 상 칭 기 어 설 법 인 중 최 위 제 일 역 상

歎其種種功德호대 精勤護持하야 助宣我法하며 能於四
탄 기 종 종 공 덕 정 근 호 지 조 선 아 법 능 어 사

'세존께서는 매우 특별하시며 하시는 일도 불가사의하구나. 세상의 여러 가지 종성(種性:중생들의 소질)에 따라 방편과 지견으로 설법을 하시어 곳곳마다에 욕심 내고 집착하는 중생들을 구해 주시니, 우리들이 부처님의 공덕을 말로는 할 수가 없겠구나. 오직 부처님 세존만이 우리들의 마음 속에 깊이 있는 본래의 서원을 아시리라.'

그때 부처님께서 비구들에게 말씀하셨다.

"너희들은 이 부루나미다라니자를 보느냐? 나는 항상 이 사람을, 법을 설하는 사람들 중에서 가장 으뜸이라 하며 항상 이 사람의 온갖 공덕을 찬탄하였느니라.

부지런히 정진하며 나의 법을 잘 지니고 펴는 것을 도왔으며 사부대중을 가르쳐 이롭게 하고 기쁘게 하였으

衆에 示敎利喜하며 具足解釋佛之正法하야 而大饒益同
중 시교리희 구족해석불지정법 이대요익동

梵行者라호니 自捨如來코 無能盡其言論之辯이니라
범행자 자사여래 무능진기언론지변

汝等은 勿謂 富樓那 但能護持 助宣我法이니 亦於過
여등 물위 부루나 단능호지 조선아법 역어과

去 九十億 諸佛所에 護持助宣 佛之正法호대 於彼說
거 구십억 제불소 호지조선 불지정법 어피설

法人中에 亦最第一이며 又於諸佛 所說空法에 明了通
법인중 역최제일 우어제불 소설공법 명료통

達하며 得 四無礙智하야 常能審諦하며 淸淨說法호대 無
달 득 사무애지 상능심체 청정설법 무

有疑惑하며 具足菩薩 神通之力하며 隨其壽命하야 常修
유의혹 구족보살 신통지력 수기수명 상수

며, 부처님의 정법을 일일이 해석하여 같이 청정한 행을 하는 자들을 크게 이롭게 하였는데, 여래를 제외하고는 그가 말로 논의하는 솜씨를 따를 자가 없느니라.

그러나 너희들은 부루나가 단지 나의 법만 잘 지니고 펴는 것을 도운다고 생각하지는 말라.

과거 90억 부처님들 처소에서도 부처님의 정법을 잘 지니고 펴는 것을 도왔으며 설법하는 사람들 중에서 가장 으뜸이었느니라.

또 부처님들께서 말씀하시는 공(空)의 도리를 분명히 깨달아 통달하였으며, 사무애지를 얻어서 항상 자세히 살피고 청정하게 법을 설하며 의심이 없고, 보살의 신통력을 두루 갖추어 그 목숨이 다하도록 항상 청정한 행을

梵行일새 彼佛世人이 咸皆謂之 實是聲聞이라하나니 而富
범행 피불세인 함개위지 실시성문 이부

樓那 以斯方便으로 饒益無量 百千衆生하며 又化無量 阿
루나 이사방편 요익무량 백천중생 우화무량 아

僧祇人하야 令立阿耨多羅三藐三菩提언만은 爲淨佛土
승지인 영립아뇩다라삼먁삼보리 위정불토

故로 常作佛事하야 敎化衆生하나니라
고 상작불사 교화중생

諸比丘야 富樓那는 亦於七佛 說法人中에 而得第一이며
제비구 부루나 역어칠불 설법인중 이득제일

今於我所 說法人中에 亦爲第一이며 於賢劫中과 當來
금어아소 설법인중 역위제일 어현겁중 당래

諸佛 說法人中에 亦復第一하야 而皆護持 助宣佛法하며
제불 설법인중 역부제일 이개호지 조선불법

닦으니 그 부처님 세상의 사람들이 모두다 '이 사람이야말로 참다운 성문이다' 하였느니라.

부루나는 이러한 방편으로 한량없는 백천 중생들을 이롭게 하였으며, 또 한량없는 아승지의 사람들을 교화하여 아뇩다라삼먁삼보리를 일으키게 하였으며, 불국토를 깨끗하게 하기 위하여 항상 불사를 하며 중생을 교화하였느니라.

여러 비구들아! 부루나는 과거의 일곱 부처님 시절에도 설법하는 사람들 중에서 제일이었고, 지금 나의 처소에서도 설법하는 사람들 중에서 역시 제일이며 현겁 중에서나 미래에 오실 부처님들의 처소에서도 법을 설하는 사람 중에서 또한 제일이 되어서 불법을 모두다 잘 지니고 펴는

亦於未來에 護持助宣 無量無邊 諸佛之法하사 敎化饒
역어미래 호지조선 무량무변 제불지법 교화요
益 無量衆生하야 令立阿耨多羅三藐三菩提언만은 爲淨
익 무량중생 영립아뇩다라삼먁삼보리 위정
佛土故로 常勤精進하며 敎化衆生하야 漸漸具足 菩薩之
불토고 상근정진 교화중생 점점구족 보살지
道하나니라
도

過 無量阿僧祇劫하야 當於此土에 得 阿耨多羅三藐三
과 무량아승지겁 당어차토 득 아뇩다라삼먁삼
菩提하리니 號曰法明如來 應供 正遍知 明行足 善逝
보리 호왈법명여래 응공 정변지 명행족 선서
世間解 無上士 調御丈夫 天人師 佛世尊이라
세간해 무상사 조어장부 천인사 불세존

것을 도우리라.

미래에도 한량없고 가없는 부처님들의 법을 잘 지니고 펴는 것을 도와서 한량없는 중생을 교화하고 이롭게 하여 아뇩다라삼먁삼보리를 이루게 하느니라.

불국토(佛國土)를 깨끗하게 하려고 항상 부지런히 정진하여 중생을 교화하고,

보살의 도를 점점 갖추어 한량없는 아승지 겁을 지나 이 땅에서 아뇩다라삼먁삼보리를 얻을 것이리니,

명호는

법명여래 · 응공 · 정변지 ·

명행족 · 선서 · 세간해 ·

무상사 · 조어장부 · 천인사 · 불세존이니라.

其佛이 以恒河沙等 三千大千世界로 爲一佛土어든 七
기불 이항하사등 삼천대천세계 위일불토 칠

寶爲地하고 地平如掌하야 無有山陵 谿澗溝壑하며 七寶
보위지 지평여장 무유산릉 계간구학 칠보

臺觀이 充滿其中하며 諸天宮殿이 近處虛空하야 人天이
대관 충만기중 제천궁전 근처허공 인천

交接에 兩得相見하며 無諸惡道하고 亦無女人하며 一切
교접 양득상견 무제악도 역무여인 일체

衆生이 皆以化生하고 無有淫欲하며 得大神通하야 身出
중생 개이화생 무유음욕 득대신통 신출

光明하고 飛行自在하며 志念이 堅固하고 精進智慧하야 普
광명 비행자재 지념 견고 정진지혜 보

皆金色이라 三十二相으로 而自莊嚴하며 其國衆生이 常
개금색 삼십이상 이자장엄 기국중생 상

그 부처님께서는 항하의 모래 수 같은 삼천대천세계를 하나의 불국토로 만드느니라. 칠보로 되어 있는 땅은 손바닥 같이 평평하여 산이나 언덕이나 시냇물이나 계곡이 없으며, 칠보로 된 망루들이 그 속에 가득하리라. 하늘의 궁전들이 가까운 허공에 있어서 사람들과 천인들이 서로 사귀며 만날 수도 있고, 나쁜 갈래들이 없고, 여인도 없으며 일체 중생이 모두 화생(化生:저절로 생김)하여 음욕이 없으며, 큰 신통을 얻어 몸에서 밝은 빛이 날 뿐만 아니라 마음대로 날 수 있으며, 정진과 지혜에 대한 뜻과 생각이 굳어 모두가 다 금빛이고 32상으로 장엄할 것이니라.

그 나라 중생들은 항상 두 가지를 음식으로 삼는데,

以二食하나니 一者는 法喜食이요 二者는 禪悅食이라 有無
이 이 식 일 자 법 희 식 이 자 선 열 식 유 무

量阿僧祇 千萬億 那由他 諸菩薩衆호대 得大神通과 四
량 아 승 지 천 만 억 나 유 타 제 보 살 중 득 대 신 통 사

無礙智하야 善能教化 衆生之類하며 其聲聞衆도 算
무 애 지 선 능 교 화 중 생 지 류 기 성 문 중 산

數校計의 所不能知라 皆得具足 六通三明과 及八解
수 교 계 소 불 능 지 개 득 구 족 육 통 삼 명 급 팔 해

脫하나니 其佛國土에 有 如是等 無量功德으로 莊嚴成
탈 기 불 국 토 유 여 시 등 무 량 공 덕 장 엄 성

就하며 劫名은 寶明이요 國名은 善淨이며 其佛壽命은 無量
취 겁 명 보 명 국 명 선 정 기 불 수 명 무 량

阿僧祇劫이라 法住甚久하고 佛滅度後에 起七寶塔하야
아 승 지 겁 법 주 심 구 불 멸 도 후 기 칠 보 탑

첫째는 법을 좋아하는 것으로 음식을 삼고, 둘째는 선정을 즐겨 하는 것으로 음식을 삼느니라.

한량없는 아승지 천만억 나유타의 보살들이 있어서 큰 신통과 사무애지를 얻어 중생들을 잘 교화하리라. 성문들도 그 수를 알 수가 없는데 모두들 육신통과 삼명과 팔해탈을 잘 구족하였느니라.

그 부처님의 나라는 이와 같이 한량없는 공덕이 있으므로 장엄하게 이루어지리라.

겁의 이름은 보명이고 나라의 이름은 선정이며 부처님의 수명은 한량없는 아승지 겁이며 법은 아주 오래 머무느니라.

부처님께서 열반하신 후에는 칠보로 탑을 세우는데

遍滿其國하나니라
변 만 기 국

爾時世尊이 欲重宣此義하사 而說偈言하사대
이 시 세 존 욕 중 선 차 의 이 설 게 언

諸比丘諦聽 佛子所行道하라 善學方便故로
제 비 구 제 청 불 자 소 행 도 선 학 방 편 고

不可得思議니 知衆樂小法으로 而畏於大智일새
불 가 득 사 의 지 중 락 소 법 이 외 어 대 지

是故諸菩薩이 作聲聞緣覺하사 以無數方便으로
시 고 제 보 살 작 성 문 연 각 이 무 수 방 편

化諸衆生類호대 自說是聲聞이라 去佛道甚遠이라하고
화 제 중 생 류 자 설 시 성 문 거 불 도 심 원

度脫無量衆하야 皆悉得成就하며 雖小欲懈怠라도
도 탈 무 량 중 개 실 득 성 취 수 소 욕 해 태

그 나라에 가득하리라."

세존께서 이 뜻을 거듭 펴시려고 게송으로 말씀하셨다.

비구들이여! 잘 들어라. 이 불자가 행하는 도는 방편을 잘 배웠기에 생각으로는 논의할 수가 없는 것이니라. 중생들이 작은 법을 즐기고 큰 지혜에 대하여 두려워하는 것을 알고 있으므로, 보살들이 일부러 성문이나 연각이 되어 무수한 방편으로 중생들을 교화하는 것이니라.

자기가 바로 성문이라고 말하고 불도로 가는 것이 매우 멀다 하며, 한량없는 중생을 제도하고 해탈하게 하여 모두다 성취하도록 하며,

비록 욕망이 적고 게으른 사람이라도 점차 부처가

漸當令作佛하며 점 당 령 작 불	內秘菩薩行하고 내 비 보 살 행	外現是聲聞이라 외 현 시 성 문
少欲厭生死호대 소 욕 염 생 사	實自淨佛土하며 실 자 정 불 토	示衆有三毒하고 시 중 유 삼 독
又現邪見相이라 우 현 사 견 상	我弟子如是히 아 제 자 여 시	方便度衆生하나니 방 편 도 중 생
若我具足說 약 아 구 족 설	種種現化事인댄 종 종 현 화 사	衆生聞是者는 중 생 문 시 자
心則懷疑惑이니라 심 즉 회 의 혹	今此富樓那는 금 차 부 루 나	於昔千億佛에 어 석 천 억 불
勤修所行道하야 근 수 소 행 도	宣護諸佛法하며 선 호 제 불 법	爲求無上慧하야 위 구 무 상 혜
而於諸佛所에 이 어 제 불 소	現居弟子上호대 현 거 제 자 상	多聞有智慧하며 다 문 유 지 혜
所說無所畏하야 소 설 무 소 외	能令衆歡喜호대 능 령 중 환 희	未曾有疲惓하야 미 증 유 피 권

되게 하느니라.

안으로 보살의 행을 감추고 밖으로 성문을 나타내어 욕망이 적고 나고 죽는 것을 싫어하지만 실제로는 불국토를 깨끗하게 하며 중생들에게는 탐·진·치를 보이고 삿된 견해의 모습을 나타내 보이느니라. 나의 제자들은 이와 같은 방편으로 중생을 제도하는데, 만약에 내가 가지가지 모습을 나타내며 교화하는 일을 자세히 말한다면 중생들은 이 말을 듣고 곧 의심을 품을 것이니라. 이 부루나는 옛날에 천억의 부처님 앞에서 행하여야 할 도를 부지런히 닦았으며, 부처님들의 법을 펴고 보호하였으며, 위없는 지혜를 구하기 위하여 부처님들 처소에서 높은 제자로 있었기에 많이 들어 지혜가 있으며, 설법하는 것을 두려워하지 않아 중생

而以助佛事하며 이 이 조 불 사	已度大神通하고 이 도 대 신 통	具四無礙智하며 구 사 무 애 지
知諸根利鈍하야 지 제 근 리 둔	常說淸淨法하며 상 설 청 정 법	演暢如是義하야 연 창 여 시 의
敎諸千億衆으로 교 제 천 억 중	令住大乘法하고 영 주 대 승 법	而自淨佛土하며 이 자 정 불 토
未來亦供養 미 래 역 공 양	無量無數佛하야 무 량 무 수 불	護助宣正法하고 호 조 선 정 법
亦自淨佛土하며 역 자 정 불 토	常以諸方便으로 상 이 제 방 편	說法無所畏하며 설 법 무 소 외
度不可計衆하야 도 불 가 계 중	成就一切智하고 성 취 일 체 지	供養諸如來하야 공 양 제 여 래
護持法寶藏하며 호 지 법 보 장	其後得成佛하면 기 후 득 성 불	號名曰法名이요 호 명 왈 법 명
其國名善淨이니 기 국 명 선 정	七寶所合成이며 칠 보 소 합 성	劫名爲寶明이라 겁 명 위 보 명

들을 기쁘게 하였으며, 한 번도 피곤해하거나 싫어하지 않고 부처님의 일을 도왔으며, 큰 신통을 얻고 사무애지를 갖추어서 중생들의 근기가 뛰어나는 지와 둔한지를 알아 늘 청정한 법을 설하며, 이와 같은 뜻을 널리 펴서 천억의 중생들을 가르쳐 대승법에 머무르게 하였으며, 스스로 불국토를 깨끗하게 하였느니라.

미래에도 한량없고 헤아릴 수 없는 부처님을 공양하고 정법을 수호하고 펴는 것을 도와서 불국토를 깨끗하게 하며, 항상 온갖 방편으로 두려움 없이 법을 설하며 헤아릴 수 없는 중생을 제도하여 일체지를 이루게 하고, 부처님들을 공양하고 보배스러운 부처님의 경전을 잘 지니고 그 후에 성불하리니 명호는 법명이라 하리라. 그 나라의 이름은 선정이니 칠보로 이루어졌고,

菩薩衆甚多하며 보 살 중 심 다	其數無量億이 기 수 무 량 억	皆度大神通하며 개 도 대 신 통
威德力具足하야 위 덕 력 구 족	充滿其國土하고 충 만 기 국 토	聲聞亦無數라 성 문 역 무 수
三明八解脫과 삼 명 팔 해 탈	得四無礙智인 득 사 무 애 지	以是等爲僧하며 이 시 등 위 승
其國諸衆生은 기 국 제 중 생	淫欲皆已斷하고 음 욕 개 이 단	純一變化生하야 순 일 변 화 생
具相莊嚴身하며 구 상 장 엄 신	法喜禪悅食하고 법 희 선 열 식	更無餘食想하며 갱 무 여 식 상
無有諸女人하고 무 유 제 여 인	亦無諸惡道하며 역 무 제 악 도	富樓那比丘는 부 루 나 비 구
功德悉成滿하야 공 덕 실 성 만	當得斯淨土하고 당 득 사 정 토	賢聖衆甚多리니 현 성 중 심 다
如是無量事를 여 시 무 량 사	我今但略說하노라 아 금 단 약 설	

겁의 이름은 보명이고 보살들이 매우 많아 그 수가 한량없느니라. 모두다 큰 신통을 얻어 위엄과 덕망의 힘을 구족한 이들이 그 나라에 가득하리라. 성문들도 수가 없으며 삼명과 팔해탈과 사무애지를 얻는데 이런 이들이 승보(僧寶)가 되느니라.

그 나라 중생들은 음욕을 이미 없앴기에 순수하며 변화로 태어나고 상을 갖추어 몸을 장엄하느니라.

법을 좋아하는 것과 선정을 즐기는 것으로 음식을 삼으니 다른 음식 생각은 전혀 없으며, 여인들도 없고 나쁜 갈래들도 없느니라. 부루나 비구는 이런 공덕을 모두다 이루어 그 깨끗한 나라를 얻을 것인데 어질고 성스러운 대중이 매우 많으리라. 이와 같이 한량없는 일들을 내가 지금 간략하게만 말하였노라.

爾時에 千二百 阿羅漢 心自在者 作是念호대 我等은
이시 천이백 아라한 심자재자 작시념 아등

歡喜하야 得 未曾有호니 若世尊이 各見授記를 如餘大
환희 득 미증유 약세존 각견수기 여여대

弟子者인댄 不亦快乎아 佛知此等 心之所念하시고 告摩
제자자 불역쾌호 불지차등 심지소념 고마

訶迦葉하사대 是 千二百 阿羅漢을 我今當現前에 次第
하가섭 시 천이백 아라한 아금당현전 차제

與授 阿耨多羅三藐三菩提記호리라 於此衆中 我 大弟
여수 아녹다라삼먁삼보리기 어차중중 아 대제

子에 憍陳如比丘는 當 供養六萬二千億佛然後에 得
자 교진여비구 당 공양육만이천억불연후 득

成爲佛하리니 號曰普明如來 應供 正遍知 明行足 善逝
성위불 호왈보명여래 응공 정변지 명행족 선서

그때 1천 2백의 마음이 자재한 아라한들이 이런 생각을 하였다.

'우리들은 기쁘게도 미증유를 얻었다. 만약 세존께서 큰 제자들에게 하시듯이 우리들 한 사람 한 사람에게도 수기를 주신다면 얼마나 좋겠는가?'

부처님께서 이들의 마음을 아시고 마하가섭에게 말씀하셨다.

"이 1천 2백 아라한에게 내가 이제 차례대로 아뇩다라삼먁삼보리의 수기를 주겠노라.

이 대중 가운데 나의 큰 제자 교진여비구는 장차 6만 2천억 부처님을 공양한 후에 성불하는데 명호는 보명여래 · 응공 · 정변지 · 명행족 · 선서 ·

世間解 無上士 調御丈夫 天人師 佛世尊이며 其五百
세간해 무상사 조어장부 천인사 불세존 기오백

阿羅漢에 優樓頻螺迦葉과 伽耶迦葉과 那提迦葉과 迦
아라한 우루빈나가섭 가야가섭 나제가섭 가

留陀夷와 優陀夷와 阿耨樓馱와 離婆多와 劫賓那와 薄
류타이 우타이 아누루타 이바다 겁빈나 박

拘羅와 周陀와 莎伽陀等도 皆當得 阿耨多羅三藐三
구라 주타 사가타등 개당득 아뇩다라삼먁삼

菩提호대 盡同一號라 名曰普明이니라
보리 진동일호 명왈보명

爾時世尊이 欲重宣此義하사 而說偈言하사대
이시세존 욕중선차의 이설게언

憍陳如比丘는 當見無量佛하고 過阿僧祇劫하야
교진여비구 당견무량불 과아승지겁

세간해 · 무상사 · 조어장부 · 천인사 · 불세존이니라.

5백 아라한인 우루빈나가섭과
가야가섭과 나제가섭과 가류타이와
우타이 · 아누루타 · 이바다 · 겁빈나 · 박구라 ·
주타 · 사가타 등도 모두다
아뇩다라삼먁삼보리를 얻을 것인데
명호는 모두다 같이 보명이라 하느니라."

세존께서 이 뜻을 거듭 펴시려고 게송으로 말씀하셨다.

교진여비구는
장차 한량없는 부처님을 뵈옵고 아승지 겁을 지나서

乃成等正覺호대　常放大光明하고　具足諸神通하며
내성등정각　상방대광명　구족제신통

名聞遍十方하야　一切之所敬이라　常說無上道일새
명문변시방　일체지소경　상설무상도

故號爲普明이라　其國土淸淨하고　菩薩皆勇猛하며
고호위보명　기국토청정　보살개용맹

咸昇妙樓閣하야　遊諸十方國호대　以無上供具로
함승묘루각　유제시방국　이무상공구

奉獻於諸佛하며　作是供養已에　心懷大歡喜하야
봉헌어제불　작시공양이　심회대환희

須臾還本國하나니　有如是神力하나니라　佛壽六萬劫이요
수유환본국　유여시신력　불수육만겁

正法住倍壽며　像法復倍是라　法滅天人憂일새
정법주배수　상법부배시　법멸천인우

其五百比丘가　次第當作佛호대　同號曰普明이라
기오백비구　차제당작불　동호왈보명

평등하고 바른 깨달음을 이루는데, 항상 큰 광명을 놓고 온갖 신통을 갖추어서 이름이 시방에 두루 들리며 일체의 존경을 받으리라.

항상 위없는 도를 설하므로 명호를 보명이라 하며, 그 국토는 청정하고 보살들이 모두 용맹스러운데, 모두들 좋은 누각에 올라 시방의 나라들을 다니며 위없는 공양물을 부처님들에게 받들어 올리고, 이런 공양을 하고는 크게 기뻐하며 잠시만에 본국으로 돌아오는 이와 같은 신통력이 있느니라.

부처님의 수명은 6만 겁이고 정법이 머물기는 수명의 배이고 상법은 다시 이것의 배가 되는데, 법이 없어지면 하늘과 사람들이 근심하리라.

너희들 5백 비구는 차례대로 부처님이 되는데 명호

轉次而授記호대 我滅度之後에 某甲當作佛이라하야
전차이수기 아멸도지후 모갑당작불

其所化世間이 亦如我今日이니라 國土之嚴淨과
기소화세간 역여아금일 국토지엄정

及諸神通力과 菩薩聲聞衆과 正法及像法과
급제신통력 보살성문중 정법급상법

壽命劫多少는 皆如上所說이니라 迦葉汝已知
수명겁다소 개여상소설 가섭여이지

五百自在者어니와 餘諸聲聞衆도 亦當復如是니라
오백자재자 여제성문중 역당부여시

其不在此會하니는 汝當爲宣說하라
기부재차회 여당위선설

爾時에 五百阿羅漢이 於佛前에 得受記已코 歡喜踊
이시 오백아라한 어불전 득수기이 환희용

躍하야 卽從座起하야 到於佛前하야 頭面禮足하고 悔過自
약 즉종좌기 도어불전 두면예족 회과자

는 다 같이 보명이고 차례로 돌아가며 수기를 주는데, 내가 열반 후에는 아무개가 부처가 될 것이며, 그가 교화하여야 할 세상도 나의 오늘과 같느니라.

나라가 깨끗하게 꾸며지는 것과 여러 가지 신통력과 보살 성문들과 정법과 상법과 수명의 겁이 많고 적음은 모두다 앞에서 말한 바와 같으니라.

가섭아! 너는 마음이 자유자재한 5백 인과 나머지 성문들도 역시 이와 같음을 알고 있으니 이 자리에 없는 이들에게는 네가 일일이 말해 주어라.

그때 5백 아라한은 부처님 앞에서 수기를 받고 뛸 듯이 기뻐하며 자리에서 일어나, 부처님 앞으로 나아가 머리를 숙여 발에 예배하고 허물을 뉘우치며 스스로를 책

責호대 世尊이시여 我等이 常作是念호대 自謂已得究竟
책 세존 아등 상작시념 자위이득구경

滅度러니 今乃知之호니 如無智者니다 所以者何오 我等이
멸도 금내지지 여무지자 소이자하 아등

應得如來智慧어늘 而便自以小智爲足이니다
응득여래지혜 이변자이소지위족

世尊이시여 譬如有人이 至親友家하야 醉酒而臥러니 是
세존 비여유인 지친우가 취주이와 시

時親友는 官事當行일새 以無價寶珠로 繫其衣裏하고
시친우 관사당행 이무가보주 계기의리

與之而去러니 其人은 醉臥하야 都不覺知하고 起已遊行하야
여지이거 기인 취와 도불각지 기이유행

到於他國하야 爲衣食故로 勤力求索에 甚大艱難이라
도어타국 위의식고 근력구색 심대간난

망하였다.

"세존이시여! 저희들은 항상 이런 생각을 했습니다. 구경의 열반을 이미 얻었다고 생각하였더니 이제 알고 보니 지혜가 없는 사람과 같았습니다. 왜냐하면 저희들도 당연히 여래의 지혜를 얻었는데 오로지 작은 지혜에 스스로 만족하였던 것입니다. 세존이시여! 비유하자면 어떤 사람이 친구의 집에 가서 술에 취해 누웠는데 그때 친구가 관청의 일로 나가게 되어 값도 모를 보배 구슬을 그의 옷 속에 꿰매어 주고 나갔습니다. 그러나 그 사람은 술에 취하여 누워 있었기에 전혀 알지 못하였고 일어나서 떠돌아다니다가 멀리 다른 나라에까지 가게 되었습니다. 입고 먹을 것을 힘껏 찾았으나 대단히 어려워서

若少有所得이면 便以爲足이러라 於後親友 會遇見之하고
약소유소득 편이위족 어후친우 회우견지

而作是言호대 咄哉丈夫여 何爲衣食하야 乃至如是오 我
이작시언 돌재장부 하위의식 내지여시 아

昔欲令 汝得安樂하야 五欲自恣일새 於 某年日月에 以
석욕령 여득안락 오욕자자 어 모년일월 이

無價寶珠로 繫汝衣裏라 今故現在어늘 而汝不知하고 勤
무가보주 계여의리 금고현재 이여부지 근

苦憂惱하야 以求自活하니 甚爲癡也로다 汝今可以此寶로
고우뇌 이구자활 심위치야 여금가이차보

貿易所須하면 常可如意하야 無所乏短이라하니라
무역소수 상가여의 무소핍단

佛亦如是하야 爲 菩薩時에 教化我等하야 令發一切智
불역여시 위 보살시 교화아등 영발일체지

조금이라도 얻게 되면 그것으로 만족하였습니다. 나중에 친구가 우연히 만나게 되자 그 꼴을 보고 이런 말을 했습니다.

'이 변변치 못한 사람아! 어찌하여 옷과 밥 때문에 이렇게까지 되었나? 내가 옛날에 너로 하여금 편안하게 오욕을 마음대로 즐기게 해주고 싶어서 모년 모월 모일에 값으로 따질 수 없는 보배 구슬을 너의 옷 속에 꿰매어 주었다. 지금도 있을 텐데 네가 모르고 실컷 고생하며 근심 걱정하고 혼자서 살아왔으니 참으로 어리석구나. 너는 이제 이 보물로써 필요한 것을 마음대로 사고 팔 수 있으니 부족할 것이 없을 것이니라.'

부처님께서도 이와 같으시어 보살로 계실 때에 저희들

心커늘 而尋廢忘하고 不知不覺하며 旣得阿羅漢道라하야
심 이심폐망 부지불각 기득아라한도

自謂滅度나 資生이 艱難하야 得少爲足하나 一切智願은
자위멸도 자생 간난 득소위족 일체지원

猶在不失이니라 今者世尊이 覺悟我等하사 作如是言하사대
유재불실 금자세존 각오아등 작여시언

諸比丘야 汝等所得은 非究竟滅이라 我久令汝等으로
제비구 여등소득 비구경멸 아구령여등

種佛善根일새 以方便故로 示涅槃相이어늘 而汝는 謂爲
종불선근 이방편고 시열반상 이여 위위

實得滅度라호이다 世尊이시여 我今에 乃知實是菩薩로 得
실득멸도 세존 아금 내지실시보살 득

受阿耨多羅三藐三菩提記하고 以是因緣으로 甚大歡
수아뇩다라삼먁삼보리기 이시인연 심대환

을 교화하여 일체지의 마음을 내도록 하셨는데, 얼마 안 가 잊어버려 알지 못하고 깨닫지 못하여 아라한의 도 얻은 것을 열반이라 생각하였습니다. 살아가는 것이 어렵고 고생스러워 적은 것을 얻고도 만족하였습니다만 일체지에 대한 서원은 아직도 잃지 않았습니다. 지금 세존께서는 저희들을 깨우치려고 이런 말씀을 하셨습니다.

'비구들아! 너희들이 얻은 것은 구경의 열반이 아니니라. 내가 오랫동안 너희들로 하여금 부처님의 선근을 심도록 방편으로 열반의 모습을 보인 것인데 너희들은 진짜로 열반을 얻었다고 생각하고 있느니라.'

세존이시여! 저희는 이제서야 바로 알게 되었으며 참다운 보살로서 아뇩다라삼먁삼보리의 수기를 받았습니

喜하야 得未曾有호이다
희 득미증유

爾時에 阿若憍陳如等이 欲重宣此義하사 而說偈言하사대
이시 아야교진여등 욕중선차의 이설게언

我等聞無上 安隱授記聲하고 歡喜未曾有하야
아등문무상 안은수기성 환희미증유

禮無量智佛호이다 今於世尊前에 自悔諸過咎호대
예무량지불 금어세존전 자회제과구

於無量佛寶에 得少涅槃分호니 如無智愚人하야
어무량불보 득소열반분 여무지우인

便自以爲足이라 譬如貧窮人이 往至親友家하니
변자이위족 비여빈궁인 왕지친우가

其家甚大富라 具設諸肴膳하며 以無價寶珠로
기가심대부 구설제효선 이무가보주

다. 이런 인연으로 매우 기쁘며 미증유를 얻었습니다."

아야교진여 등이 이 뜻을 거듭 펴려고 게송을 말하였다.

저희는 수기 주시는 말씀을 듣고 위없이 편안하며 전에 없이 기뻐 한량없는 지혜가 있는 부처님께 예배 드리며, 세존 앞에서 온갖 허물을 스스로 뉘우칩니다.

한량없는 부처님의 보물 가운데에서 조그마한 열반의 몫을 얻고는 지혜가 없고 어리석은 사람처럼 이것으로 만족하였습니다.

비유하면,

가난한 사람이 친구의 집을 찾아갔습니다. 그 친구는 아주 큰 부자라 가지가지 안주와 좋은 음식을 갖추어 대접하고 값을 알 수 없는 보배 구슬을 옷 속에 말없이

繫著內衣裏하고	默與而捨去호대	時臥不覺知라
계 착 내 의 리	묵 여 이 사 거	시 와 불 각 지
是人旣已起에	遊行詣他國하야	求衣食自濟하니
시 인 기 이 기	유 행 예 타 국	구 의 식 자 제
資生甚艱難이라	得少便爲足하고	更不願好者하며
자 생 심 간 난	득 소 변 위 족	갱 불 원 호 자
不覺內衣裏에	有無價寶珠러니	與珠之親友가
불 각 내 의 리	유 무 가 보 주	여 주 지 친 우
後見此貧人하고	苦切責之已에	示以所繫珠어늘
후 견 차 빈 인	고 절 책 지 이	시 이 소 계 주
貧人見此珠하고	其心大歡喜라	富有諸財物하야
빈 인 견 차 주	기 심 대 환 희	부 유 제 재 물
五欲而自恣호이다	我等亦如是하야	世尊於長夜에
오 욕 이 자 자	아 등 역 여 시	세 존 어 장 야
常愍見敎化하고	令種無上願이어늘	我等無智故로
상 민 견 교 화	영 종 무 상 원	아 등 무 지 고

꿰매어 주고 그냥 두고 나갔는데 누워 있을 때라 알지를 못하였습니다. 이 사람이 일어나서 떠돌아 다니다가 타국에까지 이르러 먹을 것과 입을 것을 구하였으나, 생활이 무척 어려워 조그마한 것을 얻고도 만족하여 더 좋은 것을 바라지도 않았으며 옷 속에 값도 모를 보배 구슬이 있는 것도 몰랐습니다. 구슬을 준 친구가 후일 이 가난한 사람을 보게 되자 몹시 꾸짖고 난 뒤 꿰매준 구슬을 보여주니, 가난한 사람이 이 구슬을 보고 크게 기뻐하며 가지가지 재물을 사들여 많이 지니고 오욕을 마음껏 즐겼습니다.

저희도 그와 같아서 세존께서 오랜 세월동안 항상 가엾게 보시고 교화하시어 위없는 서원을 심게 하셨는데, 저희들이 지혜가 없는 까닭으로 알지도 못하고 깨

不覺亦不知하야 불 각 역 부 지	得少涅槃分하고 득 소 열 반 분	自足不求餘니다 자 족 불 구 여
今佛覺悟我하사 금 불 각 오 아	言非實滅度라하시니 언 비 실 멸 도	得佛無上慧코사 득 불 무 상 혜
爾乃爲眞滅이니라 이 내 위 진 멸	我今從佛聞 아 금 종 불 문	授記莊嚴事와 수 기 장 엄 사
及轉次受決하고 급 전 차 수 결	身心遍歡喜호이다 신 심 변 환 희	

第 八 五百弟子授記品 終
제 팔 오백제자수기품 종

닫지도 못하였으며 조그마한 열반을 얻고서도 스스로 만족하며 다른 것은 구하지 않았습니다. 지금 부처님께서 저희들을 깨우치시려고 '진실한 열반이 아니니라. 부처님의 위없는 지혜를 얻어야만 비로소 진실한 열반이니라' 하셨습니다. 저희는 지금 부처님으로부터 수기 주시는 장엄한 일과 차례차례 수기하게 되어 있다는 말씀을 듣고 몸과 마음이 모두 기쁩니다.

제 팔 오백제자수기품 끝

第九 授學無學人記品
제 구 수학무학인기품

爾時에 阿難 羅睺羅而作是念호대 我等이 每自思惟를
이 시 아 난 라 후 라 이 작 시 념 아 등 매 자 사 유

設得受記면 不亦快乎아하고 卽從座起하야 到於佛前하야
설 득 수 기 불 역 쾌 호 즉 종 좌 기 도 어 불 전

頭面禮足하고 俱白佛言하사대 世尊이시여 我等이 於此에
두 면 예 족 구 백 불 언 세 존 아 등 어 차

亦應有分이라호니 唯有如來는 我等所歸요 又我等이 爲
역 응 유 분 유 유 여 래 아 등 소 귀 우 아 등 위

一切世間 天人阿修羅의 所見知識이며 阿難은 常爲侍
일 체 세 간 천 인 아 수 라 소 견 지 식 아 난 상 위 시

者하야 護持法藏하고 羅睺羅는 是佛之子라 若佛이 見授
자 호 지 법 장 라 후 라 시 불 지 자 약 불 견 수

제 구 수학무학인기품

그때 아난과 라후라가 생각하기를

'우리도 수기를 받는다면 얼마나 좋을까?' 하며 자리에서 일어나 부처님 앞으로 나아가 머리를 숙여 발에다 예배하고 부처님께 함께 말씀드렸다.

"세존이시여, 저희들도 수기에 대하여 마땅한 분수가 있을 것입니다.

오직 여래만이 저희가 귀의할 곳입니다.

또 일체 세간의 천·인·아수라들은 저희를 잘 알고 있습니다.

아난은 항상 시자로서 법장을 수호하고 있으며 라후라는 부처님의 아들입니다.

阿耨多羅三藐三菩提記者인댄 我願이 旣滿하고 衆望도
아 녹 다 라 삼 먁 삼 보 리 기 자 아 원 기 만 중 망

亦足이니다 爾時에 學無學 聲聞弟子 二千人이 皆從座
역 족 이 시 학 무 학 성 문 제 자 이 천 인 개 종 좌

起하야 偏袒右肩하고 到於佛前하야 一心合掌하고 瞻仰世
기 편 단 우 견 도 어 불 전 일 심 합 장 첨 앙 세

尊호대 如阿難羅睺羅의 所願이라하고 住立一面이러니 爾時에
존 여 아 난 라 후 라 소 원 주 립 일 면 이 시

佛告阿難하사대 汝於來世에 當得作佛호대 號는 山海慧
불 고 아 난 여 어 래 세 당 득 작 불 호 산 해 혜

自在通王如來 應供 正遍知 明行足 善逝 世間解
자 재 통 왕 여 래 응 공 정 변 지 명 행 족 선 서 세 간 해

無上士 調御丈夫 天人師 佛世尊이라 當供養 六十
무 상 사 조 어 장 부 천 인 사 불 세 존 당 공 양 육 십

만약에 부처님께서 아뇩다라삼먁삼보리의 수기를 주신다면 저희의 소원이 다 이루어지는 것이고 중생들의 희망도 이루어질 것입니다."

그때 더 배워야 할 것이 남아 있거나, 수행이 완료되어 더 배울 것이 없는 성문 제자 2천 인이 모두 자리에서 일어나 오른쪽 어깨를 드러내고 부처님 앞으로 나아가 일심으로 합장하고 세존을 우러러보며, 아난과 라후라와 같이 소원하며 한쪽에 서 있으니 부처님께서 아난에게 말씀하셨다.

"너는 오는 세상에 부처님이 되리니 명호는 산해혜자재통왕여래 · 응공 · 정변지 · 명행족 · 선서 · 세간해 · 무상사 · 조어장부 · 천인사 · 불세존이라 하느니라. 62억

二億諸佛하야 護持法藏然後에 得 阿耨多羅三藐三菩
이억제불 호지법장연후 득 아뇩다라삼먁삼보

提하고 敎化二十千萬億 恒河沙 諸菩薩等하야 令成阿
리 교화이십천만억 항하사 제보살등 영성아

耨多羅三藐三菩提하리라 國名은 常立勝幡이요 其土淸
뇩다라삼먁삼보리 국명 상립승번 기토청

淨하야 瑠璃爲地하며 劫名은 妙音遍滿이라 其佛壽命은
정 유리위지 겁명 묘음변만 기불수명

無量千萬億 阿僧祇劫이라 若人이 於千萬億 無量阿僧
무량천만억 아승지겁 약인 어천만억 무량아승

祇劫中에 算數校計로 不能得知며 正法住世는 倍於壽
지겁중 산수교계 불능득지 정법주세 배어수

命하고 像法住世는 復倍正法이니라
명 상법주세 부배정법

부처님을 공양하고 법장을 수호한 후에 아뇩다라삼먁삼보리를 얻고,
20천만억 항하사 같은 보살들을 교화하여 아뇩다라삼먁삼보리를 이루게 하느니라.

나라의 이름은 상립승번으로 국토가 청정하며 땅이 유리로 되느니라.

겁의 이름은 묘음변만이고
그 부처님의 수명은 한량없는 천만억 아승지 겁이라서 어떤 사람이 한량없는 천만억 아승지 겁 동안 그 수를 헤아려도 알 수가 없느니라.

정법이 세상에 머물기는 수명의 배나 되고 상법이 세상에 머무르기는 정법의 배이니라.

阿難아 是 山海慧自在通王佛이 爲十方 無量千萬億
아 난 시 산 해 혜 자 재 통 왕 불 위 시 방 무 량 천 만 억

恒河沙 等諸佛如來의 所共讚歎이며 稱其功德이니라
항 하 사 등 제 불 여 래 소 공 찬 탄 칭 기 공 덕

爾時世尊이 欲 重宣此義하사 而說偈言하사대
이 시 세 존 욕 중 선 차 의 이 설 게 언

我今僧中說하노니 아 금 승 중 설	阿難持法者라 아 난 지 법 자	當供養諸佛하고 당 공 양 제 불
然後成正覺하면 연 후 성 정 각	號曰山海慧 호 왈 산 해 혜	自在通王佛이라 자 재 통 왕 불
其國土淸淨호대 기 국 토 청 정	名常立勝幡이며 명 상 립 승 번	敎化諸菩薩호대 교 화 제 보 살
其數如恒沙리라 기 수 여 항 사	佛有大威德하야 불 유 대 위 덕	名聞滿十方하며 명 문 만 시 방

아난아! 이 산해혜자재통왕부처님은 시방의 한량없는 천만억 항하사 같은 부처님 여래들이 다 같이 찬탄하고 그 공덕을 말씀하실 것이다.”

세존께서 이 뜻을 거듭 펴시려고 게송으로 말씀하셨다.

내가 이제 승가들 가운데서 말하리라.

법을 수호하는 아난은 장차 부처님들을 공양한 후 바른 깨달음을 이루는데, 명호는 산해혜자재통왕불이라 하느니라.

그 부처님의 국토는 청정하며 상립승번이라 하는데 교화하는 보살들이 항하의 모래 수와 같으리라.

그 부처님은 위엄과 덕망이 크시므로 명성이 시방에 가득 들릴 것이며,

壽命無有量이니　以愍衆生故라　正法倍壽命하고
수명무유량　이민중생고　정법배수명

像法復倍是며　如恒河沙等　無數諸衆生이
상법부배시　여항하사등　무수제중생

於此佛法中에　種佛道因緣하리라
어차불법중　종불도인연

爾時會中에 新發意菩薩 八千人이 咸作是念호대 我
이시회중　신발의보살　팔천인　함작시념　아

等이 尙不聞 諸大菩薩도 得 如是記어늘 有何因緣으로
등　상불문　제대보살　득　여시기　유하인연

而諸聲聞이 得如是決인고하더니
이제성문　득여시결

爾時世尊이 知諸菩薩의 心之所念하시고 而告之曰
이시세존　지제보살　심지소념　이고지왈

수명은 한량없으며 중생을 불쌍히 여기시기 때문에 정법은 수명의 배이고, 상법은 다시 이것의 배가 되리라. 항하의 모래 수같이 수없는 중생들이 이 부처님의 법 가운데서 불도의 인연을 심을 것이니라.

그때 이 모임 가운데서 새로 발심(發心)을 한 보살 8천 인이 다 함께 이런 생각을 하였다.

'우리는 이제까지 대 보살들도 수기를 받았다는 말을 듣지 못하였는데 어떠한 인연으로 성문들이 이와 같은 결정을 얻는가?'

그때 세존께서 보살들이 마음 속으로 생각하는 것을 아시고 이렇게 말씀하셨다.

諸善男子야 我與阿難等으로 於空王佛所에 同時發阿
제 선 남 자 아 여 아 난 등 어 공 왕 불 소 동 시 발 아

耨多羅三藐三菩提心이언만은 阿難은 常樂多聞하고 我는
녹 다 라 삼 먁 삼 보 리 심 아 난 상 락 다 문 아

常勤精進일새 是故로 我已得成阿耨多羅三藐三菩提호니
상 근 정 진 시 고 아 이 득 성 아 녹 다 라 삼 먁 삼 보 리

而阿難이 護持我法하고 亦護將來諸佛法藏하야 教化
이 아 난 호 지 아 법 역 호 장 래 제 불 법 장 교 화

成就諸菩薩衆하리니 其本願이 如是일새 故獲斯記니라
성 취 제 보 살 중 기 본 원 여 시 고 획 사 기

阿難이 面於佛前에 自聞授記와 及國土莊嚴하고 所願이
아 난 면 어 불 전 자 문 수 기 급 국 토 장 엄 소 원

具足하며 心大歡喜하야 得未曾有라 卽時에 憶念過去
구 족 심 대 환 희 득 미 증 유 즉 시 억 념 과 거

"선남자들아! 나는 아난과 함께 공왕부처님의 처소에서 똑같이 아뇩다라삼먁삼보리의 마음을 내었는데, 아난은 언제나 많이 듣기를 좋아하였고 나는 항상 부지런히 정진하였느니라.

그리하여 나는 아뇩다라삼먁삼보리를 이루었지만, 아난은 나의 법을 수호하고 장차 오실 부처님들의 법장도 수호하며 많은 보살들을 교화하여 성취하게 할 것이니라. 그의 본래의 서원이 이러하므로 이 수기를 받는 것이니라."

아난이 부처님 앞에서 수기를 받으며 국토가 잘 꾸며지는 것 등을 직접 들으니 소원이 이루어져 매우 기뻐하며 미증유를 얻게 되자, 곧 바로 과거 한량없는 천만억

無量千萬億 諸佛法藏하야 通達無礙호대 如今所聞하며
무량천만억 제불법장 통달무애 여금소문

亦識本願이라 爾時阿難이 而說偈言하사대
역식본원 이시아난 이설게언

世尊甚希有하사 令我念過去 無量諸佛法호대
세존심희유 영아념과거 무량제불법

如今日所聞하야 我今無復疑라 安住於佛道언만은
여금일소문 아금무부의 안주어불도

方便爲侍者하야 護持諸佛法이니다
방편위시자 호지제불법

爾時에 佛告羅睺羅하사대 汝於來世에 當得作佛하리니
이시 불고라후라 여어래세 당득작불

號는 蹈七寶華如來 應供 正遍知 明行足 善逝 世間
호 도칠보화여래 응공 정변지 명행족 선서 세간

부처님들의 법장을 방금 들은 것처럼 조금도 막힘이 없이 기억해냈으며, 또 본래의 서원도 알게 되었으므로 게송으로 말하였다.

매우 희유하신 세존께서 저로 하여금 과거 한량없는 부처님들의 법을 오늘 들은 것처럼 생각나게 하시니 이제 다시는 의심이 없습니다.

불도에 편안히 머무르게 되었으니, 방편으로 시자가 되어 부처님들의 법을 수호하겠습니다.

그때 부처님께서 라후라에게 말씀하셨다.

"너도 오는 세상에 마땅히 부처님이 되는데, 명호는 도칠보화여래 · 응공 · 정변지 · 명행족 · 선서 · 세간해 ·

解 無上士 調御丈夫 天人師 佛世尊이라 當供養 十世
해 무상사 조어장부 천인사 불세존 당공양 십세

界微塵等數諸佛如來하며 常爲諸佛의 而作長子호대 猶
계미진등수제불여래 상위제불 이작장자 유

如今也리라 是蹈七寶華佛의 國土莊嚴과 壽命劫數와 所
여금야 시도칠보화불 국토장엄 수명겁수 소

化弟子와 正法像法은 亦如山海慧自在通王如來無
화제자 정법상법 역여산해혜자재통왕여래무

異며 亦爲此佛에 而作長子라 過是已後에 當得阿耨多
이 역위차불 이작장자 과시이후 당득아녹다

羅三藐三菩提니라
라삼먁삼보리

爾時에 世尊이 欲重宣此義하사 而說偈言하사대
이시 세존 욕중선차의 이설게언

무상사 · 조어장부 · 천인사 · 불세존이라 하리라.

마땅히 열 세계의 티끌 수 같은
부처님 여래들을 공양하면서
항상 여러 부처님의 장자가 되리니
지금과 같을 것이니라.

이 도칠보화부처님의 국토가
아름답게 꾸며지는 것과
수명의 겁 수와 교화하는 제자와 정법과 상법은
산해혜자재통왕여래와 다르지 아니하며
역시 이 부처님의 맏아들이 되는데
이렇게 한 후에 아뇩다라삼먁삼보리를 얻을 것이니라."

세존께서 이 뜻을 거듭 펴시려고 게송으로 말씀하셨다.

我爲太子時에 羅睺爲長子러니 我今成佛道에
아위태자시 라후위장자 아금성불도

受法爲法子라 於未來世中에 見無量億佛하고
수법위법자 어미래세중 견무량억불

皆爲其長子하야 一心求佛道하리니 羅睺羅密行을
개위기장자 일심구불도 라후라밀행

唯我能知之라 現爲我長子하야 以示諸衆生하며
유아능지지 현위아장자 이시제중생

無量億千萬 功德不可數라 安住於佛法하야
무량억천만 공덕불가수 안주어불법

以求無上道니라
이구무상도

爾時에 世尊이 見學無學二千人이 其意柔軟하야 寂然
이시 세존 견학무학이천인 기의유연 적연

내가 태자로 있을 때 맏아들인 라후라가, 내가 불도를 이루니 법을 받아 법의 아들이 되었는데 미래 세상에서 한량없는 억의 부처님들을 뵙게 되며 그때마다 그 부처님들의 맏아들이 되어 일심으로 불도를 구하느니라.

라후라의 밀행(오로지 불도의 수행에만 힘을 쓰는 것)은 오직 나 혼자만이 아느니라.

나의 맏아들이 되어서 중생들에게 보이는 한량없는 천만억의 공덕은 헤아릴 수 없으며 불법에 편안히 머무르며 위없는 도를 구하느니라.

그때 세존께서 학 · 무학 2천 인을 보시니, 그들의 생각이 부드러우며 고요하고 청정하며 일심으로 부처님을

清淨하며 一心觀佛하고 佛告阿難하사대 汝見是 學無學
청정 일심관불 불고아난 여견시 학무학

二千人不아 唯然已見이니다 阿難아 是諸人等이 當供養
이천인부 유연이견 아난 시제인등 당공양

五十世界微塵數 諸佛如來하야 恭敬尊重하고 護持法
오십세계미진수 제불여래 공경존중 호지법

藏하며 末後同時 於 十方國에 各得成佛하면 皆同一
장 말후동시 어 시방국 각득성불 개동일

號니 名曰寶相如來 應供 正遍知 明行足 善逝 世間解
호 명왈보상여래 응공 정변지 명행족 선서 세간해

無上士 調御丈夫 天人師 佛世尊이라 壽命은 一劫이요
무상사 조어장부 천인사 불세존 수명 일겁

國土莊嚴과 聲聞菩薩과 正法像法이 皆悉同等이니라
국토장엄 성문보살 정법상법 개실동등

보고 있으므로 아난에게 말씀하셨다.

"너는 이 학 · 무학 2천 인을 보고 있느냐."

"예, 보고 있습니다."

"아난아!

이 사람들은 50세계의 티끌 수 같은 부처님 여래들을 공양하고 공경, 존중하며 법장을 수호하다가 맨 나중에 동시에 시방의 나라에서 각각 성불하리니,

명호는 모두다 같이 보상여래 · 응공 · 정변지 · 명행족 · 선서 · 세간해 · 무상사 · 조어장부 · 천인사 · 불세존이라 하니라.

수명은 일 겁이고 국토가 잘 꾸며지는 것과 성문과 보살과 정법과 상법은 모두다 같으니라."

爾時에 世尊이 欲重宣此義하사 而說偈言하사대
이시 세존 욕중선차의 이설게언

是二千聲聞이 시이천성문	今於我前住를 금어아전주	悉皆與授記호대 실개여수기
未來當成佛이라 미래당성불	所供養諸佛은 소공양제불	如上說塵數며 여상설진수
護持其法藏하고 호지기법장	後當成正覺하며 후당성정각	各於十方國에 각어시방국
悉同一名號라 실동일명호	俱時坐道場하야 구시좌도량	以證無上慧어든 이증무상혜
皆名爲寶相이며 개명위보상	國土及弟子와 국토급제자	正法與像法은 정법여상법
悉等無有異라 실등무유이	咸以諸神通으로 함이제신통	度十方衆生하며 도시방중생
名聞普周遍하야 명문보주변	漸入於涅槃하리라 점입어열반	

세존께서 이 뜻을 거듭 펴시려고 게송으로 말씀하셨다.

지금 내 앞에 있는 이 2천의 성문들 모두에게 수기를 주니 오는 세상에서 부처님이 되리라.

공양하여야 할 부처님은 위에서 말한 것처럼 티끌 같은 수이며 그들의 법장을 수호한 후, 각각 시방의 나라에서 바른 깨달음을 얻는데 명호는 모두다 같으니라. 같은 때에 도량에 앉아 위없는 지혜를 깨닫는데 명호는 모두 보상이고, 국토와 제자와 정법과 상법이 모두 같아 다르지 않느니라. 다 함께 온갖 신통력으로 시방의 중생들을 제도하여 명성이 두루두루 들리고 점점 열반에 들 것이니라.

爾時에 學無學 二千人이 聞佛授記하고 歡喜踊躍하야
이시 학무학 이천인 문불수기 환희용약
而說偈言하오대
이설게언

世尊慧燈明하시니 我聞授記音하옵고 心歡喜充滿호대
세존혜등명 아문수기음 심환희충만
如甘露見灌이니다
여감로견관

第九 授學無學人記品 終
제구 수학무학인기품 종

그때 학 · 무학 2천 인이 부처님께서 수기 주시는 것을 듣고 뛸 듯이 기뻐하며 게송으로 말하였다.

지혜의 등불이신 세존께서 저희에게 수기 주시는 말씀을 들으니 환희심이 가득하여 감로수에 흠뻑 젖은 것 같습니다.

제 구 수학무학인기품 끝

第十法師品
제 십 법 사 품

爾時에 世尊이 因藥王菩薩하사 告八萬大士하사대 藥王아
이시 세존 인약왕보살 고팔만대사 약왕

汝見是大衆中에 無量諸天 龍王과 夜叉 乾闥婆와 阿
여견시대중중 무량제천 용왕 야차 건달바 아

修羅 迦樓羅와 緊那羅 摩睺羅伽와 人與非人과 及比
수라 가루라 긴나라 마후라가 인여비인 급비

丘比丘尼와 優婆塞優婆夷의 求聲聞者와 求辟支佛
구비구니 우바새우바이 구성문자 구벽지불

者와 求佛道者와 如是等類 咸於佛前에 聞妙法華
자 구불도자 여시등류 함어불전 문묘법화

經의 一偈一句하고 乃至一念隨喜者는 我皆與授記호대
경 일게일구 내지일념수희자 아개여수기

제 십 법사품

그때 세존께서 약왕보살로 인하여 8만의 마하살들에게 이르시되,

"약왕아!

너는 이 대중 가운데 있는 한량없는 천(天)과 용왕과 야차와 건달바와 아수라와 가루라와 긴나라와 마후라가 등 사람인듯 아닌 듯한 이들과 비구와 비구니와 우바새와 우바이로서 성문을 구하는 자와 벽지불을 구하는 자와 불도를 구하는 자를 보아라.

이와 같은 무리들이 다 함께 부처님 앞에서 『묘법연화경』의 한 게송이나 한 구절을 듣고 한 생각으로라도 따라 기뻐하는 자에게는 내가 모두 수기를 주어 아뇩다라

當得阿耨多羅三藐三菩提니라 佛告藥王하사대 又如來
당득아녹다라삼먁삼보리 불고약왕 우여래

滅度之後에 若有人이 聞妙法華經을 乃至一偈一句하야
멸도지후 약유인 문묘법화경 내지일게일구

一念隨喜者라도 我亦與授 阿耨多羅三藐三菩提記니라
일념수희자 아역여수 아녹다라삼먁삼보리기

若復有人이 受持讀誦하며 解說書寫 妙法華經호대 乃
약부유인 수지독송 해설서사 묘법화경 내

至一偈하며 於此經卷에 敬視如佛하고 種種供養 華香
지일게 어차경권 경시여불 종종공양 화향

瓔珞이며 抹香塗香燒香이며 繒蓋幢幡이며 衣服伎樂하고
영락 말향도향소향 증개당번 의복기악

乃至合掌恭敬하면 藥王아 當知하라 是諸人等은 已曾供
내지합장공경 약왕 당지 시제인등 이증공

삼먁삼보리를 얻게 할 것이니라."

부처님께서 약왕에게 말씀하셨다.

"또 여래가 열반한 후에라도 어떤 사람이 『묘법화경』의 한 게송이나 한 구절이라도 듣고 한결같은 마음으로 따라 기뻐하면, 내가 역시 아뇩다라삼먁삼보리의 수기를 줄 것이니라.

만약에 또 어떤 사람이 『묘법화경』의 한 게송만이라도 받아 지니고 읽고 외우며 해설하고 옮겨 쓰며, 이 경전을 부처님같이 공경하며 가지가지 꽃과 향과 영락과 가루 향, 바르는 향, 사르는 향과 비단 가리개와 깃발과 의복과 음악으로 공양하고 합장으로라도 공경하면 약왕아! 마땅히 알라.

養 十萬億佛하고 於 諸佛所에 成就大願호대 愍衆生故로
양 십만억불 어 제불소 성취대원 민중생고

生此人間이니라 藥王아 若有人이 問 何等衆生이 於 未
생차인간 약왕 약유인 문 하등중생 어 미

來世에 當得作佛고하면 應示是諸人等이 於 未來世에
래세 당득작불 응시시제인등 어 미래세

必得作佛이니라 何以故요 若 善男子 善女人이 於 法華
필득작불 하이고 약 선남자 선여인 어 법화

經에 乃至一句를 受持讀誦하고 解說書寫하며 種種供養
경 내지일구 수지독송 해설서사 종종공양

經卷을 華香瓔珞과 抹香塗香燒香과 繒蓋幢幡과 衣服
경권 화향영락 말향도향소향 증개당번 의복

伎樂하고 合掌恭敬하면 是人은 一切世間의 所應瞻奉이라
기악 합장공경 시인 일체세간 소응첨봉

이런 사람들은 이미 10만억 부처님을 공양하였고 부처님 처소에서 큰 서원을 이루었지만 중생을 불쌍히 여기어서 인간의 세상에 태어난 것이니라.

약왕아! 만약에 어떤 사람이 '어떠한 중생들이 오는 세상에서 부처님이 됩니까?' 하면 이런 사람들이 오는 세상에 반드시 부처님이 된다고 가르쳐라.

왜냐하면 선남자 선여인이 『법화경』의 한 구절이라도 받아 지니고 읽고 외우며 해설하고 옮겨 쓰며, 가지가지로 경전에 공양하기를 꽃과 향과 영락과 가루 향, 바르는 향, 사르는 향, 비단 가리개, 깃발, 의복, 음악 등으로 하고 합장 공경하면, 이 사람을 일체 세간이 마땅히 우러러보고 받들 것이며, 여래에게 공양하듯이 공양할 것

應以如來供養으로 而供養之니 當知此人은 是大菩薩이라
응이여래공양 이공양지 당지차인 시대보살

成就阿耨多羅三藐三菩提언만은 哀愍衆生하야 願生此
성취아뇩다라삼먁삼보리 애민중생 원생차

間하야 廣演分別 妙法華經이온 何況盡能受持하고 種種
간 광연분별 묘법화경 하황진능수지 종종

供養者리요 藥王아 當知하라
공양자 약왕 당지

是人은 自捨淸淨業報하고 於我滅度後에 愍衆生故로
시인 자사청정업보 어아멸도후 민중생고

生於惡世하야 廣演此經이니라 若是善男子善女人이 我
생어악세 광연차경 약시선남자선여인 아

滅度後에 能竊爲一人하야 說法華經호대 乃至一句하면
멸도후 능절위일인 설법화경 내지일구

이기 때문이니라.

마땅히 알아라. 이 사람은 대 보살이니라.

아뇩다라삼먁삼보리를 이루었지만 중생들을 불쌍히 여기고 이 세상에 나기를 원하여 『묘법화경』을 자세히 설하는 것인데, 하물며 다 받아들여 잘 지니고 가지가지로 공양하는 사람이야 말할 것이 있겠느냐!

약왕아! 마땅히 알아라.

이런 사람은 청정한 업의 보를 스스로 버리고 내가 열반한 후에 중생을 불쌍히 여기는 까닭으로 악한 세상에 나서 이 경을 널리 설하는 것이니라.

만약 이런 선남자 선여인이, 내가 열반한 후에 가만히 한 사람에게라도 『법화경』의 한 구절이라도 설한다면

當知是人은 則 如來使라 如來所遣으로 行如來事어든
당지시인 즉 여래사 여래소견 행여래사

何況於大衆中에 廣爲人說이리요
하황어대중중 광위인설

藥王아 若有惡人이 以不善心으로 於一劫中에 現於佛
약왕 약유악인 이불선심 어일겁중 현어불

前에 常 毁罵佛이라도 其罪尙輕이어니와 若人이 以 一惡
전 상 훼매불 기죄상경 약인 이 일악

言으로 毁訾在家出家의 讀誦法華經者면 其罪甚重이니라
언 훼자재가출가 독송법화경자 기죄심중

藥王아 其有讀誦法華經者는 當知是人은 以佛莊嚴으로
약왕 기유독송법화경자 당지시인 이불장엄

而自莊嚴하고 則爲如來 肩所荷擔이며 其所至方에 應
이자장엄 즉위여래 견소하담 기소지방 응

마땅히 알라. 이 사람은 여래의 심부름꾼으로 여래가 보내어서 여래의 일을 하는 자인데, 하물며 대중 가운데서 사람들을 위하여 설하는 것이야 말할 것이 있겠느냐!

약왕아! 만약 악한 사람이 좋지 못한 마음으로 일 겁 동안 내내 부처님 앞에서 부처님을 헐뜯으며 욕하여도 그 죄는 오히려 가벼운데, 어떤 사람이 한 마디라도 악한 말로 집에 있거나 출가를 하였거나 간에 『법화경』을 읽고 외우는 자를 헐뜯거나 비방하면 그 죄는 매우 무거우니라.

약왕아! 만일 『법화경』을 읽고 외우는 사람이 있으면 마땅히 알라. 이 사람은 부처님의 장엄으로 스스로 장엄한 것이며, 곧 여래가 어깨로 짊어진 것이니 그가 가는

隨向禮하야 一心合掌하고 恭敬供養하며 尊重讚歎호대 華香瓔珞과 抹香 塗香 燒香과 繒蓋幢幡과 衣服肴饌이며 作諸伎樂하야 人中上供으로 而供養之하며 應持天寶하야 而以散之하고 天上寶聚를 應以奉獻이니 所以者何오 是人이 歡喜說法커든 須臾聞之라도 卽得究竟에 阿耨多羅三藐三菩提故니라

수향례 일심합장 공경공양 존중찬탄 화향영락 말향 도향 소향 증개당번 의복효찬 작제기악 인중상공 이공양지 응지천보 이이산지 천상보취 응이봉헌 소이자하 시인 환희설법 수유문지 즉득구경 아뇩다라삼먁삼보리고

爾時世尊이 欲重宣此義하사 而說偈言하사대

이시세존 욕중선차의 이설게언

곳을 마땅히 따라가서 예배하고 일심으로 합장하고 공경 공양하고 존중 찬탄하되

꽃과 향과 영락과 가루 향,

바르는 향, 사르는 향, 비단가리개,

깃발, 의복, 음식과 가지가지 음악을 연주하여야 하며

사람 중에서 제일 좋은 공양으로 공양하여야 하며

하늘의 보배를 가져다가 흩어야 할 것이며

하늘의 보배 무더기를 받들어 올려야 하느니라.

왜냐하면 이 사람이 기쁘게 설법하는 것을

잠깐만이라도 들으면 곧 구경의 경지인

아뇩다라삼먁삼보리를 얻기 때문이니라."

세존께서 이 뜻을 거듭 펴시려고 게송으로 말씀하셨다.

若欲住佛道하야	成就自然智인댄	常當勤供養
약 욕 주 불 도	성 취 자 연 지	상 당 근 공 양
受持法華者니라	其有欲疾得	一切種智慧인댄
수 지 법 화 자	기 유 욕 질 득	일 체 종 지 혜
當受持是經하고	幷供養持者니라	若有能受持
당 수 지 시 경	병 공 양 지 자	약 유 능 수 지
妙法華經者는	當知佛所使로	愍念諸衆生이니라
묘 법 화 경 자	당 지 불 소 사	민 념 제 중 생
諸有能受持	妙法華經者는	捨於淸淨土하고
제 유 능 수 지	묘 법 화 경 자	사 어 청 정 토
愍衆故生此니	當知如是人은	自在所欲生하야
민 중 고 생 차	당 지 여 시 인	자 재 소 욕 생
能於此惡世에	廣說無上法하며	應以天華香과
능 어 차 악 세	광 설 무 상 법	응 이 천 화 향
及天寶衣服과	天上妙寶聚로	供養說法者니라
급 천 보 의 복	천 상 묘 보 취	공 양 설 법 자

불도에 머무르며 자연지(저절로 존재하는 부처님의 지혜)를 이루고 싶다면 『법화경』을 받아 지닌 자에게 부지런히 공양하여야 하고, 일체종지를 빨리 얻고자 하면 마땅히 이 경을 받아 지녀야 하며, 받아 지니고 있는 자에게 공양하여야 하느니라. 만약 『법화경』을 받아 지니는 자가 있으면 마땅히 알아라. 부처님께서 보낸 사람인데 중생들을 가엾게 여기기 때문이니라. 『법화경』을 받아 지닌 사람들은 중생을 불쌍히 여기어서 청정한 국토를 버리고 여기에 태어난 것이니라. 마땅히 알아라. 이와 같은 사람은 나고 싶은 곳에 마음대로 날 수 있으므로 이 나쁜 세상에서 위없는 법을 널리 설하는 것이니, 응당 하늘의 꽃과 향과 하늘의 보물과 옷과 하늘 위의 좋은 보배더미로 설법하는 사람에게 공양하여라.

吾滅後惡世에 能持是經者를 當合掌禮敬호대
오멸후악세 능지시경자 당합장예경

如供養世尊하며 上饌衆甘美와 及種種衣服으로
여공양세존 상찬중감미 급종종의복

供養是佛子하야 冀得須臾聞하며 若能於後世에
공양시불자 기득수유문 약능어후세

受持是經者는 我遣在人中하야 行於如來事니라
수지시경자 아견재인중 행어여래사

若於一劫中에 常懷不善心하야 作色而罵佛하면
약어일겁중 상회불선심 작색이매불

獲無量重罪호대 其有讀誦持 是法華經者를
획무량중죄 기유독송지 시법화경자

須臾加惡言하면 其罪復過彼니라 有人求佛道하야
수유가악언 기죄부과피 유인구불도

而於一劫中에 合掌在我前하야 以無數偈讚하고
이어일겁중 합장재아전 이무수게찬

내가 열반한 후 나쁜 세상에서 이 경을 지니고 있는 자에게는 세존께 공양하듯이 합장 예배하고 공경하여야 하며, 감미로운 맛이 나는 좋은 음식과 가지가지 옷으로 공양하고 잠깐이라도 듣기를 원하여라.

후세에서 이 경을 받아 지니는 사람은 내가 보내서, 사람 가운데 있으면서 여래의 일을 하는 것이니라.

만약 일 겁 내내 나쁜 마음을 품고 성을 내며 부처님을 욕하면 한량없이 무거운 죄를 짓는 것이 되는데, 이 『법화경』을 읽고 외우며 지니는 사람에게 잠깐만이라도 나쁜 말을 하면 이 죄는 부처님을 욕한 죄보다 더 무거우니라.

어떤 사람이 불도를 구하려고 일 겁 동안을 합장하고 내 앞에 있으면서 수없는 게송으로 찬탄하면 이렇

由是讚佛故로 得無量功德커든 歎美持經者는
유 시 찬 불 고 득 무 량 공 덕 탄 미 지 경 자

其福復過彼니라 於八十億劫에 以最妙色聲과
기 복 부 과 피 어 팔 십 억 겁 이 최 묘 색 성

及與香味觸으로 供養持經者하고 如是供養已에
급 여 향 미 촉 공 양 지 경 자 여 시 공 양 이

若得須臾聞하면 則應自欣慶 我今獲大利니라
약 득 수 유 문 즉 응 자 흔 경 아 금 획 대 리

藥王今告汝하노니 我所說諸經인 而於此經中에
약 왕 금 고 여 아 소 설 제 경 이 어 차 경 중

法華最第一이니라
법 화 최 제 일

爾時에 佛이 復告藥王菩薩摩訶薩하사대 我所說經典의
이 시 불 부 고 약 왕 보 살 마 하 살 아 소 설 경 전

게 부처님을 찬탄한 연고로 한량없는 공덕을 얻는데, 이 경을 지닌 자를 좋게 찬탄하면 그 복이 부처님을 찬탄한 공덕보다도 훨씬 많으니라.

80억 겁 동안 가장 좋은 것과 소리와 향과 맛과 닿이는 것으로 이 경을 받아 가진 사람에게 공양하여라.

이와 같이 공양을 하고 잠시라도 듣게 되면 스스로 기뻐하고 경사스러워 하며 내가 지금 큰 이익을 얻었다 하여라.

약왕아! 이제 너에게 말하는데, 내가 설한 경전들 가운데서 이 『법화경』이 가장 으뜸이니라.

부처님께서 다시 약왕보살마하살에게 말씀하셨다.

"내가 설하는 경전은 한량없는 천만억이니라.

無量千萬億을 已說今說當說이어니와 而於其中에 此法
무 량 천 만 억　이 설 금 설 당 설　이 어 기 중　차 법

華經이 最爲難信難解니라 藥王아 此經은 是諸佛秘要
화 경　최 위 난 신 난 해　약 왕　차 경　시 제 불 비 요

之藏이라 不可分布하야 妄授與人이니 諸佛世尊之所守
지 장　불 가 분 포　망 수 여 인　제 불 세 존 지 소 수

護라 從昔已來로 未曾顯說而此經者는 如來現在에도
호　종 석 이 래　미 증 현 설 이 차 경 자　여 래 현 재

猶多怨嫉이어든 況滅度後리요 藥王아 當知하라 如來滅
유 다 원 질　황 멸 도 후　약 왕　당 지　여 래 멸

後에 其能書持讀誦供養하고 爲他人說者는 如來則爲
후　기 능 서 지 독 송 공 양　위 타 인 설 자　여 래 즉 위

以衣覆之하며 又爲他方現在諸佛之所護念이라
이 의 부 지　우 위 타 방 현 재 제 불 지 소 호 념

설한 것과 설하고 있는 것과 설하여야 할 것이 있는데, 그 중에서 이 『법화경』이 가장 믿기 어렵고 이해하기 어려우니라. 약왕아! 이 경은 부처님들의 비밀스럽고 중요한 법장이니 널리 퍼뜨리지 말고 함부로 주지 말아라. 모든 부처님께서 수호하시는 바인데, 예로부터 오늘에 이르기까지 한 번도 이 경을 드러내어 설하지 않았느니라. 여래가 현재 있는데도 불구하고 원망과 미움이 많은데, 하물며 열반한 후에야 어떠하겠느냐! 약왕아! 마땅히 알아라. 여래가 열반한 후에 만일 쓰고 받아 지니며 읽고 외우며 공양하고 다른 사람을 위하여 설하는 자가 있으면 여래가 곧 옷으로 덮어 주시고, 또 다른 곳에 현재 계시는 부처님들께서 돌보아 주실 것이니라.

是人은 有大信力과 及志願力과 諸善根力하나니 當知
시인 유대신력 급지원력 제선근력 당지

是人은 與如來로 共宿이며 則爲如來 手摩其頭니라 藥
시인 여여래 공숙 즉위여래 수마기두 약

王아 在在處處에 若說若讀커나 若誦若書하며 若經卷
왕 재재처처 약설약독 약송약서 약경권

所住處는 皆應起 七寶塔하야 極令高廣嚴飾하고 不須
소주처 개응기 칠보탑 극령고광엄식 불수

復安舍利니 所以者何오 此中에 已有如來全身이니라
부안사리 소이자하 차중 이유여래전신

此塔은 應以一切 華香瓔珞과 繒蓋幢幡과 伎樂歌頌으로
차탑 응이일체 화향영락 증개당번 기악가송

供養恭敬하며 尊重讚歎이니 若有人이 得見此塔하고 禮
공양공경 존중찬탄 약유인 득견차탑 예

이 사람은 큰 신심의 힘과 마음으로 원하는 힘과 선근의 힘이 있으니 마땅히 알아라.

이 사람은 여래와 함께 머물게 될 것이며, 여래가 손으로 그의 머리를 쓰다듬어 줄 것이니라.

약왕아!

어느 곳이든 설하거나 읽거나 외우거나 쓰거나 경전이 있는 곳에는 모두다 칠보탑을 세워서 지극히 높고 넓게 하며 아름답게 꾸미되, 사리를 모실 필요는 없느니라. 왜냐하면 이 속에는 이미 여래의 온 몸이 있기 때문이니라.

이 탑에 일체의 꽃과 향과 영락과 비단 가리개와 깃발과 음악과 노래로 공양, 공경하고 존중, 찬탄하여라.

拜供養하면 當知是等은 皆近阿耨多羅三藐三菩提니라
배공양 당지시등 개근아녹다라삼막삼보리

藥王아 多有人이 在家出家에 行菩薩道호대 若不能得
약왕 다유인 재가출가 행보살도 약불능득

見聞讀誦書持供養 是法華經者면 當知是人은 未善
견문독송서지공양 시법화경자 당지시인 미선

行菩薩道요 若有得聞 是經典者면 乃能善行 菩薩之
행보살도 약유득문 시경전자 내능선행 보살지

道니라 其有衆生이 求佛道者로 若見若聞 是法華經하고
도 기유중생 구불도자 약견약문 시법화경

聞已信解受持者는 當知是人은 得近阿耨多羅三藐
문이신해수지자 당지시인 득근아녹다라삼막

三菩提니라
삼보리

만일 어떤 사람이 이 탑을 보고 예배하고 공양하면 마땅히 알아라. 이들은 모두다 아녹다라삼막삼보리에 가까워진 것이니라.

약왕아! 많은 사람들이 집에 있거나 출가하였거나 보살도를 행하되, 이 『법화경』을 보고 듣고 읽고 외우고 쓰고 지니고 공양하지 않는다면 마땅히 알아라. 이 사람은 보살도를 잘 행하지 못하는 사람이니라. 이 경전을 들은 자라야만 비로소 보살의 도를 잘 행할 수 있느니라.

만일 중생으로서 불도를 구하는 자가 이 『법화경』을 보기도 듣기도 하는데, 듣고서 믿고 이해하여 받아들여 지니는 자는 마땅히 알아라. 이 사람은 아녹다라삼막삼보리에 가까워진 사람이니라.

藥王아 譬如有人이 渴乏須水하야 於彼高原에 穿鑿求
약왕 비여유인 갈핍수수 어피고원 천착구

之호대 猶見乾土하면 知水尙遠이나 施功不已하야 轉見濕
지 유견건토 지수상원 시공불이 전견습

土하고 遂漸至泥하면 其心에 決定 知水必近이니 菩薩도
토 수점지니 기심 결정 지수필근 보살

亦復如是하야 若 未聞未解하며 未能修習是法華經하면
역부여시 약 미문미해 미능수습시법화경

當知是人은 去 阿耨多羅三藐三菩提 尙遠이요 若得聞
당지시인 거 아뇩다라삼먁삼보리 상원 약득문

解하야 思惟修習하면 必知得近 阿耨多羅三藐三菩提니
해 사유수습 필지득근 아뇩다라삼먁삼보리

所以者何오 一切菩薩의 阿耨多羅三藐三菩提는 皆屬
소이자하 일체보살 아뇩다라삼먁삼보리 개속

약왕아!

비유하자면 어떤 사람이 목이 말라 언덕 위에서 구멍을 파서 물을 구하려 하는데 마른 흙만 나오면, 물이 여전히 멀리 있는 것으로 알고 계속 파 내려가다가 젖은 흙이 나오기 시작하고 마침내 진흙이 나오면, 반드시 물이 가까이 있음을 아는 것과 같으니라. 보살도 이와 같아서 이 『법화경』을 듣지 못하고 이해하지 못하여 닦고 익히지 않으면, 이런 사람은 아뇩다라삼먁삼보리에 가는 것이 아직도 멀었음을 알아야 하느니라.

만약 듣고 이해하여 생각하고 닦고 익히면 반드시 아뇩다라삼먁삼보리에 가까워진 것으로 알아라. 왜냐하면 일체 보살의 아뇩다라삼먁삼보리가 모두다 이 경에 속

此經이니라 此經은 開方便門하고 示眞實相이니 是法華
차 경 차 경 개 방 편 문 시 진 실 상 시 법 화

經藏은 深固幽遠하야 無人能到어늘 今佛敎化는 成就菩
경 장 심 고 유 원 무 인 능 도 금 불 교 화 성 취 보

薩하야 而爲開示니라
살 이 위 개 시

藥王아 若有菩薩이 聞是法華經하고 驚疑怖畏하면 當知
약 왕 약 유 보 살 문 시 법 화 경 경 의 포 외 당 지

是爲 新發意菩薩이요 若 聲聞人이 聞是經하고 驚疑怖
시 위 신 발 의 보 살 약 성 문 인 문 시 경 경 의 포

畏하면 當知是爲 增上慢者니라 藥王아 若有善男子 善
외 당 지 시 위 증 상 만 자 약 왕 약 유 선 남 자 선

女人이 如來滅後에 欲爲四衆하야 說是法華經者는 云
여 인 여 래 멸 후 욕 위 사 중 설 시 법 화 경 자 운

하기 때문이니라.

이 경은 방편의 문을 열어 진실한 모습을 보이느니라.

이 『법화경』의 가르침은 깊고 굳으며 그윽하고 멀어서 다다를 수 있는 사람이 없기에, 이제 부처님께서 보살들을 교화하여 성취시키려고 열어 보이시는 것이니라.

약왕아! 만약에 보살이 이 『법화경』을 듣고 놀라거나 의심하고 두려워하거나 무서워하면, 이런 사람은 새로 발심한 보살임을 알아야 하는데, 성문으로서 이 경을 듣고 놀라거나 의심하거나 두려워하거나 무서워하면, 교만한 자임을 마땅히 알아라.

약왕아! 선남자 선여인으로서 여래가 열반한 후에 사부대중을 위하여 이 『법화경』을 설하고자 하는 사람은

何應說고 是善男子善女人은 入如來室하고 著如來
하응설 시선남자선여인 입여래실 착여래

衣하며 坐如來座라사 爾乃應爲四衆하야 廣說斯經이니
의 좌여래좌 이내응위사중 광설사경

如來室者는 一切衆生中에 大慈悲心이 是요 如來衣
여래실자 일체중생중 대자비심 시 여래의

者는 柔和忍辱心이 是요 如來座者는 一切法空이 是니
자 유화인욕심 시 여래좌자 일체법공 시

安住是中然後에 以不懈怠心으로 爲諸菩薩及四衆하야
안주시중연후 이불해태심 위제보살급사중

廣說是法華經이니라
광설시법화경

藥王아 我於餘國에 遣化人하야 爲其集聽法衆하며 亦
약왕 아어여국 견화인 위기집청법중 역

응당 어떻게 설해야 하는가 하면, 여래의 방에 들어가서 여래의 옷을 입고, 여래의 자리에 앉아서 사부대중을 위하여 이 경을 널리 설해야 하느니라.

여래의 방이라 함은 일체 중생에 대한 대 자비심이고, 여래의 옷이라 함은 부드럽고 온화하며 욕된 것을 참는 것이며, 여래의 자리라 함은 모든 법은 공(空)이라는 것이니, 이 가운데 편안히 머무른 다음 게으르지 않은 마음으로 보살들과 사부대중을 위하여 이 법화경을 널리 설하여야 하느니라.

약왕아!

내가 다른 나라에서 신통력으로 나타낸 사람을 보내어, 그를 위하여 법을 들을 무리들을 모이게 하고,

遣化比丘 比丘尼와 優婆塞優婆夷하야 聽其說法커든
견화비구 비구니 우바새우바이 청기설법

是諸化人이 聞法信受하고 隨順不逆하며 若說法者 在
시제화인 문법신수 수순불역 약설법자 재

空閑處어든 我時廣遣 天龍鬼神과 乾闥婆 阿修羅等하야
공한처 아시광견 천용귀신 건달바 아수라등

聽其說法하며 我는 雖在異國이라도 時時令說法者로 得
청기설법 아 수재이국 시시영설법자 득

見我身케하며 若於此經에 忘失句逗어든 我還爲說하야
견아신 약어차경 망실구두 아환위설

令得具足이니라
영득구족

爾時世尊이 欲重宣此義하사 而說偈言하사대
이시세존 욕중선차의 이설게언

또 신통력으로 나타낸 비구, 비구니, 우바새, 우바이들을 보내어 그가 설법하는 것을 듣게 하는데, 신통으로 나타낸 이런 사람들은 법을 듣고 믿으며 받아들여 잘 따르며 거스르지 않느니라.

만일 설법하는 사람이 고요하고 한적한 곳에 있으면 내가 바로 천, 용, 귀신, 건달바, 아수라 등을 보내어 그가 설법하는 것을 듣게 하고, 내가 비록 다른 나라에 있더라도 때때로 설법하는 사람으로 하여금 나의 몸을 볼 수 있게 하며, 이 경의 구절을 잃어버렸거나 머뭇거리면 내가 돌아와서 그를 위해 설하여 완전하게 하여 주느니라."

세존께서 이 뜻을 거듭 펴시려고 게송으로 말씀하셨다.

欲捨諸懈怠인댄 욕사제해태	應當聽此經이니 응당청차경	是經難得聞이며 시경난득문
信受者亦難이라 신수자역난	如人渴須水에 여인갈수수	穿鑿於高原호대 천착어고원
猶見乾燥土면 유견건조토	知去水尚遠이나 지거수상원	漸見濕土泥하면 점견습토니
決定知近水니라 결정지근수	藥王汝當知하라 약왕여당지	如是諸人等이 여시제인등
不聞法華經하면 불문법화경	去佛智甚遠이나 거불지심원	若聞是深經하면 약문시심경
決了聲聞法하나니 결료성문법	是諸經之王이라 시제경지왕	聞已諦思惟하면 문이체사유
當知此人等은 당지차인등	近於佛智慧니라 근어불지혜	若人說此經인댄 약인설차경
應入如來室하야 응입여래실	著於如來衣하며 착어여래의	而坐如來座라사 이좌여래좌

게으른 마음을 버리려거든 이 경을 들어야 하느니라. 이 경은 듣기 어려우며 믿고 받아들이기도 어려우니라. 목마른 사람이 물이 필요하여 높은 언덕에서 구덩이를 팠으나 계속 물기 없는 마른 흙만 보게 되면, 물이 있는 곳이 여전히 먼 것으로 알다가, 차츰 젖은 흙과 진흙을 보게 되면 반드시 물이 가까이 있음을 아는 것과 같으니라. 약왕아! 마땅히 알아라. 이와 같이 사람들이 『법화경』을 듣지 못하면 부처님 지혜로 가는 것이 매우 먼 것이니라. 이 경을 깊이 들으면 성문의 법은 반드시 깨닫느니라. 이 경은 모든 경의 왕이므로 듣고서 자세히 생각하는 이런 사람들은 부처님의 지혜에 가까이 있는 줄을 알아라. 사람이 이 경을 설하려면, 마땅히 여래의 방에 들어가서 여래의 옷을 입고, 여래의 자리에 앉아,

處衆無所畏하야 처 중 무 소 외	廣爲分別說이니라 광 위 분 별 설	大慈悲爲室하고 대 자 비 위 실
柔和忍辱衣와 유 화 인 욕 의	諸法空爲座하야 제 법 공 위 좌	處此爲說法하며 처 차 위 설 법
若說此經時에 약 설 차 경 시	有人惡口罵하야 유 인 악 구 매	加刀杖瓦石이라도 가 도 장 와 석
念佛故應忍이니라 염 불 고 응 인	我千萬億土에 아 천 만 억 토	現淨堅固身하야 현 정 견 고 신
於無量億劫에 어 무 량 억 겁	爲衆生說法하며 위 중 생 설 법	若我滅度後에 약 아 멸 도 후
能說此經者면 능 설 차 경 자	我遣化四衆인 아 견 화 사 중	比丘比丘尼와 비 구 비 구 니
及淸信士女하야 급 청 신 사 녀	供養於法師하고 공 양 어 법 사	引導諸衆生하야 인 도 제 중 생
集之令聽法하며 집 지 령 청 법	若人欲加惡하야 약 인 욕 가 악	刀杖及瓦石커든 도 장 급 와 석

대중 가운데 두려움 없이 자세히 설하여야 하느니라. 대자비가 방이고, 부드럽고 온화하며 욕되는 것을 참는 것이 옷이며, 모든 법은 실체가 없다는 것이 자리이니, 이런 곳에 앉아서 법을 설하여라. 만일 이 경을 설할 때에 어떤 사람이 욕설을 하거나 칼이나 몽둥이나 기와나 돌로 치더라도 부처님을 생각하며 마땅히 참을 지니라. 나는 천만억 나라에서 맑고 견고한 몸을 나타내어 헤아릴 수 없는 겁 동안 중생을 위하여 법을 설하느니라. 내가 열반한 후에 이 경을 설하는 자가 있으면, 내가 신통력으로 변화시킨 비구와 비구니와 청신사와 청신녀를 보내어 법사에게 공양하게 하고 중생들을 모이게 하여 법을 듣게 하리라.

만일 어떤 사람이 악한 마음으로 칼이나 몽둥이나 기

則遣變化人하야 즉 견 변 화 인	爲之作衛護하며 위 지 작 위 호	若說法之人이 약 설 법 지 인
獨在空閑處하야 독 재 공 한 처	寂寞無人聲하고 적 막 무 인 성	讀誦此經典커든 독 송 차 경 전
我爾時爲現 아 이 시 위 현	淸淨光明身하며 청 정 광 명 신	若忘失章句면 약 망 실 장 구
爲說令通利하며 위 설 령 통 리	若人具是德하야 약 인 구 시 덕	或爲四衆說하고 혹 위 사 중 설
空處讀誦經하면 공 처 독 송 경	皆得見我身하며 개 득 견 아 신	若人在空閑커든 약 인 재 공 한
我遣天龍王과 아 견 천 용 왕	夜叉鬼神等하야 야 차 귀 신 등	爲作聽法衆하며 위 작 청 법 중
是人樂說法하야 시 인 요 설 법	分別無罣礙하면 분 별 무 괘 애	諸佛護念故로 제 불 호 념 고
能令大衆喜니라 능 령 대 중 희	若親近法師하고 약 친 근 법 사	速得菩薩道인댄 속 득 보 살 도

와나 돌로 치려 하면, 바로 변화시킨 사람들을 보내서 지키고 보호하겠노라. 만일 설법하는 사람이 혼자서 사람 소리도 없는 한적하고 쓸쓸하며 고요한 데서 이 경전을 읽고 외우면, 내가 그때 청정하고 밝게 빛나는 몸을 나타내며, 만일 문장이나 구절을 잊어버리면 설하여 주어서 통달하게 하리라. 또 어떤 사람이 이런 덕을 갖추고 사부대중을 위하여 법을 설하거나 고요한 곳에서 경을 읽거나 외우면 모두다 나를 보게 하리라. 또 어떤 사람이 고요한 곳에 있으면, 내가 하늘과 용왕과 야차와 귀신 등을 보내어 법을 듣는 대중이 되게 하리라. 이 사람은 법을 즐거이 설하고 걸림 없이 분별하며 부처님들께서 보살피시므로 대중들을 기쁘게 하느니라. 또 법사를 가까이 하고 따르면 보살의 도를 빨리 얻게 될 것

隨順是師學이니　　得見恒沙佛이니라
수 순 시 사 학　　득 견 항 사 불

第十法師品終
제 십 법 사 품 종

이며, 이 법사를 잘 따라 배우면 항하의 모래 수 같은 부처님을 보게 될 것이니라.

제 십 법사품 끝

第十一 見寶塔品
제 십일 견보탑품

爾時佛前에 有七寶塔호대 高는 五百由旬이요 縱廣은 二
이시불전 유칠보탑 고 오백유순 종광 이

百五十由旬이라 從地踊出하야 住在空中호대 種種寶物로
백오십유순 종지용출 주재공중 종종보물

而莊校之하며 五千欄楯이요 龕室千萬이며 無數幢幡으로
이장교지 오천난순 감실천만 무수당번

以爲嚴飾하고 垂寶瓔珞커든 寶鈴萬億으로 而懸其上하며
이위엄식 수보영락 보령만억 이현기상

四面에 皆出 多摩羅跋栴檀之香하야 充遍世界하며 其
사면 개출 다마라발전단지향 충변세계 기

諸幡蓋는 以 金銀 瑠璃 硨磲 瑪瑙 眞珠 玫瑰 七寶로
제번개 이 금은 유리 자거 마노 진주 매괴 칠보

제 십일 견보탑품

그때 부처님 앞에
높이가 5백 유순이고 가로 세로가 250 유순인
칠보탑이 땅에서 솟아올라 공중에 머물렀다.

가지가지 보물로 잘 꾸며졌는데
난간이 5천이고 감실이 천만이며,
수없는 깃발로 아름답게 꾸미고
보배로 된 영락을 드리우고,
만억이나 되는 보배 구슬을 그 위에 매달았다.

사면에서는 모두 다마라발전단의 향기가 나와 세계에 가득하였고, 깃발과 덮개들을 금, 은, 유리, 자거, 마노, 진주, 매괴 등의 칠보로 만들었는데

合成하야 高至四天王宮하야 三十三天은 雨天曼陀羅
합성 고지사천왕궁 삼십삼천 우천만다라

華하야 供養寶塔하고 餘諸天龍 夜叉와 乾闥婆 阿修羅와
화 공양보탑 여제천용 야차 건달바 아수라

迦樓羅 緊那羅와 摩睺羅伽 人非人等 千萬億衆은 以
가루라 긴나라 마후라가 인비인등 천만억중 이

一切華香瓔珞과 幡蓋伎樂으로 供養寶塔하며 恭敬尊重
일체화향영락 번개기악 공양보탑 공경존중

讚歎이러라 爾時寶塔中에 出大音聲하야 歎言하사대 善哉
찬탄 이시보탑중 출대음성 탄언 선재

善哉라 釋迦牟尼世尊이여 能以平等大慧로 教菩薩
선재 석가모니세존 능이평등대혜 교보살

法이며 佛所護念이신 妙法華經으로 爲大衆說하시나니 如是
법 불소호념 묘법화경 위대중설 여시

높이가 사천왕의 궁전에까지 닿아 있었다.

33천은 하늘의 만다라 꽃을 비 오듯이 내려 보배탑에 공양을 하고, 다른 천(天)과 용과 야차와 건달바와 아수라와 가루라와 긴나라와 마후라가 등 사람인듯 아닌 듯한 천만억 대중들은 모든 꽃과 향과 영락과 깃발과 덮개와 음악으로 보배탑에 공양하고 공경, 존중, 찬탄하였다.

그때 보배탑 가운데에서 큰 음성으로 찬탄하였다.

"거룩하시고도 거룩하십니다.

석가모니 세존이시여!

평등하고 큰 지혜로써 보살을 가르치는 법이며 부처님께서 늘 마음에 두고 보호하시는 『묘법화경』을 대중들에게 설하시는데, 그렇습니다.

如是하야 釋迦牟尼世尊의 如所說者는 皆是眞實이니다
여시 석가모니세존 여소설자 개시진실

爾時四衆이 見大寶塔이 住在空中하며 又聞塔中에 所
이시사중 견대보탑 주재공중 우문탑중 소

出音聲하고 皆得法喜하야 怪未曾有하고 從座而起하야
출음성 개득법희 괴미증유 종좌이기

恭敬合掌하고 却住一面이러니 爾時에 有菩薩摩訶薩하니
공경합장 각주일면 이시 유보살마하살

名은 大樂說이라 知一切世間의 天人阿修羅等心之所
명 대요설 지일체세간 천인아수라등심지소

疑하고 而白佛言하사대 世尊이시여 以何因緣으로 有此寶
의 이백불언 세존 이하인연 유차보

塔이 從地涌出하며 又於其中에 發是音聲이닛고 爾時에
탑 종지용출 우어기중 발시음성 이시

그렇습니다. 석가모니 세존께서 말씀하신 것은 모두다 진실합니다."

그때 사부대중은 큰 보배탑이 공중에 머물러 있는 것과 보배탑 가운데서 음성이 들리는 것을 듣고 모두다 법의 기쁨을 얻었는데, 기이하고도 전에 없던 일이라, 자리에서 일어나 합장 공경하며 한쪽으로 물러나 있었다.

이때 대요설이라는 보살마하살이 일체 세간의 천, 인, 아수라들이 궁금해하는 것을 알고 부처님께 말씀드렸다.

"세존이시여! 어떠한 인연으로 이 보배탑이 땅에서 솟아 나왔으며, 또 그 가운데서 이런 음성이 나오는 것입니까?"

佛告大樂說菩薩하사대 此寶塔中에 有如來全身하니 乃
불고대요설보살 차보탑중 유여래전신 내
往過去에 東方으로 無量千萬億阿僧祇世界에 國名은
왕과거 동방 무량천만억 아승지세계 국명
寶淨이요 彼中에 有佛하니 號曰多寶라 其佛이 行菩薩道
보정 피중 유불 호왈다보 기불 행보살도
時에 作大誓願호대 若我成佛 滅度之後에 於十方國
시 작대서원 약아성불 멸도지후 어시방국
土에 有說法華經處면 我之塔廟는 爲聽是經故로 涌現
토 유설법화경처 아지탑묘 위청시경고 용현
其前하야 爲作證明하고 讚言善哉라하리라
기전 위작증명 찬언선재
彼佛成道已하시고 臨滅度時하야 於天人大衆中에 告諸
피불성도이 임멸도시 어천인대중중 고제

부처님께서 대요설보살에게 말씀하셨다.

“이 보배탑 속에는 여래의 온전한 몸이 있느니라.

저 먼 과거에 동방으로 한량없는 천만억 아승지 세계를 지나서 보정이라는 나라가 있었는데, 그 곳에 명호가 다보라는 부처님께서 계셨느니라.

그 부처님께서 보살의 도를 행하실 때 크게 서원하시기를 ‘내가 만약 성불하면 열반한 후에라도 『법화경』을 설하는 곳이 있으면, 시방의 어느 국토에라도 이 경을 듣기 위하여 나의 탑이 그 앞에 솟아나서 증명을 하면서 거룩하시다고 찬탄하리라’ 하셨느니라.

그 부처님께서 도를 이루신 후에 열반에 이르렀을 때 하늘과 사람의 대중 가운데서 비구들에게 이르시되,

比丘하사대 我滅度後에 欲供養我全身者면 應起一大
비구 아멸도후 욕공양아전신자 응기일대

塔이라하니라 其佛이 以 神通願力으로 十方世界 在在處
탑 기불 이 신통원력 시방세계 재재처

處에 若有說 法華經者면 彼之寶塔이 皆 涌出其前커든
처 약유설 법화경자 피지보탑 개 용출기전

全身이 在於塔中하야 讚言善哉善哉라하니라 大樂說아 今
전신 재어탑중 찬언선재선재 대요설 금

多寶如來塔이 聞說法華經故로 從地涌出하야 讚言善
다보여래탑 문설법화경고 종지용출 찬언선

哉善哉라하시니라
재선재

是時에 大樂說菩薩이 以 如來神力故로 白佛言하사대
시시 대요설보살 이 여래신력고 백불언

'내가 열반한 후에 나의 몸에 공양을 하려는 자는 마땅히 큰 탑을 하나 세워라' 하셨느니라.

그 부처님께서는 신통한 원력으로 시방세계의 곳곳에 계시다가 법화경을 설하는 사람이 있으면 그 보배탑이 꼭 그 앞에 솟아오르고 몸이 그 탑 속에 있다가 '거룩하고도 거룩합니다!'라고 찬탄의 말씀을 하시는 것이니라.

대요설아,

지금 다보여래의 탑은 『법화경』 설하는 것을 들으려고 땅에서 솟아올라 '거룩하고 거룩합니다!' 라고 찬탄하시는 것이니라."

이때 대요설보살이 여래의 신통력을 입어 부처님께 말씀드렸다.

世尊이시여 我等이 願欲見此佛身호이다 佛告 大樂說菩
세 존 아 등 원 욕 견 차 불 신 불 고 대 요 설 보

薩摩訶薩하사대 是 多寶佛이 有 深重願호대 若我寶塔이
살 마 하 살 시 다 보 불 유 심 중 원 약 아 보 탑

爲聽法華經故로 出於諸佛前時에 其有欲以我身으로
위 청 법 화 경 고 출 어 제 불 전 시 기 유 욕 이 아 신

示 四衆者인댄 彼佛分身諸佛의 在於十方世界說法을
시 사 중 자 피 불 분 신 제 불 재 어 시 방 세 계 설 법

盡 還集一處然後에 我身이 乃出現耳라하시니라 大樂說아
진 환 집 일 처 연 후 아 신 내 출 현 이 대 요 설

我 分身諸佛이 在於十方世界說法者를 今應當集호리라
아 분 신 제 불 재 어 시 방 세 계 설 법 자 금 응 당 집

大樂說이 白佛言하사대 世尊이시여 我等이 亦願欲見世
대 요 설 백 불 언 세 존 아 등 역 원 욕 견 세

"세존이시여! 저희들은 이 부처님의 몸을 보고 싶습니다." 부처님께서 대요설보살마하살에게 말씀하셨다.

"이 다보 부처님께서는 깊고도 중대한 서원이 있는데 '만일에 나의 보배탑이 『법화경』을 들으려고 부처님들 앞에 나올 때에 나의 몸을 사부대중이 보려고 하면, 그 부처님의 분신으로서 시방세계에서 설법을 하고 계시는 부처님들께서 모두다 되돌아와서 한 곳에 모였을 때라야 내 몸을 나타내리라' 하는 것이었느니라. 그러니 대요설아! 나의 분신 부처님으로서 시방의 세계에서 법을 설하고 계시는 분들을 이제 모으겠노라."

대요설이 부처님께 여쭈었다.

"세존이시여! 저희들은 세존의 분신이신 부처님들도

尊의 分身諸佛하고 禮拜供養하노이다
존 분신제불 예배공양

爾時에 佛放白毫一光하시니 卽見東方 五百萬億 那由
이시 불방백호일광 즉견동방 오백만억 나유

他 恒河沙等 國土諸佛커든 彼諸國土는 皆以頗梨爲
타 항하사등 국토제불 피제국토 개이파리위

地하고 寶樹寶衣로 以爲莊嚴하며 無數千萬億菩薩이 充
지 보수보의 이위장엄 무수천만억보살 충

滿其中하고 遍張寶幔하며 寶網羅上커든 彼國諸佛이 以
만기중 변장보만 보망라상 피국제불 이

大妙音으로 而說諸法하며 及見無量千萬億菩薩이 遍滿
대묘음 이설제법 급견무량천만억보살 변만

諸國하야 爲衆說法호대 南西北方 四維上下의 白毫相
제국 위중설법 남서북방 사유상하 백호상

뵙고 예배하고 공양하고 싶습니다."

이때에 부처님께서 백호상으로 한줄기 빛을 놓으시니 바로 동방의 5백만억 나유타 항하사 같은 국토의 모든 부처님들께서 보였다.

그 국토들은 모두 수정으로 땅이 되어 있고 보배 나무와 보배 옷으로 아름답게 꾸며져 있었으며, 수없는 천만억 보살들이 그 속에 가득하고 보배 장막을 두루 치고 보배 그물을 덮었다.

그 나라의 부처님들께서 크고 묘한 음성으로 설법을 하고 계시는 것과 또 나라마다 가득한 한량없는 천만억 보살들이 중생을 위하여 설법하는 것이 보였는데, 남서북방과 사유 상하도 백호상의 광명이 비치는 곳이면 역

光所照之處도 亦復如是러라
광 소 조 지 처 역 부 여 시

爾時에 十方諸佛이 各告衆菩薩言하사대 善男子야 我
이 시 시 방 제 불 각 고 중 보 살 언 선 남 자 아

今에 應往娑婆世界釋迦牟尼佛所하야 幷供養多寶如
금 응 왕 사 바 세 계 석 가 모 니 불 소 병 공 양 다 보 여

來寶塔이라하나니라 時에 娑婆世界卽變淸淨호대 瑠璃爲
래 보 탑 시 사 바 세 계 즉 변 청 정 유 리 위

地하고 寶樹莊嚴하며 黃金爲繩하야 以界八道하며 無諸聚
지 보 수 장 엄 황 금 위 승 이 계 팔 도 무 제 취

落村營城邑과 大海江河와 山川林藪하며 燒大寶香하고
락 촌 영 성 읍 대 해 강 하 산 천 임 수 소 대 보 향

曼陀羅華遍布其地하며 以寶網幔으로 羅覆其上하고 懸
만 다 라 화 변 포 기 지 이 보 망 만 나 부 기 상 현

시 이와 같았다.

그때 시방의 부처님들께서 각각 보살들에게 말씀하셨다.

"선남자들아! 나는 지금 석가모니 부처님께서 계시는 사바세계로 갈 것이며, 또 다보여래의 보배탑에도 공양할 것이니라."

이때 사바세계는 청정하게 변하여 유리로 땅이 되고, 보배 나무로 꾸며지고 황금으로 줄을 만들어 여덟 길의 경계를 하였으며, 모든 부락과 마을과 도시와 큰 바다와 강과 하천과 산과 내와 숲이 없어지고, 큰 보배 향이 피어오르며 만다라꽃이 그 땅에 두루 깔리고 보배 그물과 장막이 그 위에 덮였으며 보배 방울이 매달리었다.

諸寶鈴커든 唯留此會衆하고 移諸天人하야 置於他土러라
제보령 유류차회중 이제천인 치어타토

是時諸佛이 各將一大菩薩하야 以爲侍者하고 至娑婆
시시제불 각장일대보살 이위시자 지사바

世界하야 各到寶樹下커든 一一寶樹의 高는 五百由旬이라
세계 각도보수하 일일보수 고 오백유순

枝葉華菓 次第莊嚴하며 諸寶樹下에 皆有師子之座호대
지엽화과 차제장엄 제보수하 개유사자지좌

高五由旬이라 亦以大寶로 而校飾之러라 爾時諸佛이
고오유순 역이대보 이교식지 이시제불

各於此座에 結跏趺坐커든 如是展轉하야 遍滿三千大千
각어차좌 결가부좌 여시전전 변만삼천대천

世界호대 而於釋迦牟尼佛의 一方所分之身도 猶故未
세계 이어석가모니불 일방소분지신 유고미

오직 이 법회의 대중만 남겨두고 천인들과 사람들을 다른 국토로 옮겨 두었다. 이때 여러 부처님들께서 각각 한 대보살을 시자로 삼아 거느리고 사바세계로 오시어 보배 나무 아래에 이르렀다. 하나 하나의 보배 나무는 높이가 5백 유순이고 가지와 잎과 꽃과 열매가 차례로 장엄 되었다.

보배 나무 아래마다 사자좌의 높이가 5유순이나 되고 큰 보배로 잘 꾸며져 있는데, 부처님들께서 각각 이 자리에 결가부좌로 앉으셨다.

이와 같이 앉으서서 삼천대천세계가 가득찼으나, 석가모니 부처님의 한쪽 방위의 부처님들마저도 다 앉으시지 못하였다.

盡이러라 時에 釋迦牟尼佛이 欲容受所分身諸佛故로 八
진 시 석가모니불 욕용수소분신제불고 팔

方에 各 更變二百萬億 那由他國하야 皆令淸淨호대 無
방 각 갱변이백만억 나유타국 개령청정 무

有地獄餓鬼畜生과 及阿修羅하며 又移諸天人하야 置於
유지옥아귀축생 급아수라 우이제천인 치어

他土하고 所化之國은 亦以瑠璃로 爲地하고 寶樹莊嚴하며
타토 소화지국 역이유리 위지 보수장엄

樹高는 五百由旬이라 枝葉華菓 次第嚴飾하며 樹下에
수고 오백유순 지엽화과 차제엄식 수하

皆有 寶 師子座호대 高 五由旬이라
개유 보 사자좌 고 오유순

種種諸寶로 以爲莊校하며 亦無大海江河와 及 目眞隣
종종제보 이위장교 역무대해강하 급 목진린

이때 석가모니 부처님께서

분신 부처님들을 모두 모시려고 팔방으로 각각 2백만억 나유타의 나라를 다시 변화시켜 모두다 청정하게 하시고, 지옥, 아귀, 축생, 아수라가 없어지고 천인들과 사람들을 다른 나라로 옮기시었다.

신통으로 변화된 나라는

역시 유리로 땅이 되고 보배 나무로 꾸며졌으며,

나무의 높이가 5백 유순인데 가지와 잎과 꽃과 열매가 차례로 달려 아름답게 꾸며졌고,

나무 아래마다 보배의 사자좌가 있는데 높이가 5유순이고 가지가지 보물들로 잘 꾸며졌으며,

큰 바다와 강과 목진린타산과

陀山과 摩訶目眞隣陀山과 鐵圍山과 大鐵圍山과 須彌
타산 마하목진린타산 철위산 대철위산 수미

山等 諸山王하야 通爲一佛國土하며 寶地平正하고 寶交
산등 제산왕 통위일불국토 보지평정 보교

露幔이 遍覆其上하며 懸諸幡蓋하고 燒大寶香커든 諸天
로만 변부기상 현제번개 소대보향 제천

寶華 遍布其地러라
보화 변포기지

釋迦牟尼佛이 爲諸佛이 當來坐故로 復於八方에 各
석가모니불 위제불 당래좌고 부어팔방 각

更變二百萬億 那由他國하야 皆令淸淨호대 無有地獄餓
갱변이백만억 나유타국 개령청정 무유지옥아

鬼畜生과 及阿修羅하고 又移諸天人하야 置於他土하며
귀축생 급아수라 우이제천인 치어타토

마하목진린타산, 철위산, 대철위산, 수미산 등의 큰 산들

없이 하나의 불국토로 통일되니,

보배로 된 땅은 평평하고 반듯하였고,

보배로 만든 교로만이 그 위에 두루 덮였으며,

깃발과 덮개가 매달렸으며 큰 보배 향이 타오르고 하늘의 보배 꽃들이 그 땅에 두루 깔리었다.

석가모니 부처님께서

부처님들이 오셔서 앉게 하시려고

다시 팔방으로 각각 2백만억 나유타의 나라를 바꾸어

모두다 청정하게 하시고

지옥, 아귀, 축생과 아수라가 없어지니,

천인들과 사람들을 다른 나라로 옮겨 놓으셨다.

所化之國도 亦以瑠璃로 爲地하고 寶樹莊嚴하며 樹高는
소화지국 역이유리 위지 보수장엄 수고

五百由旬이라 枝葉華菓 次第莊嚴하며 樹下에 皆有寶
오백유순 지엽화과 차제장엄 수하 개유보

師子座호대 高는 五由旬이라 亦以大寶로 而校飾之하며
사자좌 고 오유순 역이대보 이교식지

亦無大海江河와 及目眞隣陀山과 摩訶目眞隣陀山과
역무대해강하 급목진린타산 마하목진린타산

鐵圍山과 大鐵圍山과 須彌山等 諸山王하야 通爲一佛
철위산 대철위산 수미산등 제산왕 통위일불

國土어든 寶地平正하고 寶交露幔이 遍覆其上하며 懸諸
국토 보지평정 보교로만 변부기상 현제

幡蓋하고 燒大寶香커든 諸天寶華 遍布其地러라
번개 소대보향 제천보화 변포기지

변화로 된 나라들은 역시 유리로 땅이 되고 보배 나무로 꾸며졌는데, 나무의 높이는 5백 유순이고 가지와 잎과 꽃과 열매들이 차례로 꾸며졌으며, 나무 아래마다 보배의 사자좌가 있는데 높이가 5유순이나 되었고 역시 큰 보배로 잘 꾸며져 있었다.

또 큰 바다와 강과 목진린타산, 마하목진린타산, 철위산, 대철위산, 수미산 등의 큰 산들이 없어 하나의 불국토로 통일되었는데,

보배로 된 땅은 평평하고 반듯하며 보배로 된 교로만이 땅위에 두루 덮였으며, 깃발과 덮개들이 매달려 있고, 큰 보배 향이 피어오르고, 하늘의 보배 꽃들이 그 땅에 두루 깔려 있었다.

爾時에 東方으로 釋迦牟尼 所分之身의 百千萬億 那由
이 시 동 방 석 가 모 니 소 분 지 신 백 천 만 억 나 유

他 恒河沙等 國土中諸佛이 各各說法하야 來集於此할새
타 항 하 사 등 국 토 중 제 불 각 각 설 법 내 집 어 차

如是次第로 十方諸佛이 皆悉來集하야 坐於八方커든 爾
여 시 차 제 시 방 제 불 개 실 래 집 좌 어 팔 방 이

時一一方 四百萬億 那由他 國土에 諸佛如來도 遍滿
시 일 일 방 사 백 만 억 나 유 타 국 토 제 불 여 래 변 만

其中이러라 是時諸佛이 各在寶樹下하사 坐 師子座하며
기 중 시 시 제 불 각 재 보 수 하 좌 사 자 좌

皆遣侍者하야 問訊釋迦牟尼佛할새 各齎寶華하고 滿掬
개 견 시 자 문 신 석 가 모 니 불 각 재 보 화 만 국

而告之言하사대 善男子야 汝往詣 耆闍崛山 釋迦牟尼
이 고 지 언 선 남 자 여 왕 예 기 사 굴 산 석 가 모 니

그때 석가모니 부처님의 분신으로 동방의 백천만억 나유타 항하사 같은 국토에서 설법을 하시던 부처님들께서 이곳으로 모이셨다.

이와 같이 차례로 시방의 부처님들께서 모두다 오셔서 팔방에 앉으시니, 방위마다 4백만억 나유타의 국토가 부처님 여래들로 가득하였다.

이때 부처님들께서 각자 보배 나무 아래의 사자좌에 앉아 계시면서, 모두들 시자를 보내어 석가모니 부처님께 문안을 드리게 하였는데, 각각 보배 꽃을 골라 한아름씩 쥐게 하고 이르시되,

"선남자야! 너는 석가모니 부처님께서 계시는 기사굴산으로 가서 내가 말한 대로 하라." 하며 이르시었다.

佛所하야 如我辭曰 少病少惱하사 氣力이 安樂하시며 及
불소 여아사왈 소병소뇌 기력 안락 급

菩薩 聲聞衆도 悉安隱不잇가하며 以此寶華로 散佛供
보살 성문중 실안은부 이차보화 산불공

養하고 而作是言호대 彼某甲佛이 與欲開此寶塔이라하라
양 이작시언 피모갑불 여욕개차보탑

諸佛遣使도 亦復如是러라 爾時에 釋迦牟尼佛이 見所
제불견사 역부여시 이시 석가모니불 견소

分身佛의 悉已來集하야 各各坐於 師子之座하며 皆聞
분신불 실이래집 각각좌어 사자지좌 개문

諸佛이 與欲同開寶塔하고 卽從座起하야 住虛空中커늘
제불 여욕동개보탑 즉종좌기 주허공중

一切四衆이 起立合掌하야 一心觀佛하더니 於是釋迦牟
일체사중 기립합장 일심관불 어시석가모

"'조그마한 병도 없으시고 조그마한 고달픔도 없으시며 기력은 편안하시고 즐거우시며 보살과 성문들도 모두 편안하십니까?' 한 후에 이 보배 꽃을 부처님께 흩어 공양하면서 '저 아무개 부처님께서 이 보배 탑을 열어 주셨으면 합니다' 라고 말씀드려라."

이때 석가모니 부처님께서는 분신 부처님들께서 모두 모이셔서 각각 사자좌에 앉아 계시는 것을 보시고, 또 부처님들께서 다 같이 보배 탑 열어 주시기를 원하는 말씀을 모두 듣고, 자리에서 일어나 허공중에 머무르시니, 일체의 사부대중이 일어서서 합장하고 일심으로 부처님을 우러러보았다.

이때 석가모니 부처님께서

尼佛이 以右指로 開七寶塔戶하니 出大音聲호대 如却
니불 이우지 개칠보탑호 출대음성 여각

關鑰하고 開大城門이러니
관약 개대성문

卽時에 一切衆會 皆見多寶如來호니 於寶塔中에 坐
즉시 일체중회 개견다보여래 어보탑중 좌

師子座호대 全身不散이 如入禪定하며 又聞其言호니 善
사자좌 전신불산 여입선정 우문기언 선

哉善哉라 釋迦牟尼佛이 快說是法華經일새 我爲聽是
재선재 석가모니불 쾌설시법화경 아위청시

經故로 而來至此호라 爾時四衆等이 見過去無量千萬
경고 이래지차 이시사중등 견과거무량천만

億劫滅度佛이 說如是言하고 歎未曾有하야 以天寶華
억겁멸도불 설여시언 탄미증유 이천보화

오른손가락으로 칠보탑의 문을 여시니 큰 소리가 나는데, 마치 자물쇠를 젖히고 큰 성문을 여는 것 같았다.

그때 그 자리에 모인 일체 대중이 다보여래를 보니 보배 탑 속의 사자좌에 앉고 계시는데 전신이 흩어지지 않아 선정에 드신 듯 하였다.

또 그가,

"거룩하고도 거룩하십니다. 석가모니불께서 이 법화경을 설하시므로 이 경을 들으려고 이곳에 왔습니다."

하시는 것도 들었다.

사부대중들은 한량없는 천만억 겁 전에 열반하신 부처님께서 이와 같이 말씀하시는 것을 보고, 이제까지 한 번도 없었던 뜻밖의 일이라고 찬탄하며, 하늘의 보배 꽃

聚로 散 多寶佛과 及 釋迦牟尼佛上이라
취 산 다보불 급 석가모니불상

爾時에 多寶佛이 於 寶塔中에 分半座하사 與 釋迦牟尼
이시 다보불 어 보탑중 분반좌 여 석가모니

佛하시고 而作是言하사대 釋迦牟尼佛은 可就此座하소서 卽
불 이작시언 석가모니불 가취차좌 즉

時에 釋迦牟尼佛이 入其塔中하사 坐其半座하사 結跏
시 석가모니불 입기탑중 좌기반좌 결가

趺坐러시다 爾時大衆이 見 二如來 在 七寶塔中 師子座
부좌 이시대중 견 이여래 재 칠보탑중 사자좌

上하사 結跏趺坐하고 各作是念호대 佛座高遠이시니 唯願
상 결가부좌 각작시념 불좌고원 유원

如來는 以 神通力하사 令我等輩로 俱處虛空케하소서 卽
여래 이 신통력 영아등배 구처허공 즉

묶음을 다보 부처님과 석가모니 부처님 위에 흩었다.

그때 다보 부처님께서 보배탑 속의 자리를 반 나누어 주시며 석가모니 부처님께

"석가모니 부처님이시여! 이 자리에 앉으십시오." 하시니,

석가모니 부처님께서 즉시 그 탑 속으로 들어가셔서 반으로 나누어 놓은 자리에 앉아 결가부좌를 하셨다.

그때 대중들이 두 분 여래께서 칠보탑 속의 사자좌에 결가부좌로 계시는 것을 보고, 모두다 생각하기를 '부처님께서 높고 멀리 앉아 계시니 오직 원하옵건대, 우리들도 여래께서 신통력으로 허공중에 같이 있게 하여 주셨으면……' 하였는데,

時釋迦牟尼佛이 以神通力으로 接諸大衆하사 皆在虛
시석가모니불 이신통력 접제대중 개재허

空케하시고 以大音聲으로 普告四衆하사대 誰能於此娑婆
공 이대음성 보고사중 수능어차사바

國土에 廣說妙法華經이어뇨 今正是時라 如來는 不久에
국토 광설묘법화경 금정시시 여래 불구

當入涅槃일새 佛欲以此妙法華經으로 付囑有在니라
당입열반 불욕이차묘법화경 부촉유재

爾時에 世尊이 欲重宣此義하사 而說偈言하사대
이시 세존 욕중선차의 이설게언

聖主世尊이 雖久滅度나 在寶塔中하야
성주세존 수구멸도 재보탑중

尙爲法來어늘 諸人云何로 不勤爲法가
상위법래 제인운하 불근위법

석가모니 부처님께서 즉시 신통력으로 대중들을 이끌어서 모두 허공중에 있게 하시고 큰 음성으로 사부 대중에게 널리 말씀하셨다.

"누가 이 사바세계에서 『묘법화경』을 널리 설하겠느냐? 지금이 바로 그러할 때이다. 여래는 머지 않아 열반에 들 것이니라. 부처님께서는 이 『묘법화경』을 부촉하여 두고자 하는 것이니라."

세존께서 이 뜻을 거듭 펴시려고 게송으로 말씀하셨다.

거룩하신 세존께서 열반하신 지가 오래되었지만,
보배 탑 안에 계시며 여전히 법을 위해 오시는데, 사
람들은 어찌하여 법을 위해 부지런하지를 않느냐?

此佛滅度는 차 불 멸 도	無央數劫이나 무 앙 수 겁	處處聽法은 처 처 청 법
以難遇故니라 이 난 우 고	彼佛本願이 피 불 본 원	我滅度後에 아 멸 도 후
在在所往하야 재 재 소 왕	常爲聽法호려하시니라 상 위 청 법	又我分身인 우 아 분 신
無量諸佛의 무 량 제 불	如恒沙等이 여 항 사 등	來欲聽法하며 내 욕 청 법
及見滅度이신 급 견 멸 도	多寶如來하야 다 보 여 래	各捨妙土와 각 사 묘 토
及弟子衆 급 제 자 중	天人龍神의 천 인 용 신	諸供養事하고 제 공 양 사
令法久住호려 영 법 구 주	故來至此니라 고 래 지 차	
爲坐諸佛하야 위 좌 제 불	以神通力으로 이 신 통 력	移無量衆하고 이 무 량 중

이 부처님 열반하신 지가 말로 다할 수 없는 겁이지만, 곳곳마다에서 법을 들으시려는 것은 듣기가 어렵기 때문이니라.

저 부처님의 본래 서원은 '나는 열반한 후에라도 어느 곳이든 가서 항상 법을 들어야겠다' 라는 것이었느니라.

그리고 나의 분신인 항하의 모래 수 같이 한량없는 부처님들도 법을 듣고 열반하신 다보여래를 친견하고 아름다운 국토와 제자들과 하늘과 사람과 용과 신들의 모든 공양을 뿌리치고 불법이 이곳에 오래 머물도록 이곳에 오신 것이니라.

부처님들을 앉으시게 하려고 신통력으로 한량없는 중생을 옮기고,

令國淸淨커든 영 국 청 정	諸佛各各 제 불 각 각	詣寶樹下호대 예 보 수 하
如淸淨池에 여 청 정 지	蓮華莊嚴하며 연 화 장 엄	其寶樹下 기 보 수 하
諸師子座에 제 사 자 좌	佛坐其上하시니 불 좌 기 상	光明嚴飾호대 광 명 엄 식
如夜闇中에 여 야 암 중	燃大炬火하며 연 대 거 화	身出妙香하야 신 출 묘 향
遍十方國커든 변 시 방 국	衆生蒙薰하고 중 생 몽 훈	喜不自勝호대 희 부 자 승
譬如大風이 비 여 대 풍	吹小樹枝라 취 소 수 지	以是方便으로 이 시 방 편
令法久住러라 영 법 구 주	告諸大衆하노니 고 제 대 중	我滅度後에 아 멸 도 후
誰能護持하야 수 능 호 지	讀說斯經이어뇨 독 설 사 경	今於佛前에 금 어 불 전

국토를 청정하게 하였는데 부처님들께서 각각 보배 나무 아래로 나아가시니 맑고 깨끗한 못을 연꽃으로 아름답게 꾸민 듯 하였느니라.

보배 나무 아래마다에 있는 사자좌 위에 부처님들께서 앉으시니, 광명으로 장엄 되는 것이 어두운 밤중에 큰 횃불을 밝히는 듯 하니라.

몸에서 신비스런 향기가 나와 시방에 가득하니 중생들이 향기를 맡고 기쁨을 누르지 못하는데, 비유하면 큰 바람이 작은 나무의 가지를 흔드는 것과 같은 이런 방편으로 법을 오래 머물게 하느니라.

대중들에게 말하는데, 내가 열반한 후에 누가 이 경을 수호하여 지니고 읽고 설하겠느냐?

지금 부처님 앞에서 스스로 맹세하며 말하여라.

自說誓言하라	其多寶佛이	雖久滅度나
자설서언	기다보불	수구멸도
以大誓願으로	而師子吼하시니	多寶如來와
이대서원	이사자후	다보여래
及與我身과	所集化佛은	當知此意니라
급여아신	소집화불	당지차의
諸佛子等아	誰能護法고	當發大願하야
제불자등	수능호법	당발대원
令得久住니라	其有能護	此經法者는
영득구주	기유능호	차경법자
則爲供養	我及多寶니	此多寶佛이
즉위공양	아급다보	차다보불
處於寶塔하사	常遊十方은	爲是經故며
처어보탑	상유시방	위시경고
亦復供養	諸來化佛의	莊嚴光飾
역부공양	제래화불	장엄광식

이 다보 부처님께서는 열반하신 지 오래되었지만 큰 서원으로 사자후를 하시는 것이니라. 다보여래와 나와 여기 모이신 나의 분신 부처님들께서는 이 뜻을 잘 아시느니라.

불자들아! 누가 법을 수호하겠느냐? 마땅히 큰 원력을 세워 오래 머물도록 하여라.

만일 어떤 사람이 이 경의 가르침을 잘 수호하면, 나와 다보여래를 공양하는 것이 되느니라.

왜냐하면 이 다보부처님이 보배 탑에 계시며 항상 시방세계를 다니시는 것은 이 경을 위하시기 때문이니라.

또 여기에 모이신 분신 부처님들로서 온 세계를 광명으로 장엄하시는 분들을 공양하는 것도 되느니라.

諸世界者라 제 세 계 자	若說此經이면 약 설 차 경	則爲見我와 즉 위 견 아
多寶如來와 다 보 여 래	及諸化佛이니라 급 제 화 불	諸善男子야 제 선 남 자
各諦思惟 각 체 사 유	此爲難事하고 차 위 난 사	宜發大願이니 의 발 대 원
諸餘經典이 제 여 경 전	數如恒沙를 수 여 항 사	雖說此等이나 수 설 차 등
未足爲難이요 미 족 위 난	若接須彌하야 약 접 수 미	擲置他方 척 치 타 방
無數佛土라도 무 수 불 토	亦未爲難이며 역 미 위 난	若以足持로 약 이 족 지
動大千界하야 동 대 천 계	遠擲他國이 원 척 타 국	亦未爲難이며 역 미 위 난
若立有頂하야 약 립 유 정	爲衆演說 위 중 연 설	無量餘經이 무 량 여 경

그러므로 이 경을 설하면 나와 다보여래와 나의 분신 부처님들을 뵈옵는 것이 되느니라.

선남자들아!

각자 깊이 생각하여라.

이것은 어려운 일이므로 마땅히 큰 서원을 세워라.

다른 경전은 항하의 모래 수갈이 많은데 이것들을 다 설하더라도 어렵다고 할 수 없고,

수미산을 들어서 타방의 수없는 불국토로 던진다 하여도 어렵다고 할 수 없으며,

발가락으로 대천세계를 움직여서 멀리 다른 나라로 던지더라도 어렵다고 할 수 없으며,

유정천에 서서 대중을 위해 한량없는 경들을 설한다 해도

亦未爲難이라도 역 미 위 난	若佛滅後 약 불 멸 후	於惡世中에 어 악 세 중
能說此經이 능 설 차 경	是則爲難이니라 시 즉 위 난	
假使有人이 가 사 유 인	手把虛空하고 수 파 허 공	而以遊行이 이 이 유 행
亦未爲難이어니와 역 미 위 난	於我滅後에 어 아 멸 후	若自書持커나 약 자 서 지
若使人書는 약 사 인 서	是則爲難이며 시 즉 위 난	若以大地로 약 이 대 지
置足甲上하고 치 족 갑 상	昇於梵天이 승 어 범 천	亦未爲難이어니와 역 미 위 난
佛滅度後 불 멸 도 후	於惡世中에 어 악 세 중	暫讀此經이 잠 독 차 경
是則爲難이며 시 즉 위 난	假使劫燒에 가 사 겁 소	擔負乾草하고 담 부 건 초

어렵다고 할 수 없으나,
부처님 열반 후의 악한 세상에서 이 경을 설한다면,
이것은 매우 어려운 것이니라.

가령 어떤 사람이 손으로 허공을 쥐고 돌아다닌다 하여도 어려울 것이 없으나,
내가 열반한 후에 직접 쓰고 지니거나 남을 시켜 쓰게 하는 것은 어려운 것이니라.

또 큰 땅덩이를 발톱 위에 올려놓고 범천에 오른다 하여도 이것은 어렵다고 할 수 없는데,
부처님 열반 후의 악한 세상에서 이 경을 잠시라도 읽는 것은 어려운 것이니라.

가령 말세가 되어 세상이 멸망할 때
이 세상을 태우는 불 속에 마른풀을 짊어지고 들어가

入中不燒는 입 중 불 소	亦未爲難이어니와 역 미 위 난	我滅度後에 아 멸 도 후
若持此經하야 약 지 차 경	爲一人說이 위 일 인 설	是則爲難이며 시 즉 위 난
若持八萬 약 지 팔 만	四千法藏과 사 천 법 장	十二部經하야 십 이 부 경
爲人演說하고 위 인 연 설	令諸聽者로 영 제 청 자	得六神通커든 득 육 신 통
雖能如是나 수 능 여 시	亦未爲難이어니와 역 미 위 난	於我滅後에 어 아 멸 후
聽受此經하야 청 수 차 경	問其義趣 문 기 의 취	是則爲難이며 시 즉 위 난
若人說法하야 약 인 설 법	令千萬億 영 천 만 억	無量無數 무 량 무 수
恒沙衆生으로 항 사 중 생	得阿羅漢하야 득 아 라 한	具六神通커든 구 육 신 통

서 타지 않는 것도 역시 어려울 것이 없는데,
내가 열반한 후에 이 경을 지니고
한 사람을 위하여 설하더라도 이것은 어려운 것이고,
8만 4천의 경전과 12부경을 지니고
사람들을 위하여 연설하여
듣는 사람으로 하여금 육신통을 얻게 하더라도
이와 같은 것은 어려울 것이 없지만,
내가 열반한 후에 이 경을 듣고 받아들이며
그 뜻을 묻는 것은 어려운 것이니라.

또 어떤 사람이 법을 설하여
천만억 한량없고 수없는 항하의 모래 수 같은
중생들로 하여금
아라한이 되어 육신통을 갖추게 하는

雖有是益이나 수 유 시 익	亦未爲難이어니와 역 미 위 난	於我滅後에 어 아 멸 후
若能奉持 약 능 봉 지	如斯經典이 여 사 경 전	是則爲難이니라 시 즉 위 난
我爲佛道하야 아 위 불 도	於無量土에 어 무 량 토	從始至今히 종 시 지 금
廣說諸經이나 광 설 제 경	而於其中에 이 어 기 중	此經第一이니 차 경 제 일
若有能持면 약 유 능 지	則持佛身이니라 즉 지 불 신	諸善男子야 제 선 남 자
於我滅後에 어 아 멸 후	誰能受持 수 능 수 지	讀誦此經고 독 송 차 경
今於佛前에 금 어 불 전	自說誓言하라 자 설 서 언	此經難持니 차 경 난 지
若暫持者면 약 잠 지 자	我則歡喜하고 아 즉 환 희	諸佛亦然이니 제 불 역 연

이런 이익이 있게 할지라도 역시 어려울 것이 없지만, 내가 열반한 후에 경전을 받들어 지닌다면 이것은 어려운 것이니라.

내가 불도를 위해 한량없는 국토에서 처음부터 지금까지 여러 가지 경들을 널리 설하였으나 그 가운데에서 이 경이 제일이니라.

만약에 지니는 사람이 있다면 곧 부처님의 몸을 지니는 것이 되느니라.

선남자들아, 내가 열반한 후에 누가 이 경을 받아들여 지니고 읽고 외우겠느냐?

지금 부처님 앞에서 맹세의 말을 하여라.

이 경은 지니기 어려운데 잠시라도 지닌다면 내가 크게 기뻐하고 부처님들도 역시 그러하실 것이니라.

如是之人은　諸佛所歎이라　是則勇猛이며
여시지인　제불소탄　시즉용맹

是則精進이며　是名持戒며　行頭陀者니
시즉정진　시명지계　행두타자

則爲疾得　無上佛道니라　能於來世에
즉위질득　무상불도　능어래세

讀持此經하면　是眞佛子로　住純善地며
독지차경　시진불자　주순선지

佛滅度後에　能解其義면　是諸天人
불멸도후　능해기의　시제천인

世間之眼이며　於恐畏世에　能須臾說이라도
세간지안　어공외세　능수유설

一切天人이　皆應供養이니라
일체천인　개응공양

第十一 見寶塔品 終
제십일 견보탑품 종

이와 같은 사람들은 부처님들의 찬탄을 받으리라.

이것이 용맹이고, 이것이 정진이며, 이것이 지계이니라. 두타행(의, 식, 주에 탐착하지 않고 오로지 수행에만 전념하는 것)을 하는 자이니 위없는 불도를 빨리 얻게 되리라.

다음 세상에서 이 경을 읽고 지니면 이 사람은 참된 불자라서 순박하고 착한 마음의 경지에 머무르며, 부처님 열반 후에 이 뜻을 이해하면, 모든 하늘과 사람과 세상의 눈이 되는 것이며, 두렵고 무서운 세상에서 잠깐만 설하더라도 하늘과 사람들이 모두다 공양할 것이니라.

제 십일 견보탑품 끝

第十二 提婆達多品
제 십이 제바달다품

爾時에 佛告諸菩薩과 及天人四衆하사대 吾於過去 無
이시 불고제보살 급천인사중 오어과거 무
量劫中에 求法華經호대 無有懈惓하며 於多劫中에 常
량겁중 구법화경 무유해권 어다겁중 상
作國王하야 發願求於無上菩提호대 心不退轉호라 爲欲
작국왕 발원구어무상보리 심불퇴전 위욕
滿足 六波羅蜜하야 勤行布施호대 心無吝惜하며 象馬七
만족 육바라밀 근행보시 심무린석 상마칠
珍과 國城妻子와 奴婢僕從과 頭目髓腦와 身肉手足에
진 국성처자 노비복종 두목수뇌 신육수족
不惜軀命하며 時世人民이 壽命無量커늘 爲於法故로 捐
불석구명 시세인민 수명무량 위어법고 연

제 십이 제바달다품

그때 부처님께서 보살들과 하늘과 인간과 사부대중들에게 말씀하셨다.

"내가 과거 한량없는 겁 동안 『법화경』 구하기에 게으름이 없었으며, 여러 겁 동안 항상 국왕이 되었지만, 위없는 깨달음을 구하여야겠다는 마음으로 물러남이 없었느니라. 육바라밀을 원만히 수행하려고 부지런히 보시를 행하되, 아끼는 마음이 없어 코끼리와 말과 칠보와 나라와 처와 자식과 남녀 하인과 머리와 눈과 골수와 뇌와 몸뚱이와 손과 발과 목숨까지도 아끼지 않았느니라.

그 당시 사람들의 수명은 한량이 없었으나 법을 위하였으므로 국왕의 지위를 버리고 태자에게 나라 다스리는

捨國位하야 委政太子하고 擊鼓宣令하며 四方求法호대 誰
사국위 위정태자 격고선령 사방구법 수

能爲我하야 說大乘者어뇨 吾當終身토록 供給走使호리라
능위아 설대승자 오당종신 공급주사

時有仙人이 來白王言호대 我有大乘하니 名妙法華經이라
시유선인 내백왕언 아유대승 명묘법화경

若不違我면 當爲宣說호리다 王聞仙言하고 歡喜踊躍하야
약불위아 당위선설 왕문선언 환희용약

卽隨仙人하야 供給所須호대 採菓汲水하고 拾薪設食하며
즉수선인 공급소수 채과급수 습신설식

乃至以身으로 而爲床座호대 身心無惓하야 于時奉事를
내지이신 이위상좌 신심무권 우시봉사

經於千歲호대 爲於法故로 精勤給侍하야 令無所乏하니라
경어천세 위어법고 정근급시 영무소핍

일을 맡기고 북을 쳐서 사방으로 명을 내리며 법을 구하길 '누가 나를 위해 대승법을 설해 주겠는가? 나의 몸이 다할 때까지 받들어 모시며 시중을 들리라' 하였더니 어떤 선인이 왕이었던 내게로 와서 '나에게 대승이 있습니다. 이름은 『묘법연화경』인데, 만약 나의 뜻을 어기지 않는다면 설하여 드리겠습니다' 하기에 그 말을 듣고 뛸 듯이 기뻐하며 바로 따라가서 필요한 것을 구해 드리고 과일도 따고 물도 긷고 땔나무를 줍고 음식도 장만하여 드렸으며, 심지어는 몸으로 앉는 자리가 되어 주었는데 몸과 마음은 고달픔이 없었느니라. 그렇게 받들어 섬기기를 천 년이 지나도록 하였으나 법을 위하여 정성을 다해 부지런히 모셨으며 부족함이 없도록 하였느니라."

爾時世尊이 欲重宣此義하사 而說偈言하사대
이 시 세 존 욕 중 선 차 의 이 설 게 언

我念過去劫에 아 념 과 거 겁	爲求大法故로 위 구 대 법 고	雖作世國王이나 수 작 세 국 왕
不貪五欲樂하고 불 탐 오 욕 락	搥鐘告四方호대 추 종 고 사 방	誰有大法者오 수 유 대 법 자
若爲我解說이면 약 위 아 해 설	身當爲奴僕호리라 신 당 위 노 복	時有阿私仙이 시 유 아 사 선
來白於大王호대 내 백 어 대 왕	我有微妙法은 아 유 미 묘 법	世間所希有라 세 간 소 희 유
若能修行者면 약 능 수 행 자	吾當爲汝說호리라 오 당 위 여 설	時王聞仙言하고 시 왕 문 선 언
心生大喜悅하사 심 생 대 희 열	卽便隨仙人하야 즉 변 수 선 인	供給於所須호대 공 급 어 소 수
採薪及菓蓏하야 채 신 급 과 라	隨時恭敬與나 수 시 공 경 여	情存妙法故로 정 존 묘 법 고

세존께서 이 뜻을 거듭 펴시려고 게송으로 말씀하셨다.

내가 지나간 겁을 생각해 보니 대승법을 구하기 위하여 세상의 왕이있지만 오욕락에 빠지지 않고 종을 쳐 사방에 이르기를 '누가 대승법을 가지고 있느냐? 나를 위해 해설하여 주면 마땅히 종이 되겠다' 하였느니라. 그때 아사타 선인이 대왕인 나에게 와서 아뢰기를 '나에게 미묘한 법이 있는데 세상에는 드문 것입니다. 만일 수행을 하겠다면 당신을 위하여 설하여 드리겠습니다' 하기에 그 말을 듣고 큰 기쁨이 일어나 즉시 선인을 따라가서, 필요한 것을 구해 드리며 땔나무를 하고 과일과 열매를 따서 때에 맞추어 공경하였는데, 뜻이 묘법에 있었으므로 몸과 마음에

身心無懈惓하며 普爲諸衆生하야 勤求於大法이라
신심무해권 보위제중생 근구어대법

亦不爲己身과 及以五欲樂일새 故爲大國王하야
역불위기신 급이오욕락 고위대국왕

勤求獲此法하고 遂致得成佛을 今故爲汝說이니라
근구획차법 수치득성불 금고위여설

佛告諸比丘하사대 爾時王者는 則我身是요 時仙人者는
불고제비구 이시왕자 즉아신시 시선인자

今提婆達多是라 由提婆達多善知識故로 令我具足
금제바달다시 유제바달다선지식고 영아구족

六波羅蜜과 慈悲喜捨와 三十二相과 八十種好의 紫
육바라밀 자비희사 삼십이상 팔십종호 자

磨金色과 十力四無所畏와 四攝法과 十八不共神通道
마금색 십력사무소외 사섭법 십팔불공신통도

는 게으름이 없었느니라. 널리 중생들을 위하여 대승법을 부지런히 구한 것이지, 나 자신의 몸과 오욕락을 위한 것이 아니었으므로, 큰 나라의 왕으로서 이 법을 얻으려고 부지런히 노력하였으며, 마침내 성불하여 지금 너희를 위해 설하는 것이니라.

부처님께서 비구들에게 말씀하셨다.

"그때의 왕이 나의 이 몸이요, 그때의 선인이 지금의 제바달다이니라. 제바달다가 깨달음을 얻도록 이끌어 주는 좋은 스승이었으므로 나로 하여금 육바라밀과 자·비·희·사와 32상 80종호와 자주빛을 띠는 금색의 몸과 십력과 사무소외와 사섭법(중생들을 제도하기 위해 사용하는 네 가지 방법)과 18불공법과 신통과 도력을

力하야 成等正覺하사 廣度衆生호니 皆因提婆達多의 善
력 성등정각 광도중생 개인제바달다 선
知識故니라 告諸四衆호대 提婆達多는 却後過無量劫하야
지식고 고제사중 제바달다 각후과무량겁
當得成佛하리니 號曰天王如來 應供 正遍知 明行足
당득성불 호왈천왕여래 응공 정변지 명행족
善逝 世間解 無上士 調御丈夫 天人師 佛世尊이요
선서 세간해 무상사 조어장부 천인사 불세존
世界名은 天道라 時에 天王佛住世는 二十中劫이라 廣
세계명 천도 시 천왕불주세 이십중겁 광
爲衆生하야 說於妙法커든 恒河沙衆生은 得阿羅漢果하고
위중생 설어묘법 항하사중생 득아라한과
無量衆生은 發緣覺心하며 恒河沙衆生은 發無上道
무량중생 발연각심 항하사중생 발무상도

갖추게 하여 평등하고 바른 깨달음을 이루고 중생을 널리 제도하였는데, 모두다 제바달다라는 선지식을 인연하였기 때문이니라.

사부대중들에게 말하노라.

제바달다는 헤아릴 수 없는 겁을 지나서 성불하리니, 명호는 천왕여래 · 응공 · 정변지 · 명행족 · 선서 · 세간해 · 무상사 · 조어장부 · 천인사 · 불세존이며 세계의 이름은 천도이니라.

천왕 부처님께서는 20중 겁 동안 세상에 머무르시며 중생을 위하여 묘한 법을 설하시므로 항하사 같은 중생들이 아라한과를 얻으며, 한량없는 중생들이 연각의 마음을 내며, 항하사 같은 중생들이 위없는 도의 마음을

心하야 得無生忍하고 至不退轉이니라 時天王佛이 般涅
심 득무생인 지불퇴전 시천왕불 반열

槃後에 正法住世는 二十中劫이라 全身舍利로 起七寶
반후 정법주세 이십중겁 전신사리 기칠보

塔커든 高는 六十由旬이요 縱廣은 四十由旬이며 諸天人
탑 고 육십유순 종광 사십유순 제천인

民이 悉以雜華와 抹香燒香塗香과 衣服瓔珞과 幢幡寶
민 실이잡화 말향소향도향 의복영락 당번보

蓋와 伎樂歌頌으로 禮拜供養七寶妙塔하며 無量衆生은
개 기악가송 예배공양칠보묘탑 무량중생

得阿羅漢果하고 無量衆生은 悟辟支佛하며 不可思議
득아라한과 무량중생 오벽지불 불가사의

衆生은 發菩提心하야 至不退轉이니라
중생 발보리심 지불퇴전

일으켜 무생법인을 얻으며 물러나지 않는 자리에 이를 것이니라.

천왕 부처님께서 열반에 드시면 정법이 20중 겁 동안 세상에 머무를 것이고,

전신 사리로 칠보탑을 세우는데 높이가 60유순이고 가로 세로는 40유순이니라.

하늘과 사람들이 모두다 온갖 꽃과 가루 향, 사르는 향, 바르는 향, 옷, 영락, 깃발, 비단 덮개, 음악, 노래들로 아름다운 칠보 탑에 예배하고 공양하리라.

한량없는 중생들이 아라한과를 얻으며, 한량없는 중생들이 벽지불을 깨달으며, 불가사의한 중생들이 보리심을 내어 물러나지 않는 지위에 이를 것이니라."

佛告諸比丘하사대 未來世中에 若有善男子 善女人이
불고제비구 미래세중 약유선남자 선여인

聞 妙法華經 提婆達多品하고 淨心信敬하야 不生疑惑
문 묘법화경 제바달다품 정심신경 불생의혹

者는 不墮地獄餓鬼畜生하고 生 十方佛前하며 所生之
자 불타지옥아귀축생 생 시방불전 소생지

處에 常聞此經하고 若生人天中이면 受 勝妙樂하고 若在
처 상문차경 약생인천중 수 승묘락 약재

佛前이면 蓮華化生하나니라
불전 연화화생

於時下方 多寶世尊의 所從菩薩은 名曰智積이라 白 多
어시하방 다보세존 소종보살 명왈지적 백 다

寶佛하고 當還本土러니 釋迦牟尼佛이 告 智積曰 善男
보불 당환본토 석가모니불 고 지적왈 선남

부처님께서 비구들에게 말씀하셨다.

"다음 세상에서 만일 선남자 선여인으로서 묘법연화경의 제바달다품을 듣고 깨끗한 마음으로 믿고 공경하며 의심을 내지 않는 자는 지옥, 아귀, 축생에 떨어지지 않고, 시방의 부처님 앞에 태어나게 되며 태어난 곳에서 항상 이 경을 들으리라.

만약 사람이나 하늘에 나게 되면 가장 뛰어난 즐거움을 받을 것이고, 부처님 앞에 있게 되면 연꽃으로 화하여서 태어날 것이니라."

이때 하방 세계에서 다보세존을 따라온 지적보살이 다보 부처님께 본국으로 돌아가겠다는 말씀을 드리자, 석가모니 부처님께서 지적보살에게 말씀하셨다.

子야 且待須臾하라 此有菩薩하니 名은 文殊師利라 可與
자 차대수유 차유보살 명 문수사리 가여

相見하야 論說妙法하고 可還本土니라
상견 논설묘법 가환본토

爾時에 文殊師利 坐千葉蓮華하니 大如車輪이며 俱來
이시 문수사리 좌천엽연화 대여거륜 구래

菩薩도 亦坐寶蓮華하고 從於大海娑竭羅龍宮하야 自
보살 역좌보련화 종어대해사갈라용궁 자

然涌出하사 住虛空中하야 詣靈鷲山할새 從蓮華下하야
연용출 주허공중 예영축산 종연화하

至於佛所하야 頭面敬禮二世尊足하고 修敬已畢에 往
지어불소 두면경례이세존족 수경이필 왕

智積所하야 共相慰問하고 却坐一面이러니 智積菩薩이 問
지적소 공상위문 각좌일면 지적보살 문

"선남자야! 잠시만 더 기다려라. 이곳에 문수사리라는 보살이 있으니 만나 보고 묘한 법에 대하여 의견을 나눈 뒤에 본국으로 돌아가도 되지 않느냐?"

그때 문수사리보살이 수레의 바퀴만큼 크고 꽃잎이 천 개나 되는 연꽃에 앉으니, 함께 오는 보살들도 보배 연꽃에 앉았는데, 큰 바다의 사갈라 용궁에서 솟아오르더니, 허공 중에 뜬 채로 영축산(기사굴산)으로 와서는 연꽃에서 내려와 부처님 계신 곳으로 가서 두 부처님의 발에 머리 숙여 예배하였다. 공경하기를 마치고 지적보살이 있는 곳으로 가서 서로 문안하고 한쪽으로 물러나 앉았는데, 지적보살이 문수사리에게 물었다.

"인자께서 용궁에 가셔서 교화하신 중생이 얼마나 됩

文殊師利하사대 仁往龍宮하야 所化衆生은 其數幾何닛고
문수사리 인왕용궁 소화중생 기수기하

文殊師利言하사대 其數無量하야 不可稱計라 非口所
문수사리언 기수무량 불가칭계 비구소

宣이며 非心所測이니 且待須臾하면 自當證知리다 所言未
선 비심소측 차대수유 자당증지 소언미

竟에 無數菩薩이 坐寶蓮華하고 從海涌出하사 詣靈鷲
경 무수보살 좌보련화 종해용출 예영축

山하야 住在虛空하니 此諸菩薩은 皆是文殊師利之所化
산 주재허공 차제보살 개시문수사리지소화

度라 具菩薩行하야 皆共論說 六波羅蜜하며 本聲聞人은
도 구보살행 개공논설 육바라밀 본성문인

在虛空中하야 說聲聞行이라가 今皆修行 大乘空義러라
재허공중 설성문행 금개수행 대승공의

니까?"

문수사리가 말하였다.

"그 수가 한량없고 헤아릴 수 없어서 말로는 할 수 없고 마음으로도 헤아릴 수가 없으니 잠깐만 기다려보시면 직접 보실 수 있을 것입니다."

말이 채 끝나기도 전에 수도 없는 보살들이 보배 연꽃에 앉아서 바다에서 솟아올라 영축산으로 와서는 허공에 머물렀다. 이 보살들은 모두다 문수사리가 교화하여 제도한 이들이었는데 보살행을 갖추고 모두다 같이 육바라밀에 대하여 의논하고 문답하고 있었다. 본래는 성문들이었으나 허공 중에서 성문행을 말하다가, 지금은 모두다 대승의 공(空)한 이치를 수행하는 자들이었다.

文殊師利 謂 智積曰 於海敎化는 其事如是니다
문 수 사 리 위 지 적 왈 어 해 교 화 기 사 여 시

爾時에 智積菩薩이 以偈讚曰
이 시 지 적 보 살 이 게 찬 왈

大智德勇健하사 化度無量衆을 今此諸大會와
대 지 덕 용 건 화 도 무 량 중 금 차 제 대 회

及我皆已見이니다 演暢實相義하야 開闡一乘法하며
급 아 개 이 견 연 창 실 상 의 개 천 일 승 법

廣導諸衆生하야 令速成菩提니다
광 도 제 중 생 영 속 성 보 리

文殊師利言하사대 我於海中에 唯常宣說 妙法華經호라
문 수 사 리 언 아 어 해 중 유 상 선 설 묘 법 화 경

智積이 問 文殊師利言하사대 此經이 甚深微妙하야 諸經
지 적 문 문 수 사 리 언 차 경 심 심 미 묘 제 경

문수사리가 지적에게, "제가 바다에서 교화한 일이 이와 같습니다." 하자 지적보살이 게송으로 찬탄하였다.

큰 지혜와 덕망과 굳센 용맹으로 한량없는 중생을 교화하여 제도하셨습니다. 지금 여기에 모인 대중들과 저는 모든 것을 다 보았습니다. 실상의 뜻을 말씀하시고 일승의 법을 열어 밝히시고 중생들을 널리 인도하여 깨달음을 빨리 이루게 하셨습니다.

문수사리가 말하였다.

"저는 바다 속에서 항상 『묘법연화경』만 설하였습니다." 하니 지적보살이 문수사리에게 물어 말하기를,

"이 경은 매우 깊고 미묘하며 모든 경전 중에 보배이

中에 寶라 世所希有니 頗有衆生이 勤加精進하야 修行
중 보 세소희유 파유중생 근가정진 수행

此經이면 速得佛不잇가 文殊師利言하사대 有 娑竭羅龍
차경 속득불부 문수사리언 유 사갈라용

王女하니 年始八歲라 智慧利根하야 善知衆生의 諸根
왕녀 연시팔세 지혜이근 선지중생 제근

行業하사 得 陀羅尼하며 諸佛所說 甚深秘藏을 悉能受
행업 득 다라니 제불소설 심심비장 실능수

持하며 深入禪定하야 了達諸法하며 於刹那頃에 發 菩提
지 심입선정 요달제법 어찰나경 발 보리

心하야 得 不退轉하며 辯才無礙하고 慈念衆生호대 猶如
심 득 불퇴전 변재무애 자념중생 유여

赤子하며 功德이 具足하야 心念口演이 微妙廣大하며 慈
적자 공덕 구족 심념구연 미묘광대 자

며, 세상에는 드문 것입니다. 무릇 중생이 매우 부지런히 정진하고 이 경에 따라 수행하여 부처님이 빨리 된 적이 있습니까?" 하므로 문수사리가 말하였다.

"사갈라 용왕에게 딸이 있는데, 나이는 이제 여덟 살이지만 지혜롭고 근기가 뛰어나서 중생들의 모든 근기와 행하는 업을 잘 알고 다라니를 얻어서, 부처님들이 설하신 매우 깊고 비밀스런 가르침을 모두다 받아 들여 잘 지니며, 선정에 깊이 들어 모든 법을 분명히 깨달았습니다. 찰나 사이에 보리심을 일으켜 물러나지 않는 자리를 얻었으며, 말하는 솜씨가 뛰어나 걸림이 없으며, 중생을 사랑하고 생각하기를 갓난아이를 대하는 것처럼 하며, 공덕을 갖추어서 마음으로 생각하고 입으로 연설하는 것이 미묘하고 넓고

悲仁讓하고 志意和雅하야 能至菩提하니라 智積菩薩이
비인양 지의화아 능지보리 지적보살

言호대 我見釋迦如來 於 無量劫에 難行苦行하고 積功
언 아견석가여래 어 무량겁 난행고행 적공

累德하야 求菩提道호대 未曾止息하며 觀 三千大千世
누덕 구보리도 미증지식 관 삼천대천세

界호대 乃至無有如 芥子許나 非是菩薩의 捨身命處라
계 내지무유여 개자허 비시보살 사신명처

爲衆生故로 然後乃得成 菩提道어늘 不信此女 於 須
위중생고 연후내득성 보리도 불신차녀 어 수

臾頃에 便成正覺호이다 言論未訖에 時 龍王女 忽現於
유경 변성정각 언론미흘 시 용왕녀 홀현어

前하야 頭面禮敬하고 却住一面하야 以偈讚曰
전 두면예경 각주일면 이게찬왈

크며, 자비롭고 어질고 겸손하며, 뜻과 생각이 바르고 부드러워 깨달음에 이르렀습니다."

지적보살이 말하였다.

"제가 석가여래를 뵈오니 한량없는 겁 동안 어렵고 괴로운 수행을 하시며 공덕을 쌓으시고, 보리의 도 구하시기를 한 번도 그만두거나 쉬시지 않으셨으며, 삼천대천세계를 살펴보니 겨자씨만한 곳이라도 그가 보살일 때 중생을 위하여 목숨을 버리지 않은 곳이 없습니다. 그렇게 한 후에 보리의 도를 얻었는데, 그 여자가 잠깐 사이에 바른 깨달음을 이루었다는 것은 믿을 수가 없습니다."

말이 다 끝나기도 전에 용왕의 딸이 홀연히 앞에 나타나 머리 숙여 예배하고 공경한 후 한쪽으로 물러나 게송으로

深達罪福相하사 遍照於十方하며 微妙淨法身에
심달죄복상 변조어시방 미묘정법신

具相三十二와 以八十種好로 用莊嚴法身하며
구상삼십이 이팔십종호 용장엄법신

天人所戴仰이라 龍神咸恭敬하며 一切衆生類가
천인소대앙 용신함공경 일체중생류

無不宗奉者로소이다 又聞成菩提는 唯佛當證知라
무부종봉자 우문성보리 유불당증지

我闡大乘敎하야 度脫苦衆生호이다
아천대승교 도탈고중생

時에 舍利弗이 語龍女言호대 汝謂不久에 得無上道는
시 사리불 어용녀언 여위불구 득무상도

是事難信이라 所以者何오 女身은 垢穢하야 非是法器라
시사난신 소이자하 여신 구예 비시법기

찬탄하였다.

죄와 복의 모양을 깊이 통달하시고 시방을 두루 비추시며, 미묘하고 청정한 법신에 32상과 80종호를 갖추시어 법신을 장엄하시니, 하늘과 사람이 우러러 받들고 용과 신이 다 함께 공경하며 일체 중생이 받들어 모시지 않는 자가 없습니다. 듣고 깨달음 이룬 것을 부처님만이 마땅히 아시니, 제가 대승의 가르침을 밝혀 괴로운 중생을 제도하며 해탈하게 하겠습니다.

이때 사리불이 용녀에게 말하였다.

"그대가 얼마 되지 않은 사이에 위없는 도를 얻었다 하는데 믿기가 어렵구나. 왜냐하면 여자의 몸은 때 묻고 깨끗

云何能得 無上菩提리요 佛道는 懸曠이라 經無量劫하야
운하능득 무상보리 불도 현광 경무량겁

勤苦積行하고 具修諸度 然後乃成이며 又女人身은 猶
근고적행 구수제도 연후내성 우여인신 유

有五障하니 一者는 不得作 梵天王이요 二者는 帝釋이요
유오장 일자 부득작 범천왕 이자 제석

三者는 魔王이요 四者는 轉輪聖王이요 五者는 佛身이라
삼자 마왕 사자 전륜성왕 오자 불신

云何女身으로 速得成佛이리요
운하여신 속득성불

爾時龍女 有一寶珠하니 價値三千大天世界라 持以上
이시용녀 유일보주 가치삼천대천세계 지이상

佛한데 佛卽受之어늘 龍女 謂智積菩薩과 尊者舍利弗
불 불즉수지 용녀 위지적보살 존자사리불

하지 못하므로, 불법을 믿고 받아 지닐 만한 그릇이 아니기 때문인데, 어떻게 위없는 깨달음을 얻었겠느냐? 부처님의 도는 멀고 넓어서, 한량없는 겁이 지나도록 부지런히 애쓰며 수행을 쌓고 모든 법도를 닦아 갖춘 뒤에야 이루는 것이다. 그리고 여자의 몸은 다섯 가지의 장애가 있는데 첫째는 범천왕이 될 수 없고, 둘째는 제석이며, 셋째는 마왕이고, 넷째는 전륜성왕이고, 다섯째는 부처님의 몸이니, 어떻게 여자의 몸으로 그렇게 빨리 성불할 수 있었겠느냐?"

그때 용녀에게 가치가 삼천대천세계나 되는 보배 구슬이 하나 있었는데, 이것을 가져다가 부처님께 올리니, 부처님께서 바로 받으시기에, 용녀가 지적보살과 사리불존자에게 말하였다.

言하사대 我獻寶珠에 世尊이 納受하시니 是事疾不잇가 答
언 아헌보주 세존 납수 시사질부 답

言甚疾이니다 女言以汝神力으로 觀我成佛이 復速於此니다
언심질 여언이여신력 관아성불 부속어차

當時衆會 皆見龍女호니 忽然之間에 變成男子하야 具
당시중회 개견용녀 홀연지간 변성남자 구

菩薩行하며 卽往南方 無垢世界하야 坐寶蓮華하사 成
보살행 즉왕남방 무구세계 좌보련화 성

等正覺하니 三十二相이요 八十種好라 普爲十方 一切
등정각 삼십이상 팔십종호 보위시방 일체

衆生하야 演說妙法이러라 爾時娑婆世界에 菩薩聲聞과 天
중생 연설묘법 이시사바세계 보살성문 천

龍八部와 人與非人이 皆遙見彼 龍女成佛하야 普爲時
용팔부 인여비인 개요견피 용녀성불 보위시

"제가 보배 구슬을 받들어 올리니 세존께서 받으셨는데 이 일이 빠르지 않았습니까?"

"매우 빨랐다."

용녀가 말하였다.

"두 분의 신통력으로 제가 성불하는 것을 보십시오. 이보다 더 빠를 것입니다."

이때 도량에 모인 대중들은 모두다 용녀가 잠깐 사이에 남자로 변하더니 보살행을 갖추고 바로 남쪽의 깨끗한 세계로 가서 보배 연꽃에 앉아 평등하고 바른 깨달음을 이루며 32상 80종호를 갖추고, 널리 시방세계의 모든 중생을 위하여 신비스러운 법을 설하는 것을 보았으며, 사바세계의 보살과 성문과 천룡팔부와 인간과 인간 아닌 것들도 모두다 멀리서

會人天說法하고 心大歡喜하야 悉遙敬禮하며 無量衆生은
회 인 천 설 법 심 대 환 희 실 요 경 례 무 량 중 생

聞法解悟하고 得不退轉하며 無量衆生은 得受道記하고
문 법 해 오 득 불 퇴 전 무 량 중 생 득 수 도 기

無垢世界는 六反震動하며 娑婆世界에 三千衆生은 住
무 구 세 계 육 반 진 동 사 바 세 계 삼 천 중 생 주

不退地하고 三千衆生은 發菩提心하야 而得受記하며 智
불 퇴 지 삼 천 중 생 발 보 리 심 이 득 수 기 지

積菩薩과 及舍利弗과 一切衆會는 默然信受러라
적 보 살 급 사 리 불 일 체 중 회 묵 연 신 수

第十二 提婆達多品 終
제 십 이 제 바 달 다 품 종

용녀가 부처님이 되어, 그곳에 모여 있는 사람과 하늘에게 널리 설법하는 것을 보게 되었다. 그러자 모두다 크게 기뻐하며 멀리서 공경하고 예배하였으며, 한량없는 중생들이 법을 듣고 이해하고 깨달아 물러나지 않는 지위를 얻었으며, 한량없는 중생들이 도의 수기를 받았다.

남쪽의 깨끗한 세계는 여섯 가지로 진동을 하고, 사바세계의 3천 중생은 물러나지 않는 지위에 머무르고, 3천의 중생은 보리심을 일으켜 수기를 받으니, 지적보살과 사리불과 일체 중생이 묵묵히 믿고 받아들였다.

제 십이 제바달다품 끝

第十三 勸持品
제 십 삼 권 지 품

爾時에 藥王菩薩摩訶薩과 及 大樂說菩薩摩訶薩이
이 시 약 왕 보 살 마 하 살 급 대 요 설 보 살 마 하 살

與 二萬菩薩眷屬으로 俱하사 皆於佛前에 作是誓言하사대
여 이 만 보 살 권 속 구 개 어 불 전 작 시 서 언

唯願世尊은 不以爲慮하소서 我等이 於 佛滅後에 當 奉
유 원 세 존 불 이 위 려 아 등 어 불 멸 후 당 봉

持讀誦하야 說此經典호리다 後 惡世衆生이 善根은 轉
지 독 송 설 차 경 전 후 악 세 중 생 선 근 전

少하고 多 增上慢하며 貪利供養하야 增 不善根하며 遠離
소 다 증 상 만 탐 리 공 양 증 불 선 근 원 리

解脫하야 雖 難可敎化나 我等이 當起 大忍力하야 讀誦
해 탈 수 난 가 교 화 아 등 당 기 대 인 력 독 송

제 십삼 권지품

그때 약왕보살마하살과 대요설보살마하살이 그들의 권속인 2만의 보살과 함께 부처님 앞에서 이렇게 맹세하는 말씀을 드렸다.

"오직 원하옵건대 세존이시여! 염려하지 마십시오. 저희들이 부처님 열반하신 후에 이 경전을 받들어 지니고 읽고 외우며 설하겠습니다.

훗날 악한 세상의 중생들은 선근이 점점 작아지고, 깨닫지 못하였으면서도 깨달은 체하는 교만한 마음이 많아지고, 자신의 이기적인 욕망을 위하는 공양만 하고, 착하지 못한 업만 더 지으며, 해탈과는 멀리 떨어져 있어 교화하기는 어렵겠지만, 참는 힘을 크게 내어 이 경전을

此經하며 持說書寫하고 種種供養호대 不惜身命호리다
차경 지설서사 종종공양 불석신명

爾時衆中에 五百阿羅漢으로 得受記者 白佛言하사대 世
이시중중 오백아라한 득수기자 백불언 세

尊이시여 我等도 亦自誓願호대 於異國土에 廣說此經호리다
존 아등 역자서원 어이국토 광설차경

復有學無學 八千人으로 得受記者 從座而起하야 合掌
부유학무학 팔천인 득수기자 종좌이기 합장

向佛하고 作是誓言호대 世尊이시여 我等도 亦當於他國
향불 작시서언 세존 아등 역당어타국

土에 廣說此經호리니 所以者何오 是娑婆國中은 人多
토 광설차경 소이자하 시사바국중 인다

弊惡하야 懷增上慢하며 功德이 淺薄하야 瞋濁諂曲으로 心
폐악 회증상만 공덕 천박 진탁첨곡 심

읽고 외우고 지니고 해설하며 옮겨 쓰고 가지가지로 공양하며 목숨도 아끼지 않겠습니다."

그때 대중 가운데 수기를 받은 5백의 아라한들이 부처님께 말씀하되,

"세존이시여! 저희들도 다른 세계에서 이 경을 널리 설할 것을 맹세하고 발원합니다."

또 수기를 받은 학·무학 8천 사람도 자리에서 일어나 부처님을 향해 합장하고 이렇게 맹세의 말을 하였다.

"세존이시여! 저희들도 역시 다른 세계에서 이 경을 널리 설하겠습니다.

왜냐하면 이 사바세계에는 악한 자가 많은데 뛰어난 체하는 교만한 마음을 가졌으며, 공덕이 천박하여 성을

不實故니다 爾時에 佛姨母 摩訶波闍波提比丘尼 與
불실고 이시 불이모 마하파사파제비구니 여

學無學比丘尼 六千人으로 俱하야 從座而起하야 一心合
학무학비구니 육천인 구 종좌이기 일심합

掌하고 瞻仰尊顔하와 目不暫捨러니 於時世尊이 告憍曇
장 첨앙존안 목부잠사 어시세존 고교담

彌하사대 何故憂色으로 而視如來오 汝心에 將無謂我 不
미 하고우색 이시여래 여심 장무위아 불

說汝名하야 授阿耨多羅三藐三菩提記耶아 憍曇彌야
설여명 수아뇩다라삼먁삼보리기야 교담미

我先總說 一切聲聞이 皆已授記어니와 今汝欲 知記
아선총설 일체성문 개이수기 금여욕 지기

者인댄 將來之世에 當於六萬八千億 諸佛法中하야 爲
자 장래지세 당어육만팔천억 제불법중 위

잘 내어 세상을 흐리게 하며, 아첨하고 바르지 못하며 마음이 진실하지 못하기 때문입니다."

그때 부처님의 이모인 마하파사파제 비구니와 학 · 무학의 비구니 6천 인이 자리에서 일어나 일심으로 합장하고, 눈을 잠시도 떼지 않고 존안을 우러러보았다.

이때 세존께서 교담미(마하파사파제)에게 말씀하셨다.

"무슨 까닭으로 근심스런 얼굴로 여래를 보느냐?

그대의 이름을 말하지 않으니 아뇩다라삼먁삼보리의 수기를 주지 않을 것으로 생각하고 있구나. 교담미여! 내가 이미 일체의 성문들에게 모두 한꺼번에 수기를 하였는데, 지금 그대가 수기를 알고자 하니 말하여 주겠노라. 그대는 장차 오는 세상에서 6만 8천억 부처님들의 법 가운

大法師하며 及 六千學無學 比丘尼에 俱爲法師하고 汝
대법사 급 육천학무학 비구니 구위법사 여

如是 漸漸具 菩薩道하야 當得作佛하면 號 一切衆生喜
여시 점점구 보살도 당득작불 호 일체중생희

見如來 應供 正遍知 明行足 善逝 世間解 無上士 調
견여래 응공 정변지 명행족 선서 세간해 무상사 조

御丈夫 天人師 佛世尊이리라 憍曇彌야 是 一切衆生喜
어장부 천인사 불세존 교담미 시 일체중생희

見佛과 及 六千菩薩이 轉次授記하야 得 阿耨多羅三藐
견불 급 육천보살 전차수기 득 아뇩다라삼먁

三菩提니라
삼보리

爾時에 羅睺羅母 耶輸陀羅比丘尼 作是念호대 世尊이
이시 라후라모 야수다라비구니 작시념 세존

데서 큰 법사가 되는데, 6천의 학·무학 비구니도 함께 법사가 될 것이니라.

그대는 이와 같이 보살의 도를 차츰 갖추고 부처님이 되리니 명호는 일체중생희견여래·응공·정변지·명행족·선서·세간해·무상사·조어장부·천인사·불세존이라 하느니라.

교담미여! 이 일체중생희견 부처님과 6천의 보살들은 차례로 돌아가며 수기를 주며, 아뇩다라삼먁삼보리를 얻을 것이니라."

그때 라후라의 어머니인 야수다라 비구니가 생각하였다.

'세존께서 수기를 주시면서 유독 내 이름만 말씀하시

於 授記中에 獨不說我名인가하더니 佛告耶輸陀羅호대 汝
어 수기중 독불설아명 불고야수다라 여

於來世 百千萬億 諸佛法中에 修菩薩行하야 爲大法
어래세 백천만억 제불법중 수보살행 위대법

師하며 漸具佛道라가 於 善國中에 當得作佛하리니 號는
사 점구불도 어 선국중 당득작불 호

具足千萬光相如來 應供 正遍知 明行足 善逝 世間
구족천만광상여래 응공 정변지 명행족 선서 세간

解 無上士 調御丈夫 天人師 佛世尊이라 佛壽는 無量
해 무상사 조어장부 천인사 불세존 불수 무량

阿僧祇劫이니라 爾時에 摩訶波闍波提比丘尼와 及 耶
아승지겁 이시 마하파사파제비구니 급 야

輸陀羅比丘尼며 幷其眷屬이 皆大歡喜하야 得未曾
수다라비구니 병기권속 개대환희 득미증

지 않는구나.'

부처님께서 야수다라 비구니에게 말씀하셨다.

"그대도 오는 세상의 백천만억 부처님들의 법 가운데서 보살행을 닦고 큰 법사가 되어 차츰 불도를 갖추고 좋은 나라에서 마땅히 부처님이 되느니라.

명호는

구족천만광상여래 · 응공 · 정변지 · 명행족 · 선서 · 세간해 · 무상사 · 조어장부 · 천인사 · 불세존이라 하리니,

부처님의 수명은 한량없는 아승지 겁이니라."

그때 마하파사파제 비구니와 야수다라 비구니는

그들의 권속과 함께 모두다 크게 기쁘고 미증유를 얻었으므로

有하야 卽於佛前에 而說偈言하사대
유 즉어불전 이설게언

世尊導師가 安隱天人하시니 我等聞記코
세존도사 안은천인 아등문기
心安具足호이다
심안구족

諸比丘尼 說是偈已하고 白佛言하오대 世尊이시여 我等이
제비구니 설시게이 백불언 세존 아등
亦能於 他方國土에 廣宣此經호리다 爾時世尊이 視八
역능어 타방국토 광선차경 이시세존 시팔
十萬億 那由他 諸菩薩摩訶薩하시니 是諸菩薩은 皆是
십만억 나유타 제보살마하살 시제보살 개시
阿惟越致라 轉 不退法輪하사 得諸陀羅尼러니 卽從座
아유월치 전 불퇴법륜 득제다라니 즉종좌

부처님 앞에서 게송으로 말하였다.

세존께서는 도사이시고 하늘과 사람을 편안하게 하십니다. 저희들은 수기하시는 말씀을 듣고 마음이 매우 편안합니다.

비구니들이 이 게송을 마치고 부처님께 말씀드렸다.

"세존이시여, 저희들도 다른 세계에서 이 경을 널리 설하겠습니다."

그때 세존께서 80만억 나유타의 보살마하살들을 바라보시니, 이 보살들은 모두 불퇴전의 보살들로서 물러나지 않는 법륜을 굴리며 온갖 다라니를 얻은 이들이었는데, 자리에서 일어나 부처님 앞에 이르러 일심으로 합장

起하야 至於佛前하야 一心合掌하고 而作是念호대 若世
기 지어불전 일심합장 이작시념 약세

尊이 告勅我等하사 持說此經者면 當如佛教하야 廣宣斯
존 고칙아등 지설차경자 당여불교 광선사

法호리다 復作是念호대 佛今默然하사 不見告勅하니 我當
법 부작시념 불금묵연 불견고칙 아당

云何어뇨 時諸菩薩이 敬順佛意하며 幷欲自滿本願하사 便
운하 시제보살 경순불의 병욕자만본원 변

於佛前에 作師子吼하며 而發誓言하사대 世尊이시여 我等도
어불전 작사자후 이발서언 세존 아등

於如來滅後에 周旋往返 十方世界하야 能令衆生으로
어여래멸후 주선왕반 시방세계 능령중생

書寫此經하며 受持讀誦하고 解說其義하며 如法修行하야
서사차경 수지독송 해설기의 여법수행

하며 생각하였다.

'만일 세존께서 우리들에게 이 경을 지니고 설하라고 분부하시면 마땅히 부처님의 가르침대로 이 법을 널리 펴리라.' 다시 생각하기를,

'부처님께서 지금 묵묵히 계시면서 분부가 없으시니 장차 우리는 어떻게 해야 할까?' 라는 생각을 하다가 부처님의 뜻을 공경하며 따르고, 또 본래의 서원을 이루고자 부처님 앞에서 사자후로 맹세의 말을 하였다.

"세존이시여!

저희들도 여래께서 열반하신 후에 시방세계를 두루 다니면서 중생으로 하여금 이 경을 옮겨 쓰게 하고, 받아들여 지니고 읽고 외우며, 그 뜻을 해설하고 가르침대

正憶念호리니 皆是佛之威力이니다 唯願世尊은 在於他
정억념 개시불지위력 유원세존 재어타

方하사 遙見守護하소서
방 요견수호

卽時諸菩薩이 俱同發聲하야 而說偈言하사대
즉시제보살 구동발성 이설게언

唯願不爲慮하소서 유원불위려	於佛滅度後 어불멸도후	恐怖惡世中에 공포악세중
我等當廣說호리다 아등당광설	有諸無智人이 유제무지인	惡口罵詈等과 악구매리등
及加刀杖者라도 급가도장자	我等皆當忍호리다 아등개당인	惡世中比丘는 악세중비구
邪智心諂曲하야 사지심첨곡	未得謂爲得하고 미득위위득	我慢心充滿하며 아만심충만

로 수행하며 바르게 기억하고 생각하게 하겠습니다. 이것은 모두다 부처님의 위대한 힘입니다. 오직 원하옵건대 세존께서는 다른 세계에 계시더라도 멀리서 지켜 봐주시고 보호하여 주십시오."

보살들이 다 함께 소리내어 게송으로 말하였다.

오직 원하옵건대 염려하지 마십시오. 부처님께서 열반하신 후 무섭고 두려우며 악한 세상에서 저희들이 널리 설하겠습니다. 지혜 없는 사람들이 거친 입으로 욕하고 비난하며 칼로 치고 몽둥이로 때리더라도 저희들은 모두다 참아내겠습니다. 악한 세상의 비구는 그릇된 지혜를 가지고 있고 마음이 교활하고 바르지 못하며, 얻지 못하였으면서도 얻었다 하며, 스스로를 높이고 남을 낮추어 보는 마음이

或有阿練若에 혹 유 아 련 야	納衣在空閑하야 납 의 재 공 한	自謂行眞道하고 자 위 행 진 도
輕賤人間者가 경 천 인 간 자	貪著利養故로 탐 착 이 양 고	與白衣說法하며 여 백 의 설 법
爲世所恭敬을 위 세 소 공 경	如六通羅漢커든 여 육 통 나 한	是人懷惡心하야 시 인 회 악 심
常念世俗事하며 상 념 세 속 사	假名阿練若하야 가 명 아 련 야	好出我等過하고 호 출 아 등 과
而作如是言호대 이 작 여 시 언	此諸比丘等은 차 제 비 구 등	爲貪利養故로 위 탐 리 양 고
說外道論議하며 설 외 도 론 의	自作此經典하야 자 작 차 경 전	誑惑世間人하며 광 혹 세 간 인
爲求名聞故로 위 구 명 문 고	分別於是經이라 분 별 어 시 경	常在大衆中하야 상 재 대 중 중
欲毁我等故로 욕 훼 아 등 고	向國王大臣과 향 국 왕 대 신	婆羅門居士와 바 라 문 거 사

가득하며, 때로는 아란야(한적하고 고요한 곳)에서 누더기 옷을 입고 한가히 지내면서 참된 길을 닦는다고 스스로 말하며, 사람들을 가볍게 보거나 업신여기는 자들입니다. 이익과 공양에만 탐을 내고 집착하여 속인들을 위하여 설법을 하며, 세상의 공경을 받기 위해 육신통을 얻은 아라한처럼 할 것입니다. 이런 사람들이 나쁜 마음을 품고 항상 세속의 일만 생각하며 '아란야'라는 이름을 빌어 저희들의 허물을 들추어내기 좋아하며 '이 비구들은 이익과 공양에 욕심을 내어 외도의 이론을 말하며 자기네들이 직접 이 경을 만들어서 세상 사람들을 속이고 미혹하게 하며 명예를 구하기 위하여 이 경을 해설한다' 라고 할 것입니다.

또 대중 가운데에서 저희들을 항상 헐뜯기 위해 국왕과 대신과 바라문과 거사와 다른 비구들에게 저희들이 나쁜

及餘比丘衆하야 급 여 비 구 중	誹謗說我惡호대 비 방 설 아 악	謂是邪見人이 위 시 사 견 인
說外道論議라거든 설 외 도 론 의	我等敬佛故로 아 등 경 불 고	悉忍是諸惡하며 실 인 시 제 악
爲斯所輕言호대 위 사 소 경 언	汝等皆是佛이라도 여 등 개 시 불	如此輕慢言을 여 차 경 만 언
皆當忍受之하며 개 당 인 수 지	濁劫惡世中에 탁 겁 악 세 중	多有諸恐怖하며 다 유 제 공 포
惡鬼入其身하야 악 귀 입 기 신	罵詈毀辱我라도 매 리 훼 욕 아	我等敬信佛하야 아 등 경 신 불
當著忍辱鎧하고 당 착 인 욕 개	爲說是經故로 위 설 시 경 고	忍此諸難事하며 인 차 제 난 사
我不愛身命하고 아 불 애 신 명	但惜無上道하야 단 석 무 상 도	我等於來世에 아 등 어 래 세
護持佛所囑호리다 호 지 불 소 촉	世尊自當知하소서 세 존 자 당 지	濁世惡比丘는 탁 세 악 비 구

다고 비방하며 '이 삿된 소견을 가진 사람이 외도의 이론을 설한다' 고 말하겠지만, 저희들은 부처님을 공경하므로 이렇게 나쁜 일들을 모두다 참겠으며, 업신여기려고 '너희들은 모두다 부처다' 라고 말하더라도 이와 같이 빈정거리는 말들을 모두 참고 받아들이겠습니다. 시대가 흐려 있는 악한 세상에는 두렵고 무서운 것들이 많을 것이며, 나쁜 귀신이 그들의 몸 속에 들어가서 욕하고 저희를 비난하고 헐뜯더라도 부처님을 공경하고 믿으므로 마땅히 인욕의 갑옷을 입고 이 경을 설하기 위해 이 어려운 일들을 참겠습니다. 저희들은 목숨보다도 오직 위없는 가르침을 아끼겠으며, 부처님께서 믿고 맡기신 것을 지키고 보호하겠습니다.

세존께서는 당연히 아시겠지만 혼탁한 세상의 나쁜 비

不知佛方便의 부 지 불 방 편	隨宜所說法하고 수 의 소 설 법	惡口而顰蹙하며 악 구 이 빈 축
數數見擯出호대 삭 삭 견 빈 출	遠離於塔寺케하거든 원 리 어 탑 사	如是等衆惡을 여 시 등 중 악
念佛告勅故로 염 불 고 칙 고	皆當忍是事호리다 개 당 인 시 사	諸聚落城邑에 제 취 락 성 읍
其有求法者면 기 유 구 법 자	我皆到其所하야 아 개 도 기 소	說佛所囑法호리니 설 불 소 촉 법
我是世尊使라 아 시 세 존 사	處衆無所畏하며 처 중 무 소 외	我當善說法호리니 아 당 선 설 법
願佛安隱住하소서 원 불 안 은 주	我於世尊前과 아 어 세 존 전	諸來十方佛에 제 래 시 방 불
發如是誓言호니 발 여 시 서 언	佛自知我心하시리다 불 자 지 아 심	

구들은 부처님께서 방편으로 중생들의 근기에 따라 설법하시는 것을 알지 못하면서, 거친 입으로 빈정거리고 수시로 쫓아내며, 탑과 절에서 멀리 떠나게 하는 이와 같은 나쁜 짓들을 할 것입니다. 그래도 부처님께서 분부하신 것을 생각하며 이런 일들을 모두다 잘 참겠으며, 시골이건 도시이건 법을 구하는 자가 있으면 어느 곳이든지 가서 부처님께서 부촉하신 법을 설하겠습니다. 저희는 세존의 심부름꾼이므로 어떠한 사람에게라도 무서울 것이 없습니다. 저희들이 설법을 잘 하겠으니 원하옵건대 세존께서는 편안히 계십시오. 저희가 부처님과 시방에서 오신 부처님들 앞에서 이와 같은 맹세의 말씀을 드리니 부처님께서는 저희들의 마음을 알아주십시오.

第十三 勸持品 終
제 십삼 권지품 종

妙法蓮華經 卷第四 終
묘법연화경 권제사 종

제 십삼 권지품 끝

묘법연화경 제 사권 끝

妙法蓮華經 卷第五
묘법연화경 권제오

第十四 安樂行品
제 십 사 안 락 행 품

爾時에 文殊師利法王子菩薩摩訶薩이 白佛言하사대 世
이 시 문 수 사 리 법 왕 자 보 살 마 하 살 백 불 언 세

尊이시여 是諸菩薩이 甚爲難有라 敬順佛故로 發大誓
존 시 제 보 살 심 위 난 유 경 순 불 고 발 대 서

願호대 於後惡世에 護持讀說 是法華經하려하나이다
원 어 후 악 세 호 지 독 설 시 법 화 경

世尊이시여 菩薩摩訶薩이 於後惡世에 云何能說是經이닛고
세 존 보 살 마 하 살 어 후 악 세 운 하 능 설 시 경

佛告文殊師利하사대 若 菩薩摩訶薩이 於後惡世에 欲
불 고 문 수 사 리 약 보 살 마 하 살 어 후 악 세 욕

說是經인댄 當安住四法이니
설 시 경 당 안 주 사 법

제 십사 안락행품

그때 문수사리 법왕자 보살마하살이 부처님께 아뢰었다.

"세존이시여! 이런 보살들은 매우 드물게 있습니다. 부처님을 공경하고 따르는 까닭에 단단히 맹세하고 발원하여 훗날 악한 세상에서 이 『법화경』을 잘 지니며 읽고 설하려는 것입니다.

세존이시여! 보살마하살들이 훗날 악한 세상에서 어떻게 이 경을 설해야 되겠습니까?"

부처님께서 문수사리에게 말씀하셨다.

"만약 보살마하살이 훗날 악한 세상에서 이 경을 설하려면, 마땅히 네 가지의 법(몸, 입, 마음, 서원)에 편안히 머물러야 하느니라.

一者는 安住菩薩行處와 及親近處라사 能爲衆生하야 演

일 자 안 주 보 살 행 처 급 친 근 처 능 위 중 생 연

說是經이니라 文殊師利야 云何名 菩薩摩訶薩의 行處어뇨

설 시 경 문 수 사 리 운 하 명 보 살 마 하 살 행 처

若 菩薩摩訶薩이 住 忍辱地하야 柔和善順호대 而不卒

약 보 살 마 하 살 주 인 욕 지 유 화 선 순 이 부 졸

暴하고 心亦不驚하며 又復於法에 無所行하야 而觀諸法如

포 심 역 불 경 우 부 어 법 무 소 행 이 관 제 법 여

實相하며 亦不行 不分別이 是名菩薩摩訶薩의 行處니라

실 상 역 불 행 불 분 별 시 명 보 살 마 하 살 행 처

云何名菩薩摩訶薩의 親近處어뇨 菩薩摩訶薩이 不親

운 하 명 보 살 마 하 살 친 근 처 보 살 마 하 살 불 친

近國王王子와 大臣官長하며 不親近諸 外道梵志와 尼

근 국 왕 왕 자 대 신 관 장 불 친 근 제 외 도 범 지 니

첫째는 보살이 행하여야 할 바와 가까이 하여야 할 바에 편안히 머물러서 중생을 위하여 이 경을 설하여야 하느니라. 문수사리야! 무엇을 보살마하살이 행하여야 할 바라고 이름하는가 하면, 보살마하살은 욕된 것을 참는 경지에 머물러서 부드럽고 온화하며, 착하고 순하여서 성급하거나 포악하지 않으며, 또 법(대상)에 대하여도 행하는 바가 없이 온갖 법(사물)의 형상을 있는 그대로 관 하되, 역시 행함과 분별이 없어야 이것을 이름하여 보살마하살이 행하여야 할 바라 하느니라.

무엇을 이름하여 보살마하살이 가까이 하여야 할 바라 하는가 하면, 보살마하살은 국왕이나 왕자나 대신이나 관원들을 가까이 하지 말아야 하며, 외도인 범지와 니건자

揵子等과 及造世俗文筆과 讚詠外書와 及路伽耶陀와
건자등 급조세속문필 찬영외서 급로가야타

逆路伽耶陀者하며 亦不親近諸有兇戲와 相扠相撲과
역로가야타자 역불친근제유흉희 상차상박

及那羅等의 種種變現之戲하며 又不親近旃陀羅와 及
급나라등 종종변현지희 우불친근전다라 급

畜猪羊雞狗와 畋獵漁捕의 諸惡律儀니 如是人等이 或
축저양계구 전렵어포 제악율의 여시인등 혹

時來者어든 則爲說法호대 無所希望하며 又不親近求聲
시래자 즉위설법 무소희망 우불친근구성

聞하는 比丘比丘尼와 優婆塞 優婆夷하고 亦不問訊하며
문 비구비구니 우바새 우바이 역불문신

若於房中이어나 若經行處어나 若在講堂中하야 不共住止하고
약어방중 약경행처 약재강당중 불공주지

(자이나교도)들은 물론 세속의 글을 짓거나 쓰며, 외도의 책을 찬탄하며 읊조리는 자와 로가야타와 역로가야타들을 가까이 하지 말아야 하며, 또 흉한 놀이와 서로 치고 당기는 것을 하는 사람과 가지가지 변덕스러운 짓을 하는 배우들을 가까이 하지 말아야하며, 전다라(최하위 천민, 백정, 옥졸 등)와 돼지, 양, 닭, 개 등을 기르는 이와 사냥을 하거나 물고기를 잡는 등의 거친 일을 하는 사람을 가까이 하지 말아야 하며, 이와 같은 사람들이 혹시 오더라도 바로 설법을 해 주되 기대하거나 바라지는 말아야 하느니라. 또 성문을 구하는 비구, 비구니, 우바새, 우바이를 가까이 하거나 문안하지도 말아야 하며, 방에서나 가볍게 거닐고 있는 곳에서나 강당에 있게 되더라도 함께 지내지 말고, 혹

或時來者어든 隨宜說法호대 無所希求니라 文殊師利야
혹시래자 수의설법 무소희구 문수사리

又 菩薩摩訶薩 不應於女人身에 取 能生欲想相하야 而
우 보살마하살 불응어여인신 취 능생욕상상 이

爲說法하고 亦不樂見하며 若入他家어든 不與小女處女
위설법 역불락견 약입타가 불여소녀처녀

寡女等으로 共語하며 亦復不近 五種不男之人하야 以爲
과녀등 공어 역부불근 오종불남지인 이위

親厚하며 不獨入他家하고 若有因緣하야 須 獨入時어든 但
친후 불독입타가 약유인연 수 독입시 단

一心念佛하며 若爲女人說法이어든 不 露齒笑하고 不現胸
일심념불 약위여인설법 불 로치소 불현흉

臆하며 乃至爲法하야도 猶不親厚어든 況復餘事리요
억 내지위법 유불친후 황부여사

시 찾아오면 수의설법을 하되 무엇을 바라거나 구하지는 말아야 하느니라.

문수사리야, 또 보살마하살은 당연히 여인의 몸에 욕망을 내는 모습으로 법을 설하지 말아야 하며, 보는 것도 좋아하지 말아야 하며, 만약 남의 집에 들어가게 되더라도 소녀나 처녀나 과부들과는 함께 말하지 말아야 하며, 또 오종불남(다섯 가지로 불완전한 남자)인 사람과도 가까이 하거나 깊이 친하지 말아야 하며, 혼자서는 남의 집에 들어가지 말아야 하며, 만약 인연이 있어서 혼자서라도 들어가게 되면 오직 일념으로 부처님만 생각해야 하느니라. 만일 여인을 위해 설법을 하게되면, 이를 드러내며 웃지 말고 가슴을 드러내지 말아야 하느니라. 법을 위해서라도 친

不 樂畜年少弟子와 沙彌小兒하고 亦不樂與同師하며
불 락축년소제자 사미소아 역불락여동사

常好坐禪호대 在於閑處하야 修攝其心이니 文殊師利야
상호좌선 재어한처 수섭기심 문수사리

是名初親近處니라
시명초친근처

復次菩薩摩訶薩이 觀一切法空如實相하야 不顚倒하며
부차보살마하살 관일체법공여실상 부전도

不動不退不轉호대 如虛空하야 無所有性이라
부동불퇴부전 여허공 무소유성

一切語言道斷하야 不生 不出 不起하며 無名無相하야 實
일체어언도단 불생 불출 불기 무명무상 실

無所有라 無量無邊하고 無礙無障이언만
무소유 무량무변 무애무장

하지 말아야 하는데 다른 일이야 말할 것이 있겠느냐? 나이 어린 제자나 사미나 어린아이 기르기를 좋아하지 말고, 또 같은 스승을 함께 섬기기를 즐겨하지 말고, 항상 좌선을 좋아하고 한적한 곳에서 그 마음을 닦고 거두어야 하느니라. 문수사리야! 이것을 첫째로 가까이 하여야 할 바라 이름하느니라. 또 보살마하살은 일체의 법은 공(空)하여 있는 그대로의 모습이며, 뒤바뀌지도 않고, 움직이지도 않으며, 물러나지도 않고, 옮겨지지도 않으며, 마치 허공과 같아서 성품이 있는 것이 아니며, 일체의 언어로써도 말할 수 없으며, 생기지도 않고, 나오지도 않고, 일어나지도 않으며, 이름도 없고, 모양도 없으며, 실로 있는 것도 아니어서, 한량없고, 가없으며 걸림도 없고 막힘도 없음을 관하여

但以因緣有하고 從 顚倒生故로 說이니 常樂觀 如是法
단 이 인 연 유 종 전 도 생 고 설 상 락 관 여 시 법

相이면 是名菩薩摩訶薩의 第二親近處니라
상 시 명 보 살 마 하 살 제 이 친 근 처

爾時世尊이 欲 重宣此義하사 而說偈言하사대
이 시 세 존 욕 중 선 차 의 이 설 게 언

若有菩薩이 약 유 보 살	於後惡世에 어 후 악 세	無怖畏心으로 무 포 외 심
欲說是經인댄 욕 설 시 경	應入行處와 응 입 행 처	及親近處니 급 친 근 처
常離國王과 상 리 국 왕	及國王子와 급 국 왕 자	大臣官長과 대 신 관 장
兇險戲者와 흉 험 희 자	及旃陀羅와 급 전 다 라	外道梵志하며 외 도 범 지

야 하느니라. 다만 인연으로 있게 되며 뒤바뀐 생각을 따라서 생겨나는 것이니라. 그러므로 말하는데 항상 이러한 법의 모양을 관(觀) 하기를 좋아하면, 이것을 보살마하살이 둘째로 가까이하여야 할 바라 이름하느니라."

세존께서 이 뜻을 거듭 펴시려고 게송으로 말씀하셨다.

만일 어떤 보살이 훗날 악한 세상에서 두려울 것이 없는 마음으로 이 경을 설하려 하면,
당연히 행하여야 할 바와 가까이 하여야 할 바에 들어야 하느니라.

항상 국왕이나 왕자나 대신이나 관원이나 흉악하고 위험한 놀이를 하는 자나 전다라나 외도인 범지를 멀리하여야 하며,

亦不親近 역 불 친 근	增上慢人과 증 상 만 인	貪著小乘하는 탐 착 소 승
三藏學者하며 삼 장 학 자	破戒比丘와 파 계 비 구	名字羅漢과 명 자 나 한
及比丘尼의 급 비 구 니	好戱笑者와 호 희 소 자	深著五欲과 심 착 오 욕
求現滅度하난 구 현 멸 도	諸優婆夷를 제 우 바 이	皆勿親近이니라 개 물 친 근
若是人等이 약 시 인 등	以好心來하야 이 호 심 래	到菩薩所하야 도 보 살 소
爲聞佛道어든 위 문 불 도	菩薩則以 보 살 즉 이	無所畏心으로 무 소 외 심
不懷希望하고 불 회 희 망	而爲說法하며 이 위 설 법	寡女處女와 과 녀 처 녀
及諸不男을 급 제 불 남	皆勿親近하야 개 물 친 근	以爲親厚하며 이 위 친 후

또 교만한 자들이나
소승에 집착하여 삼장(경, 율, 논)을 배우는 자들을 가까이하지 말아야 하며, 파계를 한 비구와 이름뿐인 아라한과 놀기와 웃기를 좋아하는 비구니와 오욕에 깊이 빠져 있으면서 현세에서 열반을 구하는 우바이들을 모두다 가까이하지 말아야 하느니라.

만약 이런 사람들이 좋은 마음으로 보살이 있는 곳으로 와서 불도를 들으려 하면
두려울 것이 없는 마음으로 무엇을 바라지 말고 설법하여야 하느니라.

과부나 처녀나 오종 불남인 사람들은 모두다 가까이 하거나 깊이 친하지 말아야 하며,

亦莫親近　屠兒魁膾와　畋獵漁捕하여
역막친근　도아괴회　전렵어포

爲利殺害하며　販肉自活과　衒賣女色하난
위리살해　판육자활　현매여색

如是之人을　皆勿親近하며　兇險相撲과
여시지인　개물친근　흉험상박

種種嬉戲와　諸淫女等을　盡勿親近하며
종종희희　제음녀등　진물친근

莫獨屛處하야　爲女說法하고　若說法時어든
막독병처　위여설법　약설법시

無得戲笑하며　入里乞食에는　將一比丘요
무득희소　입리걸식　장일비구

若無比丘어든　一心念佛하며　是則名爲
약무비구　일심념불　시즉명위

行處近處니　以此二處로　能安樂說이니라
행처근처　이차이처　능안락설

또 백정이나 망나니를 가까이 하지 말아야 하고, 사냥을 하거나 고기를 잡거나, 이익을 위하여 죽이거나, 고기를 팔아 생활하거나 여색을 파는, 이런 사람들을 모두다 가까이 하지 말아야 하느니라. 흉악하고 험상궂게 치고 받는 자와 가지가지로 놀이하는 자와 음탕한 여인들을 모두다 가까이 하지 말고, 혼자서는 으슥한 곳에서 여자를 위하여 설법하지 말고, 만약 설법을 하게 되면 희롱하거나 웃지를 말아야 하느니라. 마을에 들어가서 걸식을 할 때에도 다른 비구와 동행을 하고, 만약 비구가 없을 때에는 일심으로 부처님을 생각하여야 하느니라. 이것이 곧 행하여야 할 바와 가까이하여야 할 바이니 이 두 가지로써 편안하고 즐겁게 설할 수 있느니라.

又復不行 우부불행	上中下法과 상중하법	有爲無爲와 유위무위
實不實法하며 실불실법	亦不分別 역불분별	是男是女하며 시남시녀
不得諸法하고 부득제법	不知不見일새 부지불견	是則名爲 시즉명위
菩薩行處니라 보살행처	一切諸法이 일체제법	空無所有라 공무소유
無有常住하고 무유상주	亦無起滅이니 역무기멸	是名智者의 시명지자
所親近處라 소친근처	顚倒分別은 전도분별	諸法有無와 제법유무
是實非實과 시실비실	是生非生이니 시생비생	在於閑處하야 재어한처
修攝其心호대 수섭기심	安住不動을 안주부동	如須彌山하며 여수미산

또 상·중·하의 법과 유위법과 무위법과 진실한 가르침과 진실하지 않는 가르침을 행하지 말고, 또 '이것은 남자고 이것은 여자다' 라고 분별하지 말고, 모든 법을 얻었다 하지 말고, 안다거나 보았다고도 하지 말아야 하느니라. 이것을 이름하여 보살이 행하여야 할 바라 하느니라. 일체의 법은 공(空)하여 항상 있는 것이 아니므로 항상 머물러 있는 것도 없고, 또 생기거나 없어지는 것도 없느니라. 이것이 지혜 있는 사람이 가까이 하여야 할 바이니라. 뒤바뀐 생각으로 분별하여 모든 법이 있다 없다, 진실이다 아니다, 나는 것이다 나는 것이 아니다 하지만 한적한 곳에 지내면서 그 마음을 닦고 거두어서 편안히 머무르며 수미산같이 움직이지 말아야 하느니라.

觀一切法이 관 일 체 법	皆無所有라 개 무 소 유	猶如虛空하야 유 여 허 공
無有堅固하며 무 유 견 고	不生不出하고 불 생 불 출	不動不退하야 부 동 불 퇴
常住一相이 상 주 일 상	是名近處니라 시 명 근 처	若有比丘가 약 유 비 구
於我滅後에 어 아 멸 후	入是行處와 입 시 행 처	及親近處하면 급 친 근 처
說斯經時에 설 사 경 시	無有怯弱이니라 무 유 겁 약	菩薩有時에 보 살 유 시
入於靜室하야 입 어 정 실	以正憶念으로 이 정 억 념	隨義觀法하고 수 의 관 법
從禪定起하야 종 선 정 기	爲諸國王과 위 제 국 왕	王子臣民과 왕 자 신 민
婆羅門等하야 바 라 문 등	開化演暢하야 개 화 연 창	說斯經典하면 설 사 경 전

일체의 법은 모두다 있는 것이 아니라 허공처럼 견고하지 않으며, 생기지도 않고 나오지도 않으며, 움직이지도 않고 물러나지도 않으며, 항상 한 모양으로 머무르고 있음을 관 하면, 이것을 이름하여 가까이하여야 할 바라 하느니라.

만약 어떤 비구가 내가 열반한 후에 이렇게 행하여야 할 바와 가까이하여야 할 바에 대해 듣고서 이 경을 설하게 되면, 겁이 나거나 약해지는 일이 없을 것이니라.

보살이 고요한 방에 들어가서 올바른 생각으로 기억하고 뜻을 따라 법을 보고, 선정으로부터 일어나 국왕과 왕자와 신하와 백성과 바라문들을 위하여 이 경전을 설하여 교화하며 널리 편다면,

其心安隱하야　無有怯弱이니　文殊師利야
기심안은　무유겁약　문수사리

是名菩薩이　安住初法하야　能於後世에
시명보살　안주초법　능어후세

說法華經이니라
설법화경

又 文殊師利야 如來滅後 於 末法中에 欲說是經인댄
우 문수사리 여래멸후 어 말법중 욕설시경

應住安樂行하야 若口宣說하며 若 讀經時어든 不樂說人
응주안락행 약구선설 약 독경시 불락설인

及 經典過하고 亦不輕慢 諸餘法師하며 不說他人 好惡
급 경전과 역불경만 제여법사 불설타인 호오

長短하며 於 聲聞人에 亦不稱名하야 說其過惡하고 亦不
장단 어 성문인 역불칭명 설기과오 역불

그 마음이 편안하여 겁이 나거나 약해지는 일이 없으리라. 문수사리야! 이것을 이름하여 보살이 첫 번째 법에 편안히 머무르며 후세에 『법화경』을 설할 수 있는 것이라 하느니라.

"또 문수사리야! 여래가 열반한 후 말법의 세상에서 이 경을 설하고자 하면, 마땅히 안락한 행에 머물러야 하느니라.

입으로 연설할 때나 경을 읽을 때에 다른 사람이나 경전의 허물을 말하기를 좋아하지 말고, 다른 법사들을 가벼이 여기거나 업신여기지 말며, 다른 사람의 좋고 나쁨과 장단점을 말하지 말아라. 성문에 대하여도 그 이름을 거론하며 그의 허물과 나쁜 점을 말하지 말고, 또 이름

稱名하야 讚歎其美하며 又亦不生 怨嫌之心하고 善修如
칭명 찬탄기미 우역불생 원혐지심 선수여
是安樂心故로 諸有聽者에 不逆其意하며 有所難問커든
시안락심고 제유청자 불역기의 유소난문
不以小乘法으로 答하고 但以大乘으로 而爲解說하야 令得
불이소승법 답 단이대승 이위해설 영득
一切種智니라
일체종지

爾時世尊이 欲重宣此義하사 而說偈言하사대
이시세존 욕중선차의 이설게언

菩薩常樂 安隱說法호대 於淸淨地에
보살상락 안은설법 어청정지
而施床座하며 以油塗身하야 澡浴塵穢하며
이시상좌 이유도신 조욕진예

을 거론하며 그의 좋은 점을 칭찬하지도 말고 원망하거나 싫어하는 마음도 내지 말아라. 이와 같이 안락하게 마음을 잘 닦음으로써 듣는 사람들이 모두 그의 뜻을 거스르지 않으니, 어려운 질문이 있어도 소승법으로 답하지 말고 오직 대승으로 해설하여 일체 종지를 얻게끔 하여라."

세존께서 이 뜻을 거듭 펴시려고 게송으로 말씀하셨다.

보살은 항상 즐겁고 편안하게 법을 설해야 하느니라.

맑고 깨끗한 땅 위에 자리를 펴고 기름을 몸에 발라 먼지와 때를 씻고,

著新淨衣하야 착 신 정 의	內外俱淨하고 내 외 구 정	安處法座하야 안 처 법 좌
隨問爲說하며 수 문 위 설	若有比丘 약 유 비 구	及比丘尼와 급 비 구 니
諸優婆塞 제 우 바 새	及優婆夷와 급 우 바 이	國王王子와 국 왕 왕 자
群臣士民이어든 군 신 사 민	以微妙義로 이 미 묘 의	和顔爲說하며 화 안 위 설
若有難問커든 약 유 난 문	隨義而答호대 수 의 이 답	因緣譬喩로 인 연 비 유
敷演分別하야 부 연 분 별	以是方便으로 이 시 방 편	皆使發心하고 개 사 발 심
漸漸增益하야 점 점 증 익	入於佛道하며 입 어 불 도	除嬾惰意와 제 란 타 의
及懈怠想하고 급 해 태 상	離諸憂惱하야 이 제 우 뇌	慈心說法하며 자 심 설 법

깨끗한 새 옷을 입고
안팎을 모두 깨끗이 하고 법좌에 편안히 앉아
물음에 따라 설하여라.

만약 비구와 비구니와 우바새와 우바이와
국왕과 왕자와 군신들과 백성들이 있으면
미묘한 뜻을 온화한 얼굴로 설할 것이며,
어려운 질문이 있더라도 뜻을 따라 대답하되
인연과 비유로써 자세히 구분하여 설하여라.

이와 같은 방편으로 모두다 발심하게 하고
점점 더 이익 되게 하여 불도에 들게 하고,
게으른 마음과 태만한 생각을 버리고
모든 근심과 걱정을 떠나 자비로운 마음으로
법을 설하여라.

晝夜常說 주 야 상 설	無上道敎호대 무 상 도 교	以諸因緣과 이 제 인 연
無量譬喩로 무 량 비 유	開示衆生하야 개 시 중 생	咸令歡喜하며 함 령 환 희
衣服臥具와 의 복 와 구	飮食醫藥으로 음 식 의 약	而於其中에 이 어 기 중
無所希望하고 무 소 희 망	但一心念 단 일 심 념	說法因緣하야 설 법 인 연
願成佛道호대 원 성 불 도	令衆亦爾하면 영 중 역 이	是則大利라 시 즉 대 리
安樂供養이니라 안 락 공 양	我滅度後에 아 멸 도 후	若有比丘가 약 유 비 구
能演說斯 능 연 설 사	妙法華經호대 묘 법 화 경	心無嫉恚와 심 무 질 에
諸惱障礙하고 제 뇌 장 애	亦無憂愁와 역 무 우 수	及罵詈者하며 급 매 리 자

밤낮으로 항상 위없는 도의 가르침을 설하며,
온갖 인연과 한량없는 비유로 중생들을 가르쳐 모두 다 기쁘게 하되,
의복이나 눕거나 쉴 때 쓰이는 물건이나 음식이나 의약들은 아무 것도 바라지 말고,
오직 한결같은 마음으로 생각하기를 법을 설한 인연으로 불도를 이루며 중생들도 역시 그렇게 되길 원하여라. 이것이 곧 큰 이익이 있는 편안하고 즐거운 공양이니라.

내가 열반한 후에 만약 어떤 비구가
이 『묘법연화경』을 잘 설하면 마음에 질투와 성냄과 온갖 번거로운 장애가 없을 것이며,
또 근심과 슬픔과 욕하는 자가 없을 것이며,

又無怖畏와 加刀杖等하고 亦無擯出은
우무포외 가도장등 역무빈출

安住忍故니라 智者如是 善修其心하야
안주인고 지자여시 선수기심

能住安樂호대 如我上說이면 其人功德은
능주안락 여아상설 기인공덕

千萬億劫에 算數譬喩로 說不能盡이니라
천만억겁 산수비유 설불능진

又文殊師利야 菩薩摩訶薩이 於後末世 法欲滅時에
우문수사리 보살마하살 어후말세 법욕멸시

受持讀誦斯經典者는 無懷嫉妬諂誑之心하고 亦勿輕
수지독송사경전자 무회질투첨광지심 역물경

罵學佛道者하야 求其長短하며 若比丘比丘尼와 優婆
매학불도자 구기장단 약비구비구니 우바

겁나고 두려운 것이나 칼이나 몽둥이로 맞는 것이 없을 것이며, 쫓겨 나는 일도 없나니, 인욕에 편안히 머무르기 때문이다.

지혜 있는 사람이 이와 같이 그 마음을 잘 닦아 내가 미리 말한 바와 같이 안락하게 머무르면, 그 사람의 공덕은 천만억 겁을 두고 헤아리거나 비유하여도 다 말할 수 없느니라.

"또 문수사리야, 보살마하살이 훗날 말세에서 법이 없어지려 할 때에 이 경전을 받아 지니고 읽고 외우는 자에게 질투하거나 아첨하여 속이는 마음을 내지 말고, 또 불도를 배우는 자를 가벼이 여기거나 욕하지 말고, 그의 장단점을 찾아내지 말아라. 만약 비구와 비구니와 우바

塞優婆夷의 求聲聞者와 求辟支佛者와 求菩薩道者
새우바이 구성문자 구벽지불자 구보살도자

에 無得惱之하야 令其疑悔니 語其人言호대 汝等은 去道
무득뇌지 영기의회 어기인언 여등 거도

甚遠이라 終不能得 一切種智리니 所以者何오 汝是放逸
심원 종불능득 일체종지 소이자하 여시방일

之人이라 於道에 懈怠故라하며 又亦不應 戲論諸法하야
지인 어도 해태고 우역불응 희론제법

有所諍競이요 當於一切衆生에 起大悲想하고 於諸如
유소쟁경 당어일체중생 기대비상 어제여

來에 起慈父想하며 於諸菩薩에 起大師想하고 於十方
래 기자부상 어제보살 기대사상 어시방

諸大菩薩에 常應深心으로 恭敬禮拜하며 於一切衆生에
제대보살 상응심심 공경예배 어일체중생

새와 우바이로서 성문을 구하는 사람, 벽지불을 구하는 사람, 보살도를 구하는 사람들을 괴롭게 하지 말아야 하느니라. 그들이 의심하거나 후회하도록 하기 위하여 '너희가 도(道)로 가기엔 매우 멀리 있으니 아무리 하더라도 일체종지를 얻을 수가 없을 것이다. 왜냐하면 너희는, 너희 마음대로 하는 사람이며 도에 대하여 게으르기 때문이니라' 고 하지 말아야 하느니라. 또 모든 법을 쓸데없이 논의하여 다투는 일이 없도록 하여야 하며, 마땅히 모든 중생에게 자비로운 생각을 크게 내어야 하며, 모든 여래에 대하여 아버지라는 생각을 내어야 하며, 모든 보살에게 큰 스승이라는 생각을 내어야 하느니라. 시방의 큰 보살들을 항상 마음 깊이 공경하고 예배하여야 하며, 일체의 중생에게

平等說法호대 以順法故로 不多不少하며 乃至深愛法
평등설법 이순법고 부다불소 내지심애법

者에 亦不爲多說이니라
자 역불위다설

文殊師利야 是菩薩摩訶薩이 於後末世法欲滅時에
문수사리 시보살마하살 어후말세법욕멸시

有成就是第三安樂行者는 說是法時에 無能惱亂하며
유성취시제삼안락행자 설시법시 무능뇌란

得好同學하야 共讀誦是經하고 亦得大衆이 而來聽受하며
득호동학 공독송시경 역득대중 이래청수

聽已能持하고 持已能誦하며 誦已能說하고 說已能書하며
청이능지 지이능송 송이능설 설이능서

若使人書하야 供養經卷하고 恭敬尊重讚歎이니라
약사인서 공양경권 공경존중찬탄

평등하게 설법하되, 법에 순응하여 많이도 하지 말고 적게도 하지 말아야 하며, 법을 깊이 사랑하는 사람에게라도 많이는 설하지 말아야 하느니라.

문수사리야,

이런 보살마하살로서 훗날 말세에서 법이 없어지려 할 때 이 셋째의 안락행을 이룬 사람이 있으면, 이 법을 설할 때에 괴롭거나 어지러운 것이 없으며, 같이 배우는 이를 잘 만나 같이 이 경을 읽고 외우게 될 것이며, 또 많은 대중이 와서 들을 것이며, 듣고선 받아 지니고, 지니고선 외우고, 외우고선 설하고, 설하고는 자기가 쓰거나 남을 시켜 쓰게 하며, 경전을 공양하고 공경하며 존중하고 찬탄하리라."

爾時世尊이 欲重宣此義하사 而說偈言하사대
이시세존 욕중선차의 이설게언

若欲說是經인댄 當捨嫉恚慢과 諂誑邪僞心하고
약욕설시경 당사질에만 첨광사위심

常修質直行하며 不輕蔑於人하고 亦不戲論法하며
상수질직행 불경멸어인 역불희론법

不令他疑悔호대 云汝不得佛하며 是佛子說法호대
불령타의회 운여부득불 시불자설법

常柔和能忍하고 慈悲於一切하야 不生懈怠心하며
상유화능인 자비어일체 불생해태심

十方大菩薩이 愍衆故行道어든 應生恭敬心호대
시방대보살 민중고행도 응생공경심

是則我大師라하며 於諸佛世尊에 生無上父想하며
시즉아대사 어제불세존 생무상부상

세존께서 이 뜻을 거듭 펴시려고 게송으로 말씀하셨다.

만약 이 경을 설하려 하면, 마땅히 질투하거나 성내거나, 교만하거나 아첨하거나, 속이거나 거짓된 마음을 버리고, 항상 바탕이 곧은 행을 닦아야 하며, 다른 사람을 가벼이 여겨 업신여기지 말고, 법을 쓸데없이 논하지 말고, 다른 사람으로 하여금 의심을 품게 하거나 후회하도록 하기 위하여, 너는 성불하지 못한다고 말하지 말아라. 불자가 설법을 할 때는 항상 부드럽고 온화하여 잘 참으며, 일체에게 자비로우며 게으른 마음을 내지 말아야 하느니라. 시방의 큰 보살들은 중생을 가엾게 여기며 도를 행하니, 당연히 공경하는 마음을 내어 이 사람은 곧 나의 큰 스승이라고 생각하고, 모든 부처님 세존들께는 위도 없는 아버지라는 생각을 내어 교만한 마음을 깨뜨리고,

破於憍慢心하고 說法無障礙니 第三法如是라
파어교만심 설법무장애 제삼법여시

智者應守護하야 一心安樂行이며 無量衆所敬이니라
지자응수호 일심안락행 무량중소경

又 文殊師利야 菩薩摩訶薩이 於後末世 法欲滅時에
우 문수사리 보살마하살 어후말세 법욕멸시

有持是法華經者는 於在家出家人中에 生大慈心하고
유지시법화경자 어재가출가인중 생대자심

於非菩薩人中에 生大悲心하며 應作是念호대 如是之
어비보살인중 생대비심 응작시념 여시지

人은 則爲大失이라 如來方便으로 隨宜說法을 不聞不知하며
인 즉위대실 여래방편 수의설법 불문부지

不覺不問하며 不信不解로다 其人이 雖不問不信하며 不解
불각불문 불신불해 기인 수불문불신 불해

막힘이나 걸림이 없이 설법을 하여야 하느니라. 셋째의 법이 이와 같으니 지혜 있는 사람이 잘 수호하여 일심으로 안락하게 행하면, 한량없는 중생의 공경을 받으리라.

"또 문수사리야, 보살마하살이 훗날 말세에서 법이 없어지려 할 때 이 『법화경』을 받아 지니는 자는 출가인과 재가인 모두에게 대자비의 마음을 낼지니라.

보살이 아닌 사람에게도 대자비의 마음을 내어,
'이 사람들은 크게 잃는 것이 되어, 여래께서 방편으로 능력과 정도에 따라 설법하시는 것을 듣지도 못하고 알지도 못하며, 깨닫지도 못하고 묻지도 않으며 믿지도 않으며 이해하지도 못하는구나. 이 사람들이 비록 이 경을 묻지 않고 믿지 않으며 이해하지 못하더라도,

是經이로다 我得阿耨多羅三藐三菩提時에 隨在何地하야
시경 아득아뇩다라삼먁삼보리시 수재하지

以神通力과 智慧力으로 引之하야 令得住是法中호리라
이신통력 지혜력 인지 영득주시법중

文殊師利야 是菩薩摩訶薩이 於如來滅後에 有成就
문수사리 시보살마하살 어여래멸후 유성취

此第四法者는 說是法時에 無有過失이니라 常爲比丘
차제사법자 설시법시 무유과실 상위비구

比丘尼와 優婆塞 優婆夷와 國王王子와 大臣人民과
비구니 우바새 우바이 국왕왕자 대신인민

婆羅門居士等의 供養恭敬하고 尊重讚歎하며 虛空諸天은
바라문거사등 공양공경 존중찬탄 허공제천

爲聽法故로 亦常隨侍하나니라 若在聚落城邑과 空閑林中하야
위청법고 역상수시 약재취락성읍 공한림중

내가 아뇩다라삼먁삼보리를 얻으면 어느 곳이든 따라가서 신통력과 지혜의 힘으로 인도하여 이 법 가운데 머무르게 하리라'고 생각하여라.

문수사리야!

이런 보살마하살로서 여래께서 열반한 후, 이 넷째의 가르침을 성취한 자가 이 법을 설할 때에는 허물이 없을 것이며,

항상 비구와 비구니와 우바새와 우바이와 국왕과 왕자와 대신과 백성과 바라문과 거사들이 공양하며 공경하고 존중하고 찬탄할 것이며, 허공중의 하늘 사람들도 법을 들으려고 항상 따라다니며 모실 것이니라.

만일 시골이나 도시나 한적한 숲 속에 있을 때,

有人이 來欲難問者면 諸天이 晝夜에 常爲法故로 而衛
유인 내욕난문자 제천 주야 상위법고 이위

護之하야 能令聽者로 皆得歡喜니 所以者何오 此經은
호지 능령청자 개득환희 소이자하 차경

是一切過去未來現在諸佛의 神力所護故니라
시일체과거미래현재제불 신력소호고

文殊師利야 是法華經은 於無量國中에 乃至名字라도
문수사리 시법화경 어무량국중 내지명자

不可得聞이온 何況得見하고 受持讀誦이리요 文殊師利야
불가득문 하황득견 수지독송 문수사리

譬如强力 轉輪聖王이 欲以威勢로 降伏諸國커든 而諸
비여강력 전륜성왕 욕이위세 항복제국 이제

小王이 不順其命이면 時에 轉輪王이 起種種兵하야 而往
소왕 불순기명 시 전륜왕 기종종병 이왕

어떤 사람이 와서 어려운 질문을 하더라도, 천인들이 밤낮으로 항상 법을 위해 보호하고 도우므로 듣는 사람들을 모두다 기쁘게 할 것이니라.

왜냐하면 이 경은 일체의 과거, 미래, 현재의 부처님들이 신통력으로 지켜 주고 보호하시는 까닭이니라.

문수사리야! 이 『법화경』은 한량없는 나라들 중에서 이름자만이라도 듣기가 어려운데, 하물며 보고 받아들여 지니고 읽고 외우는 것이야 말할 것이 있겠느냐!

문수사리야!

비유하면 힘이 센 전륜성왕이 위엄과 세력으로 여러 나라를 항복시키려 하지만, 작은 나라의 왕들이 그의 명령을 따르지 않으면 온갖 군사를 일으켜 토벌을 하는데,

討伐호대 王見兵衆에 戰 有功者하고 卽 大歡喜하야 隨功賞
토벌 왕견병중 전 유공자 즉 대환희 수공상

賜호대 或與田宅 聚落城邑하며 或與衣服 嚴身之具하며
사 혹여전택 취락성읍 혹여의복 엄신지구

或與種種珍寶인 金銀 瑠璃 硨磲 瑪瑙 珊瑚 琥珀 象
혹여종종진보 금은 유리 자거 마노 산호 호박 상

馬 車乘 奴婢人民호대 唯 髻中明珠는 不以與之니 所
마 거승 노비인민 유 계중명주 불이여지 소

以者何오 獨王頂上에 有此一珠하니 若以與之면 王諸眷
이자하 독왕정상 유차일주 약이여지 왕제권

屬이 必大驚怪니라 文殊師利야 如來도 亦復如是하야 以
속 필대경괴 문수사리 여래 역부여시 이

禪定智慧力으로 得法國土하야 王於三界어든 而諸魔王이
선정지혜력 득법국토 왕어삼계 이제마왕

군사들 가운데 싸움에 공이 있는 자를 보면 크게 기뻐하며 공에 따라 상을 내리기를, 논이나 집이나 마을이나 성을 주기도 하고, 옷이나 장신구를 주기도 하며, 가지가지 보배인 금 · 은 · 유리 · 자거 · 마노 · 산호 · 호박과 코끼리와 말과 수레와 노비와 백성을 주기도 하는데, 오직 상투 가운데의 밝은 구슬만은 주지 않는 것과 같으니라. 왜냐하면 왕의 머리 위에만 이 구슬이 하나 있을 뿐이므로, 이것을 주게 되면 권속들이 크게 놀라고 괴이하게 여기기 때문이니라.

문수사리야!

여래도 이와 같아서, 선정과 지혜의 힘으로 법의 국토를 얻은 삼계의 왕이므로 마왕들이 따르지 않고 항복하

不肯順伏이면 如來의 賢聖諸將이 與之共戰호대 其有
불긍순복 여래 현성제장 여지공전 기유

功者는 心亦歡喜하야 於四衆中에 爲說諸經하야 令其
공자 심역환희 어사중중 위설제경 영기

心悅하고 賜以禪定解脫 無漏根力 諸法之財하며 又復
심열 사이선정해탈 무루근력 제법지재 우부

賜與 涅槃之城하고 言得滅度라하야 引導其心하야 令皆
사여 열반지성 언득멸도 인도기심 영개

歡喜호대 而不爲說 是法華經이니라 文殊師利야 如轉
환희 이불위설 시법화경 문수사리 여전

輪王이 見諸兵衆의 有大功者하고 心甚歡喜하야 以此
륜왕 견제병중 유대공자 심심환희 이차

難信之珠를 久在髻中하고 不妄與人이라가 而今與之인닷하야
난신지주 구재계중 불망여인 이금여지

지 않으면 현명하고 거룩한 장수들과 함께 싸우느니라. 그래서 공이 있는 자가 있으면 매우 기뻐 사부대중 가운데서 모든 경을 설하여 그들의 마음을 기쁘게 하며, 선정과 해탈과 무루의 근과 력(力) 등의 법의 재물을 내리며, 또 열반이란 성을 주며 열반을 얻었다는 말을 하여 그들의 마음을 인도하고 모두를 기쁘게 하지만, 이 「법화경」만은 설하지 않느니라.

문수사리야!

전륜성왕이 병사들 가운데 큰 공이 있는 자를 보면 매우 기뻐하며, 아무에게도 주지 않고 오랫동안 상투 속에 넣어 두었던 그 믿기 어려운 구슬을 그때서야 주는 것과 같이,

如來도 亦復如是하야 於三界中에 爲大法王하야 以法
여래 역부여시 어삼계중 위대법왕 이법

教化一切衆生할새 見賢聖軍이 與五陰魔와 煩惱魔와
교화일체중생 견현성군 여오음마 번뇌마

死魔로 共戰하야 有大功勳호대 滅三毒하고 出三界하며 破
사마 공전 유대공훈 멸삼독 출삼계 파

魔網커든 爾時如來 亦大歡喜호대 此法華經이 能令衆
마망 이시여래 역대환희 차법화경 능령중

生으로 至一切智언만 一切世間이 多怨難信일새 先所未
생 지일체지 일체세간 다원난신 선소미

說을 而今說之니라 文殊師利야 此法華經은 是諸如來의
설 이금설지 문수사리 차법화경 시제여래

第一之說이라 於諸說中에 最爲甚深일새 末後賜與하나니
제일지설 어제설중 최위심심 말후사여

여래도 이와 같아 삼계의 대 법왕으로서 법으로 일체의 중생을 교화하다가 현명하고 거룩한 군사들이 오음마(색, 수, 상, 행, 식)와 번뇌마와 죽음의 악마와 함께 싸워 큰 공을 세우며 삼독을 없애고 삼계를 벗어나 마의 그물을 깨뜨리면, 여래도 크게 기뻐하며 이 「법화경」이 일체 중생으로 하여금 일체지에 이르게 하지만, 일체 세상에서 원망이 많고 믿지 아니하여 이제껏 설하지 않았던 것을 그때서야 설하는 것이니라.

문수사리야!

이 『법화경』은 모든 여래의 가장 훌륭한 말씀이고, 모든 말씀 가운데 가장 깊은 것이어서 가장 나중에 주는 것이니라.

如彼强力之王이 久護明珠라가 今乃與之니라
여피강력지왕 구호명주 금내여지

文殊師利야 此法華經은 諸佛如來秘密之藏이라 於
문수사리 차법화경 제불여래비밀지장 어

諸經中에 最在其上이니 長夜守護하야 不妄宣說타가 始於
제경중 최재기상 장야수호 불망선설 시어

今日에사 乃與汝等으로 而敷演之니라
금일 내여여등 이부연지

爾時世尊이 欲重宣此義하사 而說偈言하사대
이시세존 욕중선차의 이설게언

常行忍辱하야 哀愍一切일새 乃能演說
상행인욕 애민일체 내능연설

佛所讚經하며 後末世時에 持此經者는
불소찬경 후말세시 지차경자

저 힘센 왕이 밝은 구슬을 오랫동안 지니다가 나중에야 주는 것과 같으니라.

문수사리야!

이 『법화경』은 모든 부처님의 비밀스런 법장이며, 여러 경전 가운데서 가장 높은 것이므로, 오랫동안 수호하며 함부로 설하지 않다가 오늘에서야 비로소 너희들에게 주는 것이며 설하는 것이니라."

세존께서 이 뜻을 거듭 펴시려고 게송으로 말씀하셨다.

항상 인욕을 하고 일체를 불쌍히 여기며 부처님들께서 찬탄하신 경전을 설하여라.

훗날 말세에서 이 경을 지니는 자는

於家出家와 어 가 출 가	及非菩薩에 급 비 보 살	應生慈悲니라 응 생 자 비
斯等不聞 사 등 불 문	不信是經이면 불 신 시 경	則爲大失이라 즉 위 대 실
我得佛道하야 아 득 불 도	以諸方便으로 이 제 방 편	爲說此法하야 위 설 차 법
令住其中호니 영 주 기 중	譬如强力 비 여 강 력	轉輪之王이 전 륜 지 왕
兵戰有功커든 병 전 유 공	賞賜諸物의 상 사 제 물	象馬車乘 상 마 거 승
嚴身之具와 엄 신 지 구	及諸田宅과 급 제 전 택	聚落城邑하며 취 락 성 읍
或與衣服과 혹 여 의 복	種種珍寶하며 종 종 진 보	奴婢財物을 노 비 재 물
歡喜賜與호대 환 희 사 여	如有勇健하야 여 유 용 건	能爲難事면 능 위 난 사

집에 있는 사람이거나, 출가한 사람이거나 보살이 아닌 사람에게도 마땅히 자비심을 내어라.

이들이 이 경을 듣지 못하고 믿지 않으면 곧 크게 잃는 것이 되므로 '내가 성불하면 여러 가지 방편으로 이 법을 설하여 그 가운데 머무르게 하리라' 하여라.

비유하면, 힘이 센 전륜성왕이 싸움에 공이 있는 병사에게 온갖 물건을 상으로 주는데 코끼리나 말이나 수레나 장신구를 주거나, 논이나 집이나 마을이나 도시를 주거나, 혹은 옷이나 가지가지 보배와 노비나 재물을 기쁘게 상으로 주다가,

용감하고 굳세어서 어려운 일을 한 자가 있으면 왕이

王解髻中에 왕해계중	明珠賜之인닷하야 명주사지	如來亦爾하야 여래역이
爲諸法王하야 위제법왕	忍辱大力이며 인욕대력	智慧寶藏이라 지혜보장
以大慈悲로 이대자비	如法化世호대 여법화세	見一切人의 견일체인
受諸苦惱일새 수제고뇌	欲求解脫하고 욕구해탈	與諸魔戰커든 여제마전
爲是衆生하야 위시중생	說種種法하고 설종종법	以大方便으로 이대방편
說此諸經하며 설차제경	旣知衆生의 기지중생	得其力已하야는 득기력이
末後乃爲 말후내위	說是法華호대 설시법화	如王解髻 여왕해계
明珠與之니라 명주여지	此經爲尊하야 차경위존	衆經中上이라 중경중상

상투 가운데를 풀어서 밝은 구슬을 상으로 주느니라.

여래도 그와 같아서 모든 법의 왕으로서 욕됨을 참는 큰 힘과 지혜의 보물 창고가 있으므로 대자 대비한 마음으로 법대로 세상을 교화하는데,

일체의 사람이 온갖 고통과 괴로움에 시달리면서도 해탈을 구하려고 마군들과 싸우는 것을 보면 이런 중생을 위하여 가지가지 법을 설하고 큰 방편으로 이 모든 경을 설하여 중생들이 그 힘을 얻고 나면,

맨 나중에 이르러서야 이 『법화경』을 설하므로 왕이 상투를 풀어 밝은 구슬을 주는 것과 같으니라.

이 경은

존귀하며 많은 경들 중에서 으뜸이라서 내가 항상 수

我常守護하고 아 상 수 호	不妄開示러니 불 망 개 시	今正是時일새 금 정 시 시
爲汝等說하노라 위 여 등 설	我滅度後에 아 멸 도 후	求佛道者가 구 불 도 자
欲得安隱하야 욕 득 안 은	演說斯經인댄 연 설 사 경	應當親近 응 당 친 근
如是四法이니라 여 시 사 법	讀是經者는 독 시 경 자	常無憂惱하며 상 무 우 뇌
又無病痛하고 우 무 병 통	顔色鮮白하며 안 색 선 백	不生貧窮 불 생 빈 궁
卑賤醜陋하고 비 천 추 루	衆生樂見호대 중 생 락 견	如慕賢聖하며 여 모 현 성
天諸童子로 천 제 동 자	以爲給使하며 이 위 급 사	刀杖不加하고 도 장 불 가
毒不能害하며 독 불 능 해	若人惡罵라도 약 인 악 매	口則閉塞하며 구 즉 폐 색

호하고 함부로 열어 보이지 않았는데, 지금이 바로 그때이므로 너희를 위해 설하는 것이니라.

내가 열반한 후에 불도를 구하는 자가 편안하게 이 경을 설하고자 하면 마땅히 이러한 네 가지 법을 가까이 하여야 하느니라.

이 경을 읽는 사람은 항상 근심과 걱정이 없으며, 또 병이나 고통이 없으며, 안색이 깨끗하며 가난하거나 천하거나 더럽거나 못생기게 태어나지 않으며, 중생들이 보기 좋아하기를 어질고 거룩한 이를 흠모하듯이 하며, 하늘의 동자들이 시중을 들며,
칼이나 몽둥이로 치지 못하며, 독이라도 해칠 수 없으며, 만약 어떤 사람이 나쁘게 욕을 하면

遊行無畏를 如師子王하며 智慧光明이
유 행 무 외 여 사 자 왕 지 혜 광 명

如日之照니라 若於夢中에 但見妙事호대
여 일 지 조 약 어 몽 중 단 견 묘 사

見諸如來가 坐師子座어든 諸比丘衆이
견 제 여 래 좌 사 자 좌 제 비 구 중

圍繞說法하며 又見龍神과 阿修羅等이
위 요 설 법 우 견 용 신 아 수 라 등

數如恒沙가 恭敬合掌커든 自見其身이
수 여 항 사 공 경 합 장 자 견 기 신

而爲說法하며 又見諸佛은 身相金色이라
이 위 설 법 우 견 제 불 신 상 금 색

放無量光하야 照於一切하고 以梵音聲으로
방 무 량 광 조 어 일 체 이 범 음 성

演說諸法하며 佛爲四衆하사 說無上法커든
연 설 제 법 불 위 사 중 설 무 상 법

입이 바로 막혀 버리고 두려움 없이 다니기를 사자왕처럼 하며 지혜의 광명이 해처럼 비치리라.

꿈 속에서라도 오직 좋은 일들만 보는데 여래들이 사자좌에 앉으셔서 비구들에게 둘러싸이어 설법하시는 것을 보게 되느니라.

항하의 모래 수 같은 용과 신과 아수라들이 공경하며 합장을 하였는데 자신의 몸이 그들을 위해 설법하는 것을 보게 되느니라.

몸의 모습이 금빛인 부처님들이 한량없는 빛을 놓아 일체를 비추시며 맑은 음성으로 모든 법 설하시는 것을 보게 되며, 부처님께서 사부대중을 위하여 위없는 법을 설하시는데,

見身處中하야 견 신 처 중	合掌讚佛하고 합 장 찬 불	聞法歡喜하야 문 법 환 희
而爲供養하며 이 위 공 양	得陀羅尼하고 득 다 라 니	證不退智하며 증 불 퇴 지
佛知其心의 불 지 기 심	深入佛道하고 심 입 불 도	卽爲授記하야 즉 위 수 기
成最正覺이라호대 성 최 정 각	汝善男子는 여 선 남 자	當於來世에 당 어 래 세
得無量智의 득 무 량 지	佛之大道하며 불 지 대 도	國土嚴淨하야 국 토 엄 정
廣大無比하고 광 대 무 비	亦有四衆이 역 유 사 중	合掌聽法하리라 합 장 청 법
又見自身이 우 견 자 신	在山林中하야 재 산 림 중	修習善法하고 수 습 선 법
證諸實相하며 증 제 실 상	深入禪定하야 심 입 선 정	見十方佛커든 견 시 방 불

자신도 그 가운데서 합장하고 부처님을 찬탄하며, 법을 듣고 기뻐하며 공양을 하고, 다라니를 얻어서 물러나지 않는 지혜를 깨달으니 부처님께서 불도에 깊이 든 것을 아시고서 가장 바른 깨달음을 이루리라는 수기를 주시느니라.

'선남자야! 너는 미래 세상에서 한량없는 지혜인 부처님의 큰 가르침을 얻을 것이며, 국토는 깨끗하고 넓고 크며 비교할 데가 없고, 사부대중이 합장하고 법을 듣고 있는 것을 보게 될 것이니라.'

또 자신이 숲 속에서 훌륭한 가르침을 닦고 익히며, 모든 법의 실제 모습을 깨닫고 깊은 선정에 들어 시방의 부처님들을 뵈오니

諸佛身金色이요　百福相莊嚴이라　聞法爲人說하리니
제불신금색　백복상장엄　문법위인설

常有是好夢이니라　又夢作國王하야　捨宮殿眷屬과
상유시호몽　우몽작국왕　사궁전권속

及上妙五欲하고　行詣於道場하야　在菩提樹下하사
급상묘오욕　행예어도량　재보리수하

而處師子座하야　求道過七日하사　得諸佛之智하고
이처사자좌　구도과칠일　득제불지지

成無上道已에　起而轉法輪하며　爲四衆說法을
성무상도이　기이전법륜　위사중설법

經千萬億劫토록　說無漏妙法하야　度無量衆生하고
경천만억겁　설무루묘법　도무량중생

後當入涅槃호대　如煙盡燈滅이니라　若後惡世中에
후당입열반　여연진등멸　약후악세중

說是第一法하면　是人得大利는　如上諸功德이니라
설시제일법　시인득대리　여상제공덕

부처님들의 몸이 금빛이요, 백 가지의 복으로 장엄하셨는데, 법을 듣고 다른 사람을 위해 설하는 이런 좋은 꿈을 언제나 꾸게 되리라. 또 꿈에 국왕이 되지만, 궁전과 권속과 더없이 좋은 오욕을 버리고 도량으로 나아가 보리수 아래 사자좌에 앉아 도를 구하는데, 7일이 지나 부처님들의 지혜를 얻어 위없는 도를 이루고서 일어나 법륜을 굴리며 사부대중을 위하여 설법을 하는데 천만억 겁이 지나도록 무루의 훌륭한 법을 설하여 한량없는 중생을 제도하고 열반에 드니 등불이 꺼지고 연기가 사라지듯 하느니라. 만일 훗날 악한 세상에서 이 제일의 법을 설하면 이 사람은 먼저 말한 공덕처럼 큰 이익을 얻으리라.

第 十四 安樂行品 終
제 십사 안락행품 종

제 십사 안락행품 끝

第十五 從地涌出品
제 십오 종지용출품

爾時에 他方國土 諸來菩薩摩訶薩은 過八恒河沙數라
이시 타방국토 제래보살마하살 과팔항하사수

於大衆中起하사 合掌作禮하고 而白佛言하사대
어대중중기 합장작례 이백불언

世尊이시여 若聽我等이 於佛滅後에 在此娑婆世界하야
세존 약청아등 어불멸후 재차사바세계

勤加精進하야 護持讀誦 書寫供養 是經典者면 當於此
근가정진 호지독송 서사공양 시경전자 당어차

土에 而廣說之호리다 爾時에 佛告諸菩薩摩訶薩衆하사대
토 이광설지 이시 불고제보살마하살중

止하라 善男子야 不須汝等의 護持此經이니 所以者何오
지 선남자 불수여등 호지차경 소이자하

제 십오 종지용출품

그때 다른 나라에서 온 8항하의 모래 수보다 많은 보살마하살들이 대중 가운데서 일어나 합장 예배하며 부처님께 말씀드렸다.

"세존이시여!
만약에 저희들에게도 부처님께서 열반하신 후에 이 사바세계에서 부지런히 정진하며 이 경전을 잘 지니고 읽고 외우며 옮겨 쓰고 공양하는 것을 허락하시면 이 땅에서 널리 설하겠습니다."

부처님께서 보살마하살들에게 말씀하셨다.

"그만 두어라, 선남자들아! 너희들까지 이 경을 수호하여 지닐 필요는 없느니라.

我 娑婆世界에 自有六萬恒河沙等 菩薩摩訶薩하고
아 사바세계 자유육만항하사등 보살마하살

一一菩薩이 各有六萬恒河沙眷屬이어든 是諸人等이 能
일일보살 각유육만항하사권속 시제인등 능

於我滅後에 護持讀誦하고 廣說此經이니라 佛說是時에
어아멸후 호지독송 광설차경 불설시시

娑婆世界 三千大千國土는 地皆震裂터니 而於其中에
사바세계 삼천대천국토 지개진열 이어기중

有 無量千萬億 菩薩摩訶薩이 同時涌出이러라 是諸菩
유 무량천만억 보살마하살 동시용출 시제보

薩이 身皆金色에 三十二相이며 無量光明이라 先盡在此
살 신개금색 삼십이상 무량광명 선진재차

娑婆世界之下하사 此界虛空中에 住러니 是諸菩薩이 聞
사바세계지하 차계허공중 주 시제보살 문

왜냐하면 나의 사바세계에는 6만 항하의 모래 수 같은 보살마하살이 있고, 보살들마다 6만 항하의 모래 수 같은 권속들이 있는데, 이런 사람들이 내가 열반한 후에 이 경을 수호하여 지니고 읽고 외우며 널리 설하기 때문이니라."

부처님께서 이런 말씀을 하실 때, 사바세계의 삼천대천세계 국토의 땅들이 모두 진동을 하며 갈라지더니, 그 속에서 한량없는 천만억 보살마하살이 한꺼번에 솟아나왔다. 이 보살들은 몸이 모두다 금색이고 32상을 갖추었으며 한량없는 광명이 있었다.

이 보살들은 옛날부터 이 사바세계 아래의 허공중에 머물러 있었는데, 석가모니 부처님께서 설법하시는 음

釋迦牟尼佛의 所說音聲하고 從下發來호대 一一菩薩이
석가모니불 소설음성 종하발래 일일보살

皆是大衆 唱導之首라 各將六萬恒河沙眷屬이온 況
개시대중 창도지수 각장육만항하사권속 황

將五萬四萬과 三萬二萬과 一萬恒河沙等 眷屬者며
장오만사만 삼만이만 일만항하사등 권속자

況復乃至 一恒河沙와 半 恒河沙와 四分之一과 乃至千
황부내지 일항하사 반 항하사 사분지일 내지천

萬億 那由他分之一이며 況復千萬億 那由他眷屬이며
만억 나유타분지일 황부천만억 나유타권속

況復億萬眷屬이며 況復千萬百萬으로 乃至一萬이며 況
황부억만권속 황부천만백만 내지일만 황

復一千一百으로 乃至一十이며 況復將 五四三二一의
부일천일백 내지일십 황부장 오사삼이일

성을 듣고 아래에서 올라온 것이었다.

보살들마다 모두 대중들을 인도하는 우두머리로서 각각 6만 항하의 모래 수 같은 권속들을 거느리고 있었고, 적게는 5만, 4만, 3만, 2만, 1만 항하의 모래 수 같은 권속들을 거느리고 있었다.

또 한 항하의 모래 수 같거나, 반 항하의 모래 수 같거나, 4분의 1 항하의 모래 수 같거나, 내지 천만억 나유타분의 일 같은 권속을 거느린 보살도 있었다.

또 천만억 나유타의 권속과 억만 권속과 천만 백만에서 일 만에 이르기까지의 권속을 거느린 보살과 또 1천 1백에서 열 명에 이르기까지를 거느린 보살과 다섯, 넷, 셋, 둘, 한 제자를 거느린 보살도 있었다.

弟子者며 況復單己로 樂遠離行커든 如是等比는 無量
제 자 자 황 부 단 기 낙 원 리 행 여 시 등 비 무 량

無邊하야 算數譬喻로 所不能知러라 是諸菩薩이 從地出
무 변 산 수 비 유 소 불 능 지 시 제 보 살 종 지 출

已에 各詣虛空 七寶妙塔의 多寶如來와 釋迦牟尼佛
이 각 예 허 공 칠 보 묘 탑 다 보 여 래 석 가 모 니 불

所하야 到已코 向二世尊하사 頭面禮足하며 及至諸寶樹
소 도 이 향 이 세 존 두 면 예 족 급 지 제 보 수

下의 師子座上佛所하야 亦皆作禮하고 右繞三匝하며 合
하 사 자 좌 상 불 소 역 개 작 예 우 요 삼 잡 합

掌恭敬하사 以諸菩薩의 種種讚法으로 而以讚歎하고 住
장 공 경 이 제 보 살 종 종 찬 법 이 이 찬 탄 주

在一面하야 欣樂瞻仰於二世尊하며 是諸菩薩摩訶薩이
재 일 면 흔 락 첨 앙 어 이 세 존 시 제 보 살 마 하 살

또 혼자서만 멀리 떨어져서 수행을 즐기는 이런 이들이 한량없고 가없어서 숫자나 비유로는 알 수가 없었다.

이 모든 보살들이 땅에서 솟아 나와 다보여래와 석가모니 부처님께서 계시는 허공의 칠보탑으로 나아가서 두 부처님께 머리를 숙여 발에 예배하였다.

또 보리수 아래 사자좌에 계시는 부처님들 처소에 가서 그와 같이 모두에게 예배하고 오른쪽으로 세 번 돌고 합장 공경하며,

모든 보살들이 가지가지의 찬탄하는 법으로 찬탄하고 한쪽으로 물러나 기쁜 마음으로 두 세존을 우러러보았다.

이 보살마하살들이 처음 솟아 나온 때로부터 가지가

從初涌出하사 以諸菩薩의 種種讚法으로 而讚於佛호대
종초용출 이제보살 종종찬법 이찬어불

如是時間이 經五十小劫커늘 是時 釋迦牟尼佛이 默然
여시시간 경오십소겁 시시 석가모니불 묵연

而坐하고 及諸四衆도 亦皆默然하사 五十小劫을 佛神力
이좌 급제사중 역개묵연 오십소겁 불신력

故로 令諸大衆으로 謂如半日케함이라
고 영제대중 위여반일

爾時四衆이 亦以佛神力故로 見諸菩薩이 遍滿無量
이시사중 역이불신력고 견제보살 변만무량

百千萬億 國土虛空이러라 是 菩薩衆中에 有 四導師하니
백천만억 국토허공 시 보살중중 유 사도사

一名은 上行이요 二名은 無邊行이요 三名은 淨行이요 四名은
일명 상행 이명 무변행 삼명 정행 사명

지 찬탄하는 법으로 부처님을 찬탄하기까지 50소겁이나 걸렸다.

이때 석가모니 부처님께서는 묵묵히 앉아 계셨다. 사부대중들도 역시 말없이 앉아 있었는데, 50소겁이로되 부처님의 신력(神力)인고로 모든 대중으로 하여금 반나절같이 생각되게 하심이라.

이때에 사중이 또한 부처님의 신통력으로 보살들이 한량없는 백천만억 국토의 허공중에 가득한 것을 볼 수 있었다.

이 보살 대중 가운데 도사가 네 사람 있었는데, 첫째의 이름은 상행이고, 둘째는 무변행이며, 셋째는 정행이고, 넷째는 안립행이었다.

安立行이라 是四菩薩이 於其衆中에 最爲上首唱導之
안립행 시사보살 어기중중 최위상수창도지

師러니 在大衆前하야 各共合掌하고 觀釋迦牟尼佛하사 而
사 재대중전 각공합장 관석가모니불 이

問訊言하사대 世尊이시여 少病少惱하시며 安樂行不잇가 所
문신언 세존 소병소뇌 안락행부 소

應度者는 受敎易不잇가 不令世尊으로 生疲勞耶닛가
응도자 수교이부 불령세존 생피로야

爾時에 四大菩薩이 而說偈言하사대
이시 사대보살 이설게언

世尊安樂하사 少病少惱하시며 敎化衆生에
세존안락 소병소뇌 교화중생

得無疲惓하시며 又諸衆生은 受化易不잇가
득무피권 우제중생 수화이부

이 네 보살은 그 대중 가운데 가장 우두머리이며 앞장서서 이끄는 법사였는데, 대중들 앞에 나와서 다 같이 합장하고 석가모니 부처님을 우러러보며 문안을 드렸다.

"세존이시여! 조그마한 병도 없고 조그마한 번거로움도 없으며 편안하고 즐겁게 지내십니까? 제도 받을 이들이 가르침을 잘 받으며 세존으로 하여금 피로하게 하지는 않습니까?"

그리고는 네 사람의 큰 보살이 게송으로 말하였다.

세존이시여!

안락하시어 조그마한 병도 조그마한 번거로움도 없으며, 중생을 교화하시느라 피곤하시거나 지루하시지는 않습니까? 또 중생들이 교화를 잘 받아들이

不令世尊으로 生疲勞耶닛가
불령세존 생피로야

爾時世尊이 於菩薩大衆中에 而作是言하사대 如是如
이시세존 어보살대중중 이작시언 여시여

是하니라 諸善男子야 如來는 安樂하야 少病少惱하며 諸
시 제선남자 여래 안락 소병소뇌 제

衆生等은 易可化度요 無有疲勞니 所以者何오 是諸衆
중생등 이가화도 무유피로 소이자하 시제중

生이 世世已來로 常受我化하며 亦於過去諸佛에 供養
생 세세이래 상수아화 역어과거제불 공양

尊重하고 種諸善根이라 此諸衆生이 始見我身하며 聞我
존중 종제선근 차제중생 시견아신 문아

所說하고 卽皆信受하야 入如來慧니 除先修習學小乘
소설 즉개신수 입여래혜 제선수습학소승

며 세존으로 하여금 피곤하게 하지는 않습니까?

그러자 세존께서 보살대중 가운데서 이렇게 말씀하셨다.

"그러하다, 그러하다. 선남자들아!

여래는 편안하고 즐거우며 병도 적고 번거로움도 적으며, 중생들도 교화하여 제도하기 쉬우므로 피곤함이 없느니라.

왜냐하면 이 중생들은 오랜 세상을 지내오며 항상 나의 교화를 받았고, 또 과거의 부처님들을 공양, 존중하여 여러 가지 선근을 심었기 때문이니라.

이 중생들은 처음에 나의 몸을 보고 또 내가 설하는 것을 듣고서, 모두들 바로 믿고 받아들여 여래의 지혜에 들었느니라. 소승을 먼저 닦고 익히며 배우는 자들은 제

者라 如是之人을 我今亦令得聞是經하고 入於佛慧호라
자 여시지인 아금역령득문시경 입어불혜

爾時에 諸大菩薩이 而說偈言하사대
이시 제대보살 이설게언

善哉善哉시라 大雄世尊이시여 諸衆生等을
선재선재 대웅세존 제중생등

易可化度시며 能問諸佛의 甚深智慧하고
이가화도 능문제불 심심지혜

聞已信行일새 我等隨喜하노이다
문이신행 아등수희

於時世尊이 讚歎上首諸大菩薩하사대 善哉善哉라
어시세존 찬탄상수제대보살 선재선재

善男子야 汝等이 能於如來에 發隨喜心이오녀
선남자 여등 능어여래 발수희심

외하지만, 이런 자들도 내가 이제 이 경을 듣게 하여 부처님의 지혜에 들게 하리라."

이 말씀을 듣고 큰 보살들이 게송으로 말하였다.

거룩하고도 거룩하시며 큰 영웅이신 세존께서 중생들을 쉽게 교화하시고 제도하십니다.

부처님들의 매우 깊은 지혜를 묻고 들으며 믿고 행하니 저희들도 감사합니다.

세존께서 우두머리가 되는 큰 보살들을 칭찬하시었다.

"착하고도 착하구나!

선남자들아! 너희가 능히 여래에게 감사하는 마음을 내는구나!"

爾時에 彌勒菩薩과 及八千恒河沙 諸菩薩衆이 皆作
이시 미륵보살 급팔천항하사 제보살중 개작
是念호대 我等이 從昔已來로 不見不聞 如是大菩薩
시념 아등 종석이래 불견불문 여시대보살
摩訶薩衆이 從地涌出하사 住世尊前하야 合掌供養하고
마하살중 종지용출 주세존전 합장공양
問訊如來라하더니 時에 彌勒菩薩摩訶薩이 知八千恒河
문신여래 시 미륵보살마하살 지팔천항하
沙諸菩薩等의 心之所念하며 幷欲自決所疑하야 合掌向
사제보살등 심지소념 병욕자결소의 합장향
佛하사 以偈問曰하오대
불 이게문왈

無量千萬億 大衆諸菩薩은 昔所未曾見이라
무량천만억 대중제보살 석소미증견

그때 미륵보살과 8천 항하의 모래 수 같은 보살들이 모두다 이런 생각을 하였다.

'우리들은 옛날부터 이와 같은 대 보살마하살들이 땅에서 솟아 나와 부처님 앞에 머무르며 합장 공양하고, 여래께 문안 드리는 것을 보지도 못하고 듣지도 못하였다.'

이때 미륵보살마하살이 8천 항하의 모래 수 같은 보살들이 마음 속으로 생각하는 것을 알고, 또 자신의 의심도 풀기 위하여 부처님을 향하여 합장하며 게송으로 여쭈었다.

한량없는 천만억 보살 대중들을
옛날에는 한 번도 보지 못했으니

願兩足尊說하소서 원 양 족 존 설	是從何所來며 시 종 하 소 래	以何因緣集이닛고 이 하 인 연 집
巨身大神通이며 거 신 대 신 통	智慧叵思議라 지 혜 파 사 의	其志念堅固하고 기 지 념 견 고
有大忍辱力하며 유 대 인 욕 력	衆生所樂見이라 중 생 소 락 견	爲從何所來닛고 위 종 하 소 래
一一諸菩薩의 일 일 제 보 살	所將諸眷屬이 소 장 제 권 속	其數無有量호대 기 수 무 유 량
如恒河沙等하며 여 항 하 사 등	或有大菩薩은 혹 유 대 보 살	將六萬恒沙호대 장 육 만 항 사
如是諸大衆이 여 시 제 대 중	一心求佛道하며 일 심 구 불 도	是諸大師等 시 제 대 사 등
六萬恒河沙가 육 만 항 하 사	俱來供養佛하고 구 래 공 양 불	及護持是經하며 급 호 지 시 경
將五萬恒沙호대 장 오 만 항 사	其數過於是하며 기 수 과 어 시	四萬及三萬과 사 만 급 삼 만

원하옵건대 부처님께서 말씀하여 주십시오. 이들은 어디로부터 왔으며 어떠한 인연으로 모였습니까? 큰 몸과 큰 신통력이 있고 불가사의한 지혜가 있으며, 그들의 뜻과 생각이 견고하고 인욕하는 힘이 크므로, 중생들이 보고 좋아하오니 어디에서 왔습니까? 한분 한분 보살들마다 권속들을 거느리는데 그 수가 한량 없어서 항하의 모래 수 같습니다. 어떤 대보살은 6만 항하의 모래 수 같은 권속들을 거느렸는데 이 대중들이 일심으로 불도를 구하며 6만 항하의 모래 수 같은 대사들이 함께 와서 부처님께 공양하고 이 경을 수호하여 지니고 있습니다. 5만 항하의 모래 수 같은 권속을 거느린 보살은 이보다 더 많으며 4만, 3만, 2만,

二萬至一萬이며 (이 만 지 일 만)
一千一百等으로 (일 천 일 백 등)
乃至一恒沙하며 (내 지 일 항 사)
半及三四分과 (반 급 삼 사 분)
億萬分之一이며 (억 만 분 지 일)
千萬那由他인 (천 만 나 유 타)
萬億諸弟子와 (만 억 제 제 자)
乃至於半億이 (내 지 어 반 억)
其數復過上하며 (기 수 부 과 상)
百萬至一萬과 (백 만 지 일 만)
一千及一百과 (일 천 급 일 백)
五十與一十으로 (오 십 여 일 십)
乃至三二一하며 (내 지 삼 이 일)
單己無眷屬으로 (단 기 무 권 속)
樂於獨處者가 (낙 어 독 처 자)
俱來至佛所호대 (구 래 지 불 소)
其數轉過上하며 (기 수 전 과 상)
如是諸大衆을 (여 시 제 대 중)
若人行籌數호대 (약 인 행 주 수)
過於恒沙劫토록 (과 어 항 사 겁)
猶不能盡知하며 (유 불 능 진 지)
是諸大威德 (시 제 대 위 덕)
精進菩薩衆을 (정 진 보 살 중)
誰爲其說法하야 (수 위 기 설 법)

1만이나 1천, 1백 내지는 한 항하의 모래 수 같거나 그 절반으로부터 3분의 1 또는 4분의 1 내지 억만 분의 1이거나 천만 나유타 만억의 제자와 반 억의 제자를 둔 이가 더 많았습니다. 백만에서 1만, 1천, 1백, 5십, 1십 내지 셋, 둘, 하나에 이르기까지 제자를 둔 이도 있으며, 권속도 없이 혼자서 있기를 즐기는 자도 있는데, 다 함께 부처님 계신 곳으로 이르니 그 수가 점점 더 많아졌습니다. 이 모든 대중들을 어떤 사람이 헤아리려 한다면 항하의 모래 수 같은 겁을 지나더라도 여전히 알 수가 없습니다. 이렇게 큰 위덕을 갖추고 정진하는 보살 대중에게 어떤 분이 설법하고 교화하여 성취하게 하였습니까?

教化而成就하며 교 화 이 성 취	從誰初發心하고 종 수 초 발 심	稱揚何佛法이며 칭 양 하 불 법
受持行誰經하고 수 지 행 수 경	修習何佛道닛고 수 습 하 불 도	如是諸菩薩의 여 시 제 보 살
神通大智力으로 신 통 대 지 력	四方地震裂하고 사 방 지 진 열	皆從中涌出하니 개 종 중 용 출
世尊我昔來로 세 존 아 석 래	未曾見是事라 미 증 견 시 사	願說其所從 원 설 기 소 종
國土之名號하소서 국 토 지 명 호	我常遊諸國호대 아 상 유 제 국	未曾見是衆하며 미 증 견 시 중
我於此衆中에 아 어 차 중 중	乃不識一人이라 내 불 식 일 인	忽然從地出하니 홀 연 종 지 출
願說其因緣하소서 원 설 기 인 연	今此之大會에 금 차 지 대 회	無量百千億 무 량 백 천 억
是諸菩薩等이 시 제 보 살 등	皆欲知此事하노니 개 욕 지 차 사	是諸菩薩衆의 시 제 보 살 중

누구를 따라 처음으로 발심(發心)을 하였으며, 어떤 부처님의 법을 찬양하였으며, 어떤 분의 경을 받아 지니고 행하였으며, 어떤 부처님의 가르침을 닦고 익혔습니까? 이와 같은 보살들이 신통력과 큰 지혜의 힘이 있어, 사방의 땅이 진동을 하며 갈라지더니, 그 가운데서 솟아 나왔는데, 세존이시여! 저희는 한 번도 이런 일을 보지 못하였습니다. 원하옵건대 그들이 온 나라의 이름을 말씀해 주십시오. 저는 항상 여러 나라를 다녔지만 아직까지 이런 대중을 보지 못하였으며, 이 대중 가운데서 한 사람도 아는 사람이 없습니다. 갑자기 땅에서 솟아 나온 그 인연을 원하옵건대 설하여 주십시오. 지금 이 회중에 있는 한량없는 백천억 보살들도 모두다 이일을 알고자

本末之因緣을 無量德世尊이시여 唯願決衆疑하소서
본말지인연 무량덕세존 유원결중의

爾時에 釋迦牟尼의 分身諸佛이 從無量千萬億他方
이시 석가모니 분신제불 종무량천만억타방

國土來者 在於八方 諸寶樹下의 師子座上하사 結跏趺
국토래자 재어팔방 제보수하 사자좌상 결가부

坐커든 其佛侍者 各各見是 菩薩大衆이 於三千大千世
좌 기불시자 각각견시 보살대중 어삼천대천세

界四方으로 從地涌出하사 住於虛空하고 各白其佛言하사대
계사방 종지용출 주어허공 각백기불언

世尊이시여 此諸無量無邊 阿僧祇菩薩大衆이 從何所
세존 차제무량무변 아승지보살대중 종하소

來닛고 爾時諸佛이 各告侍者하사대 諸善男子야 且待須
래 이시제불 각고시자 제선남자 차대수

하오니, 이 보살들의 처음부터 끝까지의 인연을 설하여 주십시오. 한량없는 덕을 갖추신 세존이시여, 오직 원하옵건대 대중들의 의심을 풀어 주십시오.

그때 석가모니 부처님의 분신 부처님들이 한량없는 천만억의 나라에서 오셔서 팔방의 보배 나무 아래 사자좌에 결가부좌를 하고 계셨다. 그 부처님들의 시중을 드는 사람들도 모두들 보살대중들이 삼천대천세계의 사방에서 땅으로부터 솟아 나와 허공중에 머무르는 것을 보고 각자 그들의 부처님들께 말씀드렸다.

"세존이시여! 이 한량없고 가없는 아승지의 보살대중은 어느 곳에서 왔습니까?"

그때 부처님들께서 각자의 시자들에게 말씀하셨다.

臾하라 有 菩薩摩訶薩하니 名曰彌勒이라 釋迦牟尼佛之
유 유 보 살 마 하 살 명 왈 미 륵 석 가 모 니 불 지

所授記니 次後作佛하리라 以問斯事일새 佛今答之시리니 汝
소 수 기 차 후 작 불 이 문 사 사 불 금 답 지 여

等도 自當 因是得聞하리라
등 자 당 인 시 득 문

爾時에 釋迦牟尼佛이 告 彌勒菩薩하사대 善哉善哉라
이 시 석 가 모 니 불 고 미 륵 보 살 선 재 선 재

阿逸多야 乃能問佛 如是大事오녀 汝等도 當共一心으로
아 일 다 내 능 문 불 여 시 대 사 여 등 당 공 일 심

被精進鎧하고 發堅固意할새 如來今欲 顯發宣示 諸佛
피 정 진 개 발 견 고 의 여 래 금 욕 현 발 선 시 제 불

智慧와 諸佛自在神通之力과 諸佛師子奮迅之力과 諸
지 혜 제 불 자 재 신 통 지 력 제 불 사 자 분 신 지 력 제

"선남자들아! 잠시만 기다려라.

석가모니 부처님의 수기를 받아서 다음에 부처님이 되는 미륵이라는 보살마하살이 이 일을 이미 여쭈었으므로, 부처님께서 이제 대답하실 것이니, 너희도 저절로 그로 말미암아 듣게 될 것이니라."

그때 석가모니 부처님께서 미륵보살에게 말씀하셨다.

"훌륭하고도 훌륭하도다. 아일다여! 그대가 나에게 이와 같이 큰 일을 물었구나. 너희들은 다 함께 일심으로 정진의 갑옷을 입고 견고한 뜻을 일으켜라.

내가 지금 부처님들의 지혜와 부처님들의 자유자재하신 신통력과 부처님들의 사자같이 놀라운 힘과 부처님들의 위엄스럽고 용맹스러운 큰 세력의 힘을 나타내 보

佛威猛大勢之力하노라 爾時에 世尊이 欲重宣此義하사
불위맹대세지력 이시 세존 욕중선차의

而說偈言하사대
이설게언

當精進一心하라 我欲說此事하노니 勿得有疑悔니라
당정진일심 아욕설차사 물득유의회

佛智叵思議라 汝今出信力하야 住於忍善中하니
불지파사의 여금출신력 주어인선중

昔所未聞法을 今皆當得聞하리라 我今安慰汝하노니
석소미문법 금개당득문 아금안위여

勿得懷疑懼니라 佛無不實語요 智慧不可量이라
물득회의구 불무불실어 지혜불가량

所得第一法은 甚深叵分別일새 如是今當說하노니
소득제일법 심심파분별 여시금당설

汝等一心聽하라
여등일심청

이며 설하여 보이고자 하느니라."

세존께서 이 뜻을 거듭 펴시려고 게송으로 말씀하셨다.

마땅히 한결같은 마음으로 정진하여라. 내가 이 일을 설하려 하니 의심하거나 후회하는 일이 없도록 하여라. 부처님의 지혜는 불가사의하므로 너희가 이제 믿음의 힘을 내어 잘 참으며 착한 가운데 머무르면, 옛날에는 듣지 못하였던 법을 이제 모두다 들을 수 있으리라. 내가 이제 너희를 편안하게 위로하니 의심하거나 두려워하지 말아라. 부처님께서는 진실하지 않는 말씀은 하지 않으신다. 지혜도 헤아리기 어려워 얻은 바 제일의 법은 매우 깊어서 분별할 수 없지만, 이와 같은 것들을 이제 말할 터이니 너희들은 한결같은 마음으로 들어보아라.

爾時世尊이 說此偈已하시고 告彌勒菩薩하사 我今於此
이 시 세 존　설 차 게 이　고 미 륵 보 살　아 금 어 차

大衆에 宣告汝等하노라 阿逸多야 是諸大菩薩摩訶薩이
대 중　선 고 여 등　아 일 다　시 제 대 보 살 마 하 살

無量無數阿僧祇로 從地涌出하니 汝等이 昔所未見者라
무 량 무 수 아 승 지　종 지 용 출　여 등　석 소 미 견 자

我於是娑婆世界에 得阿耨多羅三藐三菩提已코는 教
아 어 시 사 바 세 계　득 아 녹 다 라 삼 먁 삼 보 리 이　교

化示導是諸菩薩하야 調伏其心하며 令發道意호라 此諸
화 시 도 시 제 보 살　조 복 기 심　영 발 도 의　차 제

菩薩이 皆於是娑婆世界之下의 此界虛空中住니라
보 살　개 어 시 사 바 세 계 지 하　차 계 허 공 중 주

於諸經典에 讀誦通利하야 思惟分別正憶念이니라
어 제 경 전　독 송 통 리　사 유 분 별 정 억 념

세존께서 이 게송을 하신 후 미륵보살에게 말씀하셨다.

"내가 지금 이 대중 가운데서 너희에게 말하노라. 아일다야! 이 한량없고 수없는 아승지의 대보살마하살들이 땅에서 솟아 나오는 것을 옛날에는 보지 못하였을 것이다. 내가 이 사바세계에서 아뇩다라삼먁삼보리를 얻고서 이 보살들을 교화하고 지도하였는데, 그들의 마음을 고르게 하고, 번뇌가 일어나지 않게 하여 도에 대한 마음을 일으키게 하였느니라.

이 보살들은 모두 이 사바세계 아래에 있는 허공중에 머무르는데, 경전들을 읽고 외워서 통달하였으며, 말이나 글로 설명할 수 없는 뜻을 생각하고 분별하여 바르게 생각하고 기억하고 있느니라.

阿逸多야 是諸善男子等이 不樂在衆하야 多有所說하고
아일다 시제선남자등 불락재중 다유소설

常樂靜處하야 勤行精進호대 未曾休息하며 亦不依止人
상락정처 근행정진 미증휴식 역불의지인

天而住하고 常樂深智하야 無有障礙하며 亦常樂於諸佛
천이주 상락심지 무유장애 역상락어제불

之法하고 一心精進하야 求無上慧니라
지법 일심정진 구무상혜

爾時世尊이 欲重宣此義하사 而說偈言하사대
이시세존 욕중선차의 이설게언

阿逸汝當知하라 是諸大菩薩이 從無數劫來로
아일여당지 시제대보살 종무수겁래

修習佛智慧니 悉是我所化하야 令發大道心이니라
수습불지혜 실시아소화 영발대도심

아일다야! 이 선남자들은 대중 가운데서 말을 많이 하기 싫어하며, 항상 고요한 곳에 있기를 좋아하며, 부지런히 정진하여 일찍이 쉰 적이 없으며, 사람이나 하늘에 의지하여 지내지 않으며, 항상 깊은 지혜를 즐겨 장애가 없으며, 언제나 부처님들의 가르침을 즐기며, 일심으로 정진하며 위없는 지혜를 구하느니라."

세존께서 이 뜻을 거듭 펴시려고 게송으로 말씀하셨다.

아일다야! 마땅히 알아라.

이 대보살들은 셀 수 없는 겁이 지나도록 부처님의 지혜를 닦고 익혔는데, 모두다 내가 교화하여 크나큰 도의 마음을 일으키게 하였느니라.

此等是我子라 차 등 시 아 자	依止是世界하야 의 지 시 세 계	常行頭陀事하며 상 행 두 타 사
志樂於靜處하야 지 락 어 정 처	捨大衆憒閙하고 사 대 중 궤 요	不樂多所說이라 불 락 다 소 설
如是諸子等이 여 시 제 자 등	學習我道法하며 학 습 아 도 법	晝夜常精進하야 주 야 상 정 진
爲求佛道故로 위 구 불 도 고	在娑婆世界의 재 사 바 세 계	下方空中住니라 하 방 공 중 주
志念力堅固하야 지 념 력 견 고	常懃求智慧하며 상 근 구 지 혜	說種種妙法호대 설 종 종 묘 법
其心無所畏니라 기 심 무 소 외	我於伽耶城 아 어 가 야 성	菩提樹下坐하야 보 리 수 하 좌
得成最正覺하고 득 성 최 정 각	轉無上法輪코는 전 무 상 법 륜	爾乃敎化之하야 이 내 교 화 지
令初發道心일새 영 초 발 도 심	今皆住不退하고 금 개 주 불 퇴	悉當得成佛이니라 실 당 득 성 불

이들은 바로 나의 아들들이며, 이 세계에 의지하여 항상 두타(소욕지족의 검소한 생활)를 하며, 고요한 곳을 즐기며, 심란하고 시끄러운 대중들의 처소를 버리고 말이 많은 것을 좋아하지 않느니라.

이와 같은 아들들이 나의 가르침을 배우고 익혀, 밤낮으로 정진하며 불도를 구하기 위하여 사바세계 아래의 허공중에 있었느니라. 뜻과 생각의 힘이 견고하고, 언제나 부지런히 지혜를 구하며 가지가지 훌륭한 가르침을 설하기에 그 마음에 두려운 것이 없느니라. 내가 가야성의 보리수 아래에 앉아서 가장 바른 깨달음을 이루고 위없는 법륜을 굴릴 때에 교화하여 처음으로 도의 마음을 내게 하여 지금은 모두다 물러나지 않는 경지에 머무르니 모두다 성불할 것이니라.

我今說實語하노니 汝等一心信하라 我從久遠來로
아금설실어 여등일심신 아종구원래
教化是等衆호라
교화시등중

爾時에 彌勒菩薩摩訶薩과 及無數諸菩薩等이 心生
이시 미륵보살마하살 급무수제보살등 심생
疑惑하야 怪未曾有하야 而作是念호대 云何世尊이 於少
의혹 괴미증유 이작시념 운하세존 어소
時間에 教化如是無量無邊阿僧祇諸大菩薩하야 令
시간 교화여시무량무변아승지제대보살 영
住阿耨多羅三藐三菩提리요 卽白佛言하사대
주아뇩다라삼먁삼보리 즉백불언
世尊이시여 如來爲太子時에 出於釋宮하사 去伽耶城
세존 여래위태자시 출어석궁 거가야성

내가 이제 진실을 말하니 너희들은 일심으로 믿어라.
내가 오랜 옛날부터 이들을 교화하였느니라.

그때 미륵보살마하살과 수없는 보살들은
의심스럽고 매우 이상한 일이라 여기며,
'세존께서 어떻게 이 짧은 시간에
이와 같이 한량없고 가없는 아승지의 대보살들을
교화하시어 아뇩다라삼먁삼보리에
머무르게 하시었을까?' 하며
바로 부처님께 말씀드렸다.
"세존이시여!
여래께서는 태자로 계실 때
석씨의 왕궁을 나오셨으며 가야성에서

不遠에 坐於道場하야 得成阿耨多羅三藐三菩提하시고
불원 좌어도량 득성아뇩다라삼먁삼보리

從是已來로 始過四十餘年이어늘 世尊이 云何로 於此少
종시이래 시과사십여년 세존 운하 어차소

時에 大作佛事호대 以佛勢力과 以佛功德으로 敎化如是
시 대작불사 이불세력 이불공덕 교화여시

無量大菩薩衆하사 當成阿耨多羅三藐三菩提이시닛고 世
무량대보살중 당성아뇩다라삼먁삼보리 세

尊이시여 此大菩薩衆을 假使有人이 於千萬億劫에 數不
존 차대보살중 가사유인 어천만억겁 수불

能盡이라 不得其邊이리다
능진 부득기변

斯等이 久遠已來로 於無量無邊諸佛所에 植諸善根하야
사등 구원이래 어무량무변제불소 식제선근

멀지 않은 도량에서 아뇩다라삼먁삼보리를 이루셨습니다.

이때로부터 지나온 것이 이제 겨우 40여 년이 지났는데 어떻게 이 짧은 기간에 큰 불사를 하셨으며,

부처님의 힘과 부처님의 공덕으로 이와 같이 한량없는 대보살들을 교화하시어 아뇩다라삼먁삼보리를 이루게 하셨습니까?

세존이시여!

이 대보살들을 가령 어떤 사람이 천만억 겁동안 헤아려도 다 헤아릴 수 없어 그 끝을 알 수가 없겠습니다.

이들은 먼 옛날부터 한량없고 가없는 부처님들의 처소에서 선근들을 심고 보살의 도를 이루었으며 항상 청

成就菩薩道하고 常修梵行일지니 世尊이시여 如此之事는
성취보살도 상수범행 세존 여차지사

世所難信이니다
세소난신

譬如有人이 色美髮黑한 年二十五가 指百歲人하야 言
비여유인 색미발흑 년이십오 지백세인 언

是我子어든 其百歲人도 亦指年少하야 言是我父라 生
시아자 기백세인 역지년소 언시아부 생

育我等이라하면 是事難信이니다 佛亦如是하야 得道已來로
육아등 시사난신 불역여시 득도이래

其實未久하고 而此大衆諸菩薩等은 已於無量千萬億
기실미구 이차대중제보살등 이어무량천만억

劫에 爲佛道故로 勤行精進하야 善入出住無量百千
겁 위불도고 근행정진 선입출주무량백천

정한 수행을 닦았을 것입니다.

세존이시여! 이 같은 일을 세상에서는 믿기가 어렵습니다.

비유하면 얼굴이 곱고 머리가 검으며 나이도 스물 다섯 정도로 보이는 어떤 사람이 백 살이나 돼 보이는 사람을 가리키며 '이 사람이 나의 아들이다'라고 말하고, 그 사람도 역시 젊은 사람을 가리키며 '이분은 나의 아버지인데 나를 낳아서 길렀다'하는 것과 같습니다.

이런 일은 믿기가 어렵습니다.

부처님께서 이와 같아서 도를 얻으신 지가 오래되지 않았는데, 이 보살대중들은 이미 한량없는 천만억 겁 동안 불도를 위하여 부지런히 정진하여, 한량없는 백천만

萬億三昧하사 得大神通하며 久修梵行하고 善能次第로
만억삼매 득대신통 구수범행 선능차제

習諸善法하며 巧於問答하야 人中之寶라 一切世間에
습제선법 교어문답 인중지보 일체세간

甚爲希有어늘 今日世尊이 方云 得佛道時에 初令發
심위희유 금일세존 방운 득불도시 초령발

心하야 敎化示導하사 令向阿耨多羅三藐三菩提라하시니
심 교화시도 영향아뇩다라삼먁삼보리

世尊이시여 得佛未久에 乃能作此大功德事닛고 我等은
세존 득불미구 내능작차대공덕사 아등

雖復信佛 隨宜所說하사 佛所出言은 未曾虛妄이며 佛所
수부신불 수의소설 불소출언 미증허망 불소

知者는 皆悉通達이나 然이나 諸新發意菩薩이 於佛滅後에
지자 개실통달 연 제신발의보살 어불멸후

억 삼매에 잘 들어가고 나오고 머무르는 큰 신통을 얻었으며, 오랫동안 범행을 닦아 온갖 훌륭한 법을 차례로 잘 익혀서 문답에 대하여 훌륭하여 사람 가운데 보배입니다. 일체 세간에서는 매우 드물고 귀한데, 오늘 세존께서, '불도를 얻었을 때에 처음으로 마음을 내게 하고 교화하고 인도하여 아뇩다라삼먁삼보리에 향하도록 하였다' 하시니 세존께서 부처님이 되신 지가 오래지 않은데 어떻게 이런 큰 공덕의 일을 하실 수 있었습니까?

저희들이야 부처님께서는 수의설법을 하시며 하신 말씀이 한 번도 거짓이 없으시며 아셔야 하실 것은 모두다 통달하신 분이라는 것을 믿습니다만,

새로 발심을 하는 보살들이 부처님께서 열반하신 후

若聞是語하면 或不信受하야 而起破法罪業因緣하리니
약문시어 혹불신수 이기파법죄업인연

唯然世尊이시여 願爲解說하사 除我等疑하시며 及未來
유연세존 원위해설 제아등의 급미래

世에 諸善男子 聞此事已코 亦不生疑케하소서
세 제선남자 문차사이 역불생의

爾時에 彌勒菩薩이 欲重宣此義하사 而說偈言하사대
이시 미륵보살 욕중선차의 이설게언

佛昔從釋種하사 出家近伽耶에 坐於菩提樹하시니
불석종석종 출가근가야 좌어보리수

爾來尙未久요 此諸佛子等 其數不可量은
이래상미구 차제불자등 기수불가량

久已行佛道하야 住於神通力하며 善學菩薩道하야
구이행불도 주어신통력 선학보살도

에 만약 이런 말씀을 듣고 혹시 믿지 않거나 받아들이지 않으면 가르침을 깨뜨리는 죄업의 인연을 짓게 됩니다. 그러하오니 세존이시여! 원하옵건대 자세히 말씀하셔서 저희들의 의문을 풀어 주시고, 아울러 미래 세상의 선남자들이 이 일을 듣고서도 의심이 나지 않게 하여 주십시오."

미륵보살이 이 뜻을 거듭 펴려고 게송으로 말하였다.

부처님께서 석씨족으로부터 출가하시어 가야성 가까이에 있는 보리수 아래에 앉으신 지가 얼마 되지 않았는데, 이 불자들은 그 수가 한량없으며 오랫동안 불도를 행하여 신통력에 머물렀습니다.

보살의 도를 잘 배워 세속의 법에 물들지 않은 것이,

不染世間法호대 불 염 세 간 법	如蓮華在水라 여 연 화 재 수	從地而涌出하사 종 지 이 용 출
皆起恭敬心하야 개 기 공 경 심	住於世尊前하니 주 어 세 존 전	是事難思議라 시 사 난 사 의
云何而可信이릿가 운 하 이 가 신	佛得道甚近하고 불 득 도 심 근	所成就甚多하시니 소 성 취 심 다
願爲除衆疑하사 원 위 제 중 의	如實分別說하소서 여 실 분 별 설	譬如少壯人의 비 여 소 장 인
年始二十五가 연 시 이 십 오	示人百歲子의 시 인 백 세 자	髮白而面皺호대 발 백 이 면 추
是等我所生이라거든 시 등 아 소 생	子亦說是父라하면 자 역 설 시 부	父少而子老라 부 소 이 자 로
擧世所不信이니다 거 세 소 불 신	世尊亦如是하사 세 존 역 여 시	得道來甚近하고 득 도 래 심 근
是諸菩薩等은 시 제 보 살 등	志固無怯弱하야 지 고 무 겁 약	從無量劫來로 종 무 량 겁 래

연꽃이 물에 있는 듯 땅에서 솟아 나와 모두에게 공경하는 마음을 일으키며 세존 앞에 머무르고 있습니다. 이런 일을 생각하기도 어려운데 어떻게 믿을 수가 있겠습니까? 부처님이 도를 얻으신 지가 얼마 되지 않는데 성취하신 것은 매우 많습니다. 원하옵건대 대중들의 의심을 풀어주시고 진실대로 자세히 말씀하여 주십시오. 비유하면 젊은 사람이 겨우 스물 다섯 정도로 보이는데 백 살이나 되어 보이며 머리가 희고 얼굴이 주름진 사람을 가리켜 자기가 낳은 아들이라 하고, 아들이라는 사람도 역시 이 사람을 아버지라 하지만, 아버지는 어리고 아들은 늙었으니 온 세상이 믿지 않을 것입니다. 세존께서도 이와 같아서 도를 얻으신 지가 얼마 되지 않는데, 이 보살들은 뜻이 굳어 겁내거나 약하지 않으며, 헤아릴 수 없

而行菩薩道하며 이 행 보 살 도	巧於難問答하사 교 어 난 문 답	其心無所畏하며 기 심 무 소 외
忍辱心決定하야 인 욕 심 결 정	端正有威德하며 단 정 유 위 덕	十方佛所讚이라 시 방 불 소 찬
善能分別說하며 선 능 분 별 설	不樂在人衆하고 불 락 재 인 중	常好在禪定하며 상 호 재 선 정
爲求佛道故로 위 구 불 도 고	於下空中住니다 어 하 공 중 주	我等從佛聞하와 아 등 종 불 문
於此事無疑이오나 어 차 사 무 의	願佛爲未來하사 원 불 위 미 래	演說令開解하소서 연 설 령 개 해
若有於此經에 약 유 어 차 경	生疑不信者는 생 의 불 신 자	卽當墮惡道리니 즉 당 타 악 도
願今爲解說하소서 원 금 위 해 설	是無量菩薩을 시 무 량 보 살	云何於少時에 운 하 어 소 시
教化令發心하야 교 화 령 발 심	而住不退地닛고 이 주 불 퇴 지	

는 옛날부터 보살의 도를 행하였으며, 어려운 문답에도 훌륭하여 그 마음에 두려움이 없습니다. 인욕의 마음이 확고하며 단정하고, 위엄과 덕망이 있어 시방세계의 부처님들의 칭찬을 받으며, 자세히 설법을 잘하며 사람들이 많은 곳은 즐겨하지 아니하며, 항상 선정에 들기를 좋아하며, 불도를 구하려고 아래에 있는 허공중에 머물러 있었다 하셨습니다. 저희들은 부처님으로부터 이 일을 듣고 의심하지 않지만, 원하옵건대 부처님께서는 미래를 위하여 해설하여 주십시오. 만약에 이 경을 의심하고 믿지 아니하는 사람이 있으면 곧 악도에 떨어지게 될 것이니, 원하옵건대 해설하여 주십시오. 이렇게 한량없는 보살들을 어떻게 그 짧은 기간에 교화하여 발심을 하게 하였으며 물러나지 않는 경지에 머무르게 하셨습니까?

第 十五 從地涌出品 終
제 십오 종지용출품 종

제 십오 종지용출품 끝

第十六 如來壽量品
제 십 육 여 래 수 량 품

爾時에 佛告諸菩薩과 及一切大衆하사대 諸善男子야
이 시 불 고 제 보 살 급 일 체 대 중 제 선 남 자

汝等은 當信解如來誠諦之語니라
여 등 당 신 해 여 래 성 제 지 어

復告大衆하사대 汝等은 當信解如來誠諦之語니라 又復
부 고 대 중 여 등 당 신 해 여 래 성 제 지 어 우 부

告諸大衆하사대 汝等은 當信解如來誠諦之語니라 是時
고 제 대 중 여 등 당 신 해 여 래 성 제 지 어 시 시

菩薩大衆에 彌勒이 爲首하사 合掌白佛言하사대
보 살 대 중 미 륵 위 수 합 장 백 불 언

世尊이시여 唯願說之하소서 我等이 當信受佛語호리다
세 존 유 원 설 지 아 등 당 신 수 불 어

제 십육 여래수량품

그때 부처님께서 보살들과 일체 대중들에게 말씀하셨다.

"선남자들아! 너희들은 마땅히 여래의 진실하고 참된 말을 믿고 이해하여야 하느니라."

그리고는 다시 대중들에게 말씀하셨다. "너희들은 마땅히 여래의 진실하고 참된 말을 믿고 이해하여야 하느니라." 그리고 또 다시 대중들에게 "너희들은 여래의 진실하고 참된 말을 마땅히 믿고 이해하여야 하느니라." 하셨다. 이때 보살대중 가운데 미륵보살이 앞장서서 합장하며 부처님께 말씀드렸다.

"세존이시여! 오직 원하옵건대 말씀하여 주십시오. 저희들은 마땅히 부처님의 말씀을 믿고 받아들이겠습니다."

如是三白已하고 復言唯願說之하소서 我等이 當信受佛
여시삼백이 부언유원설지 아등 당신수불

語호리다 爾時世尊이 知諸菩薩의 三請不止하시고 而告之
어 이시세존 지제보살 삼청부지 이고지

言하사대 汝等은 諦聽如來 秘密神通之力이니 一切世間에
언 여등 제청여래 비밀신통지력 일체세간

天人及 阿修羅는 皆謂今 釋迦牟尼佛이 出釋氏宮하사
천인급 아수라 개위금 석가모니불 출석씨궁

去伽耶城不遠에 坐於道場하야 得阿耨多羅三藐三菩
거가야성불원 좌어도량 득아뇩다라삼먁삼보

提라하나니 然이나 善男子야 我實成佛已來는 無量無邊百
리 연 선남자 아실성불이래 무량무변백

千萬億 那由他劫이니라
천만억 나유타겁

이와 같이 세 번이나 말씀을 드리고 다시 말하였다.

"오직 원하옵건대 말씀하여 주십시오.

저희들은 마땅히 부처님의 말씀을 믿고 받아들이겠습니다."

세존께서 보살들이 세 번이나 청하며 그만두지 않을 것을 아시고 말씀을 하셨다.

"너희들은 여래의 비밀스런 신통력을 자세히 들어라. 일체 세간의 하늘과 인간과 아수라들은 모두다 지금의 석가모니 부처님께서 석씨의 궁전을 나와 가야성에서 멀지 않은 도량에서 아뇩다라삼먁삼보리를 얻었다고 말하지만 선남자들아, 내가 실제로 성불한 지는 한량없고 가없는 백천만억 나유타 겁이 지났느니라.

譬如五百千萬億 那由他 阿僧祇 三千大千世界를 假
비 여 오 백 천 만 억 나 유 타 아 승 지 삼 천 대 천 세 계 가

使有人이 抹爲微塵하야 過於東方 五百千萬億 那由他
사 유 인 말 위 미 진 과 어 동 방 오 백 천 만 억 나 유 타

阿僧祇國하야 乃下一塵호대 如是東行하야 盡是微塵이면
아 승 지 국 내 하 일 진 여 시 동 행 진 시 미 진

諸 善男子야 於意云何오 是諸世界를 可得思惟校計하야
제 선 남 자 어 의 운 하 시 제 세 계 가 득 사 유 교 계

知其數不아 彌勒菩薩等이 俱白佛言하사대 世尊이시여 是諸
지 기 수 부 미 륵 보 살 등 구 백 불 언 세 존 시 제

世界는 無量無邊이라 非 算數所知며 亦非心力所及이라
세 계 무 량 무 변 비 산 수 소 지 역 비 심 력 소 급

一切聲聞辟支佛이 以 無漏智로 不能思惟하야 知其限數며
일 체 성 문 벽 지 불 이 무 루 지 불 능 사 유 지 기 한 수

비유하면 5백천만억 나유타 아승지의 삼천대천세계를 가령, 어떤 사람이 부수어 작은 티끌로 만들어서 동방으로 5백천만억 나유타 아승지의 세계를 지나면서 겨우 한 티끌을 떨어뜨리고, 이와 같이 동쪽으로 가면서 떨어뜨려 이 티끌들이 다 하였다면 선남자들아, 어떻게 생각하느냐? 이 모든 세계들을 가히 생각하고 헤아려서 그 수를 알 수 있겠느냐?"

미륵보살 등이 다함께 부처님께 말씀드렸다.

"세존이시여!

이 세계들은 한량없고 가없어서 헤아려도 알 수가 없으며 생각으로도 미칠 수가 없습니다. 일체의 성문과 벽지불이 무루지로 생각하여도 그 한량없는 수를 알 수가

我等이 住 阿惟越致地라도 於是事中에 亦所不達이오니
아등 주 아유월치지 어시사중 역소부달

世尊이시여 如是諸世界는 無量無邊이니다 爾時에 佛告大
세존 여시제세계 무량무변 이시 불고대

菩薩衆하사대 諸善男子야 今當分明히 宣語汝等호리라 是
보살중 제선남자 금당분명 선어여등 시

諸世界에 若著微塵과 及不著者를 盡以爲塵하야 一塵
제세계 약착미진 급불착자 진이위진 일진

一劫이라도 我 成佛已來는 復過於此 百千萬億 那由他
일겁 아 성불이래 부과어차 백천만억 나유타

阿僧祇劫이니라 自從是來로 我常在此 娑婆世界하야 說
아승지겁 자종시래 아상재차 사바세계 설

法教化하며 亦於餘處인 百千萬億 那由他 阿僧祇國에도
법교화 역어여처 백천만억 나유타 아승지국

없을 것이며, 불퇴전의 지위에 머무는 저희도 이런 일에는 통달할 수가 없습니다.

세존이시여! 이와 같은 세계들은 한량없고 가없는 것입니다."

그때 부처님께서 대보살들에게 말씀하셨다.

"선남자들아! 이제 너희들에게 분명히 말하겠노라.

티끌이 떨어졌거나 떨어지지 않은 세계들을 모두다 모아서 다시 티끌로 만들어 한 티끌을 일 겁이라고 하더라도, 내가 성불한 지는 이보다 백천만억 나유타 아승지 겁이 더 지났느니라.

이때부터 나는 항상 이 사바세계에서 설법하며 교화하였고, 또 다른 백천만억 나유타 아승지의 나라에서도

導利衆生호라 諸善男子야
도리중생 제선남자

於是中間에 我說燃燈佛等하며 又復言其 入於涅槃호니
어시중간 아설연등불등 우부언기 입어열반

如是皆以 方便分別이니라 諸善男子야 若有衆生이 來
여시개이 방편분별 제선남자 약유중생 내

至我所어든 我以佛眼으로 觀其信等 諸根이 利鈍하며 隨
지아소 아이불안 관기신등 제근 이둔 수

所應度하야 處處自說 名字不同과 年紀大小하며 亦復
소응도 처처자설 명자부동 연기대소 역부

現言 當入涅槃이라하고 又以種種方便으로 說微妙法하야
현언 당입열반 우이종종방편 설미묘법

能令衆生으로 發歡喜心케호라
능령중생 발환희심

중생들을 인도하여 이익 되게 하였느니라.

선남자들아! 이 중간에 연등불께 법을 얻었다고 말하였고, 또 열반에 들었다고 말하였는데, 이와 같은 것은 모두다 방편으로 분별한 것이다.

선남자들아!

만약 어떤 중생이 내가 있는 곳으로 오면, 나는 부처님의 눈으로 그들의 믿음과 모든 소질과 능력과 지혜의 정도가 뛰어난지 둔한지를 살펴보고 마땅히 제도할 방법에 따라서 곳곳에서 설하였는데, 이름이 같지 않고 나이도 많고 적으며, 마땅히 열반에 든다고 나타내며 말하기도 하였으며, 또 가지가지 방편으로 미묘한 법을 설하여 중생들로 하여금 환희심을 내게 하였느니라.

諸善男子야 如來見諸衆生이 樂於小法하야 德薄垢重
제 선 남 자 여 래 견 제 중 생 낙 어 소 법 덕 박 구 중

者하고 爲是人說호대 我少出家하야 得阿耨多羅三藐三
자 위 시 인 설 아 소 출 가 득 아 뇩 다 라 삼 먁 삼

菩提라하니 然이나 我實成佛已來는 久遠若斯언만은 但以
보 리 연 아 실 성 불 이 래 구 원 약 사 단 이

方便으로 敎化衆生하야 令入佛道일새 作如是說이니라 諸
방 편 교 화 중 생 영 입 불 도 작 여 시 설 제

善男子야 如來所演經典이 皆爲度脫衆生이니 或說己
선 남 자 여 래 소 연 경 전 개 위 도 탈 중 생 혹 설 기

身하고 或說他身하며 或示己身하고 或示他身하며 或示己
신 혹 설 타 신 혹 시 기 신 혹 시 타 신 혹 시 기

事하고 或示他事호대 諸所言說이 皆實不虛니라
사 혹 시 타 사 제 소 언 설 개 실 불 허

선남자들아! 여래는 중생들이 소승법을 좋아하여 덕이 얇고 허물이 많은 것을 보고, 이런 사람을 위하여 내가 젊어서 출가하여 아뇩다라삼먁삼보리를 얻었다고 하였는데, 실제로 성불한 지는 이와 같이 아주 먼 오래이며, 방편으로 중생들을 교화하여 불도에 들게 하려고 이와 같은 말을 하였던 것이니라.

선남자들아! 여래가 설한 경전은 모두 중생을 제도하여 해탈하게 하기 위한 것이므로 때로는 나의 몸을 말하고, 때로는 다른 이의 몸을 말하고, 때로는 나의 몸을 보이고, 때로는 다른 이의 몸을 보이며, 때로는 나의 일을 보이고, 때로는 다른 이의 일을 보이지만 설한 것들은 모두다 사실이지 헛된 것은 없느니라.

所以者何오 如來는 如實知見 三界之相하사대 無有
소이자하 여래 여실지견 삼계지상 무유
生死의 若退若出하며 亦無在世와 及滅度者라 非實非
생사 약퇴약출 역무재세 급멸도자 비실비
虛며 非如非異며 不如三界에 見於三界니 如斯之事를
허 비여비이 불여삼계 견어삼계 여사지사
如來明見호대 無有錯謬언만은 以諸衆生이 有種種性과
여래명견 무유착류 이제중생 유종종성
種種欲과 種種行과 種種憶想分別故로 欲令生諸善
종종욕 종종행 종종억상분별고 욕령생제선
根하야 以若干因緣과 譬喩言辭로 種種說法하야 所作
근 이약간인연 비유언사 종종설법 소작
佛事를 未曾暫廢니라
불사 미증잠폐

왜냐하면 여래는 삼계의 모습을 실제와 같이 지혜의 눈으로 보기 때문이니라. 나거나 죽음이 없고 나오거나 물러남이 없으며, 또 세상에 사는 것과 열반하는 것도 없으며, 실다움도 아니고 허망함도 아니며, 같은 것도 아니고 다른 것도 아님을 알고 삼계를 삼계 같지 않게 보느니라.

이런 일을 여래는 분명하게 보아 그릇됨이 없지마는, 중생들로서는 가지가지 성품과 가지가지 욕망과 가지가지의 행과 가지가지로 분별하는 생각이 있으므로, 선근들을 내게 하려고 약간의 인연과 비유와 이야기로 가지가지 설법을 하며 불사(佛事)를 하였으며 잠시도 그만둔 적이 없었느니라.

如是하야 我成佛已來는 甚大久遠이라 壽命은 無量阿
여시 아성불이래 심대구원 수명 무량아
僧祇劫에 常住不滅이니라 諸善男子야 我本行菩薩道하야
승지겁 상주불멸 제선남자 아본행보살도
所成壽命이 今猶未盡도 復倍上數어늘 然이나 今非實滅
소성수명 금유미진 부배상수 연 금비실멸
度를 而便唱言 當取滅度하오니 如來以是方便으로 敎化
도 이변창언 당취멸도 여래이시방편 교화
衆生호라 所以者何오 若佛이 久住於世라하면 薄德之人이
중생 소이자하 약불 구주어세 박덕지인
不種善根하고 貧窮下賤하야 貪著五欲하고 入於憶想妄
부종선근 빈궁하천 탐착오욕 입어억상망
見網中하며 若見如來常在不滅이면 便起憍恣하야 而懷
견망중 약견여래상재불멸 변기교자 이회

이와 같이 내가 성불한 지는 무척 오래되었고 수명은 한량없는 아승지 겁이라서 항상 머무르며 열반하지 않느니라.

선남자들아! 내가 본래 보살의 도를 행하여 이룬 수명은 지금도 오히려 다하지 않아 앞서 말한 수의 배나 되는데, 실제로 열반하지 않으면서 방편으로 열반에 든다고 말한 것이니라. 여래는 이런 방편으로 중생들을 교화하는데, 왜냐하면 부처님께서 세상에 오래도록 머무른다고 하면, 덕이 엷은 사람들은 선근을 심지 않아 가난하고 하천하며 오욕에 빠져들어, 기억하고 생각하는 것들이 허망한 그물에 걸리게 될 것이며, 만약에 여래가 열반하지 않고 항상 있는 것을 보면, 교만하고 방자한

厭怠하고 不能生難遭之想과 恭敬之心일새 是故如來以
염 태 불 능 생 난 조 지 상 공 경 지 심 시 고 여 래 이

方便說이니라
방 편 설

比丘야 當知하라 諸佛出世는 難可値遇니 所以者何오
비 구 당 지 제 불 출 세 난 가 치 우 소 이 자 하

諸薄德人이 過無量百千萬億劫하야사 或有見佛하며 或
제 박 덕 인 과 무 량 백 천 만 억 겁 혹 유 견 불 혹

不見者하나니 以此事故로 我作是言호대 諸比丘야 如來는
불 견 자 이 차 사 고 아 작 시 언 제 비 구 여 래

難可得見이라하나니라 斯衆生等이 聞如是語하면 必當生於
난 가 득 견 사 중 생 등 문 여 시 어 필 당 생 어

難遭之想하야 心懷戀慕하고 渴仰於佛하야 便種善根일새
난 조 지 상 심 회 연 모 갈 앙 어 불 변 종 선 근

생각을 내어 싫증을 내거나 게으름을 피우며 만나기가 어렵다는 생각으로 공경하는 마음을 내지 않을 것이기 때문이니라. 그리하여 여래는 방편으로 설하느니라.

비구들아, 마땅히 알아라.

부처님들께서 세상에 출현하시는 것을 만나기는 매우 어렵느니라. 왜냐하면 덕이 엷은 사람들은 한량없는 백천만억 겁을 지나서야 한 번 볼까 말까 하기 때문이다. 이런 사실 때문에 내가 말하기를 '비구들아, 여래는 뵙기가 어렵다'고 한 것이니라.

중생들이 이 말을 들으면 반드시 '부처님을 만나기가 어렵겠구나'라는 생각으로 부처님을 마음으로 사모하고 간절히 그리워하며 선근을 심게 되는 것이니라.

是故로 如來 雖不實滅이나 而言滅度니라 又善男子야
시고 여래 수불실멸 이언멸도 우선남자

諸佛如來도 法皆如是니 爲度衆生이라 皆實不虛니라 譬
제불여래 법개여시 위도중생 개실불허 비

如良醫 智慧聰達하야 明練方藥하고 善治衆病하며 其人이
여양의 지혜총달 명련방약 선치중병 기인

多諸子息호대 若十二十으로 乃至百數러니 以有事緣하야
다제자식 약십이십 내지백수 이유사연

遠至餘國터니 諸子於後에 飮他毒藥하고 藥發悶亂하야
원지여국 제자어후 음타독약 약발민란

宛轉于地러라 是時其父還來歸家하니 諸子飮毒하고 或
완전우지 시시기부환래귀가 제자음독 혹

失本心하며 或不失者 遙見其父하고 皆大歡喜하야 拜跪
실본심 혹불실자 요견기부 개대환희 배궤

그러므로 여래는 실제 열반하지 않으면서 열반한다고 말하는 것이니라. 선남자들아! 모든 부처님 여래의 법은 모두다 이와 같이 중생을 제도하기 위한 것이므로 모두다 진실하며 허망하지 않느니라. 비유하면, 좋은 의사가 지혜가 뛰어나고 약의 처방에도 밝아 여러 가지 병을 잘 치료하였느니라. 그 사람에게 자식들이 많아 열이나 스물에서 백 명이나 되었는데, 볼일이 있어서 멀리 다른 나라에 간 사이에 아들들이 독약을 마시고 약이 퍼져 속이 답답하고 어지러워 땅에 뒹굴고 있었느니라. 이때 의사가 집으로 되돌아와 보니 자식들이 독을 마셔 어떤 자식은 본심을 잃었고, 어떤 자식은 본심을 잃지 않았는데, 아버지가 오시는 것을 보고 모두다 기뻐서 무릎을 꿇고

問訊호대 善安隱歸닛가 我等은 愚癡하야 誤服毒藥호니 願
문신 선안은귀 아등 우치 오복독약 원

見救療하사 更賜壽命하소서 父見子等이 苦惱如是하고 依
견구료 갱사수명 부견자등 고뇌여시 의

諸經方하야 求好藥草의 色香美味 皆悉具足하야 擣篩
제경방 구호약초 색향미미 개실구족 도사

和合으로 與子令服하고 而作是言호대 此大良藥은 色香
화합 여자영복 이작시언 차대양약 색향

美味 皆悉具足이라 汝等可服이니 速除苦惱하고 無復衆
미미 개실구족 여등가복 속제고뇌 무부중

患하리라 其諸子中에 不失心者는 見此良藥의 色香俱
환 기제자중 불실심자 견차양약 색향구

好하고 卽便服之하야 病盡除愈하며 餘失心者는 見其父
호 즉변복지 병진제유 여실심자 견기부

절하며 '편안히 잘 다녀오셨습니까? 저희들이 어리석어 독약을 잘못 먹었으니 원하옵건대 치료해 주시어 살려 주십시오' 하였느니라. 아버지는 자식들의 고통과 괴로움을 보고 가지가지 약방문에 따라 빛과 향과 좋은 맛을 모두다 갖춘 좋은 약초를 구하여, 방아에 찧고 체로 치고 고루 섞어서 자식들에게 먹게 하며, '이 약은 매우 좋은 약이다. 빛과 향과 좋은 맛을 모두다 갖추었으니 먹고 나면 고통과 괴로움이 빨리 없어지고 다시는 아프지 않을 것이다' 하였느니라.

그런데 마음을 잃지 않은 아들들은 이 좋은 약이 빛깔과 향기도 좋음을 보고 바로 먹고 병이 다 나았으나, 마음을 잃어버린 아들들은 아버지가 오셨을 때 그들도 반

來하고 雖亦歡喜問訊하야 求索治病이나 然이나 與其藥而
래 수역환희문신 구색치병 연 여기약이

不肯服하나니 所以者何오 毒氣深入하야 失本心故로 於此
불긍복 소이자하 독기심입 실본심고 어차

好色香藥에 而謂不美러라
호색향약 이위불미

父作是念호대 此子可愍이라 爲毒所中하야 心皆顚倒일새
부작시념 차자가민 위독소중 심개전도

雖見我喜하고 求索救療나 如是好藥을 而不肯服하니 我
수견아희 구색구료 여시호약 이불긍복 아

今當設方便하야 令服此藥호리라하고 卽作是言호대 汝等은
금당설방편 영복차약 즉작시언 여등

當知하라 我今衰老하야 死時已至일새 是好良藥을 今留
당지 아금쇠로 사시이지 시호양약 금류

갑게 인사드리며 '병을 고쳐주십시오' 하였으면서 약을 먹지는 않았느니라.

왜냐하면 독의 기운이 깊이 들어가 본심을 잃어버렸으므로 이렇게 빛과 향기가 좋은 약을 좋지 않게 생각하였기 때문이었느니라.

그리하여 아버지는, '이 자식들이 참으로 불쌍하구나. 중독이 되어서 마음이 뒤바뀌어 나를 보고 기뻐하며 고쳐 달라 하였으면서도 이렇게 좋은 약을 먹지 않으니 내가 이제 방편을 내어서 이 약을 먹게 하여야겠구나' 하는 생각으로 이런 말을 하였느니라.

"너희들은 마땅히 알아라. 나는 이제 늙고 쇠약해져서 죽을 때가 다 되었다. 이 좋은 약을 여기에 놓아 둘 테니

在此니 汝可取服호대 勿憂不差하라 作是敎已하고 復至
재차 여가취복 물우불차 작시교이 부지

他國하야 遣使還告호대 汝父已死라하거든 是時諸子 聞父背
타국 견사환고 여부이사 시시제자 문부배

喪하고 心大憂惱하야 而作是念호대 若父在者인대 慈愍我
상 심대우뇌 이작시념 약부재자 자민아

等하야 能見救護어니와 今者捨我하고 遠喪他國하니 自惟孤
등 능견구호 금자사아 원상타국 자유고

露요 無復恃怙라하야 常懷悲感타가 心遂醒悟하야 乃知此
로 무부시호 상회비감 심수성오 내지차

藥의 色味香美하고 卽取服之에 毒病皆愈커늘 其父聞子
약 색미향미 즉취복지 독병개유 기부문자

悉已得差하고 尋便來歸하야 咸使見之러라
실이득차 심변래귀 함사견지

먹고 나서 차도가 없을까 걱정하지 말아라."

이렇게 타일러 놓고 다시 다른 나라로 가서 사람을 보내어 '너희들의 아버지가 죽었다'라고 알리게 하였느니라. 그러자 아들들은 아버지가 세상을 떠나셨다는 말을 듣고 크게 근심하며 '아버지가 계신다면 우리들을 사랑하고 불쌍히 여기어서 구원하고 보호해 주시겠지만, 이제 우리를 두고 먼 나라에서 세상을 떠나셨으니 외롭게 되었으며 믿고 의지할 곳이 없어졌구나' 하며 깊은 슬픔에 잠겨 있다가 마침내 마음이 깨어나게 되었고, 그때서야 이 약이 색과 향과 맛이 모두 좋음을 알고 바로 가져다 먹으니 독한 병이 말끔히 나았느니라. 그 아버지는 자식들이 다 나았다는 말을 듣고 곧바로 돌아와 아들들 앞에 나타났느니라.

諸善男子야 於意云何오 頗有人이 能說此良醫의 虛妄
제 선 남 자　어 의 운 하　파 유 인　능 설 차 양 의　허 망

罪不아 不也니다 世尊이시여 佛言我亦如是하야 成佛已來는
죄 부　불 야　세 존　불 언 아 역 여 시　성 불 이 래

無量無邊 百千萬億 那由他 阿僧祇劫이언만은 爲衆生
무 량 무 변　백 천 만 억　나 유 타　아 승 지 겁　위 중 생

故로 以 方便力으로 言當滅度나 亦無有能 如法說我 虛
고　이　방 편 력　언 당 멸 도　역 무 유 능　여 법 설 아　허

妄過者니라 爾時世尊이 欲 重宣此義하사 而說偈言하사대
망 과 자　이 시 세 존　욕　중 선 차 의　이 설 게 언

自我得佛來의　所經諸劫數는　無量百千萬
자 아 득 불 래　소 경 제 겁 수　무 량 백 천 만

億載阿僧祇라　常說法敎化　無數億衆生하야
억 재 아 승 지　상 설 법 교 화　무 수 억 중 생

선남자들아, 너희들의 생각은 어떠하냐? 어떤 사람이 이 좋은 의사에게 거짓말을 하였으니 죄가 있다고 말할 수 있겠느냐?"

"아니옵니다. 세존이시여!" 부처님께서 말씀하셨다.

"나도 이와 같아서 성불한 지가 한량없고 가없는 백천만억 나유타 아승지 겁이지만 중생을 위하여 방편으로 열반할 것이라고 말한 것이고, 또 법 그대로 설한 것이므로 나에게 거짓말을 한 허물이 있다고 말할 사람은 없을 것이니라."

세존께서 이 뜻을 거듭 펴시려고 게송으로 말씀하셨다.

내가 성불한 이래로 지나온 겁의 수는 한량없는 백천만억 아승지이니라. 항상 설법을 하며 수없는 중생을 교

令入於佛道호니 영 입 어 불 도	爾來無量劫이라 이 래 무 량 겁	爲度衆生故로 위 도 중 생 고
方便現涅槃이나 방 편 현 열 반	而實不滅度하야 이 실 불 멸 도	常住此說法하노라 상 주 차 설 법
我常住於此하야 아 상 주 어 차	以諸神通力하사 이 제 신 통 력	令顚倒衆生으로 영 전 도 중 생
雖近而不見케호니 수 근 이 불 견	衆見我滅度하고 중 견 아 멸 도	廣供養舍利하며 광 공 양 사 리
咸皆懷戀慕하야 함 개 회 연 모	而生渴仰心이라 이 생 갈 앙 심	衆生旣信伏하고 중 생 기 신 복
質直意柔軟하야 질 직 의 유 연	一心欲見佛호대 일 심 욕 견 불	不自惜身命커늘 부 자 석 신 명
時我及衆僧이 시 아 급 중 승	俱出靈鷲山하야 구 출 영 축 산	我時語衆生호대 아 시 어 중 생
常在此不滅이어늘 상 재 차 불 멸	以方便力故로 이 방 편 력 고	現有滅不滅이라호라 현 유 멸 불 멸

화하여 불도에 들게 하였는데 한량없는 겁이 지났느니라. 중생을 제도하기 위해 방편으로 열반을 보였지만 사실은 열반이 아니었느니라. 항상 머무르며 이 법을 설하였으며, 여러 가지 신통력으로 항상 이곳에 있었는데 중생들이 생각이 뒤바뀌어 가까이 있었지만 보지를 못한 것이니라. 중생들은 내가 열반하는 것을 보고, 사리에 공양하며 다 함께 그리워하며 간절히 사모하는 마음을 내느니라. 중생들이 믿고 따르며 바탕이 곧고 뜻이 부드러우며, 한결같은 마음으로 부처님을 뵈려고 목숨도 아끼지 않으면, 그때서야 나와 승가의 대중들이 다 함께 영축산에 출현을 하느니라. 나는 이때 중생들에게 항상 이곳에 있었으며 열반하지 않았다고 말하고, 방편의 힘이 있으므로 열반이 있음과 열반이 아니었음을 보이느니라.

餘國有衆生이 여국유중생	恭敬信樂者면 공경신락자	我復於彼中에 아부어피중
爲說無上法커든 위설무상법	汝等不聞此하고 여등불문차	但謂我滅度니라 단위아멸도
我見諸衆生이 아견제중생	沒在於苦海일새 몰재어고해	故不爲現身하야 고불위현신
令其生渴仰하고 영기생갈앙	因其心戀慕하야 인기심연모	乃出爲說法호라 내출위설법
神通力如是하야 신통력여시	於阿僧祇劫에 어아승지겁	常在靈鷲山과 상재영축산
及餘諸住處호라 급여제주처	衆生見劫盡하야 중생견겁진	大火所燒時에 대화소소시
我此土安隱하야 아차토안은	天人常充滿하고 천인상충만	園林諸堂閣에 원림제당각
種種寶莊嚴하며 종종보장엄	寶樹多花菓하야 보수다화과	衆生所遊樂이며 중생소유락

다른 세계의 중생들도 공경하고 믿으며 좋아하는 자가 있으면, 나는 그곳에서도 위없는 법을 설하느니라. 너희들은 이 말을 듣지 못하였으므로 내가 열반한다고만 생각하였을 것이니라. 나는 중생들이 고통의 바다에 빠져 있으므로 몸을 나타내지 않고 그들에게 간절히 사모하는 마음을 내게 하여, 그들이 그리워하면 그때서야 출현하여 설법을 하느니라. 신통의 힘으로 아승지겁 동안 항상 영축산에 있었고 또 다른 곳에도 있었느니라. 중생들이 겁이 다하여 큰 불이 일어나 타고 있는 것을 볼 때에도 나의 이 국토는 편안하며, 하늘과 사람이 항상 가득 할 것이며, 꽃동산과 숲과 집과 누각들은 가지가지의 보배로 아름답게 꾸며지며, 보배 나무에 꽃과 열매가 가득하여 중생들은 즐겁게 놀고 천인들은 하늘 북을 치며 가지

諸天擊天鼓하야 제 천 격 천 고	常作衆伎樂하며 상 작 중 기 악	雨曼陀羅花하야 우 만 다 라 화
散佛及大衆이라 산 불 급 대 중	我淨土不毁어늘 아 정 토 불 훼	而衆見燒盡하고 이 중 견 소 진
憂怖諸苦惱 우 포 제 고 뇌	如是悉充滿이라 여 시 실 충 만	是諸罪衆生은 시 제 죄 중 생
以惡業因緣으로 이 악 업 인 연	過阿僧祇劫토록 과 아 승 지 겁	不聞三寶名하고 불 문 삼 보 명
諸有修功德하야 제 유 수 공 덕	柔和質直者는 유 화 질 직 자	則皆見我身이 즉 개 견 아 신
在此而說法하며 재 차 이 설 법	或時爲此衆하야 혹 시 위 차 중	說佛壽無量하고 설 불 수 무 량
久乃見佛者는 구 내 견 불 자	爲說佛難値니라 위 설 불 난 치	我智力如是하야 아 지 력 여 시
慧光照無量하며 혜 광 조 무 량	壽命無數劫은 수 명 무 수 겁	久修業所得이니 구 수 업 소 득

가지 음악을 연주하며 만다라꽃이 비 오듯 부처님과 대중들에게 내릴 것이니라. 나의 정토는 허물어지지 않는데 중생들은 불에 타고 부서져 근심과 두려움과 모든 고통과 괴로움들이 가득하다고 보느니라. 이같이 죄가 많은 중생들은 악을 지은 인연으로 아승지 겁이 지나도 삼보의 이름을 듣지 못하지만, 공덕을 닦아서 부드럽고 온화하며 바탕이 올바른 사람들은 모두다 내가 이곳에서 설법하는 것을 볼 수 있느니라. 어느 때에는 대중을 위하여 부처님의 수명이 한량없다고 말하지만, 오래 되어서야 겨우 부처님을 뵈옵는 사람에게는 부처님을 만나기가 어렵다고 설하느니라. 나의 지혜의 힘은 이와 같아 지혜의 빛으로 한량없이 비추느니라. 수명이 한량없는 겁인 것은 오래 닦은 업으로 얻은 것이니라.

汝等有智者는 여 등 유 지 자	勿於此生疑하고 물 어 차 생 의	當斷令永盡이니 당 단 령 영 진
佛語實不虛니라 불 어 실 불 허	如醫善方便하야 여 의 선 방 편	爲治狂子故로 위 치 광 자 고
實在而言死호대 실 재 이 언 사	無能說虛妄인닷하야 무 능 설 허 망	我亦爲世父하야 아 역 위 세 부
救諸苦患者호대 구 제 고 환 자	爲凡夫顚倒하야 위 범 부 전 도	實在而言滅하나니 실 재 이 언 멸
以常見我故로 이 상 견 아 고	而生憍恣心하고 이 생 교 자 심	放逸著五欲하야 방 일 착 오 욕
墮於惡道中이라 타 어 악 도 중	我常知衆生의 아 상 지 중 생	行道不行道와 행 도 불 행 도
隨所應可度하야 수 소 응 가 도	爲說種種法하며 위 설 종 종 법	每自作是意호대 매 자 작 시 의
以何令衆生으로 이 하 령 중 생	得入無上慧하야 득 입 무 상 혜	速成就佛身가호라 속 성 취 불 신

너희들은 지혜가 있으므로 여기에 대하여 의심하지 말고 마땅히 의심을 끊어서 영원히 없어지게 하여라. 의사가 좋은 방편으로 정신을 잃어버린 자식들을 치료하기 위하여 실제로는 살아 있으면서도 죽었다고 말한 것이 허망하다고 말할 수 없듯이, 나도 역시 세상의 아버지로서 고통스럽고 근심스러운 사람들을 구원하려고 생각이 뒤바뀐 범부들을 위하여 실제로는 있으면서 열반하였다고 말하였느니라. 항상 나를 보게 되면 교만하고 방자한 마음이 일어나 편안히 놀게 되며, 오욕에 집착하여 악도에 떨어지게 되므로 나는 항상 중생들이 도를 행하는 것과 행하지 않는 것을 알고 마땅히 제도하여야 할 바를 따라서 가지가지의 법을 설하며 언제나 이런 생각을 하느니라.

第 十六 如來壽量品 終
제 십육 여래수량품 종

'어떻게 하여야 중생들로 하여금 위없는 지혜에 들게 하며 빨리 부처님의 몸을 이루게 하겠는가?'라고.

제 십육 여래수량품 끝

第十七 分別功德品
제 십칠 분별공덕품

爾時大會 聞 佛說壽命劫數 長遠如是하고 無量無邊
이시대회 문 불설수명겁수 장원여시 무량무변

阿僧祇衆生이 得 大饒益이러라 於時世尊이 告 彌勒菩
아승지중생 득 대요익 어시세존 고 미륵보

薩摩訶薩하사대 阿逸多야 我說是 如來壽命이 長遠時에
살마하살 아일다 아설시 여래수명 장원시

六百八十萬億 那由他 恒河沙 衆生은 得 無生法忍하고
육백팔십만억 나유타 항하사 중생 득 무생법인

復有千倍菩薩摩訶薩은 得 聞持陀羅尼門하며 復有一
부유천배보살마하살 득 문지다라니문 부유일

世界 微塵數菩薩摩訶薩은 得 樂說無礙辯才하며 復有
세계 미진수보살마하살 득 요설무애변재 부유

제 십칠 분별공덕품

그때 법회에서 부처님의 수명이 이와 같이 길다는 것을 듣고 한량없고 가없는 아승지의 중생들이 큰 이익을 얻었다.

세존께서 미륵보살마하살에게 말씀하셨다.

"아일다여! 내가 나의 수명이 이와 같이 길다는 말을 할 때에 6백 8십만억 나유타 항하사 같은 중생들이 무생법인(생기는 것도 없고 없어지는 것도 없는 일체의 참모습을 깨달아 그곳에 편안히 머무르는 것)을 얻었으며, 그보다 천 배나 되는 보살마하살들이 문지다라니문(부처님의 가르침을 듣고 명심하여 잊지 아니하는 것)을 얻었으며, 또 한 세계의 티끌 수 같은 보살마하살들이 하

一世界 微塵數菩薩摩訶薩은 得 百千萬億 無量旋陀
일세계 미진수보살마하살 득 백천만억 무량선다

羅尼하며 復有三千大千世界 微塵數菩薩摩訶薩은 能轉
라니 부유삼천대천세계 미진수보살마하살 능전

不退法輪하며 復有二千中國土 微塵數菩薩摩訶薩은
불퇴법륜 부유이천중국토 미진수보살마하살

能轉清淨法輪하며 復有小千國土 微塵數菩薩摩訶薩은
능전청정법륜 부유소천국토 미진수보살마하살

八生에 當得 阿耨多羅三藐三菩提하며 復有四四天下
팔생 당득 아뇩다라삼먁삼보리 부유사사천하

微塵數菩薩摩訶薩은 四生에 當得阿耨多羅三藐三菩
미진수보살마하살 사생 당득아뇩다라삼먁삼보

提하며 復有三四天下 微塵數菩薩摩訶薩은 三生에 當
리 부유삼사천하 미진수보살마하살 삼생 당

고자 하는 말을 걸림 없이 잘하는 재주를 얻었으며, 또 한 세계의 티끌 수 같은 보살마하살들이 백천만억 한량없는 선다라니를 얻었느니라.

또 삼천대천세계의 티끌 수 같은 보살마하살들은 물러나지 않는 법륜을 굴리며, 2천 중천세계의 티끌 수 같은 보살마하살들은 청정한 법륜을 굴리며,

또 소천세계의 티끌 수 같은 보살마하살들은 팔생(여덟 번 다시 태어나는 것)만에 아뇩다라삼먁삼보리를 얻을 것이며,

또 네 사천하의 티끌 수 같은 보살마하살들은 사생만에 아뇩다라삼먁삼보리를 얻을 것이며,

세 사천하의 티끌 수 같은 보살마하살들은 삼생만에

得阿耨多羅三藐三菩提하며 復有二四天下 微塵數菩
득아뇩다라삼먁삼보리 부유이사천하 미진수보

薩摩訶薩은 二生에 當得阿耨多羅三藐三菩提하며 復
살마하살 이생 당득아뇩다라삼먁삼보리 부

有一四天下 微塵數菩薩摩訶薩은 一生에 當得阿耨
유일사천하 미진수보살마하살 일생 당득아뇩

多羅三藐三菩提하며 復有八世界 微塵數衆生은 皆發
다라삼먁삼보리 부유팔세계 미진수중생 개발

阿耨多羅三藐三菩提心하니라 佛說 是諸菩薩摩訶薩이
아뇩다라삼먁삼보리심 불설 시제보살마하살

得大法利時에 於虛空中에 雨曼陀羅華와 摩訶曼陀羅
득대법리시 어허공중 우만다라화 마하만다라

華하야 以散無量百千萬億衆寶樹下 師子座上諸佛하며
화 이산무량백천만억중보수하 사자좌상제불

아뇩다라삼먁삼보리를 얻을 것이며,

두 사천하(수미산 사방에 있는 4대주)의 티끌 수 같은 보살마하살들은 이생만에 아뇩다라삼먁삼보리를 얻을 것이며,

또 한 사천하의 티끌 수 같은 보살마하살들은 일생만에 아뇩다라삼먁삼보리를 얻을 것이며,

또 8세계의 티끌 수 같은 중생들은 모두다 아뇩다라삼먁삼보리의 마음을 낼 것이니라."

부처님께서 이 많은 보살마하살들이 큰 법의 이익을 얻었다고 말씀하실 때,

허공에서는 만다라꽃과 마하만다라꽃이 한량없는 백천만억 보배 나무 아래의 사자좌에 계시는 부처님들께

幷散七寶塔中 師子座上에 釋迦牟尼佛과 及久滅度이신
병산칠보탑중 사자좌상 석가모니불 급구멸도

多寶如來하며 亦散一切諸大菩薩과 及四部衆하며 又
다보여래 역산일체제대보살 급사부중 우

雨細末栴檀과 沈水香等하며 於虛空中에 天鼓自鳴하야
우세말전단 침수향등 어허공중 천고자명

妙聲이 深遠하며 又雨千種天衣하고 垂諸瓔珞호대 眞珠
묘성 심원 우우천종천의 수제영락 진주

瓔珞과 摩尼珠瓔珞과 如意珠瓔珞이 遍於九方하며 衆寶
영락 마니주영락 여의주영락 변어구방 중보

香爐에 燒無價香커든 自然周至하야 供養大會하며 一一
향로 소무가향 자연주지 공양대회 일일

佛上에 有諸菩薩이 執持幡蓋하고 次第而上하야 至于
불상 유제보살 집지번개 차제이상 지우

비 오듯이 내렸으며, 또 칠보탑 속의 사자좌에 계시는 석가모니 부처님과 열반하신 지 오래된 다보여래의 위에도 내렸으며, 일체의 대보살과 사부대중에게도 내렸다.

보드라운 전단향과 침수향들이 내려오며 허공에서 하늘 북이 저절로 울리는데, 아름다운 소리가 깊고 멀었다. 또 천 가지나 되는 하늘 옷이 내렸으며 진주 영락과 마니주 영락과 여의주 영락 등의 가지가지 영락들이 9방(분신 부처님께서 계시는 팔방과 석가모니 부처님과 다보 부처님이 계시는 허공)에 두루 드리웠으며, 가지가지 보배 향로에는 값도 모를 향이 피어올라 두루 퍼지며 법회를 공양하였다. 부처님들마다 보살들이 깃발과 일산

梵天하며 是諸菩薩이 以妙音聲으로 歌無量頌하야 讚歎
범천 시제보살 이묘음성 가무량송 찬탄

諸佛이러라
제불

爾時에 彌勒菩薩이 從座而起하사 偏袒右肩하고 合掌向
이시 미륵보살 종좌이기 편단우견 합장향

佛하사 而說偈言하사대
불 이설게언

佛說希有法하시니 昔所未曾聞이라 世尊有大力하사
불설희유법 석소미증문 세존유대력

壽命不可量이며 無數諸佛子 聞世尊分別
수명불가량 무수제불자 문세존분별

說得法利者는 歡喜充遍身이니다 或住不退地하며
설득법리자 환희충변신 혹주불퇴지

을 들고 있다가 차례대로 위로 올라 범천에 이르더니, 이 많은 보살들이 미묘한 음성으로 한량없는 게송을 노래하여 부처님들을 찬탄하였다.

이때 미륵보살이 자리에서 일어나 오른쪽 어깨를 드러내고 부처님을 향하여 합장하고 게송으로 말하였다.

부처님께서 설하신 희유한 법은 예전에 듣지 못하던 것입니다.

세존께서는 크나큰 힘이 있으시고 수명은 헤아릴 수가 없습니다.

수없는 불자들이 세존께서 분별하신 것을 듣고 법의 이익을 얻었으며 기쁨이 온 몸에 가득합니다.

어떤 이는 물러나지 않는 경지에 머무르며

或得陀羅尼하고 혹 득 다 라 니	或無礙樂說 혹 무 애 요 설	萬億旋總持하며 만 억 선 총 지
或有大千界 혹 유 대 천 계	微塵數菩薩은 미 진 수 보 살	各各皆能轉 각 각 개 능 전
不退之法輪하며 불 퇴 지 법 륜	復有中千界 부 유 중 천 계	微塵數菩薩은 미 진 수 보 살
各各皆能轉 각 각 개 능 전	淸淨之法輪하며 청 정 지 법 륜	復有小千界 부 유 소 천 계
微塵數菩薩은 미 진 수 보 살	餘各八生在하야 여 각 팔 생 재	當得成佛道하며 당 득 성 불 도
復有四三二인 부 유 사 삼 이	如此四天下 여 차 사 천 하	微塵諸菩薩은 미 진 제 보 살
隨數生成佛하며 수 수 생 성 불	或一四天下 혹 일 사 천 하	微塵數菩薩은 미 진 수 보 살
餘有一生在하야 여 유 일 생 재	當成一切智니다 당 성 일 체 지	如是等衆生이 여 시 등 중 생

어떤 이는 다라니를 얻었으며, 어떤 이는 걸림이 없이 말 잘하는 재주를 얻었으며 만억의 선다라니를 얻었습니다.

또 대천세계의 티끌 수 같은 보살들이 모두다 물러나지 않는 법륜을 굴리며,

중천세계의 티끌 수 같은 보살들이 모두다 청정한 법륜을 굴리며, 소천세계의 티끌 수 같은 보살들이 각각 팔 생만에 성불할 것이며,

또 넷, 셋, 둘의 사천하의 티끌 수 같은 보살들이 남아 있는 생의 수에 따라 성불할 것이며, 한 사천하의 티끌 수 같은 보살들은 일생만에 일체지를 이룰 것이라 하셨습니다.

이와 같이 중생들은

聞佛壽長遠하고 문 불 수 장 원	得無量無漏 득 무 량 무 루	清淨之果報하며 청 정 지 과 보
復有八世界 부 유 팔 세 계	微塵數衆生은 미 진 수 중 생	聞佛說壽命하고 문 불 설 수 명
皆發無上心이니다 개 발 무 상 심	世尊說無量 세 존 설 무 량	不可思議法하사 불 가 사 의 법
多有所饒益호대 다 유 소 요 익	如虛空無邊하시니 여 허 공 무 변	雨天曼陀羅와 우 천 만 다 라
摩訶曼陀羅하며 마 하 만 다 라	釋梵如恒沙 석 범 여 항 사	無數佛土來하야 무 수 불 토 래
雨栴檀沈水호대 우 전 단 침 수	繽紛而亂墜를 빈 분 이 난 추	如鳥飛空下하야 여 조 비 공 하
供散於諸佛하며 공 산 어 제 불	天鼓虛空中에 천 고 허 공 중	自然出妙聲하며 자 연 출 묘 성
天衣千萬種이 천 의 천 만 종	旋轉而來下하며 선 전 이 래 하	衆寶妙香爐에 중 보 묘 향 로

부처님의 수명이 매우 긴 것을 듣고 한량없고 번뇌가 없는 청정한 과보를 얻었으며, 8세계의 티끌 수 같은 중생들은 부처님께서 말씀하신 수명을 듣고서 모두 다 위없는 마음을 내었습니다. 세존께서 한량없고 불가사의한 법을 설하시어 이익을 받은 이들이 허공과 같이 끝이 없습니다. 하늘에서는 만다라꽃과 마하만다라꽃이 비 오듯이 내리고 항하의 모래 수 같은 제석천왕과 범천왕들이 수없는 부처님의 나라로 와서 전단향과 침수향을 비 오듯이 뿌리니, 새가 허공에서 날아 내리는 듯이 어지럽게 떨어집니다.

이렇게 부처님께 공양을 하니 하늘 북이 허공에서 저절로 아름다운 소리를 내고, 천만 가지의 하늘 옷이 빙글빙글 돌며 내려오며 보배로 만든 좋은 향로마

燒無價之香커든 自然悉周遍하야 供養諸世尊하며
소무가지향 자연실주변 공양제세존

其大菩薩衆은 執七寶幡蓋 高妙萬億種하고
기대보살중 집칠보번개 고묘만억종

次第至梵天하며 一一諸佛前에 寶幢懸勝幡하고
차제지범천 일일제불전 보당현승번

亦以千萬偈로 歌詠諸如來하며 如是種種事는
역이천만게 가영제여래 여시종종사

昔所未曾有라 聞佛壽無量하고 一切皆歡喜니다
석소미증유 문불수무량 일체개환희

佛名聞十方하사 廣饒益衆生호대 一切具善根하야
불명문시방 광요익중생 일체구선근

以助無上心이니다
이조무상심

爾時에 佛告 彌勒菩薩摩訶薩하사대 阿逸多야 其有衆
이시 불고 미륵보살마하살 아일다 기유중

다 값도 모를 향이 피어올라 저절로 두루 퍼지며 부처님들을 공양합니다. 훌륭하신 대 보살들이 만억 가지나 되는 칠보 깃발과 일산을 들고 차례대로 범천에 오르며, 한 분 한 분의 부처님들 앞에는 보배로 된 당간에 부처님의 위덕을 상징하는 깃발이 걸려 있는데 천만의 게송으로 여래들을 찬탄하는 노래를 부릅니다. 이와 같은 가지가지 일들이 예전에는 없었던 일입니다. 부처님의 수명이 한량없음을 듣고 일체가 모두 기뻐합니다. 부처님의 이름이 시방 세계에 들려 널리 중생들을 이익 되게 하셨으며, 일체의 선근을 모두 갖추어 깨달음을 구하는 마음을 도우셨습니다.

그때 부처님께서 미륵보살마하살에게 말씀하였다.

生이 聞佛壽命이 長遠如是하고 乃至能生一念信解하면
생　문불수명　장원여시　내지능생일념신해

所得功德은 無有限量이니라 若有善男子 善女人이 爲
소득공덕　무유한량　약유선남자 선여인　위

阿耨多羅三藐三菩提故로 於八十萬億 那由他劫에
아뇩다라삼먁삼보리고　어팔십만억 나유타겁

行 五波羅蜜의 檀波羅蜜과 尸羅波羅蜜과 羼提波羅
행 오바라밀　단바라밀　시라바라밀　찬제바라

蜜과 毘梨耶波羅蜜과 禪波羅蜜하고 除 般若波羅蜜이니
밀　비리야바라밀　선바라밀　제 반야바라밀

以是功德으로 比前功德컨대 百分千分과 百千萬億分에
이시공덕　비전공덕　백분천분　백천만억분

不及其一이며 乃至算數譬喩에 所不能知니라
불급기일　내지산수비유　소불능지

"아일다여,
만일에 어떤 중생이 부처님의 수명이 이와 같이 길고도
먼 것을 듣고 한 번만이라도 믿고 이해하는 마음을 내면
얻는 공덕이 한량없느니라.
만약 선남자 선여인이
아뇩다라삼먁삼보리를 위하여 80만억 나유타 겁 동안
반야바라밀을 제외한 다섯 바라밀인 보시바라밀과
지계바라밀과 인욕바라밀과
정진바라밀과 선정바라밀을 행하더라도
이 공덕은 앞의 공덕에
백분, 천분, 백천만억 분의 일에도 미치지 못하며
숫자로나 비유로도 알 수가 없느니라.

若 善男子 善女人이 有 如是功德하고 於 阿耨多羅三
약 선남자 선여인 유 여시공덕 어 아뇩다라삼

藐三菩提에 退者는 無有是處니라
먁삼보리 퇴자 무유시처

爾時世尊이 欲 重宣此義하사 而說偈言하사대
이시세존 욕 중선차의 이설게언

若人求佛慧하야 於八十萬億 那由他劫數에
약인구불혜 어팔십만억 나유타겁수

行五波羅蜜호대 於是諸劫中에 布施供養佛과
행오바라밀 어시제겁중 보시공양불

及緣覺弟子와 幷諸菩薩衆호대 珍異之飮食과
급연각제자 병제보살중 진이지음식

上服與臥具와 栴檀立精舍와 以園林莊嚴으로
상복여와구 전단립정사 이원림장엄

만약 선남자 선여인이 이와 같은 공덕이 있으면 아뇩다라삼먁삼보리에서 물러나는 그러한 경우는 없을 것이니라.”

세존께서 이 뜻을 거듭 펴시려고
게송으로 말씀하셨다.

만일 어떤 사람이
부처님의 지혜를 구하기 위해 80만억 나유타 겁 동안 다섯 바라밀을 행하는데
이 세월동안 부처님과 연각의 제자들과 보살 대중들에게 보시하고 공양하였으니라.
뛰어나게 맛있는 음식과 좋은 옷과 눕거나 쉴 때 쓰는 물건과 전단향나무로 절을 짓고 숲과 동산으로 장

如是等布施 여 시 등 보 시	種種皆微妙호대 종 종 개 미 묘	盡此諸劫數히 진 차 제 겁 수
以廻向佛道하면 이 회 향 불 도	若復持禁戒호대 약 부 지 금 계	淸淨無缺漏하야 청 정 무 결 루
求於無上道의 구 어 무 상 도	諸佛之所歎하며 제 불 지 소 탄	若復行忍辱하야 약 부 행 인 욕
住於調柔地호대 주 어 조 유 지	設衆惡來加라도 설 중 악 래 가	其心不傾動하며 기 심 불 경 동
諸有得法者 제 유 득 법 자	懷於增上慢커든 회 어 증 상 만	爲此所輕惱라도 위 차 소 경 뇌
如是亦能忍하며 여 시 역 능 인	若復勤精進하야 약 부 근 정 진	志念常堅固하사 지 념 상 견 고
於無量億劫에 어 무 량 억 겁	一心不懈息하며 일 심 불 해 식	又於無數劫에 우 어 무 수 겁
住於空閑處하야 주 어 공 한 처	若坐若經行에 약 좌 약 경 행	除睡常攝心하야 제 수 상 섭 심

엄한 정사를 보시하고 공양하며, 이와 같이 가지가지 미묘한 것으로 이 세월이 다하도록 보시하고 불도에 회향하느니라. 또 계를 잘 지녀서 마음이 깨끗하며 조그마한 잘못도 없이 위없는 도를 구하므로 부처님들의 찬탄을 받으며, 인욕을 행하여 마음이 부드럽고 조화로운 경지에 머무르며, 설령 악의 무리가 와서 괴롭혀도 그 마음이 기울거나 흔들리지 않느니라. 법을 얻었다 하며 교만하고 잘난 체하는 사람들이 가볍게 여기거나 괴롭혀도 이와 같은 것들을 잘 참아내느니라. 또 부지런히 정진하여 뜻과 생각이 항상 굳고 단단하여 한량없는 억 겁동안 한결같은 마음으로 게을리하거나 쉬지 않으며, 또 헤아릴 수 없는 겁 동안 한적한 곳에 머무르며 앉거나 가벼이 거닐면서 자지

以是因緣故로 能生諸禪定하며 八十億萬劫에
이시인연고 능생제선정 팔십억만겁

安住心不亂하고 持此一心福하야 願求無上道하며
안주심불란 지차일심복 원구무상도

我得一切智하고 盡諸禪定際하며 是人於百千
아득일체지 진제선정제 시인어백천

萬億劫數中에 行此諸功德호대 如上之所說커든
만억겁수중 행차제공덕 여상지소설

有善男女等이 聞我說壽命하고 乃至一念信하면
유선남녀등 문아설수명 내지일념신

其福過於彼하나니 若人悉無有 一切諸疑悔하고
기복과어피 약인실무유 일체제의회

深心須臾信이라도 其福爲如此니라 其有諸菩薩이
심심수유신 기복위여차 기유제보살

無量劫行道라가 聞我說壽命하고 是則能信受하며
무량겁행도 문아설수명 시즉능신수

도 않고 항상 마음을 다스린 이런 인연으로 선정들이 생기어서 80억 겁을 편안히 머무르며 마음이 어지럽지 않으리라. 이와 같이 한결같은 마음을 지닌 복으로 위없는 도 구하기를 원하며 나의 일체지를 얻고 모든 선정의 극치를 다 하리라.

이런 사람이 백천만억 겁 동안 이 모든 공덕을 앞서 말한 것과 같이 행하더라도, 선남자 선여인들이 내가 말한 수명을 듣고 한 번만이라도 믿는 마음을 내면 그 복이 앞의 복보다 더 많으니라.

만약 어떤 사람이 일체의 의심과 후회도 없이 잠깐만이라도 마음 깊이 믿으면 그 복도 이와 같을 것이니라. 만일 보살들이 한량없는 겁 동안 도를 행하며, 나의 수명이 길다는 말을 듣고 바로 믿고 받아들이

如是諸人等은　頂受此經典하고　願我於未來에
여시제인등　정수차경전　원아어미래

長壽度衆生호대　如今日世尊　諸釋中之王이
장수도중생　여금일세존　제석중지왕

道場師子吼하사　說法無所畏하시니　我等未來世에
도량사자후　설법무소외　아등미래세

一切所尊敬하야　坐於道場時에　說壽亦如是라하며
일체소존경　좌어도량시　설수역여시

若有深心者는　淸淨而質直하야　多聞能總持하고
약유심심자　청정이질직　다문능총지

隨義解佛語하나니　如是諸人等은　於此無有疑니라
수의해불어　여시제인등　어차무유의

又阿逸多야 若有聞佛 壽命長遠하고 解其言趣하면 是人
우아일다　약유문불　수명장원　해기언취　시인

면, 이런 사람들은 이 경전을 최고로 받아들이고 '나도 미래에는 영원한 수명을 가지고 중생들을 제도하며, 오늘의 세존이 석씨들의 왕으로서 도량에서 사자후로 무서울 것 없이 설법하시는 것처럼, 미래의 세상에서 일체의 존경을 받으며 도량에 앉아 수명을 설할 때는 이와 같이 하리라'고 원할 것이니라.

만약 마음이 깊은 사람이 청정하며 바탕이 정직하여, 많이 듣고 일체를 지니면 부처님의 말씀을 뜻대로 이해하는데, 이와 같은 사람들은 이제껏 말한 것에 대하여 의심이 있을 수 없을 것이니라.

"또 아일다여, 만약에 부처님의 수명이 길고도 멀다는 것을 듣고 그 말뜻을 이해하면, 이런 사람이 얻는 공덕

所得功德은 無有限量하야 能起如來 無上之慧어든 何況
소 득 공 덕 　 무 유 한 량 　 능 기 여 래 　 무 상 지 혜 　 하 황

廣聞是經하고 若教人聞하며 若自持하고 若教人持하며
광 문 시 경 　 약 교 인 문 　 약 자 지 　 약 교 인 지

若自書하고 若教人書하며 若以華香瓔珞과 幢幡繒蓋와
약 자 서 　 약 교 인 서 　 약 이 화 향 영 락 　 당 번 증 개

香油蘇燈으로 供養經卷하면 是人功德은 無量無邊하야
향 유 소 등 　 공 양 경 권 　 시 인 공 덕 　 무 량 무 변

能生一切種智니라 阿逸多야 若善男子 善女人이 聞我
능 생 일 체 종 지 　 아 일 다 　 약 선 남 자 　 선 여 인 　 문 아

說壽命長遠하고 深心信解면 則爲見佛이 常在耆闍崛
설 수 명 장 원 　 심 심 신 해 　 즉 위 견 불 　 상 재 기 사 굴

山하야 共大菩薩과 諸聲聞衆으로 圍繞說法이니라
산 　 공 대 보 살 　 제 성 문 중 　 위 요 설 법

은 한량없어서 능히 여래의 위없는 지혜를 일으키는데, 하물며 이 경을 많이 듣거나 남을 시켜 듣게 하거나, 스스로 지니거나 남을 시켜 지니게 하거나, 스스로 쓰거나 남을 시켜 쓰게 하거나, 꽃과 향과 영락과 깃발과 비단 가리개와 향유와 등불로써 이 경전에 공양을 하는 것이야 말할 것이 있겠느냐!

이런 사람의 공덕은 한량없고 가없어서 능히 일체종지가 생기느니라.

아일다여! 만일 선남자, 선여인이 나의 수명이 멀고도 길다는 말을 듣고 마음 깊이 믿고 이해하면, 곧 부처님께서 항상 기사굴산에 계시면서 큰 보살과 함께 성문 대중들에게 둘러싸여 설법하시는 것을 보게 될 것이니라.

又見此 娑婆世界호대 其地瑠璃라 坦然平正하며 閻浮
우견차 사바세계 기지유리 탄연평정 염부

檀金으로 以界八道하며 寶樹行列하고 諸臺樓觀이 皆悉寶
단금 이계팔도 보수항렬 제대루관 개실보

成이며 其 菩薩衆이 咸處其中커든 若有能 如是觀者면
성 기 보살중 함처기중 약유능 여시관자

當知是爲 深信解相이니라 又復如來滅後에 若聞是經하고
당지시위 심신해상 우부여래멸후 약문시경

而不毁呰하야 起隨喜心하면 當知已爲深信解相이온 何
이불훼자 기수희심 당지이위심신해상 하

況讀誦受持之者리요 斯人은 則爲頂戴如來니라 阿逸
황독송수지지자 사인 즉위정대여래 아일

多야 是善男子 善女人은 不須爲我하야 復起塔寺와 及
다 시선남자 선여인 불수위아 부기탑사 급

또 이 사바세계의 땅이 유리로 되어 있고 넓고 반듯하고 평평하며, 염부단금으로 여덟 갈래 길의 경계를 삼고, 보배나무가 줄지어 서 있고 모든 것을 볼 수 있는 전망대와 누각들이 모두 보배로 이루어져 있는 것과 보살들이 다 함께 그 속에 있는 것을 보게 될 것이니라. 만약 이와 같은 것을 볼 수 있는 사람이 있다면 마땅히 알아라. 이것을 깊이 믿고 이해하는 모습이라 하느니라. 또 여래가 열반한 후 이 경을 듣고 헐뜯거나 비방하지 않고 따라 기뻐하는 마음을 낸다면 마땅히 알아라. 이미 깊게 믿고 이해한 모습이라 하는데, 하물며 읽고 외우고 받아 지니는 자야 말할 것이 있겠느냐? 이 사람은 곧 여래를 머리 위에 이고 받드는 것이 되느니라. 아일다야! 이와 같은 선남자 선여인은 나를 위하

作僧坊하야 以四事로 供養衆僧이니 所以者何오 是善男
작승방 이사사 공양중승 소이자하 시선남

子善女人이 受持讀誦是經典者면 爲已起塔하고 造立
자선여인 수지독송시경전자 위이기탑 조립

僧坊하야 供養衆僧이며 則爲以佛舍利로 起七寶塔호대
승방 공양중승 즉위이불사리 기칠보탑

高廣漸小로 至于梵天하고 懸諸幡蓋와 及衆寶鈴하며
고광점소 지우범천 현제번개 급중보령

華香瓔珞과 抹香塗香燒香과 衆鼓伎樂과 簫笛箜篌와
화향영락 말향도향소향 중고기악 소적공후

種種舞戲하고 以妙音聲으로 歌唄讚頌하며 則爲於無量
종종무희 이묘음성 가패찬송 즉위어무량

千萬億劫에 作是供養已니라
천만억겁 작시공양이

여 탑이나 절을 세우는 일과 승방을 짓고 네 가지(의복, 음식, 침구, 약) 일로 승가들에게 공양할 필요가 없느니라.

왜냐하면 이런 선남자 선여인은 이 경전을 받아 지니고 읽고 외운 것으로 이미 탑을 세운 것이 되고 승방을 지은 것이 되며, 승가들에게 공양한 것이 되기 때문이니라.

부처님의 사리로 칠보탑을 세우는데, 높을수록 넓이가 점점 작아져서 범천에까지 다다르며, 깃발과 일산과 보배 방울들이 매달렸는데, 꽃과 향과 영락과 가루 향, 바르는 향, 사르는 향을 뿌리며 가지가지 북과 음악과 퉁소와 피리와 공후를 불고, 여러 가지 춤과 아름다운 소리로 노래를 부르며 찬송하는 것이 되며, 한량없는 천만억 겁 동안 이런 공양을 이미 한 것이 되느니라.

阿逸多야 若我滅後에 聞是經典하고 有能受持호대 若自書커나 若教人書하면 則爲起立僧坊호대 以赤栴檀으로 作諸殿堂 三十有二하며 高는 八多羅樹라 高廣嚴好커든 百千比丘 於其中止하며 園林浴池에 經行禪窟하며 衣服飮食과 床褥湯藥과 一切樂具充滿其中하며 如是僧坊은 堂閣이 若干 百千萬億으로 其數無量이라 以此現前에 供養於我와 及比丘僧이니라

아일다 약아멸후 문시경전 유능수지 약자서 약교인서 즉위기립승방 이적전단 작제전당 삼십유이 고 팔다라수 고광엄호 백천비구 어기중지 원림욕지 경행선굴 의복음식 상욕탕약 일체악구충만기중 여시승방 당각 약간 백천만억 기수무량 이차현전 공양어아 급비구승

아일다야!

만약 내가 열반한 후에 이 경전을 듣고 받아 지니며 직접 쓰거나 남을 시켜 쓰게 하면, 곧 승방을 세우는 것이 되느니라.

붉은 전단으로 서른 두 칸의 전당을 짓는데, 높이가 8다라수(1다라수의 높이는 49척)나 되고 높고 넓으며 훌륭하게 꾸며져서 백천의 비구가 그 속에 지내며, 동산과 숲과 못과 가벼이 거닐 곳과 참선하는 굴과 의복과 음식과 평상과 침구와 탕약과 일체의 필수품이 그 속에 가득한 이와 같은 승방과 전당과 누각이 백천만억이라 그 수를 헤아릴 수가 없는데, 이것으로 현재의 나와 비구승들에게 공양하는 것이 되느니라.

是故로 我說如來滅後에 若有受持讀誦하야 爲他人說하며
시고 아설여래멸후 약유수지독송 위타인설

若自書커나 若敎人書하야 供養經卷하면 不須復起塔寺와
약자서 약교인서 공양경권 불수부기탑사

及造僧坊하야 供養衆僧이니라 況復有人이 能持是經하고
급조승방 공양중승 황부유인 능지시경

兼行布施持戒와 忍辱精進과 一心智慧하면 其德이 最
겸행보시지계 인욕정진 일심지혜 기덕 최

勝하야 無量無邊이라 譬如虛空이 東西南北과 四維上下에
승 무량무변 비여허공 동서남북 사유상하

無量無邊커든 是人功德도 亦復如是하야 無量無邊이라
무량무변 시인공덕 역부여시 무량무변

疾至一切種智니라 若人이 讀誦受持是經하야 爲他人
질지일체종지 약인 독송수지시경 위타인

그러므로 내가 말하기를 '여래가 열반한 후에 받아 지니고 읽고 외우며, 남을 위해 설하며 스스로 쓰거나 남을 시켜 쓰게 하여 경전에 공양을 하면 또 다시 탑과 절을 세우거나 승방을 만들어 승가들에게 공양할 필요가 없다'고 한 것인데, 하물며 이 경전을 잘 지닐 뿐 아니라 보시와 지계와 인욕과 정진과 선정과 지혜를 행하면 그 공덕은 가장 뛰어나며 한량없고 끝이 없느니라.

비유하면, 허공이 동서남북과 사유와 상하가 한량없고 끝이 없듯이, 이 사람의 공덕도 역시 이와 같이 한량없고 가없어서 일체종지에 빨리 이르게 되느니라.

만약 어떤 사람이 이 경을 읽고 외우며 받아 지니고 다른 사람을 위하여 설하며 스스로 쓰거나 남을 시켜 쓰

說하며 若自書커나 若敎人書하고 復能起塔과 及造僧坊하야
설 약자서 약교인서 부능기탑 급조승방

供養讚歎 聲聞衆僧하고 亦以百千萬億 讚歎之法으로
공양찬탄 성문중승 역이백천만억 찬탄지법

讚歎 菩薩功德하며 又爲他人하야 種種因緣으로 隨義解
찬탄 보살공덕 우위타인 종종인연 수의해

說此 法華經하며 復能清淨持戒하야 與 柔和者로 而共
설차 법화경 부능청정지계 여 유화자 이공

同止하며 忍辱無瞋하야 志念이 堅固하며 常貴坐禪하야 得諸
동지 인욕무진 지념 견고 상귀좌선 득제

深定하며 精進勇猛하야 攝諸善法하며 利根智慧로 善答
심정 정진용맹 섭제선법 이근지혜 선답

問難이라 阿逸多야 若我滅後에 諸 善男子 善女人이 受
문난 아일다 약아멸후 제 선남자 선여인 수

게 하고, 또 탑을 세우거나 승방을 지으며, 성문과 승가에게 공양하고 찬탄하며, 백천만억 가지의 찬탄하는 법으로 보살의 공덕을 찬탄하며, 다른 사람을 위하여 가지가지 인연으로 이 『법화경』을 뜻에 따라 잘 해설할 뿐만 아니라 계를 청정하게 지니며, 부드럽고 온화한 자와 같이 지내며, 인욕을 잘하여 성을 내지 않으며, 뜻과 생각이 견고하며 항상 좌선을 귀하게 여기어 여러 가지 깊은 선정을 얻으며, 용맹정진하여 여러 가지 좋은 법을 거두어 들이면 뛰어난 근기와 지혜로 어려운 물음에 잘 대답할 수 있으리라.

아일다여!

내가 열반한 후 선남자 선여인들로서 이 경전을 받아

持讀誦是經典者 復有如是諸善功德하면 當知是人은
지독송시경전자 부유여시제선공덕 당지시인

已趣道場하야 近阿耨多羅三藐三菩提로 坐道樹下니라
이취도량 근아녹다라삼먁삼보리 좌도수하

阿逸多야 是善男子善女人이 若坐若立若行處에 此
아일다 시선남자선여인 약좌약립약행처 차

中은 便應起塔이라 一切天人이 皆應供養호대 如佛之塔이니라
중 변응기탑 일체천인 개응공양 여불지탑

爾時世尊이 欲重宣此義하사 而說偈言하사대
이시세존 욕중선차의 이설게언

若我滅度後에 能奉持此經하면 斯人福無量은
약아멸도후 능봉지차경 사인복무량

如上之所說이니라 是則爲具足 一切諸供養이니
여상지소설 시즉위구족 일체제공양

지니고 읽고 외우는 사람은 이와 같이 좋은 공덕들이 있을 것이니 마땅히 알아라.

이 사람은 이미 도량에 나아가 아뇩다라삼먁삼보리에 가까워졌으며, 도의 나무 아래에 앉은 것이 되느니라.

아일다여! 이런 선남자 선여인들이 앉거나 서거나 거닐던 이런 곳에는 마땅히 탑을 세워 일체의 하늘과 사람들이 모두다 부처님의 탑과 같이 공양하도록 하여라."

세존께서 이 뜻을 거듭 펴시려고 게송으로 말씀하셨다.

내가 열반한 후에 이 경을 받들어 지니면, 그 사람의 복이 한량없음은 위에서 말한 것과 같으리라.

이것은 곧 일체의 모든 것을 충분히 갖추어 공양하는 것이 되느니라.

以舍利起塔호대 이 사 리 기 탑	七寶而莊嚴하며 칠 보 이 장 엄	表刹甚高廣호대 표 찰 심 고 광
漸小至梵天하며 점 소 지 범 천	寶鈴千萬億에 보 령 천 만 억	風動出妙音하며 풍 동 출 묘 음
又於無量劫에 우 어 무 량 겁	而供養此塔호대 이 공 양 차 탑	華香諸瓔珞과 화 향 제 영 락
天衣衆伎樂하며 천 의 중 기 악	燃香油酥燈하야 연 향 유 수 등	周匝常照明하며 주 잡 상 조 명
惡世法末時에 악 세 법 말 시	能持是經者는 능 지 시 경 자	則爲已如上하야 즉 위 이 여 상
具足諸供養이니라 구 족 제 공 양	若能持此經하면 약 능 지 차 경	則如佛現在라 즉 여 불 현 재
以牛頭栴檀으로 이 우 두 전 단	起僧坊供養하며 기 승 방 공 양	堂有三十二호대 당 유 삼 십 이
高八多羅樹라 고 팔 다 라 수	上饌妙衣服과 상 찬 묘 의 복	床臥皆具足커든 상 와 개 구 족

사리로써 탑을 세우고 칠보로 장엄한 것이니라. 깃발을 다는 장대는 매우 높고 넓은데 점점 작아져 범천에까지 다다르며, 천만억의 보배 방울이 바람에 흔들려 묘한 소리를 내며, 또 한량없는 겁 동안 이 탑에 꽃과 향과 영락과 하늘 옷과 가지가지 음악으로 공양하며, 향유로 등을 켜서 시방을 항상 밝게 비추는 것이 되느니라. 악한 세상 말법의 시대에 이 경을 받아 지니는 자는 이미 위에서 말한 바와 같이 모든 것을 갖추어서 공양하는 것이 되느니라. 만약 이 경을 받아 지니면 곧 부처님께서 계실 적에 우두전단향나무로 승방을 지어 공양하는 것이 되는데, 그 승방은 32칸의 전당이 있고 높이가 8다라수나 되며, 좋은 음식과 훌륭한 옷과 평상과 침구들이 모두다 갖추어져

百千衆住處하며 백천중주처	園林諸浴池와 원림제욕지	經行及禪窟에 경행급선굴
種種皆嚴好니라 종종개엄호	若有信解心으로 약유신해심	受持讀誦書하고 수지독송서
若復教人書하며 약부교인서	及供養經卷하고 급공양경권	散華香抹香호대 산화향말향
以須曼瞻蔔과 이수만첨복	阿提目多伽하야 아제목다가	薰油常燃之니 훈유상연지
如是供養者는 여시공양자	得無量功德호대 득무량공덕	如虛空無邊하야 여허공무변
其福亦如是니라 기복역여시	況復持此經호대 황부지차경	兼布施持戒와 겸보시지계
忍辱樂禪定하고 인욕낙선정	不瞋不惡口하며 부진불악구	恭敬於塔廟하고 공경어탑묘
謙下諸比丘하며 겸하제비구	遠離自高心하고 원리자고심	常思惟智慧하며 상사유지혜

있어 백천의 중생이 항상 머무를 수 있으며, 동산과 숲과 연못과 거닐 곳과 참선하는 굴과 가지가지가 모두 훌륭하게 꾸며져 있느니라. 만약 믿고 이해하는 마음으로 받아 지니고 읽고 외우며 쓰거나, 또 사람을 시켜 쓰게 하거나, 경전에 꽃과 향과 가루 향으로 공양을 하거나, 수만(수마나화)과 첨복(금색화수)과 아제목다가(붉은 꽃이 피는 마와 같은 풀)의 기름으로 항상 불을 밝히는 이와 같은 공양을 하면, 이런 사람들도 한량없는 공덕을 얻느니라. 허공이 끝이 없는 것처럼 그 복도 이와 같은데, 하물며 이 경을 지니면서 보시와 지계와 인욕을 하며 선정을 즐기어 성내는 일이 없고, 악한 말을 하지 않으며 탑묘에 공경하며 비구들에게 겸손하며, 스스로 높이는 마음을 멀리하고

有問難不瞋하고 유 문 난 부 진	隨順爲解說호리니 수 순 위 해 설	若能行是行하면 약 능 행 시 행
功德不可量이라 공 덕 불 가 량	若見此法師 약 견 차 법 사	成就如是德커든 성 취 여 시 덕
應以天華散하고 응 이 천 화 산	天衣覆其身하며 천 의 부 기 신	頭面接足禮호대 두 면 접 족 례
生心如佛想하며 생 심 여 불 상	又應作是念호대 우 응 작 시 념	不久詣道樹하며 불 구 예 도 수
得無漏無爲하야 득 무 루 무 위	廣利諸人天하며 광 리 제 인 천	其所住止處에 기 소 주 지 처
經行若坐臥하야 경 행 약 좌 와	乃至說一偈커든 내 지 설 일 게	是中應起塔호대 시 중 응 기 탑
莊嚴令妙好하고 장 엄 령 묘 호	種種以供養이니 종 종 이 공 양	佛子住此地하면 불 자 주 차 지
則是佛受用이라 즉 시 불 수 용	常在於其中하야 상 재 어 기 중	經行及坐臥니라 경 행 급 좌 와

항상 지혜를 생각하며, 어려운 것을 물어도 성내지 아니하며 순리대로 풀어서 해설하여 주는 것이야 말할 것이 있겠느냐! 만약 이런 행을 닦는다면 공덕은 한량이 없느니라. 이와 같은 덕을 성취한 이런 법사를 보게 되면 하늘 꽃을 뿌리고 하늘 옷을 그 몸에 입히고, 머리와 얼굴을 발에 대고 예배하며 부처님이라는 마음을 내어야 하며, 오래지 않아 도량의 보리수 아래서 무루의 법과 무위의 법을 얻어 천상과 인간들에게 널리 이익을 줄 것이라고 생각하여야 하느니라. 그가 머무르며 가벼이 거닐거나 앉거나 눕거나 한 게송이라도 설한 곳이면, 이곳에다가 탑을 세우고 훌륭하게 장엄하고 가지가지로 공양하여라. 불자가 머무른 이런 곳은 부처님께서 받아 쓰신 불국토이므로 항상 그

第 十七 分別功德品 終
제 십칠 분별공덕품 종

妙法蓮華經 卷 第五 終
묘법연화경 권 제오 종

곳에 머무르며 가볍게 거닐거나 앉거나 누울 것이니라.

제 십칠 분별공덕품 끝

묘법연화경 권 제 오 끝

妙法蓮華經 卷 第六
묘법연화경 권 제육

第十八 隨喜功德品
제 십 팔 수 희 공 덕 품

爾時에 彌勒菩薩摩訶薩이 白佛言하사대 世尊이시여 若有善
이시 미륵보살마하살 백불언 세존 약유선

男子 善女人이 聞是法華經하고 隨喜者는 得幾所福이닛고
남자 선여인 문시법화경 수희자 득기소복

而說偈言하사대
이설게언

世尊滅度後에 其有聞是經하고 若能隨喜者면
세존멸도후 기유문시경 약능수희자

爲得幾所福이닛고
위득기소복

爾時에 佛告彌勒菩薩摩訶薩하사대 阿逸多야 如來滅後에
이시 불고미륵보살마하살 아일다 여래멸후

제 십팔 수희공덕품

그때 미륵보살마하살이 부처님께 이렇게 아뢰었다.

"세존이시여! 만일 선남자 선여인이 이 『법화경』을 듣고 수희(다른 사람이 선한 행위를 닦아 덕을 이루는 것을 보고 함께 기뻐하는 것)한다면 얻는 복이 얼마나 됩니까?"

다시 게송으로 여쭈었다.

세존께서 열반하신 후 이 경을 듣고 따라서 기뻐한다면 얻는 복이 얼마나 되겠습니까?

이때 부처님께서 미륵보살마하살에게 말씀하셨다.

"아일다야! 여래가 열반한 후

若 比丘比丘尼와 優婆塞 優婆夷와 及餘智者의 若長
약 비구비구니 우바새 우바이 급여지자 약장
若幼 聞是經 隨喜已에 從 法會出하야 至於餘處호대 若
약유 문시경 수희이 종 법회출 지어여처 약
在僧坊커나 若 空閑地어나 若 城邑巷陌 聚落田里에 如
재승방 약 공한지 약 성읍항맥 취락전리 여
其所聞하야 爲 父母宗親과 善友知識하야 隨力演說커든 是
기소문 위 부모종친 선우지식 수력연설 시
諸人等이 聞已隨喜하고 復行轉教하며 餘人聞已에 亦
제인등 문이수희 부행전교 여인문이 역
隨喜轉教하야 如是展轉하야 至 第五十커든 阿逸多야 其
수희전교 여시전전 지 제오십 아일다 기
第五十인 善男子 善女人의 隨喜功德을 我今說之호리니
제오십 선남자 선여인 수희공덕 아금설지

만약 비구 · 비구니와 우바새 · 우바이와 지혜 있는 사람으로서 어른이거나 아이이거나 이 경을 듣고 따라서 기뻐하며, 법회에서 나와 다른 곳에 이르러서는 그곳이 승방이거나 한적한 곳이거나 도시이거나 거리이거나 큰 마을이거나 작은 마을이거나 어느 곳이라도 그가 들은 대로 부모와 친척과 좋은 친구와 아는 이를 위하여 그들의 능력을 따라서 설하여 그 사람들이 듣고 따라서 기뻐하며 다시 다른 사람에게 가르쳐 전하고, 다른 사람이 듣고는 역시 따라서 기뻐하며 가르쳐 전하기를 되풀이하여 50번이 되었다면,

아일다야!

그 50번째의 선남자 선여인이 따라서 기뻐한 공덕을 내

汝當善聽하라 若 四百萬億 阿僧祇世界 六趣四生衆
여 당 선 청 약 사 백 만 억 아 승 지 세 계 육 취 사 생 중

生에 卵生胎生과 濕生化生과 若 有形無形과 有想無
생 난 생 태 생 습 생 화 생 약 유 형 무 형 유 상 무

想과 非有想 非無想과 無足二足과 四足多足인 如是
상 비 유 상 비 무 상 무 족 이 족 사 족 다 족 여 시

等 在 衆生數者를 有人이 求福할새 隨其所欲 娛樂之
등 재 중 생 수 자 유 인 구 복 수 기 소 욕 오 락 지

具하야 皆給與之호대 一一衆生에 與 滿閻浮提한 金銀
구 개 급 여 지 일 일 중 생 여 만 염 부 제 금 은

瑠璃와 硨磲瑪瑙와 珊瑚琥珀의 諸妙珍寶와 及 象馬
유 리 자 거 마 노 산 호 호 박 제 묘 진 보 급 상 마

車乘과 七寶所成인 宮殿樓閣等커든 是 大施主 如是布
거 승 칠 보 소 성 궁 전 누 각 등 시 대 시 주 여 시 보

가 이제 말할 테니 잘 들어보아라.

만약에 4백만억 아승지 세계의 육도의 사생 중생인 알로 태어나는 것, 태로 태어나는 것, 습기로 태어나는 것, 화하여 태어나는 것과 모양이 있는 것, 모양이 없는 것, 생각이 있는 것, 생각이 없는 것, 생각이 있는 것이 아닌 것, 생각이 없는 것이 아닌 것, 발이 없는 것, 두발을 가진 것, 네 발을 가진 것, 발을 많이 가진 것 등 이와 같이 중생의 범위에 들어 있는 것들에게 어떤 사람이 복을 구하려고 그들의 욕망에 따라 좋아하는 물건들을 하나 하나의 중생들 모두에게 염부제(사바세계)에 가득 찰 만큼의 금, 은, 유리, 자거, 마노, 산호, 호박 등의 진기하고 묘한 보배와 코끼리와 말과 수레와 칠보로 된 궁전과 누

施를 滿八十年已하고 而作是念호대 我已施衆生娛樂之
시 만팔십년이 이작시념 아이시중생오락지

具하야 隨意所欲이나 然이나 此衆生이 皆已衰老하고 年過八
구 수의소욕 연 차중생 개이쇠로 연과팔

十이라 髮白面皺하고 將死不久하니 我當以佛法으로 而訓導
십 발백면추 장사불구 아당이불법 이훈도

之라하고 卽集此衆生하야 宣布法化하며 示教利喜하야 一
지 즉집차중생 선포법화 시교이희 일

時에 皆得須陀洹道와 斯陀含道와 阿那含道와 阿羅
시 개득수다원도 사다함도 아나함도 아라

漢道하야 盡諸有漏하고 於深禪定에 皆得自在하야 具八
한도 진제유루 어심선정 개득자재 구팔

解脫케하면 於汝意云何오 是大施主의 所得功德이 寧爲
해탈 어여의운하 시대시주 소득공덕 영위

각 등을 주었다고 하자. 이 큰 시주가 이렇게 80년 동안이나 보시를 하고 '내가 이 중생들에게 그들의 욕망에 따라 좋아하는 물건들을 보시하였는데, 중생들이 이제는 모두다 늙어 나이가 팔십이 넘으니 머리가 희고 얼굴도 주름졌으며, 오래지 않아 죽을 것 같으니, 내가 마땅히 불법으로 이들을 가르쳐 인도해야겠구나' 하며 곧 이 중생들을 모아 놓고 법을 널리 펴서 교화하고 이롭고 기쁜 것을 가르치니 일시에 모두다 수다원과와 사다함과와 아나함과와 아라한의 도를 얻어서 여러 가지 번뇌를 다하고 깊은 선정에서 모두다 자재함을 얻고, 팔해탈을 갖추었다면 너의 생각은 어떠하냐? 이 큰 시주가 얻을 공덕이 어찌 많지 않겠느냐?"

多不아 彌勒이 白佛言하사대 世尊이시여 是人은 功德이 甚
다부 미륵 백불언 세존 시인 공덕 심

多하야 無量無邊이니다 若是施主 但施衆生의 一切樂具라도
다 무량무변 약시시주 단시중생 일체낙구

功德이 無量이온 何況令得阿羅漢果이릿가 佛告彌勒하사대
공덕 무량 하황영득 아라한과 불고미륵

我今에 分明語汝호리라 是人이 以 一切樂具로 施於四百
아금 분명어여 시인 이 일체낙구 시어사백

萬億 阿僧祇世界에 六趣衆生하고 又令得 阿羅漢果라도
만억 아승지세계 육취중생 우영득 아라한과

所得功德은 不如是 第五十人의 聞 法華經 一偈인 隨
소득공덕 불여시 제오십인 문 법화경 일게 수

喜功德이니 百分千分과 百千萬億分에 不及其一이며 乃
희공덕 백분천분 백천만억분 불급기일 내

미륵보살이 부처님께 말씀드렸다.

"세존이시여! 이 사람의 공덕은 매우 많아서 한량없으며 가없을 것입니다. 만약에 이 시주가 중생들이 좋아하는 물건들로 보시만 하였더라도 그 공덕이 한량이 없을 텐데, 하물며 아라한과까지 얻게 하였으니 말할 것이 있겠습니까?"

부처님께서 미륵에게 말씀하셨다.

"내가 지금 너에게 분명히 말하는데, 이 사람이 일체가 좋아하는 물건으로 4백만억 아승지 세계의 육도 중생들에게 보시를 하고, 아라한과도 얻게 하였지만, 그가 얻는 공덕은 50번째의 사람이 『법화경』의 한 게송을 듣고 따라 기뻐한 공덕만 못하며, 백 분의, 천 분의, 백천만억

至算數譬喩로 所不能知니라 阿逸多야 如是第五十人이
지산수비유 소불능지 아일다 여시제오십인

展轉聞法華經하고 隨喜功德도 尙無量無邊阿僧祇는
전전문법화경 수희공덕 상 무량무변아승지

何況最初於會中에 聞而隨喜者리요 其福은 復勝하야 無
하황최초어회중 문이수희자 기복 부승 무

量無邊阿僧祇로 不可得比니라 又阿逸多야 若人이 爲
량무변아승지 불가득비 우아일다 약인 위

是經故로 往詣僧坊하야 若坐若立에 須臾聽受라도 緣是
시경고 왕예승방 약좌약립 수유청수 연시

功德하야 轉身所生에 得好上妙한 象馬車乘과 珍寶輦
공덕 전신소생 득호상묘 상마거승 진보연

輿와 及乘天宮하나니라 若復有人이 於講法處坐어든 更有
여 급승천궁 약부유인 어강법처좌 갱유

분의 일에도 미치지 못한다. 이처럼 수희공덕은 산수나 비유로서는 알 수가 없느니라.

아일다야! 이와 같이 50번째 사람이 『법화경』을 전해 듣고 따라 기뻐한 공덕이 한량없고 가없는 아승지인데, 하물며 맨 처음 법회에서 듣고 따라 기뻐한 사람이야 말할 것이 있겠느냐? 그 사람의 복은 한량없고 가없는 아승지보다 많아 비교할 수가 없느니라. 또 아일다야, 만약에 어떤 사람이 이 경을 들으려고 승방에 가서 앉거나 서서 잠깐이라도 들으면, 이런 공덕의 인연으로 몸을 바꾸어 다시 태어날 때 가장 아름다운 코끼리나 말이 끄는 수레와 진귀한 보배로 꾸며진 가마를 타고 하늘의 궁전에 오를 것이다. 또 어떤 사람이 법을 설하는 곳에 앉아

人來에 勸令坐聽호대 若 分座令坐하면 是人功德은 轉
인래 권령좌청 약 분좌령좌 시인공덕 전

身에 得 帝釋坐處와 若 梵王坐處와 若 轉輪聖王 所坐
신 득 제석좌처 약 범왕좌처 약 전륜성왕 소좌

之處리라 阿逸多야 若復有人이 語 餘人言호대 有經名
지처 아일다 약부유인 어 여인언 유경명

法華라 可共往聽이라하거든 卽受其敎하야 乃至須臾間聞하면
법화 가공왕청 즉수기교 내지수유간문

是人功德은 轉身에 得與陀羅尼菩薩로 共生一處리다
시인공덕 전신 득여다라니보살 공생일처

利根智慧하야 百千萬世에 終不瘖瘂하고 口氣不臭하며
이근지혜 백천만세 종불음아 구기불취

舌常無病하고 口亦無病하며 齒不垢黑하고 不黃不疎하며
설상무병 구역무병 치불구흑 불황불소

있다가 다른 사람이 오면 앉아서 듣도록 권하며 자리를 나누어 앉게 하면, 이 사람의 공덕은 다시 태어날 때 제석천왕이 앉는 곳이나 범천왕이 앉는 곳이나 전륜성왕이 앉는 곳에 앉게 될 것이니라.

아일다야! 또 다시 어떤 사람이 다른 사람에게 말하기를 법화라 이름하는 경이 있는데 같이 들으러 가자고 하여 그 말을 받아들여 잠깐만이라도 듣게 하면, 이 사람의 공덕은 다시 태어날 때 다라니보살과 한곳에 태어나게 되며, 근기가 뛰어나고 지혜가 있으며, 백천만 번을 태어나더라도 벙어리가 되지 않고, 입에서는 냄새가 나지 않으며, 혀는 항상 병이 없고, 입도 병이 없으며, 치아는 더럽거나 검지 않으며 누렇거나 성글지 않으며 빠지

亦不缺落하고 不差不曲하며 脣不下垂하고 亦不褰縮하며
역불결락 불차불곡 순불하수 역불건축

不麤澁하고 不瘡胗하며 亦不缺壞하고 亦不喎斜하며 不厚
불추삽 불창진 역불결괴 역불괘사 불후

不大하고 亦不黧黑하야 無諸可惡하며 鼻不匾㔸제하고 亦
부대 역불려흑 무제가오 비불변제 역

不曲戾하며 面色이 不黑하고 亦不狹長하며 亦不窊曲하야
불곡려 면색 불흑 역불협장 역불와곡

無有一切不可喜相하며 脣舌牙齒 悉皆嚴好하며 鼻脩高
무유일체불가희상 순설아치 실개엄호 비수고

直하고 面貌圓滿하며 眉高而長하고 額廣平正하야 人相具
직 면모원만 미고이장 액광평정 인상구

足하며 世世所生에 見佛聞法하고 信受教誨리라
족 세세소생 견불문법 신수교회

거나 어긋나거나 굽지도 않으며, 입술은 아래로 처지거나 위로 걷히어 오므라들지도 않으며 거칠지 않고, 부스럼이나 종기가 나지 않으며 언청이도 되지 않으며 비뚤어지거나 두텁거나 크거나 검지도 않아 나쁜 것들이 없으며, 코는 납작하거나 엷지 않으며 또 굽거나 휘어지지 않으며, 얼굴은 빛이 검거나 좁거나 길지도 않으며 쑥 들어가거나 비뚤어지지 않아 못생긴 모습이 하나도 없으리라. 입술과 혀와 치아가 모두다 잘 생기고, 코가 길고 높고 바르며, 얼굴이 원만하여 눈썹이 높고 길며 이마가 넓고 반듯하여 사람의 모습을 흡족하게 갖추어, 세세생생 태어날 때마다 부처님을 뵈옵고, 법을 듣게 되며 가르침을 믿고 받아들일 것이니라.

阿逸多야 汝且觀是 勸於一人하야 令往聽法이라도 功德이
아일다 여차관시 권어일인 영왕청법 공덕

如此온 何況一心으로 聽說讀誦하고 而於大衆에 爲人分
여차 하황일심 청설독송 이어대중 위인분

別하며 如說修行이리요
별 여설수행

爾時世尊이 欲重宣此義하사 而說偈言하사대
이시세존 욕중선차의 이설게언

若人於法會에 得聞是經典호대 乃至於一偈하고
약인어법회 득문시경전 내지어일게

隨喜爲他說하며 如是展轉教하야 至于第五十커든
수희위타설 여시전전교 지우제오십

最後人獲福을 今當分別之호리라 如有大施主
최후인획복 금당분별지 여유대시주

아일다야! 이걸 보아라.

한 사람을 권하여서 법을 들으러 가게 한 공덕이 이와 같은데, 하물며 일심으로 듣고 설하며 읽고 외우고 대중 속에서 다른 사람을 위하여 자세히 분별하여 설해 주고, 설한 대로 수행하는 것이야 말할 것이 있겠느냐?"

세존께서 이 뜻을 거듭 펴시려고 게송으로 말씀하셨다.

만약에 어떤 사람이
법회에서 이 경전의 한 게송이라도 듣고 따라서 기뻐하며 남을 위해 설하고, 이와 같이 되풀이하며 전하여 50번째 사람에게 이르면, 마지막 사람이 얻는 복을 이제 자세히 말하겠노라.

어떤 큰 시주가

供給無量衆호대 공 급 무 량 중	具滿八十歲를 구 만 팔 십 세	隨意之所欲하고 수 의 지 소 욕
見彼衰老相의 견 피 쇠 노 상	髮白而面皺와 발 백 이 면 추	齒疎形枯竭하고 치 소 형 고 갈
念其死不久라 염 기 사 불 구	我今應當敎하야 아 금 응 당 교	令得於道果라하고 영 득 어 도 과
卽爲方便說 즉 위 방 편 설	涅槃眞實法호대 열 반 진 실 법	世皆不牢固하야 세 개 불 뢰 고
如水沫泡焰이니 여 수 말 포 염	汝等咸應當 여 등 함 응 당	疾生厭離心하라 질 생 염 리 심
諸人聞是法하고 제 인 문 시 법	皆得阿羅漢하며 개 득 아 라 한	具足六神通과 구 족 육 신 통
三明八解脫커든 삼 명 팔 해 탈	最後第五十이 최 후 제 오 십	聞一偈隨喜하면 문 일 게 수 희
是人福勝彼호대 시 인 복 승 피	不可爲譬喩니라 불 가 위 비 유	如是展轉聞하여도 여 시 전 전 문

한량없는 중생에게 80년 동안이나 그들이 갖고 싶어 하는 대로 좋아하는 물건들을 다 주었는데, 그들의 모습을 보니 늙어서 머리가 희고 얼굴이 주름지고 치아가 성글고 몸이 야위어서 머지않아 죽을 것 같으므로 '내가 이제 가르쳐서 도의 결과를 얻게 하리라' 하며 즉시 방편으로 열반의 진실한 가르침을 설하며 '세상의 모든 것은 굳고 단단하지 않아 물거품 같고 불꽃 같으니 너희들은 모두다 싫어하고 멀리하는 마음을 빨리 내어라' 하여, 사람들이 이 법을 듣고 모두 아라한을 얻어 육신통과 삼명과 팔해탈을 갖추게 되었더라도, 맨 마지막 50번째로 한 게송을 듣고 따라 기뻐한 이 사람의 복이 그것보다 더 많아서 비유를 할 수가 없느니라. 이와 같이 전해들은 복도 한량없

其福尚無量이온 何況於法會에 初聞隨喜者리요
기복상무량 하황어법회 초문수희자

若有勸一人하야 將引聽法華호대 言此經深妙하야
약유권일인 장인청법화 언차경심묘

千萬劫難遇라커든 卽受教往聽하야 乃至須臾聞하면
천만겁난우 즉수교왕청 내지수유문

斯人之福報를 今當分別說호리라 世世無口患하고
사인지복보 금당분별설 세세무구환

齒不疎黃黑하며 脣不厚褰缺하야 無有可惡相하며
치불소황흑 순불후건결 무유가오상

舌不乾黑短하고 鼻高脩且直하며 額廣而平正하고
설불건흑단 비고수차직 액광이평정

面目悉端嚴하야 爲人所喜見이며 口氣無臭穢하고
면목실단엄 위인소희견 구기무취예

優鉢華之香이 常從其口出하며 若故詣僧坊하야
우발화지향 상종기구출 약고예승방

는데, 하물며 법회에서 처음 듣고 따라 기뻐한 사람이야 말할 것이 있겠느냐? 만약에 한 사람이라도 데리고 가서 『법화경』을 듣게 하려고, '이 경은 깊고 묘하며 천만 겁에도 만나기가 어렵다'고 말하여 그 말을 듣고 들으러 가서 잠깐이라도 듣게 한다면 이 사람이 받을 복을 이제 자세히 말하겠노라. 태어날 때마다 입에 병이 없고, 치아는 성글거나 누렇거나 검지 않으며, 입술은 두텁거나 거칠거나 찢어지지 않아 흉한 모습이 없으며, 혀는 마르거나 검거나 짧지 않으며, 코는 높고 길고 바르며, 이마는 넓고 반듯하며, 얼굴과 눈이 모두다 단정하여 남이 보기에 좋으며, 입에는 나쁜 냄새가 없으며 우담발화의 향기가 그의 입에서 항상 날 것이니라.

欲聽法華經호대 욕 청 법 화 경	須臾聞歡喜하면 수 유 문 환 희	今當說其福호리라 금 당 설 기 복
後生天人中하야 후 생 천 인 중	得妙象馬車와 득 묘 상 마 거	珍寶之輦轝와 진 보 지 연 여
及乘天宮殿하며 급 승 천 궁 전	若於講法處에 약 어 강 법 처	勸人坐聽經하면 권 인 좌 청 경
是福因緣得 시 복 인 연 득	釋梵轉輪座하나니 석 범 전 륜 좌	何況一心聽하고 하 황 일 심 청
解說其義趣하며 해 설 기 의 취	如說而修行이리요 여 설 이 수 행	其福不可量이니라 기 복 불 가 량

第十八 隨喜功德品 終
제 십팔 수희공덕품 종

또 『법화경』을 들으려고 승방을 찾아가서 잠깐이라도 듣고 기뻐하면 이제 그 복을 자세히 말하겠노라. 다음 생에는 하늘이나 인간으로 나서 훌륭한 코끼리나 말이 끄는 수레와 진귀한 보배로 꾸며진 가마를 타고 하늘의 궁전으로 오르게 되느니라. 또 법을 강의하는 곳에서 다른 사람에게 앉아서 법을 듣도록 권한다면, 이 복의 인연으로 제석천과 범천과 전륜성왕의 자리를 얻는데, 하물며 일심으로 듣고 그 뜻을 해설하고 설한 대로 수행하는 것이야 말할 것이 있겠느냐? 그 복은 한량이 없느니라.

제 십팔 수희공덕품 끝

第十九 法師功德品
제 십 구 법 사 공 덕 품

爾時에 佛告常精進菩薩摩訶薩하사대 若善男子善女
이 시 불 고 상 정 진 보 살 마 하 살 약 선 남 자 선 여

人이 受持是法華經하야 若讀若誦커나 若解說若書寫하면
인 수 지 시 법 화 경 약 독 약 송 약 해 설 약 서 사

是人은 當得八百眼功德과 千二百耳功德과 八百鼻
시 인 당 득 팔 백 안 공 덕 천 이 백 이 공 덕 팔 백 비

功德과 千二百舌功德과 八百身功德과 千二百意功
공 덕 천 이 백 설 공 덕 팔 백 신 공 덕 천 이 백 의 공

德하리니 以是功德으로 莊嚴六根하야 皆令淸淨하나니라 是
덕 이 시 공 덕 장 엄 육 근 개 령 청 정 시

善男子善女人이 父母所生淸淨肉眼으로 見於三千大
선 남 자 선 여 인 부 모 소 생 청 정 육 안 견 어 삼 천 대

제 십구 법사공덕품

그때 부처님께서 상정진보살마하살에게 말씀하셨다.

"선남자 선여인이

이 『법화경』을 받아 지니고

읽거나 외우거나 해설하거나 옮겨 쓰면,

이 사람은 마땅히 8백의 눈 공덕과

1천 2백의 귀 공덕과 8백의 코 공덕과

1천 2백의 혀 공덕과 8백의 몸 공덕과

1천 2백의 마음 공덕을 얻게 되며,

이 공덕으로 육근이 모두다 청정하게 장엄될 것이다.

이 선남자 선여인은 부모로부터 받은

청정한 육안으로 삼천대천세계의

千世界에 內外所有 山林河海호대 下至阿鼻地獄하고
천세계 내외소유 산림하해 하지아비지옥
上至有頂하며 亦見其中에 一切衆生과 及業因緣과 果
상지유정 역견기중 일체중생 급업인연 과
報生處하야 悉見悉知니라 爾時世尊이 欲重宣此義하사
보생처 실견실지 이시세존 욕중선차의
而說偈言하사대
이설게언

若於大衆中에 以無所畏心으로 說是法華經하면
약어대중중 이무소외심 설시법화경
汝聽其功德하라 是人得八百 功德殊勝眼이니
여청기공덕 시인득팔백 공덕수승안
以是莊嚴故로 其目甚淸淨이라 父母所生眼으로
이시장엄고 기목심청정 부모소생안

안과 밖에 있는 산과 숲과 강과 바다를 볼 수 있는데, 아래로는 아비지옥에서 위로는 유정천에 이르기까지를 보게 되며, 또 그 속의 일체 중생도 보게 되며, 아울러 업(業)의 인연과 과(果)에 대한 보(報)로 태어나는 것을 모두다 보고 모두다 알 수 있느니라."

세존께서 이 뜻을 거듭 펴시려고 게송으로 말씀하셨다.

만약 대중 가운데에서 두려움 없는 마음으로 이 「법화경」을 설한다면, 설하는 사람의 공덕을 너희는 들어보아라.

이 사람은 8백 가지의 훌륭한 눈 공덕을 얻어 이것으로 장엄하므로 그의 눈은 매우 맑고 깨끗하리라.

부모에게서 받은 눈으로

悉見三千界의　　內外彌樓山과　　須彌及鐵圍와
실견삼천계　　내외미루산　　수미급철위

幷諸餘山林과　　大海江河水호대　　下至阿鼻獄하고
병제여산림　　대해강하수　　하지아비옥

上至有頂處히　　其中諸衆生을　　一切皆悉見하며
상지유정처　　기중제중생　　일체개실견

雖未得天眼이나　　肉眼力如是니라
수미득천안　　육안력여시

復次常精進아 若善男子善女人이 受持此經하야 若讀
부차상정진 약선남자선여인 수지차경 약독

若誦커나 若解說若書寫하면 得千二百耳功德하나니 以
약송 약해설약서사 득천이백이공덕 이

是淸淨耳로 聞三千大千世界에 下至阿鼻地獄하고 上
시청정이 문삼천대천세계 하지아비지옥 상

삼천대천세계의 안과 밖에 있는 미루산과 수미산과 철위산과 아울러 다른 산과 숲과 큰 바다와 강과 시냇물을 볼 수 있는데 아래로는 아비지옥에서 위로는 유정천에 이르기까지 그 속의 중생들을 모두다 볼 수 있으니 천안은 얻지 못하였으나 육안의 힘이 이와 같으니라.

"또 상정진보살아!

만약에 선남자 선여인이 이 경을 받아 지니고 읽거나 외우거나 해설하거나 옮겨 쓰면, 1천 2백의 귀의 공덕을 얻느니라.

이 공덕으로 귀가 청정하여
삼천대천세계의 아래로는 아비지옥에서 위로는 유정천

至有頂히 其中內外에 種種語言音聲호대 象聲馬聲이며
지유정 기중내외 종종어언음성 상성마성
牛聲車聲이며 啼哭聲 愁歎聲이며 螺聲鼓聲이며 鐘聲鈴
우성거성 제곡성 수탄성 나성고성 종성영
聲이며 笑聲語聲이며 男聲女聲이며 童子聲 童女聲이며 法
성 소성어성 남성여성 동자성 동녀성 법
聲非法聲이며 苦聲樂聲이며 凡夫聲 聖人聲이며 喜聲 不
성비법성 고성낙성 범부성 성인성 희성 불
喜聲이며 天聲龍聲이며 夜叉聲 乾闥婆聲이며 阿修羅聲
희성 천성용성 야차성 건달바성 아수라성
迦樓羅聲이며 緊那羅聲 摩睺羅伽聲이며 火聲 水聲 風
가루라성 긴나라성 마후라가성 화성 수성 풍
聲이며 地獄聲 畜生聲 餓鬼聲이며 比丘聲 比丘尼聲이며
성 지옥성 축생성 아귀성 비구성 비구니성

에 이르기까지 그 속의 안과 밖에 있는 온갖 말과 소리들을 들을 수 있느니라.

코끼리의 소리, 말의 소리, 소의 소리, 수레의 소리, 우는 소리, 탄식하는 소리, 소라 소리, 북 소리, 종 소리, 방울 소리, 웃는 소리, 말 소리, 남자 소리, 여자 소리, 소년의 소리, 소녀의 소리, 진리의 소리, 진리가 아닌 소리, 괴로운 소리, 즐거운 소리, 범부의 소리, 성인의 소리, 기쁜 소리, 기쁘지 못한 소리, 하늘의 소리, 용의 소리, 야차의 소리, 건달바의 소리, 아수라의 소리, 가루라의 소리, 긴나라의 소리, 마후라가의 소리, 불타는 소리, 물 흐르는 소리, 바람 부는 소리, 지옥의 소리, 축생의 소리, 아귀의 소리, 비구의 소리, 비구니의 소리,

聲聞聲 辟支佛聲이며 菩薩聲 佛聲이라 以要言之컨데 三
성문성 벽지불성 보살성 불성 이요언지 삼
千大千世界中 一切內外의 所有諸聲을 雖未得天耳나
천대천세계중 일체내외 소유제성 수미득천이
以 父母所生 淸淨常耳로 皆悉聞知하나니 如是分別種
이 부모소생 청정상이 개실문지 여시분별종
種音聲호대 而不壞耳根이니라
종음성 이불괴이근

爾時世尊이 欲重宣此義하사 而說偈言하사대
이시세존 욕중선차의 이설게언

父母所生耳는 淸淨無濁穢라 以此常耳聞
부모소생이 청정무탁예 이차상이문
三千世界聲호대 象馬車牛聲과 鐘鈴螺鼓聲이며
삼천세계성 상마거우성 종령나고성

성문의 소리, 벽지불의 소리, 보살의 소리, 부처님의 소리를 들으리라.

요약해서 말하는데 삼천대천세계 가운데의 모든 안과 밖의 소리들을 천이(天耳)를 얻지 않고도 부모가 낳아준 청정한 보통의 귀로 모든 것을 듣고 아느니라.

이와 같이 온갖 소리들을 분별하지만 이근(청각)은 상하지 않느니라."

세존께서 이 뜻을 거듭 밝히려고 게송으로 말씀하셨다.

부모님께 받은 귀가 청정하여져서 흐리거나 더럽지 않으며 이 보통의 귀로 삼천대천세계의 소리들을 들으리라.

코끼리와 말과 수레와 소의 소리와 종, 방울, 소라,

琴瑟箜篌聲과 금슬공후성	簫笛之音聲과 소적지음성	清淨好歌聲을 청정호가성
聽之而不著하며 청지이불착	無數種人聲을 무수종인성	聞悉能解了하며 문실능해료
又聞諸天聲의 우문제천성	微妙之歌音하며 미묘지가음	及聞男女聲과 급문남녀성
童子童女聲하며 동자동녀성	山川嶮谷中에 산천험곡중	迦陵頻伽聲과 가릉빈가성
命命等諸鳥를 명명등제조	悉聞其音聲하며 실문기음성	地獄衆苦痛의 지옥중고통
種種楚毒聲이며 종종초독성	餓鬼飢渴逼하야 아귀기갈핍	求索飮食聲이며 구색음식성
諸阿修羅等이 제아수라등	居在大海邊하야 거재대해변	自共語言時에 자공어언시
出于大音聲을 출우대음성	如是說法者 여시설법자	安住於此間하야 안주어차간

북의 소리와 거문고, 비파, 공후의 소리와 퉁소와 피리의 소리와 맑고 좋은 노래 소리를 듣고도 집착이 없으며, 수도 없는 사람들을 음성으로 모두다 이해하느니라. 또 하늘의 소리와 아름다운 노랫소리를 들을 수 있으며, 남자의 소리와 여자의 소리와 소년의 소리와 소녀의 소리를 들을 수 있으며, 산천과 깊은 계곡 속에 있는 가릉빈가의 소리와 명명(한 몸뚱이에 머리가 두 개 달린 새로 설산에 산다고 함)과 온갖 새들의 소리를 모두다 들을 수 있느니라. 지옥 중생들이 고통으로 내는 가지가지 신음소리와 아귀들이 굶주리고 목이 말라 음식을 찾는 소리와 아수라들이 큰 바닷가에서 살며 자기들끼리 말할 때 크게 지르는 소리도 다 들을 수 있느니라. 법을 설하는 사람은 이

遙聞是衆聲호대 요 문 시 중 성	而不壞耳根하며 이 불 괴 이 근	十方世界中에 시 방 세 계 중
禽獸鳴相呼를 금 수 명 상 호	其說法之人이 기 설 법 지 인	於此悉聞之하며 어 차 실 문 지
其諸梵天上에 기 제 범 천 상	光音及遍淨과 광 음 급 변 정	乃至有頂天히 내 지 유 정 천
言語之音聲을 언 어 지 음 성	法師住於此하야 법 사 주 어 차	悉皆得聞之하며 실 개 득 문 지
一切比丘衆과 일 체 비 구 중	及諸比丘尼가 급 제 비 구 니	若讀誦經典하며 약 독 송 경 전
若爲他人說을 약 위 타 인 설	法師住於此하야 법 사 주 어 차	悉皆得聞之하며 실 개 득 문 지
復有諸菩薩이 부 유 제 보 살	讀誦於經法하며 독 송 어 경 법	若爲他人說하고 약 위 타 인 설
撰集解其義하난 찬 집 해 기 의	如是諸音聲을 여 시 제 음 성	悉皆得聞之하며 실 개 득 문 지

속에 편안히 머무르며 멀리서 이런 가지가지의 소리를 들어도 청각은 상하지 않느니라.

시방세계의 새와 짐승들이 서로 울며 부르는 것을 설법하는 사람은 여기에서 다 들을 수 있으며,

범천들 위에 있는 광음천과 변정천에서 유정천까지의 말소리를 법사는 이곳에서 모두다 들을 수 있느니라.

일체의 비구들과 비구니들이 이 경전을 읽고 외우며 다른 사람을 위하여 설하는 것도 이곳에서 모두다 들을 수 있으며,

또 보살들이 경의 가르침을 읽고 외우며 다른 사람을 위하여 설하며 그 뜻을 기록하고 모으며 해석하는 이런 소리들을 모두다 들을 수 있느니라.

諸佛大聖尊의 제 불 대 성 존	教化衆生者가 교 화 중 생 자	於諸大會中에 어 제 대 회 중
演說微妙法커든 연 설 미 묘 법	持此法華者는 지 차 법 화 자	悉皆得聞之하며 실 개 득 문 지
三千大千界의 삼 천 대 천 계	內外諸音聲이며 내 외 제 음 성	下至阿鼻獄하고 하 지 아 비 옥
上至有頂天히 상 지 유 정 천	皆聞其音聲호대 개 문 기 음 성	而不壞耳根이니 이 불 괴 이 근
其耳聰利故로 기 이 총 리 고	悉能分別知라 실 능 분 별 지	持是法華者는 지 시 법 화 자
雖未得天耳나 수 미 득 천 이	但用所生耳라도 단 용 소 생 이	功德已如是니라 공 덕 이 여 시

復次常精進아 若善男子 善女人이 受持是經하야 若讀
부 차 상 정 진 약 선 남 자 선 여 인 수 지 시 경 약 독

매우 거룩하고 높으신 부처님들께서 중생들을 교화하시는 것과 큰 법회에서 미묘한 법 설하시는 것을 이 『법화경』을 지닌 자는 모두다 들을 수 있느니라.

삼천대천세계의 안과 밖의 소리들을 아래로는 아비지옥에서 위로는 유정천에 이르기까지 모두다 들어도 청각은 상하지 않느니라. 그 사람의 귀는 매우 밝기 때문에 모든 것을 자세히 분별하여 아느니라.

이 『법화경』을 지닌 사람은 천이(天耳)는 얻지 못하였으나 타고난 귀만으로도 얻는 공덕이 이와 같으니라.

"또 상정진보살아! 만약에 선남자 선여인이 이 경을 받아 지니고 읽거나 외우거나 해설하거나 옮겨 쓰면,

若誦커나 若解說 若書寫하면 成就八百鼻功德하나니
약송 약해설 약서사 성취팔백비공덕

以是淸淨鼻根으로 聞於三千大千世界에 上下內外의 種
이시청정비근 문어삼천대천세계 상하내외 종

種諸香호대 須曼那華香이며 闍提華香이며 末利華香이며
종제향 수만나화향 사제화향 말리화향

瞻蔔華香이며 波羅羅華香이며 赤蓮華香이며 靑蓮華香이며
첨복화향 바라라화향 적련화향 청련화향

白蓮華香이며 華樹香 菓樹香이며 栴檀香 沈水香이며 多
백련화향 화수향 과수향 전단향 침수향 다

摩羅跋香이며 多伽羅香이며 及千萬種和香이며 若末若
마라발향 다가라향 급천만종화향 약말약

丸若塗香을 持是經者는 於此間住하야 悉能分別하며
환약도향 지시경자 어차간주 실능분별

8백의 코 공덕을 성취하고 이것으로 후각이 청정하여져서 삼천대천세계의 위와 아래와 안과 밖의 온갖 향을 맡을 수 있느리라.

수만나꽃 향기, 사제꽃 향기, 말리꽃 향기,
첨복꽃 향기, 바라라꽃 향기, 붉은 연꽃 향기,
푸른 연꽃 향기, 흰 연꽃 향기, 꽃나무 향기,
과일나무 향기와 전단향과 침수향과 다마라발향과
다가라향과 천만 가지 부드러운 향과
가루로 되어 있거나 환으로 되어 있거나
바르게 되어 있는 향을,
이 경을 지니는 자는
이곳에 머무르며 모두다 분별할 수 있느니라.

又復別知衆生之香호대 象香馬香과 牛羊等香이며 男香
우부별지중생지향 상향마향 우양등향 남향

女香과 童子香 童女香이며 及草木叢林香호대 若近若
여향 동자향 동녀향 급초목총림향 약근약

遠의 所有諸香을 悉皆得聞하야 分別不錯하나니라 持是經
원 소유제향 실개득문 분별불착 지시경

者는 雖住於此나 亦聞天上 諸天之香하나니 波利質多
자 수주어차 역문천상 제천지향 파리질다

羅와 拘鞞陀羅樹香이며 及曼陀羅華香과 摩訶曼陀羅華
라 구비다라수향 급만다라화향 마하만다라화

香이며 曼殊沙華香과 摩訶曼殊沙華香이며 栴檀沈水와
향 만수사화향 마하만수사화향 전단침수

種種抹香이며 諸雜華香인 如是等天香의 和合所出之
종종말향 제잡화향 여시등천향 화합소출지

또 중생들의 냄새를 분별하여 아는데, 코끼리의 냄새와 말의 냄새와 소와 양들의 냄새와 남녀의 냄새와 소년과 소녀의 냄새와 풀과 나무와 숲의 냄새를 가까이 있거나 멀리 있어도 그 냄새들을 모두다 맡고 구별하며 착오가 없느니라.

이 경을 지닌 자는 여기에 있으면서도 하늘 위의 모든 향기를 맡느니라.

파리질다라나무와 구비다라나무의 향기와 만다라꽃의 향기와 마하 만다라꽃의 향기와 만수사꽃의 향기와 마하만수사꽃의 향기와

전단과 침수의 향기와 가지가지 가루 향의 향기와 온갖 꽃들의 향기인 하늘의 향기가 섞여서 나더라도 그 향기

香을 無不聞知하며 又聞諸天身香호대 釋提桓因이 在 勝
향 무불문지 우문제천신향 석제환인 재 승

殿上하야 五欲娛樂하난 嬉戲時香이며 若在妙法堂上하야
전상 오욕오락 희희시향 약재묘법당상

爲 忉利諸天 說法時香이며 若於諸園 遊戲時香이며 及
위 도리제천 설법시향 약어제원 유희시향 급

餘天等 男女身香을 皆悉遙聞호대 如是展轉하야 乃至
여천등 남녀신향 개실요문 여시전전 내지

梵世하며 上至有頂히 諸天身香을 亦皆聞之하고 幷聞諸
범세 상지유정 제천신향 역개문지 병문제

天所燒之香하며 及 聲聞香 辟支佛香이며 菩薩香 諸佛
천소소지향 급 성문향 벽지불향 보살향 제불

身香이며 亦皆遙聞하야 知其所在하나니 雖聞此香이나 然
신향 역개요문 지기소재 수문차향 연

를 알지 못하는 것이 없느니라. 또 하늘 사람들의 몸 향기도 맡을 수 있느니라.

석제환인이 멋진 궁전에서 오욕락을 즐길 때의 향기와 훌륭한 법당에서 도리천들을 위하여 설법할 때의 향기와 꽃동산에서 놀 때의 향기와 다른 천인들의 남녀의 몸 향기를 멀리서 다 맡을 수 있으며, 이렇게 점점 올라가서 범천과 유정천에 이르기까지 천인들의 몸 향기를 모두 맡을 수 있으며, 또 모든 하늘에서 피어나는 향기를 맡을 수 있느니라.

아울러 성문의 향기와 벽지불의 향기와 보살의 향기와 부처님들의 몸에서 나는 향기도 멀리서 다 맡을 수 있으며 그 있는 곳을 아느니라. 이런 향기를 맡지만 후

於鼻根에 不壞不錯이라 若欲分別하야 爲他人說하면 憶念不謬니라 爾時世尊이 欲重宣此義하사 而說偈言하사대
어비근 불괴불착 약욕분별 위타인설 억념불류 이시세존 욕중선차의 이설게언

是人鼻淸淨하야 於此世界中에 若香若臭物을
시인비청정 어차세계중 약향약취물

種種悉聞知하며 須曼那闍提와 多摩羅栴檀과
종종실문지 수만나사제 다마라전단

沈水及桂香과 種種華果香과 及知衆生香과
침수급계향 종종화과향 급지중생향

男子女人香을 說法者遠住하야 聞香知所在하며
남자여인향 설법자원주 문향지소재

大勢轉輪王과 小轉輪及子와 群臣諸宮人을
대세전륜왕 소전륜급자 군신제궁인

각은 상하지 않으며, 잘못 맡는 경우가 없으며 다른 사람을 위해 말해 주려고 분별하고 싶으면 기억이나 생각에 잘못됨이 없느니라."

세존께서 이 뜻을 거듭 펴시려고 게송으로 말씀하셨다.

이 사람은 코가 청정해져서 이 세상에 있는 향기와 냄새가 나는 온갖 물건을 냄새로 아느니라.

수만나꽃과 사제꽃의 향기와 다마라와 전단과 침수와 계수나무의 향과 가지가지의 꽃과 과일의 향기를 아느니라. 또 중생들의 향기와 남자와 여자의 향기를 알며, 설법하는 사람이 멀리 있어도 향기를 맡아 있는 곳을 알며, 큰 세력이 있는 전륜성왕과 소전륜왕과 그의 아들과 신하와 궁전에 있는 사람들의 향

聞香知所在하며 문 향 지 소 재	身所著珍寶와 신 소 착 진 보	及地中寶藏과 급 지 중 보 장
轉輪王寶女를 전 륜 왕 보 녀	聞香知所在하며 문 향 지 소 재	諸人嚴身具의 제 인 엄 신 구
衣服及瓔珞과 의 복 급 영 락	種種所塗香을 종 종 소 도 향	聞香知其身하며 문 향 지 기 신
諸天若行坐와 제 천 약 행 좌	遊戲及神變을 유 희 급 신 변	持是法華者는 지 시 법 화 자
聞香悉能知하며 문 향 실 능 지	諸樹華果實과 제 수 화 과 실	及蘇油香氣를 급 소 유 향 기
持經者住此하야 지 경 자 주 차	悉知其所在하며 실 지 기 소 재	諸山深嶮處에 제 산 심 험 처
栴檀樹花敷어든 전 단 수 화 부	衆生在中者를 중 생 재 중 자	聞香皆能知하며 문 향 개 능 지
鐵圍山大海와 철 위 산 대 해	地中諸衆生을 지 중 제 중 생	持經者聞香하고 지 경 자 문 향

기를 맡아 그들이 있는 곳을 아느니라. 몸에 지닌 보배와 땅 속에 묻혀 있는 보배와 전륜왕의 보배 여자들의 향기를 맡아서 그들이 있는 곳을 알며, 사람들의 장신구와 의복과 영락과 바르는 향기들로 바로 그 사람을 아느니라.

천인들이 다니는지 앉아 있는지 노는지 신통으로 변화를 부리는지를 이 『법화경』을 지니는 자는 향기를 맡아 모두다 알 수 있으며, 모든 나무와 꽃과 과일과 소유(수마나 꽃으로 짠 기름)의 향기를 경을 지니는 자는 이곳에 있으면서도 있는 곳을 다 아느니라. 깊고 험한 산 속에서 전단향나무의 꽃이 핀 것과 그 속에 있는 중생들을 냄새로 다 알며, 철위산과 큰 바다와 땅속의 중생들을 경을 지닌 자는 향기로 그들이

悉知其所在하며 실지기소재	阿修羅男女와 아수라남녀	及其諸眷屬의 급기제권속
鬪諍遊戲時를 투쟁유희시	聞香皆能知하며 문향개능지	曠野嶮隘處에 광야험애처
師子象虎狼과 사자상호랑	野牛水牛等을 야우수우등	聞香知所在하며 문향지소재
若有懷妊者에 약유회임자	未辯其男女와 미변기남녀	無根及非人을 무근급비인
聞香悉能知하며 문향실능지	以聞香力故로 이문향력고	知其初懷妊에 지기초회임
成就不成就와 성취불성취	安樂産福子하며 안락산복자	以聞香力故로 이문향력고
知男女所念인 지남녀소념	染欲癡恚心하고 염욕치에심	亦知修善者하며 역지수선자
地中衆伏藏인 지중중복장	金銀諸珍寶와 금은제진보	銅器之所盛을 동기지소성

있는 곳을 다 아느니라.

아수라의 남녀와 그들의 권속들이 싸우거나 놀 때를 냄새로 다 알며, 넓은 들판이나 험하거나 좁은 곳에 있는 사자와 코끼리와 호랑이와 이리와 들소와 물소들을 냄새로 있는 곳을 알며, 임신한 사람이 남자인지 여자인지 중성인지 사람이 아닌지를 분별하지 못하여도 냄새로 다 아느니라. 냄새를 맡는 능력으로 처음 임신하였을 때 이룰지, 못 이룰지와 편안하게 복된 아들을 낳을지를 알며, 냄새를 맡는 능력으로 남자와 여자가 생각하는 것과 욕심에 물들어 어리석으며 성을 잘 내는 것을 알며, 아울러 착한 것을 닦는 것도 알며 땅 속에 묻혀 있는 것들인 금과 은과 진귀한 보배와 구리그릇에 담겨 있는 것들을 냄새로 다

聞香悉能知하며 문 향 실 능 지	種種諸瓔珞에 종 종 제 영 락	無能識其價를 무 능 식 기 가
聞香知貴賤과 문 향 지 귀 천	出處及所在하며 출 처 급 소 재	天上諸華等에 천 상 제 화 등
曼陀曼殊沙와 만 다 만 수 사	波利質多樹를 파 리 질 다 수	聞香悉能知하며 문 향 실 능 지
天上諸宮殿에 천 상 제 궁 전	上中下差別과 상 중 하 차 별	衆寶華莊嚴을 중 보 화 장 엄
聞香悉能知하며 문 향 실 능 지	天園林勝殿과 천 원 림 승 전	諸觀妙法堂에 제 관 묘 법 당
在中而娛樂을 재 중 이 오 락	聞香悉能知하며 문 향 실 능 지	諸天若聽法과 제 천 약 청 법
或受五欲時에 혹 수 오 욕 시	來往行坐臥를 내 왕 행 좌 와	聞香悉能知하며 문 향 실 능 지
天女所著衣에 천 녀 소 착 의	好華香莊嚴으로 호 화 향 장 엄	周旋遊戲時를 주 선 유 희 시

알며, 그 값을 알 수 없는 가지가지의 영락도 향기를 맡아 귀하고 천함과 나는 곳과 있는 곳을 아느니라.

하늘나라의 꽃들인 만다라꽃과 만수사꽃과 파리질다라수의 꽃을 향기로 모두 알고, 하늘에 있는 궁전들의 상 · 중 · 하의 구별과 보배 꽃들로 꾸민 모양을 향기로 다 알며,

하늘의 꽃동산과 수풀과 훌륭한 궁전과 누각과 훌륭한 법당과 그 속에서 즐겁게 지내는 것을 향기로 다 아느니라.

하늘들이 법을 듣거나 오욕락을 즐기고 있을 때 오고 가며 다니거나 앉거나 누워 있는 것을 향기로 다 알며, 하늘의 여자들이 좋은 꽃과 향기로 꾸민 옷을 입고 빙빙 돌며 놀 때를 그 향기로 다 알며,

聞香悉能知하며 문 향 실 능 지	如是展轉上하야 여 시 전 전 상	乃至於梵天의 내 지 어 범 천
入禪出禪者를 입 선 출 선 자	聞香悉能知하며 문 향 실 능 지	光音遍淨天하야 광 음 변 정 천
乃至于有頂의 내 지 우 유 정	初生及退沒을 초 생 급 퇴 몰	聞香悉能知하며 문 향 실 능 지
諸比丘衆等이 제 비 구 중 등	於法常精進호대 어 법 상 정 진	若坐若經行과 약 좌 약 경 행
及讀誦經法하며 급 독 송 경 법	或在林樹下하야 혹 재 림 수 하	專精而坐禪을 전 정 이 좌 선
持經者聞香하고 지 경 자 문 향	悉知其所在하며 실 지 기 소 재	菩薩志堅固하야 보 살 지 견 고
坐禪若讀誦하며 좌 선 약 독 송	或爲人說法을 혹 위 인 설 법	聞香悉能知하며 문 향 실 능 지
在在方世尊이 재 재 방 세 존	一切所恭敬하야 일 체 소 공 경	愍衆而說法을 민 중 이 설 법

이렇게 점점 올라가서 범천에 이르기까지 선정에 들고 나오는 것을 향기로 다 아느니라.

광음천과 변정천에서 유정천에 이르기까지 처음 생기거나 물러나 없어지는 것을 향기로 다 알며, 많은 비구들이 불법에 대하여 항상 정진하며 앉거나 거닐거나 경전을 읽고 외우며 나무 아래에서 오로지 마음을 모아 좌선하는 것을 경을 지닌 법사는 향기로 그들이 있는 곳을 다 알며, 보살이 뜻이 견고하여 좌선하거나 읽고 외우거나 남을 위해 설법하는 것을 향기로 다 아느니라.

곳곳마다에 계시는 세존께서 일체의 공경을 받으시며 중생을 어여삐 여기셔서 설법하시는 것도 향기로 다 알며,

聞香悉能知하며 衆生在佛前하야 聞經皆歡喜하고
문향실능지 중생재불전 문경개환희

如法而修行을 聞香悉能知하며 雖未得菩薩의
여법이수행 문향실능지 수미득보살

無漏法生鼻나 而是持經者는 先得此鼻相이니라
무루법생비 이시지경자 선득차비상

復次常精進아 若善男子善女人이 受持是經호대 若讀若誦커나 若解說若書寫하면 得千二百舌功德하나니 若好若醜와 若美不美와 及諸苦澁物이 在其舌根이면 皆變成上味호대 如天甘露하야 無不美者리라
부차상정진 약선남자선여인 수지시경 약독약송 약해설약서사 득천이백설공덕 약호약추 약미불미 급제고삽물 재기설근 개변성상미 여천감로 무불미자

중생들이 부처님 앞에서 경을 듣고 모두다 기뻐하며 가르침대로 수행하는 것을 향기로 다 아느니라. 비록 보살의 무루법으로 생기는 코는 얻지 못하였으나 이 경을 지니는 사람은 이런 코의 모습(성질)을 먼저 얻느니라.

"또 상정진보살아! 만약에 선남자 선여인이 이 경을 받아들여 지니고 읽고 외우고 해설하며 옮겨 쓰면 1천 2백의 혀의 공덕을 얻느니라.

좋거나 좋지 않거나, 맛나거나 맛나지 않거나, 쓰거나 떫은 것들이 이 사람의 혀에 닿으면 무엇이든지 좋은 맛으로 변하여 하늘의 감로수와 같이 되므로 맛없는 것이 없느니라.

若以舌根으로 於 大衆中에 有所演說하면 出 深妙聲하야
약 이 설 근 어 대 중 중 유 소 연 설 출 심 묘 성

能入其心하야 皆令歡喜快樂하나니라 又諸天子天女와 釋
능 입 기 심 개 령 환 희 쾌 락 우 제 천 자 천 녀 석

梵諸天이 聞是 深妙音聲하고 有所演說의 言論次第를
범 제 천 문 시 심 묘 음 성 유 소 연 설 언 론 차 제

皆悉來聽하며 及 諸龍龍女와 夜叉 夜叉女와 乾闥婆
개 실 래 청 급 제 용 용 녀 야 차 야 차 녀 건 달 바

乾闥婆女와 阿修羅 阿修羅女와 迦樓羅 迦樓羅女와
건 달 바 녀 아 수 라 아 수 라 녀 가 루 라 가 루 라 녀

緊那羅 緊那羅女와 摩睺羅伽 摩睺羅伽女 爲 聽法故로
긴 나 라 긴 나 라 녀 마 후 라 가 마 후 라 가 녀 위 청 법 고

皆來親近하고 恭敬供養하며 及 比丘比丘尼와 優婆塞
개 래 친 근 공 경 공 양 급 비 구 비 구 니 우 바 새

만일 이 혀로 대중 가운데서 연설을 하면, 깊고 묘한 소리가 나서 그들의 마음 속으로 들어가므로 모두를 기쁘고 즐겁게 하느니라.

또 천자와 천녀와 제석천왕과 범천왕들이 이 깊고 묘한 소리로 질서정연하게 연설하는 말을 모두다 들으러 오며,

또 모든 용과 용녀와 야차와 야차녀와 건달바와 건달바녀와 아수라와 아수라녀와 가루라와 가루라녀와 긴나라와 긴나라녀와

마후라가와 마후라가녀들이 법을 들으려고 모두들 와서 가까이 하며 공경하고 공양하며,

또 비구와 비구니와 우바새와 우바이와

優婆夷와 國王王子와 群臣眷屬이며 小轉輪王과 大轉
우바이 국왕왕자 군신권속 소전륜왕 대전
輪王과 七寶千子의 內外眷屬이 乘其宮殿하고 俱來聽
륜왕 칠보천자 내외권속 승기궁전 구래청
法하며 以是菩薩의 善說法故로 婆羅門居士와 國內人
법 이시보살 선설법고 바라문거사 국내인
民이 盡其形壽토록 隨侍供養하며 又諸聲聞辟支佛과 菩
민 진기형수 수시공양 우제성문벽지불 보
薩諸佛이 常樂見之하며 是人所在 方面諸佛은 皆向其
살제불 상락견지 시인소재 방면제불 개향기
處說法커든 悉能受持一切佛法하며 又能出於 深妙法
처설법 실능수지일체불법 우능출어 심묘법
音하나니라 爾時世尊이 欲重宣此義하사 而說偈言하사대
음 이시세존 욕중선차의 이설게언

국왕과 왕자와 신하와 권속들과 소 전륜왕과 대 전륜왕의 칠보(금륜, 흰 코끼리, 보라색 말, 신비로운 구슬, 아름다운 여인, 훌륭한 신하, 뛰어난 장군)와 1천 명이나 되는 아들과 안과 밖의 권속들이 그들의 궁전에 올라 다 함께 법을 들으러 올 것이며, 이 보살이 법을 잘 설하기 때문에 바라문과 거사와 나라안의 백성들이 목숨이 다하도록 따라 다니며 모시고 공양하며, 또 성문과 벽지불과 보살들과 부처님들께서 항상 이 사람 보기를 즐겨 하며, 이 사람이 있는 쪽의 부처님들도 모두다 그가 있는 곳을 향하여 설법을 하시니 일체의 불법을 모두 받아 지닐 것이며, 깊고 묘한 법의 음성을 낼 수 있을 것이니라."

세존께서 이 뜻을 거듭 펴시려고 게송으로 말씀하셨다.

是人舌根淨하야 終不受惡味하고 其有所食噉은
시 인 설 근 정 종 불 수 악 미 기 유 소 식 담

悉皆成甘露하며 以深淨妙聲으로 於大衆說法하며
실 개 성 감 로 이 심 정 묘 성 어 대 중 설 법

以諸因緣喩로 引導衆生心커든 聞者皆歡喜하야
이 제 인 연 유 인 도 중 생 심 문 자 개 환 희

設諸上供養하며 諸天龍夜叉와 及阿修羅等이
설 제 상 공 양 제 천 용 야 차 급 아 수 라 등

皆以恭敬心으로 而共來聽法하며 是說法之人이
개 이 공 경 심 이 공 래 청 법 시 설 법 지 인

若欲以妙音으로 遍滿三千界커든 隨意卽能至하며
약 욕 이 묘 음 변 만 삼 천 계 수 의 즉 능 지

大小轉輪王과 及千子眷屬이 合掌恭敬心으로
대 소 전 륜 왕 급 천 자 권 속 합 장 공 경 심

常來聽受法하며 諸天龍夜叉와 羅刹毗舍闍가
상 래 청 수 법 제 천 용 야 차 나 찰 비 사 사

이 사람은 미각이 깨끗하여 끝끝내 나쁜 맛은 받아들이지 않으며, 이 사람이 먹는 것은 모두다 감로수가 되느니라. 깊고 맑고 아름다운 소리로 대중들에게 설법을 하며, 모든 인연과 비유로 중생들의 마음을 인도하므로 듣는 사람들은 모두다 기뻐하며 가장 좋은 공양을 올리느니라. 모든 하늘과 용과 야차와 아수라들이 모두 공경하는 마음으로 다 함께 와서 법을 듣느니라.

설법을 하는 이 사람이, 좋은 음성을 삼천세계에 울려 퍼지게 하려면 생각대로 될 것이며, 크고 작은 전륜성왕과 천이나 되는 아들과 그들의 권속들이 합장하며 공경하는 마음으로 항상 법을 들을 것이며, 모든 하늘과 용과 야차와 나찰과 비사사도 역시 기쁜

亦以歡喜心으로 常樂來供養하며 梵天王魔王과
역이환희심 상락래공양 범천왕마왕

自在大自在의 如是諸天衆이 常來至其所하며
자재대자재 여시제천중 상래지기소

諸佛及弟子가 聞其說法音하고 常念而守護하며
제불급제자 문기설법음 상념이수호

或時爲現身하나니라
혹시위현신

復次常精進아 若善男子善女人이 受持是經하야 若讀若誦若解說若書寫하면 得八百身功德하나니 得清淨身호대 如淨瑠璃커든 衆生이 喜見하며 其身이 淨故로 三千大千世
부차상정진 약선남자선여인 수지시경 약독약송약해설약서사 득팔백신공덕 득청정신 여정유리 중생 희견 기신 정고 삼천대천세

마음으로 와서 항상 즐겁게 공양하며,

범천왕과 마왕과 자재천과 대자재천 등의 하늘 무리들도 항상 그곳에 찾아오며,

부처님들과 제자들도 그가 설법하는 소리를 듣고 항상 생각하시고 수호하시며 때로는 몸을 나타내시기도 하느니라.

"또 상정진보살아!

만일 선남자 선여인이 이 경을 받아 지니고 읽거나 외우거나 해설하거나 옮겨 쓰면 8백 가지의 몸의 공덕을 얻느니라.

맑고 깨끗한 몸을 얻어 깨끗한 유리 같으므로 중생들이 보기를 좋아하며, 그의 몸이 깨끗하므로 삼천대천세

界衆生의 生時死時와 上下好醜와 生 善處惡處 悉於
계 중 생 생 시 사 시 상 하 호 추 생 선 처 악 처 실 어

中現하며 及 鐵圍山과 大鐵圍山과 彌樓山과 摩訶彌樓
중 현 급 철 위 산 대 철 위 산 미 루 산 마 하 미 루

山 等諸山과 及 其中衆生이 悉於中現하며 下至阿鼻地
산 등 제 산 급 기 중 중 생 실 어 중 현 하 지 아 비 지

獄하고 上至有頂에 所有及衆生이 悉於中現하며 若聲聞
옥 상 지 유 정 소 유 급 중 생 실 어 중 현 약 성 문

辟支佛과 菩薩諸佛說法이 皆於身中에 現其色像하나니라
벽 지 불 보 살 제 불 설 법 개 어 신 중 현 기 색 상

爾時世尊이 欲 重宣此義하사 而說偈言하사대
이 시 세 존 욕 중 선 차 의 이 설 게 언

若持法華者는 其身甚淸淨하야 如彼淨瑠璃라
약 지 법 화 자 기 신 심 청 정 여 피 정 유 리

계의 중생들이 나는 때와 죽는 때와 높고 낮음과 좋고 나쁜 것과 좋은 곳에 나는 것과 나쁜 곳에 나는 것이 모두다 그의 몸에 나타나며, 철위산과 대철위산과 미루산과 마하미루산 등의 산들과 그 속의 중생들이 모두다 그의 몸에 나타나며, 아래로는 아비지옥에서 위로는 유정천에 이르기까지에 있는 것과 그 속에 있는 중생들이 모두다 그의 몸에 나타나느니라. 또 성문과 벽지불과 보살과 부처님들께서 설법을 하시면 그것들도 모두 그의 몸에 그 형상이 나타나느니라."

세존께서 이 뜻을 거듭 펴시려고 게송으로 말씀하셨다.

『법화경』을 지니는 자는 그의 몸이 매우 청정하여
깨끗한 유리와 같으므로 중생들이 보면 모두다 기뻐

衆生皆憙見이니라 중생개희견	又如淨明鏡에 우여정명경	悉見諸色像인닷하야 실견제색상
菩薩於淨身에 보살어정신	皆見世所有호대 개견세소유	唯獨自明了하고 유독자명료
餘人所不見이니라 여인소불견	三千世界中에 삼천세계중	一切諸群萌과 일체제군맹
天人阿修羅와 천인아수라	地獄鬼畜生의 지옥귀축생	如是諸色像이 여시제색상
皆於身中現하며 개어신중현	諸天等宮殿과 제천등궁전	乃至於有頂과 내지어유정
鐵圍及彌樓와 철위급미루	摩訶彌樓山과 마하미루산	諸大海水等이 제대해수등
皆於身中現하며 개어신중현	諸佛及聲聞과 제불급성문	佛子菩薩等의 불자보살등
若獨若在衆에 약독약재중	說法悉皆現하며 설법실개현	雖未得無漏 수미득무루

하느니라.

깨끗하고 맑은 거울에 온갖 형상이 모두다 보이는 것처럼 보살의 맑은 몸에서 세상에 있는 것을 모두다 보게 되는데, 오직 혼자서만 분명히 알고 다른 사람은 보지 못하느니라.

삼천대천세계 가운데의 모든 생물과 하늘과 사람과 아수라와 지옥과 귀신과 축생 등의 형상들이 모두다 그의 몸에 나타나며, 하늘들의 궁전과 유정천에 이르기까지에 있는 철위산과 미루산과 마하미루산과 모든 바다의 물 등이 그의 몸에 나타나며,

모든 부처님과 성문과 불자인 보살들이 혼자서나 대중 속에서 설법하는 것이 모두다 그의 몸에 나타나며, 무루법성의 훌륭한 몸은 얻지 못하였지만 항상

法性之妙身이나 以清淨常體에 一切於中現이니라
법성지묘신 이청정상체 일체어중현

復次常精進아 若 善男子 善女人이 如來滅後에 受持
부차상정진 약 선남자 선여인 여래멸후 수지

是經하야 若讀若誦커나 若解說 若書寫하면 得 千二百
시경 약독약송 약해설 약서사 득 천이백

意功德하나니 以是清淨意根으로 乃至聞 一偈一句하고
의공덕 이시청정의근 내지문 일게일구

通達無量無邊之義어던 解是義已코는 能 演說 一句一
통달무량무변지의 해시의이 능 연설 일구일

偈하야 至於一月四月하며 乃至一歲히 諸所說法의 隨其
게 지어일월사월 내지일세 제소설법 수기

義趣하야 皆與實相으로 不相違背하며 若說俗間經書와 治世
의취 개여실상 불상위배 약설속간경서 치세

청정한 몸에 모든 것이 모두다 나타나느니라.

"또 상정진보살아, 만일 선남자 선여인이 여래가 열반한 후에 이 경을 받아 지니고 읽고 외우며 해설하고 옮겨 쓰면 1천 2백 가지의 마음 공덕을 얻느니라.

이 맑고 깨끗한 의근(마음의 작용)으로 한 게송이나 한 구절이라도 들으면 한량없고 가없는 뜻을 통달하느니라.

이 뜻을 이해한 후 한 구절이나 한 게송이라도 한 달에서 넉 달이나 일 년에 이르기까지 연설하더라도 설법한 것들은 그 뜻과 이치를 따른 것이라, 모두다 실상과 같으며 서로 위배되는 것이 없느니라.

만약 세속에서 설하는 경서와 세상을 다스리는 말과

語言과 資生業等이라도 皆順正法이니라 三千大千世界 六趣
어언 자생업등 개순정법 삼천대천세계 육취

衆生의 心之所行과 心所動作과 心所戱論을 皆悉知之니 雖
중생 심지소행 심소동작 심소희론 개실지지 수

未得 無漏智慧나 而其意根이 淸淨如此일새 是人의 有所
미득 무루지혜 이기의근 청정여차 시인 유소

思惟와 籌量言說이 皆是佛法이라 無不眞實이며 亦是先佛經
사유 주량언설 개시불법 무부진실 역시선불경

中所說이니라 爾時世尊이 欲重宣此義하사 而說偈言하사대
중소설 이시세존 욕중선차의 이설게언

是人意淸淨하야 明利無穢濁일새 以此妙意根으로
시인의청정 명리무예탁 이차묘의근

知上中下法하며 乃至聞一偈하고 通達無量義하며
지상중하법 내지문일게 통달무량의

생활하는 방법을 설하더라도 모두다 정법에 일치하며, 삼천대천세계에 있는 육도 중생이 마음으로 행하는 것과 마음에 움직이고 있는 것과 마음으로 헛되이 논하는 것을 모두 아느니라. 무루의 지혜는 얻지 못하였으나 그의 의근이 이와 같이 청정하므로, 이 사람이 생각하고 헤아리고 말하는 것은 모두다 부처님의 가르침이며, 진실하지 않은 것이 없으며 과거의 부처님들께서 경전에서 설하신 말씀이니라."

세존께서 이 뜻을 거듭 펴시려고 게송으로 말씀하셨다.

이 사람의 마음은 청정하고 분명하며 똑똑하여 흐리거나 더러움이 없느니라. 이 아름다운 마음으로 상 · 중 · 하의 법을 알며 한 게송만 듣더라도 헤아릴 수 없는

次第如法說호대 차제여법설	月四月至歲하며 월사월지세	是世界內外 시세계내외
一切諸衆生의 일체제중생	若天龍及人과 약천용급인	夜叉鬼神等이 야차귀신등
其在六趣中하야 기재육취중	所念若干種을 소념약간종	持法華之報로 지법화지보
一時皆悉知하며 일시개실지	十方無數佛이 시방무수불	百福莊嚴相으로 백복장엄상
爲衆生說法커든 위중생설법	悉聞能受持하며 실문능수지	思惟無量義하고 사유무량의
說法亦無量호대 설법역무량	終始不忘錯은 종시불망착	以持法華故라 이지법화고
悉知諸法相하고 실지제법상	隨義識次第하며 수의식차제	達名字語言하야 달명자어언
如所知演說하며 여소지연설	此人有所說은 차인유소설	皆是先佛法이라 개시선불법

뜻을 통달하여 한 달에서 넉 달이나 일 년에 이르기까지 가르침대로 차례대로 설하며, 이 세계의 안과 밖의 온갖 중생들인 하늘과 용과 사람과 야차와 귀신들이 육도에 있으면서 가지가지로 생각하는 것을『법화경』을 지닌 과보로 일시에 다 알며, 시방의 수없는 부처님들께서 백 가지의 복으로 장엄하신 모습으로 중생을 위해 설법하시는 것을 모두다 듣고 받아 지니며, 한량없는 뜻을 생각하고 한량없는 법을 설하되 처음부터 끝까지 잊어버리거나 틀리는 것이 없으리니, 이『법화경』을 지닌 까닭이니라. 모든 존재의 참된 모습을 다 알고 뜻을 따라 설할 순서를 알며, 이름과 말과 글에 통달하여 알고 있는 대로 설하리니, 이 사람이 설하는 것은 모두 과거 부처님의 가르침이며,

以演此法故로 於衆無所畏하며 持法華經者는
이연차법고 어중무소외 지법화경자

意根淨若斯라 雖未得無漏나 先有如是相이니라
의근정약사 수미득무루 선유여시상

是人持此經하고 安住希有地하야 爲一切衆生의
시인지차경 안주희유지 위일체중생

歡喜而愛敬하며 能以千萬種 善巧之語言으로
환희이애경 능이천만종 선교지어언

分別而說法하나니 持法華經故니라
분별이설법 지법화경고

第十九 法師功德品 終
제십구 법사공덕품 종

이 가르침을 설하는 까닭으로 대중을 두려워하지 않느니라.

『법화경』을 받아 지니는 마음이 이와 같이 맑아서 무루지는 얻지 못하였으나, 이와 같이 훌륭한 모습을 먼저 갖추게 되느니라.

이 경을 받아 지니는 사람은 희유한 경지에 편안히 머무르며, 일체 중생의 기쁨과 사랑과 공경을 받으며 천만 가지 좋은 말로 분별하여 설법하리니 『법화경』을 지니는 까닭이니라.

제 십구 법사공덕품 끝

第二十 常不輕菩薩品
제 이십 상불경보살품

爾時에 佛告得大勢菩薩摩訶薩하사대 汝今當知하라 若
이시 불고득대세보살마하살 여금당지 약

比丘比丘尼와 優婆塞優婆夷의 持法華經者를 若有惡
비구비구니 우바새우바이 지법화경자 약유악

口로 罵詈誹謗하면 獲大罪報호대 如前所說하고 其所得功
구 매리비방 획대죄보 여전소설 기소득공

德은 如向所說하야 眼耳鼻舌身意淸淨하리라 得大勢야 乃
덕 여향소설 안이비설신의청정 득대세 내

往古昔에 過無量無邊不可思議阿僧祇劫하야 有佛하시니
왕고석 과무량무변불가사의아승지겁 유불

名은 威音王如來 應供 正遍知 明行足 善逝世間解 無
명 위음왕여래 응공 정변지 명행족 선서세간해 무

제 이십 상불경보살품

그때 부처님께서 득대세보살마하살에게 말씀하셨다.

"너는 이제 마땅히 알아라.

만일 비구와 비구니와 우바새와 우바이로서 『법화경』을 지니고 있는 자를 나쁜 말로 욕설하고 비방하면 그가 받는 벌이 큰 것은 앞서 말한 바와 같고, 『법화경』을 받아 가지는 사람이 얻는 공덕은 앞서 말한 바와 같이 눈, 귀, 코, 혀, 몸, 마음이 청정하여질 것이니라.

득대세야!

한량없고 가없으며 불가사의한 아승지 겁이 지난 아주 먼 옛날에 부처님이 계셨으니,

명호는 위음왕여래 · 응공 · 정변지 · 명행족 · 선서 · 세

上士 調御丈夫 天人師 佛世尊이라 劫名은 離衰요 國名은
상사 조어장부 천인사 불세존 겁명 이쇠 국명

大成이러니 其威音王佛이 於彼世中에 爲天人阿修羅說
대성 기위음왕불 어피세중 위천인아수라설

法호대 爲求聲聞者하야 說應四諦法하사 度生老病死하야
법 위구성문자 설응사제법 도생로병사

究竟涅槃하고 爲求辟支佛者하야 說應十二因緣法하며
구경열반 위구벽지불자 설응십이인연법

爲諸菩薩하야는 因阿耨多羅三藐三菩提하사 說應六波
위제보살 인아녹다라삼먁삼보리 설응육바

羅蜜法하야 究竟佛慧니라
라밀법 구경불혜

得大勢야 是威音王佛의 壽는 四十萬億 那由他 恒河
득대세 시위음왕불 수 사십만억 나유타 항하

간해 · 무상사 · 조어장부 · 천인사 · 불세존이었으며 겁의 이름은 이쇠였고 나라의 이름은 대성이었느니라.

그 위음왕 부처님께서 그 세상에 계실 때 하늘과 사람과 아수라를 위하여 법을 설하셨는데, 성문을 구하는 자에게는 사제법을 설하여 생 · 로 · 병 · 사를 뛰어 넘어 열반에 이르게 하셨느니라.

벽지불을 구하는 자에게는 십이인연법을 설하였으며, 보살들을 위하여서는 아뇩다라삼먁삼보리를 얻게 하는 육바라밀을 설하여 마침내는 부처님의 지혜에 들게 하셨느니라.

득대세야!

이 위음왕 부처님의 수명은 40만억 나유타 항하사의

沙劫이요 正法住世劫數는 如 一閻浮提微塵이며 像法
사 겁 정 법 주 세 겁 수 여 일 염 부 제 미 진 상 법

住世劫數는 如 四天下微塵이니 其佛이 饒益衆生已然
주 세 겁 수 여 사 천 하 미 진 기 불 요 익 중 생 이 연

後에 滅度하고 正法像法 滅盡之後에 於此國土에 復有
후 멸 도 정 법 상 법 멸 진 지 후 어 차 국 토 부 유

佛出하시니 亦號威音王如來 應供 正遍知 明行足 善逝
불 출 역 호 위 음 왕 여 래 응 공 정 변 지 명 행 족 선 서

世間解 無上士 調御丈夫 天人師 佛世尊이라 如是次第로
세 간 해 무 상 사 조 어 장 부 천 인 사 불 세 존 여 시 차 제

有 二萬億佛호대 皆同一號니라 最初威音王如來 旣已
유 이 만 억 불 개 동 일 호 최 초 위 음 왕 여 래 기 이

滅度하시고 正法滅後 於像法中에 增上慢比丘 有 大勢
멸 도 정 법 멸 후 어 상 법 중 증 상 만 비 구 유 대 세

겁이었으며, 정법이 세상에 머무른 겁의 수는 염부제(사바세계)의 티끌 수와 같았으며, 상법이 세상에 머무른 겁의 수도 사천하의 티끌 수 같았느니라.

그 부처님께서는 중생들을 이롭게 하신 뒤에 열반하셨으며, 정법과 상법이 다 없어진 뒤에 그 국토에 다시 부처님께서 출현하셨는데, 또한 명호가 위음왕여래 · 응공 · 정변지 · 명행족 · 선서 · 세간해 · 무상사 · 조어장부 · 천인사 · 불세존이었느니라.

이와 같이 차례로 나타나신 2만억 부처님이 다 같이 한 이름이었는데 맨 처음의 위음왕여래가 열반을 하시고, 정법이 없어진 뒤 상법의 시절에 교만하고 잘난 체하는 비구들이 큰 세력을 가지고 있었는데,

力터니 爾時에 有一菩薩比丘하니 名은 常不輕이라 得大
력 이시 유일보살비구 명 상불경 득대

勢야 以何因緣으로 名常不輕고 是比丘凡有所見의 若
세 이하인연 명상불경 시비구범유소견 약

比丘比丘尼와 優婆塞優婆夷를 皆悉禮拜讚歎하고 而
비구비구니 우바새우바이 개실예배찬탄 이

作是言호대 我는 深敬汝等하야 不敢輕慢하노니 所以者何오
작시언 아 심경여등 불감경만 소이자하

汝等이 皆行菩薩道하야 當得作佛이니라 而是比丘는 不
여등 개행보살도 당득작불 이시비구 부

專讀誦經典하고 但行禮拜하며 乃至遠見四衆하고 亦復
전독송경전 단행예배 내지원견사중 역부

故往하야 禮拜讚歎하고 而作是言호대
고왕 예배찬탄 이작시언

그때 상불경이라는 보살 비구가 있었느니라.

득대세야!

어떠한 인연으로 상불경이라 하는가 하면, 이 비구는 보이는 사람이 누구이든지, 비구이거나 비구니이거나 우바새이거나 우바이라도 모두에게 예배하고 찬탄하며 이렇게 말하였느니라.

'저는 당신들을 깊이 공경하며 감히 가볍게 보거나 업신여기지 않습니다. 왜냐하면 당신들은 모두다 보살의 도를 행하여 마땅히 성불하실 것이기 때문입니다.'

이 비구는 경전을 읽거나 외우지 않고 오로지 예배만 하였는데, 멀리서라도 사부대중을 보면 쫓아가서 예배하고 찬탄하며,

我不敢輕於汝等하노니 汝等이 皆當作佛이니라 四衆之中에
아불감경어여등 여등 개당작불 사중지중

有生瞋恚하난 心不淨者하야 惡口罵詈言호대 是無智比
유생진에 심부정자 악구매리언 시무지비

丘야 從何所來하야 自言 我不輕汝라하고 而與我等授記호대
구 종하소래 자언 아불경여 이여아등수기

當得作佛이어뇨 我等은 不用 如是虛妄授記라하야
당득작불 아등 불용 여시허망수기

如此經歷多年에 常被罵詈호대 不生瞋恚하고 常作是
여차경력다년 상피매리 불생진에 상작시

言호대 汝當作佛하리라
언 여당작불

說是語時에 衆人이 或以杖木瓦石으로 而打擲之어든 避
설시어시 중인 혹이장목와석 이타척지 피

'저는 감히 당신들을 가볍게 보지 않습니다. 당신들은 모두다 부처님이 되실 것이기 때문입니다'라고 하였느니라.

사부대중 가운데 성을 잘 내며 마음이 맑지 못한 자들은 악한 입으로 욕하며 꾸짖기를 '이 무식한 비구야! 어디에서 와서, 나는 당신들을 가볍게 보지 않는다고 하며 우리들에게 부처님이 된다는 수기까지 주느냐? 우리들은 그와 같이 허망한 수기는 필요가 없다' 하였느니라.

이렇게 여러 해 동안 비웃음과 욕설을 들으면서도 성을 내지 않고 항상 '당신들은 부처님이 될 것입니다' 하였느니라. 이런 말을 할 때에 사람들이 몽둥이로 때리거나 돌이나 기와를 던지면 멀리 피해 달아나면서도 큰 소

走遠住하야 猶高聲唱言호대 我不敢輕於汝等하노니 汝等이
주원주 유고성창언 아불감경어여등 여등

皆當作佛하리라 以其常作是語故로 增上慢比丘比丘
개당작불 이기상작시어고 증상만비구비구

尼와 優婆塞優婆夷號之爲常不輕이라하니라 是比丘 臨欲
니 우바새우바이호지위상불경 시비구 임욕

終時 於虛空中에 具聞威音王佛의 先所說인 法華經의
종시 어허공중 구문위음왕불 선소설 법화경

二十千萬億偈하야 悉能受持하고 卽得如上眼根淸淨과
이십천만억게 실능수지 즉득여상안근청정

耳鼻舌身 意根淸淨하며 得是六根淸淨已하야는 更增壽
이비설신 의근청정 득시육근청정이 갱증수

命호대 二百萬億 那由他歲를 廣爲人說 是 法華經하니라
명 이백만억 나유타세 광위인설 시 법화경

리로 '저는 당신들을 절대 가벼이 보지 않습니다. 당신들은 모두다 성불하실 것입니다' 하였느니라.

그 사람이 항상 이런 말을 하였기 때문에 교만하고 잘난 체하는 비구와 비구니와 우바새와 우바이들이 상불경이라고 불렀느니라.

이 비구가 목숨이 다 되었을 때에 허공 중에서 위음왕 부처님께서 설하신 『법화경』의 20천만억 게송이 들리므로 자세히 듣고 모두다 받아 지녀서 앞서 말한 것과 같이 눈의 청정함과 귀와 코와 혀와 몸과 마음의 청정함을 얻었는데, 이 육근의 청정함을 얻고 나서 수명이 다시 2백만억 나유타로 늘어나 사람들을 위하여 널리 이 『법화경』을 설하였느니라.

於時에 增上慢 四衆인 比丘比丘尼와 優婆塞 優婆夷
어시 증상만 사중 비구비구니 우바새 우바이

輕賤是人하야 爲作不輕名者 見其得大神通力과 樂說
경천시인 위작불경명자 견기득대신통력 요설

辯力과 大善寂力하며 聞其所說코는 皆信伏隨從하며 是菩
변력 대선적력 문기소설 개신복수종 시보

薩은 復化千萬億衆하사 令住阿耨多羅三藐三菩提하니라
살 부화천만억중 영주아녹다라삼먁삼보리

命終之後에 得値二千億佛하니 皆號日月燈明이라 於其
명종지후 득치이천억불 개호일월등명 어기

法中에 說是法華經하고 以是因緣으로 復値二千億佛하니
법중 설시법화경 이시인연 부치이천억불

同號雲自在燈王이라 於此諸佛法中에 受持讀誦하고 爲
동호운자재등왕 어차제불법중 수지독송 위

이때에 잘난 체하고 교만한 사부대중으로, 이 사람을 가볍고 천하게 여기어 상불경이라 이름 지은 비구와 비구니와 우바새와 우바이들은 그가 큰 신통력과 중생들이 원하는 바에 따라 자유자재로 법을 설하는 능력과 큰 지혜의 힘을 얻은 것을 보고, 또 그가 설하는 것을 듣고서 믿고 따르며 복종하게 되었다. 이 보살은 다시 천만억 중생들을 교화하여 아뇩다라삼먁삼보리에 머물게 하였으며, 목숨이 다한 후에는 2천억의 부처님을 만났으니 그 부처님들의 명호가 다 같이 일월등명이었느니라. 그 부처님들의 법 가운데서 이 『법화경』을 설하였으며, 이런 인연으로 다시 2천억 부처님을 만났는데 명호가 똑같이 운자재등왕이었다. 이 여러 부처님들의 법 가운데서

諸四衆하야 說此經典故로 得是常眼清淨하고 耳鼻舌身
제사중 설차경전고 득시상안청정 이비설신

意諸根이 清淨하며 於四衆中에 說法하야 心無所畏하니라
의제근 청정 어사중중 설법 심무소외

得大勢야 是常不輕菩薩摩訶薩이 供養如是 若干諸
득대세 시상불경보살마하살 공양여시 약간제

佛하사 恭敬尊重讚歎하야 種諸善根하고 於後에 復値千
불 공경존중찬탄 종제선근 어후 부치천

萬億佛하사 亦於諸佛法中에 說是經典하고 功德成就하야
만억불 역어제불법중 설시경전 공덕성취

當得作佛하니라 得大勢야 於意云何오 爾時에 常不輕菩
당득작불 득대세 어의운하 이시 상불경보

薩이 豈異人乎아 則我身이 是라 若我於宿世에 不受
살 기이인호 즉아신 시 약아어숙세 불수

이 경전을 받아 지니고 읽고 외우며 사부대중들을 위하여 설하였으므로, 항상 눈이 청정하며 귀와 코와 혀와 몸과 마음의 근기들이 청정하여 사부대중 가운데서 두려운 마음 없이 설법하였느니라.

득대세야! 이 상불경보살마하살은 이와 같이 많은 부처님들을 공양하고 공경하며 존중하고 찬탄하며 선근들을 심었으며, 후에 다시 천만억 부처님들을 만났으며,

또 부처님들의 법 가운데서 이 경전을 설하고 공덕이 쌓이고 쌓여 성불하였느니라.

득대세야! 어떻게 생각하느냐?

그때의 상불경보살이 어찌 다른 사람이겠느냐!

곧 나의 몸이니라. 내가 만일 오랜 세월동안 이 경을

持讀誦此經하야 爲他人說者면 不能疾得阿耨多羅三
지독송차경 위타인설자 불능질득아뇩다라삼

藐三菩提어니와 我於先佛所에 受持讀誦此經하야 爲人
먁삼보리 아어선불소 수지독송차경 위인

說故로 疾得阿耨多羅三藐三菩提호라 得大勢야 彼時
설고 질득아뇩다라삼먁삼보리 득대세 피시

四衆인 比丘比丘尼와 優婆塞優婆夷는 以瞋恚意輕
사중 비구비구니 우바새우바이 이진에의경

賤我故로 二百億劫에 常不値佛하고 不聞法不見僧하며
천아고 이백억겁 상불치불 불문법불견승

千劫을 於阿鼻地獄에 受大苦惱하고 畢是罪已하야는 復
천겁 어아비지옥 수대고뇌 필시죄이 부

遇常不輕菩薩의 敎化阿耨多羅三藐三菩提니라
우상불경보살 교화아뇩다라삼먁삼보리

받아 지니고 읽고 외우며 다른 사람을 위하여 설하지 않았다면, 아뇩다라삼먁삼보리를 빨리 얻지 못하였을 것이다. 내가 과거의 부처님들 처소에서 이 경을 받아 지니고 읽고 외우며 사람들을 위하여 설하였으므로 아뇩다라삼먁삼보리를 빨리 얻은 것이니라.

득대세야! 그때의 사부대중인 비구와 비구니와 우바새와 우바이들은 성을 내며 나를 가볍고 천하게 여겼기에 2백억 겁 동안이나 부처님을 만나 뵙지 못하고 법을 듣지 못하였으며 수행자도 만나지 못하였으며 1천 겁 동안 아비지옥에서 크나큰 고통과 괴로움을 받았는데, 이 죄를 다 받은 후에 다시 상불경보살을 만나 아뇩다라삼먁삼보리의 교화를 받았느니라.

得大勢야 於汝意云何오 爾時四衆에 常輕是菩薩者
득 대 세　어 여 의 운 하　이 시 사 중　상 경 시 보 살 자

豈異人乎아 今此會中에 跋陀婆羅等 五百菩薩과 師
기 이 인 호　금 차 회 중　발 타 바 라 등　오 백 보 살　사

子月等五百比丘와 尼思佛等 五百優婆塞로 皆於阿耨
자 월 등 오 백 비 구　니 사 불 등　오 백 우 바 새　개 어 아 녹

多羅三藐三菩提에 不退轉者 是니라
다 라 삼 먁 삼 보 리　불 퇴 전 자　시

得大勢야 當知하라 是法華經은 大饒益諸菩薩摩訶薩하야
득 대 세　당 지　시 법 화 경　대 요 익 제 보 살 마 하 살

能令至於阿耨多羅三藐三菩提하나니 是故로 諸菩薩摩
능 령 지 어 아 녹 다 라 삼 먁 삼 보 리　시 고　제 보 살 마

訶薩이 於如來滅後에 常應受持讀誦하고 解說書寫是
하 살　어 여 래 멸 후　상 응 수 지 독 송　해 설 서 사 시

득대세야! 어떻게 생각하느냐?

그때의 사부대중으로 상불경보살을 항상 경멸하던 자들이 어찌 다른 사람들이겠느냐!

지금 이 법회에 있는 발타바라 등의 5백 보살과 사자월 등의 5백 비구와 니사불 등의 5백 우바새들로서 아뇩다라삼먁삼보리에서 물러나지 않는 이들이니라.

득대세야, 마땅히 알아라!

이 『법화경』은 보살마하살들을 크게 이롭게 하며 아뇩다라삼먁삼보리에 이를 수 있게 하느니라.

그러므로 보살마하살들은 여래가 열반한 후에 항상 이 경을 받아 지니고 읽고 외우며 해설하고 옮겨 써야 하느니라."

經니라 爾時에 世尊이 欲重宣此義하사 而說偈言하사대
경 이시 세존 욕중선차의 이설게언

過去有佛하니 과거유불	號威音王이라 호위음왕	神智無量하사 신지무량
將導一切할새 장도일체	天人龍神의 천인용신	所共供養이며 소공공양
是佛滅後 시불멸후	法欲盡時에 법욕진시	有一菩薩하니 유일보살
名常不輕이라 명상불경	時諸四衆이 시제사중	計著於法이어늘 계착어법
不輕菩薩이 불경보살	往到其所하야 왕도기소	而語之言호대 이어지언
我不輕汝하노니 아불경여	汝等行道하야 여등행도	皆當作佛하리라 개당작불

세존께서 이 뜻을 거듭 펴시려고 게송으로 말씀하셨다.

과거에 명호가 위음왕이라는 부처님께서 계셨는데,

신통과 지혜가 한량없어서

일체를 인도하고

하늘과 사람과 용과 신들의 공양을 받았느니라.

이 부처님께서 열반하신 후

법이 멸하려 할 때 상불경이라는 보살이 있었느니라.

그때의 사부대중들은 법에 집착하였으므로 상불경 보살이 그들을 찾아가서

'나는 당신들을 가볍게 보지 않습니다.

당신들은 도를 행하므로 모두다 부처님이 될 것입니다' 하였지만,

諸人聞已에 제 인 문 이	輕毁罵詈호대 경 훼 매 리	不輕菩薩이 불 경 보 살
能忍受之하여 능 인 수 지	其罪畢已코 기 죄 필 이	臨命終時에 임 명 종 시
得聞此經하고 득 문 차 경	六根淸淨하며 육 근 청 정	神通力故로 신 통 력 고
增益壽命이라 증 익 수 명	復爲諸人하야 부 위 제 인	廣說是經커든 광 설 시 경
諸著法衆이 제 착 법 중	皆蒙菩薩의 개 몽 보 살	敎化成就하야 교 화 성 취
令住佛道하며 영 주 불 도	不輕命終에 불 경 명 종	値無數佛하사 치 무 수 불
說是經故로 설 시 경 고	得無量福하고 득 무 량 복	漸具功德하야 점 구 공 덕
疾成佛道하니라 질 성 불 도	彼時不輕은 피 시 불 경	則我身是요 즉 아 신 시

사람들은 이 소리를 듣고서 그를 가볍게 보며 비방하고 욕하였는데 상불경보살은 모두다 참고 견디었느니라.

숙세의 죄보를 다 받고 임종할 때가 되었을 때 이 경을 듣고 육근의 청정함과 신통력을 얻었으므로 수명이 늘어나 다시 사람들을 위하여 이 경을 널리 설하였느니라. 온갖 법에 집착을 하는 중생들이 모두 이 보살의 교화를 받았으며 공덕을 성취하여 불도에 머무르게 되었느니라.

상불경보살은 목숨이 다 했을 때 수없는 부처님들을 만났는데, 이 경을 설한 까닭으로 한량없는 복을 받고 점점 공덕을 갖추어서 불도를 빨리 이루었느니라.

그때의 상불경보살은 곧 나의 이 몸이며,

時四部衆에
시 사 부 중

汝當作佛하고
여 당 작 불

此會菩薩
차 회 보 살

淸信士女로
청 신 사 녀

我於前世에
아 어 전 세

第一之法하며
제 일 지 법

世世受持
세 세 수 지

至不可議토록
지 불 가 의

著法之者가
착 법 지 자

以是因緣으로
이 시 인 연

五百之衆과
오 백 지 중

今於我前에
금 어 아 전

勸是諸人하야
권 시 제 인

開示敎人하야
개 시 교 인

如是經典하며
여 시 경 전

時乃得聞
시 내 득 문

聞不輕言
문 불 경 언

値無數佛커든
치 무 수 불

幷及四部
병 급 사 부

聽法者是니라
청 법 자 시

聽受斯經
청 수 사 경

令住涅槃하고
영 주 열 반

億億萬劫에
억 억 만 겁

是法華經하며
시 법 화 경

그때의 사부대중으로 법에 집착을 한 사람들은 상불경보살이 '당신들은 부처님이 될 것입니다' 라고 하였던 말을 들은 인연으로 수없는 부처님을 만난 이들로서 이 모임에 있는 5백의 보살들과 사부대중인 청신사, 청신녀들로서 내 앞에서 법을 듣고 있는 사람들이니라. 내가 지난 세상에서 이 사람들에게 가장 으뜸가는 법인 이 경을 듣고 받아들이도록 권하였으며 열어 보이고 가르쳐서 열반에 머무르게 하였으며, 세세생생 이 경전을 받아 지니게 하였느니라.

억억만 겁에서 불가사의한 겁에 이르더라도 때가 되어야 이 『법화경』을 들을 수 있으며, 억억만 겁에서 불가사의한 겁에 이르더라도 모든 부처님 세존들께서는 때가 되어야 이 경을 설하시느니라.

億億萬劫에 억 억 만 겁	至不可議토록 지 불 가 의	諸佛世尊이 제 불 세 존
時說是經하나니 시 설 시 경	是故行者가 시 고 행 자	於佛滅後에 어 불 멸 후
聞如是經하고 문 여 시 경	勿生疑惑하며 물 생 의 혹	應當一心으로 응 당 일 심
廣說此經하면 광 설 차 경	世世值佛하야 세 세 치 불	疾成佛道하리라 질 성 불 도

第 二十 常不輕菩薩品 終
제 이십 상불경보살품 종

그러므로 수행하는 자들은 부처님께서 열반하신 후에 이와 같은 경을 들으면 의심하지 말고 마땅히 한결같은 마음으로 널리 이 경을 설하여 세세생생 부처님을 만나 뵙고 빨리 부처님의 도를 이루도록 하여라.

제 이십 상불경보살품 끝

第二十一 如來神力品
제 이십일 여래신력품

爾時에 千世界 微塵等菩薩摩訶薩의 從地涌出者 皆
이시 천세계 미진등보살마하살 종지용출자 개

於佛前에 一心合掌하고 瞻仰尊顔하사 而白佛言하사대 世
어불전 일심합장 첨앙존안 이백불언 세

尊이시여 我等이 於佛滅後 世尊分身의 所在國土 滅度
존 아등 어불멸후 세존분신 소재국토 멸도

之處에 當廣說此經호리니 所以者何오 我等이 亦自欲
지처 당광설차경 소이자하 아등 역자욕

得是眞淨大法하야 受持讀誦하고 解說書寫하야 而供養
득시진정대법 수지독송 해설서사 이공양

之니다
지

제 이십일 여래신력품

그때 땅 속에서 솟아 나온 천 세계의 티끌 수 같은 보살마하살들이 모두다 부처님 앞에서 일심으로 합장하고 거룩한 모습을 우러러보며 부처님께 말씀드렸다.

"세존이시여!
저희들은 부처님께서 열반하신 후에,
부처님의 분신 부처님들이 계시다가
열반하신 곳에서 이 경을 설하겠습니다.

왜냐하면 저희들도 이 참되고 깨끗하며
큰 법을 얻어 받아 지니고
읽고 외우며 해설하고 옮겨 쓰며
공양하고 싶기 때문입니다."

爾時에 世尊이 於文殊師利等 無量百千萬億 舊住娑
이시 세존 어문수사리등 무량백천만억 구주사

婆世界의 菩薩摩訶薩과 及諸比丘比丘尼와 優婆塞優
바세계 보살마하살 급제비구비구니 우바새우

婆夷와 天龍夜叉와 乾闥婆 阿修羅와 迦樓羅 緊那羅와
바이 천용야차 건달바 아수라 가루라 긴나라

摩睺羅伽 人非人等 一切衆前에 現大神力하며 出廣
마후라가 인비인등 일체중전 현대신력 출광

長舌하사 上至梵世하며 一切毛孔에 放於無量 無數色
장설 상지범세 일체모공 방어무량 무수색

光하사 皆悉遍照 十方世界하며 衆寶樹下 師子座上에
광 개실변조 시방세계 중보수하 사자좌상

諸佛도 亦復如是하사 出廣長舌하야 放無量光하며 釋迦
제불 역부여시 출광장설 방무량광 석가

그때 세존께서 오랜 옛날부터 사바세계에 있던
문수사리를 비롯한 보살마하살들과
한량없는 백천만 억의 비구와 비구니와
우바새와 우바이와
천, 용, 야차, 건달바, 아수라, 가루라, 긴나라, 마후라가
등 사람과 사람 아닌 이 일체 중생들 앞에서
큰 신통력으로 넓고 긴 혀를 내밀어
범천에 이르게 하시고 모든 털구멍에서
한량없고 수없는 빛깔의 광명을 놓으시며
시방세계를 두루 비추시니 보배 나무 아래의 사자좌에
계시던 부처님들도 역시 이와 같이 넓고 긴 혀를 내밀어
한량없는 빛을 놓으셨다.

牟尼佛과 及 寶樹下諸佛이 現神力時를 滿百千歲然
모니불 급 보수하제불 현신력시 만백천세연

後에 還攝舌相하며 一時謦欬하사 俱共彈指하시니 是二音
후 환섭설상 일시경해 구공탄지 시이음

聲이 遍至十方 諸佛世界하사 地皆六種震動이러라 其中
성 변지시방 제불세계 지개육종진동 기중

衆生에 天龍夜叉와 乾闥婆 阿修羅와 迦樓羅 緊那羅와
중생 천용야차 건달바 아수라 가루라 긴나라

摩睺羅伽 人非人等이 以佛神力故로 皆見此 娑婆世
마후라가 인비인등 이불신력고 개견차 사바세

界에 無量無邊인 百千萬億의 衆寶樹下 師子座上諸
계 무량무변 백천만억 중보수하 사자좌상제

佛하며 及見釋迦牟尼佛이 共 多寶如來로 在 寶塔中하사
불 급견석가모니불 공 다보여래 재 보탑중

석가모니 부처님과 보배 나무 아래 부처님들께서 백천년 동안 신통력을 보이신 후에 혀를 거두시며 큰 기침을 한 번 하시고 다 같이 손가락을 튕기시니 이 두 소리가 시방의 부처님들 세계에 두루 퍼지고 땅이 모두다 여섯 가지로 진동하였습니다.

그 가운데 있는 중생들로서

천, 용, 야차, 건달바, 아수라, 가루라, 긴나라,

마후라가 등 사람인듯 아닌 듯한 이들이

부처님들의 신통력으로

사바세계의 한량없고 가없는 백천만억 보배 나무 아래

사자좌에 계시는 부처님들과

석가모니 부처님께서 다보여래와 함께 보배 탑 속의 사

坐 師子座하며 又見無量無邊인 百千萬億의 菩薩摩訶
좌 사자좌 우견무량무변 백천만억 보살마하

薩과 及諸四衆이 恭敬圍繞 釋迦牟尼佛하며 旣見是已에
살 급제사중 공경위요 석가모니불 기견시이

皆大歡喜하야 得 未曾有러라 卽時諸天이 於虛空中에
개대환희 득 미증유 즉시제천 어허공중

高聲唱言호대 過此無量無邊인 百千萬億 阿僧祇世界하야
고성창언 과차무량무변 백천만억 아승지세계

有國하니 名娑婆요 是中에 有佛하니 名은 釋迦牟尼라
유국 명사바 시중 유불 명 석가모니

今爲諸菩薩摩訶薩하사 說大乘經하시니 名妙法蓮華라
금위제보살마하살 설대승경 명묘법연화

敎 菩薩法이며 佛所護念이시니 汝等은 當 深心隨喜하고
교 보살법 불소호념 여등 당 심심수희

자좌에 앉아 계시는 것을 보았습니다.

또 한량없고 가없는 백천만억의 보살마하살과 사부대중들이 석가모니 부처님을 둘러싸고 공경하는 이런 광경을 보고서 모두다 크게 기뻐하며 일찍이 없던 불가사의한 일이라 하고 있을 때 천인들이 허공에서 큰 소리로 외쳤습니다.

"이 한량없고 가없는 백천만억 아승지 세계를 지나면 한 나라가 있으니 이름은 사바세계이고, 그 곳에 부처님께서 계시는데 명호는 석가모니이시다. 지금 보살마하살들을 위하여 대승경을 설하시는데, 이름은 묘법연화이고 보살을 가르치는 법이며, 부처님들께서 보호하시고 깊이 생각하시는 바이니 너희들은 마땅히 마음 깊이

亦當禮拜供養 釋迦牟尼佛이니라 彼諸衆生이 聞虛空
역당예배공양 석가모니불 피제중생 문허공
中聲已에 合掌向 娑婆世界하사 作如是言하사대 南無
중성이 합장향 사바세계 작여시언 나무
釋迦牟尼佛 南無釋迦牟尼佛하고 以種種華香과 瓔珞
석가모니불 나무석가모니불 이종종화향 영락
幡蓋와 及諸嚴身之具인 珍寶妙物로 皆共遙散 娑婆
번개 급제엄신지구 진보묘물 개공요산 사바
世界하시니 所散諸物이 從十方來호대 譬如雲集이라
세계 소산제물 종시방래 비여운집
變成寶帳하야 遍覆此間 諸佛之上하니 于時十方世界
변성보장 변부차간 제불지상 우시시방세계
通達無礙하야 如一佛土러라
통달무애 여일불토

따라 기뻐하며 석가모니 부처님께 예배하고 공양하여야 하느니라."

그 중생들이 허공에서 나는 소리를 듣고 사바세계를 향하여 합장하고 이렇게 말하였다.

"나무 석가모니불, 나무 석가모니불."

그리고 가지가지 꽃과 향과 영락과 깃발과 가리개와 장신구들과 진귀한 보물과 아름다운 물건들을 모두다 같이 사바세계로 멀리 흩으니, 흩어진 물건들이 시방으로부터 오는 것을 비유하면, 마치 구름이 모이는 것 같더니 보배 장막으로 변하여 이 곳의 부처님들 위를 두루 덮었다. 이때 사바세계는 막힘이 없이 훤히 트이어 마치 하나의 불국토 같았다.

爾時에 佛告上行等 菩薩大衆하사대 諸佛神力이 如是
이시 불고상행등 보살대중 제불신력 여시
無量無邊 不可思議라 若我以是神力으로 於無量無邊
무량무변 불가사의 약아이시신력 어무량무변
百千萬億 阿僧祇劫에 爲囑累故로 說此經功德이라도
백천만억 아승지겁 위촉루고 설차경공덕
猶不能盡이니 以要言之컨대 如來一切 所有之法과 如
유불능진 이요언지 여래일체 소유지법 여
來一切 自在神力과 如來一切 秘要之藏과 如來一切
래일체 자재신력 여래일체 비요지장 여래일체
甚深之事를 皆於此經에 宣示顯說이니라
심심지사 개어차경 선시현설
是故로 汝等이 於如來滅後에 應一心으로 受持讀誦하고
시고 여등 어여래멸후 응일심 수지독송

부처님께서 상행보살 등의 보살 대중에게 말씀하셨다.

"부처님들의 신통력은 이와 같이 한량없고 가없으며 불가사의한 것이니라.

내가 이러한 신통력으로 한량없고 가없는 백천만억 아승지 겁 동안 후의 사람들에게 부촉하기 위해 이 경의 공덕을 설하더라도 다할 수가 없느니라.

중요한 것만 말한다면, 여래의 모든 가르침과 여래의 자유자재한 온갖 신통력과 여래의 온갖 비밀스럽고 중요한 법장과 여래의 깊고 깊은 온갖 일들을 모두다 이 경에서 펴 보이고 드러내어 설하였느니라.

그러므로 너희들은 여래가 열반한 후에 당연히 한결같은 마음으로 받아 지니고 읽고 외우며 해설하고 옮겨

解說書寫하며 如說修行이니 所在國土에 若 有受持讀
해설서사 여설수행 소재국토 약 유수지독
誦하고 解說書寫하며 如說修行이면 若經卷所住之處가
송 해설서사 여설수행 약경권소주지처
若於園中이어나 若於林中이어나 若於樹下어나 若於僧坊이어나
약어원중 약어림중 약어수하 약어승방
若 白衣舍어나 若在殿堂이어나 若山谷曠野어든 是中에 皆
약 백의사 약재전당 약산곡광야 시중 개
應 起塔供養이리니 所以者何오 當知是處는 卽是道場이라
응 기탑공양 소이자하 당지시처 즉시도량
諸佛이 於此에 得阿耨多羅三藐三菩提며 諸佛이 於此에
제불 어차 득아뇩다라삼먁삼보리 제불 어차
轉于法輪이며 諸佛이 於此에 而般涅槃이니라
전우법륜 제불 어차 이반열반

쓰며 설한 바대로 수행하여라.

너희들이 있을 나라에서 만약에 받아들여 지니고 읽고 외우며 해설하고 옮겨 쓰며 설한 바대로 수행하는 사람이 있거나, 경전이 있는 곳이면 그곳이 동산 속이거나 숲 속이거나 나무 아래이거나 승방이거나 재가 신도의 집이거나 법당이거나 산골짜기이거나 넓은 들판이라도 그곳에 모두다 탑을 세워 공양하여라.

왜냐하면 이런 곳은 곧 도량이기 때문이니라.

모든 부처님들께서 이런 곳에서 아뇩다라삼먁삼보리를 얻으셨으며, 모든 부처님들께서 이런 곳에서 법륜을 굴리셨으며, 모든 부처님들께서 이런 곳에서 열반에 드셨기 때문이니라."

爾時世尊이 欲重宣此義하사 而說偈言하사대
이시세존 욕중선차의 이설게언

諸佛救世者가 住於大神通하사 爲悅衆生故로
제불구세자 주어대신통 위열중생고

現無量神力하야 舌相至梵天하고 身放無數光하며
현무량신력 설상지범천 신방무수광

爲求佛道者하야 現此希有事하며 諸佛謦欬聲과
위구불도자 현차희유사 제불경해성

及彈指之聲이 周聞十方國하고 地皆六種動하며
급탄지지성 주문시방국 지개육종동

以佛滅度後에 能持是經故로 諸佛皆歡喜하사
이불멸도후 능지시경고 제불개환희

現無量神力하며 囑累是經故로 讚美受持者호대
현무량신력 촉루시경고 찬미수지자

세존께서 이 뜻을 거듭 펴시려고 게송으로 말씀하셨다.

부처님들께서는 세상을 구하시는 분이시기에 큰 신통력에 미무르시며, 중생들을 기쁘게 하기 위하여 한량없는 신통력을 나타내시어 넓고 긴 혀를 범천에까지 이르게 하고, 몸으로 수없는 광명을 놓으시니 불도를 구하는 사람들을 위하여 이렇게 희유한 일을 나타내시는 것이니라. 부처님들께서 기침을 하시며 손가락을 한 번 튕기시니, 소리가 시방세계에 두루 들리며 모든 땅들이 여섯 가지로 진동을 하는구나. 부처님께서 열반하신 후에 이 경전을 받아 지니겠다기에 부처님들께서 모두다 기뻐하시며 한량없는 신통력을 나타내신 것이니라. 이 경을 부탁하여 맡기려고 지니는 사람을 칭찬

於無量劫中에 猶故不能盡이니 是人之功德은
어무량겁중 유고불능진 시인지공덕

無邊無有窮이라 如十方虛空하야 不可得邊際니라
무변무유궁 여시방허공 불가득변제

能持是經者는 則爲已見我며 亦見多寶佛과
능지시경자 즉위이견아 역견다보불

及諸分身者며 又見我今日에 教化諸菩薩이니라
급제분신자 우견아금일 교화제보살

能持是經者는 令我及分身과 滅度多寶佛의
능지시경자 영아급분신 멸도다보불

一切皆歡喜하며 十方現在佛과 幷過去未來에
일체개환희 시방현재불 병과거미래

亦見亦供養하고 亦令得歡喜니라 諸佛坐道場하사
역견역공양 역령득환희 제불좌도량

所得秘要法을 能持是經者가 不久亦當得이며
소득비요법 능지시경자 불구역당득

한다면 한량없는 겁이라도 다 할 수가 없느니라. 이 사람의 공덕은 가없으며 끝이 없어서 시방의 허공과 같으니 가와 끝을 알 수가 없느니라.

이 경을 받아 지니는 사람은 나를 본 것이며, 다보 부처님을 본 것이며, 분신 부처님들을 본 것이며, 내가 오늘 교화한 보살들을 보는 것이 되느니라.

이 경을 받아 지니는 사람은 나와 분신 부처님들과 열반하신 다보 부처님과 일체를 모두다 기쁘게 하며, 시방에 현재 계시는 부처님과 과거와 미래의 부처님들도 뵈옵고 공양하며 기쁘게 하는 것이 되느니라.

이 경을 받아 지니는 사람은 부처님들께서 도량에서 얻으신 비밀스럽고 중요한 법을 머지 않아 얻을 것이니라.

能持是經者는 능 지 시 경 자	於諸法之義와 어 제 법 지 의	名字及言辭에 명 자 급 언 사
樂說無窮盡호대 락 설 무 궁 진	如風於空中에 여 풍 어 공 중	一切無障礙니라 일 체 무 장 애
於如來滅後에 어 여 래 멸 후	知佛所說經하야 지 불 소 설 경	因緣及次第를 인 연 급 차 제
隨義如實說호대 수 의 여 실 설	如日月光明이 여 일 월 광 명	能除諸幽冥하며 능 제 제 유 명
斯人行世間하야 사 인 행 세 간	能滅衆生闇하고 능 멸 중 생 암	教無量菩薩하야 교 무 량 보 살
畢竟住一乘이니 필 경 주 일 승	是故有智者는 시 고 유 지 자	聞此功德利하고 문 차 공 덕 리
於我滅度後에 어 아 멸 도 후	應受持斯經이니 응 수 지 사 경	是人於佛道에 시 인 어 불 도
決定無有疑니라 결 정 무 유 의		

이 경을 받아 지닌 사람은 모든 법의 뜻과 이름과 말씀을 끝이 없도록 즐겨 설하는 것이 바람이 공중에서 아무런 장애가 없는 것과 같으며, 여래가 열반하신 후 부처님께서 설하신 경전의 인연과 차례를 알고 뜻에 따라 진실하게 설하니 해와 달이 모든 어두움을 없애는 것과 같으니라.

이 사람이 세상을 다니며 중생들의 어두움을 없애주고 한량없는 보살들을 교화하여 필경에는 일승에 머무르게 하느니라.

그러므로 지혜 있는 사람은 이런 공덕과 이익을 듣고 내가 열반한 후에 마땅히 이 경을 받아 지녀라.

받아 지니는 사람이 부처님의 경지에 이르리라는 것은 의심할 여지가 없느니라.

第 二十一 如來神力品 終
제 이십일 여래신력품 종

제 이십일 여래신력품 끝

第二十二 囑累品
제 이십이 촉루품

爾時에 釋迦牟尼佛이 從法座起하사 現大神力하시며 以
이시 석가모니불 종법좌기 현대신력 이

右手로 摩無量菩薩摩訶薩頂하시고 而作是言하사대 我
우수 마무량보살마하살정 이작시언 아

於無量百千萬億 阿僧祇劫에 修習是難得 阿耨多羅
어무량백천만억 아승지겁 수습시난득 아뇩다라

三藐三菩提法하사 今以付囑汝等하노니 汝等은 應當一
삼먁삼보리법 금이부촉여등 여등 응당일

心으로 流布此法하야 廣令增益하라 如是三摩 諸菩薩摩
심 유포차법 광령증익 여시삼마 제보살마

訶薩頂하시고 而作是言호대 我於無量百千萬億 阿僧祇
하살정 이작시언 아어무량백천만억 아승지

제 이십이 촉루품

그때 석가모니 부처님께서 법좌에서 일어나 큰 신통력을 나타내시고 오른손으로 한량없는 보살마하살의 머리를 쓰다듬으시며 이렇게 말씀하셨다.

"내가 한량없는 백천만억 아승지 겁 동안 이 얻기 어려운 아뇩다라삼먁삼보리의 법을 닦고 익혔는데,
이제 너희들에게 부탁하여 맡기니 너희들은 마땅히 한결같은 마음으로 이 법을 널리 펴고 더욱 이익 되게 하여라."

이와 같이 모든 보살마하살의 머리를 세 번이나 쓰다듬으시며 이런 말씀을 하셨다.

"내가 한량없는 백천만억 아승지 겁 동안 이 얻기 어

劫에 修習是難得 阿耨多羅三藐三菩提法하사 今以付
겁 수습시난득 아뇩다라삼먁삼보리법 금이부

囑汝等하노니 汝等은 當受持讀誦하야 廣宣此法하야 令
촉여등 여등 당수지독송 광선차법 영

一切衆生으로 普得聞知케하라 所以者何오 如來有大慈
일체중생 보득문지 소이자하 여래유대자

悲하사 無諸慳吝하고 亦無所畏하며 能與衆生에 佛之智
비 무제간린 역무소외 능여중생 불지지

慧와 如來智慧와 自然智慧니라
혜 여래지혜 자연지혜

如來는 是一切衆生之大施主라 汝等이 亦應隨學 如
여래 시일체중생지대시주 여등 역응수학 여

來之法호대 勿生慳吝이니라
래지겁 물생간린

려운 아뇩다라삼먁삼보리를 닦고 익혔는데 이제 너희들에게 부탁하여 맡기니, 너희들은 마땅히 이 법을 받아 지니고 읽고 외우며 널리 설하여 일체 중생들로 하여금 널리 들어 알게 하여라.

왜냐하면 여래는 대자비가 있어 모든 것을 아끼지 아니하며 거리낌도 없으므로, 중생들에게 부처님의 지혜(중생을 구원하는 능력으로서의 지혜)와 여래의 지혜(중생을 구원할 수 있는 근본적이고도 절대적인 깨달음의 지혜)와 자연의 지혜(부처님의 경지에 이를 수 있는 지혜)를 줄 수 있기 때문이니라.

여래는 일체 중생의 대 시주이니 너희들도 응당 여래의 가르침을 따라 배워서 아끼는 마음을 내지 말아라.

於未來世에 若有善男子善女人이 信如來智慧者는
어미래세 약유선남자선여인 신여래지혜자

當爲演說此法華經하야 使得聞知니 爲令其人으로 得
당위연설차법화경 사득문지 위령기인 득

佛慧故라 若有衆生이 不信受者는 當於如來餘深法
불혜고 약유중생 불신수자 당어여래여심법

中에 示教利喜니라 汝等이 若能如是면 則爲已報諸佛
중 시교리희 여등 약능여시 즉위이보제불

之恩이니라
지은

時에 諸菩薩摩訶薩이 聞佛作是說已하고 皆大歡喜遍
시 제보살마하살 문불작시설이 개대환희변

滿其身하야 益加恭敬하며 曲躬低頭하사 合掌向佛하야 俱
만기신 익가공경 곡궁저두 합장향불 구

미래의 세상에 선남자, 선여인으로서 여래의 지혜를 믿는 사람에게는 마땅히 이 법화경을 설하여서 듣고 알게 하여라.

그 사람이 부처님의 지혜를 얻도록 하기 위해서인데, 만약 중생으로서 믿지 않고 받지 않는 자에게는 여래의 깊은 법 중에서 다른 것을 보이고 가르쳐서 이롭게 하고 기쁘게 하여라.

너희들이 이와 같이 할 수 있다면 곧 모든 부처님들의 은혜를 갚는 것이 되느니라."

이때 보살마하살들이 부처님께서 이렇게 말씀하시는 것을 듣고, 모두들 큰 기쁨이 몸에 가득하여 더욱 공경하는 마음으로 몸을 굽히고 머리를 숙여 부처님을 향하

發聲言호대 如世尊勅하사 當具奉行호리니 唯然世尊이시여 願
발성언 여세존칙 당구봉행 유연세존 원

不有慮하소서 諸菩薩摩訶薩衆이 如是三反하사 俱發聲
불유려 제보살마하살중 여시삼반 구발성

言호대 如世尊勅하사 當具奉行호리니 唯然世尊이시여 願不
언 여세존칙 당구봉행 유연세존 원불

有慮하소서 爾時에 釋迦牟尼佛이 令十方來의 諸分身
유려 이시 석가모니불 영시방래 제분신

佛로 各還本土케하시고 而作是言하사대 諸佛은 各隨所安하고
불 각환본토 이작시언 제불 각수소안

多寶佛塔은 還可如故라하시다 說是語時에 十方無量分
다보불탑 환가여고 설시어시 시방무량분

身諸佛이 坐寶樹下師子座上者와 及多寶佛과 幷上
신제불 좌보수하사자좌상자 급다보불 병상

여 합장하고 다 함께 소리 내어 말하였다.

"세존께서 분부하시는 대로 모두 받들어 행하겠습니다. 그러하오니 세존이시여! 원하옵건대 염려하지 마십시오." 보살마하살들이 이렇게 세 번을 다 함께 소리 내어 말하였다. "세존께서 분부하시는 대로 모두 받들어 행하겠습니다. 그러하오니, 세존이시여! 원하옵건대 염려하지 마십시오."

그때 석가모니 부처님께서는 시방세계에서 오신 모든 분신 부처님들을 모두 본국으로 돌아가게 하시려고 이렇게 말씀하셨다.

"부처님들께서는 편안하신 대로 하시고 다보여래의 탑도 본래 있던 곳으로 돌아가십시오."

行等 無邊阿僧祇 菩薩大衆과 舍利弗等 聲聞四衆과
행등 무변아승지 보살대중 사리불등 성문사중

及一切世間 天人阿修羅等이 聞佛所說하고 皆大歡喜러라
급일체세간 천인아수라등 문불소설 개대환희

第二十二 囑累品 終
제이십이 촉루품 종

이렇게 말씀을 하실 때 보배 나무 아래의 사자좌에 앉아 계시던 시방세계의 한량없는 분신 부처님들과 다보 부처님과 상행보살을 비롯한 가없는 아승지의 보살대중과 사리불을 비롯한 성문의 사부대중과 모든 세계의 하늘과 사람과 아수라들이 부처님의 말씀을 듣고 모두 크게 기뻐하였다.

제 이십이 촉루품 끝

第二十三 藥王菩薩本事品
제 이 십 삼 약 왕 보 살 본 사 품

爾時에 宿王華菩薩이 白佛言하사대 世尊이시여 藥王菩薩이
이 시 수 왕 화 보 살 백 불 언 세 존 약 왕 보 살

云何遊於娑婆世界닛고 世尊이시여 是藥王菩薩이 有若
운 하 유 어 사 바 세 계 세 존 시 약 왕 보 살 유 약

干百千萬億那由他 難行苦行이닛가 善哉 世尊이시여 願
간 백 천 만 억 나 유 타 난 행 고 행 선 재 세 존 원

少解說하소서 諸天龍神夜叉와 乾闥婆 阿修羅와 迦樓
소 해 설 제 천 용 신 야 차 건 달 바 아 수 라 가 루

羅 緊那羅와 摩睺羅伽 人非人等이며 又 他國土에 諸
라 긴 나 라 마 후 라 가 인 비 인 등 우 타 국 토 제

來菩薩과 及此聲聞衆이 聞皆歡喜리라
래 보 살 급 차 성 문 중 문 개 환 희

제 이십삼 약왕보살본사품

그때 수왕화보살이 부처님께 말씀드렸다.

"세존이시여! 약왕보살은 어찌하여 이 사바세계를 다니십니까?

세존이시여!

이 약왕보살은 백천만억 나유타에 얼마만큼 어려운 수행과 힘든 고행을 하였습니까?

거룩하신 세존이시여! 원하옵건대, 간략하게 말씀해 주십시오. 천(天)과 용신과 야차와 건달바와 아수라와 가루라와 긴나라와 마후라가 등 사람인듯 아닌 듯한 이들과 다른 나라에서 온 보살들과 여기에 있는 성문들이 들으면 모두다 기뻐할 것입니다."

爾時에 佛告宿王華菩薩하사대 乃往過去無量 恒河沙
이시 불고수왕화보살 내왕과거무량 항하사

劫에 有佛하시니 號는 日月淨明德如來 應供 正遍知 明行
겁 유불 호 일월정명덕여래 응공 정변지 명행

足 善逝 世間解 無上士 調御丈夫 天人師 佛世尊이라
족 선서 세간해 무상사 조어장부 천인사 불세존

其佛이 有 八十億 大菩薩摩訶薩과 七十二 恒河沙大
기불 유 팔십억 대보살마하살 칠십이 항하사대

聲聞衆하시며 佛壽는 四萬二千劫이요 菩薩壽命도 亦等이며
성문중 불수 사만이천겁 보살수명 역등

彼國은 無有女人과 地獄 餓鬼 畜生 阿修羅等과 及以
피국 무유여인 지옥 아귀 축생 아수라등 급이

諸難하며 地平如掌하야 瑠璃所成이며 寶樹莊嚴하고 寶帳
제난 지평여장 유리소성 보수장엄 보장

그러자 부처님께서 수왕화보살에게 말씀하셨다.

"과거 한량없는 항하의 모래 수 같은 겁 전에 부처님께서 계셨으니 명호는 일월정명덕여래 · 응공 · 정변지 · 명행족 · 선서 · 세간해 · 무상사 · 조어장부 · 천인사 · 불세존이었느니라.

그 부처님께서는 80억의 대 보살마하살과 72항하의 모래 수 같은 대 성문들이 있었느니라.

부처님의 수명은 4만 2천 겁이었고 보살들의 수명도 역시 같았는데, 그 나라에는 여자와 지옥과 아귀와 축생과 아수라들과 온갖 어려운 일들이 없었느니라.

땅은 손바닥같이 평평하였고 유리로 되어 있었느니라. 보배 나무로 장엄하고 보배 장막을 덮었으며 보배 꽃으

覆上하며 垂寶華幡하고 寶甁香爐는 周遍國界하며 七寶
부상 수보화번 보병향로 주변국계 칠보

爲臺호대 一樹一臺며 其樹去臺는 盡一箭道라 此諸寶
위대 일수일대 기수거대 진일전도 차제보

樹에 皆有菩薩聲聞하야 而坐其下하며 諸寶臺上에 各有
수 개유보살성문 이좌기하 제보대상 각유

百億諸天하야 作天伎樂하고 歌歎於佛하야 以爲供養이러니
백억제천 작천기악 가탄어불 이위공양

爾時彼佛이 爲一切衆生喜見菩薩과 及衆菩薩諸聲
이시피불 위일체중생희견보살 급중보살제성

聞衆하야 說法華經이러라
문중 설법화경

是一切衆生喜見菩薩이 樂習苦行하사 於日月淨明德
시일체중생희견보살 낙습고행 어일월정명덕

로 된 깃발이 드리워지고, 보배병과 향로가 나라 안에 두루 가득하였느니라.

칠보로 된 누각을 나무 하나에 누각 하나씩으로 만들었는데, 나무에서 누각까지는 화살이 한 번 날아갈 정도의 거리였느니라.

이 보배 나무들 아래에는 보살과 성문들이 모두 앉고 누각들 위에는 각각 백억의 천인들이 하늘음악을 울리고 부처님을 찬탄하는 노래를 부르며 공양하였느니라.

그때 그 부처님께서

일체중생희견보살을 비롯한 보살들과 성문의 무리들을 위하여 『법화경』을 설하셨는데,

이 일체중생희견보살이 고행을 즐겨 닦고 일월정명덕

佛法中에 精進經行하야 一心求佛을 滿萬二千歲已하고
불법중 정진경행 일심구불 만만이천세이

得現一切色身三昧하며 得此三昧已에 心大歡喜하야
득현일체색신삼매 득차삼매이 심대환희

卽作念言호대 我得現一切色身三昧는 皆是得聞法華經
즉작념언 아득현일체색신삼매 개시득문법화경

力이라 我今에 當供養日月淨明德佛과 及法華經호리라하고
력 아금 당공양일월정명덕불 급법화경

卽時에 入是三昧하니 於虛空中에 雨曼陀羅華와 摩訶
즉시 입시삼매 어허공중 우만다라화 마하

曼陀羅華와 細末堅黑栴檀하야 滿虛空中하사 如雲而
만다라화 세말견흑전단 만허공중 여운이

下하며 又雨海此岸栴檀之香하니 此香은 六銖로대 價直
하 우우해차안전단지향 차향 육수 가치

부처님의 법 가운데서 정진하고 수행하며 일심으로 부처님 되기를 구하였기에 1만 2천 년을 지나서 현일체색신삼매(일체 중생의 모습을 마음대로 나타낼 수 있는 삼매, 보현색신삼매라고 하기도 함)를 얻었느니라.

이 삼매를 얻고 크게 기뻐하며 '내가 현일체색신삼매를 얻은 것은 모두다 이 『법화경』을 들은 힘 때문이니, 이제 마땅히 일월정명덕 부처님과 『법화경』에 공양을 해야겠다' 고 말하였느니라. 그리고 바로 이 삼매에 들어가 허공에서 만다라꽃과 마하만다라꽃과 가늘고 검은 전단향을 허공 가득히 구름처럼 뿌렸느니라.

또 해차안의 전단향(염부제의 남단에서 나는 전단향)을 뿌렸는데, 이 향은 6수(무게의 단위, 한 냥의 24분의

娑婆世界로 以供養佛이러라
사바세계 이공양불

作是供養已하시고 從三昧起하사 而自念言호대 我雖以
작시공양이 종삼매기 이자념언 아수이

神力으로 供養於佛이나 不如以身供養이라하고 卽服諸香의
신력 공양어불 불여이신공양 즉복제향

栴檀薰陸과 兜樓婆 畢力迦와 沈水膠香하며 又飮瞻蔔
전단훈육 도루바 필력가 침수교향 우음첨복

諸華香油호대 滿千二百歲已에 香油塗身하고 於日月
제화향유 만천이백세이 향유도신 어일월

淨明德佛前에 以天寶衣로 而自纏身하고 灌諸香油하며
정명덕불전 이천보의 이자전신 관제향유

以神通力願으로 而自然身하야 光明이 遍照八十億恒
이신통력원 이자연신 광명 변조팔십억항

1)만으로도 그 가치가 사바세계만큼이나 되는데 이것으로 부처님을 공양하였느니라.

이렇게 공양을 한 후 삼매에서 일어나 스스로 생각하기를 '내가 신통력으로 부처님께 공양하였지만 이 몸을 공양하는 것보다는 못하리라' 하고, 곧 전단과 훈륙(송진 비슷한 나무의 진)과 도루바(향초의 하나)와 필력가와 침수와 교향 등 가지가지 향을 먹고,

또 첨복 등 가지가지 꽃에서 짠 향유를 1천 2백 년 동안 마신 후 향유를 몸에 바르고, 일월정명덕 부처님 앞에서 하늘의 보배 옷으로 자신의 몸을 감싸고, 그 위에 온갖 향유를 붓고 나서 신통한 원력으로 직접 몸을 태우니, 광명이 80억 항하의 모래 수 같은 세계에 두루 비치

河沙世界하니 其中諸佛이 同時讚言호대 善哉善哉라 善
하사세계 기중제불 동시찬언 선재선재 선

男子야 是眞精進이며 是名眞法供養如來라 若以華香
남자 시진정진 시명진법공양여래 약이화향

瓔珞과 燒香抹香塗香과 天繒幡蓋와 及海此岸栴檀
영락 소향말향도향 천증번개 급해차안전단

之香인 如是等種種諸物供養으로 所不能及이며 假使國
지향 여시등종종제물공양 소불능급 가사국

城妻子布施라도 亦所不及이니라 善男子야 是名第一之
성처자보시 역소불급 선남자 시명제일지

施라 於諸施中에 最尊最上이니 以法供養諸如來故니라
시 어제시중 최존최상 이법공양제여래고

作是語已하고 而各默然이러라 其身이 火燃千二百歲하고
작시어이 이각묵연 기신 화연천이백세

므로 그곳에 계시던 부처님들이 한꺼번에 찬탄하며 말하였다.

'착하고도 착하도다. 선남자야! 이것이 참된 정진이며, 이것을 이름하여 여래에게 드리는 참된 법 공양이라 하느니라. 꽃과 향과 영락과 사르는 향과 가루 향과 바르는 향과 하늘의 비단 깃발과 일산과 해차안의 전단향 등, 이와 같은 온갖 물건들로 공양하더라도 미치지 못하며, 나라와 도시와 처와 자식을 보시하더라도 역시 미치지 못하느니라. 선남자야, 이것을 제일 으뜸가는 보시라 할 것이며, 온갖 보시 가운데 가장 존귀하고 가장 으뜸이니 그 까닭은 법대로 여래께 공양하기 때문이니라.'

이런 말씀을 하시고는 모두들 묵묵히 계셨는데, 그의

過是已後에 其身이 乃盡하니라 一切衆生喜見菩薩이 作
과시이후 기신 내진 일체중생희견보살 작

如是法供養已하고 命終之後에 復生日月淨明德佛國
여시법공양이 명종지후 부생일월정명덕불국

中하야 於淨德王家에 結跏趺坐하고 忽然化生하니라 卽
중 어정덕왕가 결가부좌 홀연화생 즉

爲其父하야 而說偈言하오대
위기부 이설게언

大王今當知하소서 我經行彼處하야 卽時得一切
대왕금당지 아경행피처 즉시득일체

現諸身三昧하고 勤行大精進호대 捨所愛之身하야
현제신삼매 근행대정진 사소애지신

供養於世尊은 爲求無上慧니다
공양어세존 위구무상혜

몸은 1천 2백 년 동안 탄 뒤에야 없어졌느니라.

일체중생희견보살이 이와 같이 올바르게 공양을 하고 목숨을 마친 뒤 다시 일월정명덕부처님의 나라에서 태어났는데, 정덕왕의 집에 결가부좌로 홀연히 화생(化生)하자마자 그의 아버지를 위하여 게송으로 말하였느니라.

대왕이시여!

마땅히 아십시오.

저는 수행을 하여 온갖 색신을 나타내는 삼매를 얻었습니다.

부지런히 큰 정진을 하였으며 아끼는 몸까지 부처님께 공양하며 위없는 지혜를 구하였습니다.

說是偈已하고 而白父言하오대 日月淨明德佛이 今故現
설시게이 이백부언 일월정명덕불 금고현

在하시니 我先供養佛已에 得解一切衆生語言陀羅尼하고
재 아선공양불이 득해일체중생어언다라니

復聞是法華經의 八百千萬億那由他인 甄迦羅 頻婆
부문시법화경 팔백천만억나유타 견가라 빈바

羅와 阿閦婆等偈호니 大王이여 我今에 當還供養此佛호리이다
라 아촉바등게 대왕 아금 당환공양차불

白已코 卽坐七寶之臺하사 上昇虛空호대 高七多羅樹하고
백이 즉좌칠보지대 상승허공 고칠다라수

往到佛所하야 頭面禮足하며 合十指爪하고 以偈讚佛하오대
왕도불소 두면예족 합십지조 이게찬불

容顔甚奇妙하시며 光明照十方이샷다 我適曾供養이러니
용안심기묘 광명조시방 아적증공양

이 게송을 마치고 아버지에게 말하였느니라.

'일월정명덕 부처님이 아직도 계십니다. 제가 예전에 부처님을 공양하고 일체중생의 말을 이해하는 다라니를 얻었습니다. 또 이 『법화경』의 8백 천만억 나유타의 견가라(열여섯 자리의 수)와 빈바라(열여덟 자리의 수)와 아촉바(스무 자리의 수)등의 게송도 들었습니다. 대왕이시여! 저는 이제 돌아가서 이 부처님을 공양하여야겠습니다.' 이렇게 말하고 바로 칠보로 된 자리에 앉아서 7다라수나 되는 허공으로 올라 부처님께서 계시는 곳으로 가서 머리를 조아려 발에 예배하고 열 손가락을 모아 합장하고 게송으로 부처님을 찬탄하였느니라.

존안이 매우 뛰어나게 아름다우시며 광명으로 시

今復還親覲호이다
금부환친근

爾時에 一切衆生喜見菩薩이 說是偈已하고 而白佛言하오대
이시 일체중생희견보살 설시게이 이백불언

世尊이시여 世尊이 猶故在世닛가 爾時에 日月淨明德佛이
세존 세존 유고재세 이시 일월정명덕불

告一切衆生喜見菩薩하사대 善男子야 我涅槃時到하고
고일체중생희견보살 선남자 아열반시도

滅盡時至하니 汝可安施牀座하라 我於今夜에 當般涅
멸진시지 여가안시상좌 아어금야 당반열

槃호리라 又勅一切衆生喜見菩薩하사대 善男子야 我以佛
반 우칙일체중생희견보살 선남자 아이불

法으로 囑累於汝하며 及諸菩薩大弟子와 幷阿耨多羅
법 촉루어여 급제보살대제자 병아녹다라

방세계를 비추십니다. 제가 옛적에 공양을 하였는데 이제 다시 뵈옵습니다.

일체중생희견보살이 이 게송을 마치고 부처님께 '세존이시여! 세존께서는 아직도 세상에 계십니까?' 하니 일월정명덕 부처님께서 일체중생희견보살에게 '선남자야! 내가 열반할 때가 되어 사라져 없어질 때가 되었으니 편안한 자리를 준비하여라. 나는 오늘 밤에 열반에 들 것이니라.'

하시며 다시 일체중생희견보살에게 분부하셨느니라.

'선남자야! 나의 불법을 그대에게 부촉하노라.

모든 보살과 큰 제자들과 아뇩다라삼먁삼보리의 법과

三藐三菩提法이며 亦以三千大千七寶世界에 諸寶樹
삼먁삼보리법 역이삼천대천칠보세계 제보수

寶臺와 及給侍諸天을 悉付於汝하노라 我滅度後에 所
보대 급급시제천 실부어여 아멸도후 소

有舍利를 亦付囑汝하노니 當令流布하야 廣設供養하며
유사리 역부촉여 당령유포 광설공양

應起若干千塔이니라 如是하야 日月淨明德佛이 勅一切
응기약간천탑 여시 일월정명덕불 칙일체

衆生喜見菩薩已코는 於夜後分에 入於涅槃하시니라
중생희견보살이 어야후분 입어열반

爾時에 一切衆生喜見菩薩이 見佛滅度하고 悲感懊惱하며
이시 일체중생희견보살 견불멸도 비감오뇌

戀慕於佛하사 卽以海此岸 栴檀爲積하야 供養佛身하야
연모어불 즉이해차안 전단위적 공양불신

삼천대천 칠보 세계의 보배 나무와 보배 누각과 시중을
드는 천인들도 모두다 너에게 맡기노라.

내가 열반한 후 모든 사리도 너에게 부탁하니
마땅히 널리 펴고 공양하게 하며
수천 개의 탑을 세우도록 하여라.'

이와 같이 일체중생희견보살에게 분부하시고는
그날 밤 늦게 열반에 드셨느니라.

일체중생희견보살은 부처님께서
열반하시는 것을 보고
슬퍼서 한탄하고 괴로워하며,
부처님을 그리워하고 사모하여
곧 해차안의 전단을 쌓아 부처님의 몸을 모시고

而以燒之하며 火滅已後에 收取舍利하야 作八萬四千寶
이이소지 화멸이후 수취사리 작팔만사천보

甁하사 以起八萬四千塔호대 高는 三世界요 表刹莊嚴하고
병 이기팔만사천탑 고 삼세계 표찰장엄

垂諸幡蓋하야 懸衆寶鈴하며 爾時에 一切衆生喜見菩
수제번개 현중보령 이시 일체중생희견보

薩이 復自念言호대 我雖作是供養이나 心猶未足일새 我
살 부자념언 아수작시공양 심유미족 아

今에 當更供養舍利호리라 便語諸菩薩大弟子와 及天
금 당갱공양사리 변어제보살대제자 급천

龍夜叉等 一切大衆하사대 汝等은 當 一心으로 念我今
용야차등 일체대중 여등 당 일심 염아금

供養日月淨明德佛舍利어다 作是語已하고 卽於八萬
공양일월정명덕불사리 작시어이 즉어팔만

다비를 하였고, 불이 다 꺼진 뒤에 사리를 거두어서 8만 4천의 보배 병을 만들어 8만 4천의 탑을 세웠느니라.

높이가 3세계요, 표찰을 장엄하고 깃발과 일산을 드리우고 가지가지 보배 방울을 달았느니라.

그리고 나서 일체중생희견보살이 다시 생각하기를

'내가 이 같은 공양을 하였지만 마음은 여전히 흡족하지 못하니, 내 이제 다시 부처님의 사리에 공양하리라.'

보살들과 큰 제자들과 천인과 용과 야차 등의 일체 대중에게 말하였느니라.

'너희들은 마땅히 일심으로 생각하여라.

나는 지금 일월정명덕 부처님의 사리에 공양을 하려고 한다.'

四千塔前에 燃百福莊嚴臂호대 七萬二千歲를 而以供
사천탑전 연백복장엄비 칠만이천세 이이공

養하고 令 無數求聲聞衆과 無量阿僧祇人으로 發 阿耨多
양 영 무수구성문중 무량아승지인 발 아녹다

羅三藐三菩提心하야 皆使得住 現一切色身三昧하니라
라삼먁삼보리심 개사득주 현일체색신삼매

爾時에 諸菩薩 天人阿修羅等이 見其無臂하고 憂惱悲
이시 제보살 천인아수라등 견기무비 우뇌비

哀하야 而作是言호대 此 一切衆生喜見菩薩은 是 我等
애 이작시언 차 일체중생희견보살 시 아등

師로 教化我者어늘 而今燒臂하고 身不具足이오녀 于時에
사 교화아자 이금소비 신불구족 우시

一切衆生喜見菩薩이 於 大衆中에 立此誓言호대 我捨
일체중생희견보살 어 대중중 입차서언 아사

이렇게 말하고 곧 8만 4천의 탑 앞에서 백 가지의 복으로 장엄한 팔을 7만 2천 년 동안 태우며 공양하여 성문을 구하는 수없는 대중과 한량없는 아승지의 인간들로 하여금 아녹다라삼먁삼보리의 마음을 일으키게 하였으며, 모두다 현일체색신삼매에 머무르게 하였느니라. 그때 모든 보살과 하늘과 인간과 아수라들이 그의 팔이 없어진 것을 보고 근심하고 슬퍼하며, '이 일체중생희견보살은 우리들의 스승이시고 우리들을 교화하시는 분인데, 이제 팔을 태우셨으니 불구의 몸이 되셨구나.'

하니 일체중생희견보살이 대중 가운데서 서원을 세우며 말하였느니라.

'내가 두 팔을 버렸으니 반드시 부처님의 금빛 찬란한

兩臂하고 必當得佛 金色之身호리라 若實不虛인댄 令我
양비 필당득불 금색지신 약실불허 영아
兩臂로 還復如故하소서
양비 환부여고

作是誓已에 自然還復하니 由斯菩薩의 福德智慧 淳厚
작시서이 자연환복 유사보살 복덕지혜 순후
所致니라 當爾之時하야 三千大千世界 六種震動하고 天
소치 당이지시 삼천대천세계 육종진동 천
雨寶華하며 一切人天이 得未曾有니라 佛告宿王華菩
우보화 일체인천 득미증유 불고수왕화보
薩하사대 於汝意云何오 一切衆生喜見菩薩이 豈異人乎아
살 어여의운하 일체중생희견보살 기이인호
今藥王菩薩이 是也라 其所捨身布施를 如是無量百千
금약왕보살 시야 기소사신보시 여시무량백천

몸을 얻을 것이다. 진실하여 헛되지 않는다면 나의 두 팔이 예전처럼 되돌아 올 것이니라.'

이런 서원을 마치자마자 저절로 두 팔이 되살아났는데, 그 이유는 이 보살의 복덕과 지혜가 매우 순박하고 두터웠기 때문이었느니라.

그때 삼천대천세계는 여섯 가지로 진동을 하고 하늘에서는 보배 꽃이 비 오듯이 내리고 하늘과 사람들은 일찍이 없었던 감동을 받았느니라."

부처님께서 수왕화보살에게 말씀하셨다.

"너의 생각은 어떠하냐? 일체중생희견보살이 어찌 다른 사람이겠느냐? 지금의 약왕보살이 그 사람이었느니라. 그가 이처럼 몸을 버리며 보시한 횟수는 한량없는

萬億 那由他數하니라 宿王華야 若有發心하야 欲得阿耨
만억 나유타수 수왕화 약유발심 욕득아뇩

多羅三藐三菩提者인댄 能燃手指어나 乃至足一指하야
다라삼먁삼보리자 능연수지 내지족일지

供養佛塔하면 勝以國城妻子와 及三千大千國土의 山
공양불탑 승이국성처자 급삼천대천국토 산

林河池와 諸珍寶物로 而供養者니라 若復有人이 以七
림하지 제진보물 이공양자 약부유인 이칠

寶로 滿三千大千世界하야 供養於佛과 及大菩薩과 辟
보 만삼천대천세계 공양어불 급대보살 벽

支佛 阿羅漢이라도 是人所得功德이 不如受持此法華
지불 아라한 시인소득공덕 불여수지차법화

經호대 乃至一四句偈니 其福이 最多니라
경 내지일사구게 기복 최다

백천만억 나유타이니라.

수왕화보살아!

만약에 아뇩다라삼먁삼보리를 얻으려는 마음을 낸 사람이 손가락이나 발가락 하나라도 태워서 부처님의 탑에 공양을 하면, 나라나 도시나 처와 자식이나 삼천대천세계의 산이나 숲이나 강이나 못이나 온갖 진귀한 보물들로 공양하는 것보다 수승하니라.

만약에 어떤 사람이 칠보로 삼천대천세계를 가득 채워서 부처님과 큰 보살과 벽지불과 아라한들에게 공양하더라도, 이 사람이 얻는 공덕은 『법화경』의 사구게 하나만이라도 받아 지니는 것만 못하니, 이 경을 받아 지니는 복이 가장 많느니라.

宿王華야 譬如一切 川流江河인 諸水之中에 海爲第
수왕화 비여일체 천류강하 제수지중 해위제

一이듯 此法華經도 亦復如是하야 於諸如來所說經中에
일 차법화경 역부여시 어제여래소설경중

最爲深大니라 又如 土山黑山과 小鐵圍山 大鐵圍山과
최위심대 우여 토산흑산 소철위산 대철위산

及 十寶山인 衆山之中에 須彌山이 爲第一이듯 此法華
급 십보산 중산지중 수미산 위제일 차법화

經도 亦復如是하야 於諸經中에 最爲其上이니라
경 역부여시 어제경중 최위기상

又如衆星之中에 月天子 最爲第一이듯 此法華經도 亦
우여중성지중 월천자 최위제일 차법화경 역

復如是하야 於千萬億種 諸經法中에 最爲照明이니라
부여시 어천만억종 제경법중 최위조명

수왕화보살아!

비유하면 온갖 시내와 개천과 강들의 물 가운데서 바다가 제일이듯이, 『법화경』도 이와 같아 여래들이 설하신 경 가운데서 가장 깊고 큰 것이니라.

또 토산, 흑산(소철위산과 대철위산 사이의 어두운 곳을 말함), 소철위산, 대철위산과 십보산 등의 여러 산 가운데서 수미산이 제일이듯이,

이 『법화경』도 역시 이와 같아 경전들 가운데서 가장 으뜸이니라.

또 여러 가지 별 가운데 월천자(달)가 가장 으뜸이듯이 이 『법화경』도 역시 이와 같아서 천만억 가지 경전의 가르침 중에서 가장 밝게 비추느니라.

又如日天子 能除諸闇이듯 此經도 亦復如是하야 能破
우여일천자 능제제암 차경 역부여시 능파
一切 不善之闇이니라 又如諸小王中에 轉輪聖王이 最爲
일체 불선지암 우여제소왕중 전륜성왕 최위
第一이듯 此經도 亦復如是하야 於衆經中에 最爲其尊이니라
제일 차경 역부여시 어중경중 최위기존
又如帝釋이 於三十三天中王이듯 此經도 亦復如是하야
우여제석 어삼십삼천중왕 차경 역부여시
諸經中에 王이니라 又如大梵天王이 一切衆生之父이듯
제경중 왕 우여대범천왕 일체중생지부
此經도 亦復如是하야 一切賢聖學無學과 及發菩薩心
차경 역부여시 일체현성학무학 급발보살심
者之父니라 又如 一切凡夫人中에 須陀洹 斯陀含과 阿
자지부 우여 일체범부인중 수다원 사다함 아

또 일천자(태양)가 어두운 것을 모두 없앨 수 있듯이 이 경도 역시 이와 같아서 온갖 착하지 못한 어두움들을 깨뜨릴 수 있으며,

또 여러 소왕들 중에서 전륜성왕이 가장 으뜸이듯이, 이 경도 이와 같아서 여러 가지 경전 가운데서 가장 존귀하며, 제석천왕이 33천의 왕이듯이 이 경도 이와 같아서 모든 경전 가운데에서 왕이니라.

또 대범천왕이 일체 중생의 아버지이듯이, 이 경도 이와 같아서 일체의 현명한 사람과 배울 것이 남아 있는 사람과 없는 사람과 보살의 마음을 낸 사람들의 아버지이니라.

또 모든 범부들 가운데서 수다원과와 사다함과와 아

那含 阿羅漢에 辟支佛이 爲 第一이듯 此經도 亦復如是하야
나함 아라한 벽지불 위 제일 차경 역부여시

一切如來所說과 若 菩薩所說과 若 聲聞所說인 諸經法
일체여래소설 약 보살소설 약 성문소설 제경법

中에 最爲第一이라 有能受持是 經典者도 亦復如是하야
중 최위제일 유능수지시 경전자 역부여시

於 一切衆生中에 亦爲第一이니라 一切聲聞辟支佛中에
어 일체중생중 역위제일 일체성문벽지불중

菩薩이 爲第一이듯 此經도 亦復如是하야 於 一切諸經法
보살 위제일 차경 역부여시 어 일체제경법

中에 最爲第一이니라 如佛이 爲 諸法王이듯 此經도 亦復
중 최위제일 여불 위 제법왕 차경 역부

如是하야 諸經中에 王이니라
여시 제경중 왕

나함과와 아라한과와 벽지불이 제일이듯이,

이 경도 이와 같아서 모든 여래가 설하신 것과 모든 보살이 설한 것과 성문이 설한 모든 경전의 가르침 가운데서 가장 으뜸이니라.

이 경전을 받아 지닌 자도 이와 같아서 일체 중생들 가운데서 역시 제일이며,

일체의 성문과 벽지불 가운데서 보살이 제일이듯이 이 경도 이와 같아서 일체 모든 경전의 가르침 중에서 가장 제일이니라.

부처님이 모든 법(진리)의 왕이듯이,
이 경도 이와 같아서
모든 경전 중에서 왕이니라.

宿王華야 此經은 能救一切衆生者며 此經은 能令一切
수왕화 차경 능구일체중생자 차경 능령일체

衆生으로 離諸苦惱며 此經은 能大饒益一切衆生하야 充
중생 이제고뇌 차경 능대요익일체중생 충

滿其願하나니 如清凉池하야 能滿一切 諸渴乏者며 如
만기원 여청량지 능만일체 제갈핍자 여

寒者得火며 如裸者得衣며 如商人得主며 如子得母며
한자득화 여나자득의 여상인득주 여자득모

如渡得船이며 如病得醫며 如暗得燈이며 如貧得寶며 如
여도득선 여병득의 여암득등 여빈득보 여

民得王이며 如賈客得海며 如炬除暗이니라 此法華經도
민득왕 여고객득해 여거제암 차법화경

亦復如是하야 能令衆生으로 離一切苦와 一切病痛하고
역부여시 능령중생 이일체고 일체병통

수왕화야! 이 경은 능히 일체 중생들을 구원하는 것이니라. 이 경은 일체 중생으로 하여금 온갖 고통과 괴로움을 떠나게 하며, 이 경은 일체 중생을 크게 이롭게 하며, 그들의 소원을 만족시켜 주느니라. 시원하고 맑은 못이 목마른 사람들을 만족시키는 것과 같이, 추운 사람이 불을 얻은 것과 같이, 헐벗은 사람이 옷을 얻은 것과 같이, 상인이 물건의 주인을 만난 것과 같이, 자식이 어머니를 만난 것과 같이, 건너갈 배를 구한 것과 같이, 병든 사람이 의사를 만난 것과 같이, 어두운 곳에서 등불을 만난 것과 같이, 가난한 사람이 보배를 얻은 것과 같이, 백성이 임금을 만난 것과 같이, 장사하는 사람이 바다를 만난 것과 같이, 횃불이 어둠을 없애는 것과 같이, 이 『법화경』도 이와 같아서 중생으로 하여금

能解一切生死之縛이니라 若人이 得聞此法華經하고 若
능해일체생사지박 약인 득문차법화경 약

自書이나 若使人書하면 所得功德은 以佛智慧로 籌量
자서 약사인서 소득공덕 이불지혜 주량

多少하야도 不得其邊이니라 若書是經卷하고 華香瓔珞과
다소 부득기변 약서시경권 화향영락

燒香 抹香 塗香과 幡蓋衣服과 種種之燈인 酥燈油燈과
소향 말향 도향 번개의복 종종지등 소등유등

諸香油燈과 瞻蔔油燈과 須曼那油燈과 波羅羅油燈과
제향유등 첨복유등 수만나유등 바라라유등

婆利師迦油燈과 那婆摩利油燈으로 供養하면 所得功德은
바리사가유등 나바마리유등 공양 소득공덕

亦復無量이니라
역부무량

온갖 괴로움과 온갖 병의 아픔을 여의게 하고 생과 사의 온갖 결박을 풀게 하느니라.

만약 어떤 사람이 이 『법화경』을 듣고 스스로 쓰거나 남을 시켜서 쓰게 하면 그 얻는 공덕은 부처님의 지혜로 많고 적음을 헤아려도 그 끝을 알 수 없느니라.

이 경전을 쓰고 꽃과 향과 영락과 사르는 향과
가루 향과 바르는 향과 깃발과 일산과 의복과
가지가지 등인 소등과 유등과 온갖 향유등과
첨복의 기름등, 수만나 꽃의 기름등,
바라라 꽃의 기름등, 바리사가라 기름등,
니바마리 꽃의 기름등으로
공양을 하면 얻는 공덕이 역시 한량없느니라.

宿王華야 若有人이 聞是藥王菩薩本事品者면 亦得無
수왕화 약유인 문시약왕보살본사품자 역득무

量無邊功德하며 若有女人이 聞是藥王菩薩本事品하고
량무변공덕 약유여인 문시약왕보살본사품

能受持者면 盡是女身코는 後不復受하며 若如來滅後
능수지자 진시여신 후불부수 약여래멸후

後五百歲中에 若有女人이 聞是經典하고 如說修行하면
후오백세중 약유여인 문시경전 여설수행

於此命終코는 卽往安樂世界 阿彌陀佛의 大菩薩衆이
어차명종 즉왕안락세계 아미타불 대보살중

圍繞住處하야 生蓮華中 寶座之上하나니라
위요주처 생연화중 보좌지상

不復爲貪欲所惱하며 亦復不爲瞋恚愚癡의 所惱며 亦
불부위탐욕소뇌 역부불위진에우치 소뇌 역

수왕화야!

만약에 어떤 사람이 이 약왕보살본사품을 들으면 한량없고 가없는 공덕을 얻으며, 만약 어떤 여인이 이 약왕보살본사품을 듣고 받아 가지면 이번의 여자 몸이 다한 후에 다시는 여자의 몸을 받지 않느니라.

여래가 열반하신 뒤 후5백세에 만약 어떤 여인이 이 경전을 듣고 설한 대로 수행하면 목숨을 마친 뒤에 곧 안락 세계의 아미타 부처님이 대보살의 무리들에게 둘러싸여 계시는 곳으로 가서 연꽃 가운데의 보배 자리 위에 태어나게 되느니라.

다시는 탐욕으로 인한 번뇌가 없고 성냄과 어리석음으로 인한 번뇌가 없으며,

復不爲憍慢嫉妬諸垢의 所惱니라 得 菩薩神通 無生法
부불위교만질투제구 소뇌 득 보살신통 무생법

忍하고 得是忍已하야는 眼根이 清淨하며 以是清淨眼根으로
인 득시인이 안근 청정 이시청정안근

見 七百萬二千億 那由他 恒河沙等諸佛如來하나니 是
견 칠백만이천억 나유타 항하사등제불여래 시

時諸佛이 遙共讚言호대 善哉善哉라 善男子야 汝能於
시제불 요공찬언 선재선재 선남자 여능어

釋迦牟尼佛法中에 受持讀誦하고 思惟是經하야 爲 他
석가모니불법중 수지독송 사유시경 위 타

人說하면 所得福德은 無量無邊하야 火不能燒하고 水不
인설 소득복덕 무량무변 화불능소 수불

能漂라 汝之功德은 千佛共說하야도 不能令盡이니라
능표 여지공덕 천불공설 불능령진

교만과 질투 등으로 일어나는 번뇌가 없느니라.

보살의 신통과 무생법인을 얻고 이 법인을 얻어 눈이 청정하게 되며 이 청정한 눈으로 7백만 2천억 나유타 항하사 같은 부처님 여래들을 뵙게 되느니라."

이때 부처님들께서 멀리서 다 함께 칭찬하셨다.

"착하고도 착하도다.

선남자야! 너희들이 석가모니 부처님의 법 가운데서 이 경을 받아 지니고 읽고 외우고 생각하여 다른 사람을 위하여 설하면, 그 얻는 공덕이 한량없고 가없어서 불로도 태울 수 없으며 물로도 빠뜨릴 수 없느니라.

너희들의 공덕은 1천의 부처님들께서 다 함께 설하여도 다할 수 없느니라.

汝今에 已能 破 諸魔賊하고 壞 生死軍하니 諸餘怨敵은
여금 이능 파 제마적 괴 생사군 제여원적

皆悉摧滅이니라 善男子야 百千諸佛이 以 神通力으로 共
개실최멸 선남자 백천제불 이 신통력 공

守護汝하나니 於 一切世間 天人之中에 無如汝者라 唯除
수호여 어 일체세간 천인지중 무여여자 유제

如來코 其諸聲聞 辟支佛과 乃至菩薩의 智慧禪定이라도
여래 기제성문 벽지불 내지보살 지혜선정

無有與汝等者니라 宿王華야 此菩薩이 成就如是功德
무유여여등자 수왕화 차보살 성취여시공덕

智慧之力이니라 若有人이 聞是藥王菩薩本事品하고 能
지혜지력 약유인 문시약왕보살본사품 능

隨喜讚善者면 是人은 現世口中에 常出青蓮華香하고
수희찬선자 시인 현세구중 상출청연화향

너희들은 이제 모든 마구니를 멸망시키고 생사의 군대를 무너뜨렸으며, 여러 가지 원수와 적들도 모두다 꺾고 없애 버렸느니라.

선남자야! 백천의 부처님들께서 신통력으로 너희들을 다 같이 지켜주고 보호해 주실 터이니 일체 세간의 하늘과 인간 가운데서 너희 같은 이들이 없으리라. 오직 여래만을 제외하고 모든 성문과 벽지불과 보살의 지혜와 선정도 너희들의 지혜와 선정에는 비교될 수 없느니라."

"수왕화야! 이 보살은 이런 공덕과 지혜의 힘을 성취하였느니라. 만일 어떤 사람이 이 약왕보살본사품을 듣고서 따라 기뻐하고 거룩하다고 찬탄하면, 이 사람은 이 세상에 있으면서 입에서 푸른 연꽃의 향기가 항상 나고,

身毛孔中에 常出牛頭栴檀之香하며 所得功德은 如上
신모공중 상출우두전단지향 소득공덕 여상
所說이니라 是故로 宿王華야 以此藥王菩薩本事品으로
소설 시고 수왕화 이차약왕보살본사품
囑累於汝하노니 我滅度後 後五百歲中에 廣宣流布하야
촉루어여 아멸도후 후오백세중 광선유포
於閻浮提에 無令斷絶하야 惡魔魔民과 諸天龍夜叉와
어염부제 무령단절 악마마민 제천용야차
鳩槃茶等이 得其便也하라 宿王華야 汝當以神通之力으로
구반다등 득기편야 수왕화 여당이신통지력
守護是經이니 所以者何오 此經은 則爲閻浮提人의 病
수호시경 소이자하 차경 즉위염부제인 병
之良藥이라 若人有病하야 得聞是經하면 病卽消滅하고 不
지양약 약인유병 득문시경 병즉소멸 불

몸의 털구멍에서는 항상 우두전단의 향기가 나며, 그 얻는 바 공덕은 위에서 말한 것과 같으니라.

그러므로 수왕화야, 이 약왕보살본사품을 너에게 부탁하여 맡기니, 내가 열반한 후 후5백 세에 널리 펴서 염부제에서 끊어지지 않게 하며, 나쁜 마구니와 마구니의 백성과 하늘과 용과 야차와 구반다들이 저희들 마음대로 무엇이나 쉽게 저지르지 못하도록 하여라.

수왕화야!

너는 마땅히 신통의 힘으로 이 경을 수호하여라. 왜냐하면 이 경은 염부제 사람들의 병에 좋은 약이 되기 때문이니라.

만일 병이 있는 사람이 이 경을 들으면 즉시 나을 것

老不死리라 宿王華야 汝若見有受持是經者면 應以青
로불사 수왕화 여약견유수지시경자 응이청

蓮華로 盛滿抹香하야 供散其上이니 散已에 作是念言호대
연화 성만말향 공산기상 산이 작시념언

此人이 不久에 必當取草하야 坐於道場하사 破諸魔軍하고
차인 불구 필당취초 좌어도량 파제마군

當吹法螺하며 擊大法鼓하고 度脫一切衆生老病死海하리니
당취법라 격대법고 도탈일체중생노병사해

是故로 求佛道者는 見有受持是經典人하고 應當如是
시고 구불도자 견유수지시경전인 응당여시

生恭敬心이니라 說是藥王菩薩本事品時에 八萬四千
생공경심 설시약왕보살본사품시 팔만사천

菩薩이 得解一切衆生語言陀羅尼하니라 多寶如來於
보살 득해일체중생어언다라니 다보여래어

이고 늙지 않고 죽지도 않을 것이니라. 수왕화야! 그대가 만약 이 경을 받아 지니고 있는 사람을 보면, 마땅히 푸른 연꽃에 가루 향을 가득히 담아 그 사람 위에 흩어 공양을 하고는 이렇게 생각하고 말하여라. '이 사람은 머지않아 반드시 풀을 깔고 도량에 앉아서 마구니들을 파할 것이며, 법 소라를 불며 큰 법 북을 두드려서 온갖 중생을 늙고 병들고 죽는 괴로움의 바다에서 건져내고 벗어나게 할 것이다.' 그러므로 불도를 구하는 사람은 이 경전을 받아 지니는 사람을 보면 마땅히 이와 같이 공경하는 마음을 내어야 하느니라."

이 『약왕보살본사품』을 설하실 때 8만 4천의 보살들은 모든 중생의 말을 이해하는 다라니를 얻었으며 보배

寶塔中에 讚宿王華菩薩言하사대 善哉善哉라 宿王華야
보탑중 찬수왕화보살언 선재선재 수왕화

汝는 成就不可思議功德하야 乃能問 釋迦牟尼佛의 如
여 성취불가사의공덕 내능문 석가모니불 여

此之事하고 利益無量 一切衆生이오녀
차지사 이익무량 일체중생

第二十三 藥王菩薩本事品 終
제이십삼 약왕보살본사품 종

妙法蓮華經 卷 第六 終
묘법연화경 권 제육 종

탑 속에 계시는 다보여래께서도 수왕화보살을 찬탄하셨다.

"착하고도 착하도다. 수왕화야!

그대가 불가사의한 공덕을 성취하고 지금 석가모니 부처님께 이와 같은 일을 여쭈어서 한량없는 온갖 중생들을 이롭게 하는구나."

제 이십삼 약왕보살본사품 끝

묘법연화경 권 제 육 끝

妙法蓮華經 卷第七
묘법연화경 권제칠

第二十四 妙音菩薩品
제 이 십 사 묘 음 보 살 품

爾時에 釋迦牟尼佛이 放大人相肉髻光明하며 及放眉
이시 석가모니불 방대인상육계광명 급방미

間白毫相光하사 遍照東方 百八萬億 那由他 恒河沙等
간백호상광 변조동방 백팔만억 나유타 항하사등

諸佛世界러라 過是數已에 有 世界하니 名은 淨光莊嚴이요
제불세계 과시수이 유 세계 명 정광장엄

其國에 有佛하시니 號는 淨華宿王智如來 應供 正遍知
기국 유불 호 정화수왕지여래 응공 정변지

明行足 善逝 世間解 無上士 調御丈夫 天人師 佛 世
명행족 선서 세간해 무상사 조어장부 천인사 불 세

尊이라 爲 無量無邊 菩薩大衆의 恭敬圍繞하야 而爲說
존 위 무량무변 보살대중 공경위요 이위설

제 이십사 묘음보살품

그때 석가모니 부처님께서

대인상(32상)인 육계와 미간의 백호상에서 광명을 놓으시며 동방으로 1백 8만억 나유타 항하사 같은 부처님 세계를 비추셨다.

이 수많은 세계를 지나서 정광장엄이라는 세계가 있었으며, 그 세계에 부처님께서 계셨으니, 명호는 정화수왕지여래 · 응공 · 정변지 · 명행족 · 선서 · 세간해 · 무상사 · 조어장부 · 천인사 · 불세존이었다.

한량없고 가없는 보살대중들에게 둘러싸여 공경을 받으시며 설법을 하시고 계셨다.

석가모니 부처님의 백호광명이 그 세계를 두루 비추

法이러니 釋迦牟尼佛의 白毫光明이 遍照其國하니라 爾時
법 석가모니불 백호광명 변조기국 이시

一切淨光 莊嚴國中에 有 一菩薩하니 名曰妙音이라 久
일체정광 장엄국중 유 일보살 명왈묘음 구

已植 衆德本하사 供養親近 無量百千萬億諸佛하야 而
이식 중덕본 공양친근 무량백천만억제불 이

悉成就 甚深智慧하고 得妙幢相三昧와 法華三昧와 淨
실성취 심심지혜 득묘당상삼매 법화삼매 정

德三昧와 宿王戲三昧와 無緣三昧와 智印三昧와 解
덕삼매 수왕희삼매 무연삼매 지인삼매 해

一切衆生語言三昧와 集 一切功德三昧와 淸淨三昧와
일체중생어언삼매 집 일체공덕삼매 청정삼매

神通遊戲三昧와 慧炬三昧와 莊嚴王三昧와 淨光明三
신통유희삼매 혜거삼매 장엄왕삼매 정광명삼

었다. 그때 일체정광장엄세계에 묘음이라는 보살이 있었다. 그는 오랜 옛날부터 온갖 덕의 근본을 심었으며 한량없는 백천만억 부처님들을 친근하고 공양하여 매우 깊은 지혜를 모두 이루었으며, 온갖 삼매 중 가장 으뜸가는 묘당상삼매와 제법실상에 통달하는 법화삼매와 마음이 청정하여 어디에도 물들지 않는 정덕삼매와 지혜가 자재하여 아무것에도 집착하지 않는 수왕희삼매와 대상을 취함이 없는 무연삼매와 늘 고요한 지인삼매와 일체 중생의 언어를 다 이해하는 해일체중생어언삼매와 온갖 공덕을 두루 갖추는 집일체공덕삼매와 번뇌가 일어나지 않는 청정삼매와 신통변화가 자유자재한 신통유희삼매와 어리석음을 깨뜨리는 혜거삼매와 묘행을 거두

昧와 淨藏三昧와 不共三昧와 日旋三昧하사와 得如是
매 정장삼매 불공삼매 일선삼매 득여시

等百千萬億恒河沙等 諸大三昧러라
등백천만억항하사등 제대삼매

釋迦牟尼佛의 光照其身하니 卽白淨華宿王智佛言하사대
석가모니불 광조기신 즉백정화수왕지불언

世尊이시여 我當往詣 娑婆世界하야 禮拜親近하고 供養
세존 아당왕예 사바세계 예배친근 공양

釋迦牟尼佛하며 及見 文殊師利法王子菩薩과 藥王菩
석가모니불 급견 문수사리법왕자보살 약왕보

薩과 勇施菩薩과 宿王華菩薩과 上行意菩薩과 莊嚴王
살 용시보살 수왕화보살 상행의보살 장엄왕

菩薩과 藥上菩薩하노이다
보살 약상보살

어들이는 장엄왕삼매와 미묘한 지혜를 얻는 정광명삼매와 법안을 얻는 정장삼매와 이승이 따를 수 없는 불공삼매와 대천세계를 두루 비추는 일선삼매 등 이와 같은 백천만억 항하사 같은 삼매들을 얻었다.

석가모니 부처님의 광명이 그의 몸을 비추자 즉시 정화수왕지 부처님께 말씀드렸다.

"세존이시여!

제가 사바세계로 가서 석가모니 부처님을 직접 뵙고 예배하고 공양하겠으며,

또 문수사리 법왕자보살과 약왕보살과 용시보살과 수왕화보살과 상행의보살과 장엄왕보살과 약상보살을 만나 보고 오겠습니다."

爾時에 淨華宿王智佛이 告 妙音菩薩하사대 汝는 莫輕
이시 정화수왕지불 고 묘음보살 여 막경

彼國하야 生 下劣想하라 善男子야 彼 娑婆世界는 高下
피국 생하열상 선남자 피 사바세계 고하

不平하고 土石諸山에 穢惡가 充滿하며 佛身은 卑小하고
불평 토석제산 예오 충만 불신 비소

諸菩薩衆도 其形이 亦小로대 而汝身은 四萬二千由旬이요
제보살중 기형 역소 이여신 사만이천유순

我身은 六百八十萬由旬이라 汝身이 第一端正하고 百千
아신 육백팔십만유순 여신 제일단정 백천

萬福光明이 殊妙라 是故로 汝往호대 莫輕彼國하야 若佛
만복광명 수묘 시고 여왕 막경피국 약불

菩薩과 及 國土에 生 下劣想이니라 妙音菩薩이 白其佛
보살 급 국토 생 하열상 묘음보살 백기불

그러자 정화수왕지 부처님께서 묘음보살에게 말씀하였다.

"그대는 저 나라를 가볍게 보고 보잘것없다는 생각을 하지 말아라. 선남자야! 저 사바세계는 높고 낮을 뿐만 아니라 평평하지 않으며, 흙과 돌과 산과 더러운 것들이 가득하며, 부처님의 몸도 보잘것없이 작으며 보살 대중들의 몸도 역시 작은데, 너의 몸은 4만 2천 유순이고 나의 몸은 6백 8십만 유순이며 너의 몸은 매우 단정하고 백천만의 복과 덕의 광명이 뛰어나게 신비하지 않느냐? 그러므로 가더라도 저 국토를 가벼이 여기거나 부처님과 보살들과 국토에 대하여 보잘것없다는 생각을 내지 말아라." 묘음보살이 정화수왕지 부처님께 말씀드렸다.

言하사대 世尊이시여 我今詣 娑婆世界는 皆是如來之力이며
언 세존 아금예 사바세계 개시여래지력

如來神通遊戲며 如來功德 智慧莊嚴이니다 於是에 妙
여래신통유희 여래공덕 지혜장엄 어시 묘

音菩薩이 不起于座하사 身不動搖하고 而入三昧하시니 以
음보살 불기우좌 신부동요 이입삼매 이

三昧力으로 於 耆闍崛山의 去 法座不遠에 化作八萬四
삼매력 어 기사굴산 거 법좌불원 화작팔만사

千 衆寶蓮華하니 閻浮檀金으로 爲莖하고 白銀으로 爲葉하며
천 중보련화 염부단금 위경 백은 위엽

金剛으로 爲鬚하고 甄叔迦寶로 以爲其臺러라
금강 위수 견숙가보 이위기대

爾時에 文殊師利法王子 見是蓮華하고 而白佛言하사대
이시 문수사리법왕자 견시련화 이백불언

"세존이시여!

제가 지금 사바세계로 갈 수 있는 것은 모두다 여래의 힘이며, 여래의 신통스럽고 자유자재한 활동이며 지혜로 장엄한 여래의 공덕입니다."

그리고 자리에서 일어나지 않고 몸을 움직이지도 않은 채 삼매에 들어가 삼매의 힘으로 기사굴산으로 가서 법좌에서 멀지 않은 곳에 8만 4천 가지의 보배로 연꽃을 변화로써 만드니,

줄기는 염부단금이고 잎은 백은이며 꽃술은 다이아몬드이고 그 받침은 견숙가보였다.

그때 문수사리 법왕자가 이 연꽃을 보고 부처님께 말씀드렸다.

世尊이시여 是何因緣으로 先現此瑞호대 有 若干千萬蓮
세존 시하인연 선현차서 유 약간천만련
華에 閻浮檀金으로 爲莖하고 白銀으로 爲葉하며 金剛으로
화 염부단금 위경 백은 위엽 금강
爲鬚하고 甄叔迦寶로 以爲其臺닛고
위수 견숙가보 이위기대

爾時에 釋迦牟尼佛이 告文殊師利하사대 是妙音菩薩摩
이시 석가모니불 고문수사리 시묘음보살마
訶薩이 欲從淨華宿王智佛國하사 與 八萬四千 菩薩로
하살 욕종정화수왕지불국 여 팔만사천 보살
圍繞而來하사 至此娑婆世界하야 供養親近하고 禮拜於
위요이래 지차사바세계 공양친근 예배어
我하며 亦欲供養聽法華經이니라
아 역욕공양청법화경

"세존이시여!

이것은 어떠한 인연이며,
왜 이러한 상서가 먼저 나타납니까?

천만 가지의 연꽃이 줄기는 염부단금이고,
잎은 백은이며 꽃술은 다이아몬드이고,
그 받침은 견숙가보(붉은 빛이 나는 보석의 일종)입니다."

석가모니 부처님께서 문수사리에게 말씀하셨다.

"이것은 묘음보살마하살이 정화수왕지 부처님 나라에서 8만 4천의 보살에게 둘러싸여 이 사바세계로 와서는 나를 공양하고 친근하고 예배하려는 것이며, 또 『법화경』을 공양하고 들으려 하는 것이니라."

文殊師利白佛言하사대 世尊이시여 是菩薩이 種何善本이며
문 수 사 리 백 불 언 세 존 시 보 살 종 하 선 본

修何功德이관대 而能有是 大神通力이며 行何三昧닛고
수 하 공 덕 이 능 유 시 대 신 통 력 행 하 삼 매

願爲我等하사 說是三昧名字하소서 我等도 亦欲勤修行
원 위 아 등 설 시 삼 매 명 자 아 등 역 욕 근 수 행

之호이다 行此三昧라사 乃能見是菩薩의 色相大小와 威
지 행 차 삼 매 내 능 견 시 보 살 색 상 대 소 위

儀進止리니 唯願世尊이시여 以神通力하사 彼菩薩來를
의 진 지 유 원 세 존 이 신 통 력 피 보 살 래

令我得見케하소서 爾時에 釋迦牟尼佛이 告文殊師利하사대
영 아 득 견 이 시 석 가 모 니 불 고 문 수 사 리

此久滅度이신 多寶如來 當爲汝等하야 而現其相이니라
차 구 멸 도 다 보 여 래 당 위 여 등 이 현 기 상

문수사리보살이 부처님께 말씀드렸다.

"세존이시여! 이 보살은 어떤 선의 근본을 심었으며, 어떤 공덕을 닦아서 이렇게 큰 신통력이 있으며, 어떤 삼매를 행합니까? 원하옵건대 저희들을 위하여 이 삼매의 이름을 말씀해 주십시오. 저희들도 부지런히 수행하고 싶습니다. 이 삼매를 행하여야 이 보살의 모습이 큰지, 작은지와 나아가고 머무는 위엄을 볼 수 있을 것입니다. 오직 원하옵건대, 세존이시여! 신통력으로 저 보살이 오는 것을 저희들도 볼 수 있게 하여 주십시오."

석가모니 부처님께서 문수사리에게 말씀하셨다.

"열반하신 지 오래 된 다보여래께서 너희들을 위하여 그 모습을 볼 수 있게 하실 것이니라."

時에 多寶佛이 告彼菩薩하사대 善男子야 來하라 文殊師
시 다보불 고피보살 선남자 래 문수사
利法王子 欲見汝身이니라 于時에 妙音菩薩이 於彼國에
리법왕자 욕견여신 우시 묘음보살 어피국
沒하사 與八萬四千菩薩로 俱共發來할새 所經諸國에
몰 여팔만사천보살 구공발래 소경제국
六種震動하사 皆悉雨於七寶蓮華하며 百千天樂은 不鼓
육종진동 개실우어칠보련화 백천천악 불고
自鳴이러라 是菩薩은 目如廣大靑蓮華葉하야 正使和合
자명 시보살 목여광대청련화엽 정사화합
百千萬月하며 其面貌端正은 復過於此하고 身眞金色이라
백천만월 기면모단정 부과어차 신진금색
無量百千功德으로 莊嚴하며 威德이 熾盛하사 光明이 照曜하며
무량백천공덕 장엄 위덕 치성 광명 조요

다보 부처님이 묘음보살에게 말씀하셨다.

"선남자야! 어서 오너라. 문수사리 법왕자가 너의 몸을 보고 싶어하느니라."

이때 묘음보살이 그 나라를 떠나서 8만 4천의 보살과 함께 이곳으로 오는데, 지나오는 나라마다 여섯 가지로 진동을 하고 나라마다 칠보로 된 연꽃이 비 오듯이 내리고 백천의 하늘 음악들이 두드리지 않았는데 저절로 울려 퍼졌다.

이 보살은 눈이 넓고 커서 푸른 연꽃잎 같았으며 정작 백천만의 달을 합한 것보다 그의 얼굴 모습이 더 단정하였으며, 몸은 순금색이었는데 한량없는 백천의 공덕으로 장엄하였으며 위엄과 덕망이 대단하였으며, 광명이

諸相이 具足호대 如那羅延堅固之身이러라 入七寶臺하사
제상 구족 여나라연견고지신 입칠보대

上昇虛空할새 去地七多羅樹며 諸菩薩衆이 恭敬圍繞하사
상승허공 거지칠다라수 제보살중 공경위요

而來詣此娑婆世界耆闍崛山할새 到已코 下七寶臺하야
이래예차사바세계기사굴산 도이 하칠보대

以價値百千瓔珞으로 持至釋迦牟尼佛所하야 頭面禮
이가치백천영락 지지석가모니불소 두면예

足하며 奉上瓔珞하고 而白佛言하사대 世尊이시여 淨華宿
족 봉상영락 이백불언 세존 정화수

王智佛이 問訊世尊하사대 少病少惱하시며 起居輕利하사
왕지불 문신세존 소병소뇌 기거경리

安樂行不잇가 四大調和不잇가 世事可忍不잇가 衆生易
안락행부 사대조화부 세사가인부 중생이

밝게 빛나며 모든 모습을 두루 갖추어 나라연(금강역사)의 견고한 몸 같았다.

칠보로 된 자리에 들어가 허공에 오르니, 땅에서 칠다라수나 되었는데 보살들에게 둘러싸여 공경을 받았다. 이 사바세계의 기사굴산에 이르러서는 칠보로 된 자리에서 내려와 백천이나 가치가 되는 영락을 가지고 석가모니 부처님의 처소에 이르러 머리를 조아려 예배하고 영락을 받들어 올리며 부처님께 말씀드렸다.

"세존이시여! 정화수왕지 부처님께서 세존께 문안을 여쭈셨습니다. '조그마한 병도 없으시고 번거로움도 적으시고 지내시기도 편안하고 즐거우시며 몸도 건강하십니까? 세상의 일은 참으실 만하십니까? 중생들을 제도

度不잇가 無多貪欲瞋恚愚癡와 嫉妬 慳慢不잇가 無 不孝
도 부 무 다 탐 욕 진 에 우 치 질 투 간 만 부 무 불 효

父母하며 不敬沙門하며 邪見不善心不잇가 攝五情不잇가
부 모 불 경 사 문 사 견 불 선 심 부 섭 오 정 부

世尊이시여 衆生이 能 降伏諸魔怨不잇가 久滅度이신 多
세 존 중 생 능 항 복 제 마 원 부 구 멸 도 다

寶如來在 七寶塔中하사 來聽法不잇가 又 問訊多寶如
보 여 래 재 칠 보 탑 중 내 청 법 부 우 문 신 다 보 여

來호대 安隱少惱하사 堪忍久住不잇가
래 안 은 소 뇌 감 인 구 주 부

世尊이시여 我今에 欲見多寶佛身하노니 唯願世尊은 示我
세 존 아 금 욕 견 다 보 불 신 유 원 세 존 시 아

令見케하소서 爾時에 釋迦牟尼佛이 語 多寶佛하사대 是妙
령 견 이 시 석 가 모 니 불 어 다 보 불 시 묘

하시기도 쉬우십니까? 중생들이 지나친 욕심과 성냄과 어리석음과 질투와 인색함과 교만함은 많지 않습니까? 부모께 효도하지 않거나 사문을 공경하지 않거나 그릇된 생각과 착하지 못한 마음은 없으며 오정(오욕)은 거두어 들였습니까? 세존이시여! 중생들이 마구니들과 원수들을 항복시켰습니까? 열반하신 지 오래된 다보여래께서도 칠보탑에 계시면서 법을 들으러 오셨습니까?' 또 다보여래께서도 문안하시기를 번거로움이 없으신지, 편안하신지, 오래 참고 계실 만하신지를 여쭈셨습니다. 세존이시여! 다보 부처님도 뵙고 싶습니다. 오직 원하옵건대 세존께서는 제가 볼 수 있도록 해주십시오."

이때 석가모니 부처님께서 다보 부처님께 "이 묘음보

音菩薩이 欲得相見호이다 時에 多寶佛이 告妙音言하사대
음보살 욕득상견 시 다보불 고묘음언

善哉善哉라 汝能爲供養釋迦牟尼佛하고 及聽法華經하며
선재선재 여능위공양석가모니불 급청법화경

幷見文殊師利等하야 故來至此오녀
병견문수사리등 고래지차

爾時에 華德菩薩이 白佛言하사대 世尊이시여 是妙音菩薩이
이시 화덕보살 백불언 세존 시묘음보살

種何善根하며 修何功德이완대 有是神力이닛고 佛告華德
종하선근 수하공덕 유시신력 불고화덕

菩薩하사대 過去에 有佛하니 名은 雲雷音王 多陁阿伽度
보살 과거 유불 명 운뢰음왕 다타아가도

阿羅訶 三藐三佛陀라 國名은 現一切世間이요 劫名은
아라하 삼먁삼불타 국명 현일체세간 겁명

살이 뵙고자 합니다." 하니 다보 부처님이 묘음보살에게 말씀하셨다.

"착하고도 착하도다. 그대가 석가모니 부처님을 공양하고, 『법화경』을 듣고, 문수사리를 비롯한 보살들을 보려고 이곳으로 왔구나."

그때 화덕보살이 부처님께 말씀드렸다.

"세존이시여 이 묘음보살은 어떤 선근을 심었으며, 어떤 공덕을 닦아 이런 신통력이 있습니까?"

부처님께서 화덕보살에게 말씀하셨다.

"과거에 부처님께서 계셨으니 명호는 운뢰음왕 · 다타아가도 · 아라하 · 삼먁삼불타였으며 나라의 이름은 현일체세간이고 겁의 이름은 희견이었느니라.

喜見이러니 妙音菩薩이 於 萬二千歲에 以 十萬種伎樂으로
희견 묘음보살 어 만이천세 이 십만종기악
供養 雲雷音王佛하고 幷 奉上八萬四千七寶鉢일새 以
공양 운뢰음왕불 병 봉상팔만사천칠보발 이
是因緣果報로 今生淨華宿王智佛國하사 有是神力이니라
시인연과보 금생정화수왕지불국 유시신력
華德아 於 汝意云何오 爾時 雲雷音王佛所에 妙音菩
화덕 어 여의운하 이시 운뢰음왕불소 묘음보
薩이 伎樂供養하고 奉上寶器者 豈異人乎아 今此妙音
살 기악공양 봉상보기자 기이인호 금차묘음
菩薩摩訶薩이 是니라 華德아 是妙音菩薩이 已曾供養親
보살마하살 시 화덕 시묘음보살 이증공양친
近 無量諸佛하사 久植德本하며 又值 恒河沙等 百千萬
근 무량제불 구식덕본 우치 항하사등 백천만

묘음보살이 1만 2천 년 동안 십만 가지의 음악으로 운뢰음왕 부처님을 공양하였으며, 8만 4천의 칠보 발우를 받들어 올렸느니라.

이런 인연의 과보로 지금 정화수왕지 부처님 나라에 태어났으며 이런 신통력이 있느니라.

화덕보살아! 너의 생각은 어떠하냐? 그때의 묘음보살로서 운뢰음왕 부처님이 계시던 곳에서 음악으로 공양하고 보배 그릇을 받들어 올린 자가 어찌 다른 사람이겠느냐. 지금의 이 묘음보살마하살이니라.

화덕보살아! 이 묘음보살은 한량없는 부처님을 공양하고 가까이 모셨으며 오래도록 덕의 근본을 심었으며, 항하의 모래 수 같은 백천만억 나유타 부처님을 만났느

億 那由他佛이니라 華德아 汝但見 妙音菩薩의 其身
억 나유타불 화덕 여단견 묘음보살 기신

在此이나 而是菩薩은 現種種身하야 處處에 爲諸衆生하사
재차 이시보살 현종종신 처처 위제중생

說是經典하나니라 或現梵王身하며 或現帝釋身하며 或現
설시경전 혹현범왕신 혹현제석신 혹현

自在天身하며 或現大自在天身하며 或現天大將軍身하며
자재천신 혹현대자재천신 혹현천대장군신

或現毘沙門天王身하며 或現轉輪聖王身하며 或現諸
혹현비사문천왕신 혹현전륜성왕신 혹현제

小王身하며 或現長者身하며 或現居士身하며 或現宰官
소왕신 혹현장자신 혹현거사신 혹현재관

身하며 或現婆羅門身하며 或現比丘比丘尼와 優婆塞
신 혹현바라문신 혹현비구비구니 우바새

니라.

화덕보살아! 너는 묘음보살의 몸이 여기에만 있다고 생각하지만, 이 보살은 곳곳에서 가지가지의 몸으로 중생들을 위하여 이 경전을 설하느니라. 때로는 범천왕의 몸으로 나타나며, 때로는 제석천왕의 몸으로 나타나며, 때로는 자재천의 몸으로 나타나며, 때로는 대자재천의 몸으로 나타나며, 때로는 천대장군의 몸으로 나타나며, 때로는 비사문천왕의 몸으로 나타나며, 때로는 전륜성왕의 몸으로 나타나며, 때로는 여러 소왕의 몸으로 나타나며, 때로는 장자의 몸으로 나타나며, 때로는 거사의 몸으로 나타나며, 때로는 관리의 몸으로 나타나며, 때로는 바라문의 몸으로 나타나며, 때로는 비구, 비구니, 우바

優婆夷身하며 或現長者居士婦女身하며 或現宰官婦
우바이신 혹현장자거사부녀신 혹현재관부

女身하며 或現婆羅門婦女身하며 或現童男童女身하며
녀신 혹현바라문부녀신 혹현동남동녀신

或現天龍夜叉와 乾闥婆 阿修羅와 迦樓羅 緊那羅와
혹현천용야차 건달바 아수라 가루라 긴나라

摩睺羅伽 人非人等身하야 而說是經하며 諸有地獄餓
마후라가 인비인등신 이설시경 제유지옥아

鬼畜生과 及衆難處를 皆能救濟하며 乃至於王後宮에
귀축생 급중난처 개능구제 내지어왕후궁

變爲女身하야 而說是經하나니
변위여신 이설시경

華德아 是妙音菩薩이 能救護娑婆世界諸衆生者니
화덕 시묘음보살 능구호사바세계제중생자

새, 우바이의 몸으로 나타나며, 때로는 장자와 거사의 부인의 몸으로 나타나며,

때로는 관리의 부인의 몸으로 나타나며, 때로는 바라문의 부인의 몸으로 나타나며, 때로는 어린 소년이나 소녀의 몸으로 나타나며,

때로는 천, 용, 야차, 건달바, 아수라, 가루라, 긴나라, 마후라가 등 사람과 사람 아닌 이들의 몸으로 나타나 이 경을 설하며, 모든 지옥과 아귀와 축생과 어려움이 많은 곳에서 모두를 구제하며, 왕의 후궁에서 여자의 몸으로 변하기까지 하며 이 경을 설하느니라.

화덕보살아! 이 묘음보살은 사바세계의 모든 중생을 구제하고 보호하는 자이니라.

是 妙音菩薩이 如是種種 變化現身하사 在此娑婆國土하야
시 묘음보살 여시종종 변화현신 재차사바국토

爲諸衆生하사 說是經典호대 於 神通變化智慧에 無所
위제중생 설시경전 어 신통변화지혜 무소

損減이니 是菩薩이 以 若干智慧로 明照娑婆世界하사
손감 시보살 이 약간지혜 명조사바세계

令 一切衆生으로 各得所知하며 於 十方恒河沙世界中에
영 일체중생 각득소지 어 시방항하사세계중

亦復如是니라 若 應以聲聞形으로 得度者는 現 聲聞形하야
역부여시 약 응이성문형 득도자 현 성문형

而爲說法하며 應以辟支佛形得度者는 現辟支佛形하야
이위설법 응이벽지불형득도자 현벽지불형

而爲說法하며 應以菩薩形得度者는 現菩薩形하야 而爲
이위설법 응이보살형득도자 현보살형 이위

이 묘음보살이 이와 같이 갖가지의 몸으로 변화하며 나타나, 이 사바세계의 중생들을 위하여 이 경을 설하지만 신통 변화와 지혜는 줄어들지 않느니라.

이 보살은 약간의 지혜로 사바세계를 밝게 비추어 일체 중생으로 하여금 각각 알게 하며 시방의 항하사 같은 세계에서도 역시 이와 같이 하느니라.

성문의 모습으로 제도하여야 할 사람에게는 성문의 모습으로 나타나 설법을 하고,
벽지불의 모습으로 제도하여야 할 사람에게는 벽지불의 모습으로 나타나 설법을 하고,
보살의 모습으로 제도하여야 할 사람에게는 보살의 모습으로 나타나 설법을 하며,

說法하며 應以佛形으로 得度者는 卽現佛形하야 而爲說
설법 응이불형 득도자 즉현불형 이위설

法하나니 如是種種隨所應度者하야 而爲現形하며 乃至應
법 여시종종수소응도자 이위현형 내지응

以滅度로 而得度者는 示現滅度니라 華德아 妙音菩薩
이멸도 이득도자 시현멸도 화덕 묘음보살

摩訶薩이 成就大神通智慧之力은 其事如是니라 爾時에
마하살 성취대신통지혜지력 기사여시 이시

華德菩薩이 白佛言하사대 世尊이시여 是妙音菩薩이 深
화덕보살 백불언 세존 시묘음보살 심

種善根이니다 世尊이시여 是菩薩이 住何三昧관대 而能如
종선근 세존 시보살 주하삼매 이능여

是 在所變現하야 度脫衆生이닛고 佛告華德菩薩하사대 善
시 재소변현 도탈중생 불고화덕보살 선

부처님의 모습으로 제도하여야 할 사람에게는 부처님의 모습으로 나타나 설법을 하느니라. 이와 같이 제도하여야 할 사람에 따라 모습을 나타내며, 열반으로 제도하여야 할 사람에게는 열반을 나타내 보이기도 하느니라. 화덕보살아, 묘음보살마하살은 큰 신통력과 지혜의 힘을 성취하였는데 그 성취한 일이 이와 같으니라."

그러자 화덕보살이 부처님께 말씀드렸다.

"세존이시여! 이 묘음보살은 선의 근본을 깊이 심었나이다. 세존이시여! 이 보살은 어떤 삼매에 머무르기에 이와 같이 있는 곳마다 변화하여 나타나 중생들을 제도하며 해탈하게 합니까?"

부처님께서 화덕보살에게 말씀하셨다.

男子야 其三昧名은 現一切色身이니 妙音菩薩이 住是
남자 기삼매명 현일체색신 묘음보살 주시
三昧中하야 能如是饒益 無量衆生하나니라 說是妙音菩
삼매중 능여시요익 무량중생 설시묘음보
薩品時에 與妙音菩薩俱來者 八萬四千人이 皆得現
살품시 여묘음보살구래자 팔만사천인 개득현
一切色身三昧하고 此娑婆世界에 無量菩薩도 亦得是
일체색신삼매 차사바세계 무량보살 역득시
三昧와 及陀羅尼하니라 爾時에 妙音菩薩摩訶薩이 供養
삼매 급다라니 이시 묘음보살마하살 공양
釋迦牟尼佛과 及多寶佛塔已에 還歸本土할새 所經諸
석가모니불 급다보불탑이 환귀본토 소경제
國에 六種震動하고 雨寶蓮華하며 作百千萬億 種種伎
국 육종진동 우보련화 작백천만억 종종기

"선남자야!

그 삼매의 이름은 현일체색신이다.

묘음보살이 이 삼매에 머무르기에 이와 같이 한량없는 중생들을 이롭게 할 수 있느니라."

이 묘음보살품을 설하실 때 묘음보살과 함께 온 8만 4천 인이 모두다 현일체색신삼매를 얻었고, 이 사바세계의 한량없는 보살들도 이 삼매와 다라니를 얻었다.

그때 묘음보살마하살이 석가모니 부처님과 다보 부처님의 탑에 공양을 하고 본국으로 다시 돌아가니,

지나가는 나라마다 여섯 가지로 진동을 하고 보배 연꽃이 비 오듯 내려오고 백천만억의 갖가지 음악이 울리었다.

樂이러라 旣到本國하야는 與八萬四千菩薩로 圍繞하고 至
악 기도본국 여팔만사천보살 위요 지

淨華宿王智佛所하야 白佛言하사대 世尊이시여 我到娑婆
정화수왕지불소 백불언 세존 아도사바

世界하야 饒益衆生하며 見釋迦牟尼佛하고 及見多寶佛
세계 요익중생 견석가모니불 급견다보불

塔하야는 禮拜供養하며 又見文殊師利法王子菩薩하며 及
탑 예배공양 우견문수사리법왕자보살 급

見藥王菩薩과 得勤精進力菩薩과 勇施菩薩等하고 亦
견약왕보살 득근정진력보살 용시보살등 역

令是八萬四千菩薩로 得現一切色身三昧호이다하더라 說
령시팔만사천보살 득현일체색신삼매 설

是妙音菩薩來往品時에 四萬二千天子는 得無生法
시묘음보살래왕품시 사만이천천자 득무생법

본국에 이르러서는 8만 4천의 보살들에게 둘러싸여 정화수왕지 부처님이 계시는 곳으로 가서 부처님께 말씀드렸다.

"세존이시여!

제가 사바세계에 가서 중생들을 이롭게 하였으며, 석가모니 부처님과 다보 부처님의 탑을 찾아뵈었으며, 예배하고 공양하였습니다.

또 문수사리 법왕자 보살을 만나 보았으며,
약왕보살과 득근정진력보살과 용시보살 등도 보았으며, 또 이 8만 4천의 보살들에게 현일체색신삼매를 얻게 하였습니다."

이 묘음보살래왕품을 설할 때 4만 2천의 천자는 무생

忍하고 華德菩薩은 得法華三昧하니라
인 화덕보살 득법화삼매

第二十四 妙音菩薩品 終
제 이십사 묘음보살품 종

법인을 얻고 화덕보살은 법화삼매를 얻었다.

제 이십사 묘음보살품 끝

第二十五 觀世音菩薩普門品
제 이 십 오 관 세 음 보 살 보 문 품

爾時에 無盡意菩薩이 卽從座起하사 偏袒右肩하고 合掌
이 시 무 진 의 보 살 즉 종 좌 기 편 단 우 견 합 장

向佛하사 而作是言하사대 世尊이시여 觀世音菩薩은 以何
향 불 이 작 시 언 세 존 관 세 음 보 살 이 하

因緣으로 名觀世音이닛고 佛告無盡意菩薩하사대 善男子야
인 연 명 관 세 음 불 고 무 진 의 보 살 선 남 자

若有無量 百千萬億衆生이 受諸苦惱호대 聞是觀世音
약 유 무 량 백 천 만 억 중 생 수 제 고 뇌 문 시 관 세 음

菩薩하고 一心稱名하면 觀世音菩薩이 卽時에 觀其音
보 살 일 심 칭 명 관 세 음 보 살 즉 시 관 기 음

聲하야 皆得解脫케하나니라
성 개 득 해 탈

제 이십오 관세음보살보문품

그때 무진의보살이 자리에서 일어나 오른쪽 어깨를 드러내고 합장하며 부처님께 말씀드렸다.

"세존이시여!

관세음보살은 어떤 인연으로 관세음이라 이름합니까?"

부처님께서 무진의보살에게 말씀하셨다.

"선남자야!

만일 한량없는 백천만억 중생들이 온갖 괴로움을 받을 적에 관세음보살이라는 이름을 듣고 오직 한마음으로 그 이름을 부르면, 관세음보살이 즉시 그 소리를 듣고 살피어서 모두다 그곳에서 해탈을 얻게 하느니라.

若有持是 觀世音菩薩名者하면 設入大火라도 火不能
약유지시 관세음보살명자 설입대화 화불능

燒하나니 由是菩薩의 威神力故며 若爲大水所漂라도 稱其
소 유시보살 위신력고 약위대수소표 칭기

名號하면 卽得淺處하며 若有百千萬億衆生이 爲求金銀
명호 즉득천처 약유백천만억중생 위구금은

瑠璃와 硨磲瑪瑙와 珊瑚琥珀 眞珠等寶하야 入於大海할새
유리 자거마노 산호호박 진주등보 입어대해

假使黑風이 吹其船舫하야 飄墮羅刹鬼國커든 其中에 若
가사흑풍 취기선방 표타나찰귀국 기중 약

有乃至一人이라도 稱觀世音菩薩名者면 是諸人等이 皆
유내지일인 칭관세음보살명자 시제인등 개

得解脫 羅刹之難하리니 以是因緣으로 名觀世音이니라
득해탈 나찰지난 이시인연 명관세음

이 관세음보살의 이름을 지니고 있는 사람이 설사 큰 불길 속에 들어가게 되더라도 불이 그 사람을 태우지 못하리니 그것은 이 보살의 위신력 때문이니라.

큰 홍수에 떠내려가게 되더라도 그의 이름을 부르면 곧 얕은 곳으로 이르게 되느니라.

만약 어떤 백천만억 중생들이 금, 은, 유리, 자거, 마노, 산호, 호박, 진주 등의 보배를 구하기 위하여 큰 바다에 들어갔다가 가령 폭풍이 일어나 그들이 탄 배가 나찰귀신의 나라로 표류하더라도 그때 그 가운데 한 사람이라도 관세음보살의 이름을 부르는 사람이 있으면 그 사람들이 모두다 나찰의 액난에서 벗어나게 될 것이니, 이러한 인연으로 관세음이라 이름하느니라.

若復有人이 臨當被害하야 稱觀世音菩薩名者면 彼所
약부유인 임당피해 칭관세음보살명자 피소

執刀杖이 尋段段壞하야 而得解脫하며 若三千大千國
집도장 심단단괴 이득해탈 약삼천대천국

土에 滿中夜叉羅刹이 欲來惱人이라도 聞其稱觀世音菩
토 만중야차나찰 욕래뇌인 문기칭관세음보

薩名者면 是諸惡鬼 尙不能以惡眼으로 視之은 況復加
살명자 시제악귀 상불능이악안 시지 황부가

害아따녀 設復有人이 若有罪커나 若無罪히 杻械枷鎖하야
해 설부유인 약유죄 약무죄 추계가쇄

檢繫其身이라도 稱觀世音菩薩名者면 皆悉斷壞하고 卽
검계기신 칭관세음보살명자 개실단괴 즉

得解脫하나니라 若三千大千國土에 滿中怨賊커든 有一
득해탈 약삼천대천국토 만중원적 유일

또 어떤 사람이 흉기에 상해를 입게 되었을 때에 관세음보살의 이름을 부르면 해치려던 자들이 가지고 있던 칼과 몽둥이가 산산조각 부러져 위험에서 벗어나게 될 것이며,

삼천대천세계에 가득한 야차와 나찰들이 와서 괴롭히려 하더라도 그 사람이 관세음보살의 이름을 부르는 소리를 들으면 이 악귀들은 모두 독기 서린 눈으로 쳐다보지 못하는데 하물며 어떻게 해칠 수가 있겠느냐?

어떤 사람이 죄가 있거나 죄가 없거나 쇠고랑을 차고 칼을 쓰고 몸이 묶이었더라도 관세음보살의 이름을 부르면 그것들이 모두 끊어지고 부서져서 곧 벗어나게 될 것이며, 삼천대천세계에 무서운 도적들이 우글거리는데

商主 將諸商人하야 齎持重寶하고 經過險路할새 其中一
상주 장제상인 재지중보 경과험로 기중일

人이 作是唱言호대 諸善男子야 勿得恐怖하고 汝等은 應
인 작시창언 제선남자 물득공포 여등 응

當一心으로 稱觀世音菩薩名號하면 是菩薩이 能以無
당일심 칭관세음보살명호 시보살 능이무

畏로 施於衆生하리니 汝等이 若稱名者면 於此怨賊에 當
외 시어중생 여등 약칭명자 어차원적 당

得解脫이라커든 衆商人이 聞하고 俱發聲言호대 南無觀世
득해탈 중상인 문 구발성언 나무관세

音菩薩하면 稱其名故로 卽得解脫하나니라 無盡意야 觀世
음보살 칭기명고 즉득해탈 무진의 관세

音菩薩摩訶薩의 威神之力이 巍巍如是니라
음보살마하살 위신지력 외외여시

상인의 우두머리가 귀중한 보물을 가지고 상인들과 함께 험한 길을 지나갈 적에 그 중에 어떤 사람이 말하기를,

'선남자들이여! 그대들은 두려워하지 말고 오직 한마음으로 관세음보살의 이름을 부르십시오. 그러면 이 보살이 두렵지 않게 하여 주십니다. 그대들이 만일 이 이름을 부르면 이 무서운 도적들로부터 당연히 벗어나게 될 것입니다.'

하여 상인들이 이 말을 듣고 다 함께 소리내어 '나무관세음보살'이라고 부르면 그 이름을 부른 까닭으로 곧 벗어나게 되느니라.

무진의야! 관세음보살마하살의 위신력은 이와 같이 어마어마한 것이니라.

若有衆生이 多於淫欲이라도 常念恭敬觀世音菩薩하면
약유중생 다어음욕 상념공경관세음보살

便得離欲하며 若多瞋恚라도 常念恭敬觀世音菩薩하면
변득이욕 약다진에 상념공경관세음보살

便得離瞋하며 若多愚癡라도 常念恭敬觀世音菩薩하면
변득이진 약다우치 상념공경관세음보살

便得離癡하나니 無盡意야 觀世音菩薩이 有 如是等大
변득이치 무진의 관세음보살 유 여시등대

威神力하사 多所饒益일새 是故로 衆生이 常應心念하나니라
위신력 다소요익 시고 중생 상응심념

若有女人이 設欲求男하야 禮拜供養 觀世音菩薩하면
약유여인 설욕구남 예배공양 관세음보살

便生福德 智慧之男하고 設欲求女하면 便生端正 有相
변생복덕 지혜지남 설욕구녀 변생단정 유상

만약 어떤 중생이 음욕심이 많을지라도 언제나 관세음보살을 생각하고 공경하면 곧 음욕심을 여의게 되고, 만약 성내는 마음이 많을지라도 언제나 관세음보살을 생각하고 공경하면 성내는 마음을 여의게 되며, 만약 어리석은 마음이 많을지라도 언제나 관세음보살을 생각하고 공경하면 곧 어리석음을 여의게 되느니라.

무진의야! 관세음보살은 이와 같이 큰 위신력이 있어서 이로움을 많이 주느니라. 그러므로 중생들은 언제나 마음으로 관세음보살을 생각하여야 하느니라. 만일 어떤 여인이 아들을 낳기를 원하여 관세음보살에게 예배하고 공양하면 곧 복덕과 지혜가 있는 아들을 낳을 것이고, 가령 딸 낳기를 원한다면 단정하고 예쁜 딸을 낳으리니 지

之女하야 宿植德本이라 衆人愛敬하리니 無盡意야 觀世音
지녀 숙식덕본 중인애경 무진의 관세음

菩薩이 有如是力하니라 若有衆生이 恭敬禮拜 觀世音
보살 유여시력 약유중생 공경예배 관세음

菩薩하면 福不唐捐하나니 是故로 衆生이 皆應受持 觀世
보살 복불당연 시고 중생 개응수지 관세

音菩薩名號니라 無盡意야 若有人이 受持六十二億 恒
음보살명호 무진의 약유인 수지육십이억 항

河沙菩薩名字하고 復盡形토록 供養飮食衣服과 臥具醫
하사보살명자 부진형 공양음식의복 와구의

藥하면 於汝意云何오 是善男子善女人의 功德이 多不아
약 어여의운하 시선남자선여인 공덕 다부

無盡意言하사대 甚多니다 世尊이시여 佛言若復有人이 受
무진의언 심다 세존 불언약부유인 수

나온 여러 생에서 덕을 심었으므로 사람들의 사랑과 존경을 받을 것이니라. 무진의야! 관세음보살은 이와 같은 힘이 있느니라. 중생들이 관세음보살을 공경하고 예배하면 그 복이 헛되지 않으므로 중생들은 모두다 관세음보살의 이름을 받아 지니고 불러야 하느니라. 무진의야! 만약에 어떤 사람이 62억 항하의 모래 수 같은 보살들의 이름을 받아 지니고 몸이 다하도록 음식과 의복과 눕거나 쉴 때에 쓰는 물건과 의약으로 공양한다면 너의 생각은 어떠하냐. 이 선남자와 선여인의 공덕이 많겠느냐?"

무진의보살이 말하였다. "대단히 많겠습니다. 세존이시여!" 부처님께서 말씀하셨다.

"만약에 어떤 사람이 관세음보살의 이름을 받아 지니

持觀世音菩薩名號하야 乃至一時라도 禮拜供養하면 是
지관세음보살명호 내지일시 예배공양 시

二人福이 正等無異하야 於百千萬億劫에 不可窮盡이니라
이인복 정등무이 어백천만억겁 불가궁진

無盡意야 受持觀世音菩薩名號하면 得如是無量無邊
무진의 수지관세음보살명호 득여시무량무변

福德之利하리라 無盡意菩薩이 白佛言하사대 世尊이시여 觀
복덕지리 무진의보살 백불언 세존 관

世音菩薩이 云何遊此娑婆世界하며 云何而爲衆生說
세음보살 운하유차사바세계 운하이위중생설

法이며 方便之力은 其事云何닛고 佛告無盡意菩薩하사대
법 방편지력 기사운하 불고무진의보살

善男子야 若有國土衆生이 應以佛身으로 得度者는 觀世
선남자 약유국토중생 응이불신 득도자 관세

고 부르며 단 한 때만이라도 예배하고 공양하면, 이 두 사람의 복은 똑같아 차이가 없으며 백천만억 겁이 지나더라도 다하여 없어지지 않느니라. 무진의야! 관세음보살의 이름을 받아 지니고 부르면 이와 같이 한량없고 끝없는 복덕의 이로움을 얻게 되느니라."

무진의보살이 부처님께 말씀드렸다.

"세존이시여! 관세음보살은 어떻게 이 사바세계에 다니시며, 어떻게 중생들을 위하여 설법하시며, 방편의 힘은 사실 어떠합니까?"

부처님께서 무진의보살에게 말씀하셨다.

"선남자야! 만일 어떠한 국토의 중생으로서, 마땅히 부처님의 몸으로 제도하여야 할 이에게는 관세음보살이

音菩薩이 卽現佛身하야 而爲說法하며 應以辟支佛身으로
음보살 즉현불신 이위설법 응이벽지불신

得度者는 卽現辟支佛身하야 而爲說法하며 應以聲聞身으로
득도자 즉현벽지불신 이위설법 응이성문신

得度者는 卽現聲聞身하야 而爲說法하며 應以梵王身으로
득도자 즉현성문신 이위설법 응이범왕신

得度者는 卽現梵王身하야 而爲說法하며 應以帝釋身으로
득도자 즉현범왕신 이위설법 응이제석신

得度者는 卽現帝釋身하야 而爲說法하며 應以自在天身으로
득도자 즉현제석신 이위설법 응이자재천신

得度者는 卽現自在天身하야 而爲說法하며 應以大自在
득도자 즉현자재천신 이위설법 응이대자재

天身으로 得度者는 卽現大自在天身하야 而爲說法하며
천신 득도자 즉현대자재천신 이위설법

곧 부처님의 몸을 나타내어 설법을 하고, 벽지불의 몸으로 제도하여야 할 이에게는 벽지불의 몸을 나타내어 설법을 하며,

성문의 몸으로 제도하여야 할 이에게는 성문의 몸을 나타내어 설법을 하고, 범천왕의 몸으로 제도하여야 할 이에게는 범천왕의 몸을 나타내어 설법을 하며,

제석천왕의 몸으로 제도하여야 할 이에게는 제석천왕의 몸을 나타내어 설법을 하고,

자재천의 몸으로 제도하여야 할 이에게는 자재천의 몸을 나타내어 설법을 하며,

대자재천의 몸으로 제도하여야 할 이에게는 대자재천의 몸을 나타내어 설법을 하고,

應以天大將軍身으로 得度者는 卽現天大將軍身하야
응 이 천 대 장 군 신 득 도 자 즉 현 천 대 장 군 신

而爲說法하며 應以毘沙門身으로 得度者는 卽現毘沙門
이 위 설 법 응 이 비 사 문 신 득 도 자 즉 현 비 사 문

身하야 而爲說法하며 應以小王身으로 得度者는 卽現小
신 이 위 설 법 응 이 소 왕 신 득 도 자 즉 현 소

王身하야 而爲說法하며 應以長者身으로 得度者는 卽現
왕 신 이 위 설 법 응 이 장 자 신 득 도 자 즉 현

長者身하야 而爲說法하며 應以居士身으로 得度者는 卽
장 자 신 이 위 설 법 응 이 거 사 신 득 도 자 즉

現居士身하야 而爲說法하며 應以宰官身으로 得度者는 卽
현 거 사 신 이 위 설 법 응 이 재 관 신 득 도 자 즉

現宰官身하야 而爲說法하며 應以婆羅門身으로 得度者는
현 재 관 신 이 위 설 법 응 이 바 라 문 신 득 도 자

천대장군의 몸으로 제도하여야 할 이에게는 천대장군의 몸을 나타내어 설법을 하며,

비사문의 몸으로 제도하여야 할 이에게는 비사문의 몸을 나타내어 설법을 하고,

소왕의 몸으로 제도하여야 할 이에게는 소왕의 몸을 나타내어 설법을 하며,

장자의 몸으로 제도하여야 할 이에게는 장자의 몸을 나타내어 설법을 하고,

거사의 몸으로 제도할 이에게는 거사의 몸을 나타내어 설법을 하며,

관리의 몸으로 제도하여야 할 이에게는 관리의 몸을 나타내어 설법을 하고, 바라문의 몸으로 제도하여야 할

卽現婆羅門身하야 而爲說法하며 應以比丘比丘尼와 優
즉현바라문신 이위설법 응이비구비구니 우

婆塞 優婆夷身으로 得度者는 卽現比丘比丘尼와 優婆
바새 우바이신 득도자 즉현비구비구니 우바

塞 優婆夷身하야 而爲說法하며 應以長者居士 宰官 婆
새 우바이신 이위설법 응이장자거사 재관 바

羅門 婦女身으로 得度者는 卽現婦女身하야 而爲說法하며
라문 부녀신 득도자 즉현부녀신 이위설법

應以童男童女身으로 得度者는 卽現童男童女身하야 而
응이동남동녀신 득도자 즉현동남동녀신 이

爲說法하며 應以天龍夜叉와 乾闥婆 阿修羅와 迦樓羅
위설법 응이천용야차 건달바 아수라 가루라

緊那羅와 摩睺羅伽 人非人等身으로 得度者는 卽皆現
긴나라 마후라가 인비인등신 득도자 즉개현

이에게는 바라문의 몸을 나타내어 설법을 하며,

비구나 비구니나 우바새나 우바이의 몸으로 제도하여야 할 이에게는 비구나 비구니나 우바새나 우바이의 몸을 나타내어 설법을 하고,

장자나 거사나 관리나 바라문들의 부녀의 몸으로 제도하여야 할 이에게는 곧 그들의 부녀의 몸을 나타내어 설법을 하며,

소년이나 소녀의 몸으로 제도하여야 할 이에게는 소년이나 소녀의 몸을 나타내어 설법을 하고, 천(天)이나 용이나 야차나 건달바나 아수라나 가루라나 긴나라나 마후라가 등 사람과 사람 아닌 이들의 몸으로 제도하여야 할 이에게는 모두다 그들의 몸을 나타내어 설법을 하

之하야 而爲說法하며 應以執金剛身으로 得度者는 卽現
지 이위설법 응이집금강신 득도자 즉현

執金剛身하야 而爲說法하나니 無盡意야 是觀世音菩薩이
집금강신 이위설법 무진의 시관세음보살

成就如是功德하야 以種種形으로 遊諸國土하사 度脫衆
성취여시공덕 이종종형 유제국토 도탈중

生하나니라 是故로 汝等은 應當一心으로 供養觀世音菩薩이니
생 시고 여등 응당일심 공양관세음보살

是觀世音菩薩摩訶薩이 於怖畏急難之中에 能施無
시관세음보살마하살 어포외급난지중 능시무

畏라 是故로 此娑婆世界 皆號之爲施無畏者라하나니라
외 시고 차사바세계 개호지위시무외자

無盡意菩薩이 白佛言하사대 世尊이시여 我今에 當供養
무진의보살 백불언 세존 아금 당공양

며, 집금강신(금강역사)의 몸으로 제도하여야 할 이에게는 곧 집금강신의 몸을 나타내어 설법을 하느니라.

무진의야! 관세음보살은 이러한 공덕을 성취하였으므로 여러 가지 형상으로 모든 국토를 다니면서 중생들을 제도하여 해탈하게 하느니라.

그러므로 너희들은 마땅히 일심으로 관세음보살을 공양하여라. 이 관세음보살마하살은 두렵고 무섭고 위급하고 어려운 가운데서 두려움을 없애주므로 이 사바세계에서는 모두 관세음보살님을 불러 '두려움을 없애 주시는 분'이라고 하느니라."

무진의보살이 부처님께 말씀드렸다.

"세존이시여! 제가 지금 관세음보살님에게 공양을 하

觀世音菩薩하고 卽解頸 衆寶珠瓔珞하니 價値百千兩
관세음보살 즉해경 중보주영락 가치백천양

金이라 而以與之하고 作是言호대 仁者는 受此法施 珍寶
금 이이여지 작시언 인자 수차법시 진보

瓔珞하소서 時에 觀世音菩薩이 不肯受之어늘 無盡意 復白
영락 시 관세음보살 불긍수지 무진의 부백

觀世音菩薩言하사대 仁者는 愍我等故로 受此瓔珞하소서
관세음보살언 인자 민아등고 수차영락

爾時에 佛告觀世音菩薩하사대 當愍此 無盡意菩薩과
이시 불고관세음보살 당민차 무진의보살

及 四衆天龍夜叉와 乾闥婆 阿修羅와 迦樓羅 緊那羅와
급 사중천용야차 건달바 아수라 가루라 긴나라

摩睺羅伽와 人非人等故로 受是瓔珞이니라 卽時에 觀世
마후라가 인비인등고 수시영락 즉시 관세

고 싶습니다." 그리고 곧 목에 걸었던 백천 량의 금값만큼이나 되는 온갖 보배 구슬과 영락을 풀어 받들어 올리면서 말하였다.

"어지신 분이시여! 법보시를 하는 귀한 보배와 영락을 받으십시오." 이때 관세음보살이 기꺼이 받지 않으려 하므로, 무진의가 다시 관세음보살에게 말하였다.

"어지신 분이시여! 저희들을 어여삐 여기시어 이 영락을 받으소서." 그때 부처님께서 관세음보살에게 말씀하였다.

"마땅히 이 무진의보살과 사부대중과 천(天)과 용과 야차와 건달바와 아수라와 가루라와 긴나라와 마후라가 등 사람과 사람 아닌 이들을 어여삐 여기어 그 영락을 받으

音菩薩이 愍諸四衆과 及於天龍人非人等하사 受其瓔
음보살 민제사중 급어천용인비인등 수기영

珞하야 分作二分호대 一分은 奉 釋迦牟尼佛하고 一分은
락 분작이분 일분 봉 석가모니불 일분

奉 多寶佛塔하니라 無盡意야 觀世音菩薩이 有 如是自
봉 다보불탑 무진의 관세음보살 유 여시자

在神力하사 遊於娑婆世界하나니라 爾時에 無盡意菩薩이
재신력 유어사바세계 이시 무진의보살

以偈問曰
이게문왈

世尊妙相具시여 我今重問彼하노니 佛子何因緣으로
세존묘상구 아금중문피 불자하인연

名爲觀世音이닛고
명위관세음

라."

그때 관세음보살이 즉시 모든 사부대중과 천인과 용과 사람과 사람 아닌 것들을 어여삐 여기어서 그 영락을 받으시고는 둘로 나누어서 하나는 석가모니 부처님께 바치고, 하나는 다보 부처님의 탑에 바쳤다.

"무진의야! 관세음보살은 이와 같은 자재한 신통력이 있으므로 사바세계를 다니느니라."

그러자 무진의보살이 게송으로 말씀드렸다.

묘한 상호 갖추신 부처님께
제가 지금 저 일을 묻자오니
불자들이 어떠한 인연으로 관세음보살이라 이르나이까?

具足妙相尊이 偈答無盡意하사대
구족묘상존 게답무진의

汝聽觀音行의 여청관음행	善應諸方所하라 선응제방소	弘誓深如海하야 홍서심여해
歷劫不思議라 역겁불사의	侍多千億佛하야 시다천억불	發大淸淨願일새 발대청정원
我爲汝略說하노니 아위여약설	聞名及見身하고 문명급견신	心念不空過하면 심념불공과
能滅諸有苦하리라 능멸제유고	假使興害意하야 가사흥해의	推落大火坑이라도 추락대화갱
念彼觀音力으로 염피관음력	火坑變成池하며 화갱변성지	或漂流巨海하야 혹표류거해
龍魚諸鬼難이라도 용어제귀난	念彼觀音力으로 염피관음력	波浪不能沒하며 파랑불능몰

묘한 상호 갖추신 세존께옵서는 게송으로 무진의에게 대답하시었다.

그대는 잘 들으라. 관음의 높은 덕은 곳에 따라 마땅히 응하느니라. 큰 서원은 바다와 같이 깊어서 헤아릴 수 없는 여러 겁 동안 여러 천억 부처님 모셔 받들며 청정한 큰 서원을 세웠느니라. 내 이제 그대에게 줄여서 말하노니 그 이름 듣거나 모습을 보는 이가 지극한 마음으로 깊이 새기면 모든 세상 괴로움을 소멸하리라. 어떤 이가 해치려는 생각을 품고 불구덩이 밀어서 떨어뜨려도 관세음을 염하는 거룩한 힘이 불구덩이는 못으로 변하게 하고 큰 바다에 빠져서 떠내려 갈 제 용과 고기 귀신의 난을 만나도 관세음을 염하는 거룩한 힘은 파도를 잠재워 안온케 하리라.

或在須彌峯하야 혹 재 수 미 봉	爲人所推墮라도 위 인 소 추 타	念彼觀音力으로 염 피 관 음 력
如日虛空住하며 여 일 허 공 주	或被惡人逐하야 혹 피 악 인 축	墮落金剛山이라도 타 락 금 강 산
念彼觀音力으로 염 피 관 음 력	不能損一毛하며 불 능 손 일 모	或値怨賊繞하야 혹 치 원 적 요
各執刀加害라도 각 집 도 가 해	念彼觀音力으로 염 피 관 음 력	咸卽起慈心하며 함 즉 기 자 심
或遭王難苦하야 혹 조 왕 난 고	臨刑欲壽終이라도 임 형 욕 수 종	念彼觀音力으로 염 피 관 음 력
刀尋段段壞하며 도 심 단 단 괴	或囚禁枷鎖하야 혹 수 금 가 쇄	手足被杻械라도 수 족 피 추 계
念彼觀音力으로 염 피 관 음 력	釋然得解脫하며 석 연 득 해 탈	呪詛諸毒藥으로 주 저 제 독 약
所欲害身者라도 소 욕 해 신 자	念彼觀音力으로 염 피 관 음 력	還着於本人하며 환 착 어 본 인

수미산 봉우리에 서 있을 때 어떤 이가 밀어서 떨어뜨려도 관세음을 염하는 거룩한 힘이 해와 같이 허공에 떠있게 하고, 흉악한 사람에게 쫓겨 가다가 험한 산에서 떨어져 굴러내려도 관세음을 염하는 거룩한 힘이 털끝하나 손상치 못하게 하네. 원수인 도적에게 둘러 싸여서 제각기 칼을 들고 해하려 해도 관세음을 염하는 거룩한 힘이 그들에게 자비한 마음 생기게 하고, 어쩌다 국법을 어기게 되어 망나니의 칼끝에 서게 되어도 관세음을 염하는 거룩한 힘에 칼날이 조각조각 부수어지네. 옥중에 갇히어서 큰 칼을 쓰고 손발에 고랑을 채웠더라도 관세음을 염하는 거룩한 힘에 저절로 시원하게 풀려나오고, 방자히 저주하며 독한 약으로 나의 몸을 해치려 할지라도 관세음을 염하는 거룩한 힘에 도리어 그 사람에게 돌아가게 되네.

或遇惡羅刹과 혹 우 악 나 찰	毒龍諸鬼等이라도 독 용 제 귀 등	念彼觀音力으로 염 피 관 음 력
時悉不敢害하며 시 실 불 감 해	若惡獸圍遶하야 약 악 수 위 요	利牙爪可怖라도 이 아 조 가 포
念彼觀音力으로 염 피 관 음 력	疾走無邊方하며 질 주 무 변 방	蚖蛇及蝮蠍이 완 사 급 복 갈
氣毒煙火燃이라도 기 독 연 화 연	念彼觀音力으로 염 피 관 음 력	尋聲自迴去하며 심 성 자 회 거
雲雷鼓掣電하고 운 뢰 고 철 전	降雹澍大雨라도 강 박 주 대 우	念彼觀音力으로 염 피 관 음 력
應時得消散하며 응 시 득 소 산	衆生被困厄하야 중 생 피 곤 액	無量苦逼身이라도 무 량 고 핍 신
觀音妙智力이 관 음 묘 지 력	能救世間苦니라 능 구 세 간 고	
具足神通力하고 구 족 신 통 력	廣修智方便하야 광 수 지 방 편	十方諸國土에 시 방 제 국 토

흉악한 나찰이나 독한 용들이 이 내 몸 해치려 한다 하여도 관세음을 염하는 거룩한 힘이 오히려 그들을 항복케 하고, 사나운 짐승들에 둘러싸여 험상한 이와 발톱 무섭더라도 관세음을 염하는 거룩한 힘이 그들을 오히려 도망케 하네. 살모사 독사같은 무서운 독충들이 독기를 불꽃처럼 내뿜더라도 관세음을 염하는 거룩한 힘에 소리듣고 스스로 피하여 가고, 검은 구름 천둥에 번개가 치면서 우박과 소나기 퍼붓더라도 관세음을 염하는 거룩한 힘에 잠시간에 흩어져 걷히게 되네. 중생들이 곤욕과 핍박을 받아 한량없는 괴로움이 닥치더라도 관세음의 기묘한 지혜의 힘이 세간의 모든 고통 다 구하네.

신통하고 묘한 힘 두루 갖추고 지혜의 여러 방편 널리 닦아서 시방의 모든 세계 어디서든지 갖가지 몸 나투지 않

無刹不現身하며 무 찰 불 현 신	種種諸惡趣와 종 종 제 악 취	地獄鬼畜生의 지 옥 귀 축 생
生老病死苦를 생 로 병 사 고	以漸悉令滅하며 이 점 실 영 멸	
眞觀清淨觀이며 진 관 청 정 관	廣大智慧觀이며 광 대 지 혜 관	悲觀及慈觀이니 비 관 급 자 관
常願常瞻仰이니라 상 원 상 첨 앙		
無垢清淨光이며 무 구 청 정 광	慧日破諸闇이라 혜 일 파 제 암	能伏災風火하고 능 복 재 풍 화
普明照世間이니라 보 명 조 세 간	悲體戒雷震과 비 체 계 뢰 진	慈意妙大雲으로 자 의 묘 대 운
澍甘露法雨하야 주 감 로 법 우	滅除煩惱焰하며 멸 제 번 뇌 염	
諍訟經官處와 쟁 송 경 관 처	怖畏軍陣中이라도 포 외 군 진 중	念彼觀音力으로 염 피 관 음 력

는 데 없어 갖가지 험하고 나쁜 갈래인 지옥과 아귀 축생들까지 생 · 로 · 병 · 사 고통을 차츰차츰 모두다 없애 버리네.

참되고 깨끗하게 보살피시고 넓고 크신 지혜로 관찰하시며 자비하신 마음으로 어루만져 주시니 언제나 원하옵고 앙모하리라.

때없이 청정하고 밝은 광명이 해와 같은 지혜로 어둠 깨치고 풍재와 화재들을 굴복시키고 골고루 이 세상 비춰 주시니 대비는 체가 되고 계행은 우레가 되고 자비하신 마음은 묘한 큰 구름 감로의 법비를 내려주셔서 번뇌의 불꽃 소멸하오며 송사하고 다투는 법정에서나 무섭고 겁이 나는 진중에서도 관세음을 염하는 거룩한 힘이 원수들을 물리쳐 흩어버리네.

衆怨悉退散하며 妙音觀世音과 梵音海潮音이
중원실퇴산 묘음관세음 범음해조음

勝彼世間音이니 是故須常念호대 念念勿生疑니라
승피세간음 시고수상념 염념물생의

觀世音淨聖이 於苦惱死厄에 能爲作依怙라
관세음정성 어고뇌사액 능위작의호

具一切功德하사 慈眼視衆生하며 福聚海無量일새
구일체공덕 자안시중생 복취해무량

是故應頂禮니라
시고응정례

爾時에 持地菩薩이 卽從座起하야 前白佛言하사대 世尊이시여
이시 지지보살 즉종좌기 전백불언 세존

若有衆生이 聞是觀世音菩薩品 自在之業과 普門示
약유중생 문시관세음보살품 자재지업 보문시

미묘한 음성이신 관세음보살 범천왕의 음성과 조수의 음성 세간의 음성보다 뛰어나시니 갈수록 사무침이 더해만 가네. 중생들은 조금도 의심치 말라. 거룩하고 청정하신 관세음보살 세상사 고뇌 속의 등대이시니 능히 믿고 의지할 어버이시네.

여러 가지 공덕을 다 갖추시고 자비한 눈길로 중생을 보시며 중생의 원함따라 복덕주시니 그 공덕 찬탄하며 예배하여야 하느니라.

그때 지지보살이 자리에서 일어나 부처님 앞으로 나아가 부처님께 말씀드렸다.

"세존이시여!

만일 어떤 중생이 이 관세음보살품의 자재하신 활동

現神通力者는 當知是人은 功德이 不少니다 佛說是普
현 신 통 력 자 당 지 시 인 공 덕 불 소 불 설 시 보

門品時에 衆中八萬四千衆生이 皆發無等等阿耨多
문 품 시 중 중 팔 만 사 천 중 생 개 발 무 등 등 아 뇩 다

羅三藐三菩提心하니라
라 삼 먁 삼 보 리 심

第二十五 觀世音菩薩普門品 終
제 이십오 관 세 음 보 살 보 문 품 종

과 넓은 문(여러 몸)으로 나타내어 보이시는 신통력을 듣는 이가 있으면 이 사람의 공덕이 적지 아니함을 마땅히 알겠습니다."

부처님께서 이 보문품을 설하실 때 대중 가운데 8만 4천의 중생들이 모두다 비길 데 없이 평등한 아뇩다라삼먁삼보리의 마음을 일으켰다.

제 이십오 관세음보살보문품 끝

第二十六 陀羅尼品
제이십육 다라니품

爾時에 藥王菩薩이 卽從座起하야 偏袒右肩하고 合掌向佛하사 而白佛言하사대 世尊이시여 若善男子 善女人이 有能受持法華經者하야 若讀誦通利커나 若書寫經卷하면 得幾所福이닛고 佛告藥王하사대 若有善男子 善女人이 供養八百萬億 那由他 恒河沙等諸佛하면 於汝意云何오 其所得福이 寧爲多不아 甚多니다 世尊이시여 佛言

(이시 약왕보살 즉종좌기 편단우견 합장향불 이백불언 세존 약선남자 선여인 유능수지법화경자 약독송통리 약서사경권 득기소복 불고약왕 약유선남자 선여인 공양팔백만억 나유타 항하사등제불 어여의운하 기소득복 영위다부 심다 세존 불언)

제 이십육 다라니품

그때 약왕보살이 자리에서 일어나 오른쪽 어깨를 드러내고 부처님을 향하여 합장하고 부처님께 말씀드렸다.

"세존이시여! 만약에 선남자 선여인으로서 『법화경』을 받아 지니는 사람이 읽고 외워서 통달하거나 경전을 옮겨 쓴다면 얼마만큼의 복을 받겠습니까?"

부처님께서 약왕보살에게 말씀하셨다.

"선남자 선여인이 8백만억 나유타 항하사 같은 부처님들을 공양한다면 너의 생각은 어떠하냐? 그 얻는 복이 많지 않겠느냐?"

"매우 많겠습니다. 세존이시여!"

부처님께서 말씀하셨다.

若善男子善女人이 能於是經에 乃至受持一四句偈하야
약선남자선여인 능어시경 내지수지일사구게

讀誦解義하고 如說修行하면 功德이 甚多니라 爾時에 藥
독송해의 여설수행 공덕 심다 이시 약

王菩薩이 白佛言하사대 世尊이시여 我今에 當與說法者의
왕보살 백불언 세존 아금 당여설법자

陀羅尼呪하야 以守護之호리다 卽說呪曰
다라니주 이수호지 즉설주왈

安爾[1] 曼爾[2] 摩禰[3] 摩摩禰[4] 旨隷[5] 遮梨第[6] 賖咩[7] 賖
안니 만니 마네 마마네 지례 차리제 샤먀 샤

履多瑋[8] 羶帝[9] 目帝[10] 目多履[11] 娑履[12] 阿瑋娑履[13] 桑履[14]
리다위 선데 목데 목다리 사리 아위사리 상리

娑履[15] 叉裔[16] 阿叉裔[17] 阿耆膩[18] 羶帝[19] 賖履[20] 陀羅尼[21]
사리 사예 아사예 아기니 선데 샤리 다라니

"선남자 선여인이 이 경에서 네 구절로 된 하나의 게송만이라도 받아 지니고 읽고 외우며 뜻을 이해하고 설한대로 수행하면 그 공덕이 더욱 많으니라."

그러자 약왕보살이 부처님께 말씀드렸다.

"세존이시여! 제가 설법을 하는 자들에게 다라니 주문을 주어 그들을 지키고 보호하게 하겠습니다."

주문을 말하였다.

『안니 만니 마네 마마네
지례 차리제 샤먀 샤리다위
선데 목데 목다리 사리
아위사리 상리 사리 사예 아사예
아기니 선데 샤리 다라니

阿盧伽婆娑簸蔗毗叉膩 22 禰毗剃 23 阿便哆邏禰履剃 24
아로가바사파자비사니 네비데 아변다라네리데

阿亶哆波隸輸地 25 漚究隸 26 牟究隸 27 阿羅隸 28 波羅隸 29
아단다파례수디 구구례 모구례 아라례 파라례

首迦差 30 阿三磨三履 31 佛陀毗吉利袠帝 32 達磨波利差
수가차 아삼마삼리 붓다비기리질데 달마파리차

帝 33 僧伽涅瞿沙禰 34 婆舍婆舍輸地 35 曼哆邏 36 曼哆邏
데 싱가녈구사네 바사바사수디 만다라 만다라

叉夜多 37 郵樓哆 38 郵樓哆憍舍略 39 惡叉邏 40 惡叉冶多
사야다 우루다 우루다교사랴 악사라 악사야다

冶 41 阿婆盧 42 阿摩若那多夜 43
야 아바로 아마야나다야

世尊이시여 是陀羅尼神呪는 六十二億恒河沙等諸佛
세존 시다라니신주 육십이억항하사등제불

아로가바사파자비사니 네비데 아변다라네리데

아단다파례수디 구구례 모구례

아라례 파라례 수가차 아삼마삼리

붓다비기리질데 달마파리차데

싱가녈구사네 바사바사수디

만다라 만다라사야다

우루다 우루다교사랴

악사라 악사야다야 아바로 아마야나다야』

"세존이시여!

이 다라니 신주는 62억 항하의 모래수 같은 부처님들께서 설하신 것이오니, 만일 이 법사를 침해하거나 훼방하는 자가 있으면 곧 모든 부처님들을 침해하고 훼방하

所說이라 若有侵毁此法師者면 則爲侵毁是 諸佛已니다
소설 약유침훼차법사자 즉위침훼시 제불이

時에 釋迦牟尼佛이 讚 藥王菩薩言하사대 善哉善哉라
시 석가모니불 찬 약왕보살언 선재선재

藥王아 汝愍念擁護此法師故로 說是陀羅尼하야 於諸
약왕 여민념옹호차법사고 설시다라니 어제

衆生에 多所饒益이샷다 爾時에 勇施菩薩이 白佛言하사대
중생 다소요익 이시 용시보살 백불언

世尊이시여 我 亦爲擁護 讀誦受持法華經者하야 說 陀
세존 아 역위옹호 독송수지법화경자 설 다

羅尼호리니 若此法師 得是陀羅尼하면 若夜叉와 若羅刹과
라니 약차법사 득시다라니 약야차 약나찰

若 富單那와 若吉遮와 若 鳩槃茶와 若 餓鬼等이 伺求
약 부단나 약길자 약 구반다 약 아귀등 사구

는 것이 되나이다."

그때 석가모니 부처님께서 약왕보살을 칭찬하셨다.

"착하고도 착하도다. 약왕보살아! 그대가 이 법사를 어여삐 여기어 옹호하려고 이 다라니를 설하였으니 중생들에게 이익되는 것이 많겠구나."

그때 용시보살이 부처님께 말씀드렸다.

"세존이시여!

저도 『법화경』을 받아 지니고 읽고 외우는 사람을 옹호하기 위하여 다라니를 말하겠습니다.

만약 법사가 이 다라니를 얻으면 야차나 나찰이나 부단나 길자나 구반다나 아귀들이 그의 단점을 엿보기 어려울 것입니다."

其短이라도 無能得便하고 卽於佛前에 而說呪曰
기 단 무 능 득 편 즉 어 불 전 이 설 주 왈

痤隸1 摩訶痤隸2 郁枳3 目枳4 阿隸5 阿羅婆第6 涅隸第7
자 례 마 하 자 례 욱 기 목 기 아 례 아 라 바 제 녈 례 제

涅隸多婆第8 伊緻柅9 韋緻柅10 旨緻柅11 涅隸墀柅12 涅
녈 례 다 바 제 이 디 니 위 디 니 지 디 니 녈 례 지 니 녈

犂墀婆底13
리 지 바 디

世尊이시여 是陀羅尼神呪는 恒河沙等 諸佛所說이며 亦
세 존 시 다 라 니 신 주 항 하 사 등 제 불 소 설 역

皆隨喜니 若有侵毁此法師者면 則爲侵毁是諸佛已니다
개 수 희 약 유 침 훼 차 법 사 자 즉 위 침 훼 시 제 불 이

爾時에 毘沙門天王護世者白佛言하오대 世尊이시여 我亦
이 시 비 사 문 천 왕 호 세 자 백 불 언 세 존 아 역

곧 부처님 앞에서 주문을 말하였다.

『자례 마하자례 욱기 목기 아례 아라바제
녈례제 녈례다바제 이디니 위디니 지디니
녈례지니 녈리지바디』

"세존이시여! 이 다라니 신주는 항하의 모래 수 같은 부처님들께서 설하신 것이며 모두 따라 기뻐하신 것입니다. 만약 이 법사를 침해하고 훼방하면 곧 부처님들을 침해하고 훼방하는 것이 될 것입니다."

그때 세상을 보호하는 비사문천왕도 부처님께 말씀드렸다.

"세존이시여! 저도 중생을 어여삐 여기니 이 법사를 옹호하기 위하여 다라니를 설하겠습니다."

爲愍念衆生하야 擁護此法師故로 說是陀羅尼호리다 卽
위민념중생 옹호차법사고 설시다라니 즉

說呪曰
설주왈

阿梨1 那梨2 㝹那梨3 阿那盧4 那履5 拘那履6
아리 나리 노나리 아나로 나리 구나리

世尊이시여 以是神呪로 擁護法師하고 我亦自當擁護 持
세존 이시신주 옹호법사 아역자당옹호 지

是經者하야 令百由旬內에 無諸衰患케호리다 爾時에 持國
시경자 영백유순내 무제쇠환 이시 지국

天王이 在此會中하야 與千萬億那由他乾闥婆衆으로 恭
천왕 재차회중 여천만억나유타건달바중 공

敬圍繞하고 前詣佛所하야 合掌白佛言하오대 世尊이시여 我
경위요 전예불소 합장백불언 세존 아

하며 곧 주문을 말하였다.

『아리 나리 노나리 아나로 나리 구나리』

"세존이시여!

이 신비로운 주문으로 법사를 옹호하고, 또 이 경전 지니는 자를 옹호하기 위하여 백유순 안에는 온갖 쇠약함과 재앙이 없도록 하겠습니다."

그때 지국천왕이 이 법회 가운데 있다가 천만억 나유타의 건달바들에게 둘러싸여 공경을 받으며 부처님 앞으로 나아가 합장하고 부처님께 말씀드렸다.

"세존이시여! 저도 다라니 신주로 『법화경』 지니는 자를 옹호하겠습니다."

亦以陀羅尼神呪로 擁護持法華經者호리다 卽說呪曰
역 이 다 라 니 신 주 옹 호 지 법 화 경 자 즉 설 주 왈

阿伽禰1 伽禰2 瞿利3 乾陀利4 旃陀利5 摩蹬耆6 常求利7
아 가 네 가 네 구 리 건 다 리 전 다 리 마 등 기 상 구 리

浮樓莎柅8 頞底9
부 루 사 니 알 디

世尊이시여 是陀羅尼神呪는 四十二億 諸佛所說이라 若
세 존 시 다 라 니 신 주 사 십 이 억 제 불 소 설 약

有侵毁此法師者면 則爲侵毁是諸佛已니다 爾時에 有
유 침 훼 차 법 사 자 즉 위 침 훼 시 제 불 이 이 시 유

羅刹女等하니 一名은 藍婆요 二名은 毘藍婆요 三名은
나 찰 녀 등 일 명 람 바 이 명 비 람 바 삼 명

曲齒요 四名은 華齒요 五名은 黑齒요 六名은 多髮이요
곡 치 사 명 화 치 오 명 흑 치 육 명 다 발

하며 바로 주문을 말하였다.

『아가네 가네 구리 건다리 전다리 마등기 상구리 부루사니 알디』

"세존이시여!

이 다라니 신주는 42억의 부처님들께서 말씀하신 것이니 만약 이 법사를 침해하고 훼방하는 자가 있으면 곧 이 부처님들을 침해하고 훼방하는 것이 될 것입니다."

그때 나찰녀들이 있었는데

첫째의 이름은 람바이고, 둘째의 이름은 비람바이며,

셋째의 이름은 곡치이고, 넷째의 이름은 화치이고,

나섯째의 이름은 흑치이고, 여섯째의 이름은 다발이고,

七名은 無厭足이요 八名은 持瓔珞이요 九名은 皐帝요 十
칠명 무염족 팔명 지영락 구명 고제 십

名은 奪一切衆生精氣라 是十羅刹女與鬼子母와 幷
명 탈일체중생정기 시십나찰녀여귀자모 병

其子及眷屬으로 俱詣佛所하야 同聲으로 白佛言하오대
기자급권속 구예불소 동성 백불언

世尊이시여 我等이 亦欲擁護讀誦受持法華經者하야 除
세존 아등 역욕옹호독송수지법화경자 제

其衰患하리니 若有伺求法師短者면 令不得便케호리다하고
기쇠환 약유사구법사단자 영부득편

卽於佛前에 而說呪曰
즉어불전 이설주왈

伊提履1 伊提泯2 伊提履3 阿提履4 伊提履5 泥履6 泥履7
이제리 이제민 이제리 아제리 이제리 니리 니리

일곱째의 이름은 무염족이고, 여덟 번째의 이름은 지영락이고, 아홉 번째의 이름은 고제이고, 열 번째의 이름은 탈일체중생정기였다.

이 열 명의 나찰녀가 귀자모와 그 아들과 권속들과 다 함께 부처님 계시는 곳으로 가서 같은 소리로 부처님께 말씀드렸다.

"세존이시여! 저희들도 『법화경』을 읽고 외우며 받아 지니는 자를 옹호하여 그들의 근심과 걱정을 없애주고 싶으며, 만약 어떤 사람이 법사의 단점을 찾아내려 해도 기회를 얻지 못하게 하겠습니다."

그리고 즉시 부처님 앞에서 주문을 말하였다.

『이제리 이제민 이제리 아제리 이제리 니리 니리 니

泥履8 泥履9 泥履10 樓醯11 樓醯12 樓醯13 樓醯14 多醯15 多醯16
니리 니리 니리 루혜 루혜 루혜 루혜 다혜 다혜

多醯17 兜醯18 㝹醯19
다혜 도혜 로혜

寧上我頭上이언정 莫惱於法師니 若夜叉와 若羅刹과 若
영상아두상 막뇌어법사 약야차 약나찰 약

餓鬼와 若富單那와 若吉遮와 若毘陀羅와 若揵馱와 若
아귀 약부단나 약길자 약비타라 약건타 약

烏摩勒伽와 若阿跋摩羅와 若夜叉吉遮와 若人吉遮와
오마륵가 약아발마라 약야차길자 약인길자

若熱病인 若一日 若二日과 若三日 若四日 乃至七日과
약열병 약일일 약이일 약삼일 약사일 내지칠일

若常熱病의 若男形 若女形과 若童男形과 若童女形이
약상열병 약남형 약여형 약동남형 약동녀형

리 니리 니리 루혜 루혜 루혜 루혜 다혜 다혜

다혜 도혜 로혜』

"차라리 저의 머리 위에 올릴지라도

법사를 괴롭히지 못하게 하겠으며,

야차와 나찰과 아귀와 부단나와

길자와 비다라와 건다와 오마륵가와

아발마라와 야차길자와 인길자와

하루, 이틀, 사흘, 나흘 내지는

이레동안 하는 열병과 오래토록 하는 열병과

남자의 모습과 여자의 모습과

소년의 모습과 소녀의 모습으로

나타나는 나쁜 귀신들이

乃至夢中에도 亦復莫惱리다 卽於佛前에 而說偈言하오대
내 지 몽 중 역 부 막 뇌 즉 어 불 전 이 설 게 언

若不順我呪하고 惱亂說法者면 頭破作七分을
약 불 순 아 주 뇌 란 설 법 자 두 파 작 칠 분

如阿梨樹枝하며 如殺父母罪하고 亦如壓油殃과
여 아 리 수 지 여 살 부 모 죄 역 여 압 유 앙

斗秤欺誑人과 調達破僧罪호리니 犯此法師者는
두 칭 기 광 인 조 달 파 승 죄 범 차 법 사 자

當獲如是殃이니다
당 획 여 시 앙

諸 羅刹女 說此偈已하고 白佛言하사대 世尊이시여 我等도
제 나 찰 녀 설 차 게 이 백 불 언 세 존 아 등

亦當 身自擁護 受持讀誦修行是經者하야 令得安隱하며
역 당 신 자 옹 호 수 지 독 송 수 행 시 경 자 영 득 안 은

꿈속에서라도 괴롭히지 못하게 하겠습니다."

부처님 앞에서 게송으로 말하였다.

나의 주문을 따르지 않고 설법하는 사람을 괴롭히면 머리를 일곱 조각으로 부수어 아리수 나무의 가지처럼 만들어 버리고, 부모를 살해한 죄와 기름을 짤 때 속이는 죄와 됫박이나 저울로 다른 사람을 속이는 죄와 조달(제바달다)이 승가를 깨뜨린 죄와 같이하리라. 법사를 해치는 자는 마땅히 이와 같은 재앙을 받을 것이니라.

나찰녀들이 이 게송을 한 후 부처님께 말씀드렸다.

"세존이시여! 저희들도 이 경을 받아 지니고 읽고 외우며 수행하는 사람을 몸소 지키며 편안하게 하여 모든

離諸衰患하고 消衆毒藥호리이다 佛告 諸 羅刹女하사대 善
이제쇠환 소중독약 불고 제 나찰녀 선

哉善哉라 汝等이 但能擁護受持 法華名者라도 福不可
재선재 여등 단능옹호수지 법화명자 복불가

量이온 何況擁護具足受持하고 供養經卷호대 華香瓔珞과
량 하황옹호구족수지 공양경권 화향영락

抹香 塗香 燒香과 幡蓋伎樂이며 燃 種種燈호대 酥燈油
말향 도향 소향 번개기악 연 종종등 소등유

燈과 諸香油燈과 蘇摩那華油燈과 瞻蔔華油燈과 婆師
등 제향유등 소마나화유등 첨복화유등 바사

迦華油燈과 優鉢羅華油燈의 如是等 百千種으로 供養
가화유등 우발라화유등 여시등 백천종 공양

者야따녀 皐帝야 汝等及眷屬이 應當擁護 如是法師니라
자 고제 여등급권속 응당옹호 여시법사

근심과 걱정을 여의게 하고 온갖 독약들도 없어지게 하겠습니다."

부처님께서 나찰녀들에게 말씀하셨다.

"착하고도 착하도다. 너희들이 『법화경』의 이름만 받아 지니는 자를 옹호하여도 그 복이 헤아릴 수 없을 텐데, 다 갖추어 받아 지니고 경전에 공양을 하며 꽃과 향과 영락과 가루 향, 바르는 향, 사르는 향, 깃발, 일산, 음악과 가지가지 등불인 우유등, 기름등, 온갖 향유등, 소마나꽃 기름등, 첨복꽃 기름등, 바사가꽃 기름등, 우발라꽃 기름등 이와 같이 백천 가지로 공양하는 자를 옹호하는 것이야 말할 것이 있겠느냐? 고제야! 너희와 권속들은 응당 이와 같은 법사를 옹호하여라."

說是陀羅尼品時에 六萬八千人이 得無生法忍하니라
설시다라니품시 육만팔천인 득무생법인

第二十六 陀羅尼品 終
제 이십육 다라니품 종

이 다라니품을 설하실 때 6만 8천의 사람들이 무생법인을 얻었다.

제 이십육 다라니품 끝

第二十七 妙莊嚴王本事品
제 이십칠 묘장엄왕본사품

爾時에 佛告諸大衆하사대 乃往古世에 過無量無邊不可
이시 불고제대중 내왕고세 과무량무변불가

思議阿僧祇劫하야 有佛하시니 名은 雲雷音宿王華智多
사의아승지겁 유불 명 운뢰음수왕화지다

陀阿伽度 阿羅訶 三藐三佛陀며 國名은 光明莊嚴이요
타아가도 아라하 삼먁삼불타 국명 광명장엄

劫名은 憙見이라 彼佛法中에 有王하니 名은 妙莊嚴이요
겁명 희견 피불법중 유왕 명 묘장엄

其王夫人은 名曰淨德이며 有二子하니 一名은 淨藏이요
기왕부인 명왈정덕 유이자 일명 정장

二名은 淨眼이라 是二子 有大神力과 福德智慧하며 久
이명 정안 시이자 유대신력 복덕지혜 구

제 이십칠 묘장엄왕본사품

그때 부처님께서 대중에게 말씀하셨다.

"한량없고 가없으며 불가사의한 아승지겁이 지난 오랜 옛적에 부처님께서 계시었으니

명호는 운뢰음수왕화지 · 다타아가도 ·

아라하 · 삼먁삼불타였고,

나라의 이름은 광명장엄이었으며

겁의 이름은 희견이었다.

그 부처님의 법 가운데 묘장엄이라는 왕이 있었는데 부인의 이름은 정덕이었고, 두 아들은 첫째가 정장이었고 둘째는 정안이었다.

이 두 아들은 큰 신통력과 복덕과 지혜가 있었으며 오

修菩薩 所行之道하니 所謂 檀波羅蜜이며 尸羅波羅蜜이며
수보살 소행지도 소위 단바라밀 시라바라밀

羼提波羅蜜이며 毘梨耶波羅蜜이며 禪波羅蜜이며 般若
찬제바라밀 비리야바라밀 선바라밀 반야

波羅蜜이며 方便波羅蜜이며 慈悲喜捨로 乃至三十七品
바라밀 방편바라밀 자비희사 내지삼십칠품

助道法을 皆悉明了通達이러라 又得 菩薩의 淨三昧와
조도법 개실명료통달 우득 보살 정삼매

日星宿三昧와 淨光三昧와 淨色三昧와 淨照明三昧와
일성수삼매 정광삼매 정색삼매 정조명삼매

長莊嚴三昧와 大威德藏三昧하야 於此三昧에 亦悉通
장장엄삼매 대위덕장삼매 어차삼매 역실통

達하니라 爾時에 彼佛이 欲引導妙莊嚴王하며 及愍念衆
달 이시 피불 욕인도묘장엄왕 급민념중

래도록 보살의 행을 닦았으므로 이른바,

보시바라밀, 지계바라밀, 인욕바라밀, 정진바라밀, 선정바라밀, 지혜바라밀, 방편바라밀과

자(慈) · 비(悲) · 희(喜) · 사(捨)와 37품 조도법(깨달음을 얻기 위한 수행 방법)까지 모두다 분명하게 통달하였으며,

보살의 정삼매와 일성수삼매와 정광삼매와 정색삼매와 정조명삼매와 장장엄삼매와 대위덕장삼매를 얻었으며 이러한 삼매에 모두 통달하였느니라.

그때 그 부처님께서는

묘장엄왕을 인도하시려고 또 중생들을 불쌍히 여기셔서 이 『법화경』을 설하시었는데,

生故로 說是法華經하니라 時에 淨藏淨眼二子 到其母
생고 설시법화경 시 정장정안이자 도기모

所하야 合十指爪掌하고 白言하오대 願母는 往詣雲雷音
소 합십지조장 백언 원모 왕예운뢰음

宿王華智佛所하소서
수왕화지불소

我等도 亦當侍從親近하야 供養禮拜호리니 所以者何오
아등 역당시종친근 공양예배 소이자하

此佛이 於一切天人衆中에 說法華經하시리니 宜應聽受니다
차불 어일체천인중중 설법화경 의응청수

母告子言호대 汝父信受外道하야 深著婆羅門法하시니 汝
모고자언 여부신수외도 심착바라문법 여

等은 應往白父하야 與共俱去케하라
등 응왕백부 여공구거

이때 정장과 정안 두 아들은 그들의 어머님이 계시는 곳으로 가서 열 손가락을 모아 합장하며 말하였느니라.

'원하옵건대, 어머님이시여! 운뢰음수왕화지 부처님께서 계시는 곳으로 가십시다. 저희들이 모시고 가겠습니다. 친근하고 공양하고 예배를 드립시다.

왜냐하면 그 부처님께서 모든 하늘과 인간들에게 『법화경』을 설하시니 마땅히 듣고 받아들여야하기 때문입니다.'

어머니가 아들들에게 말하였느니라.

'너희들의 아버지가 외도를 믿고 받아들여 바라문의 법에 깊이 빠져 있으니 너희들이 아버지에게 꼭 같이 가자는 말씀을 드려서 함께 가도록 하자.'

淨藏淨眼이 合十指爪掌하고 白母하오대 我等이 是法王
정장정안 합십지조장 백모 아등 시법왕

子로 而生此邪見家오녀 母告子言호대 汝等은 當憂念汝
자 이생차사견가 모고자언 여등 당우념여

父하야 爲現神變이니 若得見者면 心必淸淨하야 或聽我
부 위현신변 약득견자 심필청정 혹청아

等하야 往至佛所리라 於是二子 念其父故로 踊在虛空호대
등 왕지불소 어시이자 염기부고 용재허공

高七多羅樹라 現種種神變할새 於虛空中에 行住坐臥호대
고칠다라수 현종종신변 어허공중 행주좌와

身上出水하고 身下出火하며 身下出水하고 身上出火하며
신상출수 신하출화 신하출수 신상출화

或現大身호대 滿虛空中타가 而復現小하고 小復現大하며
혹현대신 만허공중 이부현소 소부현대

정장과 정안이 열 손가락을 모아 합장하고 어머니에게 말하였다. '저희들은 법왕의 아들인데 어찌하여 이 삿된 소견을 가진 집에 태어났습니까?' 어머니가 아들들에게 말하였느니라. '너희들은 마땅히 너희들의 아버지를 걱정하는 마음으로 신통한 변화를 나타내 보이어라. 만약 보시게 되면 마음이 반드시 청정해져서 혹시 우리들이 부처님 계시는 곳으로 가는 것을 허락하실지도 모르겠구나.' 이에 두 아들이 그들의 아버지를 생각하여 허공으로 솟아올라 일곱 다라수나 되는 곳에서 온갖 신통과 변화를 나타내 보이었느니라. 허공에서 가고 서고 앉고 누우며, 몸 위로는 물을 뿜고 아래로는 불을 뿜다가 몸 아래로 물을 뿜고 몸 위로 불을 뿜어내며, 몸을 크게 하여 허

於空中滅하야 忽然在地하며 入地如水하고 履水如地하야
어공중멸 홀연재지 입지여수 이수여지

現如是等種種神變하사 令其父王으로 心淨信解러라
현여시등종종신변 영기부왕 심정신해

時父見子의 神力如是하고 心大歡喜하야 得未曾有하며
시부견자 신력여시 심대환희 득미증유

合掌向子言호대 汝等師는 爲是誰며 誰之弟子어뇨 二子
합장향자언 여등사 위시수 수지제자 이자

白言호대 大王이시여 彼雲雷音宿王華智佛이 今在七寶
백언 대왕 피운뢰음수왕화지불 금재칠보

菩提樹下法座上坐하사 於一切世間天人衆中에 廣說
보리수하법좌상좌 어일체세간천인중중 광설

法華經이시니 是我等師요 我是弟子니다
법화경 시아등사 아시제자

공에 가득 차게 하였다가는 작아지고 작아졌다가는 다시 커지며, 공중에서 없어졌다가 홀연히 땅에 서며 땅속에 들어가기를 물 속에 들어가듯 하고, 물을 밟기를 땅을 밟듯이 하는 이런 가지가지 신통 변화를 나타내어 그 아버지의 마음을 청정하게 하여 믿고 이해하게 하였느니라. 그때 아버지는 아들의 신통력을 보고 마음이 기쁘고 미증유를 얻었으므로 아들에게 합장하며 말하였느니라.

'너희들의 스승은 누구며 누구의 제자냐?' 두 아들이 '대왕이시여! 운뢰음수왕화지 부처님께서 지금 칠보의 보리수 아래 법좌에서 일체 세간의 하늘과 사람들에게 『법화경』을 널리 설하고 계십니다. 이분이 저희들의 스승이시며 저희들은 이분의 제자입니다.' 하였느니라.

父語子言호대 我今에 亦欲見 汝等師로니 可共俱往이니라
부어자언 아금 역욕견 여등사 가공구왕

於是二子 從空中下하사 到其母所하야 合掌白母호대 父
어시이자 종공중하 도기모소 합장백모 부

王이 今已信解하야 堪任發阿耨多羅三藐三菩提心호이다
왕 금이신해 감임발아뇩다라삼먁삼보리심

我等이 爲父하야 已作佛事로니 願母見聽하사 於彼佛所에
아등 위부 이작불사 원모견청 어피불소

出家修道케하소서 爾時二子 欲重宣其意하사 以偈白母하오대
출가수도 이시이자 욕중선기의 이게백모

願母放我等하사 出家作沙門하소서 諸佛甚難値라
원모방아등 출가작사문 제불심난치

我等隨佛學하노이다 如優曇鉢羅하야 値佛復難是며
아등수불학 여우담발라 치불부난시

아버지가 아들들에게 '나도 너희들의 스승을 뵙고 싶으니 같이 가도록 하자' 하니, 이에 공중에서 내려와 어머니가 계신 곳으로 가서 합장하며 '부왕께서 이제 믿고 이해하여 아뇩다라삼먁삼보리의 마음을 낼 정도가 되었습니다. 저희들이 아버지를 위하여 불사를 하였으니 원하옵건대 어머니께서는 저희들이 저 부처님 계신 곳에 가서 출가하여 수도하도록 허락하여 주십시오' 하며 이 뜻을 거듭 밝히려고 게송으로 말하였느니라.

원컨대 어머님께서는 저희들을 보내어 주십시오. 출가하여 사문이 되겠습니다. 부처님 만나 뵈옵기가 참으로 어려우니 저희들은 부처님을 따라 배우려 합니다. 우담바라꽃을 만나기가 어렵지만 부처님을 만

脫諸難亦難이라 願聽我出家하소서
탈제난역난 원청아출가

母卽告言하오대 聽汝出家하노니 所以者何오 佛難値故니다
모즉고언 청여출가 소이자하 불난치고

於是二子白父母言하오대 善哉父母여
어시이자백부모언 선재부모

願時往詣雲雷音宿王華智佛所하야 親近供養이니 所以者何오
원시왕예운뢰음수왕화지불소 친근공양 소이자하

佛難得値는 如優曇鉢羅華하며 又如一眼之龜 値浮木孔이라 而我等은 宿福深厚로 生値佛法이니 是故로 父母는
불난득치 여우담발라화 우여일안지구 치부목공 이아등 숙복심후 생치불법 시고 부모

나기는 이보다 더 어려우며 모든 고난을 벗어나기도 역시 어렵습니다. 원하옵건대 저희들의 출가를 허락하여 주십시오.

그러자 어머니가 말하였느니라. '너희들의 출가를 허락하겠다. 왜냐하면 부처님을 만나기가 매우 어렵기 때문이다.' 이때 두 아들이 아버지와 어머니에게 '거룩하십니다. 부모님이시여, 원하옵건대 운뢰음수왕화지 부처님 계신 곳으로 바로 가서 직접 뵈옵고 공양을 드립시다. 왜냐하면 부처님을 만나기가 매우 어려워 우담바라꽃 만나기와 같으며, 또 눈이 하나뿐인 거북이가 떠다니는 나무의 구멍을 만나는 것과 같기 때문입니다. 저희들은 지난 세상에서 지은 복이 깊고 두터워 이 세상에 태어났으며 부처님의 법을

當聽我等하사 令得出家니다 所以者何오 諸佛難值며 時
당 청 아 등 영 득 출 가 소 이 자 하 제 불 난 치 시

亦難遇니다
역 난 우

彼時妙莊嚴王後宮에 八萬四千人이 皆悉堪任 受持
피 시 묘 장 엄 왕 후 궁 팔 만 사 천 인 개 실 감 임 수 지

是 法華經하고 淨眼菩薩은 於 法華三昧에 久已通達하며
시 법 화 경 정 안 보 살 어 법 화 삼 매 구 이 통 달

淨藏菩薩은 已於無量百千萬億劫에 通達離諸惡趣三
정 장 보 살 이 어 무 량 백 천 만 억 겁 통 달 이 제 악 취 삼

昧하야 欲令一切衆生으로 離諸惡趣故며 其王夫人은 得
매 욕 령 일 체 중 생 이 제 악 취 고 기 왕 부 인 득

諸佛集三昧하야 能知諸佛 秘密之藏이러라
제 불 집 삼 매 능 지 제 불 비 밀 지 장

만났습니다. 그러므로 부모님께서는 저희들이 출가하도록 허락하여 주십시오.

왜냐하면 부처님들을 만나기가 어려우며 때를 만나기도 역시 어렵기 때문입니다.'

그때 묘장엄왕의 후궁 8만 4천 인은 모두다 이 『법화경』을 받아 지닐 수 있을 정도가 되어 있었으며 정안보살은 법화삼매에 오래 머물러 통달하고 있었으며 정장보살은 이미 한량없는 백천만 억 겁 동안 이제악취삼매를 통달하고 있었으니, 모든 중생으로 하여금 여러 가지 악한 것을 여의게 하려함이었느니라. 그 왕의 부인도 제불집삼매를 얻어 부처님들의 비밀스런 가르침을 알고 있었느니라.

二子如是 以方便力으로 善化其父하야 令心信解하고 好
이자여시 이방편력 선화기부 영심신해 호
樂佛法케하니 於是에 妙莊嚴王은 與群臣眷屬俱하고 淨
락불법 어시 묘장엄왕 여군신권속구 정
德夫人은 與後宮采女眷屬俱하며 其王二子는 與四萬
덕부인 여후궁채녀권속구 기왕이자 여사만
二千人俱하야 一時에 共詣佛所하야 到已코 頭面禮足하며
이천인구 일시 공예불소 도이 두면예족
繞佛三匝하고 却住一面이러니 爾時에 彼佛이 爲王說法하사
요불삼잡 각주일면 이시 피불 위왕설법
示敎利喜하시니 王이 大歡悅이러라 爾時에 妙莊嚴王과 及其
시교리희 왕 대환열 이시 묘장엄왕 급기
夫人이 解頸眞珠瓔珞하사 價値百千으로 以散佛上하시니
부인 해경진주영락 가치백천 이산불상

두 아들이 이와 같은 방편의 힘으로 그들의 아버지를 잘 교화하여 마음으로 믿고 이해하여 불법을 좋아하게 하니, 묘장엄왕은 여러 신하와 권속들과 함께, 정덕부인은 후궁의 궁녀와 권속들과 함께, 또 두 아들은 4만 2천의 사람과 함께 다 같이 부처님 계신 곳으로 가서 머리를 조아려 발 아래 예배하고 부처님을 세 번 돌고 한 쪽으로 물러나 있었느니라.

그때 그 부처님께서 왕을 위하여 가르침을 설하시고 보이고 가르쳐서 이롭게 하고 기쁘게 하시니 왕이 크게 기뻐하였느니라.

이때 묘장엄왕과 그 부인이 값이 백천이나 나가는 진주 영락을 목에서 풀어 부처님 위로 흩으니, 부처님께

於虛空中에 化成四柱寶臺하고 臺中에 有大寶牀하야
어허공중 화성사주보대 대중 유대보상

敷百千萬天衣하며 其上에 有佛이 結跏趺坐하사 放大
부백천만천의 기상 유불 결가부좌 방대

光明이러라 爾時에 妙莊嚴王이 作是念호대 佛身은 希有하야
광명 이시 묘장엄왕 작시념 불신 희유

端嚴殊特하며 成就第一微妙之色이샷다 時에 雲雷音宿
단엄수특 성취제일미묘지색 시 운뢰음수

王華智佛이 告四衆言하사대 汝等이 見是妙莊嚴王이 於
왕화지불 고사중언 여등 견시묘장엄왕 어

我前에 合掌立不아 此王이 於我法中에 作比丘하야 精勤
아전 합장립부 차왕 어아법중 작비구 정근

修習하고 助佛道法하다가 當得作佛하리니 號는 娑羅樹王이라
수습 조불도법 당득작불 호 사라수왕

바친 그 영락이 공중에서 변화하여 네 기둥이 있는 보배 누각으로 변하였느니라. 그 누각 가운데 보배로 된 큰 자리가 있고 백천만의 하늘 옷이 깔려 있는데, 그 위에 부처님께서 결가부좌를 하신 채 큰 광명을 놓으셨느니라. 그때 묘장엄왕은 이런 생각을 하였느니라.

'부처님의 몸이 희유하시며 단정하고 아름답기가 빼어나며 참으로 거룩한 모습을 갖추셨구나.' 이때 운뢰음수왕화지 부처님께서 사부대중에게 말씀하셨느니라.

'너희들은 내 앞에서 합장하고 서 있는 이 묘장엄왕을 보고 있느냐? 이 왕은 나의 법 가운데서 비구가 되어 부처님의 도 돕는 법을 부지런히 닦고 익혀서 장차 성불하리니 명호는 사라수왕이고 나라의 이름은 대광이며 겁

國名은 大光이요 劫名은 大高王이며 其娑羅樹王佛이 有
국명 대광 겁명 대고왕 기사라수왕불 유

無量菩薩衆과 及無量聲聞하며 其國이 平正하리니 功德이
무량보살중 급무량성문 기국 평정 공덕

如是니라 其王이 卽時에 以國으로 付弟하고 與夫人二子와
여시 기왕 즉시 이국 부제 여부인이자

幷諸眷屬으로 於佛法中에 出家修道하며 王이 出家已에
병제권속 어불법중 출가수도 왕 출가이

於八萬四千歲를 常勤精進하야 修行妙法華經하고 過是
어팔만사천세 상근정진 수행묘법화경 과시

已後에 得一切淨功德莊嚴三昧하고 卽昇虛空 高七多羅
이후 득일체정공덕장엄삼매 즉승허공 고칠다라

樹하야 而白佛言하오대 世尊이시여 此我二子 已作佛事하사
수 이백불언 세존 차아이자 이작불사

의 이름은 대고왕이니라.

그 사라수왕 부처님께는 한량없는 보살과 헤아릴 수 없는 성문이 있으며 그 나라는 평정할 것이며 공덕이 이와 같을 것이다.'

그러자 그 왕은 즉시 나라를 동생에게 맡기고 부인과 두 아들과 여러 권속들과 함께 부처님의 법 가운데 출가하여 수도하였느니라.

그 왕이 출가하여 8만 4천 년 동안 항상 부지런히 정진하며 묘법연화경의 가르침을 수행한 이후에 일체정공덕장엄삼매를 얻자 바로 칠다라수 높이의 허공으로 올라가서 부처님께 말씀드렸느니라.

'세존이시여! 저의 두 아들은 불사를 하여 신통한 변화

以神通變化로 轉我邪心하야 令得安住於佛法中하고 得
이신통변화 전아사심 영득안주어불법중 득

見世尊호니 此二子者는 是我善知識이라 爲欲發起宿
견세존 차이자자 시아선지식 위욕발기숙

世善根하야 饒益我故로 來生我家니다
세선근 요익아고 내생아가

爾時에 雲雷音宿王華智佛이 告妙莊嚴王言하사대 如是
이시 운뢰음수왕화지불 고묘장엄왕언 여시

如是하야 如汝所言하니라 若善男子善女人이 種善根故로
여시 여여소언 약선남자선여인 종선근고

世世에 得善知識커든 其善知識이 能作佛事하야 示敎
세세 득선지식 기선지식 능작불사 시교

利喜하야 令入阿耨多羅三藐三菩提니라
리희 영입아뇩다라삼먁삼보리

로 저의 삿된 마음을 돌이켜 부처님의 법에 편안히 머무르게 하고 세존을 만나 뵙게 하였으니 이 두 아들은 저의 선지식입니다. 지난 세상의 선근을 일으켜 저를 이롭게 하려고 저의 집에 태어났던 것입니다.'

그때 운뢰음수왕화지 부처님께서 묘장엄왕에게 말씀하셨느니라.

'그와 같고 그와 같으니라.

네가 말한 바와 같으니라.

만일 선남자 선여인이 선근을 심은 까닭으로 세세(몇 번이고 다시 세상에 태어나는 것)에 선지식을 만나게 되면, 그 선지식이 불사를 하여 보이고 가르쳐 이롭게 하고 기쁘게 하여 아뇩다라삼먁삼보리에 들게 하느니라.

大王아 當知하라 善知識者는 是大因緣이라 所謂化導하야
대왕 당지 선지식자 시대인연 소위화도

令得見佛하고 發阿耨多羅三藐三菩提心케하나니라
영득견불 발아녹다라삼먁삼보리심

大王아 汝見此二子不아 此二子已曾供養 六十五百
대왕 여견차이자부 차이자이증공양 육십오백

千萬億那由他 恒河沙諸佛하사 親近恭敬하며 於諸佛
천만억나유타 항하사제불 친근공경 어제불

所에 受持法華經하고 愍念邪見衆生하야 令住正見이니라
소 수지법화경 민념사견중생 영주정견

妙莊嚴王이 即從虛空中下하사 而白佛言하사대 世尊이시여
묘장엄왕 즉종허공중하 이백불언 세존

如來甚希有하사 以功德智慧故로 頂上肉髻에 光明이
여래심희유 이공덕지혜고 정상육계 광명

대왕이여! 마땅히 알라.

선지식이란 이렇게 큰 인연이니라. 이른바 교화하고 인도하여 부처님을 만나 뵙게 하고 아뇩다라삼먁삼보리의 마음을 내게 하느니라.

대왕이여! 그대는 이 두 아들을 보는가? 이 두 아들은 이미 65백천만억 나유타 항하사 같은 부처님을 모시고 공양하였으며, 여러 부처님의 처소에서『법화경』을 받아 지녔는데, 삿된 견해에 빠진 중생들을 불쌍히 여기어서 바른 견해에 머무르게 하느니라.' 하시니 묘장엄왕이 허공에서 내려와 그 부처님께 말씀드렸다.

'세존이시여! 여래께서는 매우 희유하시며 공덕과 지혜가 있으시므로 머리 위의 육계(살상투)에서 광명을 밝

顯照하시며 其眼은 長廣하사 而紺青色이며 眉間毫相은 白
현조 기안 장광 이감청색 미간호상 백

如珂月하시고 齒白齊密하사 常有光明이시며 脣色赤好는
여가월 치백제밀 상유광명 순색적호

如頻婆果니다 爾時에 妙莊嚴王이 讚歎佛의 如是等無
여빈바과 이시 묘장엄왕 찬탄불 여시등무

量百千萬億功德已하시고 於如來前에 一心合掌하사 復
량백천만억공덕이 어여래전 일심합장 부

白佛言하사대 世尊이시여 未曾有也로소이다 如來之法은 具
백불언 세존 미증유야 여래지법 구

足成就不可思議微妙功德하사 教誡所行에 安隱快
족성취불가사의미묘공덕 교계소행 안은쾌

善이니다 我從今日로 不復自隨心行하고 不生邪見憍慢
선 아종금일 불부자수심행 불생사견교만

게 비추시며, 그 눈은 길고 크며 감청색이고 미간의 백호상은 구슬이 모여 된 달과 같이 희며, 치아는 희고 가지런하고 빽빽하여 항상 빛이 나며 입술의 빛은 붉고 고와 빈바의 열매와 같습니다.'

묘장엄왕이 부처님의 이와 같은 한량없는 백천만억 공덕을 찬탄하고 부처님 앞에서 일심으로 합장하며 부처님께 다시 말하기를, '세존이시여! 미증유한 일입니다. 여래의 가르침은 불가사의하며 거룩한 공덕을 다 갖추고 이룩하시어 가르침과 계율에 따라 행하는 바가 편안하고 유쾌하며 좋습니다. 저는 오늘부터 다시는 마음의 움직임에 따라 행하지 아니하고 삿된 견해와 교만한 마음과 성내는 일과 가지가지 악한 마음을 내지 않겠습니

瞋恚諸惡之心호리다 說是語已에 禮佛而出이러라 佛告大
진에제악지심 설시어이 예불이출 불고대

衆하사대 於意云何오 妙莊嚴王이 豈異人乎아 今 華德
중 어의운하 묘장엄왕 기이인호 금 화덕

菩薩이 是요 其 淨德夫人은 今佛前에 光照莊嚴相菩
보살 시 기 정덕부인 금불전 광조장엄상보

薩이 是라 哀愍妙莊嚴王과 及諸眷屬故로 於彼中生하고
살 시 애민묘장엄왕 급제권속고 어피중생

其二子者는 今 藥王菩薩과 藥上菩薩이 是니라 是藥王
기이자자 금 약왕보살 약상보살 시 시약왕

藥上菩薩이 成就如此 諸大功德已코는 於 無量百千萬
약상보살 성취여차 제대공덕이 어 무량백천만

億 諸佛所에 植 衆德本하야 成就不可思議 諸善功德이니
억 제불소 식 중덕본 성취불가사의 제선공덕

다' 하며 예배하고 물러갔었느니라."

부처님께서 대중들에게 말씀하셨다.

"이것을 어떻게 생각하느냐?

묘장엄왕이 어찌 다른 사람이겠느냐? 지금의 이 화덕보살이니라.

그때의 정덕부인은 지금 이 앞에 있는 이 광조장엄상보살인데 묘장엄왕과 권속들을 가엾고 불쌍히 여긴 까닭으로 그곳에 태어났던 것이니라.

또 그의 두 아들은 오늘의 약왕보살과 약상보살이니라. 이 약왕보살과 약상보살은 이와 같이 큰 공덕을 성취하고 한량없는 백천만억의 부처님 처소에서 가지가지 덕의 근본을 심었으며, 불가사의한 온갖 선의 공덕을 성

若有人이 識是二菩薩名字者는 一切世間과 諸天人民이
약 유 인　식 시 이 보 살 명 자 자　일 체 세 간　제 천 인 민

亦應禮拜니라 佛說是妙莊嚴王本事品時에 八萬四千
역 응 예 배　불 설 시 묘 장 엄 왕 본 사 품 시　팔 만 사 천

人이 遠塵離垢하고 於諸法中 得法眼淨하니라
인　원 진 이 구　어 제 법 중 득 법 안 정

第 二十七 妙莊嚴王本事品 終
제 이십칠 묘장엄왕본사품 종

취하였으므로 만약 어떤 사람이 이 두 보살의 이름을 안다면 모든 세상의 하늘과 사람들이 응당 예배할 것이니라."

부처님께서 이 묘장엄왕본사품을 설하실 때 8만 4천의 사람들이 번뇌의 티끌을 멀리하고 죄악의 허물을 벗어나 모든 부처님의 가르침 가운데서 진리를 보는 청정한 눈을 가지게 되었다.

제 이십칠 묘장엄왕본사품 끝

第二十八 普賢菩薩勸發品
제 이 십 팔 보 현 보 살 권 발 품

爾時에 普賢菩薩이 以自在神通力과 威德名聞하사 與
이 시 보 현 보 살 이 자 재 신 통 력 위 덕 명 문 여

大菩薩 無量無邊不可稱數로 從東方來할새 所經諸國이
대 보 살 무 량 무 변 불 가 칭 수 종 동 방 래 소 경 제 국

普皆震動하고 雨寶蓮華하야 作無量百千萬億種種伎
보 개 진 동 우 보 련 화 작 무 량 백 천 만 억 종 종 기

樂하며 又與無數諸天龍夜叉와 乾闥婆와 阿修羅와 迦
악 우 여 무 수 제 천 용 야 차 건 달 바 아 수 라 가

樓羅와 緊那羅와 摩睺羅伽와 人非人等大衆으로 圍繞하며
루 라 긴 나 라 마 후 라 가 인 비 인 등 대 중 위 요

各現威德 神通之力하사 到娑婆世界 耆闍崛山中하야
각 현 위 덕 신 통 지 력 도 사 바 세 계 기 사 굴 산 중

제 이십팔 보현보살권발품

그때 자유자재한 신통력과 위엄과 덕망과 명성을 지닌 보현보살이

한량없고 가없으며 헤아릴 수 없는 대보살들과 함께 동방에서 오는데,

지나오는 나라마다 모두다 널리 진동을 하고 보배로운 연꽃이 비 오듯 내리며 한량없는 백천만억의 가지가지 음악들이 울려 퍼졌다.

수없는 천, 용, 야차, 건달바, 아수라, 가루라, 긴나라, 마후라가 등 사람인듯 아닌 듯한 대중들에게 둘러싸여 각각 위엄과 덕망과 신통의 힘을 나타내면서, 사바세계의 기사굴산에 이르러서는

頭面禮 釋迦牟尼佛하사 右繞七匝하며 白佛言하사대 世
두면예 석가모니불 우요칠잡 백불언 세

尊이시여 我於寶威德上王佛國에 遙聞此 娑婆世界說
존 아어보위덕상왕불국 요문차 사바세계설

法華經하고 與 無量無邊百千萬億諸菩薩衆으로 共來
법화경 여 무량무변백천만억제보살중 공래

聽受호니 唯願世尊이시여 當爲說之하소서 若善男子善女
청수 유원세존 당위설지 약선남자선여

人이 於如來滅後에 云何能得 是法華經이닛고 佛告普
인 어여래멸후 운하능득 시법화경 불고보

賢菩薩하사대 若善男子 善女人이 成就四法하야사 於如
현보살 약선남자 선여인 성취사법 어여

來滅後에 當得是 法華經이니 一者는 爲諸佛護念이요
래멸후 당득시 법화경 일자 위제불호념

머리를 조아려 석가모니 부처님께 예배하며 오른쪽으로 일곱 번 돌고 부처님께 말씀드렸다.

"세존이시여! 저는 보위덕상왕 부처님의 나라에 있으면서 이 사바세계에서 『법화경』 설하시는 것을 듣고 한량없고 가없는 백천만억의 보살들과 함께 들으려고 왔습니다. 그러하오니 오직 원하옵건대, 세존께서 설하여 주십시오. 선남자 선여인이 여래께서 열반하신 후에는 어떻게 하여야 이 『법화경』을 얻을 수 있겠습니까?"

부처님께서 보현보살에게 말씀하셨다.

"선남자와 선여인이 네 가지 조건을 성취하면 여래가 열반한 후에라도 이 『법화경』을 얻을 수 있을 것이니라.

첫째는 부처님들이 보호하여 주신다고 믿는 것이고,

二者는 植衆德本이요 三者는 入正定聚요 四者는 發救一
이자 식중덕본 삼자 입정정취 사자 발구일

切衆生之心이라 善男子 善女人이 如是成就四法이라사
체중생지심 선남자 선여인 여시성취사법

於如來滅後에 必得是經이니라 爾時에 普賢菩薩이 白
어여래멸후 필득시경 이시 보현보살 백

佛言하사대 世尊이시여 於後五百歲 濁惡世中에 其有受
불언 세존 어후오백세 탁악세중 기유수

持是經典者면 我當守護하야 除其衰患하며 令得安隱하야
지시경전자 아당수호 제기쇠환 영득안은

使無伺求로 得其便者하며 若魔 若魔子와 若魔女 若魔
사무사구 득기편자 약마 약마자 약마녀 약마

民과 若爲魔所著者와 若夜叉 若羅刹과 若鳩槃茶 若
민 약위마소착자 약야차 약나찰 약구반다 약

둘째는 가지가지 덕의 근본을 심는 것이고, 셋째는 정정취에 들어가는 것이고, 넷째는 일체 중생을 구하여야겠다는 마음을 내는 것이다. 선남자와 선여인이 이와 같은 네 가지 조건을 성취하면 여래가 열반한 후에도 반드시 이 경을 얻게 될 것이니라."

이때 보현보살이 부처님께 말씀드렸다.

"세존이시여! 5백세 후의 흐리고 나쁜 세상에서 이 경전을 받아 지니는 사람이 있으면, 제가 마땅히 지키고 보호하여, 그가 약해지거나 근심하거나 걱정하는 것을 없애어 편안함을 얻도록 하겠으며 그 기회를 엿보는 이가 없도록 하겠습니다. 만약 악마나 악마의 아들이거나 악마의 딸이거나 악마의 백성이거나 악마가 붙은 사람

毘舍闍와 若吉遮 若富單那와 若韋陀羅等 諸惱人者는
비사사 약길자 약부단나 약위타라등 제뇌인자
皆不得便하리이다 是人이 若行若立에 讀誦此經하면 我爾
개불득편 시인 약행약립 독송차경 아이
時에 乘六牙白象王하고 與大菩薩衆으로 俱詣其所하야
시 승육아백상왕 여대보살중 구예기소
而自現身하며 供養守護하야 安慰其心하고 亦爲供養法
이자현신 공양수호 안위기심 역위공양법
華經故로 是人이 若坐하야 思惟此經이면 爾時에 我復乘白
화경고 시인 약좌 사유차경 이시 아부승백
象王하고 現其人前하며 其人이 若於法華經에 有所忘失
상왕 현기인전 기인 약어법화경 유소망실
一句一偈하면 我當教之하야 與共讀誦하야 還令通利케호리다
일구일게 아당교지 여공독송 환령통리

이거나 야차, 나찰, 구반다, 비사사, 길자, 부단나, 위타라 등이라도 이 사람을 괴롭히는 이들은 모두다 기회를 엿보지 못하게 하겠습니다. 이 사람이 거닐거나 서서 이 경을 읽고 외우면, 제가 그때 이빨이 여섯 개나 되는 흰 코끼리의 왕을 타고 대보살들과 함께 그 사람이 있는 곳으로 가서 몸을 나타내어 공양하며 지키고 보호하여 그의 마음을 편안하게 하겠으며 또 『법화경』에 공양을 하겠습니다. 이 사람이 만약 앉아서 이 경을 깊이 생각하면, 그때 저는 흰 코끼리 왕을 타고 그 사람 앞에 나타나 그 사람이 『법화경』의 한 구절이나 한 게송이라도 잊어버린 것이 있으면 제가 마땅히 가르쳐 함께 읽고 외워서 다시 통달하게 하겠습니다.

爾時에 受持讀誦 法華經者得見我身하고 甚大歡喜하야
이시 수지독송 법화경자득견아신 심대환희

轉復精進하며 以見我故로 卽得三昧와 及陀羅尼하리니
전부정진 이견아고 즉득삼매 급다라니

名爲旋陀羅尼며 百千萬億旋陀羅尼며 法音方便陀
명위선다라니 백천만억선다라니 법음방편다

羅尼라 得如是等陀羅尼니다 世尊이시여 若後世後五百
라니 득여시등다라니 세존 약후세후오백

歲濁惡世中에 比丘比丘尼와 優婆塞優婆夷의 求索
세탁악세중 비구비구니 우바새우바이 구색

者受持者와 讀誦者書寫者로 欲修習是法華經인댄
자수지자 독송자서사자 욕수습시법화경

於三七日中에 應一心精進하야 滿三七日已하면 我當
어삼칠일중 응일심정진 만삼칠일이 아당

그때 『법화경』을 받아 지니고 읽고 외우는 사람이 저의 몸을 보게 되면 매우 기뻐서 더욱 정진할 것이며 저를 본 인연으로 삼매와 다라니를 얻을 것입니다.

이른바 선다라니, 백천만억선다라니, 법음방편다라니라고 이름하는 이와 같은 다라니를 얻을 것입니다.

세존이시여!

만일 훗날 5백세 후의 흐리고 거친 세상에서
비구와 비구니와 우바새와
우바이들로서 찾는 자와
받아지니는 자와 읽고 외우며 옮겨 쓰는 자들이
이 『법화경』을 닦고 익히려면 삼칠 일 동안 일심으로 정진하여야 하는데, 삼칠 일이 다 지나면 제가

乘 六牙白象하고 與 無量菩薩로 而自圍繞하며 以 一切
승 육 아 백 상 여 무 량 보 살 이 자 위 요 이 일 체

衆生所憙見身으로 現其人前하야 而爲說法하며 示教利
중 생 소 희 견 신 현 기 인 전 이 위 설 법 시 교 리

喜하고 亦復與其陀羅尼呪하며 得是陀羅尼故로 無有非
희 역 부 여 기 다 라 니 주 득 시 다 라 니 고 무 유 비

人이 能 破壞者하며 亦不爲 女人之所惑亂하고 我身도
인 능 파 괴 자 역 불 위 여 인 지 소 혹 란 아 신

亦自常護是人하리니 唯願世尊은 聽我說此陀羅尼呪
역 자 상 호 시 인 유 원 세 존 청 아 설 차 다 라 니 주

하소서 卽於佛前에 而說呪曰
즉 어 불 전 이 설 주 왈

阿檀地1 檀陀婆地2 檀陀婆帝3 檀陀鳩舍隷4 檀陀修陀
아 단 디 단 다 바 디 단 다 바 뎨 단 다 구 사 례 단 다 수 다

마땅히 이빨이 여섯 개나 되는 흰 코끼리를 타고 한량없는 보살들에게 둘러싸여 중생들이 보기 좋아하는 이 몸을 그 사람 앞에 나타내어 설법하고 가르쳐 이롭게 하고 기쁘게 한 후 그 사람에게 다라니의 주문을 주겠습니다.

이 다라니를 얻은 까닭으로 사람이 아닌 것들이 방해하거나 깨뜨리지 못할 것이며, 어떤 여인도 유혹하여 어지럽히지 못할 것입니다마는 제가 항상 그 사람을 보호하겠습니다.

바라옵건대 세존이시여! 제가 이 다라니의 주문을 말할 수 있도록 허락하여 주십시오."

그리고 부처님 앞에서 주문을 말하였다.

『아단디 단다바디 단다바뎨 단다구사례 단다수다례

隷5 修陀隷6 修陀羅婆底7 佛馱波羶禰8 薩婆陀羅尼阿
례 수다례 수다라바디 붓타파선네 살바다라니아

婆多尼9 薩婆婆沙阿婆多尼10 修阿婆多尼11 僧伽婆履
바다니 살바바사아바다니 수아바다니 싱가바리

叉尼12 僧伽涅伽陀尼13 阿僧祇14 僧伽婆伽地15 帝隷阿惰
사니 싱가녈가다니 아싱기 싱가바가디 데례아다

僧伽兜略阿羅帝波羅帝16 薩婆僧伽三摩地伽蘭地17
싱가도랴아라데파라데 살바싱가삼마디가란디

薩婆達磨修波利刹帝18 薩婆薩埵樓馱憍舍略阿㝹伽
살바달마슈파리찰데 살바살타루타교사랴아누가

地19 辛阿毗吉利地帝20
디 신아비기리디데

世尊이시여 若有菩薩이 得聞是陀羅尼者면 當知普賢神
세존 약유보살 득문시다라니자 당지보현신

수다례 수다라바디

붓타파선네

살바다라니아바다니

살바바사아바다니 수아바다니

싱가바리사니 싱가녈가다니

아싱기 싱가바가디

데례아다싱가도랴아라데파라데

살바싱가삼마디가란디

살바달마수파리찰데

살바살타루타교사랴아누가디

신아비기리디데』

"세존이시여! 어떤 보살이 이 다라니를 듣게 되면 마

通之力이며 若 法華經이 行 閻浮提하야 有受持者면 應
통지력 약 법화경 행 염부제 유수지자 응

作此念호대 皆是 普賢威神之力이니다
작차념 개시 보현위신지력

若有受持讀誦正憶念하야 解其義趣하고 如說修行하면
약유수지독송정억념 해기의취 여설수행

當知是人은 行 普賢行하야 於 無量無邊 諸佛所에 深
당지시인 행 보현행 어 무량무변 제불소 심

種善根이라 爲諸如來의 手摩其頭니다 若但書寫하면 是
종선근 위제여래 수마기두 약단서사 시

人命終에 當生忉利天上하리니 是時八萬四千天女作
인명종 당생도리천상 시시팔만사천천녀작

衆伎樂하고 而來迎之어든 其人이 卽著七寶冠하고 於采
중기악 이래영지 기인 즉착칠보관 어채

땅히 저의 신통력으로 알 것이며, 만약 『법화경』이 사바세계에 퍼질 때 받아 지니는 사람이 있으면 당연히 이것은 모두다 저의 위신력이라고 생각할 것입니다.

만일 받아지니고 읽고 외우며 바르게 기억하고 생각해서 그 뜻을 이해하고 설하신 대로 수행하는 사람이 있다면, 마땅히 이 사람은 보현행을 하여 한량없고 가없는 부처님들이 계시는 곳에서 선근을 깊이 심는 것이 되며, 여래들께서 그의 머리를 어루만져 주시는 것이 되는 것으로 알아야 할 것입니다. 옮겨 쓰기만 해도 그 사람이 죽으면 마땅히 도리천에 태어나게 되고, 그 곳에 태어날 때는 8만 4천의 하늘 여인들이 뭇음악을 연주하며 맞이할 것입니다. 그 사람은 칠보의 관을 쓰고 궁녀들 속에

女中에 娛樂快樂이온 何況受持讀誦 正憶念하야 解其
녀중 오락쾌락 하황수지독송 정억념 해기
義趣하고 如說修行이릿가 若有人이 受持讀誦하고 解其義
의취 여설수행 약유인 수지독송 해기의
趣하면 是人命終에 爲千佛授手하사 令不恐怖케하며 不墮
취 시인명종 위천불수수 영불공포 불타
惡趣하고 卽往兜率天上彌勒菩薩所하리다 彌勒菩薩은
악취 즉왕도솔천상미륵보살소 미륵보살
有三十二相한 大菩薩衆의 所共圍繞며 有百千萬億
유삼십이상 대보살중 소공위요 유백천만억
天女眷屬이어든 而於中生하나니다 有如是等功德利益일새
천녀권속 이어중생 유여시등공덕이익
是故로 智者는 應當一心으로 自書커나 若使人書하고 受持
시고 지자 응당일심 자서 약사인서 수지

서 즐겁게 지내게 될 것인데, 하물며 받아지니고 읽고 외우며 바르게 생각하고 그 뜻을 잘 이해하여 설한 바대로 수행하는 것이야 더 말할 나위가 있겠습니까? 만일 어떤 사람이 이 경전을 받아 지니고 읽고 외우며 그 뜻을 잘 이해하면, 그 사람이 죽을 때 1천의 부처님께서 손을 잡아 주시어 두렵지 않게 해 주시고, 나쁜 곳에 떨어지지 않게 해 주시므로 곧 도솔천에 미륵보살이 계신 곳으로 가서 32상을 잘 갖춘 미륵보살이 대보살들에게 둘러싸여 있고 백천만억의 하늘 여인들과 그 권속들이 있는, 그런 곳에 태어날 것입니다. 이와 같은 큰 공덕과 이익이 있으므로 지혜 있는 이는 마땅히 한결같은 마음으로 스스로 쓰거나 남을 시켜 쓰게 하거나, 받아지니고

讀誦 正憶念하야 如說修行이니다 世尊이시여 我今에 以神
독송 정억념 여설수행 세존 아금 이신

通力故로 守護是經하야 於如來滅後 閻浮提內에 廣令
통력고 수호시경 어여래멸후 염부제내 광령

流布하야 使不斷絶케호리다 爾時에 釋迦牟尼佛이 讚言
유포 사부단절 이시 석가모니불 찬언

善哉善哉라 普賢아 汝能護助是經하면 令多所衆生으로
선재선재 보현 여능호조시경 영다소중생

安樂利益이니라 汝已成就 不可思議功德하야 深大慈悲며
안락이익 여이성취 불가사의공덕 심대자비

從久遠來로 發阿耨多羅三藐三菩提意하고 而能作是
종구원래 발아뇩다라삼먁삼보리의 이능작시

神通之願하야 守護是經이오녀 我當以 神通力으로 守護能
신통지원 수호시경 아당이 신통력 수호능

읽고 외우며 바르게 생각하고 설한 바와 같이 수행할 것입니다.

세존이시여! 제가 이제 신통력으로 이 경전을 수호하여 여래께서 열반하신 후 사바세계 안에서 널리 퍼지게 하며 끊어지지 않게 하겠습니다."

그러자 석가모니 부처님께서 찬탄의 말씀을 하셨다.

"착하고도 착하도다. 보현보살아! 그대가 능히 이 경전을 보호하고 도와서 많은 중생을 안락하고 이익되게 할 것이다. 그대는 이미 불가사의한 공덕과 깊고 큰 자비를 이루었으며, 오랜 옛날부터 아뇩다라삼먁삼보리의 마음을 일으켰으며 이렇게 신통한 원을 세워 이 경전을 지키고 보호하려 하니, 나도 마땅히 신통력으로 보현보

受持 普賢菩薩名者리라 普賢아 若有受持讀誦正憶念하야
수지 보현보살명자 보현 약유수지독송정억념

修習書寫是 法華經者면 當知是人은 則見釋迦牟尼
수습서사시 법화경자 당지시인 즉견석가모니

佛이며 如從佛口하야 聞此經典이니 當知是人은 供養釋
불 여종불구 문차경전 당지시인 공양석

迦牟尼佛이며 當知是人은 佛讚善哉며 當知是人은 爲
가모니불 당지시인 불찬선재 당지시인 위

釋迦牟尼佛이 手摩其頭며 當知是人은 爲 釋迦牟尼
석가모니불 수마기두 당지시인 위 석가모니

佛의 衣之所覆니라
불 의지소부

如是之人는 不復貪著世樂하며 不好外道經書手筆하며
여시지인 불부탐착세락 불호외도경서수필

살의 이름을 받아 지니는 사람을 지키고 보호하겠노라.

보현보살아! 만일 이 『법화경』을 받아 지니고 읽고 외우며 바르게 생각하고 닦아 익히며 옮겨 쓰는 사람이 있으면, 마땅히 이 사람은 석가모니 부처님을 만나 뵙고 부처님의 입으로 이 경전을 들은 것으로 알고, 마땅히 석가모니 부처님을 공양하는 것으로 알고, 마땅히 부처님께서 착하다고 칭찬하시는 것으로 알고, 마땅히 석가모니 부처님께서 그의 머리를 손으로 어루만져 주시는 것이 되는 것으로 알고, 마땅히 이 사람은 석가모니 부처님께서 옷으로 덮어 주시는 것이 되는 것으로 알아라.

이와 같은 사람은 다시는 세상의 욕락에 집착하지 아니하고 외도의 경서와 글을 좋아하지 아니하며, 또 그들

亦復不喜親近其人과 及諸惡者의 若屠兒와 若畜猪羊
역부불희친근기인 급제악자 약도아 약축저양

鷄狗와 若獵師와 若衒賣女色하고 是人이 心意質直하야
계구 약엽사 약현매여색 시인 심의질직

有正憶念하며 有福德力이라 是人은 不爲三毒所惱며
유정억념 유복덕력 시인 불위삼독소뇌

亦復不爲嫉妬我慢과 邪慢增上慢의 所惱며 是人은
역부불위 질투아만 사만증상만 소뇌 시인

少欲知足하야 能修普賢之行이니라
소욕지족 능수보현지행

普賢아 若如來滅後 後五百歲에 若有人이 見受持讀誦
보현 약여래멸후 후오백세 약유인 견수지독송

法華經者면 應作是念호대 此人이 不久에 當詣道場하야
법화경자 응작시념 차인 불구 당예도량

과 거친 사람들인 백정이나 돼지나 양, 닭, 개 등을 기르는 사람이나 사냥꾼이나 여색을 파는 사람들과 가까이 하는 것을 좋아하지 않을 것이다.

이런 사람은 마음과 뜻이 정직하여 바르게 생각하고 기억하므로 복과 덕의 힘이 있느니라.

이 사람은 삼독의 시달림을 받지 않고 질투와 아만과 삿됨과 증상만의 괴롭힘을 받지 않으며, 욕심이 적고 만족할 줄을 알므로 보현행을 닦을 수 있을 것이니라.

보현보살아! 여래가 열반한 후, 5백세 후에 만약 어떤 사람이 『법화경』을 받아지니고 읽고 외우는 것을 보면 마땅히 이런 생각을 하여라.

'이 사람은 오래지 않아 도량으로 나아가서 마의 무리

破諸魔衆하고 得阿耨多羅三藐三菩提하며 轉法輪擊
파제마중 득아뇩다라삼먁삼보리 전법륜격

法鼓하고 吹法螺 雨法雨하며 當坐天人大衆中師子法
법고 취법라 우법우 당좌천인대중중사자법

座上하리라 普賢아 若於後世에 受持讀誦是經典者는 是
좌상 보현 약어후세 수지독송시경전자 시

人은 不復貪著 衣服臥具飮食資生之物하야도 所願이 不
인 불부탐착 의복와구음식자생지물 소원 불

虛하며 亦於現世에 得其福報리라 若有人이 輕毁之言호대
허 역어현세 득기복보 약유인 경훼지언

汝는 狂人耳이라 空作是行이요 終無所獲이라하면 如是罪
여 광인이 공작시행 종무소획 여시죄

報는 當世世無眼이며 若有供養讚歎之者면 當於今世에
보 당세세무안 약유공양찬탄지자 당어금세

들을 깨뜨리고 아뇩다라삼먁삼보리를 얻어 법륜을 굴리며 법북을 치고 법소라를 불며 법비를 내리게 하고 하늘과 인간의 대중 가운데서 사자의 법 자리에 앉게 될 것이다' 라고.

보현보살아! 오는 세상에서 이 경전을 받아지니고 읽고 외우는 사람이 있으면, 이 사람은 의복과 침구와 음식과 생활용품을 탐내고 집착하지 않아도 소원이 헛되지 않을 것이며 현세에서 그 복의 과보를 받을 것이니라.

만일 어떤 사람이 가볍게 여기고 비방하며 '너는 미친 사람이다. 공연히 이런 짓을 하는 것이니 끝내 아무 것도 얻는 것이 없을 것이다' 한다면 그 죄의 과보로 태어날 때마다 눈이 없을 것이며, 만일 공양하고 찬탄한다면

得現果報요 若復見受持是經者하고 出其過惡의 若實
득현과보 약부견수지시경자 출기과오 약실

若不實하면 此人은 現世에 得白癩病이요 若有輕笑之
약불실 차인 현세 득백라병 약유경소지

者는 當世世에 牙齒疎缺하고 醜脣平鼻며 手脚이 繚戾하고
자 당세세 아치소결 추순평비 수각 요려

眼目이 角睞하며 身體臭穢하고 惡瘡膿血하며 水腹短氣의
안목 각래 신체취예 악창농혈 수복단기

諸惡重病하리라
제악중병

是故로 普賢아 若見受持是經典者면 當起遠迎호대 當如
시고 보현 약견수지시경전자 당기원영 당여

敬佛이니라 說是普賢勸發品時에 恒河沙等 無量無邊菩
경불 설시보현권발품시 항하사등 무량무변보

마땅히 현세에서 좋은 과보를 받을 것이니라. 만약에 이 경전을 받아지니는 사람을 보고 그 사람의 허물을 끄집어내면, 그것이 사실이거나 아니거나 이런 사람은 현세에서 문둥병을 얻을 것이고, 비웃은 사람은 태어날 때마다 치아가 성글고 입술이 추하고 코가 납작하고 손과 발이 비뚤어지고 눈이 비뚤어지고, 몸에서 더러운 냄새가 나고 고약한 부스럼에 피고름이 나고 배에 물이 차서 숨이 가쁜 등 온갖 나쁜 중병을 앓게 될 것이니라.

그러므로 보현보살아! 이 경전을 받아지니는 이를 보거든 마땅히 일어나서 멀리서부터 맞이하기를 부처님을 공경하듯이 하여라."

이 보현보살권발품을 설하실 때 항하의 모래 수 같이

薩은 得百千萬億旋陀羅尼하고 三千大千世界微塵等
살 득백천만억선다라니 삼천대천세계미진등

諸菩薩은 具普賢道하시니라 佛說是經時에 普賢等諸菩
제보살 구보현도 불설시경시 보현등제보

薩과 舍利弗等諸聲聞이며 及諸天龍人非人等一切大
살 사리불등제성문 급제천용인비인등일체대

會皆大歡喜하야 受持佛語하고 作禮而去하니라
회개대환희 수지불어 작례이거

第二十八 普賢菩薩勸發品 終
제이십팔 보현보살권발품 종

妙法蓮華經 卷 第七 終
묘법연화경 권 제칠 종

한량없고 가없는 보살들이 백천만억의 선다라니를 얻었으며 삼천대천세계의 티끌 수 같은 많은 보살들이 보현의 도를 갖추었다.

부처님께서 이 경을 설하실 때 보현보살을 비롯한 모든 보살들과 사리불을 비롯한 모든 성문들과 모든 하늘과 용과 사람과 사람 아닌 것 등의 모든 대중이 모두다 크게 기뻐하며 부처님의 말씀을 받아지니며 예배하고 물러갔다.

제 이십팔 보현보살권발품 끝

묘법연화경 권 제 칠 끝

附　　錄
부　　록

【ㄱ】

가릉빈가(迦陵頻伽) – 인도에서 나는 새의 일종으로 목소리가 곱기로 유명함. 히말리야에 산다고도 하고, 극락정토에 산다고 함. 극락조(極樂鳥)라고도 함. 정토만다라(淨土曼荼羅)등에서는 사람의 머리에 새의 몸으로 등장함.

가타(伽陀) – 풍송(風誦)이라 한역. 독립된 시 · 운문(韻文)

감실(龕室) – 닫집. 성체를 모시는 방.

건달바(乾闥婆) – 심향(尋香) · 식향(食香)이라 번역. 술과 고기는 일체 먹지 않고 향기만 먹고 살므로 이같이 말함. 제석천을 섬기고 음악을 담당하는 신. 언제나 부처님이 설법하는 곳에 나타나 찬탄하고 불법을 수호함.

건타(健馱) – 건달바(乾闥婆)와 같음.

겁탁(劫濁) – 시대적 더러움 전쟁 · 기근 · 질병 등이 많은 것.

견가라(甄迦羅) – 열 여섯 자리의 수.

견숙가보(甄叔迦寶) – 보석 이름. 붉은 빛 나는 보배.

견탁(見濁) – 그릇된 견해와 사상이 넘쳐 흐르는 것.

결가부좌(結跏趺坐) – 앉는 법의 한 가지로, 먼저 오른발을 왼편 넓적다리 위에 놓고 왼발을 오른편 넓적다리 위에 놓고 앉는 자세.

고제(苦諦) – 인생은 괴로움이라는 진리.

과거칠불(過去七佛) – 석가모니 부처님 이전의 비바시불(毘婆尸佛) · 시기불(尸棄佛) · 비사부불(毘舍浮佛) · 구류손불(拘留孫佛) · 구나함모니불(拘那含牟尼佛) · 가섭불(迦葉佛) 등의 여섯 부처님에 석가모니불을 합해서 부름.

교담미(橋曇彌) – 석가족의 구담(瞿曇)의 성을 가진 여인이라는 뜻. 석존의 이모인 마하파사파제(摩訶波闍波提)를 말함.

교로만(交露幔) – 보배 구슬로 만든 휘장. 구슬 빛이 이슬을 머금은 듯하므로 이같이 부름.

교칠포(膠漆布) – 아교와 옻으로 칠을 한 베.

교향(膠香) – 백교향(白膠香). 사라수의 즙(액)

구반다(鳩槃茶) – 증장천왕(增長天王)밑에 있는 귀신. 사람의 정기(精氣)를 먹는다고 함.

구부경(九部經) – 경전을 내용과 형식에 입각해서 아홉 부분으로 나눈 것을 말함. 구분교(九分敎)라고도 함.

구비다라(拘鞞陀羅) – 사철 꽃이 피고 가을에 열매를 맺는다고 함.
궁자(窮子) – 빈궁한 자식. 가난한 아들.
귀자모(鬼子母) – 어린아이를 수호하는 신. 본래 아이들을 잡아먹는 나찰귀신이었으나, 부처님이 그녀의 막내아들을 감추고 교화한 결과 부처님께 귀의했음.
금강산(金剛山) – 철위산(鐵圍山)을 말함.
금강역사(金剛力士) – 힘이 센 신. 그 힘이 큰 코끼리의 백만 배나 된다고 함.
기사굴산(耆闍堀山) – 왕사성 동북쪽에 있는 산 이름. 영취산(靈鷲山)이라고도 함.
기야(祇夜) – 응송(應頌) · 고기송(孤起頌)이라 한역. 산문으로 서술한 것을 다시 시로 나타낸 것.
긴나라(緊那羅) – 의인(疑人) · 인비인(人非人)이라 번역. 생긴 모양이 사람인지 짐승인지 구별하기 어렵기 때문에 이같이 말함. 노래를 담당하는 신으로 가신(歌神) · 가악신(歌樂神) · 음악신(音樂神)이라고 함.
길자(吉遮) – 시체에 붙는 귀신.

【ㄴ】

나라(那羅) – 기희(伎戲). 춤추고 노래하는 등의 놀이. 배우(俳優).
나라연(那羅延) – 금강역사(金剛力士). 힘이 센 신. 그 힘이 큰 코끼리의 백만 배나 된다고 함.
나유타(那由他) – 인도에서 아주 많은 수를 나타내는 단위. 천만 혹은 천억에 해당한다고 함.
나찰(羅刹) – 악귀의 일종. 사람을 먹는 두려운 귀신이었으나 후에는 불교의 수호신이 된다.
나한(羅漢) – 아라한(阿羅漢)의 준말. 소승의 성자.
난생(卵生) – 새와 같이 알에서 태어나는 것.
남섬부주(南贍部洲) – 수미산의 사방에 있는 대주(大洲) 중의 하나
녹야원(鹿野苑) – 석존이 성도한 후 첫 설법을 한 곳.
누진통(漏盡通) – 번뇌를 끊음이 자유자재한 지혜.

【ㄷ】

다라니(陀羅尼) - 총지(總持)라 번역함. 진언(眞言)이나 주문(呪文)을 말함. 번역하지 않고 범문(梵文) 그대로 적어서 외우는 것.

다라수(多羅樹) - 종려과에 딸린 나무 이름. 인도 · 미얀마 · 스리랑카 등에서 자라는 열대식물. 인도에서는 이 나무로 높이의 척도로 삼는데, 1다라수의 높이는 49척(尺)이라고 함. 이 나무의 잎을 패엽(貝葉) 혹은 패다라엽(貝多羅葉)이라고 하며 여기에 경문(經文)을 새겼음.

단바라밀(檀波羅蜜) - 보시(布施)바라밀이라고도 함. 보시의 완성.

당(幢) - 불전(佛殿)을 꾸미는 장엄구(莊嚴具)로서, 일종의 기(旗)라 할 수 있다.

대사(大士) - 마하살(摩訶薩)의 역어(譯語). 개사(開士)라고도 함. 보살을 가리킴

대인상(大人相) - 삼십이상(三十二相)을 가리킴. 부처님이나 전륜성왕이 갖추고 있는 뛰어난 신체적 특징.

도루바(兜樓婆) - 향초(香草)의 하나.

도리천(忉利天) - 욕계(欲界) 6천의 제2천. 삼십삼천(三十三天)이라고도 함.

도법(道法) - 깨달음의 길. 수행.

도사(導師) - 불 · 보살(佛菩薩)에 대한 경칭.

도제(道諦) - 깨달음에 이르기 위한 실천의 길.

도향(塗香) - 바르는 향.

두면예족(頭面禮足) - 무릎을 꿇어앉아 두 손으로 상대방의 발을 들어 받드는 듯하며 머리를 대는 예법.

두타행(頭陀行) - 의 · 식 · 주에 탐착하지 않고 오로지 수행에만 전념하는 것.

등정각(等正覺) - 평등한 진리를 깨달았다는 뜻.

【ㄹ】

로가야타(路迦耶陀) - 유물론을 주장하는 육사외도의 하나.

루(漏) - 빠져나가는 것. 더러움. 누설. 번뇌의 다른 이름.

리우(犛牛) - 남방에 사는 소의 일종. 꼬리가 매우 길며 칼처럼 생겼는데 그 꼬리를 아끼며 핥느라 결국에 죽게 된다 함.

【ㅁ】

마구니 – 방해꾼. 불도를 방해하는 온갖 나쁜 무리.
마하살(摩訶薩) – 보살을 가리킴. 개사(開士)라고도 함.
마후라가(摩睺羅伽) – 머리는 뱀 같고 몸은 사람과 같음. 용의 무리에 딸린 음악의 신.
말향(抹香) – 가루향.
멸도(滅度) – 부처님이 돌아가시는 것. 열반.
멸제(滅諦) – 괴로움의 원인을 없애는 진리.
명명(命命) – 한 몸뚱이에 두 개의 머리가 달린 새로 설산(雪山)에 산다고 함. 생생(生生)·공명(共命)이라고도 함.
명탁(命濁) – 사람의 수명이 짧아지는 것.
무간지옥(無間地獄) – 남섬부주 아래 이 만 유순 되는 곳에 있으며, 끊임없는 고통을 받는다고 함.
무량의처삼매(無量義處三昧) – 한량없는 가르침의 실상이라는 이름의 삼매.
무루법(無漏法) – 루(漏)는 번뇌라는 뜻으로, 번뇌가 없이 온전하게 진리를 깨닫는 지혜.
무명(無明) – 불교의 진리를 알지 못하는 당체. 또는 진여(眞如)에 대하여 그와 모순되는 비진여를 말함.
무생법인(無生法忍) – 일체가 생함도 없고, 멸함도 없음을 깨달아 안주하는 것.
무여열반(無餘涅槃) – 완전한 열반. 깨달은 사람이 죽음으로써 몸마저 없어져 다시는 태어나지 않은 상태가 되는 것. 유여열반(有餘涅槃)의 반대.
미증유(未曾有) – 불가사의한 일을 기록한 부분. 기적(奇蹟)과 이적(異蹟)을 다룸. 대단히 진귀한 것. 아직 전혀 있지 않음.
밀행(密行) – 계율을 청정하게 잘 지키는 것.

【ㅂ】

반야바라밀(般若波羅蜜) – 지혜(智慧)바라밀. 지혜의 완성.
반열반(般涅槃) – 입멸(入滅)·멸도(滅度)·원적(圓寂)이라 번역. 완전한 열반. 부처님의 죽음.
방편(方便)바라밀 – 방편의 완성. 교묘한 방법으로 중생을 구제하는 일.
백호상(白毫相) – 32상(相)의 하나. 부처님의 두 눈썹 사이에 난 흰털 덩어리, 오른쪽으로 감겨져 있으며 끊임없이 광명을 발한다고 함.

번(幡) – 불전(佛殿)을 꾸미는 장엄구로서, 일종의 기(旗)라 할 수 있다.

번개(幡蓋) – 번(幡)과 천개(天蓋). 번이란 불·보살의 위력을 기르기 위해 장식하는 깃발이고, 천개란 법당 안의 탁자 위를 덮도록 만든 닫집을 말함.

번뇌마(煩惱魔) – 번뇌가 우리의 몸과 마음을 어지럽게 해 깨달음을 얻지 못하도록 일으키는 장애.

번뇌탁(煩惱濁) – 번뇌가 가득하여 악덕이 판을 치는 것.

범지(梵志) – 청정한 행(淨行)이란 뜻으로, 바라문이 처음으로 스승에게 가서 수행하는 동안을 말함.

범행(梵行) – 맑고 깨끗한 행실. 정행(淨行).

법기(法器) – 불법을 믿고 받아 지닐 만한 그릇이 되는 사람.

법륜(法輪) – 전륜성왕(轉輪聖王)이 가진 보배로 된 바퀴(輪寶)가 온갖 것을 다 물리치듯 부처님의 법은 모든 중생의 어리석음을 깨뜨리므로 이렇게 부름.

법분(法分) – 법의 분한의 준말. 부처님의 유산인 가르침(법).

법인(法印) – 진리의 도장. 부처님의 가르침의 징표.

법장(法藏) – 법의 창고. 곧 부처님의 가르침을 담은 경전(經典).

법화삼매(法華三昧) – 제법실상에 통달하는 삼매.

법희식(法喜食) – 법을 듣는 기쁨이라는 음식. 법을 듣는 기쁨은 밥을 먹고 난 것 같으므로 하는 말.

보시바라밀(布施波羅蜜) – 보시의 완성.

본말(本末) – 근본과 지말. 근본에 있어서 변하지 않는 것과 주변에 있어서 변화하는 부분.

본사(本事) – 불제자의 과거의 인연을 설한 부분.

본생(本生) – 부처님의 전생 이야기.

부단나(富單那) – 열병(熱病)의 귀신.

부촉(付囑) – 불법을 전하는 일을 위촉하는 것.

불사(佛事) – 부처님과 불교를 위하는 일. 여기서는 부처님의 교화를 돕는 일.

불안(佛眼) – 모든 법의 참 모습을 비춰 보는 부처님 눈.

불자(拂子) – 흰털을 묶어서 자루 끝에 매단 총채 같은 것. 모기나 파리 같은 것을 쫓는데 쓰기도 하나, 선가(禪家)에서는 흔히 삿된 소견을 물리치는 비유로 쓰기도 하고, 그냥 말없이 들어 보여 화두(話頭)로 삼기도 함.

불퇴전법륜(不退轉法輪) – 물러남이 없는 법륜. 법륜은 불 · 보살의 설법.

비다라(毘陀羅) – 기시(起尸)라고 한역. 청색귀(靑色鬼).

비사문(毘沙門) – 사천왕(四天王)의 우두머리로서 야차(夜叉) · 나찰(羅刹)의 무리를 이끌고 북방을 수호하는 신.

비사사(毘舍闍) – 시체의 고기를 먹는 악귀.

비유(譬喩) – 경전 안의 여러 가지 비유.

비인(非人) – 귀신 따위가 사람으로 태어나는 것을 말함.

빈바라(頻婆羅) – 열 여덟 자리의 수.

【ㅅ】

사무량(四無量) – 네 가지 끝없는 마음. 자(慈) · 비(悲) · 희(喜) · 사(捨).

사무소외(四無所畏) – 설법함에 있어서 두려움을 안 느끼는 네 가지 지혜. ① 정등각무외(正等覺無畏) : 온갖 현상에 대해 알고 있다고 분명히 말하는 것에 두려움 없는 것. ②누영진무외(漏永盡無畏) : 번뇌를 모두 끊었다고 분명히 말하는 것에 두려움이 없는 것. ③설장법무외(說障法無畏) : 끊어야 할 번뇌에 대해 남에게 설하는 일에 두려움 없는 것. ④설출도무외(說出道無畏) : 번뇌를 끊는 도(道)에 관해 설하는 일에 두려움이 없는 것.

사무애변(辭無礙辯) – 네 가지 걸림 없는 이해와 표현 능력. ①법무애(法無礙) : 가르침에 관해 막힘이 없는 것. ②의무애(義無礙) : 가르침의 뜻에 대해 막힘이 없는 것. ③사무애(辭無礙) : 여러 언어에 통달해 막힘이 없는 것. ④요설무애(樂說無礙) : 설법에 막힘이 없는 것.

사무애지(四無礙智) – 사무애변(辭無礙辯)과 같음.

사문(沙門) – 부지런히 좋은 일을 닦고, 나쁜 일을 일으키지 않는 이란 뜻, 출가(出家)한 수행자. 스님.

사바세계(娑婆世界) – 인토(忍土) · 감인토(堪忍土)라 번역. 우리가 사는 이 세상을 말함. 괴로움이 많아 감히 참아야 하는 곳이라는 뜻.

사부대중(四部大衆) – 사부중(四部衆)이라고도 함. 출가 승려인 비구(比丘) · 비구니(比丘尼)와 재가 신자인 우바새(優婆塞) · 우바이(優婆夷)를 말함.

사생(四生) – 모든 생명체가 태어나는 방식에 따라 네 가지로 분류한 것. ①

태생(胎生) : 사람과 같이 태(胎)로 태어나는 것. ②난생(卵生) : 새와 같이 알에서 태어나는 것. ③습생(濕生) : 벌레같이 축축히 습한 곳에서 태어나는 것. ④화생(化生) : 의탁함이 없이 홀연히 태어나는 것. 천상(天上)이나 지옥에 태어나는 중생들.

사섭법(四攝法) – 중생들을 제도하기 위해 사용하는 네 가지 방법. ①보시(布施) : 법과 재물과 두려움을 없애주는 것을 베푸는 것. ②애어(愛語) : 따뜻하고 사랑스러운 말로 대하는 것. ③이행(利行) : 착한 일로 이익을 주는 것. ④동사(同事) : 상대의 입장에서 함께 일하는 것.

사유(四維) – 네 가지 중간 방향. 동남 · 동북 · 서남 · 서북.

사자좌(師子座) – 부처님이 앉는 자리. 경전을 강의하기 위한 좌석. 불상의 좌대.

사제법(四諦法) – 인생의 근본이 되는 네 가지 진리. ①고제(苦諦) : 모두가 괴로움이라는 진리. ②집제(集諦) : 괴로움의 원인은 집착에 있다는 진리. ③멸제(滅諦) : 괴로움의 원인을 없애는 진리. 즉 집착을 끊는 것이 깨달음의 경지라는 것. ④도제(道諦) : 깨달음에 이르기 위한 실천의 진리. 곧 팔정도(八正道)를 말함.

삼계(三界) – 미혹된 세계를 셋으로 나눈 것. ①욕계(欲界) : 음욕 · 식욕 · 탐욕 등이 치성한 세계. ②색계(色界) : 욕계와 같이 탐욕은 없으나 미묘한 물질의 세계. ③무색계(無色界) : 물질의 세계마저 초월한 미묘한 정신적 세계.

삼고(三苦) – ①고고(苦苦) : 달갑지 않은 대상에서 느끼는 괴로움. ②행고(行苦) : 세상의 변천을 보고 느끼는 괴로움. ③괴고(壞苦) : 좋아하는 것이 멸하는 것을 보고 느끼는 괴로움.

삼독(三毒) – 탐욕(貪欲) · 진에(瞋에) · 우치(愚痴)의 세 가지 번뇌. 탐심과 성냄과 어리석음 세 가지가 사람을 해침이 마치 독사나 독충과 같으므로 이같이 말함.

삼매(三昧) – 산란한 마음을 가라앉혀 망념에서 벗어나는 것. 선정(禪定)에 드는 것.

삼명(三明) – 세 가지 초인적인 능력. ①숙명명(宿命明) : 과거세의 인연을 아는 것. ②천안명(天眼明) : 미래세의 과보를 아는 것. ③누진명(漏盡明) : 번뇌를 끊어서 얻는 지혜.

삼승(三乘) – 중생들의 근기에 따라 깨달음으로 이끄는 세 가지 가르침. 성문

승(聲聞乘) · 연각승(緣覺乘) · 보살승(菩薩乘)

삼십칠조도법(三十七助道法) – 깨달음을 얻기 위해 수행하는 37가지 방법. 사념처(四念處) · 사정근(四正勤) · 사신족(四神足) · 오근(五根) · 오력(五力) · 칠각지(七覺支) · 팔정도(八正道)

삼악도(三惡道) – 나쁜 짓을 한 사람이 태어나게 되는 세 가지 악한 세계. 지옥(地獄) · 아귀(餓鬼) · 축생(畜生)

삼업(三業) – 신(身) · 구(口) · 의(意), 곧 신체의 동작 · 언어 · 의지의 작용.

삼전십이항(三轉十二行) : 부처님이 사제(四諦)에 대해 시(示) · 권(勸) · 증(證)의 세 단계로 나누어 고찰한 것. ①시전(示轉) : 이것이 바로 고(苦) · 집(集) · 멸(滅) · 도(道)라고 사제를 나타내 보이는 것. ②권전(勸轉) : 고(苦)는 알아야 한다, 집(集)은 끊어야 한다, 멸(滅)은 증득(證得)해야 한다, 도(道)는 닦아야 한다고 권하는 것. ③증전(證轉) : 스스로 고(苦)를 알아, 집(集)을 끊고, 멸(滅)을 증득하기 위해, 도(道)를 닦는 것을 보여 다른 사람들로 하여금 깨닫도록 밝힌 것.

삼천대천세계(三千大千世界) : 일세계(一世界)를 천 개 모은 것을 소천세계(小千世界), 소천세계 천개 모인 것을 중천세계(中千世界), 중천세계 천 개 모인 것을 대천세계(大千世界)라 하는데, 1대천세계에는 소천 · 중천 · 대천의 3종의 천세계로 이루어져 있으므로 삼천대천세계라고 함.

상법(像法) – 깨달음을 얻는 자는 없어도 가르침과 실천이 지속되어 정법과 비슷한 시기.

색(色) – 물질. 사람에게서의 신체.

서원(誓願) – 결정코 목적을 이루리라고 맹세하는 소원. 사홍서원(四弘誓願) · 아미타불의 사십팔원(四十八願) · 석가의 5백 대원 등이 있음.

선근(善根) – 깨달음의 원인이 되는 공덕. 온갖 선의 근본. 선본(善本)과 같음.

선다라니(旋陀羅尼) – 법문에 있어 선전(旋轉)이 자재한 힘을 얻는 것. 상(相)에 대한 집착을 돌이켜 공(空)의 도리를 깨닫게 하는 지력(智力).

선바라밀(禪波羅蜜) – 선정(禪定)바라밀. 선정의 완성.

선열식(禪悅食) – 선정에 든 기쁨이라는 음식.

선적력(善寂力) – 지혜의 힘.

선정(禪定) – 선(禪)은 범어 선나(禪那)의 준말이고, 정(定)은 그 역어(譯語), 참된 이치를 생각하고, 생각을 안정시켜 산란치 않게 하는 것.

선지식(善知識) – 훌륭한 벗. 불법을 설해 주어 깨달음을 얻도록 이끌어 주는 좋은 스승. 선친우(善親友)라고도 함. 악지식(惡知識)의 대(對).

성문(聲聞) – 본래는 부처님의 제자라는 뜻이나. 대승불교에서 자기의 깨달음만 추구하는 소승의 성자. 부처님의 가르침을 듣고 깨닫는 성자를 말함.

소등(蘇燈) – 유락(乳酪)에 향유(香油)를 섞어서 켜는 등불. 수등(酥燈)이라고도 한다.

수기(授記) – 부처님이 제자들에게 성불하리라고 예언하는 일.

수다라(修陀羅) – 계경(契經)이라 한역함. 가르침을 설한 산문(散文).

수다원(須陀洹) – 성문(聲聞) 4과(果)의 첫 단계로 깨달음에 처음 들어간 지위.

숙명통(宿命通) – 과거세의 일을 다 아는 능력.

식(識) – 인식작용.

신족통(神足通) – 어디든지 갈 수 있는 능력.

실상인(實相印) – 제법실상의 도리. 경전에 설해진 제법실상의 도리는 불설(佛說)임을 증명하는 표가 되므로 인(印)이라고 함.

십력(十力) – 부처님이 지닌 열 가지 지혜의 힘. ①처비처지력(處非處智力) : 도리에 맞는 일과 도리에 맞지 않는 일을 가리는 능력. ②업이숙지력(業異熟智力) : 하나하나의 업인(業因)과 그 과보와의 관계를 여실히 아는 능력. ③정려해탈등지등지지력(靜慮解脫等持等至智力) : 사선(四禪) · 팔해탈(八解脫) · 삼삼매(三三昧) · 팔등지(八等至) 따위의 선정을 아는 능력. ④근상하지력(根上下智力) : 중생의 근기의 상하 · 우열을 아는 지혜. ⑤종종승해지력(種種勝解智力) : 중생의 갖가지 소망을 아는 능력. ⑥종종계지력(種種界智力) : 중생과 제법(諸法)의 본성을 아는 능력. ⑦변취행지력(遍趣行智力) : 중생들이 온갖 곳에 가는 것을 아는 능력. ⑧숙주수념지력(宿主隨念智力) : 전생의 일을 생각해 내는 능력. ⑨사생지력(死生智力) : 중생이 죽어서 어디에 태어날지를 아는 능력. ⑩누진지력(漏盡智力) : 번뇌가 끊어진 상태와 그것에 도달하기 위한 수단을 여실히 아는 능력.

십이부경(十二部經) – 구부경(九部經)에 우다나(優陀那) · 비불략(毘佛略) · 화가라(和伽羅)를 더한 것. 우다나는 질문자 없이 부처님이 자진해 설하는 경문. 비불략은 바르고 큰 진리를 설하는 경문. 화가라는 보살에게 수기하는 경문.

십이인연법(十二因緣法) – 연기(緣起)의 도리를 열 두 가지로 나눈 것. ①무명(無明) : 근본적인 무지(無知). ②행(行) : 의식작용을 일으키는 동작. ③식(識) : 식별 작용. ④명색(名色) : 명칭과 형태. 정신과 물질. ⑤육처(六處) : 마음의 작용이 성립하는 여섯 가지 근본. 곧 안(眼) · 이(耳) · 비(鼻) · 설(舌) · 신(身) · 의(意)의 6근(根). ⑥촉(觸) : 감각기관과 대상의 접촉. ⑦수(受) : 외계로부터 받아들이는 감각. ⑧애(愛) : 맹목적인 충동. 고통은 피하고 즐거움을 찾는 망령된 집착. ⑨취(取) : 자기가 욕구하는 것을 취함. ⑩유(有) : 생존. ⑪생(生) : 몸을 받아 태어남. ⑫노사(老死) : 늙어서 죽음.

십팔불공법(十八不共法) – 부처님 특유의 열 여덟 가지의 특징. ①~③신(身) · 구(口) · 의(意) 삼업(三業)에 허물이 없는 것. ④중생에 대한 평등한 마음. ⑤선정(禪定)에 의한 마음의 안정. ⑥모두를 포용해서 버리지 않는 마음. ⑦~⑪중생을 구하려는 욕심과 정진과 염력과 선정과 지혜. ⑫해탈에서 물러나지 않는 것. ⑬~⑮중생 제도를 위해 신 · 구 · 의 삼업을 나투는 것. ⑯~⑱과거 · 미래 · 현재의 온갖 것을 다 알아 막힘이 없는 것.

십호(十號) – 부처님의 열 가지 다른 이름. 여래(如來) · 응공(應供) · 정변지(正遍知) · 명행족(明行足) · 선서(善逝) · 세간해(世間解) · 무상사(無上士) · 조어장부(調御丈夫) · 천인사(天人師) · 불세존(佛世尊)

【ㅇ】

아뇩다라삼먁삼보리(阿耨多羅三藐三菩提) – 무상정등정각(無上正等正覺)이라 번역함. 위없이 바른 깨달음. 곧 부처님의 지혜.

아라한(阿羅漢) – 응공(應供) · 살적(殺賊) · 불생(不生) · 이악(離惡)이라 한역. 존경받을 만한 성자. 대승불교에서 소승의 성자를 이렇게 부름. 또, 부처님의 열 가지 다른 이름 중의 하나.

아련야(阿練若) – 아란야(阿蘭若) · 아란나(阿蘭那)라고도 함. 적정처(寂靜處)라고 한역. 시끄러움이 없고 한적해서 수행하기에 좋은 곳을 가리킴.

아발마라(阿跋摩羅) – 사람의 기억력을 상실케 하는 귀신.

아비발치(阿鞞跋致) – 불퇴전(不退轉) · 불퇴위(不退位)라 한역. 보살이 성불할 것이 결정되어 물러남이 없는 단계. 아유월치(阿惟越致)라고도 함.

아수라(阿修羅) – 비천(非天) · 부단정(不端正)이라 번역. 싸우기를 좋아하는

귀신

아승지겁(阿僧祇劫) - 헤아릴 수 없이 긴 시간. 겁(劫)은 인간의 머리로 상상키 어려운 영원에 가까운 시간의 단위를 말함.

야간(野干) - 승냥이. 여우와 비슷하나 여우보다 작다고 함.

양족존(兩足尊) - 부처님을 가리킴. 부처님은 지혜(智慧)와 자비(慈悲) 두 가지를 다 갖추신 분이므로 이같이 부름.

역로가야타 - 세상의 도리에 역행하는 것을 주장하는 일파.

연각(緣覺) - 벽지불(辟支佛)이라고도 함. 부처님의 가르침에 의지하지 않고 혼자 깨달은 사람. 그래서 독각(獨覺)이라고도 함.

열반(涅槃) - 멸(滅)·적멸(寂滅)이라 번역. 모든 번뇌의 속박에서 벗어나 불생불멸의 법을 체득한 경지. 절대적 편안. 깨달음의 경지.

염부단금(閻浮檀金) - 염부수의 숲 속을 흐르는 강물 바닥에서 나는 사금. 적황색에 자주빛을 띠고 있는 고귀한 황금.

염부제(閻浮提) - 사대주(四大洲)의 하나. 수미산 남쪽의 대륙. 섬부주(贍部洲)라고도 함. 사바세계(娑婆世界)를 말함.

오마륵가(烏摩勒伽) - 사람의 정기(精氣)를 빨아 먹는 귀신.

오비구(五比丘) - 부처님의 첫 설법을 듣고 출가한 다섯 비구. 아야교진여·아습바시·발제·마하남·십력가섭

오신통(五神通) - 다섯 가지 뛰어난 능력 ①천안통(天眼通) : 보통사람이 보지 못하는 것을 보는 능력. ②천이통(天耳通) : 보통사람이 못듣는 것을 듣는 능력. ③타심통(他心通) : 남의 마음을 꿰뚫어 보는 능력. ④숙명통(宿命通) : 전생의 일을 환히 아는 능력. ⑤신족통(神足通) : 걸림없이 어디든지 오갈 수 있는 능력.

오온(五蘊) - 오중(五衆)·오음(五陰)이라고도 함. 사람을 포함한 모든 존재는 다섯 가지 요소로 성립되었다고 보는 견해. ①색(色) : 물질. 사람에게서의 신체. ②수(受) : 감수작용. ③상(想) : 표상작용(表想作用). ④행(行) : 의지 혹은 충동적 욕구. ⑤식(識) : 인식작용.

오욕락(五欲樂) - 재물욕(財物欲)·색욕(色欲 : 性欲)·음식욕(飮食欲)·명예욕(名譽欲)·수면욕(睡眠欲) 등 인간의 다섯 가지 근본 욕망.

오음마(五陰魔) - 우리 몸을 구성하고 있는 색(色)·수(受)·상(想)·행(行)·식(識)의 다섯 가지 요소가 주는 장애.

오정(五情) - 오근(五根)에서 생기는 욕망. 오욕(五欲).

오종불남(五種不男) - 다섯 가지 남근(男根)이 불구인 사람. ①생불능남(生不能男) : 나면서부터 남근이 발육되지 못한 사람. ②건불능남(犍不能男) : 칼로 남근을 잘라버린 사람. ③투불능남(妬不能男) : 다른 사람의 음행을 보고 정욕을 일으키는 사람. ④변불능남(變不能男) : 다른 이와 음행할 때에 남근을 상실하여 불구가 되는 사람. ⑤반불능남(半不能男) : 반달은 남근을 사용하고 반달은 사용하지 못하는 사람.

오탁악세(五濁惡世) - ①겁탁(劫濁) : 시대적 더러움. 전생 · 기근 · 질병 등이 많은 것. ②견탁(見濁) : 그릇된 견해와 사상이 넘쳐 흐르는 것. ③번뇌탁(煩惱濁) : 번뇌가 가득하여 악덕이 판을 치는 것. ④중생탁(衆生濁) : 인륜 도덕이 타락해 사람의 자질이 저하되는 것. ⑤명탁(命濁) : 사람의 수명이 짧아지는 것.

왕사성(王舍城) - 인도 마갈타국의 수도.

외도(外道) - 인도에서 불교 외의 종교와 사상. 또는 그 무리들.

요설무애(樂說無礙) - 설법에 막힘이 없는 것.

요설변재력(樂說辯才力) - 중생들이 원하는 바에 따라 자유자재로 법을 설하는 능력.

우두전단(牛頭栴檀) - 인도 우두산에 나는 향나무 이름. 향기가 진하고 오래도록 없어지지 않아서 불상 제작 등 불구(佛具)로 많이 사용됨.

우바새(優婆塞) - 재가(在家)의 남자 신자.

우바이(優婆夷) - 재가(在家)의 여자 신도.

우바제사(優波提舍) - 논의(論議)라 한역. 교리를 문답을 통해 논의한 것.

유(有) - 무(無), 공(空)의 반대(實有 · 假有 · 妙有). 있음. 없는 것을 있다고 간주하는 것.

유여열반(有餘涅槃) - 불완전한 열반. 소승의 열반.

육계(肉髻) - 삼십이상의 하나. 부처님 정수리의 살이 상투처럼 불룩한 부분.

육근(六根) - 눈(眼) · 귀(耳) · 코(鼻) · 혀(舌) · 몸(身) · 의식(意). 시각 · 청각 · 후각 · 미각 · 촉각의 여섯 가지.

육도(六道) - 중생들이 윤회하는 여섯 가지 세계. 지옥(地獄) · 아귀(餓鬼) · 축생(畜生) · 아수라(阿修羅) · 인간(人間) · 천상(天上). 육취(六趣)라고도 함.

육바라밀(六波羅蜜) - 보살이 생사의 고해를 건너 열반에 이르기 위해 실천해야 할 여섯 가지 덕목. ①보시(布施) : 널리 베푸는 일. ②지계(持戒) :

계율을 지키는 일. ③인욕(忍辱) : 욕된 것을 참는 일. ④정진(精進) : 게으르지 않고 힘써 수행하는 일. ⑤선정(禪定) : 고요히 마음을 가라앉혀 일심이 되는 것. ⑥반야(般若) : 참된 지혜를 얻는 것.

육신통(六神通) – 불 · 보살의 여섯 가지 초인적 능력. ①천안통(天眼通) : 미래일을 환히 볼 수 있는 능력. ②천이통(天耳通) : 모든 것을 다 들을 수 있는 능력. ③타심통(他心通) : 다른 사람의 마음을 환히 알 수 있는 능력. ④숙명통(宿命通) : 과거세의 일을 다 아는 능력. ⑤누진통(漏盡通) : 번뇌를 끊음이 자유자재한 지혜. ⑥신족통(神足通) : 어디든지 갈 수 있는 능력.

육십이견(六十二見) – 62가지의 그릇된 견해. 부처님 당시 이교도들의 사상을 종합해서 부르던 말.

육종진동(六種震動) – 세간에 상서로운 조짐이 있을 때 대지가 진동하는 여섯 가지 모양. ①동(動) : 한쪽으로 움직이는 것. ②기(起) : 아래에서 위로 흔들려 올라오는 것. ③용(涌) : 솟아오르고 꺼져 내려가고 하는 것. ④진(震) : 은은히 소리 나는 것. ⑤후(喉) : 꽝하고 소리를 내는 것. ⑥각(覺) 또는 격(擊) : 큰 소리로 깨닫게 하는 것. 앞의 세 가지는 모양이 변하는 것이고, 뒤의 세 가지는 소리가 변하는 것임.

응송(應頌) – 산문으로 서술한 것을 다시 시로 나타낸 것.

의극(衣極) – 대로 만든 꽃 담는 그릇. 산화(散花)할 적에 쓰는 기구.

의근(意根) – 대상을 인식하는 근본 마음. 마음의 작용.

이근(耳根) – 육근(六根)의 하나. 청각을 인식하는 근본. 곧 귀를 말함.

이승(二乘) – 성문승(聲聞乘)과 연각승(緣覺乘).

인길자(人吉蔗) – 사람 마술사.

인연(因緣) – 경 속에서 갖가지 인연을 설한 부분.

인욕(忍辱)바라밀 – 인욕의 완성. 찬제(羼提)바라밀이라고도 함.

일대사인연(一大事因緣) – 부처님이 이 세상에 출현한 지극히 중대한 인연.

일불승(一佛乘) – 부처님이 되는 오직 하나의 가르침. 불교의 가르침은 오직 하나여서 부처 되는 가르침만이 유일한 것이라는 말.

일선삼매(日旋三昧) – 대천(大千)세계를 두루 비추는 삼매.

일체종지(一切種種智) – 부처님의 지혜.

일체지(一切智) – 온갖 것을 다 아는 지혜.

일체지지(一切智地) – 모든 것을 빠짐없이 다 아는 지위. 곧 부처님의 자리를 말함.

일해탈(一解脫) – 오직 하나뿐인 해탈. 부처님의 해탈만이 있을 뿐, 성문 · 연각의 해탈은 참된 해탈이 아니라는 뜻.

【ㅈ】

자비희사(慈悲喜捨) – 네 가지 한량없는 마음. 자(慈)는 즐거움을 주는 것, 비(悲)는 괴로움을 없애주는 것, 희(喜)는 남의 즐거운 일을 보고 기뻐하는 것, 사(捨)는 마음이 평등한 상태를 말함.

자연지(自然智) – 인위적인 노력에 의해 생기는 것이 아니라, 저절로 존재하는 부처님의 깨달음의 지혜.

장자(長者) – 부자. 부호.

전다라(旃陀羅) – 인도 사성(四姓)의 최하위 천민 계급으로 백정 · 옥졸 등의 직업에 종사하는 사람들.

정법(正法) – 부처님의 가르침(教)과 그 실천(行)과 그 결과로서의 깨달음(證)이 바르게 갖추어져 부처님의 가르침이 바르게 존속되는 시기.

정장삼매(淨藏三昧) – 법안(法眼)을 얻는 삼매.

정정취(正定聚) – 반드시 성불할 것이 결정되어 있는 성자.

정진(精進)바라밀 – 정진의 완성. 비리야(毘梨耶)바라밀이라고도 함.

종성(種性) – 중생의 본성. 소질.

증개(繒蓋) – 비단으로 된 일산. 천개(天蓋)라고도 함.

증상만(增上慢) – 훌륭한 교법과 깨달음을 얻지 못했으면서도 얻었다고 생각하여 잘난 체 거만을 떠는 사람을 말함.

지견(智見) – 지혜에 입각한 견해. 지혜의 눈으로 보는 것.

지계(持戒)바라밀 – 계율의 완성.

지인삼매(智印三昧) – 반야의 지혜가 객관을 인식하되 그러면서도 늘 고요한 삼매.

집금강신(執金剛神) – 금강역사(金剛力士). 부처님과 법을 보호하고 악의 무리는 금강저(金剛杵)로 친다는 신.

【ㅊ】

찬제(羼提)바라밀 – 인욕(忍辱)바라밀. 인욕의 완성.

찰제리(刹帝利) - 사성(四姓)계급의 둘째. 왕족 · 무사계급.

채녀(采女) - 궁녀.

천룡팔부(天龍八部) - 불법을 수호하는 신장(神將)들로 천(天) · 용(龍) · 야차(夜叉) · 건달바(乾門婆) · 아수라(阿修羅) · 가루라(迦樓羅) · 긴나라(緊那羅) · 마후라가(摩睺羅伽) 등 8신 가운데 천과 용이 대표격이므로 이같이 말함.

천안(天眼) - 육신통의 하나. 온갖 것을 볼 수 있는 신통력.

천이(天耳) - 모든 소리를 다 들을 수 있는 초인적인 신통력.

첨복(瞻匐) - 황화수(黃花樹) · 금색화수(金色華樹)라고 한역함. 노란색의 꽃이 피고 향이 강한 큰 키 나무.

청신사와 청신녀 - 청신사(淸信士)는 삼보(三寶)에 귀의하여 오계를 받아 지키는 재가(在家)의 남자 신도를 말하고, 청신녀(淸信女)는 재가의 여자 신도를 말함.

촉(觸) - 대상에 접촉하는 것. 피부 촉감. 손 촉감 등의 감촉. 접촉.

【ㅌ】

타심통(他心通) - 다른 사람의 마음을 훤히 알 수 있는 능력.

【ㅍ】

파리(頗梨) - 수정.

파리질다라수(波利質多羅樹) - 제석천의 정원에 있다는 나무.

파순(波旬) - 마왕(魔王). 악마의 호칭.

팔생(八生) - 여덟 번 다시 태어나는 것.

팔십종호 - 부처님이 갖춘 여든 가지의 특이한 신체적 특징.

팔해탈(八解脫) - 번뇌의 속박을 벗어나는 여덟 가지 길. ①일념으로 생각하여 색욕(色欲)을 제거하고 ②생각을 한 곳에 집중하여 정신을 통일하고 ③탐심이 일어나서 못하게 다스려 냉철함을 유지하고 ④심신이 청정한 경지에 이르고 ⑤무한한 공간을 생각해 외계의 차별상을 없애고 ⑥마음의 작용이나 몸이 함께 무한한 경계에 이르며 ⑦공간이나 마음의 경계를 초월한 근원에 이르고 ⑧그 근원이 항시 현실에 나타나는 경지에 도달하는 것.

표찰(表刹) – 탑 위에 세우는 깃대. 당간.
풍송(風誦) – 독립된 시. 운문(韻文).
피안(彼岸) – 중생들의 미혹된 세계를 차안(此岸)이라 하는데 대한 '깨달음의 세계'를 말함.

【ㅎ】

학무학(學無學) – '아직 배우는 이'라는 말은 아라한의 경지에 이르지 못한 사람을 가리키고, '다 배운 이'라는 말은 더 배울 것이 없는 경지이니, 곧 아라한을 지칭함.
해차안전단향(海此岸栴檀香) – 수미산 내해(內海)의 이쪽 기슭, 즉 염부제의 남단에서 나는 전단향.
행(行) – 일체의 유위법(有爲法)을 말함.
현겁(賢劫) – 현재의 대겁(大劫). 대겁은 성(成) · 주(住) · 괴(壞) · 공(空)하는 한 시기를 말함. 이 기간에 천불(千佛)이 나타난다고 함. 현겁(現劫)이라고도 씀.
화생(化生) – 어머니의 태(胎)를 거치지 않고 홀연히 태어남. 여기서는 법에서 태어난다는 뜻.
화신불(化身佛) – 중생 제도를 위해 몸을 나타낸 변화신. 부처님의 분신.
회향(廻向) – 자기가 닦은 선근 공덕을 널리 다른 이들을 위해서 돌림.
후오백년 – 불멸(佛滅) 후 정법(正法) · 상법(像法)이 각각 오백 년씩 계속되는데, 상법 오백 년을 가리킴.
훈륙(薰陸) – 황색의 송진 비슷한 나무의 진으로 태우면 좋은 냄새가 남.

無一 우학 스님

- 불기 2544년(서기 2000년), 경주 연대산(蓮台山) 산문(山門)을 열고, 선관쌍수(禪觀雙修)로써 선법(禪法)을 펴고 있습니다.
- 불보사찰 통도사 출가(出家)
  성파 대종사를 은사로 득도(得度)
  대학, 선방, 강원, 토굴 등 제방에서 면학, 수행
  성우 대종사로부터 비니정맥 전수
  출가상좌(스님) 60여 명, 마을(유발)상좌 3천여 명 둠.
- 한국불교대학 大관음사 창건
  국내외 십여 군데 도량 설립(미국, 중국 등)
  무일선원 무문관 창건(스님 및 신도 수행처)
- 포교대상 종정상 대상(대한불교 조계종)
  대원상 대상(재단법인 불교진흥원)
- 300여 권의 저술 : 저거는 맨날 고기 묵고, 無一 우학 불교개론, 완벽한 참선법, 참 좋은 생각(컬처북스), 하루 한 가지 마음공부법(조화로운삶), 부처되는 공부(뜰), 無一선교법장, 無一설법대전, 삽삼(33) 관세음보살님 가피 등
- 사회복지 법인 無一복지재단 설립 : 요양원, 노인센터, 지역아동센터, 공동생활 가정, 치매학교, 주간보호센터
  참좋은 어린이집, 참좋은 유치원 설립
  학교법인 無一학원 설립(참좋은 이서중·고등학교)
  도서출판 좋은인연 설립
  사단법인 NGO B.U.D 설립
  의료법인 無一의료재단 설립(참좋은 요양병원)
  K-붓다 빌리지(B·U·D 山海 세계명상센터) 설립
  자연 치유 마을(지리산 도량) 설립

경전·조사어록시리즈(5) **법화경(法華經)**

초판 1999. 5. 24
개정초판1쇄 2011. 10. 25
개정3판1쇄 2023. 12. 20

감수 無一 우학 스님

펴낸곳 도서출판 좋은인연
편집/ 김현미
등록/ 제4-88호
주소/ 대구 남구 봉덕3동 1301-20
전화/ 053.475.3707

ISBN 978-89-86829-44-0(03220)
가격 20,000원

잘못된 도서는 구입처에서 교환해드립니다.

9 788986 829440 03220